Domínio

Matthew Scully

Domínio
O poder humano, o sofrimento dos animais e o apelo por misericórdia

Tradução de
Catharina Epprecht

1ª edição

Rio de Janeiro
2018

Copyright © Matthew Scully, 2002

Copyright da tradução © Editora Civilização Brasileira, 2018

Publicado mediante acordo com Writers' Representatives LLC. Todos os direitos reservados.

Design de capa: Elmo Rosa

CIP-BRASIL. CATALOGAÇÃO NA FONTE
SINDICATO NACIONAL DOS EDITORES DE LIVROS, RJ

S442g
Scully, Matthew
Domínio: o poder humano, o sofrimento dos animais e o apelo por misericórdia/Matthew Scully; tradução de Catharina Epprecht. – 1ª ed. – Rio de Janeiro: Civilização Brasileira, 2018.

Tradução de: Dominion: the Power of Man, the Suffering of Animals, and the Call to Mercy
ISBN 978-85-200-0877-5

1. Direito dos animais – Aspectos morais e éticos. 2. Animais – Proteção – Aspectos morais e éticos. I. Título.

09-4912
CDD: 179.3
CDU: 179.3

Todos os direitos reservados. É proibido reproduzir, armazenar ou transmitir partes deste livro, através de quaisquer meios, sem prévia autorização por escrito.

Texto revisado segundo o novo Acordo Ortográfico da Língua Portuguesa.

Direitos desta tradução adquiridos pela
EDITORA CIVILIZAÇÃO BRASILEIRA
Um selo da
EDITORA JOSÉ OLYMPIO LTDA.
Rua Argentina, 171 – Rio de Janeiro, RJ – 20921-380 – Tel.: (21) 2585-2000.

Seja um leitor preferencial Record.
Cadastre-se no site www.record.com.br
e receba informações sobre nossos
lançamentos e nossas promoções.

Atendimento e venda direta ao leitor:
mdireto@record.com.br ou (21) 2585-2002.

Impresso no Brasil
2018

Sumário

Introdução	11
1. Das coisas que são	17
Apenas dor	18
Nas suas mãos	29
Ética prática	40
Crueldade divina inconsequente	45
Este mundo adorável	49
Petiscos saborosos	59
2. Campo de tiro	71
Peles e ossos	73
Assumir a causa	77
Caçada justa	83
Fábrica de cervos	90
Homens influentes	97
Caça de planície	104
Os curadores	110
Nimrod.com	115
3. Questões importantes	125
Seguir adiante	128
O Senhor da Misericórdia	133
Laissez-Faire	139
A cozinha imperativa	149
Mais profundo que a escolha	154
A Bíblia da Prosperidade	164
De volta ao rancho	171
Pense outra vez	176
Leve náusea	182
4. Riquezas do mar	190
Deixem as baleias para o jantar	191
Culpa coletiva	196
Tempo de morte	201
Uso sábio	207
Pesquisa científica	214

Imperialismo cultural 224
Um peixe corajoso 233
Santuário 245

5. Leis 251

Território desconhecido 254
O Baile de máscaras 262
"Quer nozes" 273
Pensar no pensar 282
Respeito profundo 296
O gene do estresse 304
Conhecimento sem amor 311

6. Das minhas necessidades 318

Intensidade administrativa 321
A Nova Agricultura 325
Requinte e sofisticação 333
Geração magra 338
Para seu próprio bem 346
Peça a peça 355

7. A natureza e o Deus da Natureza 367

Males necessários 369
Não farás 376
Verdades evidentes 381
O teste do espelho 388
Um crime contra a natureza 396
Recomeço 413
Justiça compulsória 427

8. Justiça e misericórdia 442

Carnificina 446
Abominação 454
Escolha de Noé 464
Pecar bravamente 472
Eles conhecem a dor 489
Os bons pastores 494

Notas 503
Agradecimentos 531
Índice 535

Em memória de meu amigo Lucky,
e para Farrah, nossa pequena fujona
que encontrou seu lar

Disse Deus: "Que a terra produza seres vivos segundo sua espécie: animais domésticos, répteis e feras segundo sua espécie.", e assim se fez.

Deus fez as feras segundo sua espécie, os animais domésticos segundo sua espécie e todos os répteis do solo segundo sua espécie, e Deus viu que isso era bom.

Deus disse: "Façamos o homem à nossa imagem, como nossa semelhança, e que ele domine sobre os peixes do mar, as aves do céu, os animais domésticos, todas as feras e todos os répteis que rastejam sobre a terra."

GÊNESIS I: 24-26

Introdução

Começou com um porco em um abatedouro britânico. Em algum ponto na linha de produção observou-se que ele tinha aftas na boca e salivava. As piores suspeitas foram confirmadas, e depois de alguns dias fronteiras se fecharam e um plano de ação foi determinado. Logo a Inglaterra e o restante do mundo viram centenas e depois milhares de porcos, vacas e carneiros, com seus filhotes recém-nascidos, serem levados para fora das áreas de criação, mortos a tiros, jogados em piras flamejantes e enterrados por tratores em sepulturas lamacentas. Há relatos de gado em pânico, perseguido por atiradores, animais atropelando uns aos outros para tentar escapar. Alguns ainda se mexiam ou piscavam um dia depois de levarem os tiros. A praga, nesse ínterim, espalhara-se pelo continente europeu, onde o mesmo ritual se repetiu até que, no fim, mais de 10 milhões de animais tinham sido exterminados. Para fechar a história com um esperado final feliz, ouviu-se um bezerro debaixo do corpo morto de sua mãe no meio de uma pilha de carcaças que seriam queimadas. Batizado Fênix, como o pássaro que renasce das cinzas, o bezerro foi poupado.

O jornalista Andrew Sullivan viu nessas cenas "um horrendo nada",[1] algo naquilo deixou todos enojados, tristes e com uma sensação de vazio. Mais de um ano depois de a última cova ter sido fechada, ainda era possível lembrar-se das reações, porque foi um daqueles eventos que nos fazem parar e questionar preceitos básicos. Sabia-se que algo terrivelmente errado havia acontecido, algo vasto e solene que estava além do poder das vacinas, do fechamento de fronteiras e do abate dos mais fracos. Os fatos se apresentaram em toda a sua simplicidade: lá estavam criaturas inocentes, que mereciam mais consideração; simplesmente não podemos tratar a vida desse jeito. Ainda que apenas por um instante, nos demos conta de que aquilo não era necessário, que fomos nós os responsáveis pelo que estava acontecendo aos animais e a nós mesmos. A febre aftosa é um mal passível de tratamento e de cuidado veterinário, tem vacinação preventiva e não é letal nem para humanos nem para o gado. Esses animais, milhões que sequer estavam infectados, foram mortos apenas pela queda de seu valor de mercado e porque esse mesmo mercado requeria políticas de controle, ou seja, foram abatidos porque, diante das circunstâncias, essa era a solução rápida e conveniente. De acordo com o entendimento que passamos a ter, essas criaturas tinham perdido valor. Para elas, a diferença entre o que aconteceu e o que, mais cedo ou mais tarde, aconteceria era apenas questão de tempo. Para nós, a diferença foi a visibilidade. Dessa vez, nós tivemos de enxergar.

Enquanto isso tudo acontecia, no início de 2001, as pessoas que em geral se apressam em alertar contra o "sentimentalismo" para com os animais estavam caladas. Diante das piras flamejantes nos campos, ninguém poderia dizer que a humanidade estava pegando leve. Pelo contrário, as imagens mostravam frieza e abandono. Era uma "doença econômica",[2] como se chegou a chamar; na hora do desespero, vieram à tona atos que estavam desde sempre sombriamente fadados a acontecer.

Havia algo de familiar no drama, porque estranhamente a humanidade parece estar ficando, ao mesmo tempo, mais sentimental e mais implacável com os animais. Em nenhum período da história houve tanta preocupação com eles, tanta curiosidade e cuidado. Mas também não houve época em que sofressem punições tão cruéis e com tamanha despreocupação, como aconteceu nas cenas testemunhadas naquela fazenda industrial. Aliás, é difícil conceber esses lugares, mesmo longe das crises que vez por outra nos chamam atenção. O recorrente assombro europeu com a "vaca louca" surgiu com a prática, antes inimaginável, de alimentar animais com farinha dos restos de outros animais. Fazendeiros de gado mundo afora estão virando "produtores", seus estábulos se tornaram "estruturas de confinamento em massa" e os abatedouros são hoje vastas "usinas de processamento" que despacham animais – "unidades de produção" – em um ritmo furioso de centenas por minuto.

INTRODUÇÃO

Quando 250 mil pássaros estão espremidos num viveiro e incapazes até de esticar suas asas; quando mais de um milhão de porcos sobrevive em apenas uma área de chiqueiros, sem jamais pisar em algum lugar a céu aberto; quando a cada ano dez milhões de criaturas seguem para o abate sem ter contato com a menor demonstração de bondade humana – é tempo de repensar preceitos antigos e perguntar o que estamos fazendo e o que nos move. Como alertou o senador Robert C. Byrd, em julho de 2001, num comentário sem precedentes no Congresso americano, "nosso tratamento desumano em relação ao gado espalha-se e se torna cada vez mais bárbaro. (...) Tal insensibilidade é pérfida e pode se propagar de forma perigosa. Num mundo civilizado, a vida tem de ser respeitada e deve-se lidar com ela de modo humano".[3]

A atitude descrita pelo senador Byrd já chegou à caça esportiva, que se torna cada vez mais fria e sistemática, na medida em que o número de caçadores decresce. Hoje, caçar envolve um estranho aspecto agropecuário, uma vez que animais selvagens são criados, procriados e mantidos em cativeiro para serem perseguidos e mortos, e até elefantes ficam confinados em parques de caça para serem "colhidos" por esportistas ocidentais com métodos que mais parecem execuções. A vida selvagem em todo o mundo vive em estado de perpétua fuga do desenvolvimento humano, até que diversas espécies não tenham mais para onde ir, como se vê há gerações, no longo adeus dos homens a elefantes, ursos, gorilas, tigres, lobos, pandas e outros bichos que simplesmente não têm mais espaço para viver e crescer.

Até as baleias continuam a ser caçadas, e isso muito depois de se ter declarado moratória internacional e derrubado qualquer argumentação razoável de que a caça era necessária. Com armas e métodos ainda mais cruéis, que não dão possibilidade de fuga, muitos outros animais que mereceriam um alívio, uma vez que há substitutos para suas peles e carnes, continuam sofrendo. Da África à Costa Oeste dos Estados Unidos, passando pela floresta amazônica, é o destino de muitas criaturas selvagens – do elefante à baleia e ao golfinho – ser desprezados, ou talvez desejados demais, pelos seres humanos; depreciados como

DOMÍNIO

ameaça ao progresso ou almejados como meio para o progresso; amados e brutalizados ao mesmo tempo.

Enquanto isso, em nossos laboratórios, vemos os novos e estranhos seres criados pela humanidade, geneticamente modificados, clonados e até mesmo patenteados como qualquer outra mercadoria de produção em massa. Apesar de todas as suas possibilidades para o bem, essa nova ciência da engenharia genética traz as mais obscuras implicações para os animais, ao nos dar não apenas poder para usá-los, mas também para refazê-los. Isso acontece em um momento delicado, quando pesquisas de um tipo bem diferente chegam em um momento delicado e revelam, sem margem de dúvidas, a inteligência de diversos bichos, sua sensibilidade emocional e sua capacidade de felicidade e sofrimento.

Cuidados com seres vivos trazem consigo problemas complicados de economia, ecologia e ciência, mas acima de tudo nos confrontam com questões de consciência. Muitos de nós parecem ter perdido, em relação aos bichos, qualquer senso de comedimento, compreensão de limites naturais, respeito por eles como seres com necessidades, desejos e propósitos. Com frequência, consideramos que nossos interesses vêm primeiro e que tudo que precisamos saber é se são proveitosos e convenientes. Com isso, assumimos que todas as outras criaturas com as quais dividimos este planeta estão aqui por nossa causa e apenas por nós. Em resumo, acreditamos que somos tudo, e elas, nada.

Cada vez mais, animais são um teste de caráter, empatia, decência, conduta digna ou cuidado confiável da humanidade. Devemos tratá-los com bondade, não porque eles tenham direitos ou poder ou por conta de alguma argumentação sobre igualdade, mas, pelo contrário, pelo que eles não têm, porque estão em um lugar assimétrico e de impotência diante de nós. É tão fácil negligenciá-los ou jogá-los para baixo do tapete! Onde quer que nós, humanos, entremos em seu mundo, seja em fazendas ou em abrigos da savana africana, chegamos como senhores, donos de poderes extraordinários de terror e compaixão.

O domínio, como chamamos esse poder na tradição ocidental, demanda consideração moral, e tentei, nas páginas que se seguem, oferecer a minha. Espero trazer também um senso de confraternização certamente partilhado por muitos leitores – uma sensação de que todas essas criaturas não estão aqui por nós, mas conosco. Embora a razão deva nos guiar para derrubar padrões e leis que dizem respeito a animais, ao examinar os argumentos daqueles que rejeitam tais padrões, é melhor, em qualquer questionamento moral, começar com sua motivação original – o que, no caso dessas criaturas, podemos chamar, sem embaraço, de amor. Seres humanos amam animais como o mais alto ama o mais baixo, como os sábios amam os inocentes, e os fortes amam os vulneráveis. Quando nos compadecemos com o sofrimento animal, esse sentimento fala sobre a humanidade, mesmo se o ignoramos. Aqueles que minimizam o amor por uma criatura semelhante a nós, chamando-o de sentimentalismo, rejeitam uma parte boa e importante da humanidade.

É verdade, como constantemente somos lembrados, que tratar bem os animais está entre as obrigações mais simples da caridade humana – e por isso mesmo é negligenciada com facilidade. Ao mesmo tempo, como sempre haverá injustiça e sofrimento humano no mundo, pode parecer que os erros cometidos com animais sejam menores e secundários. A resposta para as duas questões é que a justiça não é uma mercadoria limitada, tampouco a bondade ou o amor. Injustiça e sofrimento não são desculpas para acreditar que fazer mal aos animais é menos importante do que aos humanos e que, por isso, devemos nos concentrar nesses últimos. Um erro é um erro, e em geral os pequenos, quando fingimos não vê-los, proliferam-se e fazem os maiores males a nós mesmos e a outros. Acredito que isso acontece hoje em relação aos animais. As piras na Europa foram um sinal exigindo uma prestação de contas pelo tratamento que a humanidade tem dado aos animais, ou apenas uma pista do que está por vir.

Depois da crise da febre aftosa, o ex-congressista Matthew Parris, ao escrever para o conservador *Spectator*, notou que "lentamente, a maré de sentimento moral está mudando. A primeira mudança é inconsciente. Nos sentimos não exatamente *contrários* a algo, mas levemente desconfortáveis."[4] Espero que ele esteja certo, e que mais de nós passemos do desconforto moral para a convicção moral. Espero

DOMÍNIO

que o bem-estar animal receba mais da atenção pública que merece, levando a uma reforma legal, não apenas no que diz respeito ao tratamento que damos às criaturas que hoje são abatidas aos bilhões, mas a toda impiedade, ganância, covardia e crueldade humanas. Se o sr. Parris estiver certo, e o espírito de bondade e clemência com os animais estiver surgindo no mundo, espero que este livro possa encorajá-lo.

1. Das coisas que são

"E o que é esse Deus?", (...) interroguei a terra e ela respondeu: "Não sou eu", e todas as coisas que nela existem responderam o mesmo. Interroguei o mar, as profundezas e os seres vivos que rastejam, e todos eles responderam: "Não somos o teu Deus. Procura acima de nós." Interroguei as brisas que sopram, e todo o ar com seus habitantes responderam: "(...) Não sou Deus." Interroguei o céu, o sol, a lua, as estrelas e eles disseram-me: "Não, nós não somos o Deus que tu procuras." E eu disse a todas as coisas que rodeiam os portões dos meus sentidos: "Falai-me algo do meu Deus, já que não sois vós. Dizei-me algo a respeito." E, com voz forte, eles exclamaram: "Foi ele quem nos fez."

SANTO AGOSTINHO, CONFISSÕES, LIVRO X: 9

A humanidade foi afastada para sempre do mundo natural no momento em que alcançou a razão e a linguagem, tenha sido esse fato de origem natural ou sobrenatural. A partir daí, nada jamais foi o mesmo. Mas é incrível que, apesar do poder sem limites que exercemos sobre os animais, muitos de nós ainda nos preocupemos com eles, possamos nos deliciar com sua companhia, admirá-los de longe ou ainda nos compadecer de suas dores quando são atacados ou estão em perigo diante de nós.

Confesso que não sou uma pessoa particularmente devota ou pia. Mas os bichos, com suas pequenas alegrias e fardos, sempre despertaram

DOMÍNIO

algo em mim – algo que julgo difícil expressar a não ser no idioma da devoção. Talvez seja o caminho de Deus para ser compreendido pelos mais lentos e obstinados, mas o fato é que, se você se importa com animais, deve ter em mente o porquê. Visto de certo ângulo, isso desafia qualquer lógica, em geral envolvendo – como no caso dos bichos de rua que chegam às nossas casas ou os de estimação – toda sorte de inconveniência e preocupações a mais, tudo dispensável. E a única boa razão que penso para nos preocuparmos com eles é que são criaturas como nós, partilham conosco o mesmo sopro de vida, cada um do seu jeito, mas todos com a inconfundível marca divina.

Sei que esses seres vivos não têm uma razão comparável à nossa, que suas vidas, lugares, propósitos no mundo são diferentes dos nossos; tenho plena noção de que seu mundo é em geral violento, *nature red in tooth and claw*, como descrito por Tennyson.* Mas também sei que não há como tomar conhecimento do propósito dessas criaturas entre nós; seja ele qual for, trata-se de algo misterioso. E não importa qual a medida de felicidade que o Criador designou para elas, essa felicidade não é algo a lhes ser tirado por nós, algo de que possam ser privadas por capricho ou malícia.

APENAS DOR

Alguns leitores podem argumentar que os animais evocam fantasias, se não a heresia, naqueles que lhes atribuem significado moral. Ainda assim, em geral tenho para mim que o mais violento entre nós é aquele que vive na fantasia, numa ilusão de que as coisas da natureza não significam nada e de que tudo é permitido.

O sentimentalismo em relação aos animais pode ser excessivo, assim como o realismo cruel, que vê apenas o que quer nos seres vivos, sem ver os seres em si. Apenas pelo fato de nos inspirarem

---

* "Tho' Nature, red in tooth and claw" (Embora a Natureza, vermelha em presa e garra), do poema "*In Memorian A.H.H.*", de Alfred (Lorde) Tennyson. (*N. da T.*)

humildade e deslumbramento, essas criaturas já nos são de grande significado. Nenhum pardal cai sem que Deus o perceba, mas nós não damos a isso a devida importância para que o notemos. Talvez seja esse o motivo de muitas crianças serem tão ligadas a animais; elas veem tudo com frescor, sem serem refratários às imagens milagrosas que surgem deles, esses seres animados que correm, latem, arfam ou trinam. Animais também dividem com as crianças o laço da extrema vulnerabilidade. Os dois são os primeiros a sentir o âmago da aspereza humana.

Minhas memórias mais antigas são as de perseguir o rastro deixado por um coelho na neve do quintal nos fundos de minha casa. Eu devia ter uns 3 anos e nunca tinha visto um coelho, mas ainda lembro bem o sentimento de completa fascinação com o rastro: *alguém* estivera lá. E deixara aquelas marcas, estava vivo, morava ali por perto e talvez estivesse até me olhando naquele exato momento...

Quarenta anos depois, ninguém precisa me lembrar que coelhos são uma dor de cabeça para fazendeiros e jardineiros. Mas ao se olhar um coelho e ver apenas uma peste, um animal daninho ou um alimento, mercadoria ou objeto de laboratório, não se está mais vendo um coelho, mas apenas a si mesmo, as estruturas e os desejos que o ser humano traz ao mundo. Ao enxergar desse modo, pense nisso, você tem a perspectiva de um animal, e não a de um ser moral, com visão moral – a mesma perspectiva de um ser daninho, entre bilhões deles que se agitam, pula, ou escavam buracos pelo planeta. Coelhos são capturados por seus inimigos, como a raposa e o lobo, num bote sangrento. E é isso. São criados em gaiolas aos milhões para servirem de comida e para a pesquisa médica, por pessoas com questões maiores e mais urgentes na cabeça do que o lugar desses animais na criação. Nada demais, se visto de cima. E ainda assim, dizem-nos que Deus tudo sabe e tudo vê – e eu acredito nisso.

Em seu *O macaco nu: Um estudo do animal humano*, de 1967, Desmond Morris descreve sete estágios de nossa visão dos animais, cada uma a refletir uma fase diferente de nosso desenvolvimento psicológico. Uma delas, por exemplo, é a infância, "quando somos completamente dependentes de nossos pais e reagimos fortemente a animais muito grandes, usando-os como símbolos de pais."[1] Em seguida vem a fase infantil-parental, quando percebemos animais menores como substitutos simbólicos de crianças, mecanismo similar ao de uma das últimas fases, o estágio pós-parental. Há ainda a fase senil, quando se tem uma grande preocupação com animais em extinção.

> Eles têm de ser "salvos". A equação simbólica aqui envolvida é bastante óbvia: o indivíduo senil está à beira de se tornar pessoalmente extinto e assim emprega animais raros como símbolo de seu destino iminente. Sua preocupação emocional de salvá-los da extinção reflete seu desejo de prolongar a própria sobrevivência.[2]

A popularidade da proteção aos animais entre os jovens surgiu, ele teoriza, do crescimento do medo da explosão nuclear, "de modo que agora todos temos necessidade emocional de animais que sirvam como símbolos de raridade".[3]

Há, sem dúvida, alguma verdade na visão puramente evolutiva e psicanalítica de Morris de que animais são símbolos para nós – e eu odeio pensar em qual seria sua opinião sobre minha história do coelho. Os animais têm aparecido na nossa arte e literatura ao longo do tempo, representando tudo, de tentação a virilidade, temor e inocência injustiçada. Acredito que hoje se poderia colocar, como fonte de interesse sobre "símbolos de raridade", no lugar da ameaça iminente de aniquilação (como proposta por Morris), uma sensação bem difundida de alienação e desligamento ao mundo natural.

Mas falta à visão do "macaco nu" o ser humano como ser consciente, o símio que pode em vários momentos captar algo além das próprias necessidades físicas e fisiológicas. Em todas essas teorias, Morris encontra apenas razões científicas ou estéticas para proteger qualquer criatura ou espécie, como o "corte controlado" de animais ou outros meios semelhantes – em qualquer caso a proteção é para nós mesmos. Em minha opinião, ele dá pouca atenção a uma das fases: o estágio da empatia, quando se começa a perceber até o mais comum dos animais

DAS COISAS QUE SÃO

em seus próprios termos, criaturas do mesmo tipo que nós, com suas próprias necessidades e dificuldades, e que estão lado a lado conosco diante do mistério da vida e da morte – e, francamente, por maiores que sejam nossos dotes, essas criaturas não são menos esclarecidas que o mais sábio dos macacos nus no que diz respeito ao significado da existência.

Essa afinidade é, para mim, razão suficiente para começar a demonstrar o máximo de cortesia possível, evitando qualquer mal desnecessário. Todos os animais já parecem correr bastante perigo. Quando os homens, com seus nobres dons e grandiosas ocupações, forem capazes de parar de pensar apenas no próprio bem-estar, simplesmente permitindo que esses animais vivam, não será necessário um reconhecimento de "direitos". Trata-se de uma graça, um ato de clemência pelo qual teremos ainda mais crédito, uma vez que os animais não podem pedir por ele ou nos censurar caso não os atendamos, não podem sequer retribuir a gentileza. Um dia, precisaremos nós mesmos dessa bondade. E, pelo que vejo, não se pode esperar por compaixão caso não se esteja disposto a tê-la por outros.

Para compartilhar uma história menos sublime, senti um assombro parecido quando tinha mais ou menos 12 anos e matei um passarinho. Eu estava passeando com meu cachorro quando ouvi um pio. Debruçado na balaustrada da ponte, vi um sabiá se debatendo na correnteza. Era um filhote, bem machucado, com a asa sangrando e, presumi, não estaria por muito mais tempo entre nós. Talvez um gato tivesse feito aquilo. A lembrança do que fiz ainda me volta às vezes. Eu o tirei do rio e o coloquei na beira d'água, tentei afagá-lo, falei com o sabiá e disse que sentia muito pelo que tinha de fazer. Então, para acabar com seu estado miserável, eu o esmaguei com uma pedra.

Era uma pedra grande, devia ter uns nove quilos. Em meio à massa espatifada, vi seu coraçãozinho e fiquei horrorizado com a brutalidade do que eu fizera, matando aquela pequena criatura tão bem-feita e que tanto lutava para se manter viva. Naquele momento, parecia que minha atitude era a única alternativa, como costuma acontecer quando o ser humano traz sua força esmagadora para o mundo animal.

DOMÍNIO

Essa dependência servil diante do mestre sempre foi minha visão no que diz respeito a animais domésticos. Os primeiros foram provavelmente filhotes de animais caçados, afinal nem mesmo aqueles destemidos matadores dos primórdios estavam imunes aos balidos e choramingos de órfãos. Para muitos hoje o último laço verdadeiro com o mundo animal, os bichos de estimação parecem ainda agradáveis forasteiros no nosso mundo (ou dignitários estrangeiros, como parecem pensar às vezes), comicamente fora do lugar, mas fingindo se enquadrar ou ser um de nós, tentando não ser encontrados e deportados. Eu ainda rio quando vejo cachorros andando na rua como se tivessem um propósito, algo a fazer ali adiante, no meio da civilização, ou quando estão em carros, a cabeça balançando para fora da janela numa felicidade sem fim, sentindo os cheiros e o vento.

Alguns defensores dos direitos dos animais pedem que se evite a palavra *pet*.* De minha parte, acho que esse é um título perfeitamente valioso e honroso, que capta a profunda confiança dessas criaturas em nossa boa-fé, assim como sua absoluta e deliciosa inutilidade para além da afeição mútua. "Animal de companhia", a alternativa sugerida à *pet*, traz uma ideia levemente falsa, como se nossos cachorros e gatos pudessem sair pelo mundo e procurar algo melhor caso o relacionamento não desse certo, pois a dependência e a confiança são justamente o propósito e a graça disso.

Não é possível saber ao certo, só se pode imaginar como é o mundo para um sabiá, um coelho, um elefante ou um lobo. Trata-se de um dos mistérios que a ciência pode abordar mas nunca atingir totalmente, tal como o mistério do nosso próprio coração ou da mente. Os que vivem mais, como os símios e os elefantes, parecem ter algum senso de mortalidade, mas seria um exagero dizer que compreendem isso. Envoltas pelas realizações e progressos humanos, assim como pelo seu

---

* *Pet* é o termo mais usado para designar "animal de estimação" em inglês, mas algumas entidades defendem que é nociva a ideia de que o propósito desses bichos é ser mimado (*petted*). (N. da T.)

DAS COISAS QUE SÃO

empenho e brilhantismo, essas criaturas apenas seguem, como sempre seguiram: raramente enxergam além do dia ou tomam conhecimento de seus destinos, imperturbáveis, até onde sabemos, sem se importar ou ter a menor ideia dos profundos problemas da existência e de seu significado. Para elas, a não ser em termos meramente evolutivos, não existe história ou progresso; seu mundo é de desejo e medo, cru. E a felicidade que a vida oferece está nos intervalos entre os momentos de perigo, quando comem, brincam ou estão em paz – nós mesmos chamamos isso de conforto. Isso é parte do encanto dessas criaturas, a satisfação com o momento e como frequentemente olhamos para elas e reconhecemos algo de nós mesmos.

Muitos cientistas e filósofos insistem que essas semelhanças são uma ilusão. Acreditar que animais têm pensamento consciente ou emoção é considerado "antropomorfismo", a atribuição de características exclusivamente humanas a animais. Como aponta Stephen Budiansky em seu estudo sobre a inteligência animal, mesmo cães, primatas e elefantes estão programados para "imitar" algo semelhante à dor e à alegria. Ele acredita que nos enganamos ao observar as reações neurofisiológicas desses seres a estímulos externos se acreditamos que eles têm pensamentos e sentimentos. Trata-se de algo genético e essas criaturas não têm a menor ideia do que acontece com elas. Seja qual for a dor que apresentem, argumenta o sr. Budiansky (que escrevia sobre assuntos ligados à natureza para o *U.S. News & World Report* e era defensor da caça comercial de baleias e elefantes), é apenas dor – uma dor simples, não significativa e profunda como a *nossa* dor, uma questão científica intrigante mas moralmente desprezível.

Se for verdade, isso com certeza simplifica as questões da ética do domínio, afinal, se não houver algo como dor animal, tampouco haverá crueldade com animais. Como defende Budiansky:

> A premissa dos "direitos" animais é que um animal é capaz de sensação e sentimentos, que, por essa virtude acima de tudo, ele merece consideração. Mas os sencientes não são nem sencientes, e a dor sequer é dor. Ou, talvez, de acordo com a diferença proposta por

DOMÍNIO

Daniel Dennett, devêssemos dizer que dor não é o mesmo que sofrimento. (...) A capacidade de pensar nossas experiências transformam a emoção em algo maior e às vezes bem pior do que a simples dor. (...) Tristeza, compaixão, empatia, condolência, autocomiseração, enfado, angústia, desgosto, aflição, preocupação, apreensão, abatimento, pesar, melancolia, luto, reflexividade, abatimento, sensação de miséria, arrependimento, desespero – todos esses sentimentos expressam sombras da dor cujo único significado vem de nossa habilidade de pensar sobre os significados, e não sobre o que os animais sentem. (...) A consciência é um dom e uma maldição maravilhosos que, ao que tudo indica, não está no escopo da experiência senciente das outras criaturas.[4]

Claro que esse é o tipo de teoria que alguém elabora em conferências e periódicos científicos antes de ir para casa de noite e se jogar no chão e brincar alegremente com seu gato ou cachorro. Se seguíssemos o sr. Budiansky por um dia, nós sem dúvida o encontraríamos contradizendo sua própria tese com cada animal que encontrasse. Todos fazemos isso. Qualquer um que tentasse colocar em prática essa teoria da consciência – como acontece quando algum monstro é pego torturando gatos ou queimando filhotes vivos no quintal – seria repreendido, xingado e denunciado às autoridades.

Mas essa tese é anterior à do professor Dennett, ainda que a expressão "apenas dor" só pudesse surgir de um laboratório behaviorista. C. S. Lewis, em *O problema do sofrimento*, coloca uma questão parecida ao afirmar que a experiência animal é "uma sucessão de percepções" e não "uma percepção da sucessão", o que daria sentido ao sofrimento. Mas Lewis completa:

Não teria como adivinhar até onde, numa escala de consciência, iriam essas sensações e sentimentos. Com certeza, é difícil supor que macacos, elefantes e animais domésticos não tenham, em alguma medida, um ego ou uma alma que experiencie e dê lugar a uma individualidade rudimentar.[5]

DAS COISAS QUE SÃO

Poderíamos ainda perguntar o quanto de nossas próprias dores são sentidas na escala grandiosa, shakespeariana, de sofrimento trágico que o sr. Budiansky descreve. Um chute no traseiro não leva uma pessoa a uma crise existencial ou intensa agonia da alma. É apenas dor, e, como animais, nós gritamos. Quando machucados ou violentados, animais guincham, gralham, grasnam, latem, uivam, estrebucham e choramingam. Alguns tremem, transpiram e perdem o ar diante do perigo. Outros ficam apáticos e recusam comida quando abandonados ou isolados. Pelo que sabemos, a dor deles pode parecer mais imediata, boba, arbitrária e inevitável que a nossa. Mas caminhe por um matadouro ou um viveiro e você vai se perguntar se o sofrimento animal não deve ser às vezes bem mais terrível e abrangente sem o benefício de palavras e conceitos que, para nós, não dão apenas um significado, mas também consolo. O que quer que se passe na cabeça dos animais, para eles, não é "apenas" algo.

E não importa se essas teorias vão contra nossos preceitos em relação aos animais. As mesmas indústrias que aderem a tais métodos usam em laboratórios gatos, cachorros, chimpanzés e outros bichos em testes de remédios e cirurgias – um exercício inútil a menos que a dor física seja semelhante à nossa. Aliás, ninguém que trabalhe com esses seres hesita ao dizer "o cachorro está feliz", "o elefante está triste", "o macaco anda de saco cheio" ou "o cavalo se sente solitário". Parte da habilidade para treinar animais está em entender as emoções, estados de ânimo e particularidades de cada um, como comprova a prática de se colocar um cavalo do mesmo estábulo próximo a um animal de corrida para acalmar este, ou confortar uma ovelha durante a tosquia.

E acima de tudo, há estatutos de proibição de maus-tratos a animais nem sempre executados, mas que ainda assim refletem um consenso claro de que animais sentem dor e de que é obviamente errado lhes infligir um mal desnecessário. O dono da maior das fazendas industriais ou laboratório que use animais, caso pisasse acidentalmente no rabo de seu bichano, recuaria e pediria desculpas: "Desculpe, garoto!" Não é necessário nenhuma linguagem ou teoria elaborada para entender o sentimento intrínseco de um ganido ou um uivo: "Ei, olha o meu rabo!"

A prova mais clara da emoção animal, e que qualquer um que tenha um bicho de estimação pode notar sem precisar de nenhum registro prévio, é a do sonho dessas criaturas. Que outra comprovação é necessária, além do sonho, para se afirmar que um ser tem memória, sentimentos e uma vida interior? Talvez o cão alvoroçado no sono esteja sonhando não apenas com aventuras e brincadeiras passadas, mas também com coisas que deseje ou com o retorno dos que já se foram. Isso pode ser descartado como "anedótico", não científico ou mera especulação. Mas ninguém que os tenha visto sonhando ou tendo pesadelos tem a menor dúvida do que esteja se passando. Foram observados filhotes de elefantes que, depois de verem suas mães massacradas, acordavam em convulsões e chorando. Na periferia de Jacarta, alguns anos atrás, uns trinta elefantes cercaram outros dois que estavam numa armadilha e montaram guarda por dias, bloqueando a passagem humana e arriscando suas próprias vidas.[6] Tendemos a discutir animais abstratamente, mas o perigo não é nada abstrato. Uma vez que tais informações sobre os elefantes, por exemplo, sejam consideradas evidências, onde os promotores de carnificinas ficarão em nossa estimativa moral e diante das leis?

Jack London dá uma boa ideia de como deve ser a vida deles, descrevendo os humanos pelos olhos do lobo Caninos Brancos:

> Com algo em comum, mas de modo bem distante daquele que os homens concebem seus deuses, Caninos Brancos percebia os bichos-homem diante dele. Eram criaturas superiores de verdade, deuses. Para sua curta compreensão eram operários das maravilhas como os deuses são para os homens. Criaturas com maestria, que possuíam todo tipo de poder desconhecido e impossível, mestres dos vivos e não vivos – fazendo obedecer tudo o que se movesse, dando movimento ao inerte e fazendo crescer vida e cores claras e chamejantes da madeira em decomposição e do musgo. Eram fazedores de fogo! Eram deuses![7]

Temos poderes incríveis, é verdade, mas veja que bando de deuses lamentáveis alguns homens são. E o pior não é a crueldade, mas a arrogância, o excesso de confiança daqueles que só trazem violência e

DAS COISAS QUE SÃO

medo ao reino animal, como se esse precisasse de mais de qualquer um dos dois. Essas vidas compreendem temores e atribulações suficientes sem os modernos fazedores de fogo, agora com armas perfeitas e inescapáveis, vagando em busca de mais diversão e excitamento às custas deles, animais, mesmo que alguns morram. Cabe às criaturas-irmãs seu próprio lugar no universo, espaço que será ocupado se houver compaixão – o mais bravo lobo ou tigre, desprotegido contra o mais covarde dos homens. E a mim sempre pareceu vil e mesquinho, para não dizer vulgar, tratá-los com arrogância, como se seu quinhão na alegria e no pesar terreno fosse inconsequente, sem sentido, distante da atenção dos homens, como se essas sensações fossem menos importantes que qualquer interesse que se tenha neles, seja o interesse irracional ou maligno.

Essa crença é muito mais subversiva do que qualquer manifesto ambientalista ou de defesa dos animais porque demanda não apenas conservar e proteger, mas reservar um pouquinho de amor para esses seres. Quando se mata um elefante, se caça um lobo com armadilhas que lhes mordem as patas ou quando se carrega o gado para lá e para cá em caminhões como se fosse lixo, chamar o executor de sem compaixão é uma acusação bem mais grave do que chamá-lo de violador de direitos ou de desperdiçador de recursos. Ele ficaria bem mais ofendido, e deveria mesmo.

Para observar os "deuses" em ação hoje, basta trocar *Caninos Brancos* pelo *Wall Street Journal*. Histórias parecidas são lidas em qualquer jornal, mas nesse encontrei algo que capta bem o espírito que vejo imperar no mundo, uma horrenda combinação de crueldade antiga com consumismo moderno. Não se permite que essas criaturas sejam espectadores dos assuntos humanos, sobretudo dos assuntos econômicos. Postos para correr, mortos ou cercados nesses tempos prósperos, tanto pelo desenvolvimento quanto pela caça recreativa, os animais são tratados ainda mais sumariamente quando o assunto é econômico. Na Indonésia, como conta o correspondente Peter Waldman, os zoológicos e refúgios, que no passado eram protegidos, hoje são saqueados – macacos, tigres e elefantes de Sumatra vendidos a ranchos de caça exótica, mercados de comida ou mesmo laboratórios:

> Para estrangeiros em terra, as iguarias exóticas são uma pechincha pela moeda indonésia. Os pedidos velejam de barco: o capitão de um pesqueiro de atum pede 12 jovens Macaca nigra – espécie de primata ameaçado de extinção –, que serão entregues ainda vivos em seu barco.
>
> O pedido passa por morros cobertos de palmeiras até o vilarejo de Bingaguminan, à beira da Reserva Natural Tangkoko. Caçadores caminham dias buscando suas armadilhas no refúgio em plena selva para buscar os animais raros. As mães têm de ser mortas para que se consiga levar os filhotes.
>
> A bordo da galé, os macacos são amarrados pelas mãos e pelos pés, para que espetos de bambu afiados perfurem seus crânios. Quando acabam as convulsões, o cérebro é servido cru.[8]

Só há uma força na Terra, fora a contenção física, capaz de impedir o capitão do barco. Ainda que o convencêssemos de que o macaquinho e sua mãe têm direitos, a cena poderia acontecer. Se explicássemos que se trata de espécie ameaçada de extinção, que pode em breve desaparecer do planeta e que só há poucas centenas deles no mundo, que o capitão talvez conseguisse algum outro meio de subsistência... não, nada disso o satisfaria. Apenas a consciência, talvez apenas o medo de Deus Todo-Poderoso, poderia segurar esse homem.

Quantas cenas como essa se passam diariamente em todo o mundo, sem que se note ou se relate? E é intrigante que, ao mesmo tempo, um número cada vez maior de pessoas esteja mais preocupado com animais e seu bem-estar. Enquanto os macacos encontraram seu destino naquela embarcação, em outros lugares do mundo primatas estão se comunicando com linguagem de sinais, virando páginas de revistas e impressionando pesquisadores com outros dons, como habilidades para matemática elementar e resolução de problemas. É verdade que, para nos alcançar, essas criaturas ainda teriam um longo período pela frente, mas mesmo assim há algo grave aqui e que vai de encontro a práticas cada vez mais cruéis e disseminadas no mundo. Há aqui um descompasso entre compreensão e aplicação, o percebido e o permitido. Até que isso seja contemplado por nossas leis, o debate sobre a proteção dos animais só vai ficar mais amargo.

NAS SUAS MÃOS

Por um lado, os eufemismos da crueldade contêm uma certa franqueza tosca. Implicam a compreensão, ainda que obscura, de que algo deu errado. Por mais veementes que sejamos ao defender certas práticas, insistir nelas requer alguma firmeza. A descrição do que se pode ou não fazer na língua da moralidade soa cada vez mais forçada, mas isso não impede muitas pessoas de tentar justificar por meio da Ordem Divina seus caprichos e prazeres alcançados às custas dos animais. Esse, entretanto, é um domínio exclusivamente de poder, com elas mesmas no centro, e não Deus, apenas pompa, mas nenhuma bondade.

A palavra "domínio", na tradição ocidental, foi confiada à humanidade. Muitas pessoas só parecem lembrar da parte do "enchei e subjugai". Mas o trecho todo, lido literal ou alegoricamente, capta melhor que qualquer outro o drama disso tudo, o mistério que compartilhamos com outras criaturas, todos seguindo para a mesma escuridão, chamados pela mesma Voz. "Na vossa mão são entregues", diz o Gênesis. Entregues vivos. "Então Deus formou o homem do pó da terra, soprou-lhe nas narinas o sopro da vida (...)." Daquele pó vieram as criaturas, respirando o sopro da vida. "Sede fecundos e multiplicai-vos." Aos animais foram dadas as mesmas instruções. "E Deus os abençoou." Também os animais seguiram com bênçãos para si.

Sempre sentimos o conflito. Por mais que o ser humano possa ter satisfação em seu comando das bestas, poucos de nós conseguem evitar um sentimento de empatia. Fazê-lo requer um ato especial de desejo, em geral seguido de arrependimento. "Sou um caçador", nos diz o general H. Norman Schwarzkopf no capítulo 2 deste livro. Ele falava ao Safari Club International: "Posso puxar o gatilho ou optar por não puxar o gatilho. E deixo de ser caçador quando escolho não puxar o gatilho. Tenho obrigação de treinar a pontaria para ser certeira e limpa. Tenho obrigação de evitar um sofrimento àquele animal. E quando estou diante do animal de que gosto tanto, derramo uma lágrima, e não sei por quê."

A maioria de nós conhece esse sentimento e ele nos afasta desses passatempos. Seja qual for a abstração da ciência e da teologia que apliquemos, sabemos que animais não são como nós e, ainda assim, sabemos que tampouco são apenas objetos. Quando os vemos tratados como nada, uma parte de nós dói, padecendo com seus choros e tentativas de escapar. Do mesmo modo, também nos regozijamos quando vemos animais que conseguem escapar, mesmo que seja dos perigos da natureza selvagem em que todos nascemos e no qual devemos perecer.

Apenas o ser humano é capaz do "sofrimento nobre, sofrimento de que não se pode ser poupado nem é possível alterá-lo", nos diz Viktor Frankl. "Nenhum animal pode fazer isso. Nenhum animal pode fazer nada disso. Nenhum pode se perguntar se sua vida tem ou não significado. Nenhum pode sequer transformar uma situação indesejável em realização – só o homem pode. Mas ao fazê-lo, ele alcançou o auge do que o ser humano é capaz."[9]

É claro que isso é verdade – embora não seja verdade que para uma vida ter sentido esse sentido tenha de ser compreendido. Até onde se sabe, o ser animal não pode transcender sua dor. Um elefante acuado por caçadores junto a um pequeno charco, um cervo a fugir em uma perseguição ou atropelado numa estrada, um porco, um cordeiro ou um bezerro emboscado – nenhum deles consegue extrair significado de sua penúria, encontrar refúgio em Deus ou orar pela libertação. Mesmo assim, eles sofreram a privação, o medo, o pânico, a solidão e nós conhecemos esses sentimentos.

O termo "domínio" não traz insulto às criaturas-irmãs. Estamos todos no mundo com nossos dons e atributos. E os dons deles, os dons que o Criador lhes concedeu, são bons para muitas coisas,

DAS COISAS QUE SÃO

embora simplesmente não sejam voltados para governar e controlar. Alguém tem de assumir o domínio e, ao dar uma olhada na Terra, parece que somos os melhores candidatos, exatamente porque nós, humanos, somos infinitamente superiores no que concerne à razão e os únicos capazes de conceber a justiça dentro de um domínio ainda maior que o nosso.

Alguns dos defensores dessa causa são cautelosos em relação à terminologia religiosa e partilham com o teórico da libertação animal Peter Singer uma suspeita contra qualquer defesa de que a humanidade tenha um lugar com autoridade especial no mundo. Ele argumenta: "A Bíblia nos diz que Deus fez o homem na Sua imagem. Devíamos ver isso como se o homem fizesse Deus na sua imagem."[10] O domínio, acredita Singer, é o primeiro exemplo do egoísmo humano mascarado pela vaidade espiritual – o lobo não na pele do cordeiro, mas na do pastor.

Mas esse tipo de argumentação mais cede terreno do que ganha. Em termos estratégicos, ao menos nos Estados Unidos, vale lembrar que nenhuma causa moral se tornou tão forte a ponto de não ter de dialogar com os dogmas religiosos. Animais evocam sensibilidades mais profundas que guiam a opinião pública, mesmo em nossa época secular. Aqui, mais do que em qualquer lugar, há argumentos em favor das criaturas.

Pessoas sérias e respeitáveis alertavam para a crueldade com diversos seres da natureza muito antes da elaboração de uma causa dos direitos dos animais. Em geral, eram pessoas com ideias mais voltadas para a religiosidade, de São Francisco de Assis a Moisés Maimônides e outros da tradição judaica. Hoje as coisas mudaram de figura: são ativistas seculares preocupados com animais contra pessoas mais religiosas defendendo a tradição e a sabedoria moral dos tempos. Fiquei abismado ao encontrar a oração de São Basílio, bispo de Cesareia, na Palestina, por volta do ano 375:

> Ó, Deus, aumenta em nós o senso de companheirismo para com todos os viventes, nossos irmãos, os animais, a quem Tu deste a terra em comum conosco. Lembramos envergonhados que no passado exer-

cemos o alto domínio do homem com uma crueldade implacável, e a voz da terra, que deveria subir a Ti como música, foi um bramido de tormento.[11]

Certa vez perguntei a um amigo muito envolvido no movimento de direitos animais o que o levara a adotar a causa. Ele contou que desde criança não suportava a ideia de sofrimento dos bichos, da vulnerabilidade de qualquer criatura sujeita a maus-tratos. Ele não é religioso, segue o raciocínio de Peter Singer e outros teóricos e ativistas céticos ao tradicionalismo no que diz respeito a animais. E ainda assim, aquela convicção básica a levá-lo e a outros à causa soa mais verdadeira do que qualquer teoria. Outra época talvez visse nele sinais de uma vocação. Possivelmente a melhor forma de expressar isso tenha vindo de Santo Isaque, o Sírio, místico do século VII, ao se perguntar o que era um "coração caridoso":

> É um coração que chameja de amor por toda a criação, pelos homens, pelos pássaros, pelas feras (...) por todas as criaturas. Aquele que tem tal coração não pode ver ou pensar em uma criatura sem que seus olhos se encham de lágrimas por conta da imensa compaixão que captura seu coração; um coração suavizado, que não aguenta mais ver ou saber por outros do sofrimento, mesmo a menor das dores infligida a uma criatura. É por isso que esse homem nunca para de rezar pelos animais (...) comovido pela piedade sem fim que reina no coração daqueles que se estão unindo a Deus.[12]

É preciso procurar bem para encontrar essas passagens nos livros e textos religiosos da Antiguidade, embora seja certo que você os achará. Há uma longa tradição de benevolência com essas criaturas, mas que perdemos enquanto barganhamos sobre a ciência e os direitos dos animais.

O islamismo tem por princípio que "quem é gentil às criaturas é gentil a Deus"[13] e o budismo traz a crença de "paz para todos os seres", considerando a benevolência com os animais como uma virtude tanto quanto a tolerância, a confiança, a liberalidade e a pureza.[14] Plutarco, o filósofo grego do século I, escreveu sobre uma criação de animais de sua época: "por um pouco de carne, nós os privamos de sol, luz e da duração da vida a que tinham direito pelo nascimento e a existência."[15] Na *Utopia* de Thomas More, o abate é deixado para os escravos por medo de que, se os cidadãos o fizessem, "a prática da misericórdia, o sentimento mais refinado da natureza humana, fosse gradualmente abatida".[16] No mesmo livro, a caça esportiva é banida, como "indigna de homens livres".[17] Quem vivia em Utopia "não acreditaria que a clemência divina tivesse prazer com o banho de sangue e a carnificina, uma vez que se tenha dado vida a essas criaturas animadas para que gozassem de felicidade".[18] Tolstói também cita, em *Ressurreição*, um mundo de gente enclausurada por si própria, incapaz de ver que "cada homem e cada criatura viva tem um direito sagrado ao júbilo da primavera".[19]

O fundador da Igreja Metodista, John Wesley, foi além de todos eles, ao encontrar "uma contrariedade à justiça de Deus no sofrimento de um sem-número de criaturas que jamais cometeram pecado digno de tão severa punição". Em seu sermão "A libertação geral", chega a se perguntar se alguma misericórdia divina não deve estar, do outro lado, à espera desses seres maltratados: "de que adianta insistir num assunto que conhecemos tão pouco? Nossos corações podem se estender a essas pobres criaturas ao refletirmos que, más como podem parecer a nossos olhos, nenhuma foi esquecida na visão de nosso Pai no céu."[20] Um século atrás, o cardeal John Henry Newman, uma das grandes figuras católicas, perguntava:

> Então o que emociona nossos corações e nos enoja na crueldade aos pobres brutos? (...) Não nos fizeram mal nem têm poder para resistir; é a covardia e a tirania dos que lhes fazem de vítimas o que torna seu sofrimento especialmente tocante. A crueldade com animais é como se o homem não amasse a Deus. (...) Há algo de muito tenebroso e satânico em atormentar aqueles que nunca nos prejudicaram, que não podem se defender, que estão inteiramente em nosso poder.[21]

DOMÍNIO

Quando foi a última vez que você ouviu a advertência de um ministro cristão contra a crueldade com animais? Isso é tão raro quanto uma relíquia, mesmo que nos Estados Unidos e no Reino Unido essa questão tenha surgido como uma causa de fato no século XIX, quando reformadores cristãos fundaram a Sociedade Real para a Prevenção de Crueldade contra os Animais e sua correspondente americana. Em geral, eram as mesmas pessoas que estavam por trás dos movimentos de abolição da escravatura e do trabalho infantil, gente como William Wilberforce, o padre anglicano Arthur Broome, o cardeal Henry Edward Manning e Anthony Ashley Cooper. Esse último, conde de Shaftesbury, escreveu: "Tenho certeza de que Deus me convocou para dedicar qualquer condição superior que tenha me concedido para a causa dos fracos, desamparados, sejam homens ou feras, e para aqueles que não têm quem os defenda."[22]

Os pensadores religiosos advertem contra ideias como as de Peter Singer. Também devem se perguntar qual a alternativa que eles mesmos praticam – quais são seus padrões para os cuidados com animais e se esses padrões são ensinados e aplicados. Nossas leis a esse respeito são inconsistentes e permissivas. Por trás delas, há modelos vazios de religiosidade e moral. São mais prescritivos do que proibitivos, generalidades frouxas, que permitem adaptações fáceis e intermináveis, de modo que (como veremos no próximo capítulo) mesmo o mais reles atirador pode se designar um "atleta de Cristo" sem medo de que lhe chamem a atenção.

O catecismo da Igreja Católica afirma, por exemplo, que os animais são criaturas de Deus, que "os envolve com seu cuidado providencial. Com sua simples existência, eles abençoam e glorificam. Assim, os homens lhes devem essa benevolência. Devemos lembrar a bondade com que santos como São Francisco de Assis ou São Filipe Néri tratavam os animais".[23] O Criador, entretanto,

(...) confiou os animais aos cuidados daqueles a quem criou a sua própria imagem. Portanto é legítimo usar animais como comida ou vestimenta. Devem ser domesticados para ajudar o homem em seu

DAS COISAS QUE SÃO

trabalho e descanso. Experiências médicas e científicas com animais, desde que dentro de limites razoáveis, são uma prática moralmente aceitável, uma vez que contribuem para tratar e salvar vidas humanas. É contrário à dignidade humana causar sofrimento ou morte desnecessária a animais. Da mesma forma, não é digno gastar com eles dinheiro que deveria ser destinado prioritariamente a aliviar a miséria humana. É possível amar animais; mas não se deve direcionar a eles a afeição dedicada às pessoas.[24]

Há muito aqui para qualquer um. Como abordar cada assunto em particular? Uma vez que é legítimo criar animais em fazendas, será igualmente legítimo criá-los em fazendas industriais e alterá-los geneticamente? Quais são os limites? E quais os limites razoáveis para a experimentação científica? Onde encontraremos essas definições nos ensinamentos católicos? E esses limites estão sendo supervisionados, por exemplo, no caso de pesquisas idênticas feitas e refeitas milhares de vezes por milhares de cientistas diferentes? Onde os limites não são obedecidos, trata-se de um erro moral? De um mal? Um pecado?

A caça esportiva, por um troféu ou por lucro, é considerada uma imposição desnecessária de dor? As economias ocidentais modernas, com suas indústrias de caça milionárias, estão deixando de honrar a dívida de bondade com os animais? Há erros morais aqui? Se há, por que não são condenados pela Igreja?

E, afinal, se *qualquer* dinheiro gasto com animais poderia ter sido usado para a caridade, por que não é sempre indigno gastar esse dinheiro? Se levado a sério, como alinhar esse princípio ao anterior, que declara ser contrário à dignidade humana causar sofrimento ou morte desnecessários?

Essa passagem do catecismo contém a doutrina católica, quase toda, no que concerne ao tratamento dos animais, e foi elaborada a partir de ocasionais pronunciamentos do papa, nenhum tão abrangente quanto o citado a seguir. Exceto por proibições específicas que requerem julgamentos particulares, qualquer um pode encontrar o que quiser ouvir nessa passagem. Ela declara objetivos amplos e valiosos, e alerta contra erros amplos e sem valor, sem o rigor que se esperaria de ensinamentos católicos em cada tópico moral. A *Enciclopédia Católica*, essa sim, descreve a crueldade como pecado, pelo menos a crueldade "maliciosa":

> Ao dar à criação bruta uma natureza sensível, capaz de sofrer – natureza que os animais têm em comum conosco – Deus colocou sobre nosso domínio a eles uma restrição que não existe no nosso domínio ao mundo não senciente. Somos destinados a agir em relação a eles conforme sua natureza. Podemos legitimamente usá-los para nossos desejos e bem-estar, desde que razoáveis, mesmo que esse uso inflija dor. Mas infligir dor maliciosamente não satisfaz nenhuma necessidade razoável. Por constituir uma afronta contra a ordem Divina, é portanto algo pecaminoso.[25]

Isso é útil. Mas o grande problema é que enquanto a tradição católica, e de qualquer outra grande religião, deplora a crueldade maliciosa, nós temos uma definição muito frouxa de "malícia". Pensamos pouquíssimo sobre "necessidade razoável" e "desejo razoável", os fatores que distinguem a dor animal necessária da conduta supérflua, inconsequente e voluntariosa.

O resultado dessas doutrinas de tantas igrejas é uma coleção de opções sem obrigação, dois mundos que não parecem ter nenhuma relação um com o outro, algo como o lugar descrito no capítulo 6, na Carolina do Norte, onde se pode encontrar uma fazenda industrial, um rancho para caça e uma igreja batista, um ao lado do outro. Para muitos cristãos, existe um mundo no qual o ser humano, feito à imagem e semelhança de Deus, afirma a bondade inerente aos animais e se sente o mestre justo e benevolente. Mas há também outro mundo, o mundo da realidade, em que pessoas e indústrias permanecem livres para fazer o que quiserem sem impedimentos ou condenações morais, sem repreensão ou, menos ainda, autorrepreensão. Há a realidade inspiradora do "Todas as criaturas de Deus", conforme São Francisco de Assis, em versos cantados por muitos católicos em missas; assim como a dos banquetes de Páscoa, com cordeiro, tender e vitela, a serem degustados sem a menor preocupação com a privação e a miséria do carneirinho, do porco ou do bezerro em mãos humanas.

Claro está que parte da razão para esse silêncio religioso vem da noção de que os ambientalistas modernos trazem algo da adoração pagã da natureza; o assunto é evitado por medo de confundir o rebanho. Mas mesmo que fosse como tópico periférico de temas maiores como o orgulho, a avareza e, acima deles, a gula, era de se esperar que o olhar sobre os animais ganhasse uma atenção pastoral maior. Muitas igrejas católicas e episcopais têm uma bênção anual a animais no dia 4 de outubro, uma homenagem a São Francisco, eco das bendições consagradas a eles no livro do Gênesis, mas isso é tudo. Mesmo que o domínio de Deus não esteja entre nossos maiores chamados divinos, ele é um dos principais na tradição judaico-cristã. E esse fato pode inspirar mais alguns sermões.

Lembro-me de um conhecido, devoto e consciencioso em muitos aspectos, que tentou me deixar chocado com a história de um laboratório (em Indiana, se não me falha a memória), onde, para silenciar os latidos incansáveis de sessenta cães, os pesquisadores tiraram as cordas vocais de cada um. Os cachorros ainda tentam latir, contou. E, como se estivesse na frase final de uma piada, completou: agora os cientistas podem trabalhar em paz, é como se alguém tivesse apertado a tecla *mute*.

De onde vem uma mente capaz de rir disso? Parece-me tão contrário a tudo em que acredito. Para essa pessoa, assim como para muitos outros cristãos, as reivindicações extravagantes da causa animal tornaram-se uma defesa conveniente, um pretexto para negligenciar todo e qualquer aspecto relativo ao bem-estar dos bichos – como se todos eles tivessem sido calados. Sempre tementes às ameaças à dignidade humana, muitos religiosos de hoje deveriam examinar mais detidamente o que de fato defendem.

Pode-se achar que a causa animal é completamente secundária. Pode-se achar que esses seres são moralmente sem importância, não têm alma e, por isso, não se luta por eles, nem ninguém tem obrigações morais quanto a isso. Mas o que não se pode fazer, acobertado por princípios religiosos, é negar que temos algum dever de bondade e que tal dever impõe limites a nossa conduta, limites esses que simplesmente não estão sendo respeitados.

Também vale lembrar o máximo da hipocrisia oferecida à virtude pelas mãos do vício: nossas incoerências nos cuidados com animais podem ser usadas como prova de que ainda temos coração, que agimos com benevolência onde houver lugar para tal – por exemplo, com as criaturas que mais conhecemos, nossos animais de estimação. Pode-se ver isso na página da internet *Brand of the Cross Ministries* (Ministros da Marca da Cruz), para fãs de rodeio: "Acreditamos que é Deus, e não o homem, quem inicia o ministério. (...) Acreditamos que Deus (...) nos chama para sermos bons e pertencer à Marca da Cruz". Se há um lugar onde se abusa gratuitamente de animais, e em geral de filhotes, tudo para a mais pura excitação e bravata, esse lugar é um rodeio. Mas, no *Brand of the Cross*, estão certos de que Deus aprova, de que o caubói Jesus, "logo atrás das porteiras", guia e inspira. Na página de orações do grupo, na internet, entretanto, aparece o seguinte diálogo:

DARLENE: NÃO ESTOU CONTENTE (...) minha cachorrinha vai ser apagada. Deus não a curou. O veterinário vai colocá-la para dormir porque ela está sofrendo. Estou chorando e estou triste porque MEU MARIDO A AMAVA TANTO!!!!!!!!!!

NORMA: Fico tão triste por você ter perdido seu amado bichinho de estimação. Também tive de abater os dois únicos cachorros que eu tive. Sei como se sente. (...) Sei que os meus dois estão no paraíso dos cães, correndo e brincando felizes, como tinha de ser.

O que leva a uma discussão sobre imortalidade canina:

CAROL: Oi, Darlene, já estive no seu lugar. Eu tinha um lindo labrador, que morreu no ano passado. Ele estava bem e, de uma hora para outra, não conseguia mais se levantar. Li salmos e provérbios para ele a noite toda até o levarmos ao veterinário. Tivemos de colocá-lo para dormir. Algumas senhoras da igreja vieram me consolar, dizendo que eu o veria de novo. Nosso pastor disse que não queria nos chocar, mas que não existem evidências bíblicas para acreditar nisso. Uma das senhoras se recompôs e disse, ah, sim, existem sim. Deus vai secar cada lágrima dos nossos olhos. Você não acha que se unir de novo a um companheiro leal também se enquadra nisso? Ele disse, sim, se enquadra. Ele se corrigiu. O Senhor é um conforto em que se apoiar.

CHRISTINE: Sinto muito, Darlene. Seu cachorro tem um lugar no céu também. Estive na mesma situação com meu cachorro e dói, mas lembre que você e seu marido verão seu amigo de novo. Deus os abençoe!

Tudo isso é lindo, mas a questão óbvia é por que o Senhor se importaria com essa criatura específica, que morreu enquanto sua dona lia salmos para ele, mas não com os outros – como os animais do rodeio atormentados e aterrorizados enquanto a plateia se diverte? Mesmo os amigos de Darlene e o bom pastor, com sua gentil confirmação, supõem que Deus se importa com aquela criatura apenas porque ela, Darlene, se importa. Isso significa que *nós* é que decidimos os valores de Deus e até onde sua compaixão chega ou não chega.

Suponhamos que seja verdade, como sustentaram muitos cristãos (C. S. Lewis e Billy Graham entre eles), que quando Deus vier buscar os vivos, suas poucas exceções sejam feitas aos amigos peludos que amamos. É possível pensar que essa já é uma razão suficiente para espalharmos nossos cuidados o máximo possível, para sermos Seu instrumento na preocupação amorosa com todas as criaturas. Se o envolvimento humano for de fato decisivo aqui, não é estranho pensar que Ele cuidará daqueles que encontraram a bondade dos homens, mas não daqueles que se depararam com a crueldade humana?

Estudar a Bíblia e outros escritos sagrados e investigar o que exatamente significa o domínio, para então compará-lo com nossa atual conduta, talvez nos leve a encarar o óbvio: o ser humano decaído abusa de seus poderes. Não pretendo ser nenhum especialista na exegese das Escrituras, muito menos um exemplo de virtudes cristãs, das quais a bondade com os bichos é apenas uma. Mas esses textos têm peso e expressam os princípios fundamentais e inspiradores de toda a nossa civilização. De tantas maneiras, buscamos neles um guia moral, mas raramente nos sentimos guiados dessa maneira. Muitas das crueldades vêm de pessoas que rapidamente se identificam como cristãos. É vergonhoso. Já seria uma pequena vitória se o exame da Bíblia pudesse nos poupar das caras de santo daqueles que cruelmente matam e maltratam animais, como se Deus acenasse para seus campos, florestas e fazendas industriais. É tempo de investigar a permissão do "subjugai" tanto na palavra quanto no espírito. Malcolm Muggeridge pergunta: "Como é possível olhar para Deus e cantar suas glórias enquanto se insulta e degrada suas criaturas? Se, como pensei, todos os cordeiros fossem *Agnus Dei*, então privá-los da luz, dos campos, do céu e de seus saltinhos alegres é o pior tipo de blasfêmia."[26]

ÉTICA PRÁTICA

Membros de sociedades protetoras de animais muitas vezes parecem falar uma língua que guarda pouca relação com a realidade do mundo em que os animais vivem ou mesmo do nosso mundo. Cães, elefantes e porcos não são um grupo de interesse que emite latidos, barridos e grunhidos para ter suas demandas atendidas. Por mais que eu admire qualquer um que se preocupe e leve o assunto a sério, alguns teóricos dessa defesa, ao menos em seus argumentos mais abstratos, esquecem-se de que não é necessário ser igual para se cuidar de outra criatura, essa igualdade não é verdadeira nem entre o meio humano, no qual muitas vezes aqueles que mais amamos são fracos e vulneráveis.

O mais conhecido e difamado teórico defensor dos animais é Peter Singer, conhecido por seus críticos como Professor Morte. Indicado em 1999 para um prestigioso posto na Universidade de Princeton, o australiano é a maior prova desse tipo de atitude abstrata demais quando se trata de causas relacionadas a animais. Segue uma amostra do raciocínio do professor Singer (está no livro *Ética prática*), a partir da qual ele ganhou seu apelido:

DAS COISAS QUE SÃO

Se o feto não tem os mesmos apelos à vida que uma pessoa, parece que o bebê recém-nascido também não, e a vida de um recém-nascido tem menos valor para si do que a vida de um porco, um cachorro ou um chimpanzé tem para um animal não humano. (...) Ao pensar nesse assunto, deve-se afastar sentimentos baseados na aparência pequena, indefesa e, por vezes, fofa das crianças humanas. (...) Se pudermos colocar de lado esses aspectos emocionalmente tocantes mas estritamente irrelevantes de se matar um bebê, pode-se ver que o fundamento de não matar pessoas não se aplica a bebês recém-nascidos.[27]

Digamos que ninguém pode acusar o professor Singer de um sentimentalismo extravagante. Mas apesar de seu manifesto, *Libertação animal* (publicado originalmente em 1975), ter tido uma enorme influência no debate moderno sobre o status dos animais, Singer, ao contrário do que alguns críticos pensam, não argumenta de fato dentro do viés dos direitos. A causa dos direitos animais deve mais a filósofos como Tom Regan, Mary Midgely e o reverendo Andrew Linzey, entre outros que defendem de diversas maneiras o valor moral inerente aos bichos. Para Singer, não há algo como um valor inerente, ele deixa todas as reivindicações morais para serem medidas por um cálculo utilitarista de prazer e dor, com o prazer sendo o bem último a definir a existência. E tanto humanos quanto animais têm prazer, portanto todas as criaturas têm direitos iguais à existência. A ideia, escreve o professor Singer, é "que a razão mais óbvia para dar valor à vida do ser capaz de experienciar prazer e dor é o prazer que ele pode sentir".[28]

Todo o resto parte dessa teoria, inclusive a controvérsia sobre se o bebê, por ainda não ter a autoconsciência totalmente formada, pode ser descartado (sem crises de consciência), caso a execução aumente a soma total de prazer dos pais. Não é preciso dizer que nenéns deficientes físicos não alteram muito essa aritmética moral, muito menos pessoas em coma, pacientes terminais ou deficientes mentais. Apenas se os homens fossem seres unicamente espirituais a matemática mudaria, mas o teórico exclui essa possibilidade.

41

Não parece uma teoria muito sábia, se levarmos em conta a preocupação do professor Singer com os animais. Se nenhuma vida, humana ou animal, tiver qualquer valor moral em si mesma, não há moral absoluta a nos guiar. Se, no fim das contas, tudo é uma competição por poder, com cada espécie se opondo a outra nessa afirmação do interesse próprio, adivinhe quem sempre levará a melhor?

Li *Libertação animal* assim que foi publicado, e já aos 16 anos reconheci no professor Singer uma combinação de bom coração e mente voltada demais para a abstração. Meu cachorro também não se importou muito com essas teorias. Eu até tentei, mas não consegui perceber em seu focinho peludo algum desejo pela Libertação. Ele só queria dar um passeio em volta do laguinho uma ou duas vezes por dia e então voltar comigo para casa, onde a nossa Soma Total de Prazer estava na companhia um do outro. Nós não nos preocupamos muito com a Igualdade, também. E assim é com os animais domésticos em geral, que olham para nós só por respeito às criaturas e visando todo o amor que temos a oferecer. Na verdade, foi Lucky que, entre muitos outros feitos de valentia, sozinho refutou a teoria utilitarista e subiu três andares de escada numa infeliz noite, escadas estas que ele não subia sozinho havia seis meses – espontaneamente, aos quinze anos, sofrendo de artrite severa e perto de nos deixar – para oferecer consolo. Eu ainda posso ver aquele focinho marrom e branco empurrando a porta. Ele estava colocando o meu "direito" ao prazer acima de si próprio, e ainda agradeço por isso.

Essas teorias de poder têm dois problemas: 1, são teorias; 2, versam sobre o poder. Cada vez que um intelectual de hoje sai às ruas, consegue uma confusão. "O sr. Singer apoia todas as formas de eutanásia, voluntária ou não; aborto; infanticídio; e direitos dos animais. E quem decide que vidas são prazerosas? Provavelmente gente tão iluminada quanto o sr. Singer", escreveu Naomi Schaffer no *Wall Street Journal*.[29] Don Feder, colunista conservador do *Boston Herald*, completou:

DAS COISAS QUE SÃO

Presumivelmente é preciso ser estudioso de bioética para ver egoísmo nos pais que poupariam uma criança deficiente ou um filho que não desligaria os aparelhos que mantêm a vida dos pais. (...) As duas metades da filosofia do sr. Singer (direitos animais e negação dos direitos das "não pessoas" humanas) são simétricos: menos gente, mais espaço para os animais. Como colocou o apresentador de talk show Dennis Prager, em Los Angeles, "aqueles que se recusam a sacrificar animais por pessoas acabam sacrificando pessoas por animais". O sr. Singer comprovou a tese de Prager.[30]

Eu não vejo desse modo. Acho que direita e esquerda misturam simples questões como amor, relação e dever humanos com a preocupação que têm com o poder. Singer vê poder humano e odeia isso. Então ele o leva para seu laboratório de bioética e joga o terror de volta para o homem. Os senhores Feder e Prager (esse último, teólogo) veem poder humano e amam isso – talvez até um pouco demais. Então, com outros conservadores, inventam (como se pode perceber) criaturas insólitas, "seres genéricos" e dilemas falsos, por medo de que algum animal entre no caminho dos desígnios e caprichos humanos, além de objetivos comerciais. Os dois lados, obcecados pelo poder, vão abusar dele – no caso de Singer, matando tudo, e não apenas crianças e fetos, mas também animais e dois dos sentimentos mais nobres do coração humano: a deferência e a misericórdia.

Isso é típico do espírito impaciente e imperioso do comportamento humano com animais e com pessoas desamparadas ou inconvenientes. Quando se trata de animais, muitos de nós seguem um utilitarismo individual e quase insensível. Uma boa descrição desse espírito vem das palavras do papa João Paulo II, cujas encíclicas de 1990 alertavam para uma relação tumultuada com o mundo natural:

> Em seu desejo de ter e gozar, mais do que ser e crescer, o ser humano consome recursos da Terra e de sua própria vida de maneira excessiva e desordeira. Na raiz da destruição insensata do meio ambiente está um erro antropológico infelizmente muito disseminado nos dias de hoje.

O homem, que descobre sua capacidade de transformar e de certo modo criar um mundo com seu esforço, esquece que este se desenrola sempre sobre a base da doação originária das coisas por parte de Deus. O homem acha que pode fazer uso arbitrário da Terra, sujeitando-a sem comedimento a suas aspirações, como se ela não possuísse uma forma própria e um destino anterior que Deus lhe deu, de que o homem pode desenvolver, mas não trair. Em vez de fazer seu papel de colaborador de Deus na criação, o homem quer se colocar acima de Deus e, assim, acaba por provocar uma rebelião por parte da natureza, que é mais tiranizada do que governada por ele.[31]

Os conservadores elogiavam a postura moral de João Paulo II em relação às tendências atuais. Prestavam menos atenção quando a crítica dele chegava aos pecados do capitalismo, enxergando-a como excentricidade papal a ser contemporizada. Muitos ficariam surpresos ao ouvir seu chamado para que seguissem o exemplo de São Francisco, que "olhou para a criação com olhos de alguém que reconhecia nela o trabalho maravilhoso da mão de Deus. Seu cuidado solícito, não apenas com os homens, mas também com os animais, é um eco leal do amor com que Deus no princípio pronunciou o *fiat* que nos trouxe à existência. Somos chamados à mesma atitude".[32] Também disse o papa, no aniversário de 800 anos da morte do santo: "É necessário e urgente que, a exemplo do pobre homem de Assis, as pessoas decidam abandonar as formas não aconselhadas de dominação, a prisão de todas as criaturas."[33]

Quem constrói teorias elaboradas com base em direito ou libertação arrisca colocar seres vivos fora de um mundo onde afeição e boa-vontade são possíveis. Pessoas que maltratam animais, com crueza e desdém, estão tirando-os desse mundo, excluindo-os até mesmo da criação divina, como se fossem matéria de comércio, sem sentimentos, desejos básicos e inclinações, cujo valor dependeria de servirem para algo, desprovidas da menor medida de dignidade ou outros traços da mão do Criador.

DAS COISAS QUE SÃO

CRUELDADE DIVINA INCONSEQUENTE

Acredito ser um amigo improvável dos defensores de animais dos nossos dias e me considero conservador, e conservadores têm tendência a ver esse tópico com desconfiança. Mas toda a questão pode ser compreendida dentro da perspectiva conservadora, com seu vocabulário próprio de liberdade ordeira e abuso de poder. Há muitas pessoas inclinadas a abusar de seu poder sobre o mundo natural e suas criaturas? É claro que sim. Isso sempre acontece, nas questões humanas, quando o poderoso se esquece da fonte e da justificativa para sua autoridade. O poder é corrompido, o abuso se multiplica e o governado sofre.

Mesmo as pessoas da Peta (*People for the Ethical Treatment of Animals*/Pessoas pelo Tratamento Ético de Animais) e grupos similares, tantas vezes ridicularizados por toda sua reverência à marta, ao porco e à galinha, em geral só estão indicando erros óbvios e passíveis de correção. É apenas isso o que fazem, ainda que não aceitem a visão de mundo corrente. Nenhuma pessoa, muito menos os conservadores, deveria ficar chocada ou ofendida quando lhe dizem que estamos abusando do domínio, o primeiro e maior poder dado à humanidade neste mundo. O que seria chocante é se não cometêssemos esse abuso.

Meu tipo de conservadorismo traz consigo um realismo básico, que aceita que há no mundo um mínimo de sofrimento impossível de ser evitado ou poupado por nós. Isso está além de nossa capacidade, sobretudo no que tange aos animais. C. S. Lewis refletiu sobre a dor animal tão a sério que lhe deu um capítulo exclusivo no livro *O problema do sofrimento*. Ele cita a "*aparência* de crueldade divina inconsequente", já que, em qualquer sentido moral, nenhum animal merece sofrer nem vai melhorar a partir desse sofrimento.[34]

Do mesmo modo, é verdade que, quando se olha para o mundo natural, dificilmente "misericórdia" será uma das primeiras palavras a vir à mente. A maior parte dos bichos nasce precariamente, vive perigosamente e, muitas vezes, morre de um jeito horrível. É possível se assustar com a malevolência humana, mas o mesmo vale para diversas visões do mundo selvagem, lugar de parasitas, doenças e

DOMÍNIO

morte, de golfinhos encalhados às centenas nas praias, de zebras se debatendo com leões, lobos que perseguem um corço, filhotes de foca nas mandíbulas de orcas. Como Theodore Roosevelt observou num diário de safári: "Morte pela violência, morte pelo frio, morte pela fome – esses são os términos normais das incríveis e belas criaturas do mundo selvagem. O sentimentalismo que murmura sobre a vida pacífica da natureza não percebeu sua extrema impiedade."[35]

O problema dessa perspectiva da crueldade natural é não contemplar nossa capacidade singular de fazer escolhas, para o bem e para o mal. Tal visão não critica pedidos de clemência, ela abre mão deles e opta pelo inflar de egos, pela violência e a conquista (como optou o próprio Roosevelt, ao escrever essas linhas na interrupção de um ano inteiro voltado para a matança). Essa abordagem vê na violência natural um convite a se compor com a natureza. Trata-se da perspectiva de uma humanidade que enxerga terror, impiedade e malignidade em todo lugar, exceto em seu próprio coração.

O sofrimento, de forma geral, é um mistério vivido ao lado de outras criaturas mundanas e está obviamente além das pretensões deste livro explicá-lo. Mas a crueldade gratuita não pode se esconder atrás do fato inevitável do sofrimento. Os leitores céticos podem me acusar de sentimentalismo. Isso, segundo minha experiência, em geral acontece com gente que, na verdade, está defendendo sua própria ligação sentimental com alguma prática que envolve animais. Descobri o quão sentimentais as pessoas podem ser quando visitei um clube de safári. A crueldade tem seus próprios ritos, seu folclore, mitos e ligações. Esses elos, que vão além de qualquer necessidade ecológica ou econômica, são o que move pessoas que lutam contra a tentativa de melhorar a vida dos animais.

Às vezes, me parece que todo o debate sobre o tratamento aos animais é um conflito não entre argumentações razoáveis, mas entre mitologias rivais: animais, na condição de Vítimas oprimidas pelo Homem, contra o homem como Conquistador, guiado por Deus. As pessoas tendem a ser sentimentais em relação aos bichos de um jeito ou de outro, no prazer e no deslumbramento de vê-los vivos, nos rituais

DAS COISAS QUE SÃO

hediondos que levam a tormento e morte. Se é uma questão de escolher mitos, prefiro tomar o ser humano como a Criatura da Compaixão. É melhor ser sentimental com a vida.

No que diz respeito a mim, qualquer sentimentalismo que eu tenha com nossas criaturas-irmãs parece surgir justo dessa violência que caçadores desportivos e seus pares citam como justificativa para trazer mais violência ao mundo. Acho que além do que qualquer filosofia ou livro sagrado, foi o bom e velho Lucky quem me ensinou, logo nos seus primeiros meses, a apreciar a beleza dos bichos, sua dignidade e vulnerabilidade, além da ligação com a mortalidade que dividem conosco.

No meu caso, foi um passo moral simples estender essa visão ao resto do mundo. Afinal, o que são os cachorros senão amáveis emissários do reino animal? Nesse ser, havia um presente dado a mim e a minha família, que nos trouxe muita felicidade e animação. E que presente são os animais, quando nossos corações e nossas visões estão voltados para o lado certo. Quando os vemos separados de nossos desígnios sobre eles, como criaturas de um mesmo tipo que o nosso em seus próprios termos, algumas gloriosas e poderosas como elefantes, outras temerárias e letais como tigres, muitas alegres e gentis como golfinhos, e outras tantas humildes e despretensiosas como os porcos, mas nenhuma delas, ainda que fora do nosso mundo exaltado, escondida das vistas do Criador.

Para cuidar dessas criaturas e ver sua dignidade – algo que apenas o ser humano, como ser moral, pode fazer –, não é preciso empurrá-las a um lugar específico e pedir por uma igualdade total ou refrear qualquer dano possível. Mais uma vez, peripécias como essas serão rejeitadas como fantasia – e o realismo não se esforça muito para aceitar isso. Presencie uma grande operação de manejo de gado, procure os estábulos e viveiros mais escuros e apertados, aponte o mais sujo e miserável cordeiro, porquinho ou bezerro – e aí estará uma das criaturas de Deus moralmente idênticas aos nossos queridos Fluffy e Frisky.

Fale assim em círculos conservadores e você certamente conseguirá um silêncio constrangedor. Para muitos de meus amigos, isso cheira a misticismo do Extremo Oriente, ou um estranho credo da Nova Era,

DOMÍNIO

e não parte de nossa tradição ocidental. Mas se quiser abordar o assunto biblicamente, o mesmo Livro Sagrado que evoca o domínio apela insistentemente para esse direcionamento espiritual, como após o dilúvio que marca a aliança, logo que as criaturas chegam às nossas mãos, e nos é dito:

Faço convosco a minha aliança: nenhuma vida animal será novamente exterminada pelas águas de um dilúvio para devastar a Terra. (...) E disse Deus: "Esse é o sinal da aliança que estabeleço entre mim e vós e todos os seres vivos que estão convosco, por todas as gerações que virão. (...) E ponho meu arco nas nuvens, como sinal de minha aliança com a Terra. (...) Quando o arco-íris estiver nas nuvens, eu o olharei como recordação da aliança eterna entre Deus e todos os seres vivos, com todas as criaturas que existem sobre a Terra."[36]

Não sei quanta pregação e ensinamento eu ouvi em tantos anos sobre a aliança entre Deus e os homens. Não me lembrava de ouvir nenhuma vez que outras criaturas também estavam incluídas. Mas aí está. Toda a cena de terror e medo é um ato de misericórdia com a humanidade, e uma bela lembrança bem explícita de que devemos estender o espírito de clemência para outros cantos. Quando Deus fala que "o medo e o terror de vós virão sobre todas as feras da Terra", não estávamos nos nossos melhores momentos e Ele não estava nos obrigando a ter essa visão. O drama, momento de renovação que apresenta a pomba como símbolo de paz, se passa num contexto de condescendência divina com nossa fraqueza e nosso incorrigível gosto pela violência. Todo o Antigo Testamento reverbera essa tentativa de reaproximação, pelo menos de nossos corações – como quando Oseias, em sua censura a Israel, nos lembra que a restauração estava por vir:

Naquele dia selarei em favor deles uma aliança com os animais selvagens, com as aves do céu e com os répteis da terra. Exterminarei da face da Terra o arco, a espada e a guerra, e os farei habitar em segurança. Eu te desposarei para sempre; eu te desposarei na justiça e no direito, no amor e na ternura.[37]

DAS COISAS QUE SÃO

E Isaías, que não fazia muito o tipo piegas, profetiza que, um dia,

(...) o lobo habitará com o cordeiro, e o leopardo se deitará com o cabrito. O bezerro, o leãozinho e o animal cevado andarão juntos e um menino os conduzirá.
A vaca e a ursa pastarão juntas, e seus filhotes juntos se deitarão; e o leão comerá palha, como o boi (...).
Não se fará mal nem dano algum em todo o meu santo monte, porque a terra se encherá repleta do conhecimento do Senhor, como as águas cobrem o mar.[38]

Não parece um dos dizeres mais factíveis das Escrituras. Vai ser necessária muita conversa para convencer o lobo e o leão. Mas é uma imagem misteriosa, como são muitas imagens bíblicas, misteriosas e impraticáveis, como uma guerra de arado versus espada, ou amar tanto o próximo quanto o inimigo, ou como dar também sua capa quando alguém lhe pede o casaco. Mas isso não impede de se perceber a ideia geral, o que por toda a Bíblia parece ser um caminho de paz entre homens e feras, trazendo mais para perto a prometida era sem banhos de sangue nem mortes. Por que somos sempre tão literais e rígidos nas partes que tratam de domínio e sujeição, mas tão céticos e desdenhosos na partes sobre a paz?

ESTE MUNDO ADORÁVEL

Questionei-me longamente sobre incluir ou não animais de fazenda neste livro. Ter deixado o tópico para outra hora certamente me pouparia um bocado de confusão e talvez até ampliasse meu público leitor (ah, sim, pelo menos ele não é *daquele* tipo de gente). Sempre é mais fácil provocar indignação na defesa dos golfinhos, elefantes e cachorros maltratados. Quase todo mundo tem apreço por eles. Entretanto, para usar um eufemismo sobre a escolha: no fim, não há como evitar o abatedouro. Fazê-lo seria um ato de abandono seletivo – a única coisa de que acuso os outros. Se houve algum "extra" esquecido no pano de fundo da história humana, aqui está ele. Acho que sou *daquele* tipo de gente. Eu me importo de fato com algumas criaturas e espero que, após a leitura deste livro, você também.

Julgo que o uso de animais para leite, lã etc. é perfeitamente aceitável desde que lhes seja concedido, e a seus filhotes, um tratamento digno de quem o dispensa, um ser humano. É o que acontece nas fazendas pequenas. Esse é um bom exemplo do que São Francisco (ele, que não era estritamente vegetariano) queria dizer com domínio na domesticação, como a poda de uma árvore para que ela cresça. Aliás, esses animais não viveriam, não fosse esse tipo de pequeno negócio.

Mas a trilha do futuro não é essa, e sim nossas fazendas industriais. Não chega a ser o tema favorito de ninguém, é um assunto cujo debate todos preferem evitar. Tenho um palpite, no entanto, de que mesmo antes das recentes crises das fazendas, muitos de nós, nos países desenvolvidos, pararam uma hora ou outra para refletir sobre os animais desses locais, com alguma tristeza por se ter chegado a essa situação. O cacarejo, o pasto, os cheiros das fazendas de antes trazem nostalgia. Houve tempo em que essas criaturas inspiravam certo respeito daqueles que os criavam para o abate. Mesmo que sem sentimentos, as pessoas mostravam-se mais atentas a suas necessidades. Celeiros e moendas de aço, gado que, sem sol, alimenta-se sobre o chão de concreto – nossas fazendas estão desaparecendo para dar lugar a isso. Não é preciso aceitar a noção de direitos dos animais para sentir algum arrependimento. Nós nos encolhemos com mal-estar quando algo não vai bem na fazenda e todos esses animais têm de ser mortos a tiros, incinerados e enterrados. Mas, quando as coisas vão bem, olhar para esses lugares é tão difícil quanto.

Operações gigantes com gado são incontornáveis, uma vez que a população cresce e a competição econômica se acelera. Hoje, nos Estados Unidos, quatro empresas produzem 81% das vacas do mercado, 73% das ovelhas, 60% dos porcos e metade das galinhas.[39] Não há a menor chance de misericórdia para os 355 mil suínos abatidos diariamente. Ainda nesse país, em 1967, havia um milhão de fazendas

DAS COISAS QUE SÃO

que criavam esse tipo de animal; hoje são 114 mil, produzindo mais e mais para corresponder à demanda do mercado.[40] Cerca de 80 milhões dos 95 milhões de porcos abatidos por ano nos Estados Unidos são da pecuária intensiva, segundo o Conselho Nacional de Produtores de Suínos. São criados em fazendas de confinamento em massa e em nenhum momento durante sua vida veem a terra de verdade ou o sol. Geneticamente modificados por máquinas, inseminados por máquinas, alimentados por máquinas, arrebanhados, monitorados, eletrocutados, golpeados, limpados, cortados e empacotados por máquinas – eles mesmos tratados como máquinas, do "nascimento ao bacon" –, essas criaturas, quando comidas, raramente foram tocadas por humanos.

Veja mais alguns números. Em todo o mundo, de 1820 a 1920, a produção agrícola dobrou, incluindo-se aí a produção de carne. De 1920 para 1950, dobrou de novo. De 1950 para 1965, dobrou de novo. Nos dez anos seguintes, dobrou mais uma vez. E continua a crescer exponencialmente. Isso tudo, claro, para acompanhar um crescimento populacional. Éramos um bilhão em 1800 e hoje somos 6,5 bilhões.* Paralelamente, a agropecuária é cada vez mais automatizada. Antes da Segunda Guerra Mundial, 24% da população americana trabalhavam na agricultura, contra 1,5% hoje. Em 1940, cada empregado agrícola respondia pela produção para 11 consumidores. Hoje a razão é de um para noventa.[41] Dennis Avery, diretor para assuntos de alimentação do conservador Instituto Hudson, delineia o retrato dos suínos:

> Com o crescimento da renda no Terceiro Mundo, dispara a demanda por carne de porco. E, apesar das esperanças de ambientalistas em ebulição, não há tendência vegetariana à vista. A Ásia já aumentou seu consumo de porco para 18 milhões de toneladas na década de 1990, assim como sua importação de suínos, que cresceu 30%. Hoje o rebanho total de porcos no mundo soma 900 milhões de animais. Em 2050, deve haver 2,5 bilhões deles vivendo em algum lugar. Pelo bem do meio ambiente, é melhor esperarmos que sejam criados em grandes e eficientes sistemas de confinamento.[42]

---

* O tempo presente do livro se refere a 2002, data da primeira edição norte-americana. *(N. da E.)*

Nos Estados Unidos, a população suína permanece a mesma, segundo Avery, mas "estamos produzindo 50% mais de carne por animal, em parte porque eles estão ficando mais saudáveis e mais felizes à medida que se mudam para lugares fechados".[43] E, num recado inicial a uma nova geração de pesquisadores agrônomos, prevê que em dado momento a demanda mundial será de 3 bilhões de porcos por ano. Com isso, fica impossível a humanidade dispensar terras para criação extensiva.[44]

Economicamente faz todo o sentido. Mas pense no que se diz aqui: três bilhões de seres vivos – animais "sociáveis e amáveis", como admite um defensor das fazendas modernas[45] – trancafiados todo o tempo, cada porco condenado à vida de uma vitela. Oito milhões mortos diariamente em todo o planeta. Isso é um monte de porcos, uma terrível matança. Você pode achar que tal retrato faria alguém retroceder, questionar uma ou outra premissa e se perguntar aonde isso tudo leva. O sr. Avery, como a indústria que representa, não demonstra dúvida. E me pergunto quais suas previsões para um prazo mais longo, o ano de 2100, digamos. Dezesseis milhões por dia, seis ou cinco bilhões confinados? Vinte milhões? Há um limite? Quanto mais miséria e morte podemos extrair diariamente da vida até que seja suficiente?

Para o diretor do Instituto Hudson é apenas uma questão de manejo de terra. Dá para lidar bem com isso se considerarmos que os porcos e outros animais da fazenda nunca se importaram muito em ficar ao ar livre. Tudo vai dar certo para todos os envolvidos: nós teremos a carne que queremos, e os animais, o confinamento que preferem. Mesmo as aves, o sr. Avery nos garante, aconchegam-se com o aquecimento e a segurança das fazendas industriais: "Quem mora na cidade e não cria gado ou aves diz que a alimentação de confinamento é cruel para os animais e má para o meio ambiente. Mas pássaros e gado estão mais confortáveis no confinamento [e] crescem mais com menos comida."[46]

O resumo disso, mesmo que não se concorde com o entusiasmo do sr. Avery com "a maior explosão de consumo de leite e carne já vista",[47] é que a agropecuária ainda está sendo industrializada. Esse é um estágio econômico previsível e até bem razoável, a não ser pela despreocupação deliberada de todos com o sofrimento animal. Ao mesmo tempo, não há uma conciliação com os sensíveis consumidores que demandam e compram toda essa carne. Em nossas fazendas corporativas, essas crueldades foram aceitas, adotadas sem qualquer dúvida, e espera-se que todos façam o mesmo. Sabe-se que o mundo mudou e que a pecuária nunca mais será a mesma. Sabe-se que oferecer carne para bilhões de pessoas requer métodos diferentes dos usados para produzir para milhões, e que as fazendas industriais de hoje são apenas o começo. A realidade é simples assim. A não ser que consumidores se voltem contra fazendas industriais, a não ser que nossas escolhas pessoais condenem essas crueldades e nossas leis as proíbam, não se falará mais em fazendas "industriais" porque não haverá nenhum outro tipo de fazenda.

Esses locais são não apenas relevantes para minha argumentação, são centrais. Quando pensamos em animais e em sua sina, em algum lugar de nossas mentes estão essas criaturas que sofrem, lá longe, na escuridão das fábricas. A pergunta radical, porém perfeitamente razoável nesse ponto da história humana, é: Isso ainda é *necessário*? Não há um caminho melhor?

Três rápidas histórias para ilustrar o ponto.

Em janeiro de 1998, dois porcos fugiram de um matadouro em Malmesbury, na Inglaterra. Logo, todo o Reino Unido acompanhava o drama, com câmeras filmando de helicópteros e fazendo buscas nos campos como se fossem fugitivos da lei. Uma repórter da Reuters conta o caso:

> Mesmo tendo sido encurralado num jardim, "Sundance" se recusa a voltar calmamente. Foram necessários dois cachorros e oito pessoas para trazê-lo. (...)
> A aventura dos famosos fugitivos começou oito dias atrás, quando saíram do abatedouro abrindo caminho por baixo de uma cerca e nadando num rio gelado em direção à liberdade.
> Os feitos dos porquinhos salvaram a pele deles. Os dois vão ser poupados da faca do açougueiro e passarão o resto de suas vidas em um santuário animal. (...)[48]

DOMÍNIO

Você precisa ver as fotos que acompanhavam as reportagens para apreciar de fato a história. Posso ser acusado de projeção psicológica, mas enquanto um porco está sendo levado por cima de uma cerca de arame farpado para as mãos das autoridades – sem saber que havia sido perdoado – pode-se ver na cabeça pendente da criatura todas as dores do mundo. Ele acha que o estão mandando de volta.

O que eu odeio nessa história é o sentimentalismo gaiato que se dá aos animais, agora objetos de enorme diversão: foram chamados de "Butch Cassidy e Sundance Pig", os repórteres falavam em entrevistas "óinx-clusivas" etc. E o que adoro nela é o pensamento dos dois porcos chegando ao refúgio, para dormir, cheirar e focinhar tudo por um ou dois dias para, de algum modo não muito articulado em seus interiores suínos, perceber: "Conseguimos!"

Algo parecido aconteceu nos subúrbios de Maryland no outono de 1998, quando se descobriu um caminhão estacionado cheio de porcos. Eram 167 deles (quatro mortos pelo estresse) em um único veículo. Ninguém sabia explicar o que acontecera. O motorista simplesmente largara o caminhão ali. Um grupo de resgate animal da região, o Santuário Animal Poplar Springs, ofereceu refúgio e, depois de alguma reclamação da Hatfield Quality Meats – o matadouro na Pensilvânia para onde seriam levados, tendo partido de uma fazenda industrial na Carolina do Norte –, os animais foram poupados.

Novamente, uma fotografia, agora no *Washington Times*, captou o momento: um dos porcos estava sendo lavado com uma mangueira, limpavam-no da sujeira e do fedor da fazenda industrial, insuportável para qualquer criatura. Fazia sol e era provavelmente a primeira vez que aquele animal via a luz solar. Ele inclinava a cabeça para chegar à água, lambiscava o líquido fresco. Você podia *sentir* o alívio do bicho

E a última história, também de 1998, tem título de reportagem engraçadinha: "Chooooora, porquinho! Lamúrio de suíno salva dona."

Essa é a história de um porco que não vai virar bacon.
Jo Ann Altsman, de Pittsburgh, sofreu um infarto no quarto de seu chalé de férias em Presque Isle, em Erie, Pensilvânia. (...) "Eu gritei

DAS COISAS QUE SÃO

[para a vizinhança], 'Alguém me ajude, por favor, me ajudem, chamem uma ambulância'", lembra a sra. Altsman. (...)
"LuLu olhou minha cabeça. Ela fez um som como se estivesse chorando. Sabe, um choro de lágrimas pesadas", conta. A dona da porca conseguiu se arrastar um pouco para fora do quarto e depois para o quintal. Nunca antes LuLu tinha saído do terreno cercado, a não ser para passeios e de coleira. Mas ela empurrou o portãozinho e saiu para a estrada. (...)
Testemunhas contaram à sra. Altsman que LuLu esperou até que um carro aparecesse, então entrou na estrada e deitou-se no meio do caminho. Algumas vezes, ela foi até a sra. Altsman e voltou para tentar buscar ajuda. (...)
Finalmente um motorista parou para a porca e saiu do carro. LuLu sabia exatamente o que fazer. Ela o levou até a casa (...)[49]

Aqui, um porco salva uma mulher, por conta própria, derramando lágrimas e chorando nervosamente diante de seu pedido de ajuda. E ainda assim, faz-se uma piadinha de "porco salva sua pele/seu bacon". O que essas criaturas precisarão fazer para que as coisas deixem de ser uma grande brincadeira – dirigir uma ambulância, secando as lágrimas com um lenço? Talvez nem isso ajudasse. Poderíamos prever a manchete: "Suíno cai na estrada: choro no carro alivia carré."

Pressinto um riso nervoso nas brincadeirinhas frívolas sempre que uma dessas criaturas esgueira-se para fora da linha de produção rumo à luz do dia, assim como um pouco de autoindulgência moral nessas grandes demonstrações de clemência. O perdão anual da Presidência aos perus, o bezerro salvo do fogo na Inglaterra, eles são a versão atual e invertida dos sacrifícios animais: deixamos um deles viver para os deuses, e matamos todo o resto. Uma regra similar parece ditar a ética "conservacionista" com a vida selvagem: salve um de cada espécie, liquide os outros membros.

O que discuto no capítulo 7 é algo conhecido: temos alternativas agora e podemos não mais sujeitar esses seres vivos a tal miséria. Mas aqui eu me pergunto por que gostamos tanto das histórias de fuga ocasional.

DOMÍNIO

Por que os porcos escapam, afinal, dada visão que temos desses bichos? E esgueiram-se pela cerca e correm como loucos, em vez de marcharem automaticamente para a linha de produção sob gritos e golpes? Eis uma criatura, um porquinho que veio ao mundo como gado, atormentado desde a criação num sistema quase cosmológico, em que a escuridão é impenetrável e o som de maquinário está muito além de sua compreensão. E ele corre para o calor do sol, a brisa ou a água fresca, mesmo que nunca os tenha visto. Ele corre para as coisas da vida. Foi privado de companhia, de luz do sol e de um nome, assim como de qualquer interesse que outras criaturas neste planeta têm. Só lhe foi permitido o sopro da vida, e isso até o dia em que lhe for tirado. Quando chega o momento e ele, tocado para adiante numa procissão sombria, espetado por agulhas elétricas, golpeado, e gritam medonhamente com o animal até que ele também dê guinchos abomináveis e perca o controle da bexiga frente ao horror daquilo tudo. Em torno do bicho o cheiro de morte e pânico está em todo lugar, e mesmo o menor porquinho, bezerro ou cordeiro deve sentir isso – é a condenação máxima.

Não que os animais entendam o significado disso, mas, afinal, também vivemos num mundo da duração material. Eles podem não conhecer nosso mundo em sua complexidade, grandeza, nuances espirituais, mas nós conhecemos o *deles*, nós que vivemos do lado de fora dessas fábricas gigantes que mal suportamos ver, sequer em filmes. São fábricas que crescem cada vez mais, cuja produção só aumenta, lotadas de lixo e esgoto, que acabam fluindo pelos rios e reservatórios, de modo que apenas uma fazenda industrial de 50 mil acres (cerca de 200 quilômetros quadrados) – da empresa Smithfield, em Milford, Utah, e que visitaremos no capítulo 6 – produz por ano 1,2 milhão de porcos e mais lixo do que a região metropolitana de Los Angeles. Por que, para entender o sofrimento, homens superiores não podem olhar para esses lugares fétidos, de pesadelo caótico, para criaturas que rastejam e têm corações rudimentares?

Ao mesmo tempo, o prazer que sentimos nessas escapadas reflete nossa ânsia por libertação. Essa reação vem do melhor em nós. É claro que nos sentimos felizes por eles. Eles foram poupados. Agora podem viver, e sentir o sol e a água, a brisa, a liberdade e a semelhança com seus congêneres. A grandeza espiritual sempre traz consigo o risco da arrogância espiritual, que trata os menos dotados como se fossem nada. Mas o que desejaríamos se fôssemos trancados em chiqueiros e estábulos escuros, ignorados e depois tratados aos gritos, como lixo? Eu ansiaria viver e sentir o sol e a água, a brisa, a liberdade e a seme- lhança com os outros de minha espécie. Ansiaria ser visto, sentindo que, se me vissem, tentariam me ajudar. Alguns de nós conseguiriam criar, da aflição do cárcere, obras-primas da poesia, da música, da literatura, algo que só a espécie humana pode tirar dos extremos de sofrimento. De minha parte, eu gostaria de expulsar das narinas o cheiro de Dachau, para degustar novamente as coisas simples e ter minha vida e minha liberdade de novo. Parece que nisso há traços suficientes em comum com essas criaturas, e razões bastante para lhes poupar o sofrimento.

E francamente, mesmo que sejam condenadas, seu sofrimento, inevitável, seus guinchos, ganidos e choramingos não fossem perce- bidos nem no céu, eu apenas as amaria ainda mais. Mas acho que seus gritos são ouvidos. Como nos é lembrado, os caminhos Dele são diferentes dos nossos. Como se diz no antigo cântico, a misericórdia de Deus é maior do que a mente do homem. E quem entre nós está tão imbuído da sabedoria divina para saber se Sua misericórdia não descerá aos animais? Aqui, mais do que nunca, os bichos podem nos ensinar uma lição de humildade. O que é o ser humano em toda a sua glória, brilhantismo, poder e conquistas diante d'Ele, senão o que os animais são para nós?

As histórias de fuga me fazem lembrar de *A teia de Charlotte*, de E. B. White. Livros infantis, em geral, têm um profundo realismo – é o motivo de tantos praticantes da caça esportiva fuçarem *Bambi* nes- ses últimos sessenta anos, porque a história (o livro ao menos) é um retrato da vida e da morte na floresta, com sua constante denúncia dos prazeres perversos e gratuitos. Do mesmo modo, *A teia de Charlotte* capta algo da vida dos animais, seus medos, satisfações e lampejos

DOMÍNIO

de felicidade. Nessa cena, Charlotte, a aranha, dá adeus a Wilbur, o porco que ela salvou do açougue, e lhe diz que siga sem ela para viver e salvar seus dias na Terra:

Esses dias de outono vão ficar mais curtos e frios. As folhas vão balançar ao se soltar das árvores e cairão. O Natal virá, depois as neves do inverno. Você viverá para aproveitar a beleza do mundo congelado. (...) O inverno vai passar, os dias ficarão mais longos e o gelo do laguinho no pasto vai derreter. A música do pardal voltará e os sapos acordarão, o vento ameno soprará de novo. Todos esses cheiros, visões e sons serão seus, para que os aproveite, Wilbur – esse mundo adorável, esses dias preciosos.[50]

Para que eu não seja acusado de estar levando uma história de crianças a sério demais, consideremos uma imagem memorável da vida real. O escritor Stephen Crane visitou uma mina de carvão perto de Scranton, na Pensilvânia, em 1894, descrevendo as condições em que homens e meninos trabalhavam, suportando calor, barulhos e os riscos do gás metano e de explosão, mas também a condição das mulas que puxavam carvão e lama. Os animais eram deixados nas minas às vezes durante anos, porque era preciso muito esforço para levá-los de volta. Para Crane, eram como "ratos gigantes" na sombra:

Em geral, quando levadas de volta à superfície, as mulas tremem radiantes com a luz do sol. Depois quase vão à loucura de tanta felicidade. Todo o esplendor do céu, da grama, das árvores, da brisa recai sobre elas de uma vez. Elas saltam e correm numa alegria extravagante. Uma das pessoas da mina me contou de uma mula que ficou em delírio por meses quando voltou à superfície, depois de anos de trabalho nas minas. Mais tarde, chegou a hora de levá-la de volta. Mas a memória daquela existência sombria pairava sobre si; ela conhecia aquela boca escancarada que ameaçava engoli-la. Nenhum porrete a induziria a entrar ali. Sua conhecida teimosia deu-lhe a liberdade de saltitar desajeitada na superfície.[51]

Não há nada de fantasioso aqui. É realismo puro, fatos concretos sobre o sofrimento humano e animal. Onde quer que um animal seja trancafiado, maltratado, caçado ou capturado, é isso que lhe tiramos, a grama, as árvores, o vento e o sol. Quando os tocamos com nossa misericórdia e os poupamos, como só nós podemos fazer, é o que lhes retribuímos, e que belo presente é esse.

PETISCOS SABOROSOS

Raramente essas questões são debatidas abertamente, mas às vezes acontece. E um desses momentos, uma troca de ideias memorável, aconteceu há alguns anos na Câmara dos Comuns britânica, talvez a primeira discussão sobre a ética do consumo de carne na era industrial ocorrida naquele local. Em 1999, o Reino Unido baniu as fazendas de pele, que tiveram seu fim definitivo em janeiro de 2002. O então ministro da Agricultura, Elliot Morley, declarou: "O governo acredita que é errado que animais sejam criados e mortos por sua pele e seus pelos. Não se trata de algo coerente com o valor e o respeito necessários pela vida animal."[52] Mas, durante as discussões para propor a lei, não foi debatido o sofrimento de animais aglomerados em pequenas gaiolas e mortos com gás e eletrocussão. Justo um conservador, Alan Clark, questionou o uso do termo "colheita" na descrição do destino dos animais. Disse o sr. Clark do outro membro do Parlamento:

> Ao descrever o processo do abate, também expressaria ele seu desdém, que é amplamente partilhado, a se levar em conta o eufemismo usado pelo honroso colega e membro pelo distrito de Teignbridge quando a máscara escorregou por um minuto e se referiu à "colheita", o que é um eufemismo de publicitário para o processo que o honrável cavalheiro descreveu. O interessante é que esse termo omite a culpa e o desgosto inatos sentido por todos associados ao processo.[53]

DOMÍNIO

O debate chega ao caso dos coelhos e Maria Eagle (do Partido Trabalhador, representante de Liverpool e proponente da lei) rebate os oponentes conservadores, que questionaram: se as fazendas de pele estavam para ser abolidas como uma crueldade sem necessidade para o bem dos acessórios de luxo, por que a legislação não deveria ir adiante e proibir também a criação de animais para obter itens da culinária de luxo? Por que é errado criar animais para retirar suas peles, perguntou o conservador David Maclean, mas moralmente aceitável criar animais idênticos em condições idênticas para servir de comida?

SR. MACLEAN: Sugiro que, se coelhos são criados hoje em gaiolas, sem dúvida apropriadas e adequadas, com as condições certas, também podem ser criados adequadamente para fornecer a pele. Qual é a diferença moral? Certamente não pode haver uma diferença de bem-estar. O coelho angorá deve gozar das mesmas condições de outros coelhos.

SRA. EAGLE: O distinto cavalheiro se lembra do debate sobre a proposta de lei, quando tentei, na condição de proponente, deixar claro que não queria incluir o [caso do] coelho?

SR. MACLEAN: A distinta senhora não deseja incluir coelhos. A lei não inclui os coelhos comuns, criados no jardim, que são milhões. Não incluiu coelhos de estimação porque eles não são criados por suas peles. Todavia, se as pessoas entrarem no negócio do coelho angorá apenas por suas peles, a lei cobrirá isso?

SRA. EAGLE: [Assente]

SR. MACLEAN: A tão distinta senhora indica que sim. Se na visão da senhora e do governo for banida a criação de coelhos angorá, vivendo em gaiolas – porque estão sendo criados primeiramente por seu pelo – será que alguém pode me dizer qual a diferença moral, ética e de bem-estar entre os coelhos angorá criados dessa maneira por seu pelo "que rende 60% dos lucros" e outros membros da família [dos coelhos] que tenham um nome ou um estilo apenas parecido, criados por sua carne e cujo pelo significa apenas 49% do lucro sobre o animal? O animal com pelo levemente mais caro é banido e o outro não.

DAS COISAS QUE SÃO

SRA. EAGLE: Apenas para esclarecer esse ponto, espero não ter sido inconsistente. O que tento defender aqui é que vejo uma diferença (...) entre manter animais nas condições intensivas de uma fazenda para comida, que é uma parte necessária da vida, e para enfeites, que não são necessários. Entendo que o nobre colega não pense que há uma diferença tão grande nessa questão, mas eu acho que há.

SR. MACLEAN: Sou grato à distinta senhora e respeito sua visão. Ela enxerga uma distinção ética entre coelhos criados numa gaiola de pouco mais de 40 cm x 40 cm para petiscos caros de restaurante e esses outros coelhos.

Mas coelhos não são um tipo de alimento dos mais comuns na Inglaterra. A última vez que comi coelho foi uma entrada cara no Salão Churchill, neste mesmo Parlamento inglês. Não se trata de uma necessidade das mais essenciais da vida. Embora eu não veja diferença entre, de um lado, criar coelhos numa gaiola de 40 cm ou 80 cm de lado – seja lá qual for o tamanho, não incomodaria o Parlamento com as informações – para que sejam petiscos saborosos no Salão Churchill da Câmara dos Comuns e, de outro, criar outros coelhos, idênticos em tudo salvo a pelagem, em gaiolas do mesmo tipo e tamanho, sob as mesmas condições de alimentação e bem-estar. Essa segunda opção seria ilegal e passível de uma multa de 20 mil libras porque se determinou que tais coelhos são mantidos unicamente para acessórios femininos ou masculinos. Na moda recentíssima, os homens usam peles também. Se o nobre membro do Parlamento, eleito por Garston, assume essa visão, posso dizer igualmente que o petisco de coelho que as pessoas comem não é essencial para a vida, uma vez que temos disponíveis muitos fornecedores de comida de outros tipos.[54]

O argumento do sr. Maclean é impecável, e ele tem razão em afirmar que o raciocínio da sra. Eagle é inconsistente. Submeter um coelho ao sofrimento em nome de uma vaidade é moralmente indefensável, como também é indefensável no que diz respeito a um acepipe no Salão Churchill. O sr. Maclean vê a arbitrariedade disso, mas para ele essa arbitrariedade seria motivo de largar de mão a primeira causa, enquanto para ela é razão para aumentar a amplitude da compaixão humana.

DOMÍNIO

É óbvio que coelhos não estão sozinhos nisso. Uma vez que se pergunta se é cruel e desnecessário criar coelhos para comê-los, a próxima questão é sobre carneiros e porcos e assim por diante, até que se percorra com todas as criaturas. Esse é o tipo de lógica que as pessoas temem em relação aos direitos animais, sem perceber como pode funcionar, inexorável, também para o outro lado: se é possível criar galinhas e outras aves, com pouca ou nenhuma preocupação com suas misérias, por que também não fazê-lo com porcos e bois? Se esses e outros mamíferos podem ser tratados como nada, por que também não cervos, tigres e elefantes? Qual o padrão a limitar nosso alcance?

Deixou-se para Mike Hancock, o liberal-democrata eleito por Portsmouth South, finalizar a resposta. E ele fez uma das mais refinadas defesas dos animais do legislativo moderno. Um exemplo de clareza e graciosidade, de razão e compaixão trabalhando em sintonia, que deveria ser preservado para além das atas, por isso, permita-me citá-lo longamente (a Caixa de Despacho a que o sr. Hancock se refere é uma pasta de couro vermelha, símbolo do poderio econômico britânico, próxima ao cetro real):

O primeiro argumento [contra a proposta de lei] é de que a medida infringe o direito individual de conduzir negócios e de que criadores de coelho para uso do pelo são atingidos pela lei. A resposta a isso é a de que o povo não tem o direito de fazer muitas coisas consideradas desumanas. Por esse raciocínio apenas, já há razão e o momento é esse para a tomada de decisão.

Progredimos como sociedade e nos tornamos intolerantes com muitas práticas desumanas, que são as mais variadas. Nos últimos cem anos, fizemos com sucesso passar leis para acabar com diversas dessas práticas. Nossa tentativa de proibir a criação para extração da pele é o mais novo exemplo do progresso que tentamos fazer. (...)

Os quatro argumentos levantados contra a lei foram rápida e notavelmente dispensados. Infelizmente, é bem mais rápido desfazer-se deles do que se desfazer dos animais que essas pessoas continuam a torturar.

As dimensões das gaiolas não são muito maiores do que as da Caixa de Despacho. Será que defensores da criação para peles acreditam

DAS COISAS QUE SÃO

honestamente que essas são as condições próprias para se manter um animal – sobretudo um animal que deve crescer e se desenvolver – por mais do que alguns minutos? (...)

Não consigo conceber que nem o mais sisudo dos nobres colegas gostaria de ir para casa e dizer a seus filhos que ele ou ela está a favor de colocar animais – 100 mil deles por ano no Reino Unido – em gaiolas em tais condições por períodos longos, simplesmente para que possam ser mortos e mais de mil casacos de pele possam ser feitos, para que pessoas possam saracotear sentindo que estão um pouco mais atraentes do que estariam se vestissem outras alternativas. Não é razoável que a Casa permita a continuação desse mercado.

As consequências de nossas vaidades estão em torno de nós. Por séculos usamos e abusamos dos animais para satisfazer essa vaidade. Mas não há desculpa para continuarmos exercendo esse direito, se é que se trata de um direito (...). Não está certo, e não se deve pensar que esteja certo, permitir que se trate mal e abuse de animais.[55]

"Uma impertinência irracional", escreveu Mark Daniels, do *Western Morning News*. A lei seria nova indicação da "mistura de puritanismo, ignorância urbana das realidades da vida no interior, autocracia e cobiça"[56] das novas diretrizes do Partido Trabalhista. Como notou a crítica, apenas 13 criadores licenciados de animais para extração de pelos ainda existiam na Inglaterra, manejando cerca de 100 mil animais por ano. E o que seria desses negócios? Um deputado conservador chegou a dizer que se poderia levar o caso à comissão de direitos humanos da União Europeia, com a alegação de que se estava negando a subsistência aos criadores. Owen Patterson, parlamentar de North Shropshire, levantou a questão do absurdo de se proibir essa criação doméstica, enquanto se criasse animais com o mesmo propósito na Europa, o que simplesmente aumentaria a produção e importação de pele para a Inglaterra: "A Dinamarca e a Holanda estarão rindo de orelha a orelha."[57]

Em outro campo de consideração moral, o fato de *outros* estarem fazendo o mesmo seria um motivo para que se mantivesse a prática no país? Sem dúvida, em dado momento Dinamarca e Holanda riram da

DOMÍNIO

questão das peles britânicas, mas hoje já não podem mais fazê-lo. Esses argumentos são extensão do mesmo tipo de pensamento a permitir que as piores crueldades se tornem padrões, tendo a tradição como justificativa. Os senhores Patterson, Daniels e Maclean sequer podem considerar se a questão é ou não moral. Para eles, questões morais devem ser decididas com base nos próprios méritos, de acordo com os apelos morais das partes envolvidas, os próprios animais; e isso seria absurdo. Eles têm assuntos mais importantes em mente, os grandes e duradouros valores das eras e bens morais atemporais, como casacos de pele e petiscos gostosos.

As tradições podem nos fazer mais nobres, ou nos fazer escravos, permitindo que os seres humanos fiquem talvez um pouquinho confortáveis demais. As tradições podem se modificar e ser substituídas por novas práticas, que, com o tempo, vão se tornar também tradições, assim como aconteceu com aquela lei que o sr. Hancock e seus colegas debatiam no Parlamento. Um repórter descreveu a cena: "Pares do reino sentavam-se envoltos em mantos vermelhos adornados de pele, enquanto a rainha Elizabeth II lia o programa legislativo do governo."[58] Acho a linguagem usada na lei bem tocante, toda a majestade da legislatura descendo até essas criaturas atormentadas, amontoadas em gaiolas – os julgamentos misericordiosos de que qualquer ser humano precisará devem vir de algum lugar tão distante de nossa compreensão quanto os saguões de Westminster são para os animais.

> Que seja decretado por Sua Excelentíssima Majestade, a Rainha, através e mediante a opinião e a concordância dos Lordes Espirituais e Temporais e dos Comuns, reunidos no presente Parlamento, e por autoridade do mesmo: Será considerado crime qualquer pessoa manter ou deliberadamente permitir a criação de martas, raposas ou quaisquer animais do gênero, para a produção de agasalhos.[59]

Essa é hoje a lei da Inglaterra, e, de um jeito ou de outro, o reino sobreviveu.

DAS COISAS QUE SÃO

Para que as reformas sejam feitas em favor dos animais, são necessárias pessoas como Mike Hancock, que não falam o idioma de um movimento de libertação ou de uma ideologia estranha, mas, sim, em termos simples de decência comum e razoável, que todos nós entendemos. Pode-se simpatizar com as famílias e comunidades rurais que dependeram longamente da criação e abate de animais de pelagem. Eles jamais conheceram outro tipo de vida e lhes dizer que a mudança virá é desagradável e alarmante. Mas o que acontece quando se aceita essa situação? Nada muda, nada mudará. Tudo pode ser levado ao debate moral. E a raiva e o ressentimento pelo simples fato de se levantar uma questão já são um sinal.

Podemos desafiar as práticas agropecuárias hoje sem fazer julgamentos de valor, tanto quanto podemos refletir sobre a dura vida das mulas nas minas sem culpar os mineiros. Houve um tempo em que homens, como aqueles trabalhadores, tinham de usar mulas, arrastando-as para baixo, para um buraco infernal – e mesmo assim, como descreveu Crane, davam algum descanso a elas, encarando-as como companheiras de trabalho pesado e de miséria. Não é necessário condenar a prática. Como se poderia? A necessidade obrigava. É parte da história, desses animais e nossa, e há bem e mal nisso.

Hoje, com um mundo mais desenvolvido, a mula está livre, pelo menos desse trabalho. Seus serviços não são mais necessários. E o mesmo aconteceu com muitos outros animais com o passar do tempo. Foi o manejo do gado que nos libertou da caça, permitiu que a humanidade assentasse e se tornasse civilizada, fazendo lentamente com que o caçador perdesse utilidade, hoje a própria palavra *game* ["caça", "animal caçado"; também "jogo"] tornou essa figura ridícula. Carne e laticínios são fontes inegáveis de proteína, bem como a soja, da qual descobrimos alto valor proteico e muitos usos. Foi o trabalho da mula, do cavalo, do boi e do elefante que permitiu ao homem concentrar suas energias em trabalhos maiores, construindo sua vida na Terra ao longo de eras, a partir da escassez primitiva até chegar ao mundo em que vivemos hoje. Os animais de pelagem nos deram abrigo contra as intempéries, o óleo da baleia acendeu nossas lâmpadas, o marfim do elefante, ossos

65

DOMÍNIO

e galhadas de outros animais nos forneceram ferramentas e adornos. E assim por diante na história da civilização, chegando hoje, em muitos casos, apenas a costumes, hábitos e indústrias que sobrevivem de uma necessidade que já não existe. Por eras precisamos de peles de animais para sobreviver ao clima severo. Mas as mulheres que mantêm a prosperidade da indústria de peles, apenas para serem vistas envoltas em chinchilas num friozinho de 15 graus Celsius de Beverly Hills em dezembro, ou numa pesada caminhada em Manhattan entre a Saks e a Tiffany's, essas não têm a mesma desculpa.

Quando são descobertos produtos substitutos, o responsável pelo domínio convoca um alívio da pena. A garantia expira. Acaba o mandato divino. O que outrora fora "mal necessário" agora é apenas mal. Leis que protegem animais de maus-tratos, abuso e exploração não são um luxo moral ou uma reflexão tardia a ser ignorada. São obrigações morais sérias, mais claras nas partes mais desenvolvidas do mundo, onde não se pode usar a justificativa da pobreza. A humanidade, guiada pela razão e pela ética – duas justificativas para o domínio –, deveria nas novas gerações fazer a boa obra de pagar suas dívidas, dando um passo atrás sempre que possível. Com isso, deixaria que as criaturas vivessem a vida que lhes foi designada, com toda a sua beleza, suas visões e cheiros, o vento ameno, assim como seus problemas, perigos e violência.

Se pensarmos nas palavras de Isaías, talvez o momento profetizado esteja chegando, uma guinada inesperada na história humana, não uma demanda custosa mas uma maravilhosa oportunidade moral. Talvez estejamos pouco à vontade com nossos maus-tratos aos animais pelo simples fato de termos de ficar pouco à vontade com isso. Talvez comecemos a pensar nessas práticas porque é mesmo razoável fazê-lo. Chegará o tempo em que um serviço não será mais necessário, e o senhor, se for justo, vai virar para as criaturas sobre as quais tem domínio, da marta ao porco, ao elefante e ao leviatã, e dizer: "Dispensado."

Eu compreendo que haja impressionantes complexidades para transformar nosso modo de tratar animais, embora julgue os imperativos para "conservação" da vida selvagem muito exagerados. Coloco apenas uma questão sobre animais que criamos para pele e carne: se, em qualquer situação, estivesse em nosso poder deixar essas criaturas nos cercados escuros, ou permitir que saíssem para o sol, para a brisa, e alimentá-las, deixando-as brincar, sassaricar e dormir entre seus congêneres – isso para mim seria uma escolha fácil. Dê um refresco aos bichos e deixe-os ir. Permita que aproveitem o tempo que se esvai na Terra e pare de trazê-los a esse mundo apenas para sofrer e morrer. Não parece muito para nós, suas vidinhas de pasto, saltinhos, criação de filhotes e fuga de predadores. Ainda assim é a vida deles, não segundo o criador, mas atribuída pelo Criador. É tudo o que têm. É sua parte da história, uma linda parte além da compreensão humana, e quem poderá tratá-la com desdém? Pode não ser nada de mais para nós, mas para eles é o mundo.

Complexidades econômicas? O mundo é complexo, não importa como esteja organizado. Tome um impulso, por exemplo, um desejo por cachorro-quente; multiplique-o por 100 milhões e siga a direção das instalações em Utah, de 200 quilômetros quadrados, que reúnem todos os porcos necessários para isso, sem jamais os deixar sair de paredes fechadas. Esse é o mundo complexo criado por um desejo incontrolável. A maior parte das pessoas não consegue sequer olhar para os detalhes por trás dessas paredes.

Agora pegue outro impulso, sua compaixão por uma criatura, multiplique por 100 milhões e veja aonde isso leva. É um mundo e uma economia que empregam tantas pessoas quanto o outro, mas que agora são chamadas para fazer os produtos substitutos. Com toda a complexidade de que a mudança precisa, ao menos para esse mundo você pode olhar sem fazer careta. De fato, se nos guiarmos pelo Gênesis, esse mundo parece muito mais com aquele destinado a *nós*, antes da Queda, afinal os animais estavam todos no Jardim: "E Deus os abençoou e lhes disse: 'Sede fecundos e multiplicai-vos, enchei a Terra e subjugai-a! E tende domínio sobre os peixes do mar, sobre as aves do céu e sobre tudo o que vive e se move sobre a Terra'."[60]

Logo em seguida é dito ao homem que mantenha suas mãos longe das criaturas (e vice-versa) e que se contente com as ervas e as frutas das árvores: "Deus disse: 'Eis que vos dou toda erva de semente, e toda árvore que produz fruto com semente, para vos servirem de alimento'."[61]

Se alguma passagem das Escrituras dá credibilidade a seus autores, é essa, porque eles certamente não eram vegetarianos. Não parece concebível um mundo em que agradaria ao Criador ver Suas criaturas espreitarem, assassinarem e absorverem umas às outras. A Sexta-Feira Santa, sem carne, católica, como sinal de penitência, pureza e paz, chegou a nós (com um impulso papal à indústria da pesca, sem prejuízo do significado maior) a partir dessa mesma ideia de predação como consequência da Queda, da corrupção do mundo. Houve época em que os cristãos faziam jejum de produtos animais por todos os quarenta dias da Quaresma, uma forma de abstinência ainda encontrada entre ortodoxos, comparável à proibição, no Islã, de matar caças durante as peregrinações. Algumas leis da dieta judaica, como a proibição de misturar leite e carne (ou seja, apenas o filhote do animal pode beber seu leite) trazem semelhanças com essa compreensão de que a carne que envolve alguma violência precisa de santificação.

O próximo passo parece óbvio. Se santificar é bom, e se comer carne é um sinal da Queda, o primeiro deve ser perseguido e o segundo evitado. Por que só *dizer* "graças" quando pode-se mostrá-las? Talvez no grande arranjo das coisas, a vida de um porco, boi ou ave no ar não valha tanto. Mas, se pensamos no Grande Arranjo, quanto vale um prato de bacon ou vitela? Um leitor cético pode me chamar de equivocado, senão de louco. Aposto que, no Livro da Vida, "ele teve misericórdia com as criaturas" significa bem mais do que "ele comeu bem". O reverendo Andrew Linzey, que escreve muito sobre o assunto, coloca da seguinte forma: "Sejam quais forem as dificuldades para se conceber um mundo sem predação – sem qualquer necessidade ética –, as forças parasitárias em nosso mundo querem intensificar e arrastar a criação para a escuridão, da qual, essa é a esperança cristã, seremos todos, homens e animais, libertados."[62]

Sempre que somos chamados a decidir sobre o destino dos animais, o realismo é evocado nem que seja apenas para avaliar o preço das coisas onde quer que o ser humano se meta. É preciso discernimento, cuidado e humildade diante da Criação. Isso significa entender que hábitos nem sempre são necessidades, que tradição não é uma lei eterna e que as lojas de peles, a mesa da cozinha e o Salão Churchill não são o centro moral do universo. Significa ver "as coisas que são" antes de seguirmos com nossa infinita agenda de apetites, desígnios e teorias; e não as encobrir com uma ciência impostora, amenidades teológicas ou imperativos de tradição, economia ou conservadorismo imperdoáveis.

Mas o ser humano *é* parte da natureza, e o mesmo vale para quem trabalha com peles, para fazendeiros industriais, caçadores, inclusive de baleias, e todos mais. Ele pertence a isso aqui também e tem papel crucial e perfeitamente natural na ecologia. Deixarei a questão para mais adiante, a não ser para chamar atenção de que não podemos fazer as coisas das duas maneiras. Não podemos, orgulhosos, nos colocar acima da natureza – o ser humano, a criatura da razão e consciência – enquanto fazemos uso da violência e da predação da natureza como nosso exemplo moral, e isso tudo em defesa de costumes e produtos comerciais que a maior parte de nós admite não precisar mais.

Outro problema com a linha de raciocínio "mas eles fazem também" é que nós, diferentemente dos animais, temos apetites ilimitados e meios ilimitados para consegui-los. Temos armadilhas com dentes de aço, armas, arpões, barcos pesqueiros industriais e redes-fantasma estendendo-se por milhas, sem falar de todo um arsenal de tecnologia para encontrar e destruir. Contra isso tudo, as criaturas estão absolutamente indefesas.

Realismo é ver a realidade. E as duas realidades mais duras são vida e morte. Em uma como na outra, partilhamos com animais um companheirismo, e a melhor razão para ser bom e ter compaixão é a morte niveladora de todos nós.

Porque o que sucede aos filhos dos homens, isso também sucede aos animais. Sucede-lhes a mesma coisa: como morre um, assim morre o outro; todos têm o mesmo fôlego, e nenhuma vantagem tem o homem sobre os animais, porque tudo é vaidade. Todos vão para o mesmo lugar; todos foram feitos do pó, e ao pó voltarão.[63]

DOMÍNIO

Mas longe do soberbo espectro da especulação e da teoria morais, vejamos como o domínio é praticado de fato. Se você está em busca dos impulsos mais nobres do coração humano, o Safari Club International não é o melhor ambiente onde procurar. Mas se quiser entender o mundo em que muitas das criaturas semelhantes a nós vivem hoje, o lugar para se estar é Reno, em Nevada.

2. Campo de tiro

Deus de nossos pais e Senhor da misericórdia (...) que por tua palavra tudo fizeste e por tua sabedoria formaste o homem para dominar as criaturas que chamaste à existência e governar o mundo com santidade e justiça.

SABEDORIA 9:1-3

"Tudo depende do seu orçamento", conta Johnny Vivier. "Cada um tem um orçamento. Você quer um elefante, a gente arruma um. Quer um leão, um búfalo, isso é fácil. Teve um cara que veio aqui e comprou dois rinocerontes a US$ 35 mil cada. Nem perguntou o preço. Só disse: 'Quero dois rinocerontes.' Olha, nós não somos vendedores, nós somos caçadores profissionais. Você diz o que quer."

Johnny é o dono da Johnny Vivier Safaris, que ele mesmo opera. Trata-se de uma das 1,1 mil permissões de caça, guia e fornecimento de equipamento dos Estados Unidos na convenção do Safari Club International (SCI), em janeiro de 1999 – a maior reunião do gênero no mundo. Estamos em seu estande no centro de convenções Reno-Sparks, em Nevada. Ele e sua esposa, Bev, ambos sul-africanos na casa dos 30, estão no ramo há 13 anos. Bev está tratando com outro cliente em potencial, um dos cinco ou seis mil membros de clubes de safári que caminham pelos mais de 34 mil metros quadrados do local. Então digo a Johnny que obrigado, mas sem rinocerontes para mim, não está no meu orçamento, deixe-me levar um prospecto e pensar a respeito. "Podem ser elefantes. Temos alguns ótimos. Com presas grandes: dois metros." Os grandes detentores de presas saem por US$ 10,5 mil cada.

Na Trophy Adventures, uma operadora com base no estado de Washington, os rinocerontes saem a preço de banana. E não são velhos, mas rinocerontes "Medalhão de Ouro". Eu me estico sobre os ombros de dois visitantes que olham para as fotos de troféus animais. O dono do empreendimento, Skip Clemens, acha que estamos juntos: "Esse é o melhor negócio na seção que vocês estão vendo. Vocês já pegaram o rinoceronte de vocês? Esse aí foi incluído nos Cinco Grandes do ano, sabe. Se pegar esse, ganhou seu Grande Torneio." Diz que podemos atirar neles num rancho fechado. "E o lance é que eles não caem direto. Eles levantam. E aí eles estão enlouquecidos."

Nas últimas décadas, a África testemunhou um misterioso desaparecimento de rinocerontes. As forças do mercado responderam com a "Caça com Dardos" a esses animais. Você ainda pode caçá-los de fato no Zimbábue por US$ 23 mil ou mais. Skip Clemens tem um pacote especial "Os Cinco Grandes": rinoceronte, elefante, leopardo, leão e búfalo. Mas em um parque de caça específico da África do Sul, você não fica com o animal – só o deixa enlouquecido. Do alto de um jipe, você seda o rinoceronte, acelera, fica dando voltas em torno do animal e, então, quando ele estiver adormecido pelos dardos sedativos, você corre para tirar fotos e medidas. "Isso conta", explica Skip. "Você ganha tantos pontos no Medalhão de Ouro quanto em outra caçada." O preço da excursão: US$ 6,5 mil.

Há um amontoado de gente no estande da Qwatali Productions, onde o proprietário acabou de colocar *With Deadly Intent* (Intenção mortal) no vídeo. A Qwatali, de Delaware, Ohio, vende vídeos pelo correio. Tem mais cinco ou seis concorrentes cujas vendas anuais chegam à casa dos milhões. *With Deadly Intent* é da série "Clássicos", uma trilogia de caça a animais com presas, que também inclui *Elephant Trails* (Trilhas de elefantes) e *Double-Barreled Zambezi Adventure* (Aventura de cano duplo no Zambezi). Na tela, surge o caçador profissional Johan Calitz, o mesmo que diz na capa do vídeo:

CAMPO DE TIRO

"Sim, você está aqui para ver quatro dramáticos tiros no cérebro. Veja como uma Nitro Express .500 abrasadora faz parar o avanço de um búfalo enfurecido a dez passos de distância."

O filme começa com Johan cochichando com seus colegas no jipe. Por entre as árvores, veem-se os elefantes uns 70 metros adiante. Estão agitados. Duas fêmeas estão empurrando um filhote. O animal nos encara. Ele sai em disparada e depois para, chacoalhando as orelhas. Solta vários barridos e a manada se amontoa. A cena dura uns vinte segundos. Johan já viu isso antes e não se mexe um milímetro. Começa a ação. O caçador narra tudo com selvageria, algo assim: "Aí vem ele. Agora! Agora! Peguei! Ainda está vindo." O imenso animal parece hesitar, segundos antes do primeiro tiro. O segundo o deixa cambaleante, mas ele segue. Johan Calitz está de costas para o jipe quando dá o terceiro e o quarto tiros. O último deixa o elefante numa cena poeirenta de confusão e júbilo, então, da manada ao fundo, o filhote solta mais um barrido.

Custa US$ 29,95, ou também se pode conseguir a caixa dos Clássicos por US$ 89,95.

PELES E OSSOS

Os estandes compreendem mais de 3 mil guias e operadoras a serviço dos 13.554 macacos nus na convenção. Há 18 corredores de 55 metros de comprimento. Por todos os lados há cervos, renas, alces, zebras, gnus, elandes, impalas, kudus e outros animais empalhados, alguns como se estivessem prostrados, capturados ou prestes a serem comidos por leopardos, hienas e pumas. A taxidermia também está em coelhos e corças nas bocas de lobos. Um babuíno empalhado da reserva de caça Boskoppie está com o uniforme de guarda florestal completo, incluindo chapéu e distintivo. Um alce sem vida briga com dois lobos também sem vida, com marcas de mordida pintadas de vermelho nas patas. No corredor 12, "Ala do elefante", a cabeça de um animal está pendurada no teto. Numa passagem adiante, estão suspensas duas

DOMÍNIO

Haliaetus leucocephalus, a águia-careca americana. No centro da convenção, agiganta-se um urso-cinzento, o "Algoz do Norte", suas garras alongadas para a frente, como um sonâmbulo.

Esses são apenas os troféus em tamanho real, e em três dias só consegui chegar ao corredor 14. Há um sem-número de cabeças, caudas, dentes, patas, peles, ossos, chifres, presas e galhadas. Na loja Skins and Bones, especializada em bibelôs e badulaques raros ou estranhos, uma agenda de pele de girafa sai por US$ 189, uma bolsa de pele de zebra por US$ 149, uma mala de guardar armas, de couro de impala, custa US$ 249, e ainda há um tapete de zebra por algumas centenas de dólares, e uma bolsa de tacos de golfe em prata e couro de búfalo africano por mais de mil dólares.

Milhares de pássaros estão por toda a parte, como enfeites de casa com os quais não se sabe o que fazer. Estão nos balcões, para receber os visitantes, no centro das mesas redondas, onde se fecham negócios e se assinam cheques, nos pés de portas e como peso de papéis, fazendo peso. Se todos os patos, gansos, faisões e pombas ganhassem vida de novo, ia voar pena para todo lado, como se houvesse começado uma guerra de travesseiros em massa.

Alguns parentes árticos do urso-cinzento também vêm se juntar a nós. O Congresso americano suspendeu uma proibição, de 1998, de importação de troféus de ursos-polares empalhados do Canadá. Essa é uma das muitas vitórias legislativas comemoradas pelo SCI nessa reunião. Esses ursos – um deles supostamente canadense – não perderam tempo para vir a Reno e reforçar a celebração. "Sim, é legal importar ursos-polares do Canadá para os Estados Unidos", afirma a Ameri-Cana Expeditions Inc. "Todas as nossas caças de ursos-polares acontecem em área onde se pode levar os ursos para casa depois de pagar pela licença de importação do Departamento de Pesca e Vida Selvagem dos Estados Unidos".

Seu urso custa US$ 20 mil. Já na D&H Safaris há uma "oferta especial de urso-polar", US$ 12 mil. Nos dois lugares paga-se adiantado, e o dinheiro, no contrato-padrão das operadoras e guias, é "não reembolsável em caso de animais feridos ou perdidos". A Adventures

Northwest, operadora canadense, faz a caça por US$ 19,5 mil – satisfação garantida. Acompanhados em campo por cachorros e guiados por nativos inuítes, você caça o urso pelo tempo que for necessário. "Dias a mais no campo podem ser negociados no local." Se você estiver com o horário apertado, a Adventures Northwest pode alugar um avião Piper Supercub de dois lugares para ir e voltar à tribo inuíte. No jargão do Safari Club, uma aventura de ida e volta no mesmo dia.

Caçadores com arco e flecha também são bem-vindos, diz o prospecto. Apesar de arcos serem menos confiáveis em condições árticas, isso não é problema, uma vez que "é extremamente improvável perder um urso-polar ferido, ainda que isso possa acontecer, caso haja água por perto e o animal consiga chegar até lá e fugir a nado". E é aí que os cachorros são mais úteis: "Quando o urso está à vista e parece que ele vai escapar para a água ou algum lugar com gelo de difícil acesso, soltam-se os cachorros para que tragam o animal para perto. O caçador e seu guia têm de seguir rápido."[1] Muito rápido, ou, então, ele voltará para casa com o troféu de consolação. Os cães de caça mais desvairados também fazem parte da cena.

A Ameri-Cana é a líder do recém-legalizado campo do urso polar e do crescente campo do arco e flecha a animais de grande porte. Há mais de sessenta firmas especializadas em arcos. Um seminário falou dos melhores pontos para se alcançar a maior hemorragia interna possível. ("Lembre-se", começa o arqueiro Gary McDonald, "não matamos animais com pancada; nós os matamos com sangramento.") E os folhetos da Ameri-Cana chamam atenção para o fato: "Imagine caçar numa área onde há 12 anos só vão arqueiros, onde todos os profissionais são ávidos caçadores de arco e flecha e que sabem todo o necessário para uma caçada de qualidade." Falam das caças de presas de grande porte. Não apenas você pegará os Cinco Grandes – por Deus, você vai caçá-los com arco e flecha. Aqui, também, sem medo de feridas, fugas e perdas. Esse paraíso dos arqueiros é privado, fechado, cercado.

No Tanzania Safaris, fala-se da arte das "iscas para gato". Há diferentes escolas de pensamento. Um caçador da Nolte Safaris dispensa a sabedoria convencional e pergunta por que se preocupar em matar

DOMÍNIO

uma impala para virar isca quando se pode usar "comida de cachorro". Nos prospectos da Tallgrass Safaris, na Tanzânia, descrevem-se técnicas: "Preparar as iscas para os grandes felinos é uma das partes mais excitantes de um bom safári. Os quartos posteriores de um búfalo ou de uma zebra pendurados numa árvore a uma altura adequada quase sempre produzirão um leão."

O desafio da caça de carneiros em helicópteros está sendo discutido na New Zealand Wildlife Safaris. Com a russa Kulu Hunting Company of Magadan, é possível, do alto de helicópteros, atirar em ursos-pardos (US$ 11 mil) e em carneiros-da-neve raros (US$ 14,9 mil). Outros serviços providenciam o transporte por helicóptero dos animais comprados em ranchos, circos, zoológicos, para que sejam levados ao parque de caça e mortos a tiros.

A Norzaim Bush Tracks, no Zimbábue, negocia um pacote para atender um cliente que quer tentar matar caças grandes com uma pistola: "Bem, caçar com pistola é ilegal, mas podemos fazer um planejamento. Como se fosse uma competição, podemos fazer isso talvez por um dia em uma área determinada."

No estande da Jeff Neal Inc., de Tulsa, Oklahoma, uma cliente pergunta se caçar elefantes não é muito perigoso; ao que o guia explica: "É só colocar um saco de amendoim na janela. Você pode atirar de dentro do carro se quiser." Com a Atcheson's Hunting, é possível caçar elefantes, montando a cavalo ou "até mesmo na montaria de elefantes treinados!" Esses animais são os filhotes órfãos e capturados em caçadas anteriores. A Atcheson's emprega guias namíbios, "dotados do instinto teutônico de organização", o que pode ser comprovado pelas cercas e o sistema de abastecimento de água do rancho, que atrai as caças para a região.

O toque teutônico está evidente no rancho de safári Berlin Game, que apresenta uma foto colorida da morte violenta de uma girafa. O animal está deitado com a barriga para baixo e as patas dobradas; o pescoço arquejado para o lado serve de apoio de cotovelo para a caçadora fazer pose. Os perigos que enfrentou bravamente podem ser conhecidos no folheto da Borton's Overseas, que oferece safáris

CAMPO DE TIRO

fotográficos em um lugar chamado Rothschild Manor: "As girafas Rothschild do Quênia foram levadas para a região e agora, anos depois, a prole ainda está no local. Não se surpreenda se uma girafa colocar a cabeça para dentro do quarto no café da manhã."

A Nimrod Safaris, na Namíbia, convida para seus 240 quilômetros quadrados no deserto do Kalahari, "com caça cercada para aqueles que não se importam em caçar em ranchos". Um bocado de "coisas grandes" nesse lugar, inclusive uma girafa de US$ 1.850 que você pode pegar com rifle ou arco e flecha: "Já está tudo arrumado aqui: Só precisamos de você."

Agora, na Alaska's Glacier Guides, passa *Silent Stalkers of the North* (Os perseguidores silenciosos do norte), filmado por trás de dois homens que murmuram pouco antes de despachar um urso-cinzento, que vemos sozinho mastigando ruidosamente num gramado. O urso foge correndo ao primeiro tiro, depois dá uma cambalhota no meio do galope, para então cair morto com o terceiro tiro.

Na praça de alimentação do Reno-Sparks, oitocentas ou novecentas pessoas bebem enquanto consideram as ofertas do dia. O bar está aberto e a tarde de lances já começou.

ASSUMIR A CAUSA

"Boa noite, senhoras e senhores, é hora de comprar alguns diamantes!"

Nosso mestre de cerimônias do banquete da primeira noite é um animador de eventos profissional, com jeito e voz agradáveis, que lembram Bob Eubanks, do programa *Dating Game*. Quando começa a sessão de venda de diamantes, o Grande Salão do Hilton de Reno fica no escuro e focos de luz seguem uma dúzia de sereias brilhantes, emprestadas do cabaré do hotel, que apresentam uma irrequieta e graciosa dança do cisne ao mesmo tempo que se dispersam na multidão trazendo tesouros. A música de fundo é "Diamonds are Forever". Um banner no palco anuncia "Assuma a causa", o slogan desse ano. O do ano que vem é "Estourando Milênio Adentro".

DOMÍNIO

As garotas, acenando aqui e ali para indicar uma venda, reúnem-se aos poucos no palco para se juntar a um leão e a um búfalo empalhados. Do alto de seus mais de 8 metros, uma girafa recheada encara o salão, do lado do palco, como se fosse um guarda durante o expediente. Viajou até aqui, vinda da coleção particular de alguém. A beleza desse lugar, explica-me Dave Coldwell, do SCI, é que "um Zé Ninguém, sentado ali na sua mesa, pode apontar e dizer a um amigo: 'Ei, esta é a minha girafa'".

Quando termina a dança do diamante, começa o leilão da noite. Há um evento vespertino, do meio-dia às seis, e um noturno, das dez à meia-noite. Para serem arrematados estão animais de coleções particulares de todo o mundo doados por proprietários e arrendatários de reservas e parques de caça nos quais vivem esses animais, além de joias, pinturas e outros bens ofertados. Mais cedo, houve um discurso do governador da Pensilvânia, Tom Ridge, um republicano – como parecem ser todos os membros do Safari Club International. Antes dele, uma apresentação musical, com os Oak Ridge Boys. Apenas 1,6 mil pessoas estão aqui esta noite. Os grandes eventos acontecem amanhã no fim do dia, com um discurso do general aposentado Norman Schwarzkopf e outro, no sábado, do ex-presidente americano George Bush (pai).

Ridge, sargento de infantaria que ganhou uma Medalha do Valor no Vietnã, está aqui para receber o prêmio do Safari Club de Governante do Ano. Parece representar a maior de duas grandes categorias de caçadores: os que podem pagar por expedições longínquas ano a ano, levando para casa rinocerontes, elefantes, girafas e – o objeto do desejo – o argali, ou carneiro-da-montanha, dos rincões da China, ao preço de US$ 26 mil. Poucos caçadores desse tipo vivem na Pensilvânia rural, e eles não se encaixam muito nos nichos sociológicos usuais.

Mas também caçadores como os que Duane Allen, dos Oak Ridge Boys, tinha em mente quando saudou "todos vocês, caras legais do Safari Club", antes de tocar "American Made". Esses não têm broches de US$ 20 mil, rifles de US$ 90 mil nem rinocerontes de US$ 35 mil. Esses só querem um ou dois cervos a cada estação, talvez um alce ou um urso também. Os pais deles caçavam, assim como seus avós, e eles estão ensinando seus filhos a caçar. Para esse tipo de pessoa, caçar é uma parte divertida da vida, só isso. A maioria veria com satisfação alguém atirando do alto de um helicóptero.

Mas as divisões nem sempre são claras, pelo menos não aqui. No SCI há uma diferença de fluxo financeiro. Conversei em minha mesa, durante o jantar comemorativo, com um operário especializado em grandes tubulações chamado Wilbur, de Idaho. Wilbur já jogou beisebol com Stan Musial e quase não acreditou que alguém tenha arrematado a bola do septuagésimo *home run* de Mark McGwire por US$ 3 milhões. "O cara tinha mais dinheiro do que senso." Concordei. Mas, então, na próxima fala, aqui está o bom e velho Wilbur falando da ambição de sua vida, que vai lhe custar pelo menos US$ 100 mil, a não ser que essa noite ele ganhe a rifa "Hunt of a Lifetime" (Caça da sua vida), que oferece um safári dos Cinco Grandes (pequenas presas incluídas). Cada bilhete custa US$ 250 e a arrecadação vai para o Comitê de Ação Política do Safari Club International. Disseram-me ter vendido 740 bilhetes.

"Estive na África no ano passado e ficavam tentando me fazer pegar uma girafa", conta Wilbur. "Mas eu não faria isso. Os Cinco Grandes – eu estou é atrás deles. Nunca me interessei por girafa. Qual o desafio? Talvez algumas pessoas queiram girafas para fazer tapetes, mas isso é fácil demais. Está bem se é isso que eles querem. Tudo depende do que a pessoa quer."

Ele parecia um cara legal, e brincou dizendo que sua mulher passara a tarde no saguão da convenção colocando-o "entre os pobres". Mas os homens de lá não têm motivos para se queixar. Os membros do Safari Club têm em média 11 rifles, seis espingardas, cinco revólveres e um arco. Wilbur gasta US$ 14 mil por ano em caçadas, comparados com a média anual US$ 1,5 mil por caçador americano – todos juntos, aliás, gastam cerca de meio bilhão de dólares. Dois terços dos membros do SCI caçam mais de 26 dias por ano, e um quarto deles 51 ou mais dias, em ranchos cercados e parques de caça. Metade já esteve na África pelo menos uma vez, e mais da metade tem uma renda anual acima de US$ 100 mil – contra 6% com a mesma renda entre todos os caçadores americanos.[2]

Provavelmente, o que une todos os caçadores aqui, de todas as classes e níveis de conhecimento, é a convicção, como a que Wilbur expõe, de que tudo depende do que a pessoa quer. Você quer um cervo, tudo bem, e se for uma girafa ou elefante, e se tiver dinheiro, então está tudo certo também. O importante é não deixar um monte de forasteiros começar a colocar restrições. Afinal, você está lidando com direitos básicos, acima de tudo com o direito constitucional à posse de armas de fogo, como nos lembra o estande da Associação Nacional de Rifles. Nada une tanto como um inimigo em comum, e todos têm um aqui: dê um centímetro a ambientalistas e amantes do Bambi, todos esses tipos urbanos que não entendem nada de armas e vida selvagem, e a coisa não vai parar aí. Não vai parar nos elefantes, nas girafas, nos Cinco Grandes, nos lobos do Arizona ou no bisão de Yellowstone. Logo será também o cervo. Se alguém na convenção não se sentiu bem com algo do que foi mostrado, guardou para si. Aqui, o menor mal-estar ou uma dúvida fugidia é heresia. Deixe que levem nossos helicópteros e depois serão as nossas armas.

Um ângulo curioso: essa sensibilidade toda em relação ao esporte tem levado diversos caçadores à busca de um plano mais elevado, um significado último, uma justificativa espiritual. O resultado é um relativismo moral do tipo "sinta-se bem", uma espécie de autoatribuição infomercial de poder e um misticismo de meia-tigela que mais se parece com a literatura de "ecologia profunda" que eles tanto desprezam. Aqui se vende, e mais tarde será recomendado pelo general Schwarzkopf, o livro *In Defense of Hunting* (Em defesa da caçada), de James A. Swan, que escreve: "Uma pessoa verdadeiramente espiritualizada não julga outras por seguirem um caminho honesto do coração, e, dentre as trilhas do espírito, está a do caçador." E segue:

> "Mas e os pobres animais?", esperneiam os críticos da caçada. Todo mundo pode declarar que um animal é especial, até sagrado. Mas algo só pode se tornar verdadeiramente sagrado se a pessoa sabe do

fundo do coração que aquele objeto ou criatura pode servir de alguma forma de condução à esfera da existência que transcende o temporal. Se caçar pode ser um caminho do espírito, sem obstáculos da culpa, então a natureza tem uma maneira de se assegurar de que os caçadores têm compaixão.[3]

E, caramba, a vida é profunda assim, hein? As coisas só são "sagradas" quando o caçador, no fundo de seu coração, faz com que o sejam. A espera por algo lhe confere valia; a criatura se torna "condução" para o transcendente; e a culpa é um obstáculo à compaixão, alcançada no ato de – veja só – matar. E assim em diante até a esfera do sagrado, inatingível (ao que se pode compreender disso tudo) ao não caçador: Mato, logo sou.

Em outro momento, o sr. Swan nos informa que se abster da carne de caça é "negar nossa natureza" e nossa bioquímica.

> Sou como o puma, preciso comer carne. Certa vez tentei seguir uma dieta vegetariana por um ano mais ou menos, e o guru indiano com quem estudava naquela época me disse para parar, porque aquilo estava contra a minha natureza e me deixava doente. Ele estava certo. Eu tinha problemas para dormir e me sentia fraco. Uma semana depois de voltar à minha dieta [de carne], os sintomas haviam passado.[4]

Conclui-se que a caça não é apenas a trilha para o sagrado – é também um imperativo de saúde. O sr. Swan ainda descreve a caçada, ao longo de trezentas páginas de autojustificativa abrangente e aleatória, como artifício para expressar a raiva reprimida, "ato de amor espiritual", "grande ensinamento de amor", obrigação sombria e selvagem de conservação, "obsessão", teste para a humanidade, "fonte de autoestima", obrigação patriótica, experiência "numinosa", "caminho para autoatualização", unificador da família, busca do esclarecimento, uma forma de terapia, "energia primeva", inibidor do envelhecimento, antídoto para a "alienação" urbana, fator redutor de crimes violentos etc. E explica:

DOMÍNIO

Como seus precedentes, o caçador moderno caça por significado, para se expressar como membro da raça humana. (...) A experiência da caçada é tão especial, tão diferente de qualquer outro aspecto da vida hoje e tão repleta do que Jung chamou de "numinoso", que caçar deve realmente ser visto como uma prática espiritual daqueles que seguem sinceramente o espírito da caça. Quando você vai à casa de alguém e essa pessoa lhe oferece uma refeição de caça, saiba que está participando de um sacramento.[5]

Eu sabia que *"venison"* (carne aproveitável de uma caça, em geral de veado) e "veneração" tinham uma raiz etimológica comum, mas isso me parece atribuir coisas demais a um simples cervo. O raciocínio funciona como o tipo de ecopensamento excessivo que Schwarzkopf, Wilbur e talvez até o próprio Swan reconheceriam como baboseira incoerente, caso se deparassem com a argumentação em defesa de outra prática. E um livreto que nos foi dado no café da manhã da convenção por Tom DeWeese alerta contra "As raízes pagãs do ambientalismo", vasculhando tudo, das Nações Unidas ao Endangered Species Act (Lei de Proteção de Espécies Ameaçadas), passando pelas "religiões da Nova Era, que incluem ecologia pesada, ecofeminismo e a adoração de Gaia – a Terra Mãe".[6] A Nova Era pode ser pior do que DeWeese imagina: ela chegou a Reno, onde armas são consideradas esporte, sustento e afirmação espiritual, onde "conservação" substituiu as boas obras, onde os Cinco Grandes substituem a Santíssima Trindade, e ossos, chifres e presas de marfim são relíquias sagradas.

O caçador típico americano nunca foi à África – nem a Reno ou Las Vegas gastar centenas de dólares em uma convenção de safáris. Ainda assim, como explica o governador Ridge, a Pensilvânia "concedeu mais de um milhão de licenças de caça e pesca no ano passado, contribuindo para a economia do estado com US$ 2 milhões". Há que se assegurar esse direito e "passar a tradição para as gerações futuras". É um direito sagrado e um dever solene de conservação, aliás, "o que, na verdade, estamos fazendo com essas taxas para liberação da licença é construir um lar melhor para esses animais". Como disse

Theodore Roosevelt, a caçada "é uma chance de ser menino de novo". Vivemos numa era complicada, cheia de pressões e demandas, e há poucas coisas mais enriquecedoras e pacificadoras do que estar com amigos na glória da criação de Deus. Tenhamos a jovialidade e a força de perseguir nossas grandes aventuras e "de sermos meninos de novo". Ridge nos deixa com o pensamento na alegria de seus filhos quando ganharam seu primeiro arco e flecha, e na história emocionante do resgate de um filhote de urso órfão. O que não chegou a nos dizer é como o filhote perdeu os pais.

CAÇADA JUSTA

O segundo dia da convenção começou com uma apresentação pós--desjejum de *Death on the Run: The Greatest Buffalo Charge Ever Filmed* (Morte na corrida: o maior ataque a búfalo já filmado). Assista ao vídeo e você não vai fazer a menor questão de tomar o café da manhã.

Lá está ele, de pé em meio a densos arbustos. Cercado, bufando, encarando. Um caçador profissional narra cada tiro. O segundo o acerta. "Caiu! Pegamos! Inacreditável!" Mas não, ele se levanta! Ele dá uma carreira e bufa mais uma vez. Mais dois tiros e o bicho cai, é um grande amontoado escuro moribundo. Parece valer cem pontos. Leva-se uma fita métrica para avaliar.

Para os não iniciados, deixe-me explicar essa história de pontos, "Medalhão de Ouro", "Grande Torneio" etc. São disputas desse clube de safári, iniciadas em 1972 pelo ganhador de troféus C. J. McElroy, quando a prática de empalhá-los estava começando. Naquela época, os 32 mil membros do clube poderiam ser arrebanhados no centro de convenções e ainda sobraria espaço para todos os animais recheados de palha. Ainda assim, eles compilaram o *The Official Record Book of Trophy Animals* (Livro oficial de registro de troféus animais), um volume enorme – que pode ser seu por apenas US$ 195 – no qual são imortalizados os feitos de ganhadores de 29 categorias e centenas de subcategorias. (Outro volume, *Trophy Rooms of the World* [Salões de troféus do mundo], sai por US$ 100, e me disseram que apresenta o salão de um camarada que guardou uma orca inteira.)

As categorias se baseiam nas espécies. Há, por exemplo, o Grande Torneio de Ursos do Mundo – para ganhá-lo é necessário levar para casa um urso-pardo, um urso-cinzento, um urso-pardo-euro-asiático e um urso-polar. Um Grande Torneio dos Cinco Grandes Africanos requer elefante, rinoceronte, búfalo africano, leão e leopardo. A cada categoria "Grande Torneio" há mais distinções e honras recebidas de acordo com peso, tamanho de presas e chifres, cor e qualidade do pelo e assim por diante.

Em um âmbito mais elevado está o Círculo Interno, ao qual se adere de acordo com o volume bruto, e números absolutos. Mas, mesmo dentro dessa distinção, há círculos ascendentes que levam ao cume. Primeiro vem o Nível Cobre, que requer sete ou oito espécies diferentes. Em seguida, Bronze: outras dez espécies. Depois, Prata: novas dez criaturas de dez espécies. Ouro: mais uma dúzia de troféus animais. E, finalmente, Nível Diamante. A essa altura do campeonato, você já terá operado uma carnificina de, no mínimo, 76 seres vivos, então terá de dar o passo adiante e subjugar 18 diferentes espécies de animais africanos e asiáticos, como o gnu-negro e a gazela-dama.

Ao se alcançar todas as categorias de prêmios do Safari Club, recebendo a mais invejada honraria, o Prêmio de Realização Coroada, você terá extinguido a vida de 322 animais. Um camarada que ganhou o Prêmio Intercontinental em 1999 "já tinha 369 espécies". É uma trabalheira, e não são contabilizados todos os animais feridos deixados ao longo do caminho.

O coroado desse ano é um certo Marvin Hill, pai, do Texas, que já matou tantos animais quanto um incêndio na floresta, nos deixou orgulhosos em cada categoria. Depois de muita fanfarra, rufar de tambores, um atraso fingido estilo Oscar, cai a escuridão sobre o banquete e assiste-se a um vídeo sobre as vitórias e triunfos da vida. Então, filmado em sua pacata sala de troféus, cercado por esses monumentos à vida na Terra, o sr. Hill descreve a visão que o tem guiado todos esses anos, não permitindo que se cansasse nem desistisse. "Colher" esses animais é um "privilégio imenso" e que nunca nos esqueçamos disso, diz. Para então continuar: "Precisamos ensinar *respeito* pelos animais. Precisamos ser *responsáveis*. Contribuir para a vida selvagem – não tirar demais dela. Não *desperdiçá-la*. Não levar mais do que precisamos."

Enquanto ele procura as palavras, a câmera se afasta e revela o entorno, toda a dimensão da sala de troféus do sr. Hill: um inferno felpudo de animais mortos. As luzes se acendem e começa a ovação, em meio à qual ele chega para receber o prestigioso Búfalo de Bronze, como acho que se chamava. (No SCI, eles dão troféus a quem tem troféus.) Já acabou, então? Ele está pronto para passar a régua e chamar isso de carreira? De jeito nenhum: o Safari Club fez incursões aos hoje proibidos troféus mexicanos de caça, como ele nos lembra, de modo que, quando os ranchos e parques de caça estiverem novamente abertos, Marvin Hill, pai, estará por perto. "Talvez um dia, se for possível sonhar tão grande, possamos colher aqueles felinos espetaculares da América do Sul."

Com 503 prêmios e distinções apresentadas naquele ano, parece que só eu não ganhei um. Os vencedores de outras categorias também merecem menção. Lois Sharboneau ganhou honrarias relativas ao Pacífico Sul, por conta de um uapiti, espécie de grande cervídeo criado para o abate em ranchos. Lois pode ser uma boa aposta para o prêmio Diana, a Caçadora. Já Rex Baker levou para casa seu Nível Prata na divisão Íbex do Mundo, que está acima dos Cinco Grandes Africanos, do Gazelas do Mundo, dos 29 da África e do Grande Torneio de Carneiros Selvagens. O feito coloca Rex nos Quatro Pináculos de Realizações.

Wade Boggs, que mais tarde entraria para a Galeria da Fama do beisebol, ganhou um Grande Torneio Diamante, e sua mulher, Debbie, não ficou muito atrás com seu prêmio Top Ten. Nesse ritmo, ele vai entrar também para o panteão do SCI. (Tinha esquecido de contar

DOMÍNIO

que há igualmente uma Galeria da Fama dos Caçadores.) Vou pular algumas páginas no programa impresso de prêmios (18 para ser mais exato, 10 delas em letras miúdas) e chegar a Anne Dodgson, que alcançou o Bronze das Camurças do Mundo, enquanto seu marido, William Dodgson v, ganhou o Ouro na categoria África. Gabriella Bankmann lidera a divisão de Porcos Selvagens e Pecaris do Mundo, e Bob Lee – "com uma coleção de 140 troféus, mais um recorde da classe por animais de 17 países africanos" – voltou para casa com o Elroy deste ano. Wayne Picius, por conta de seus "11 Grandes Torneios, 273 caçadas em seis continentes e 369 espécies", acaba de entrar para a Galeria da Fama. E o prêmio Diana, a Caçadora foi para Barbara Sackman, da Pensilvânia, em reconhecimento a suas 116 entradas no *The Official Record Book of Trophy Animals.*

Podemos contabilizar uma média anual de dez animais mortos por membro do SCI (os Hills e os Picius, com até 15 mortes, contrabalançando os preguiçosos que só mataram 3 ou 4) e multiplicar por 32 mil membros, o que nos leva a uma estimativa, por baixo, de 300 mil animais abatidos. Mas há algo estranho: mesmo com as carreiras dos búfalos, os animais que espreitam silenciosamente, "alces monstros" e tiros no cérebro, não se ouve falar de baixas humanas. Nenhuma. Não há momento de silêncio para membros do Safari Club International mortos desde a última convenção. Não há memoriais, nem coleções de feridos e viúvas. Tampouco prêmios especiais ou placas com nomes de quem perdeu a vida no implacável mundo selvagem. Se houvesse um único herói caído no SCI, tenho certeza de que haveria um prêmio com seu nome.

Então é por isso que galhadas e chifres são tão importantes no centro de convenção. O fascínio e a contagem de pontos chegam inclusive ao búfalo-asiático, ameaçado de extinção. O rinoceronte e o elefante, bom, esses já podem ser pegos até por não iniciados. Mas mais difícil de entender é a imperturbável reverência e o êxtase descontrolado causados pelo humilde búfalo.

"Atire em um búfalo, e isso vira uma doença", explica o caçador profissional Clint Taylor, da Kibuko Hunting Safaris. "Você precisa voltar e atirar em outro." De que tipo de pontos estamos falando? "Ah, temos ótimos búfalos para você. Está vendo aquele ali?" Aponta com um laser vermelho um pôster dele e um cliente posando com um ex-búfalo. "Ele tinha mais de 1,20 metro; fez 100 pontos no livro."

No livro, multiplica-se o tamanho (em polegadas) por dois e depois se arredonda para cima. Quão perto se pode chegar? "Vê aquele ali? Foi morto a três metros. Bem perto. Se for lá durante sete dias, consegue um búfalo. Posso garantir. Te vejo lá."

É difícil captar o tom de tudo isso. Faz lembrar adolescentes cochichando e rindo em torno de uma revista pornográfica. Há também aquela concentração amalucada dos fliperamas. Às vezes, parece que os animais são apenas um elemento extra em algum profundo psicodrama, capazes de colocar em transe até pessoas sérias do tipo de Schwarzkopf; é algum tipo de rito de passagem às avessas que transforma homens em meninos, como colocou o governador Ridge. A natureza nesse rito sagrado transforma-se em parque temático sem fim, e suas criaturas viram figuras eletrônicas animadas e engenhosamente planejadas para pular, fugir e cair, para deleite desses meninos.

Por vezes, o psicodrama assume um tom introspectivo, ficamos sombrios e ouvimos solilóquios atormentados como o de George N. Wallace na coletânea *A Hunter's Heart: Honest Essays on Blood Sport* (Coração de caçador: ensaios honestos sobre um esporte de sangue), em que ele se debate com a questão de como matar misericordiosamente sem estragar o troféu. Wallace está sentado à frente de um alce agonizante e declama:

> Se alces pudessem gritar, as florestas teriam menos caçadores. Pensei:
> "Nunca atirei em um alce tão grande: mas que troféu. Se eu tivesse
> atirado na cabeça, teria arruinado a boca. Meu Deus, homem, ele está
> sofrendo, mate-o. Não! Para o inferno com o troféu, você é exatamente
> como os caçadores que despreza."[7]

O tempo passa enquanto ele pondera sobre o dilema, até que finalmente:

> Atirei na base do cérebro. Ele estremeceu, olhou em volta com olhos bem abertos, esticou-se, então aos poucos toda a força da vida escorregou por aqueles olhos, e seus músculos perderam a tensão. Ele inspirou longa e vagarosamente pela última vez e morreu. Gritei por dentro e por fora. (...)
> Quero me sentar por mais meia hora com esse alce, como se à cabeceira de um velho amigo. Simplesmente me sentar, como já fiz antes, e tentar entender por que faço isso. Matar e depois lamentar.[8]

Há todo um gênero dessas coisas, sempre com o mesmo tema de matar e enlutar, matar e sentir náuseas de si mesmo, matar e se sentir vazio. Nunca parece lhes ocorrer que talvez *matar* seja o problema e que talvez seja melhor trabalhar a questão, dar um tempo no esporte sangrento e "tentar entender por que faço isso". Leia bastante literatura de caça e você começa a suspeitar de que há um tipo mais profundo de exibição de si, uma versão espiritual da pose ao lado de seus troféus.

De qualquer maneira, foi um erro programar o seminário "Caçada Justa" na sala B10, enquanto o Julgamento de Troféus Animais estava logo na B13. "Você precisa ter *respeito* pelos animais, respeito pela instituição da caçada", explicou o especialista em ética da caçada Jim Posewitz, que no passado era uma autoridade do Departamento de Parques e Vida Selvagem de Montana, autor de *Fair Chase* (Caçada justa) e laureado este ano com o prêmio Educador do Ano do Safari Club. Em seguida, ele nos fala das oportunidades de caçar búfalos em seu estado, onde no último inverno muitos dos 34 mil bisões selvagens que ainda existiam foram massacrados, quando buscavam comida, mesmo sob proteção legal do Parque Yellowstone.

Respeito, para esta instituição, significa a gentileza de sempre deixar para trás o suficiente para a próxima caçada, assim como compaixão significa ajudar os menos afortunados que não podem caçar (agora eles têm os programas Caçada para Deficientes Físicos e Caçada para Cegos) e generosidade tem a ver com partilhar os frutos da caçada ("Hunters against Hunger", Caçadores contra a Fome). Pratica-se um sadismo social consciente. A ética da SCI é um libertinismo ordenado, algo como ensinar canibais a usar guardanapo e não pegar o último pedaço.

Não importa. A palestra sobre ética do sr. Posewitz foi proferida para mim, 18 caçadores e 112 cadeiras vazias. Na sala B13, o especialista em galhadas Bill Stratton explicava, com uma caneta com ponta de laser, para uma sala com gente de pé: "Note cada parte da circunferência da ponta espiralada do chifre. Veja a espessura da protuberância. Se a orelha vier *logo* depois do chifre, isso é um bom sinal."

Mas, sei lá, nunca se sabe. Como da vez em que o caçador profissional de Bill o incitou a "colher" um animal para que pudesse inspecionar sua galhada. "Eu não queria levá-lo de fato, mas o caçador profissional que estava comigo queria ver mais de perto. Eu atirei e acabou que ele não era tão comprido quanto eu pensei." *Droga*. Mas ficou tudo bem e, veja só, "vocês ficariam surpresos. Ele acabou tendo uma galhada Medalhão de Ouro".

O que faltou em comprimento sobrou em espirais nos chifres. Então essa criatura massacrada para satisfazer a curiosidade de um homem acabou tendo algum valor, afinal.

Mas voltemos ao centro de convenções, onde Cal Yates, da Newfoundland Moose Hunts, capaz de atrair anualmente cerca de 3 mil americanos, explica as variações regionais de galhada de alces. "Temos uma taxa de sucesso de 85%. Nossos alces não são tão grandes quanto os do Alasca. Lá, dá para conseguir de cinquenta a sessenta pontos por alce. Os nossos estão mais na faixa dos trinta a quarenta pontos, como esse aqui..."

No estande da Gilroy Hunting Lodge, da Nova Zelândia, Jim Hunter, dono e administrador de um parque de caça de 56 quilômetros quadrados, discute a afirmação de um estabelecimento rival de que teria carneiros melhores. "Qualquer um que diga que foi à Nova Zelândia e matou um de 14 pontos... isso aí é conversa. Os nossos são tão grandes quanto podem ser, e no inverno eles vêm bem para onde possamos atirar neles."

DOMÍNIO

A Tourngat Wilderness Adventures anunciou galhadas de rena maiores do que em qualquer lugar. Mas e se não vierem para perto do abrigo? "Você será levado ao nosso terreno cênico por nossos próprios aviões privados. (...) Isso permite resultados positivos de caçada sem nenhuma despesa extra." Uma caçada excitante e economicamente efetiva, uma caçada justa: uma rena contra um avião.

A teoria é de que quanto maior o chifre ou galhada, por mais tempo o animal durou na Terra, portanto se trata de uma criatura mais difícil. Logo, o testemunho daquele chifre duradouro e poderoso comprova sua coragem e bravura – esqueça essa necessidade "ecológica" da caçada esportiva como forma de poupar animais fracos de uma morte lenta causada por frio ou fome.

Mas, lógico, essa é uma teoria válida e perfeitamente razoável – aliás, irrefutável – se você for um alce, um carneiro ou uma rena divertindo os jovens do seu rebanho com histórias de triunfo sobre outros alces, carneiros e renas. Os poderosos arcos e armas de fogo, pode-se imaginar, só mudam um pouco as coisas – assim como os guias caçadores profissionais, guias nativos, especialistas em seguir rastros de animais, serviços de fotografia aérea e por satélite, rádios à prova de estática, binóculos, cercas de arame farpado, luzes de infravermelho, detectores de movimento, sensores de calor, sistemas de som do tipo "ouvido biônico", transporte e manejo de rebanho, helicópteros e outras aeronaves pequenas, *snowmobiles* e outros veículos terrestres, botas térmicas, camuflagem, telescópios, cachorros, iscas, chamarizes, engodos, imitadores do som de fêmeas, imitadores do som de filhotes e munição perfurante de couraça que estão na convenção para serem comprados e vendidos.

FÁBRICA DE CERVOS

Ao caminhar por esse lugar, qualquer um começa a se perguntar se não há uma criatura selvagem, nesse nosso bom planeta, que não esteja à venda nos folhetos; se não há uma planície, uma floresta ou um mar que não esteja dando lucro a alguém. Nas palavras da Gander Outfitters de St. John's, em Newfoundland, caçar é como "comprar um carro numa feira de seminovos. Você tem que escolher dentro do que temos no estoque. Nós faremos o máximo para lhe mostrar o que temos essa semana, [e] mais unidades chegam a toda hora. Mas você precisa ver e atirar para levar para casa." Aos habitantes não humanos da Terra não é mais concedida a dignidade de serem considerados criaturas-irmãs, seres que, assim como nós, vivem; agora são "unidades", ganham preços competitivos, estão disponíveis sob encomenda e podem até ser produzidos mediante especificação do cliente:

> O rancho Mustang Creek orgulhosamente oferece *excepcionais troféus de cervo-de-rabo-branco* (...) produzidos pelo nosso programa intensivo de manejo de caça cercada. Atribuímos nosso espetacular crescimento e desenvolvimento superior das galhadas ao manejo profissional do dr. James Kroll, o "dr. Cervo", bem como a nossa [manipulação] *genética altamente desenvolvida*, diversos pastos melhorados, cochos minerais naturais e um programa altamente proteico.

Deixe seu cervo ser fabricado e desenvolvido por um profissional. "Os grandes animais do Rancho Velvet são verdadeiros troféus para a estação de caça que se aproxima. Antecipamos o melhor do ano com a qualidade dos animais de 6 × 6 e 7 × 7 do Velvet. O ano passado foi mais uma vez excelente com *100% de sucesso dos caçadores*."

Por que ficar com um 5 × 5 de segunda linha se você pode ter um 7 × 7 novinho em folha? Os "ingredientes" para os troféus de cervos-de-rabo-branco, explica a Massive Northern Whitetails Inc., incluem "genética de qualidade e uma dieta altamente proteica". Na Massive, esses ingredientes se combinam "para assegurar o rebanho com alguns dos melhores rabos-brancos do mundo da caça".

Outro ingrediente parece ser o caminhão com tração nas quatro rodas feito especialmente para se poder atirar dele. O veículo é retratado no prospecto da empresa com um cliente satisfeito mirando

DOMÍNIO

num veado. Nos salões da convenção, cheguei a ouvir o próprio dr. Cervo descrevendo o rancho Mustang Creek a um cliente como "o Jurassic Park dos cervos". A mosca científica na sopa da comunidade dos ranchos de caça (com presa muitas vezes dopada), esse mesmo dr. Cervo volta a aparecer na revista *North American Whitetail* defendendo, na seção "Construindo sua própria fábrica de cervos", a teoria de que sua "safra" de fêmeas pode ser minimizada e a de machos, maximizada:

> [Uma] colheita apropriada pode produzir mais cervídeos machos e animais maiores, com menos animais no total do rebanho. É uma situação de vencer ou vencer: mais machos e nutrição melhor significam corpos maiores, galhadas maiores e maior sobrevivência de filhotes para manter a linha de produção cheia de cervos machos no futuro.[9]

A "indústria do cervo", como é chamada pela Associação de Cervos do Texas, é tão competitiva, hoje, que em alguns casos qualquer pretensão esportiva é abandonada. O rancho Galloway Exotic Game, em Pearsall, Texas, gaba-se de seu "belo rancho de altas cercas". Em Wimberly, também no Texas, o rancho Pico nº 1 oferece "oito quilômetros quadrados de altas cercas" fechando a passagem de animais criados de acordo com a engenharia do Programa de Procriação Científica do Texas. E que ninguém se preocupe com a possibilidade de os animais escaparem. O prospecto do rancho Pico tem imagens de três criaturas de olhar assustado próximas a uma cerca de arame farpado. Estranhamente, o arame farpado não aparece no fundo das fotos posadas com os animais mortos, mas sim, e apenas, closes de homens solenes e orgulhosos ajoelhados perto da caça, com suas armas repousando sobre as carcaças. Dois desses personagens estão camuflados da cabeça aos pés – devem estar se imaginando na Normandia ou nas selvas do Vietnã e não num curral onde emboscaram dois animais sem saída.

É assim a caçada esportiva nos Estados Unidos de hoje. O caçador de troféus persegue e mata animais cativos, e a habilidade e a hombridade requeridas são as mesmas da espreita a um animal do zoológico. Aliás, muito do "gado exótico", como são atualmente chamados pela indústria da caça, vem de zoos. São vendidos por zoológicos de beira de estrada, encontrados por todo o país e pouco notados pela lei ou sujeitos a inspeção. É legal, e não é raro, que esse tipo de estabelecimento, e mesmo os zoos maiores, vendam seus animais mais velhos e doentes a concessões de caça – a recompensa por uma vida toda na jaula é ser transportado a outro cárcere para depois ser solto e, como no caso da filmagem do programa *Primetime Live*, da rede ABC, ser executado ali mesmo, para se tornar troféu. O *San Jose Mercury News* descobriu, numa investigação de dois anos, que "de 1992 a meados de 1998, dos 19.361 mamíferos que deixaram os zoológicos credenciados do país, 7.240 – ou 38% – foram para negociantes, leilões e ranchos de caça, indivíduos não identificados e zoológicos não credenciados, além de fazendas de caça".[10]

Os jardins zoológicos também anunciam seu excedente de animais no *Animal Finder's Guide*, uma mala-direta de comércio de animais exóticos na qual donos de ranchos de caça anunciam vendas e leilões. Qualquer troféu animal que você queira será encontrado pelo *Finder's Guide* – de particulares, zoos e mesmo do hábitat natural, esteja ele quão longe estiver. Muitos caçadores hoje preferem matar animais de zoológicos porque viram troféus mais bonitos. As jubas desses leões, por exemplo, são mais cheias e limpas do que as marcadas por embates dos animais selvagens. Em 1997, o programa de TV britânico *The Cook Report* mostrou um rancho na África do Sul onde os leões ficavam não apenas confinados, mas também eram sedados, o que levou a uma investigação policial, algo pouco comum. Entre as provas expostas estava a carta de uma empresa americana, Safari Headquarters Ltd., da Carolina do Sul:

DOMÍNIO

Solicitou-se essa noite duas caças enlatadas* de leões. Um é médico, e os dois caçadores querem ir ao mesmo tempo e desejam animais de jubas pesadas, de preferência escura. Vocês podem nos arrumar dois leões de zoológico e qual seria o preço? (...) Eu não gosto dessas caçadas sedadas, mas, que inferno!, acho que é parte do nosso serviço.

A operadora sul-africana responde que não há problema, "a caça enlatada é tão bem feita que ninguém saberá".[11]

Há serviços de captura também, como o Chase Net Inc., do Texas, e o Wildlife Services Inc., de Michigan, que encontram e pegam animais selvagens sob encomenda. A cada ano, milhares de veados, carneiros selvagens, javalis, grandes felinos, lobos e mesmo caças maiores, como o urso-cinzento ou alces, são perseguidos de helicóptero, alvejados com dardos tranquilizantes, engaiolados e transportados por centenas ou milhares de quilômetros para um rancho de caça, para que possam ser encurralados e mortos a tiros para se transformar em troféus. Por incrível que pareça, há inclusive importação de animais – cervos sika, da Índia, e carneiros de chifres retorcidos dos rincões da Manchúria – para procriarem e depois serem mortos em caçadas. Imagine as pobres criaturas na viagem – capturadas em suas terras nativas, enjauladas, levadas em navios cargueiros e destinadas à entrega a algum leiloeiro, com 100% de chance de serem mortas em algum rancho.

Como alguém pode caçar um animal capturado? "A concentração deles é o que mais atrai", explica ao *Arkansas Democrat-Gazette* o caçador Ray Baxter, cliente do rancho de caça Wood's Mountain. Quando muitos animais estão cercados em apenas um lugar, "consegue-se ver mais animais e há mais ação. Você sabe que pode ir lá e terá oportunidade de matar um animal exótico. (...) É uma oportunidade única para quem vive na correria."[12] O sr. Baxter explica que ele é um homem ocupado, um advogado que só pode caçar nos fins de semana, que tem um problema de coluna e não pode caminhar distâncias

---

* A caça enlatada, prática ilegal e relacionada ao turismo na África do Sul, consiste em atirar em leões criados em cativeiro. A atividade não oferece riscos ao "caçador", pois ocorre em ambiente controlado. Muitas vezes o leão está sedado. *(N. da E.)*

muito longas. E, além disso, ele gosta de levar suas crianças junto, e elas se chateiam com facilidade. Essas são as necessidades do cliente pagante, e é claro que todas as coisas na Terra têm de ser reordenadas para responder positivamente a essas demandas – seja qual for a criatura que Ray Baxter deseje, tem de ser localizada, capturada, levada ao Arkansas e posta diante dele para um tiro rápido e conveniente. Seu troféu mais recente, informa o *Democrat-Gazette*, foi um leão de mil dólares assassinado no rancho, onde, conta ele, "levaram-no a uma plataforma elevada de observação e lhe disseram que esperasse enquanto traziam o leão para mais perto".[13]

Esse tipo de plataforma também é um equipamento padrão hoje em dia, em geral acompanhada de um "alimentador". Há uma empresa, Ambush Outdoor Products, que vende os cochos, a comida e os biombos protetores de onde se atira. Você monta um alimentador num tripé, aciona a liberação da comida com um *timer* e deixa que fique lá por algumas semanas até que o cervo se acostume a ser alimentado àquela hora. Um pouco adiante dali, você monta seu "esconderijo", uma caixa com isolamento acústico e janelas escurecidas, um suporte de arma e uma cadeira confortável ("aprovada por nossa equipe de fisioterapeutas"). A comida, antigamente chamada de *isca*, é agora conhecida como Construtora de Troféus, um composto "elaborado para atender às demandas do caçador do Texas". Sua descrição: "Misture 2,2 quilos da nossa ração em bolinhas de concentrado mineral, vitaminas e proteínas com 22 quilos de milho, e deixe a ação de nossas bolotas de atraente sabor melaço trazer os enfeites de parede para você."

Apenas traga os penduricalhos de parede, isso é o importante. O que interessa é *qualidade*. É a satisfação do cliente. O que interessa é a vontade do produtor para que cada esportista texano tenha uma experiência de emboscada agradável e confortável.

Alguns produtos estão sempre disponíveis ou em constante excedente e podem ser adquiridos para servir de tapetes, coldres, bolsas (de golfe, inclusive), cúpulas de luminária, casacos de pele, adornos, luvas, protetores de orelha ou, para quem quiser algo maior, iscas. Outros têm de ser colhidos, com cotas e preços prefixados de acordo com as taxas da mercadoria. Quando uma área começa a se esvaziar, mais animais são levados para lá para atender a demanda, ou ainda o consumidor pode ser transportado para onde o suprimento esteja mais alto. Às vezes o estoque diminui de repente, o produto fica ameaçado, e aí é hora de começar a conservar novamente, até que demanda e oferta se equilibrem outra vez, então a colheita deverá ser retomada. Todas as compras estão sujeitas à disponibilidade nos estoques, todos os pagamentos devem ser feitos antes de se chegar à floresta ou savana e – atenção, compradores – o cliente é responsável pelos itens quebrados, feridos ou perdidos.

É o encontro da cultura atual do consumidor com as antigas tradições, mas tirando delas toda a decência, moderação ou honra. Não há limites. Eles estão todos lá, por toda parte, para essa retirada. Mãos à obra, e lembre-se: "Sem morte, sem pagamento." E seja *responsável*: deixe o suficiente para o próximo cara.

Em "uma situação de vencer ou vencer", estamos do lado do dr. Cervo e seus colegas, que acreditam que todo poder e tecnologia do homem contemporâneo devem ser colocados a serviço de cada caçador, que por sua vez crê que cada criatura que se mexa na criação de Deus foi colocada aqui para satisfazer seus prazeres. A audácia da genética que se reduz a criar cabideiros de parede com galhadas maiores está além daquilo em que se pode acreditar. Não apenas os homens de hoje estão recriando as criaturas, mas também, num tipo de truque de cartola, as recriam para sua diversão. É só questão de tempo para que os doutores Elefantes, Búfalos e Leões venham nos trazer presas, chifres e jubas melhorados, se é que já não estão em algum lugar de Reno.

Dizem-nos constantemente que a vida selvagem cruzaria nossas cidades à solta não fossem os caçadores a controlar sua população, e que os pássaros literalmente cobririam o céu sem o serviço de controle populacional de patos e similares. Mesmo assim, eles estão cruzando e criando animais selvagens ano a ano para renovar o estoque, apenas com os objetivos de vendê-los e matá-los: veados, ursos, elefantes e outros tantos produtos prontos para o mercado. Também nos contam que cervos e animais parecidos não têm predadores em muitas áreas, o que torna necessário esse controle populacional. Entretanto, quando se busca reintroduzir nessas áreas os predadores naturais (lobos e coiotes), os caçadores são os primeiros a se opor. Os animais mais fracos, ouvimos, vão perecer miseravelmente por falta de comida e excesso de exposição sem o controle feito pelos caçadores desportivos. No entanto, são justamente os animais maiores e mais fortes que eles estão matando e ferindo – o oposto da seleção natural – muitas vezes com arcos e flecha e pistola, que só aumentam e prolongam o sofrimento da vítima. E agora até o uso do arco é reavaliado, por não ser suficientemente primitivo para algumas pessoas. O presidente do Safari Club, Skip Donau, gaba-se de colher suas menores presas com estilingue e chega a propô-lo como "nova categoria na seção de Armas Alternativas do Livro dos Recordes".[14] Qual será a próxima ferramenta de conservação?, podemos nos perguntar. O chicote?

HOMENS INFLUENTES

"Sou um *caçador*, não peço desculpas a ninguém."

Essa fala inicial do general Schwarzkopf arranca tantos aplausos que você quase espera que a girafa do grande salão saia correndo. E ele continua:

> Não digo isso de uma maneira beligerante. Eu simplesmente não me sinto obrigado a explicar a ninguém por que sou caçador, e para ser sincero não tenho certeza de que conseguiria. Não me desculpo por ser caçador porque caçadores fizeram mais para proteger e melhorar a vida animal e seu hábitat do que qualquer organização ou grupo. Uma caçada pura e simples é meu legado, e é o legado de cada americano, e francamente ninguém vai tirar isso de mim.

Um típico membro do Safari Club, Schwarzkopf usou a mesma fala para um efeito parecido na convenção do ano passado, em Las Vegas. Dessa vez, ele veio com um aviso aos caçadores. O SCI, baseado em

DOMÍNIO

Tucson, no Arizona, tem 32 mil membros, que pagam cada um US$ 250 anuais de taxas. Com o aumento da renda bruta para US$ 13,2 milhões esse ano, metade dos quais provenientes da convenção, e um status de entidade filantrópica ganho após disputa judicial em 1985 e que lhe permite isenção fiscal, o Safari Club tem escritório em Washington e é hoje o principal lobista de caçadores, pressionando por "conservação" cada vez mais vigilante em todas as frentes possíveis.[15]

O representante do Safari Club em Washington é Ron Marlenee, ex-congressista de Montana, que em seu mandato ficou conhecido por apoiar a matança de búfalos perto de Yellowstone – lastimando apenas, como falou aos repórteres, que negócios oficiais o tenham impedido de se juntar à diversão com sua pistola magnum 44.[16] O sr. Marlenee fala de progressos nas sessões legislativas do ano anterior, inclusive com um notável avanço na questão do Ártico. Numa das "13 vitórias sólidas para esportistas do ano passado, o SCI conseguiu abrir mais uma grande área [para caça] de ursos-polares". Em outras frentes de conservação, escreve ele num memorando, houve reclamações sobre a caça enlatada – cercada e frequentemente realizada com animais sedados –, mas nada com que se preocupar. O Safari Club International "evitou que a questão conquistasse amplo apoio".[17] Houve ganhos dignos de nota também na África: lobistas da entidade asseguraram-se da renovação do apoio congressista a um programa internacional de "conservação" de elefantes, conhecido como Campfire, sob o qual os animais contemplados são vendidos a partir de US$ 10 mil no Zimbábue e em outros países, e a renda local dos serviços de troféu vira incentivo para salvar os animais de grandes presas da extração do marfim.

O Campfire (Communal Areas Management Program for Indigenous Resources, Programa de Manejo Comunitário de Áreas para Recursos Indígenas) satisfaz uma necessidade que caçadores têm desde que Theodore Roosevelt publicou *African Game Trails*, em 1910: precisam se sentir parte de um propósito grandioso e glorioso para além do açougue. Algo muito americano. Alemães e britânicos estiveram lá antes de Roosevelt, preenchendo diários de campo com baboseira romântica, mas nos poupando de algum pretenso altruísmo.

Devemos a T. R. a noção de safári como forma de serviço público e do caçador de troféus americano como um tipo de missionário, que está lá para elevar a condição dos nativos e instruí-los no que tange a administração da caça.

Hoje essas boas ações são sustentadas pelo contribuinte americano. Ao todo, os governos americanos repassaram US$ 28 milhões ao Campfire; e os caçadores americanos já podem dizer que, ao caçar elefantes, estão de fato salvando-os de um destino pior na mão de caçadores clandestinos de marfim, além de incentivar a economia local com suas taxas de licença. No jargão do negócio da caçada, o elefante paga suas próprias despesas. Poderia ser uma ideia bem prática, caso você assumisse que:

1. a quantidade de pessoas a praticar caçadas de grandes animais pode trazer mais renda para a África se comparada aos outros tipos de turismo – um argumento descartado pela experiência do Quênia, que proíbe a caçada esportiva e tem a maior renda turística do continente;
2. a única coisa de valor que a economia africana pode oferecer ao mundo são os Cinco Grandes, e o melhor que pode acontecer é que sua população sirva de seguidores de rastro, curtidores de pele e empregados de hotéis e abrigos para caçadores ocidentais;
3. é ecológica e moralmente aceitável sob qualquer circunstância criar elefantes em fazendas, como gado, com o único propósito da chacina para se fazer troféus.

E esse transbordamento de preocupação com as pessoas de vilarejos africanos surgiu de repente. "Num momento, o Zimbábue transformou-se em um lugar simplesmente incrível para que caçadores de troféus atirassem em gigantes. No momento seguinte, a indústria do safári zimbabuano passou a ser uma preocupada comunidade de brancos dedicados a melhorar a comunidade nativa enquanto salvava as espécies", como escreveu Douglas Chadwick em seu *The Fate of the Elephant* (O destino do elefante), de 1992.[18]

DOMÍNIO

Não há matadores sem coração aqui, apenas 13.554 "conservacionistas" realmente engajados. Mesmo assim, Schwarzkopf está preocupado que o Safari Club International não esteja fazendo. Não se está investindo o tempo necessário para "criar uma nova imagem para caçadores". O general traz o livro *In Defense of Hunting*, com as reflexões de James Swan, cujo apêndice, "How to Save Hunting" (Como salvar a caçada), ele lê, expandindo alegremente cada nova proposta:

> *"Apoiar o movimento dos homens e a caçada feminina – cada um ou os dois poderão ajudar a salvar a caçada."* Precisamos de mais mulheres caçando no país. O que eu quero dizer é que você olha as mulheres que caçam nessa organização aqui e elas fazem um bom bocado para reagir à imagem da coçação de saco e mascação de fumo do caçador grosseirão, ok? Precisamos delas conosco, e essas mulheres também trarão suas crianças. (...)
> *"Criar mais oportunidades para caçadas que não precisem de grandes gastos de dinheiro."* Essa aqui é uma organização incrível, mas hoje eu ouvi falar em algumas assombrosas somas de dinheiro – e isso era a média do que os membros dessa organização gastam individualmente por ano em caçadas. É muito, ok? *Muito...* (...) É importante que todos tenham oportunidades, não apenas os ricos.
> *"Criar uma nova imagem para caçadores."* Vamos encarar o seguinte: eu conheço gente aqui que é do pior tipo de caçador grosseirão. E eu digo: *Deem um chute na bunda deles!* (...)
> *"Proteja a caçada você mesmo"* (...) Apite se vir caçadores de marfim, ok? (...) Sou caçador, e o que eu caço eu consumo. Sou caçador e posso puxar o gatilho ou optar por não puxar o gatilho. E deixo de ser caçador quando escolho não puxar o gatilho. Tenho obrigação de treinar a pontaria para ser certeira e limpa. Tenho a obrigação de evitar o sofrimento daquele animal. E quando estou diante do animal de que gosto tanto, derramo uma lágrima, não sei por quê.

O negócio da "coçação de saco" cria uma reação confusa. A parte do "chute na bunda" gera um silêncio chocado. De smoking na mesa principal, o então presidente do SCI, Skip Donau, um promotor

CAMPO DE TIRO

barbado na casa dos 50, força um riso por cima da taça de Cuvée Dom Pérignon e, petrificado, mais parece uma obra de arte de uma loja de taxidermia. Mas, para alívio geral, o general passa um comovente chamado "para sermos líderes na indústria da caça". Pode até haver grupos maiores, mas o SCI tem uma obrigação única porque "nessa organização, há mais pessoas influentes, e mais pessoas influentes do que em qualquer outra organização. Porque o futuro da caçada, francamente, está bem nas mãos das pessoas nesta sala. Se a caçada sobreviver neste país, terá sido por causa de vocês. Mas se fracassar, também terá sido por culpa de vocês."

Donau é do Círculo Interno e certamente o tipo de líder da "indústria" (como agora é rotineiramente chamada; esqueça a "conservação") em cujas mãos, capazes e cuidadosas, Schwarzkopf deposita suas esperanças. De volta a julho de 1998, Donau e dois colegas do Safari Club conseguiram prêmios raros na província de Cabo Delgado, em Moçambique. O ex-presidente do SCI Lance Norris, o tão laureado Kenneth Behring, negociador de terras californiano e ex-dono do time de futebol americano Seattle Seahawks, e ele, Donau, fizeram uma contribuição de US$ 20 mil a um hospital de Cabo Delgado, além de outros benefícios distribuídos a autoridades locais, antes de embarcar numa – tsc, tsc – "expedição de pesquisa".

Essa é a maneira como a conservação, no melhor estilo Safari Club, funciona: três caras brancos do outro lado do mundo aparecem, escolhem alguns caciques locais e jogam dinheiro por lá sugerindo favores em troca do privilégio de saquear as florestas locais. Antes de ter virado "conservação", a gente chamava isso de colonialismo. Veja como se desenrolou a expedição de pesquisa, segundo Dan Causey, editor da mala-direta da elite dos troféus *Hunting Report*: "A delegação do Safari Club International, num safári para o qual foi especialmente convidadas, levou três elefantes, dois dos quais muito bons e um deles absolutamente estupendo, com presas de impressionantes 41 quilos, entre as maiores dos últimos anos na África."[19]

Moçambique proibiu a caça esportiva de elefantes em 1990, depois que as manadas foram destruídas por caçadores de marfim numa década de guerra civil. Os pesquisadores, relata o *Johannesburg Mail* e o *Guardian*, mataram não três, mas cinco "elefantes problemáticos", e "comunidades locais disseram que helicópteros foram usados para guiar os animais e deixar os caçadores [mais próximos]". De acordo com o jornal, a Interpol "investiga o que aconteceu com duas presas de elefante que parecem ter sumido depois da caçada". [20]

Quando a ONG Humane Society of the United States questionou o Safari Club sobre o ocorrido, esse respondeu em comunicado à imprensa que a caçada havia sido autorizada. O sr. Donau respondeu curtamente que, apesar de ter havido uma caçada, "alguns de nós tiveram sucesso; outros não. (...) Eu, entretanto, não colhi nenhum elefante". [21] Não importa quem tenha desempenhado esse papel, parece que os três não conheciam a regulamentação moçambicana, que não deixa dúvidas quanto à caça de elefantes. "Declara-se aqui, nos termos do Diploma Ministerial n° 60/90, de 4 de julho de 1990, que a caçada de troféus de elefantes em Moçambique está proibida, bem como a exportação de marfim." [22]

Nota de pé de página da pesquisa: uma carta do administrador da reserva de vida selvagem local informa que os pesquisadores também atiraram em:

> três leões, cinco búfalos, um elande, três kudus e seis impalas. (...) Os guardas da reserva também ouviram relatos sobre animais feridos morrendo na beira do rio por toda a área. Especificamente, uma impala e dois kudus foram encontrados com ferimentos de bala, e um elande, com tiros no peito, foi encontrado vivo no rio, debatendo-se para evitar ser comido por crocodilos. [23]

"Senhor Jesus, venha a mim. Ocupe o trono da minha vida. Ajude-me a mudar minhas buscas. Purifique meu coração de todas as injustiças."

É o café da manhã da Sociedade de Esportistas Cristãos, uma tradição do Safari Club, hoje com Skip Donau na mesa principal. E nós, de cabeças baixas, nessa oração de abertura, depois de alguns cânticos dos Sons of Mercy. O slogan da sociedade é "Na mira para pegar homens para Cristo"; a logomarca, um veado debaixo da cruz. Há cerca de 250 pessoas aqui. Há uma rifa: balançando, pendurada, uma Bíblia de capa camuflada. Quando sairmos, as mesas serão limpas e o salão preparado para o leilão da tarde.

O principal orador é Joe Foss, governador de Dakota do Sul nos anos 1950, membro do conselho da Liga de Futebol Americano dos Estados Unidos, ex-presidente da Associação Nacional de Rifles e apresentador, nos anos 1960, do programa *American Sportsman*, naquela época em que se podia ter uma boa caçada de elefante ou leão ao lado de Robert Stack na TV sem que ninguém dissesse um "ai". Como Schwarzkopf e o ex-presidente Bush pai, é o tipo de homem que tem o respeito de uma enorme quantidade de gente e dificulta o primeiro impulso de se julgar todos os caçadores pelos pecados de alguns. Foss está presente no livro de 1998 *The Greatest Generation* (A mais incrível geração), de Tom Brokaw. É um ex-capitão dos Fuzileiros Navais que recebeu a Medalha de Honra por seu extraordinário valor na Batalha de Guadalcanal, na qual acertou 26 aviões inimigos. Caçar sempre fez parte da vida de Foss. "Quando eu era criança, levava minha arma para a escola, a colocava nas costas e depois caçava na volta para casa." A família comia faisão naquela noite. "A gente não tinha todo esse negócio de freezer na época."

Tampouco tinha "toda essa gente antiarmas", diz Foss:

(...) toda essa turma dos animais. E é por isso que o SCI é tão importante, porque protege nosso direito de caçar. (...) Mas o antídoto para o desgosto de nossos dias é rezar. Vocês tem que dizer "Senhor Jesus, venha a mim, perdoe meus pecados". Isso envolve simplesmente Sim ou Não – só isso. Se tiver o Senhor do lado de vocês, vão ganhar. Se não, vão perder. E ao caçar e pescar, se vocês estiverem envolvidos, dificilmente estarão errados. (...) Eu acredito na Bíblia e em tudo que tem nela. Cada um de vocês é um milagre. Cada ser humano é um milagre. É difícil acreditar – há tantos de vocês – mas é verdade. Pensem nisso. Um milagre que o mundo criou para vocês. Vocês são ele.

DOMÍNIO

"Cinco mil, eu ouvi cinco mil? Cinco, cinco, cinco, eu ouvi, cinco, cinco, cinco mil? Cinco mil, ali no fundo do salão! *Cinco mil e quinhentos, alguém? Cinco e quinhentos, estou vendendo a cinco e quinhentos. (...)"*

Duas horas depois de darmos graças ao milagre da criação, um urso-polar é "doado" ao Safari Club, e os lucros do leilão vão para o Comitê de Ação Política. Mesmo que se pudesse explicar a ele, o urso perplexo – vivendo lá longe, o mais longe que a natureza pôde colocá-lo da humanidade –, ainda assim teríamos dificuldade em fazê--lo entender que seu destino tinha acabado de ser determinado num salão de convenção do deserto de Nevada.

O leiloeiro é um profissional reconhecido do circuito do gado. Seus assistentes espalharam-se pela multidão, indicando lances com lanternas de mão vermelhas. E assim segue de hora a hora, enquanto são projetadas num telão imagens de cada espécie particular a ser arrematada. Acabou qualquer distinção entre um animal doméstico e uma criatura selvagem rondando os mais distantes cantos do planeta. Tudo é gado. E está tudo à venda.

"Alguém? Alguém? Vendido por US$ 5 mil!"

CAÇA DE PLANÍCIE

Os flashes e a comoção no salão de exibições sinalizam a chegada do antigo presidente George Bush, pai. Ele esteve na convenção em 1997; seu vice-presidente, Dan Quayle, era quem dava o tom no ano passado. Ele para no estande do Fred Hoppe Studio, cujo dono o cumprimentou como se fossem amigos, e compra uma gravata. Escoltado por Schwarzkopf e três outros machos subdominantes do Safari Club, passa por baixo da cabeça do elefante e continua diante de todos aqueles estandes de preço inferior, sem dispensar nem um olhar, segue o que parece ser o único itinerário possível, passando por várias lojinhas de roupas e óculos escuros até chegar, finalmente, ao fabricante de armas Holland & Holland, onde experimenta um casaco de tweed e testa binóculos.

CAMPO DE TIRO

Atirador de pássaros, o sr. Bush causou embaraço geral quando, na campanha de 1988, foi caçar codornas no Texas e falou aos jornalistas: "Não são animais, são codornas selvagens. Você tem de comê-las, nossos tataravós comiam a caça. (...) Não acho que eu pudesse atirar num veado. Mas codorna é outra coisa. É tremendamente excitante."[24]

A turma dos animais estava zangada com a caçada, e os caçadores zangados com a observação sobre o veado. Agora, ali, no saguão, vestindo uma gravata com pequenos elefantes verdes e árvores, Bush pai não parece muito confortável com seu entorno, ainda que não quisesse ofender. Enquanto o ex-presidente caminha, sem interromper seus passos largos, o urso-cinzento com patas esticadas parece esvaziado, como um pomposo membro da comitiva que tenha esperado horas por um aperto de mãos.

De repente, surge a atriz Bo Derek. Ela e o ex-presidente conversam e posam para fotos um pouco adiante do urso. O que traz Bo aqui? "Ainda não tive de fato minha primeira caçada, mas realmente me interessa." Ela não tem um pequeno rancho equestre ou um haras em Malibu? Acho que a vi há pouco tempo no programa *Lifestyles* ou no canal E! demonstrando toda a sua afeição aos cavalos. "Sabe, eu amo cavalos e animais, e parece contradição eu estar aqui. Mas essas pessoas, elas fazem tanto pela conservação." Antes de ela terminar, um membro do SCI a carrega dali. ("A srta. Derek tem um *compromisso*!)

Logo Schwarzkopf volta para falar comigo. Estávamos conversando alguns minutos antes na loja de gravatas sobre seu discurso da noite anterior. Ele me diz para não fazer julgamentos precipitados ou duros demais, que "há muita bondade nesse lugar – você só precisa procurar por ela". Toda hora vem alguém lhe dizer que seu discurso foi certeiro. Isso mostra que os grosseirões são minoria. É claro que há excessos entre caçadores, ele diz, mas o mesmo vale para quase tudo. "Onde não se encontram excessos nos dias de hoje?"

Dei umas voltinhas pela Holland & Holland. Desde 1989 pertence à companhia de perfumes francesa Chanel Inc. Com escritórios em Nova York, Londres e Paris, eles são (como perdigueiros apontando uma pista) os indicadores-padrão desse lugar. São claramente um bom exemplo tanto do fluxo de dinheiro excessivo, aquele de que o general falava, quanto do alto nível de que depende a caçada do futuro. Seu público é o "caçador cavalheiro" – não o deselegante e tosco nem o clandestino, aqueles que iscam ou os que ficam vidrados em vídeos de mortes – e o estabelecimento é tão respeitável que recebe até uma visita presidencial. Seu estande, com espelhos, várias alas e painéis de madeira, não é apenas um estande, mas um refúgio de todo o bricabraque da convenção.

Parece a alinhada loja de roupas Brooks Brothers, emprestando um ar de graça e refinamento até mesmo a armas para matar elefantes, belamente dispostas em balcões com tampo de feltro verde. "Vencedora de todas as categorias da [competição de caça com cães] Field Trials em 1883", anuncia a revista da H&H, *Shooting Field*. "A Holland & Holland foi a primeira fabricante de rifles de Londres, e caminhou para a elaboração e o desenvolvimento de uma linha de calibres esportivos de rifles que revolucionou o mundo da caça, particularmente de animais africanos grandes. Em torno de 1898, uma das primeiras inovações da Holland & Holland foi a Nitro Express .500/.450 3 1/4. Era a favorita do presidente Theodore Roosevelt. (...)"

A fabulosa Nitro Express custa US$105.000 (dez vezes o preço de um elefante) e é confeccionada a partir de "árvores centenárias, magníficas". Três quartos da árvore bruta são descartados; o resto é talhado e polido em 120 horas de artesanato; e vem com uma "cena de caça" à sua escolha, moldada em prata Sterling, afixada no lado da arma. Uma peça esplêndida, a escolha do cavalheiro, a predileta de T. R. – a mesma arma usada por Johan Calitz para nos presentear com aqueles "quatro dramáticos tiros no cérebro" em *With Deadly Intent*.

Um ensaio na *Shooting Field*, "An Ideal Shooting Day" (Um dia perfeito de tiro), traz:

> Não há muito que se iguale à antecipação por um bom dia de tiro. Mesmo que a presa do dia tenha sido alimentada por um ano pelo tratador da caça, quanto mais as armas lembram que essas são criaturas essencialmente selvagens e que podem nos surpreender e nos deliciar com essa imprevisibilidade feroz, mais se apreciará o dia.

Um cavalheiro ou uma gentil dama é paciente, espera que seus pássaros tenham "se apresentado" propriamente – "apresentar-se" é o termo para libertar pássaros de gaiolas, pela primeira vez em suas vidas. "Um tiro voraz e mesquinho é tedioso, e um dia ideal requer que os participantes considerem em que pássaros querem atirar." Quando o tratador segura o pássaro para o ar e o lança para o céu, "experimente a excitação de ouvir todos os sons familiares do afugentador de aves encorajando-as para um caminho e saboreie o desafio à sua frente".[25]

Shooting Field também nos oferece o "diário de safári" de um certo Richard Gallyon – dono não apenas de uma Nitro .500, mas também do que é certamente o título mais formidável de Reno essa semana, deixando Bush e Schwarzkopf de longe para trás. O sr. Gallyon é "Superespecialista da *Worshipful Company of Gunmakers*" e "Representante para o leste da Inglaterra da Holland & Holland" e, em seu texto, lembra de 1997:

> Uma conversa ocasional na Burgley Horse Trials revelou que meu amigo Keith Massingham e eu estávamos procurando muito um lugar para atirar em caça de planície. (...) Teríamos permissão para 12 animais. As espécies permitidas eram impala, javali, gnu, kudu, elande e zebra além de qualquer quantidade de chacais. (...) No verdadeiro estilo explorador, mantive um diário de viagem, um registro diário da excitação e da aventura.[26]

Alguns fragmentos do diário do superespecialista dão o gostinho da caçada, e lá vai um instantâneo dos dois cavalheiros também em campo, junto do seguidor de rastros nativo, Amos:

> *Domingo*: De pé às seis da manhã para encontrar nosso caçador profissional, Alec Friend, com chá e torradas na fogueira do acampamento (...) Vimos muita caça – girafas, elefantes, gnus, impalas – não houve oportunidade de tiro. De volta para o acampamento ao meio-dia e para a *siesta* às três da tarde. (...) *Segunda-feira*: De tarde, Keith foi com Amos, nosso caçador de rastros, espreitar e atirar numa impala. (...)

DOMÍNIO

Terça-feira: Ruth fez a mais maravilhosa torta de gnu para o almoço! Josh acertou uma impala e atraiu um chacal, assim como chamamos lobos, a três metros da Land Rover. (...) *Quarta-feira*: Acertei um javali com presas enormes (...) *Sábado*: Josh queria uma zebra por seu couro, e, depois de uma hora de tocaia, acertou numa fêmea. Mais tarde, atirei num gnu mas ele se afastou. (...)[27]

E, depois, para a cama. O que aconteceu com o gnu ferido que "se afastou", caçado, podemos presumir, para virar outra torta? Talvez tenham mandado Amos atrás dele. Também não fica claro por que os dois estavam *procurando* por tiros em elefantes e girafas, como o sr. Gallyon parece sugerir, uma vez que lhes foram dadas instruções explícitas de só pegar impalas e animais do gênero.

A Nitro .500 não é sequer a arma mais violenta aqui. Em outro estande há uma arma para caça de elefantes que mais parece algo confiscado dos mujahedins no período soviético. Sigo para outra ainda, pensando que era um grande telescópio. Custa US$ 118 mil, precisa de um tripé e perfura a couraça do elefante. Balas especiais para essa arma custam 100 dólares cada e aniquilarão o animal, causando-lhe hemorragia interna, mas só deixando um pequeno rasgo na pele grossa e cinza.

Eu a testei, girando-a sobre o eixo em direção à cabeça pendurada sobre a Ala do Elefante. Ele poderia estar bebendo num daqueles charcos da savana, ou se banhando, assim como são encontradas na natureza essas descontroladas ameaças – encontradas e mortas. Como alguém pode ter prazer em atirar num mamífero de mais de 3 toneladas que esteve andando pela Terra por longos 50 anos, criando seus filhotes – algo que leva 13 ou 14 anos nessas espécies – encarregados da defesa apenas da prole e de suas manadas, com uma estrutura familiar complexa e que já foram vistos levando comida a membros doentes de seu grupo e até ajudando animais mais jovens de outras espécies? (E, além disso tudo, um animal que é mais difícil de ser furado do que o boneco inflável gigante do alce Alceu na parada do Dia de Ação de Graças da Quinta Avenida.) Só com essa gracinha de arma nas mãos, ou com as balas de 100 dólares, é que dá para entender o poder amplamente mal-intencionado que há nela.

O colunista Jim Carmichel relata na edição de fevereiro de 1999 da *Outdoor Life* que a Holland & Holland estará em breve com a Nitro Express .600 "ejetando um projétil da espessura de um polegar, de 900 graus [aproximadamente 60 gramas], com uma energia equivalente a quatro toneladas".[28] Também se trabalha na Nitro .700 e se espera que depois disso venha a Nitro .800 – ao que parece não há teoricamente limites à violência que alguém pode direcionar a um elefante.

Na floresta, qualquer ser humano é o chefão, é notado, percebido e temido. Aparentemente, quanto maior o animal e maior o poder que o humano tem de aterrorizá-lo, maior é sua satisfação. Para o sr. Carmichel, caçar elefantes tornou-se uma "paixão consumidora".[29] Ele gosta especialmente quando um "elefante com um tiro no cérebro troveja no chão [e] seus companheiros às vezes correm em círculos, gritando de pânico."[30] Ele chega a apreciar também a sensibilidade do elefante, porque "nenhuma criatura selvagem na Terra é tão fascinante ou inteligente – ou tão perigosa".[31] Certa vez, na África, ele e seu guia chegaram a uma manada que se alimentava. "De repente", a dramática virada de todas as histórias de safári, "tudo virou um inferno." Na verdade, o inferno tinha apenas começado. "Houve um grande estrondo, arbustos se quebrando, um estridente trombetear e um estampido. (...) Um elefante menor apareceu do meio das árvores e veio direto na nossa direção. (...) Essa besta significava algo mortal. (...) A coisa dos diabos queria nos destruir, assim como fizera com a árvore!"[32] Depois de uma saraivada de tiros dos dois homens, "aquela forma vasta ficou sem ação, e então veio o silêncio". E ele continua:

> Tudo parecia tão sem complicação, lembro de ter pensado em seguida, *o poder de um dedo no gatilho desafiando o poderio de um elefante.* (...) Mas por que aconteceu? Isso foi respondido minutos depois, quando nosso rastreador descobriu um filhote natimorto de que aquela elefanta tomava conta. O estampido estrepitante que ouvimos era a fêmea afastando outros elefantes do filhote morto de quem ela cuidava. Nós estávamos entre ela e seu filhote e aquela fúria era o instinto mais protetor de toda a natureza.[33]

DOMÍNIO

Essa foi a contribuição de Jim Carmichel para o mundo naquele dia – aterrorizar e matar uma mãe elefante que guardava seu filhote morto. Aquela "coisa do diabo" sofria. E desde então, experimentar novamente aquele momento tem sido "minha verdadeira paixão na caçada". Os grandes detentores de presas "estão no meu sangue e não deixarão meus sonhos".[34] O sr. Carmichel vai continuar voltando, para ter mais, diz ele; afinal, sob o programa Campfire, os moradores de vilarejos africanos têm muito a ganhar. "Todos se beneficiam, em especial a população humana, por conta do valor das licenças para caça de elefantes, que agora proporcionará uma sala de aula extremamente necessária, ou o salário de um ano de um professor."[35] Talvez seja essa uma possível explicação para a inspiração de homens como o sr. Carmichel: estão preocupados com os pobres do mundo, querem apenas ajudar todas aquelas crianças e professores colegiais. Uma explicação de algum modo mais plausível foi trazida por Joseph Wood Krutch em seu livro *The Modern Temper* (O temperamento moderno):

> Matar "por esporte" é o tipo perfeito do puro mal sonhado pelos metafísicos. A maior parte dos feitos maus é realizada porque quem os fez propunha a si próprio algum bem (...) [mas] o matador por esporte não tem um motivo amplo como esse. Ele prefere a morte à vida, escuridão à luz. Não ganha a não ser a satisfação de dizer: "Algo que queria viver está morto. Há essa tão pouca vitalidade, consciência e, talvez, alegria, no universo. Sou o Espírito das Negações."[36]

OS CURADORES

Foi uma boa convenção para os joalheiros também. Eu estava na Status Diamonds e Nina Popkins tinha acabado de vender um broche de esmeraldas de US$ 20 mil. "Em geral, a gente não consegue essas vendas grandes até o último dia. As esposas sempre vêm e dizem: 'Volto quando ele acabar de ver safáris'." A mercadoria mais cara desse lugar parece ser o pacote de rinoceronte branco, a US$ 210 mil – e isso sem contar a preparação e a entrega do material na volta para os Estados Unidos.

As contas de taxidermistas são inacreditáveis. Isso porque, no fim da história, você não leva o animal propriamente, mas sua pele seca, escavada e tratada, contornando um molde de poliuretano. Pele, presas, galhadas e chifres são mantidos, ossos e todo o resto ficam para trás. O trabalho leva meses, explica C. Larry Quinn, da American Sportsman Taxidermy, com matriz em Tallahasse, na Flórida. Seu objetivo é "satisfazer o esportista distinto, oferecendo uma alternativa à produção em massa de animais montados. Cada peça tem montagem customizada e todo esforço é feito no sentido de atingir a precisão e os detalhes da vida do animal". Nada de trabalhos de segunda linha, feitos às pressas – tudo tem de ser reconstruído. O sr. Quinn é especialista em troféus africanos; suas "habilidades escultóricas lhe permitem fazer fotos, medir, pegar moldes de cabeças de animais mortos e partes do esqueleto e transformá-los em manequins parecidos com animais vivos".

Quando se somam todas as despesas – esfolar o animal, pagar pelo frete da pele e as taxas, fazer inspeção veterinária, alfândega, seguros, além do serviço de taxidermia em si –, nota-se que ficaria mais barato levar o animal vivo a bordo de um Concorde. Um leão na American Sportsman Taxidermy – apenas a reconstrução – custa US$ 3.595. Uma zebra: US$ 3.795. Um búfalo: US$ 7.495. Uma cabeça de elefante: US$ 13,5 mil. O elefante inteiro: US$ 45 mil ou mais. Um rinoceronte: US$ 19,8 mil. Um hipopótamo: US$ 21.985.

Aquela girafa do Hilton? Do hábitat ao hotel, estamos falando de cerca de US$ 60 mil, apenas para conseguir aquela criatura, para que um "manequim em tamanho real" atravesse o planeta e renasça em Reno, onde agora enfeita o Salão Principal.

Tudo é explicitado do ponto de vista dos impostos também, como aprendemos no seminário "O SCI, a Receita Federal e você". Com isso, a redução de todas as criaturas da face da Terra a commodities está completa.

Chega um momento na vida de qualquer esportista em que se tem de olhar para a posteridade, ponderar sua imortalidade, planejar o futuro, preparar seu testamento. Quando chega essa hora solene, o Safari Club International espera que você se lembre de que ele é uma organização do tipo 501 (c)(3), ou seja, entidade filantrópica, ou como a Receita determinou em 1985, depois de diversas apelações do SCI, "organizada exclusivamente para propósitos de caridade e educação".[37]

Colheitas malditas podem até vir, é sempre estação da Ceifadora, mas o trabalho de conservação segue, o trabalho de educar pessoas para a conservação continua, é preciso manter o lobby para a conservação em cada assembleia estadual, assim como no Congresso e na Casa Branca, a fim de conservar para a futura geração o benefício da vida selvagem que caçamos hoje. Ah, sim, os troféus, Búfalos de Bronze e McElroy são honras, mas a *conservação*... essa sim é o que vale a pena.

Deixar heranças para o Safari Club tem muitas vantagens, mesmo depois do eco de seu último tiro. Você pode colocá-lo como herdeiro de seus imóveis, e a ação vira uma doação de caridade para o resto da vida, basta declarar seus bens com o código CRT, de *charitable remainder trust* (resíduo de depósito de caridade). Quando você partir desta para uma melhor, tudo vai para a entidade filantrópica. Advogados do SCI estão no fundo de uma sala; eles o pegam na hora certa e lhe entregam formulários já preparados. Você pode regularizar a situação de seus imóveis antes do almoço. (Apenas um aspecto negativo, como calhou de perceber um jovem caçador: "Então, o que você está querendo dizer é que com a CRT, quando você morre, seus filhos não ficam com nada?")

Também há a perspectiva do "museu de troféus", esboçada no comunicado para membros do SCI.[38] Funciona assim: Você "doa" seus troféus – muitas vezes, centenas deles – para eventualmente serem colocados no Museu Internacional da Vida Selvagem. Você concorda em "armazenar e manter a coleção dentro dos padrões de museu até o momento do início de uso conforme determinado em nossa função de isenção fiscal". Não se preocupe em mandar o material agora. Apenas

CAMPO DE TIRO

fique com ele. Enquanto isso, considere-se um "curador" partilhando do status filantrópico 501 (c)(3).

Passo um: *Estabelecer espaços de museu e outras estruturas do gênero (safáris sensoriais etc.) em todo o país a fim de preservar estruturas de qualidade.* Tradução: Declarar toda ou uma parte da sua casa um "museu da vida selvagem".

Passo dois: *Utilizar o museu ou estrutura similar para educar o público sobre questões pertinentes à vida selvagem pertinente e a conservação.* Tradução: Convide seus amigos de caçada ao "museu" para uns drinques e histórias de caçador, garantindo que alguém doe uma ou duas Cuvée Dom Pérignon.

Passo três: *Forneça alguma fonte de renda para a missão do SCI.* Tradução: Quando escrever seu testamento, não esqueça de quem permitiu a você uma isenção fiscal.

Sabe o que é um safári sensorial? Um safári para deficientes visuais, um dos programas anunciados por Swan e Schwarzkopf. Bem no meio do saguão principal do centro de convenções há um rinoceronte inteiro empalhado, uma girafa (pescoço e cabeça), um leão e um bocado de outras "estruturas". Crianças cegas ou parcialmente cegas são levadas a tocar e dar batidinhas nos animais – a ideia dessa oportunidade é partilhar as maravilhas do mundo natural. "Já tocou uma girafa?", pergunta o curador. "Agora você pode."

É um novo programa que o SCI espalha pelo país. E é lógico que, com todos esses safáris sensoriais surgindo, precisa-se de mais animais selvagens. E, claro, os caçadores que conseguirem animais selvagens para as exposições estão numa empreitada de caridade. Faz todo o sentido que esses altruístas tenham isenções fiscais em suas aquisições. Os advogados da SCI também ajudarão. É tudo pelas crianças.

Mas há um plano de economia ainda mais intricado. Quem explica é R. Bruce Duncan, presidente da Associação de Avaliadores Profissionais de Chicago, em "Segredos das deduções tributárias de caçada", um encarte no prospecto da Jeff C. Neal Inc., cujo guia nós ouvimos, há pouco, explicar a técnica do saquinho de amendoim para fora da janela, usada na caçada de elefantes.

DOMÍNIO

No prospecto do sr. Neal, encontramos um cliente, Ken Behring, posando com um elefante em Botsuana, um leão na Zâmbia, um íbex e um argali-do-deserto-de-Gobi na Mongólia, outro caprino na China, um urso e um alce na Rússia e um pequeno cervo no Nepal – mesmo na última pose parecia tão triunfante, tão feliz consigo mesmo, que se poderia acreditar que o sr. Behring tinha acabado de escalar o Everest correndo atrás daquele veadinho. Essas imagens todas estão em cima do elefante e de todos aqueles outros animais que Ken, Skip e Lance foram buscar e subjugar em Moçambique, atirando para todo lado e fazendo a vida dos crocodilos bem mais fácil, com todas aquelas refeições feridas prontas para levar.

Até que o sr. Behring viaja bastante. Dinheiro não é problema para ele. Com uma doação de 100 milhões de dólares, ele conseguiu transformar uma ala inteira do Smithsonian Institute em sua sala pessoal de troféus, o "Salão dos Mamíferos Família Kenneth E. Behring". Mas como a maior parte dos caçadores tem de ser um pouco mais contida nas despesas, o sr. Duncan (que se descreve como "pai da avaliação de estruturas de caça") está lá para ajudar. Ele explica que o caminho do "monte seu próprio museu" é uma possibilidade para os "Segredos das Deduções Tributárias de Caçada". Outra opção popular é doar troféus a mostruários comerciais:

Restaurantes, bares e lojas de artigos esportivos cobrem gastos da obtenção dos troféus para exposição, tanto como uma despesa rateada quanto como deduções fiscais por conta de depreciação do valor. Vendedores de automóveis espertamente fizeram o mesmo. Rams [carneiros selvagens], Cougars [pumas] e Impalas são adereços chamativos próximos aos carros que levam seus nomes. Houve um fabricante que deu um nome de animal selvagem a cada um de seus produtos, e colocou ao lado os troféus correspondentes. Hoje muitos shoppings usam decoração de vida selvagem em campanhas promocionais. É uma tendência do futuro.[39]

Também existe a técnica "Fique com o monstro" – entendendo-se por "monstro" seu alvo preferido entre tantos outros que você matou. Com esse dispositivo, diz o sr. Duncan, você "doa toda a sua coleção de caças menos o animal de que você realmente precisa. É muito popular entre caçadores de carneiros e espécies raras".

Alternativamente, pode-se "Abrir mão do monstro": "Doar o animal de seu livro de registro em troca de uma dedução fiscal de cair o queixo e ainda conseguir que seu taxidermista coloque uma segunda película de fibra de vidro sobre os chifres originais. (...) Use o que não pagou de imposto para caçar de novo. Isso acontece mais do que você imagina!" Mais uma opção é "fazer um cheque para o seu museu local pagar a caçada, depois fazer com que o museu cubra todos os custos". Os gastos são "doações para a caridade".[40]

A ideia geral é fazer cada caçada pagar a próxima, uma espécie de programa de carnificina constante. Isso é necessário, explica Duncan, porque "os custos da caçada dobram a cada dez anos".[41] E por que os preços sobem? Porque há menos oferta. Por que há menos oferta? Porque a procura está muito maior do que o fornecimento. Por que a demanda é tão enorme? Em grande parte por conta justamente dessas técnicas tributárias, que colocaram até grandes animais ameaçados de extinção ao alcance de mais caçadores. É um círculo vicioso de esvaziamento e depredação, deixando cada vez menos animais (e animais mais jovens) e aumentando seus preços – a única barreira ao apetite dos caçadores, que agora é removida artificialmente por lobby político e manipulação criativa das regras tributárias.[42]

Talvez seja hora de a própria Receita Federal fazer um safári. E se houver fiscais da Receita entre meus leitores, largue tudo e venha a Reno. Existem alguns monstros reais por aqui, e você pode ficar com eles.

NIMROD.COM

O discurso de George Bush essa noite, a última da convenção, é uma exaltação das maravilhas da natureza e deveres de conservação, enquanto agradecia a um impressionado Skip Donau por deixar o Safari

Club "com mais de um milhão de membros, e ainda crescendo. É verdade que os membros têm vindo de outras partes do mundo, em aviões da Ásia, África, Nova Zelândia e Rússia, assim como os vizinhos do Norte, Canadá, e do Sul, México (o que me lembra de agradecer a família Sada por me trazer aqui num voo fretado)". Adrian Sada Gonzalez, prêmio Realização Coroada de 1998 e presidente da oitava maior corporação mexicana, os fabricantes de vidro Vitro S.A., posa num panfleto com um carneiro argali de US$ 23 mil, de seu último safári na Mongólia. De sua cidade no México, Monterrey, tem liderado o trabalho conservacionista no México, buscando liberar para negócio a reserva daqueles grandes felinos.

Eles gostam de deixar tudo muito *presidencial* aqui. Alguns anos antes, o ex-presidente argentino Carlos Menem esteve na convenção. Em 2000, o convidado de honra foi o ex-presidente francês Valéry Giscard d'Estaing. E em 2001 o sr. Bush voltou. Além do pagamento que recebeu por essa visita, na forma de dois rifles Baretta, não dá para saber muito bem o que esse homem incrível e bondoso achou de tudo isso. Não pareceu muito à vontade com nenhum dos cicerones, à exceção de Schwarzkopf. Foi o presidente Bush, aliás, que por mérito próprio implantou a Lei de Conservação dos Elefantes Africanos, assinada por Ronald Reagan, que proibiu a importação de marfim para os Estados Unidos – uma medida a que o Safari Club se opõe baseado no fato de que a proteção legal a um animal levará a outras. Bush prossegue:

> O fato de haver tamanha presença internacional se deu graças ao trabalho duro da equipe do SCI, porque eles ajudaram a educar e promover a conservação e os padrões éticos em mais de 165 colegiados de 16 países em todo o mundo. (...) A lembrar de quando eu era presidente, chamávamos esse tipo de espírito do vizinho que ajuda vizinho de "um entre mil pontos de luz".

Pontos de luz é uma referência aos Rough Riders*. "Roosevelt" – continua Bush –, "era outro amante da vida ao ar livre convicto, de reputação inquestionável, um herói para mim. Ele sempre explorou as maravilhas da vida ao ar livre e constatou mais tarde que [as florestas] podem expressar o espírito oculto da vida selvagem, revelam seu mistério, sua melancolia e seu charme. A lição que aprendemos com T. R. é que aqueles que caçam e pescam podem ser os melhores defensores dos nossos preciosos recursos naturais, da nossa fauna." De fato, Roosevelt disse que foi bom quando percebeu que as caçadas são tão abjetas quanto qualquer outra forma de crueldade deliberada ou barbárie. Mas protestar contra qualquer tipo de caçada é um sinal de fraqueza mental e debilidade emocional.

É um mistério não haver um prêmio Theodore Roosevelt no SCI. Isso traria reconhecimento a todos os animais deixados órfãos e feridos a cada ano. "Houve um pequeno que correu assim que sua mãe caiu", lembra T. R., numa passagem típica depois de matar uma elefanta. O filhote ficaria bem, parecendo "capaz de tomar conta de si mesmo".[43] Um rinoceronte emboscado por Roosevelt e seu filho "estacou e deu meia-volta."

> Kermit recarregava a arma enquanto a elefanta ia embora. Poucos metros depois, ela caiu, levantou-se de novo, hesitou, caiu mais uma vez e morreu. O filhote, que tinha idade o suficiente para ir embora, recusou-se a deixar o corpo, embora batêssemos nele com varas e amontoados de terra ou pedra. Finalmente, um tiro na carne do traseiro o mandou embora numa pressa frenética.[44] [Mais tarde, depois de matar uma mãe rinoceronte,] atiramos no filhote, que enquanto morria soltava um assobio gritado, quase como um motor a vapor.[45]

---

* Rough Riders (algo como Bravos Cavaleiros) denomina o Primeiro Regimento de Cavalaria Voluntária dos Estados Unidos. Foi criado pelo então tenente-coronel Theodore Roosevelt em 1898. *(N. da E.)*

DOMÍNIO

Outras provas de heroísmo seguem-se com um elefante que cai e outro, "osso duro", que escapa. "Se estivéssemos apenas atrás de marfim, nós o teríamos seguido; mas não havia como saber o quanto ia durar a perseguição, a que nos levaria. Como queríamos preservar toda a pele do elefante morto, não havia tempo a perder."[46]

Talvez não haja prêmio batizado com o nome de nosso 26º presidente porque até ele, que podia matar filhotes jovens sem necessidade e sem remorso e deixar feridos "por conta própria", manifestava a necessidade de padrões mínimos e desprezava a caçada fechada. E enquanto instava a audácia e a autoconfiança da caçada no meio selvagem, escreveu: "Atirar numa área fechada de caça é uma paródia lúgubre" e "É com enorme pesar que vejo crescer neste país um sistema de grandes reservas particulares de caça, mantidas para a satisfação dos ricos."[47] Os 230 tiranos que ouviam o ex-presidente Bush tinham, arrendavam, equipavam ou dirigiam exatamente esse tipo de cercado, os parques de caça "sem morte, sem pagamento" que Roosevelt tinha em mente quando denunciou com desdém o "açougue" da caça cercada. Quanto à caçada competitiva, eis o que escreveu: "É absurdo deixar o desejo por recordes excluir todo o resto e se tornar uma obsessão."[48]

Antes de ir embora, eu quis conversar com caçadores profissionais. E o Safari Club, naquele último dia, estava atrás de mim; queriam saber por que não entrei como jornalista, optando por abrir mão do dinheiro gasto na admissão de um membro. (Fiz isso porque eles fazem muitas "colheitas" nos pedidos de ingresso para imprensa.) Depois de meu papo com Bo e Schwarzkopf, pude ver várias pessoas de olho em mim enquanto falavam em celulares, e dali em diante me senti como se tivesse uma galhada de sessenta pontos na minha cabeça. Entendi que era hora de sair da "maior cidadezinha dos Estados Unidos", mas não sem antes fazer algumas perguntas a caçadores profissionais.

Há algo admirável neles, sobretudo nos africanos. Para começar, eles têm habilidades, são quem segue os rastros para encontrar o animal,

CAMPO DE TIRO

apenas olhando para marcas de pata, antes que o cliente se coroe de glórias matando o bicho. Mesmo na caçada fechada, é preciso algum *know-how*, e sem ações profissionais, como mapeamento, condução apropriada de automóveis e indicações cochichadas ao cliente, esse último estragaria a colheita.

Pode-se ver a dependência no rosto dos clientes em muitas fotos da convenção e dos panfletos e prospectos. Eles sorriem muito, entre a surpresa e a excitação pela morte do animal, como a criança de rosto gorducho que acabou de tirar a venda dos olhos para ver o que tinha dentro da *piñata* que golpeou. O excesso de confiança é espantoso, embora essas palavras sejam excessivas porque ninguém vê uma alma suficientemente importante ali – vítimas de uma arrogância boboca, que poderíamos chamar de bobocância.

Mas a seu lado, nas fotos, sempre há o caçador profissional – embora se possa imaginar que, nas fotos em casa, o caçador profissional não apareça –, com expressão difícil de se entender, meio cansado, talvez de saco cheio, distraído, feliz que o dia de expedição tenha terminado, de modo que se possa encomendar a pele da caça, entrar no carro e voltar para o abrigo. Mais um dia, mais uma caçada africana.

Em algumas fotos, há certo desconforto. Um passo atrás do herói ou heroína da caçada, eles sabem *quem* de fato encontrou e matou a girafa ou elefante. Nem sempre, mas acontece, não se sabe quem é o caçador profissional e quem é o cliente – a não ser pelo aspecto calmo e seguro de si do primeiro. Devem ser os profissionais mais jovens.

Mas então, o que eles acham de Reno? O que pensam de todos aqueles americanos jogando dinheiro por todo canto para conseguir um tiro fácil nos meninos grandes? Eles não se cansam disso? Os caçadores profissionais vivem na África e conhecem esses animais de uma maneira que os broncos nunca conhecerão. Será que alguma vez já se sentiram tristes pelos bichos, de um modo que só o verdadeiro caçador pode se sentir?

Um deles, um cara simpático na casa dos 20, ruivo e sardento, Vlam Myburg, caça há três anos pela Madabula Safaris e diz que às vezes lamenta por alguns animais, elefantes por exemplo. Mas que muitos clientes também agem assim. "Você ficaria surpreso, mas dois em cada cinco clientes que levo para caçar elefantes choram quando tudo termina e eles estão diante do animal. Eles caçam e caçam e, quando termina, é uma experiência muito emotiva."

Não sei se eu e ele nos entendemos no significado da palavra "lamento". Seja como for, Vlam tem certeza de que a caça é necessária e serve a um bom propósito, é uma forma de controlar a população de elefantes que hoje pressiona a população humana. Em especial os elefantes "caçadores de plantações", que ameaçam fazendas. "Há certo pesar em matar esse belo e majestoso animal. Eu me sinto assim com qualquer grande caça", continua. "Eles são como nós em muitos aspectos, em especial o elefante. Por outro lado, você [o caçador] sabe os danos que ele causa. É preciso controlar essa população. E, sim, eu gosto. É excitante. Eu amo isso. Nunca se mata duas criaturas da mesma maneira. Algumas são mais espertas. Cada uma tem uma estratégia."

Frederic Blochet, do Tanganyika Wildlife Safari, tem uns 30 anos. É um belo francês, de Nice, e me oferece um pacote para a Reserva Selous (Frederick Courtney Selous era colega de caçada de Roosevelt). Blochet passou a infância em Tanganica e agora volta como caçador profissional, como ele conta. Então puxa um notebook Macintosh e clica em "Dezembro 1998" para me mostrar o elefante caçado por um certo Pat Bollman, chefe do comitê de prêmios do SCI e cuja mulher, pude notar num prospecto, também pegou um elefante em novembro passado. Os Bollman queriam algo do tipo ele-e-ela – e eles podem ser considerados referência entre muitos americanos. Assim que o vídeo começa, Blochet percebe que não estou interessado, mas já é tarde demais: o show tinha começado.

Vê-se um elefante bebendo água uns 45 metros adiante. "Estudei em Limoges por um ano, mas acabei decidindo voltar", começa Blochet. "Para ser sincero, não gosto muito de caçar." O elefante levanta a tromba para o caçador. Sentiu o cheiro. Ele sabe. "Gosto mesmo é de pescar peixe-espada. Caçar é só um negócio." O elefante começa a correr, cai meio ajoelhado na enorme poça jogando água para todo lado, cabeça e tromba dentro da poça e meio que congela ali. Não é necessário um segundo tiro. Os preparadores de pele é que terão o trabalho de tirá-lo dali para conseguir o ganha-pão. "Eu não gosto mesmo de caça, sobretudo dessa", diz ele apontando a tela do computador. "É só negócio."

Não era bem a hora de aconselhamento profissional, mas Blochet parecia meio sem graça, então perguntei se ele não achava que havia outras maneiras de viver, talvez safáris fotográficos. "É... mas você sabe quanto eles ganham? Nada", falou com o dedo em riste. No vídeo, furiosos tapinhas nas costas entre os assassinos, que surgiram dos arbustos para inspecionar o prêmio.

Em seguida falo com John Sharp, da John Sharp Safaris ("Caçada a pé: a *verdadeira* caçada"), um magro cinquentão bem-apessoado com uma bandana cobrindo parte dos longos cabelos louro-acinzentados. Sem a barriga ou a papada avantajadas de seus colegas americanos, ele oferece aventuras com "Alces Monstros" ou "Alces Malucos" e parece com o ator Paul Hogan, de *Crocodilo Dundee*. Acho que não é bem o cara com quem eu gostaria de topar no meio de uma trilha.

Conheci-o enquanto ele preenchia alguns formulários para o pacote de caçada de elefante, sua especialidade, a julgar pelos pôsteres no estande. Parecia feliz em poder falar de preços, contratos e dos animais, surpreendendo-me com sua eloquência. "Com os elefantes, sim, sempre sinto um pesar e uma tristeza, sobretudo os grandões como esse aqui", ele aponta para uma foto em cima da mesa.

Todo mundo quer os donos das grandes presas. Mas eles são animais muito inteligentes, muito sensíveis. Eles sabem até quando a estação de caça começa e termina. Já vi elefantes que vagavam pelas áreas de caça correrem para as áreas de proteção e os vemos visivelmente relaxados [agora imita um corpo relaxando] quando passam a es-

DOMÍNIO

trada, como se soubessem que estão a salvo. Aí começam a comer calmamente de novo.

Há estudos que registraram os tons subsônicos que fazem e, quando se toca esses sons para os elefantes, eles respondem. Eles compreendem e comunicam o perigo. Quando se mata um elefante, parece que a notícia se espalha e manadas inteiras podem ser vistas correndo para pequenas áreas protegidas.

E, sim, eu também tenho um lugar especial no meu coração para um elefante, sobretudo os mais velhos – esse aqui, por exemplo, de 50 anos – porque você sabe, quando olha para um velho detentor de presas, que algum dia não haverá mais deles.

Sharp também diz que os governos africanos são tão irremediavelmente corruptos e incompetentes que a caçada em busca de troféus é a única maneira de manter alguma estabilidade entre a população animal. O mesmo tema é abordado por Pieter Stofberg, da Komasam Safaris, um caçador profissional com uns 45 anos que encontro na saída da convenção e que se mostra bem-disposto com a entrevista. Ele fala pausadamente para eu poder anotar o que diz, mas também para dar umas tragadas no cigarro que fuma. Pieter é da Namíbia, pequeno e barbado, e usa o apelido de Nimrod em seu email. Quer me explicar os princípios básicos da caçada como conservação. Descreve a presa quase do mesmo modo que Sharp. É um homem pragmático e é assim que trata a sentimentalidade com os animais, elefantes em particular. Quer que eu e meus leitores entendamos a situação definitivamente:

Veja, o elefante não tem predadores. Há provas científicas de que se eles não são caçados, ficam doentes e morrem. Então o predador sou eu. Por conta da caçada, há 40% mais elefantes na África do que havia sessenta anos atrás. E como os caçamos, nós damos a esse animal um valor – digamos, US$ 10 mil.
É como gado: se não tiver valor, o fazendeiro chega lá e varre ele para fora. Claro, ele não tem valor... (...) Então, a caçada por troféus

agregou valor ao animal, principalmente porque hoje há muito mais caçadores do que vinte anos atrás.

Aqui está um grupo de elefantes, por exemplo. Há uma explosão populacional. Temos que tirar alguns desses animais grandões, mas ninguém se beneficia disso. Mas e se levarmos um caçador dos Estados Unidos e o animal passar a valer milhares de dólares? Vê a sinergia aqui? O cara com dinheiro, ou seja, o americano, e o cara com conhecimento, o caçador.

E quanto a safáris fotográficos?

Não tenho problema nenhum com isso, contanto que me paguem o mesmo que me pagam pelas caçadas. Eu levarei a pessoa aos mesmos lugares, eu a levarei até o animal para que possa fazer suas fotos, *se* ela pagar os mesmos valores. Mas, olha, o dinheiro está é aqui. É assim que é. Essa é nossa natureza. Ninguém pode mudar minha natureza. Se você foder a natureza, vai foder o mundo todo.

Antes de sairmos, pergunto como eram os elefantes quando ele e seus clientes ainda não lhes davam valor. Ao que ele responde que "os elefantes são como nós": "Vivem para ter 80 anos e estão sexualmente maduros aos, sei lá, 18 ou 20 anos. Quando se mata um elefante, como quando é preciso controlar uma população, atirando de helicópteros, é terrível porque não se pode apenas matar alguns indivíduos. É preciso acabar com a manada inteira. Os homens choram como bebês. Já fiz isso."

É preciso matar todos porque se descobriu recentemente como são complexas as relações familiares entre esses animais. Os filhotes sem mãe ficam enlouquecidos, uma juventude antissocial, e aí também eles morrem.

Os elefantes são animais muito sociais – quando os adultos são mortos, os mais jovens apresentam comportamentos desregulados. A África está cheia de elefantes com esse tipo de problema. (...) Eles são espertos. Sabem onde são as áreas de caça. Sabem e comunicam isso aos outros.

DOMÍNIO

Onde eu trabalho, na Namíbia, há uma estrada que separa a área protegida da área onde se pode caçar. A água está na área de caçada. E vejo elefantes que vão para a região da água, correm, para beber, e depois correndo de volta. Quando estão na estrada, você pode vê-los relaxar. Você vê o alívio. Eles sabem.

3. Questões importantes

Não é suficiente ao homem absorver os trabalhos e vidas úteis da criação inferior, sem aumentar excessivamente a angústia, o desejo e a miséria? Quando seu copo de sofrimento enche e transborda, o desesperado recurso da revolução às vezes o salva do torturador e do mestre a lhe ordenar tarefas. Mas quando se trata dos animais inferiores, gerações e gerações sofrem e se esvaem sem a menor chance de alívio ou reparação, salvo quando garantidos pela generosidade e a justiça do homem.

JULIUS AMES, THE SPIRIT OF HUMANITY[1]

Não sei quanto a você, mas nada do que vimos me parece uma compreensão muito sábia do domínio sobre o mundo natural e seus habitantes. Não é preciso ter coração fraco para se deparar com um cenário como o do Safari Club e sentir que algo vai terrivelmente mal, algo que envolve cada partícula de nossa dignidade no que diz respeito aos animais. Vê-se essas fotos, panfletos, prospectos, catálogos de que falei e é tudo meio inacreditável. Estou com uns 25 quilos dessa papelada em cima da minha mesa, pornografia de uma luxúria de sangue – e bem como tantas outras obscenidades de hoje, uma indústria multibilionária. A arma e a câmera – talvez apenas nessa combinação os esportes de sangue tenham alcançado o máximo da iniquidade.

Aqui está a girafa assassinada, cortesia dos ranchos de safári Berlin Games. Por que essa mulher haveria de querer matar uma girafa, uma bela e graciosa criatura que não lhe fez nada, não está com superpopulação, não traz danos ambientais e vive num rancho fechado impossibilitada até mesmo de escapar? Por quê?

Aqui, três homens estão próximos a um urso-cinzento escorado para ficar numa posição sentada. Todos riem e apontam para ele, como se fosse um amigo de bar que tivesse bebido demais e desmaiado. É *isso* o que merece esse majestoso "perseguidor do norte"?

Também há o Irmão Lobo, como São Francisco o chamava – cinco deles pendurados por uma corda, como se fossem trouxas de lavanderia. Será que esses saqueadores estavam assediando os rancheiros, matando animais, ameaçando pessoas inocentes e aterrorizando cidades? Não. Como ursos-polares rasgados por um bando de cachorros, eles estavam tomando conta da própria vida no norte congelado do Canadá, onde os primeiros seres humanos que eles viram em sua existência foram os canalhas que agora posam com suas carcaças.

Agora um rosto que eu conheço: Lee Bass, de Fort Worth, herdeiro de uma das maiores fortunas dos Estados Unidos e presidente do Departamento de Parques e Vida Selvagem do Texas. Mas o sr. Bass não está na foto tratando de negócios, a não ser que inspecionasse novo gado em potencial de um dos seiscentos ou mais ranchos de caça do Texas, dentre os quais, vale lembrar, o próprio sr. Bass é dono de três, que somam mais de 400 quilômetros quadrados^2 e, claro, são inspecionados por seu próprio departamento. Aqui ele posa com um leopardo, como se o estivesse imobilizando pelas costas e por baixo das patas, exibindo um riso forçado que só pareceria mais maníaco se o felino estivesse vivo e se debatendo.

Há ainda uma porção de fotos medonhas de elefantes, centenas e mais centenas. Numa, ele está ao lado do elefante, o animal sangrando no pescoço. Quanto tempo terá agonizado até morrer? Sua língua está para fora. E curvado, como que para se enquadrar entre as presas do elefante, está um sujeito peso-pena com sorriso amarelo e camisa polo.

Se tudo isso é ditado pela prática econômica, então talvez fosse melhor começar a ser menos prático. Quem entre os leitores aceitaria de bom grado, como algo da vida ou fato econômico, a imagem do

QUESTÕES IMPORTANTES

elefante – um ser inteligente e sensível segundo os próprios caçadores – indo e voltando em corridas frenéticas para beber água, sabendo o que o espera do outro lado? Isso é o melhor que a humanidade pode lhe oferecer? Como terá se sentido o verdadeiro dono daquelas presas que John Calitz abateu em *With Deadly Intent* (Intenção mortal) quando o filho da mãe apareceu, câmera em punho, provocando a manada até que um dos grandalhões viesse nos proporcionar a cena dos quatro emocionantes tiros no cérebro? Como devem se sentir os filhotes, esses que têm pesadelos quando são levados embora (para serem vendidos a circos) ou deixados órfãos, na manada, com apenas tios para cuidar deles? Que tipo de pessoa tem prazer em causar tamanho tormento? Que tipo de raciocínio econômico pode dar valor às criaturas apenas quando simplesmente as deixam num banho de sangue? Mesmo que tudo isso fosse necessário, como querem nos convencer – esse negócio sombrio e inescapável da conservação –, ainda assim, seria um pesadelo.

Entretanto, o pesadelo continua em nome do domínio, da conservação e de outros nobres objetivos, em geral justificados pelos poucos que em algum momento tenham se dado ao trabalho de perceber esse tipo de abominação. Quando se levanta uma crítica, imediatamente alguém coloca as próprias criaturas e seus defensores sob avaliação moral, como se tivessem de provar sua existência – e provar tudo negativamente, que *não* são criaturas insensíveis, *não* são imunes à dor, *não* são "maquinário quebrado", como René Descartes definiu o grito de um animal torturado. Eles são conscientes e autoconscientes, racionais, emotivos, sencientes? Será que *de fato* sentem dor ou só parecem sentir dor? E se de fato tiverem emoções, será que essas "emoções" são verdadeiramente significativas como as *nossas*?

Essas são perguntas para discutir depois. Vão ao cerne da questão e, de um jeito ou de outro, formam toda a nossa compreensão de domínio e seus deveres. Por ora gostaria de me deter no pensamento dos céticos, sobretudo meus colegas conservadores, e em até onde podem ir para evitar tratar o bem-estar animal como uma questão séria. Isso envolve tipicamente três pontos de ataque: glorificação de

DOMINIO

imperativos econômicos; rejeição sumária da questão como se fosse sentimental, trivial em termos éticos e provavelmente subversiva; e uma pequena citação bíblica despejada em cima de nós para nossa elevação moral.

Melhor tratar em separado a questão religiosa, para depois chegarmos às áreas sentimental e econômica. Diante dos registros bíblicos a serem apontados, mais do que em qualquer um, é a vez dos Nimrods, doutores Cervos, caçadores de Cristo e membros do SCI nos explicarem onde, afinal, arrumaram a compreensão de domínio como uma implacável e impiedosa pilhagem (e transformação em mercadoria) de nossas florestas e de seus habitantes.

SEGUIR ADIANTE

Do livro do Gênesis:

E Deus disse: "Encham-se as águas de seres vivos; e voem as aves sobre a terra, sob o firmamento do céu."

E Deus criou as grandes baleias, e todos os seres vivos, que as águas abundantemente produziram conforme as suas espécies; e todas as aves aladas conforme as suas espécies. E Deus viu que era bom.

E Deus os abençoou, dizendo: "Frutificai e multiplicai-vos, e enchei as águas dos mares; e as aves se multipliquem na terra." (...)

E Deus disse: "Produza a terra seres vivos conforme as suas espécies; gado, répteis e animais selvagens da terra conforme as suas espécies"; e assim foi.

E Deus fez os animais selvagens conforme as suas espécies, os rebanhos domésticos conforme as suas espécies, e todos os répteis da terra conforme as suas espécies. E Deus viu que era bom.

E Deus disse: "Façamos o homem à nossa imagem e conforme nossa semelhança; e que domine sobre os peixes do mar, sobre as aves dos céus, sobre o gado e sobre toda a terra e todo o réptil que se move sobre a terra."[3]

QUESTÕES IMPORTANTES

É isso o que a Bíblia diz, e é o que o pessoal do Safari Club pensa estar fazendo: um trabalho de dominação inexorável, gratificante, natural e digno de louvor. Definitivamente, como visto na prece matinal do SCI, nenhuma daquelas pessoas tem a mais remota dúvida sobre estar de acordo com os desejos de Deus para a natureza, com cada tiro proclamando sua glória. Vá caçar, como disse o governador Joe Foss, e dificilmente você estará errado.

Expliquem, então, a bênção recebida pelos animais. E expliquem onde em suas condutas está tão evidente esse espírito de amor, bondade e misericórdia. "E Deus disse: 'Encham-se as águas de seres vivos; e voem as aves sobre a terra, sob o firmamento do céu.'" Como, a partir disso, chegamos a entulhar aves do céu em gaiolas para os tiros de lazer de cavalheiros caçadores? "E Deus disse: 'Produza a terra seres vivos conforme as suas espécies; gado, répteis e animais selvagens da terra conforme as suas espécies'; e assim foi. E Deus fez os animais selvagens da terra conforme as suas espécies, e os rebanhos domésticos conforme as suas espécies, e todos os répteis da terra conforme as suas espécies. E Deus viu que era bom." Como é que se chegou, a partir disso, a dez pontos por peça alvejada enquanto bebe numa poça d'água? "E Deus disse: 'Façamos o homem à nossa imagem e conforme nossa semelhança; e que domine (...)'." Gostaria de saber como é possível, naquele lamentável espetáculo de leilão, comercialização frenética e salões decorados com girafas, encontrar o homem feito à semelhança de Deus.

Na minha edição do Livro Sagrado não está escrito em lugar nenhum "vendei cada criatura que se move", "usai iscas", "massacrai" ou "empalhai tudo à sua volta", nem muito menos "deduzi de vossos impostos". Mais que isso, não encontrei em nenhuma parte da Bíblia algo que dissesse que se pode manipular genes para galhadas maiores ou controlar o fornecimento de comida apenas com propósito recreativo. Não há menção aos Grandes, a Círculos Internos, Pináculos, promoção de matanças ou caçadas competitivas como propósitos divinos. Acreditem ou não, Deus não deixou nada escrito sobre pontuação de cada criatura, e o mais próximo a que se pode chegar da ideia de "grandes" é o cervo bíblico que anseia pelas correntes das águas.

No Gênesis, as criaturas ganham nomes ao chegar à *vida* e não quando são mortas em rituais de mau gosto dos caçadores: "E o Senhor formou da terra todo animal do campo e toda ave dos céus e os levou a Adão, para que este visse como lhes chamaria; e cada ser vivente teria o nome que Adão lhe desse."[4] Essa distinção feita pelo homem e a bênção dada pelo Criador foram renovadas na Segunda Aliança, quando os animais – "dois em dois de toda carne em que havia o sopro da vida"[5] – saem da arca e a terra está renovada. "O Senhor é bom para todos: e sua gentil misericórdia está sobre todas as suas obras."[6]

Ao ler essas passagens conhecidas, é fácil esquecer como marcam um ponto de partida na visão humana sobre os animais e o mundo natural. Os animais do paganismo eram menos do que itens avulsos do drama, eram apoios, objetos de fantasia, símbolos de superstição, figuras míticas, corporificações de almas já idas e divindades disfarçadas. O judaísmo deu ao mundo o monoteísmo e a visão de que Deus ama e cuida de cada um. Com isso, trouxe a perspectiva das criaturas como seres individuais também alcançadas por Ele, a compartilhar com a humanidade não apenas a generosidade da Terra, mas também (uma ligação ainda mais íntima) suas punições e sofrimentos. Pela primeira vez, animais são encarados como significativos em si mesmos, pertencentes a Ele e não a nós; fazem parte, mesmo que num papel inferior, de nossa história de desenvolvimento moral. O Deus de Israel brilha em tudo que ele fez. Todas as criaturas cantam os louvores de seu Criador e lhes são caras.

Mesmo o sacrifício era (conforme a doutrina, pelo menos) uma homenagem devota da criatura ao Criador, demandando, no caso de animais caçados, que sacerdotes levíticos santificassem a morte. Moisés, como sabemos, foi escolhido por resgatar um cordeiro: "Tu que tens compaixão por um cordeiro deves agora ser o pastor do povo de Israel."[7] Dizer que isso é apenas simbolismo levanta a questão de explicar por que salvar um cordeiro significa ter miseri-

QUESTÕES IMPORTANTES

córdia. Quando o profeta repreende Davi por planejar matar Urias e roubar sua mulher, ele usa a parábola de um homem que mata e come as amadas ovelhas de outro, pobre. E a Balaão, Deus fala por meio de um animal, a mula, que vê o anjo no céu antes mesmo de seu mestre e pergunta "O que te fiz eu, que me espancaste três vezes?", uma pergunta que depois o anjo refaz, criticando a crueldade e a deslealdade de Balaão.[8]

Há poucos avisos sobre animais no Antigo Testamento, mas são bem diretos e específicos, como quando se diz para nunca lavrar com boi e jumento juntos, uma vez que esse último sofrerá, ou como não atar a boca do boi quando ele estiver pisando grãos, pois a criatura desejará a comida sem poder comê-la. E ainda como se deve dar descanso no sabá até mesmo para o gado, porque "o justo tem consideração pela vida dos seus animais, mas nos ímpios até a compaixão é cruel".[9]

Se há alguém na Bíblia com quem se trata cheio de precauções, esse alguém é o caçador, gente como Nimrod e Esaú, que também tinham problemas para viver em paz com seus congêneres humanos. Ok, havia caçada esportiva com leões e elefantes naquela época: era o entretenimento do faraó, dos opressores, assim como mais tarde se tornou a diversão de César, Herodes, os reis e a elite de outras épocas.

O judaísmo era a crença dos sem poder, acossados e perseguidos, que buscavam a justiça e a misericórdia além da tirania terrena, um Deus que abrisse Sua mão e santificasse "os desejos de todas as criaturas".[10] E Deus parece reservar às nossas criaturas-irmãs – não mais objetos ou pano de fundo, mas agora atreladas ao mundo e às suas dores – uma preocupação especial, um cuidado providencial quase embaraçoso por seu sentimentalismo:

> Ele faz jorrar as fontes nos vales, as quais correm por entre as montanhas. E dão de beber a todo o animal do campo; os asnos selvagens matam a sua sede.
> Junto delas moram as aves do céu, cantando entre os ramos.
> Do alto de sua morada, Ele rega os montes; a terra se sacia do fruto das tuas obras.

DOMÍNIO

Faz brotar a erva para o gado e as plantas que o homem cultiva, para fazer sair da terra o alimento; e o vinho que alegra o coração, e o azeite que faz reluzir o rosto, e o pão que reconforta o coração do homem. As árvores do Senhor fartam-se de seiva, os cedros do Líbano que Ele plantou, onde as aves se aninham; em cujos cimos a cegonha tem pousada. Os altos montes são para as cabras montesas, e os rochedos são refúgio para os coelhos.[11]

Pode-se dizer que o próprio homem da Judeia que redigiu essas visões criava animais e comia carne. Havia exceções, movimentos ascetas que renunciaram à carne, e há mesmo uma corrente dizendo que Cristo também o fez. Talvez seja melhor não querer enquadrá-lo em nossas categorias – Cristo, que cuidava da caça, ou Cristo, o vegetariano – até porque, seja qual for o caso, ele pode ser revertido. O que está claro é que em todas as visões proféticas, na busca por descrever a bondade de Deus e seus planos para o mundo, os visionários enxergavam o fim das mortes, da predação e da violência. Nessas questões, viam apenas a corrupção dos homens, com o consumo de carne como marca do pecado, e todas as coisas sendo lavadas para que pessoas vejam com novos olhos "as últimas coisas, para as quais as primeiras foram feitas".

Inspiradas ou não, as passagens bíblicas expressam algo de fundamental para a experiência humana: que ao mirarmos nossa própria realidade e condição, começamos a sentir empatia com os bichos. Ao compreendermos nossa própria dependência, fraqueza e perecibilidade, começamos a entender a deles. E pode ser que, como Isaías e suas visões de paz, apenas quando estivermos fartos de nossa própria predação, de nossas matanças, fartos de nossas guerras, atos de violência e crueldades de uns com outros, somente então começaremos a olhar com gentileza e bondade para o mundo animal, para ver as coisas à luz da graça e da verdade, as coisas como deveriam ser.

Ernest Hemingway transmite esse senso de reação e pesar em *O Jardim do Éden*, no qual a morte de um elefante é símbolo do mal. Mas minha imagem favorita dessa experiência vem de *O franco-atirador*, quando o personagem de Robert de Niro acaba de voltar do Vietnã e vai

QUESTÕES IMPORTANTES

com seus antigos companheiros de caçada para um bosque. Enquanto seus amigos bebem cerveja e atiram do carro, De Niro, o verdadeiro caçador, está no rastro de um grande veado de chifres imensos. Ele avista o animal, que deve valer sei lá quantos pontos; a criatura olha de relance para ele, assustada porém serena. Nessa hora, De Niro atira para o ar e fala algo como: "Só dessa vez." Não que tenha se convertido de repente à causa animal. Mas algo mudou nele, e depois de tudo ele percebe que vale a pena poupar até mesmo a vida de um cervo.

O SENHOR DA MISERICÓRDIA

No Novo Testamento, tampouco há algo que dê base a um domínio no estilo do Safari Club. Em nenhuma parte se lê o Senhor dizer: "Matai isto em minha memória." A mensagem d'Ele é um tanto diferente, embaçada ao longo dos séculos por doutrinas do homem, que, em geral, reduziram animais a nada, como se os quisesse escondê-los das vistas de Deus. Mas em Suas palavras só consigo ver o tema da bondade, a certeza de que nenhum pardal cairá sem que Ele saiba, o "humilde asno" levando Jesus a Jerusalém e o cordeiro como símbolo de sofrimento inocente – grandes honras para os três seres.

É verdade que os porcos de Gadara não ficam muito bem, o que Santo Agostinho tomou como prova da indiferença divina com os animais. Não se fala em ser beato com eles, a não ser que algo como "Sede, pois, misericordioso, assim como vosso Pai é misericordioso" conte. E o Senhor mesmo não fala muito sobre o assunto.[12] Por outro lado, seu exemplo pessoal vale. Embora se saiba que não era vegetariano, também sabemos que não era glutão, comendo o que desejasse sem se preocupar com as implicações morais. E se é que caçou alguma vez ou levantou alguma arma a homem ou animal, o momento não foi registrado.

Em geral, ele apontava animais para ilustrar alguma questão maior, como a galinha que guarda seus pintinhos, ou como quando fala que as aves do céu têm seus ninhos e as raposas, covis, mas o Filho do

DOMÍNIO

homem não tem onde repousar sua cabeça, ou ainda quando pergunta: "E não se vendem cinco pardais por apenas alguns trocados? E todavia nenhum deles é esquecido por Deus. (...) Não tenhais medo, pois valeis mais do que muitos pardais."[13] Ainda faz pergunta parecida quando encontra fariseus que ralharam com seus discípulos por colherem grãos no sabá, a preocupação divina com os animais lembra Seu amor por nós: "Qual dentre vós será o homem que, tendo uma ovelha, se no dia do sabá ela cair num poço, não irá procurá-la e retirá-la de lá? Ora, quanto mais vale um homem do que uma ovelha? É lícito, pois, fazer bem nos dias de sabá."[14]

Ajudar outras criaturas não é apenas proteção de propriedade, como muitos estudiosos da Bíblia ainda insistem, é uma oportunidade para fazer o "bem". A misericórdia por uma simples criatura precede a lei contra o trabalho. Podemos valer mais que animais, ser melhores, mas eles têm valor próprio e não estão esquecidos. Como se poderia esquecer que Jesus nasceu numa manjedoura, num estábulo, com sons e cheiros dos seres vivos à sua volta, recebeu a visita de pastores, os protetores dos cordeiros contra a predação, e começou seu ministério (como Marcos nos conta) entre a vida selvagem, "entre as feras",[15] para terminar na cruz, onde "foi levado ao matadouro como um carneiro"?[16]

Sempre adorei aquela descrição medieval de seu nascimento. Maria olhando seu bebê, maravilhada. Os pastores e os sábios com suas oferendas. E, em volta da cena, reclinando suas cabeças para ver o que se passava ali, bois e carneiros – mesmo eles têm algum papel no que se desenrola. Tudo está simplesmente na ordem perfeita: Deus em todo o seu mistério, o homem em toda a sua esperança, as criaturas-irmãs em toda a sua dependência. Não têm oferendas a não ser sua respiração para aquecer o menino Jesus (caso se acredite numa estranha sabedoria). E, claro, depois que toda a animação acabou, eles tiveram de voltar a seus currais e cocheiras, para suas vidas de gado que serve ao ser humano – nesse ponto não há suavização. Mas lá estão eles, parte da história, sem a qual algo de importante e bonito estaria faltando.

Ouve-se falar das oferendas sacrificais daqueles tempos como prova do espírito pio e robusto da Judeia. Mas esse argumento ignora toda a história. Parte de Seu trabalho no mundo foi acabar com essas práticas e elevar nossos espíritos a algo melhor. A missão foi prevista por Oseias, "Porque eu desejo a misericórdia, e não o sacrifício; e o conhecimento de Deus, mais do que os holocaustos"[17] e repetida por Jesus quando diz aos fariseus "quero misericórdia e não sacrifícios".[18]

Foi essa missão que o levou ao templo. A confusão no templo, como leio na história – mais uma vez animais, assustados e confusos, como coadjuvantes no drama humano –, é o mais perto que chegamos do salão de preces/leilão em Reno. Seu único ato agressivo acontece quando, ao ver mercadores abatendo e vendendo milhares de animais, ele os enxota todos, mercadores, gado, ovelha, filhotes e pombas, e chama todo o lugar de covil de ladrões.

Não tenho autoridade bíblica para isso, mas gosto de pensar que alguns dos animais escaparam na confusão. Lê-se nos evangelhos que, na noite anterior, Jesus viu o templo, "tendo observado tudo".[19] É uma imagem emotiva. O que poderia ter visto a não ser criaturas se debatendo e dormindo em gaiolas? Tudo o que se sabe indica que, além da indignação por ver sujarem o lugar sagrado, ele deve ter sentido alguma compaixão pelas criaturas sendo abatidas e vendidas por aqueles homens sujos. Creio que sim. Por que mais ele, que veio para salvar o mundo, que nos mostrou o caminho da humanidade cristã, assume a alcunha de Cordeiro e Bom Pastor?

> Ora, o mercenário foge pois é mercenário, e não tem cuidado com as ovelhas. Eu sou o Bom Pastor, e conheço as minhas ovelhas, e delas sou conhecido. Assim como o Pai me conhece e eu conheço o Pai. Entrego a minha vida pelas ovelhas.
> Ainda tenho outras ovelhas que não são deste aprisco; também me convém agregar estas, e elas ouvirão a minha voz, e haverá um só rebanho e um só Pastor.[20]

É claro que as ovelhas aqui são uma metáfora e que o principal nessa passagem não é o cuidado com os animais, mas a salvação do homem. Mas que tipo de espírito é esse que sempre volta às ovelhas e a outros animais, como pássaros e raposas, para demonstrar imagens de bondade, sofrimento e amor providencial? Por que ilustrar o modo cristão com uma criatura inofensiva e inocente e não um predador orgulhoso e violento?

Quando Deus fala de piedade, ela em geral consiste em coisas muito práticas. Tudo é apresentado de maneira tangível. Sempre achei importante notar que, quando se descreve que o reino dos céus será alcançado por aqueles que partilham comida e bebida, visitam cativos, dão boas-vindas a estrangeiros e vestem os despidos, todos esses casos, salvo o último, são situações que também os animais podem sofrer – fome e sede, solidão e aprisionamento.

Uma amiga bem versada na doutrina católica, mas que não partilha comigo as visões sobre animais, aponta que na história do desenvolvimento espiritual humano há três estágios de sacrifício. Primeiro, homem sacrificava homem. Depois, o animal assume o lugar de sacrificado. E então, segundo a tradição cristã, Deus toma o lugar do homem e do animal no altar sacrificial, o Cordeiro que se oferece ao sacrifício para o mundo, como a ovelha no matadouro. Deve haver algo aqui sobre nosso tratamento aos bichos. A lógica cristã é de condescendência, do superior servindo o inferior, do forte que protege o fraco, dos últimos que serão os primeiros e de um amor e uma generosidade sem fim ("direitos" não têm nada a ver com isso).

Confesso que eu às vezes gostaria que Ele tivesse sido mais explícito quanto a isso, encontrando em algum lugar um equivalente de quatro patas da mulher que seria apedrejada, que afugentasse aqueles que os perseguem e que encontrassem refúgio nele. Gostaria que ele tivesse deixado alguns dizeres sobre tirar as mãos das criaturas inocentes e lidar piedosamente com elas. Mas não aconteceu, pelo menos não está registrado. Na Palestina não havia fazendas industriais nem ranchos de caça com 100% de garantia de acertar um animal. Então não houve como censurá-los, por isso somos deixados apenas com os simples, mas constantes, temas da provisão, da bondade e da misericórdia divinas, que devemos imitar. Levar as Escrituras além disso, ampliando o lugar dos animais na narrativa bíblica, seria suspeito e presunçoso, como o são os mercadores "conservacionistas" do Safari Club, com suas bíblias camufladas e que idolatram a cabeça de um cervo acima da cruz.

Mas Jesus chega a enviar seus discípulos (nunca ouvi uma explicação para isso) com as seguintes instruções: "Ide por toda a Terra e pregai o Evangelho a toda criatura."[21] Há imagens, no livro do fim dos tempos, de todos os seres no céu, na terra e nos mares indo ao Criador lhe agradecer e, na visão de São João, todas elas se unem em um coro celestial – enquanto o caçador, quando visto pela última vez na Bíblia, está no Apocalipse em forma de Anticristo.[22] Mas isso é tudo o que temos, um espírito de amor, cuidado e comedimento tão distantes do Safari Club quanto os apóstolos do Círculo Interno ou o Calvário dos Pináculos de Realização.

É óbvio também que a história do templo não é sobre animais. Tem mais a ver com o homem sujando um lugar sagrado e sendo chamado a mudar hábitos e práticas de seiscentos anos – o tempo em que templos foram usados para abate e venda. A causa não é o bem dessas criaturas, é o bem da própria alma imortal do homem. O pessoal do SCI não coloca troféus de ursos, elefantes ou girafas em igrejas, mas não tenho dúvida de que, se houvesse permissão do pastor local, a maior parte desses caçadores pensaria que é uma boa ideia e que até são oferendas apropriadas. Sem querer extrapolar a comparação, há algo em comum entre a confusão das coisas divinas com as coisas humanas e a pronta conversão de tudo em mercadoria, lucro ou recreação sangrenta.

Numa disputa de citações, a violência também tem seus preferidos, como no Gênesis, que conta que Deus estava com Ismael, o arqueiro, ou quando São Paulo parece desprezar os vegetarianos de hoje, ou ainda quando Jesus alimenta 5 mil pessoas. Inspirado por Ismael, um arqueiro moderno escreveu: "Quando estou ao ar livre caçando, conforta-me saber que Deus está comigo" – o Senhor, como um guia sabe-tudo, leva o caçador a cada abate.[23] Talvez na Bíblia a ideia central a respeito dos animais seja abster-se exatamente desse tipo de presunção estúpida. A bondade com os animais é uma pequena porém necessária parte de uma vida decente e santa, essencial pelo menos a uma reação contrária à arrogância humana e à nossa tendência a

DOMÍNIO

adorarmos a nós mesmos, a nossas obras, apetites e desejos, em vez de adorar ao Criador e aos feitos d'Ele.

E, de fato, ao se ouvir atentamente caçadores falando de seus excessos permissivos, além da completa vulgaridade, encontra-se algo beirando o desafio de códigos morais, ou o que o poeta Samuel Taylor Coleridge chamou de "malignidade sem motivo" que se regozija na destruição. O filósofo espanhol José Ortega y Gasset produziu em 1942 o que ainda é o cânone da caça "espiritual", *Meditations on Hunting* (Pensamentos sobre a caçada). Lá, está escrito que: "Estritamente falando, a essência da caça esportiva não é elevar o animal ao nível do homem, mas algo bem mais espiritual que isso: um consciente e quase religioso exercício de humildade do homem que limita sua superioridade e o faz descer ao nível do animal."[24]

No simples ato de fotografar animais selvagens, observa Ortega y Gasset, "o instinto é enganado e ridicularizado, de modo que sua total extinção é encorajada. Por sua própria exigência por uma captura real e tangível a lhe satisfazer, o homem responde exterminando a imagem do animal, sua visão dele".[25] Caçar é *"uma imitação do animal"*, "uma união mística com a fera".[26] O ser humano, "um fugitivo da Natureza" diante de quem os animais fogem, "ameaçador", "insubmisso", "não adquirível".[27] *"A única resposta adequada a um animal que vive obcecado por evitar a captura é tentar capturá-lo."*[28]

Um desportista atual descreve a caçada e a matança como um "intercurso com a natureza".[29] Outro, arqueiro americano, levanta o tema do estupro nessa obra-prima lírica do gênero direcionada a um cervo, passagem que poderia ter sido composta pelo próprio Marquês de Sade, tivesse ele descoberto os esportes de sangue:

Ver a abordagem suave e tortuosa da coisa cautelosa; ver a cabeça leve erguida e virada aguçadamente para trás, para o mal que o instiga da sua cama de folhagens; sentir o arco robusto se dobrando em minhas mãos enquanto o fio fino e denso volta; sentir o salto da corda solta; a ressonância do arco; e ver o longo traço da flecha que vai, e ouvir um "arremesso" quase doentio da punhalada da seta. Ninguém

QUESTÕES IMPORTANTES

jamais saberá o quanto amo os bosques, os rios, as trilhas no mundo selvagem – os caminhos para as coisas com membros delgados, nariz fino, longas orelhas ávidas, olhos brandos e cuidadosos, e de cores e formas meio expostas. Fui seu amigo e inimigo mortal. Amei-os tanto que desejei matá-los.[30]

Parece que há algum poder espiritual extraordinário aqui, mas não é o Príncipe da Paz. A passagem empresta alguma credibilidade ao argumento de James Swan, em seu *In Defense of Hunting,* de que matar animais diminui os anseios que de outro modo seriam direcionados às pessoas.[31] Os caçadores esportivos operam numa subcultura, como os pornógrafos, e são tolerados pelos 93% a 95% das pessoas que, absolutamente pelo mesmo motivo, não caçam. A questão do bem-estar animal, até entre os conservadores mais religiosos, desperta uma corrente libertária.

LAISSEZ-FAIRE

Todos sabemos que essas coisas são complicadas, envolvem muita ecologia, economia e ética, e citar capítulos e versículos da Bíblia não prova nada muito além de que a humanidade decaída mais uma vez fez uma bagunça enorme. Covardes e assediadores resolverão seus problemas com os animais, algumas pessoas farão qualquer coisa por dinheiro e o público em geral tem tanto com que se preocupar, mas é realmente uma pena que seja assim. Então o que há de novo? Como colocou o general Schwarzkopf: "Onde não se encontram excessos nos dias de hoje?"

A novidade agora é a amplitude, que alcança todos os pontos do planeta. As pessoas que você menos gostaria que se envolvessem com a vida selvagem agora têm quase um monopólio dela. O mesmo dinheiro que vimos em Reno e que comprava diamantes, girafas, paquidermes e isenções tributárias por filantropia agora compra influência em agências estaduais de vida selvagem, assim como no âmbito federal, no Departamento de Pesca e Vida Selvagem dos Estados Unidos. "É nosso dever servir ao caçador, assim como as agências de bem-estar social servem a seus beneficiários", avalia uma autoridade de parque estadual.[32]

São esses camaradas que fazem a banda tocar, eles têm dinheiro e incentivos fiscais, eles têm poder – e já vimos os resultados disso. Como disse Sharp, o caçador do capítulo anterior: o elefante nunca mais será o mesmo. Dizimado, perseguido, posto para correr, desregulado e, em alguns lugares, absurdamente atormentado; talvez extinto, a não ser que ajudemos essa nobre criatura que vem vagando pesadamente pela Terra por milhões e milhões de anos. O mundo natural está se tornando um arquipélago de parques de caça, ranchos de tiro e laboratórios ao ar livre para o dr. Cervo testar suas teorias e inovações de última geração, com zoológicos e biólogos para preservar remanescentes das espécies, que agora são reunidos numa nova arca da ciência.

Os conservadores abordam a questão a partir dos pontos de vista básicos da liberdade, do progresso humano e do que assumem como sendo a tradição religiosa ocidental. Se há alguém que evoca a questão do "domínio", é um conservador. Seja qual for o tema – meio ambiente que atravanca o desenvolvimento, troféus de grandes caças, tratamento dispensado aos animais criados para alimentação ou pele etc. –, os conservadores não são gentis com qualquer demanda em nome dessas criaturas.

Gostam de animais tanto quanto qualquer um, e aliás metade dos sete milhões de membros da Humane Society são republicanos. Sem falar que quando se trata de animais é difícil saber ao certo quem está de que lado. Os republicanos conservadores Chris Smith, de Nova Jersey, e Ed Whitfield, do Kentucky, são grandes defensores dos animais, bem como os congressistas George Miller e Peter DeFazio, democratas liberais da Califórnia e Oregon, respectivamente. Do mesmo modo, foi com a ajuda do senador republicano Bob Dole, apesar do forte lobby ruralista do Kansas, que se conseguiu em 1978 incluir melhorias no Humane Method of Slaughter Act (Lei de Métodos Humanos de Abate)

QUESTÕES IMPORTANTES

e, em 1985, no Animal Welfare Act (Lei de Bem-Estar Animal). Hoje no Senado não há melhores amigos dos animais do que os republicanos Bob Smith, de New Hampshire, e Wayne Allard, do Colorado (que é veterinário), e os democratas Barbara Boxer, da Califórnia, e Robert Byrd, da Virgínia Ocidental. No Reino Unido, alguns dos mais ardentes defensores dos animais são conservadores, como os parlamentares Mike Hancock e o falecido Alan Clark, assim como Maria Eagle e Elliot Morley, ambos do Partido Trabalhista, e esse último, ministro da Agricultura.

Mas, entre conservadores, na hierarquia moral, as feras e seu bem-estar parecem estar em geral num patamar inferior em relação aos direitos de propriedade e livre iniciativa – claro está que, até certo ponto, há sabedoria em sua preocupação com esses direitos. Eu mesmo, como eventual redator de discursos do Partido Republicano, trabalhei arduamente e por muitas horas para transmitir essas crenças em aspirações e criatividade humanas que não fossem prejudicadas por um Estado intrometido e presunçoso. O problema que se deve enfrentar é o fato de essa mesma perspectiva por vezes ir de encontro à crença conservadora no homem como ser essencialmente moral e não apenas um ator econômico, uma criatura provida de razão e consciência, não levada por caprichos e apetites. Também é comum vermos conservadores e liberais levando às questões animais e ambientais apenas o seu tipo próprio de sentimentalismo, justificado pela conquista da natureza, mais do que pela natureza em si.

Não é por serem antigos que hábitos, costumes e impulsos são necessariamente veneráveis. E o conservador, mais do que qualquer um, poderia ver na dominação moderna a eterna questão dos poderes terrenos e seus abusos, a corrupção para a qual tende qualquer poder nas mãos dos homens. Seja como for, a conquista é total quando se trata de nossas criaturas companheiras na Terra. Não apenas foram conquistadas e subjugadas em grande parte do planeta, mas também, quando não estão protegidas em reservas ambientais federais (e, mesmo nesses espaços, são muitas vezes clandestinamente capturadas), acabam engaioladas e disponibilizadas para venda. Os conservadores

DOMÍNIO

suspeitam e são cautelosos quando se trata de ambientalismo ou de sua vertente mais radical, a veneração à natureza. Mas não seria nada mau que avaliassem suas belas abstrações, sua visão *laissez-faire* em relação a animais e aonde ela leva.

Um pequeno exemplo dessa atitude foi uma das reportagens que ocasionalmente me levaram a pensar em escrever este livro. Foi escrita em 1997, para o *Washington Post*, sobre um camarada da cidade de Great Falls (não muito longe de onde eu morava na época), na Virgínia, que estava tendo problemas com um bando de gansos do Canadá que pararam para morar numa ilhota dentro de um açude artificial em sua propriedade de US$ 1,4 milhão.

Gansos são aves adoráveis e majestosas – de longe. De perto, parecem mais cachorros alados, que deixam seu cartão de visitas por onde passam. Ao que consta, segundo o *Post*, a vizinhança gostava de ter as aves ali por perto, mas todo o seu alarido e seu pisoteio naquele gramado minuciosamente cuidado estavam deixando o proprietário enlouquecido.

Chegou um dia em que ele – dono de uma agência de relações públicas em Washington e com vários clientes políticos – já não aguentava mais. Com seus contatos, arrumou uma equipe do Departamento Nacional de Agricultura que fosse lá enquanto ele não estivesse presente e cuidasse da situação. Foi o que fizeram. Sem se preocupar em consultar os vizinhos, esse homem mandou caçar e matar todos os gansos; sequer poupou os filhotes. A carne foi toda doada a um abrigo de sem-teto, no melhor estilo Safari Club, emprestando ao fato um ar de benevolência e caridade.[33]

Eu consigo ver esse homem, voltando de noite, olhando o agora silencioso açude e dando um belo suspiro de alívio. *Ahhhh, paz!* Agora ele pode finalmente gozar da bela vista.

Mas pense sobre isso. Temos aqui um cara bastante sortudo por morar em um lugar legal, com um ambiente bonito e provavelmente cheio de conforto. Então chega esse pequeno tormento. Não dá para aguentar. Não importa se represar um rio e formar um laguinho é quase sinônimo de mandar um convite de visita e moradia a todo ganso num

QUESTÕES IMPORTANTES

raio de 80 quilômetros. O proprietário quer a beleza e a tranquilidade da natureza, sem ter de lidar com a... digamos... natureza. Ele quer um lago bonito sem aqueles gansos loucos que um lago em geral atrai. Então, numa bela manhã, manda exterminá-los enquanto sai para trabalhar e é poupado da cena desagradável. Todo um bando de gansos que se foi num estalar de dedos.

Pode-se encontrar cem razões práticas para isso: era sua propriedade. Ele pagou pelos caçadores de gansos. As criaturas o atormentavam, o que agrava a situação. Estavam deixando torpedos em seu jardim. E assim vai. Basicamente, ele dominava ali.

Só havia um bom motivo para não fazê-lo: eram pássaros do céu, criaturas congêneres na mortalidade, e que egoísmo grosseiro não lhes ceder seu laguinho.

Outra peça a me chamar atenção foi um anúncio da *Outdoor Life*, a bíblia dos caçadores, que oferecia o "chamador de ursos Wayne Carlton". Como já vimos, caçadores empregam em campo todo um conjunto de tecnologias, como essa bugiganga, à venda em Reno, que reproduz o "grito desesperado de um filhote em apuros".[34] Os ursos adultos crescidos ouvem e vêm correndo – enquanto o intrépido caçador espera.

É a velha prática de iscar ursos, agora mais avançada com inovações mais modernas. Um empresa do Maine fabrica um artefato parecido chamado "rabo-branco fantasma", que reproduz digitalmente "12 sons diferentes que comprovadamente instigam a curiosidade do cervo-de-rabo-branco", incluindo o "balido do cio" e o "som de agonia de animais mais novos".[35] E aqui, mais uma vez, há toda uma justificativa de livre-mercado para tais produtos. As pessoas os vendem e compram livremente. O governo não deve se intrometer, afinal o fabricante tem de sobreviver, os produtos poupam tempo etc. etc. Mas somos deixados com a mesma questão moral. *Que tipo* de domínio é esse? Que tipo de pessoa usaria um artefato desse tipo, atraindo os animais com o som de seus filhotes indefesos?

DOMÍNIO

Uma última ilustração está mais próxima de muitos americanos – o problema de cervos que muitas comunidades dos subúrbios enfrentam. Na grande Washington estamos sempre ouvindo falar disso. O principal problema é o perigo no trânsito. Recentemente, escrevi sobre o assunto para o *Washington Post* e recebi uma enxurrada de cartas de pessoas bravas comigo e com o que parecia ser indiferença à segurança humana; uma mulher me contou sobre a filha de uma amiga que morreu em um acidente de carro envolvendo um veado. Houve também algumas poucas reclamações sobre a problemática desses animais – no que diz respeito a arbustos decorativos dos jardins tão bem cuidados pelas pessoas – mordiscando sem o menor remorso azaleias e petúnias.

É uma situação séria e complicada, e não acho que eu tenha todas as respostas. Mas a primeira questão que qualquer pessoa razoável colocaria é por que os veados estão, aparentemente do nada, disparando em direção às rodovias, como o que vi padecendo na Estrada 267 congelada, na região norte da Virgínia há alguns anos. Não é que eles se sintam atraídos por estradas movimentadas, carros aterrorizantes e faróis. Se você fosse um cervídeo, ficaria o mais longe possível das ruas e rodovias movimentadas, e é exatamente o que eles fazem quando há alternativa. O cervo que eu vi estava simplesmente procurando por água, comida ou outros cervos, depois de ter sido assustado em algum outro lugar por caminhões, retroescavadeiras e dinamite. Ou, como no caso de um amigo que atropelou um cervo perto de Leesburg, na Virgínia, o animal surgiu no meio de uma estrada movimentada e sem proteções laterais fugindo de caçadores – acho que essa é uma das mais tristes imagens do domínio em que posso pensar. Uma pesquisa na Pensilvânia apontou que os acidentes em que há envolvimento de cervos quintuplicam na temporada de caça.[36]

A segunda pergunta a se fazer é: quem são os principais reclamantes? Caçadores e afins são sempre os primeiros a explorar a questão da segurança contra acidentes – que eles mesmos causam. Sou sempre a favor do meio-termo no desenvolvimento. Não estou escrevendo este livro em uma cabana na floresta; vivo numa região desenvolvida. Vivo na civilização e fico feliz com isso. Mas quando se usa a terra é

QUESTÕES IMPORTANTES

necessário se confrontar com o fato de que isso faz com que os cervos se espalhem. Você, que lida com a terra, construindo nela, vendendo-a, alugando-a ou comprando-a, é um dos responsáveis morais pela situação, assim como seria responsável se deixasse pedras desmoronarem sobre uma estrada movimentada.

Os construtores de estradas não querem pagar por cercas que as protejam, por sistemas de iluminação que alertem os animais sobre a proximidade dos carros nem mesmo pela aplicação de anticoncepcionais (com comida tratada ou dardos) – essas soluções já estão dando certo nos lugares em que foram adotadas, como em Gaithersburg, Maryland. O pessoal das construtoras só sabe dizer "cercas não funcionam", como se veados biônicos do norte da Virgínia escalasse qualquer altura – um argumento facilmente refutável quando se nota que as cercas funcionam direitinho quando se trata de *fazer* dinheiro mantendo os cervos aprisionados. Ao que parece, as cercas dos ranchos Velvet e Mustang funcionam muito bem, obrigado.

Na versão animal do dito de Andy Warhol sobre a fama, toda espécie hoje tem 15 minutos de piedade, e os veados de Washington conseguiram os seus em 1997 quando três deles foram encontrados de madrugada na esquina da rua 17 com a Pennsylvania Avenue. Um deles ficou preso na cerca de ferro entre o prédio do Tesouro e a Casa Branca, na tentativa de entrar no local que lhe parecia mais seguro. Ficou tão arranhado e sangrava tanto que, depois de tentarem acalmá-lo e liberá-lo, um oficial do serviço secreto o cobriu com um cobertor e lhe fez uma eutanásia: "Perdemos ele", disse.[37]

Tampouco autoridades políticas locais querem pagar a conta das cercas, dos refletores nas estradas ou da diminuição do limite de velocidade, para não enfrentar as construtoras que generosamente contribuíram com suas campanhas eleitorais. Para todas as partes envolvidas parece mais barato simplesmente matar animais. E por que não fazê-lo de maneira divertida para desportistas, que inevitavelmente começaram a promover a "caçada suburbana de cervos".[38] Mas mesmo essas caçadas gerenciadas são problemáticas: quanto mais animais matam, mais espaço e comida há para outros animais, o que

DOMÍNIO

leva a haver ainda mais cervos do que antes. Em períodos como esses, as fêmeas reproduzem mais, um fenômeno conhecido como reprodução compensatória e observado também em populações humanas em épocas de guerra. Para resolver o problema apenas com a caçada, é preciso matar milhares e pode-se, de fato, chegar a isso. Veja como a questão do domínio é resolvida, conforme matéria do *Post*:

A primeira das oito caçadas gerenciadas – planejadas para peneirar uma população de cervos estimada em 25 mil – começou devagar ontem no esforço de controle de animais do condado de Fairfax. (...) "Foi um belo dia nos bosques", disse Don Gantz, 53, que pegou dois cervos – os dois únicos que ele viu. Gantz (...) disse que estava quase desistindo por volta do meio-dia, quando dois animais vieram cautelosamente para perto dele, com suas cabeças baixas. Atirou nos dois – uma fêmea grávida de 48 quilos e outra fêmea, de 25 quilos.[39]

Então é essa a nossa ameaça? Duas fêmeas de cabeça baixa. Vindo cautelosamente. "Belo dia nos bosques." Deve haver 25 mil desses animais na região, mas quando se definiu um dia apropriado para pegá-los, 150 caçadores (escolhidos numa loteria) só conseguiram caçar dez. Algumas semanas depois, o condado contratou atiradores de elite para o trabalho, que foi feito de noite para não chamar atenção. Dessa vez conseguiram 107 cervos em seis dias de matança.[40]

Não seria bem mais fácil, nem que fosse para a consciência das pessoas, colocar cercas e iluminação nas estradas? Estamos falando de construções que dão milhões de dólares em lucro de vendas e concessões. A região do norte da Virgínia, lar da America Online e um grande corredor da internet, é o retrato da prosperidade moderna, e poucos são mais prósperos do que as imobiliárias e construtoras e seus clientes. Mas eles não podem gastar um pouco de sua riqueza protegendo os cervos cujo hábitat eles mesmos desapropriaram, não podem dar um pequeno espaço em todo o seu planejamento para criaturas que, antes do desenvolvimento, não estavam causando mal a ninguém?

E para os proprietários de casas, será que as azaleias valem as cenas que acabamos de descrever? Há de fato pessoas tão ligadas a seus jardins e flores que, ao verem fêmeas e filhotes comendo plantas no quintal dos fundos, se sintam levadas a ligar para atiradores de elite? E *onde* estarão essas pessoas quando o trabalho for feito? Todas essas caçadas gerenciadas têm acontecido secretamente. Isso lhe diz algo?

A solução é sempre a arma, o veneno ou as armadilhas, e a ordem divina é sempre dinheiro. Gansos que o irritam? Basta varrê-los para baixo do tapete. Quer um troféu de urso na sala de estar? Atraia a fera e mate-a, traga o simulador de gritos de filhotes e não esqueça o barril de pólvora. A vida selvagem atrapalha novos empreendimentos imobiliários? Leve o domínio ao campo e à floresta, extermine as criaturas e levante um shopping novo no lugar.

Os conservadores deveriam reconhecer nisso um aspecto familiar da crítica que fazem da cultura atual. É o Império do Ego*, armado e perigoso. O domínio hoje é meio como a Constituição dos Estados Unidos, que alcança todos os tipos de abuso, sob o manto da boa-fé. É a mesma visão do homem fundamentalmente vulgar com que conservadores tão honestamente se preocupam: homem, a perpétua vítima; o manipulador de argumentos chorão; homem, o consumidor conquistador de tudo, encarando o universo com seus inacabáveis direitos de posse e seu apetite sem fim, a ser suprido custe o que custar.

Mesmo quando a queixa é legítima, como no caso do perigo de acidentes de carro, há uma profunda recusa em se aceitar a culpa humana, como se fosse culpa dos cervos e não das incorporadoras e construtoras. É como se todo o mundo natural só existisse para aplacar os desejos do ser humano, não importa o quão ignorante, irracional e implacável ele seja. Tudo que está lá está lá para ser tomado. Se estiver no caminho, tire-o. Se gera distração ou inconveniente, ponha-o para correr. Se aumentar os custos, mate-o.

---

* No original, "*Imperial Self*", em referência ao livro de Quentin Anderson, *The Imperial Self: An Essay in American Literary and Cultural History. (N. da E.)*

Essa perspectiva só percebe nossas criaturas companheiras como um aglomerado de pestes, ameaças, recursos, obstáculos, alvos, gado, matadores em estradas, cabideiros de galhadas e penduricalhos de parede. Em nenhum lugar dessa visão há espaço para animais com propósitos próprios no mundo separados dos desígnios da humanidade. Um cervo nunca é apenas um cervo, um animalzinho jovem com sede, em busca de um lugar para si ou uma criatura inofensiva que precisa de refresco. Faltou ao caçador de *A Hunter's Heart* fazer uma pergunta básica sobre a idoneidade:

> Quanto mais eliminamos os lugares úmidos e selvagens de nossas fazendas e ranchos, quanto mais cortamos e picamos, expandindo nossas casas e negócios, primeiro nas fazendas, depois nos morros sobre elas, depois na beira de lagos e rios e então nas florestas, menos seremos capazes de pegar, de boa-fé, espingardas e rifles para levá-los aos campos que sobraram. Mesmo que encontremos alguns poucos avulsos que restaram e que pareçam saudáveis, devemos saber que a caça que procuramos está isolada e é mais vulnerável à nossa presença agora. Devemos nos questionar, em algum ponto, se ainda temos o direito.[41]

Em geral ouvimos a causa dos direitos animais sendo minimizada como "politicamente correta". Mas na verdade ela nunca chegou a isso, talvez porque mais do que uma fidelidade a uma doutrina ou ideia, a causa demanda uma ação consciente e uma mudança de hábitos. Olhar pelos animais requer abrir mão de algumas coisas, seja uma bela pele, um troféu de caça, um cobiçado local para construir um prédio ou um gramado não adubado por gansos.

Em alguns lugares ao menos há a desculpa do desespero. Lugares de economia conturbada, como a Indonésia – onde vimos que primatas protegidos no passado e outros animais são leiloados – ou Ruanda e Congo, onde chimpanzés são vendidos no mercado como se vendem galinhas, ou ainda em outras partes da África onde a todo momento um grupo rebelde precisa de dinheiro para novas armas e acaba por

QUESTÕES IMPORTANTES

matar elefantes cujas presas serão vendidas no mercado negro. Mas no Ocidente rico é apenas capricho e arrogância, o Rei Consumidor que vai à natureza, danem-se os custos. As revistas de moda têm alardeado ultimamente: "A pele voltou." As peles, aliás, têm sido tingidas em diversos tons de rosa e roxo e amarelo, como se para empurrar as criaturas para longe de nosso inconsciente, silenciando com cores vivas a origem de cada produto e o extremo sofrimento por trás dele.

Jeffrey Hart, meu colega na *National Review* e professor na Faculdade de Dartmouth, percebeu bem a atitude, ao notar a indiferença de alguns de seus alunos com as questões ambientais e a causa do bem-estar animal. Ele escreve:

> É deprimente ouvir jovens conservadores de suspensórios vermelhos, fumando cigarros, com suas visões reducionistas de, bem, visões reducionistas de tudo. Eles parecem ponderar com frieza um mundo sem leões, tigres, elefantes, baleias. Fico consternado com os filisteus que parecem sorrir para um futuro equivalente a uma Hong Kong global.[42]

A COZINHA IMPERATIVA

Cada lado do debate sobre animais está a todo momento analisando psicologicamente o outro – caçadores e afins detectando uma afetação feminina e uma moleza de coração em amantes de animais, amantes de animais detectando nos caçadores uma mistura de desajuste com ímpeto de sangue e impotência. Tentarei não me render à tentação, ou ao menos não colocarei nenhum argumento sobre tais tendências. Mas há uma faceta conservadora que nunca compreendi muito bem, algo no tom de voz.

Os conservadores trazem à questão não apenas dúvidas filosóficas e pontos de discussão econômicos, mas um tipo de esnobismo exasperado, como se não tivessem sequer de perder seu tempo preocupando-se com questões tão pueris, e quem são todos esses ativistas menores distraindo-lhes das grandes questões morais do dia? Isso leva a um dogmatismo comparável ao dos ativistas da causa animal. Como se

DOMÍNIO

já não fosse uma falta de piedade com nossas criaturas-irmãs, é ainda um desdém despreocupado com inconveniências morais misturado a um discurso metido a virtuoso e superior. Também é uma crença inflexível na Bíblia da Prosperidade, com toda a segurança de que o livre mercado irá, de algum modo, ajeitar tudo e que qualquer crueldade será redimida pelas obras maravilhosas do capitalismo. Uma joia do primeiro tipo foi publicada, em 1998, na coluna do conservador Auberon Waugh, no *Daily Telepgraph* de Londres:

> O que distingue essas amáveis pessoas [contrárias à caça] daquelas da mesma opinião porém desagradáveis é o ar superior e dono da verdade dessas últimas. Enfadonhas, as pessoas metidas a boazinhas devem ser evitadas porque são chatas. O que distingue os meramente desagradáveis dos fascistas é o desejo desses últimos de fazer com que todo e qualquer um pare de caçar. Essa gente – os fascistas – deveria ser insultada, chutada e jogada no rio mais próximo sempre que possível.[43]

Isso vem de um comentarista veterano, uma pessoa que passou toda a sua vida adulta dizendo aos outros como pensar e agir. Talvez os ativistas *chatos* não tenham colunas no jornal ou outros meios influentes a seu dispor. Então reúnem-se em manifestações de protesto para expressar suas objeções. O que há de errado nisso?

Outro excesso do gênero veio de um de meus colunistas favoritos, o americano Walter Williams, economista conservador reconhecido por sua mente analítica e seu refinado senso de humor. Ele perdeu a paciência com os ativistas antipele e comenta aqui sobre uma malfadada iniciativa de 1999, quando se tentou, em Beverly Hills, Califórnia, colocar etiquetas em produtos feitos de pele de animais descrevendo sua proveniência. Nas etiquetas, estava escrito:

> NOTA AO CONSUMIDOR: Esse produto foi feito com pelo de animal que pode ter sido morto com eletrocussão, gás, fratura de pescoço, envenenamento, golpe de porrete, pisões ou afogamento, e pode ter sido caçado com armadilhas com dentes de aço.[44]

QUESTÕES IMPORTANTES

A reação do dr. Williams:

Os tiranos nunca revelam de cara sua agenda. Sempre começam com algo relativamente benigno e às vezes bem razoável. Então, gradualmente se tornam mais opressivos. (...) Animais são mortos com métodos mais humanos do que jamais foram. (...) Essas pessoas [advogando pela notificação dos consumidores] são idiotas úteis e doidos das causas animais como a Peta, que são gente má que sabota laboratórios e ataca pessoas vestindo peles. Eu tenho um belo casaco de pele e a sra. Williams tem um casaco comprido de vison. É melhor que os malucos dos direitos animais que queiram nos atirar tinta vermelha estejam preparados para encontrar seu criador.[45]

Como o dr. Williams pode saber se "animais são mortos com métodos mais humanos do que jamais foram"? O pessoal da "Comissão de Peles dos Estados Unidos, uma associação que representa os criadores de martas e lobos", contou-lhe.[46] E essa é a única prova que cita. De modo diferente daquele dos idiotas úteis que seguem de olhos vendados a agenda dos direitos dos animais, o dr. Williams fez sua própria investigação baseada em nada menos do que uma confirmação pessoal da assessoria de imprensa financiada pela indústria de peles. Caso *isso* não nos convença, ele evoca seu próprio guarda-roupas, peles perfeitas que tocamos por nossa própria conta e risco.

Para cercar os "fascistas da comida"[47] no *front* da culinária, está outro britânico – e meu colega em colaborações com a *National Review* – Digby Anderson. Comentarista de questões sociais, assim como colunista de culinária, ele mistura em seus artigos questões animais e receitas. O nome de sua coluna no *Spectator*, de Londres, é "Imperative Cooking" (Cozinha imperativa). E nela um dos favoritos é o coelho, um símbolo de nossa época, segundo Digby, "empapado como só ele de sentimentalismo animal e obsessão ecológica".[48]

É bobo, além de pecaminoso e mal-agradecido com o Todo-Poderoso, não comer coelhos. Numa sociedade civilizada, os coelhos são mortos a tiros (ou laçados ou perseguidos) e comidos. Eles não são mortos e comidos com relutância, apenas para se usar o que tem de ser abatido. Devem ser degustados entusiasticamente com molho de mostarda (mostarda de Dijon) ou molho de salsa inglês – o molho pode ser feito com a cabeça e as patas dianteiras e outros pedaços sem carne. Os coelhos bem velhos – se alguém foi suficientemente negligente para deixá-los viver tanto – podem ser finamente picados e moídos. (...) Coelhos mais novos, bebês ou jovens, podem ser rapidamente fritos apenas com salsa, pimenta-do-reino e alho, acrescentados no último minuto. (...) São particularmente econômicos no quesito tiro. O atirador atento acorda cedo e caminha até encontrar e espreitar uma família de jovens coelhos. Eles estarão, como acontece com os jovens, brincando e saltitando e mudando rapidamente de rumo. A arma espera pelo momento crucial, quando repentinamente três ou quatro ficam amontoados, e atira. Com sorte, são três ou quatro coelhos com apenas um cartucho.[49]

Sem sorte, são dois ou três coelhos postos para correr, sangrando até a morte. Na condição de leitor costumaz das colunas de Digby, noto que ele jamais expressou preocupação por qualquer animal dentro ou fora do menu, fosse ele coelho, cachorro, golfinho, baleia ou elefante. Desdenhoso de todas as criaturas, jamais fez qualquer menção à inteligência ou emoção animal, acreditando que, ao se matar animais, "seus valores são reconhecidos. É preciso investir em animais selvagens um valor econômico."[50] Ele vê qualquer traço de emoção em relação aos bichos (os vivos), como sinal de fraqueza e confusão morais a serem ridicularizadas e cortadas pela raiz. Por isso, o apetite com que descreve a interrupção das brincadeiras de coelhinhos com um tiro de arma de fogo e ainda aquele petisco que nos oferece sobre ser "negligente" ao deixar que os animais cheguem a idade avançada.

"Toda criança, ao chegar à idade de 10 anos", aconselha Digby, "deve ter matado pelo menos coelhos (um golpe de faca na nuca), galinhas (quebrando o pescoço) e patos (cabeça cortada). Outros exercícios antissentimentais incluem pegar coisas viscosas, como minhocas e vermes cilíndricos, e iscá-los para aves, que bicarão suas entranhas."[51]

QUESTÕES IMPORTANTES

Há um grande e importante princípio a sustentar essa visão. Quem defende a causa animal é apaixonado por animais. Digby é apaixonado por, bem, tortas salgadas. No ensaio "Por que ficar sem nossa torta de coelho?", ele escreve: "Porque não são apenas coelhos que a geração moderna, sobretudo os intelectuais, separa de uma boa conexão com o prato", mas também a "Natureza", que começamos a estranhar.

[Uma] geração anterior de crianças e adultos sabia que coelhos e outros animais tinham de ser mortos para servirem à sua própria vocação em um prato ricamente guarnecido de molho. (...)
Nessa Inglaterra mais velha, a "Natureza" não era sentimentalizada, com coelhinhos fungando, nem teorizada em ecossistemas equilibrados. Tratava-se de algo cujos caminhos tinham de ser dominados para que se conseguisse prover a cozinha. Mesmo que um maior fornecimento signifique que não são mais necessários para sobreviver, algumas culturas, sobretudo na França, mantêm essa compreensão. Talvez hoje você possa conseguir comida suficiente para sobreviver sem uma visão realista nem tradicional da Natureza, mas comerá bem melhor se a tiver. Na França, os coelhos selvagens são poucos e caros, bem como pombos selvagens, patos selvagens e mesmo esquilos. Mas não mais na Inglaterra.[52]

E isso nos traz ao grande cenário:

Mas o fim dos coelhos, ainda que temporário, deu uma dica sobre uma ameaça maior que se aproxima. O fim da cozinha intimamente ligada à Natureza. O fim da noção de que criaturas selvagens foram colocadas lá pelo Todo-Poderoso para que os homens as estudassem, seguissem, caçassem, matassem, cozinhassem e comessem.
Com o fim da visão tradicional da natureza, abriu-se bastante caminho para o sentimentalismo animal, que fará de um bom jantar um bicho de estimação, e dos ecochatos, aqueles que tirarão o homem do pináculo da criação e os subjugarão a uma peça de todo o sistema.[53]

Temos de concordar com Digby que as pessoas podem ficar bem sentimentais em relação aos bichos, mas parece justo dizer que também se pode ficar um pouco sentimental demais em relação à comida. Por que é considerado sentimentalismo enxergar nos coelhos amigos inofensivos e macios, mas não é excessivo ficar falando e falando sobre coelhos empapados de um rico molho de salsa e mostarda de Dijon, molho esse feito cozinhando lentamente patas e cabeça, e ainda falar sobre a velha Inglaterra e tudo mais?

Aceitemos ou não a visão de Digby da Natureza e da cozinha e do homem no pináculo da criação, não é bem a luz da razão que se detecta aqui. Não se está defendendo princípios; são prazeres "que não são mais necessários", segundo ele mesmo. Tampouco se questiona a Natureza ou nossa ligação com ela (pão, frutas, legumes e verduras também vêm da natureza), e sim sua visão particular do mundo natural e nosso lugar moral nele.

Acima de tudo, seria bom se o sr. Anderson pudesse nos poupar dessas tolices insuportáveis de "Todo-Poderoso" cujo único propósito em enviar essas criaturas à Terra seria dar a epicuros descontrolados, como ele, coisas em que atirar, as quais ferir, estrangular e eviscerar. Talvez se ele olhasse um pouco além do seu prato pudesse encontrar algum propósito maior no mundo.

E como se para nos mostrar aonde sua visão nos leva, ultimamente Digby tem usado a palavra "criaturas" entre aspas.[54] Parece que até *isso* é ceder demais, afinal, pelo bem de seus tão importantes ensopados e tortas, ele agora precisa eliminar a ideia de que cada ser vivo foi criado por Deus – e, por favor, ignore todas aquelas "criaturas" presentes na versão do Rei Jaime da Bíblia da Velha Inglaterra.

MAIS PROFUNDO QUE A ESCOLHA

Um caso de claro esnobismo difícil de ser superado é o do filósofo britânico Roger Scruton, um intelectual conservador que fugiu dos espaços urbanos na meia-idade, descobriu os prazeres do campo e da

QUESTÕES IMPORTANTES

caça à raposa e agora vê no eclipse de seu novo passatempo as luzes que se apagam na civilização ocidental. Seu livro *On Hunting* (Sobre a caçada) traz uma variação do misticismo do "instinto primitivo" com sabor de conservadorismo moderno, a nos informar, assim como o sr. Anderson, que caçar não é apenas algo nobre, mas que "Deus queria que vivêssemos dessa maneira".[55] Assim como a maior parte dos conservadores, sua argumentação vem em forma de desprezo das mentes superiores pelas inferiores.

> A sentimentalidade em relação aos animais é mais do que amável. É também um vício. Os animais não podem responder a isso. Não podem estragar nossas ilusões. Permitem-nos toda a liberdade para inventar sentimentos por eles, para projetar em seus olhos inocentes um mundo de fantasia no qual somos heróis e para despejar nossas paixões fictícias diante deles sem medo de repreensão moral. Eles são a opção fácil dos desprovidos de moral.[56]

Algumas páginas adiante, depois de nos alertar sobre dar personalidade ou mesmo nomes a animais, o sr. Scruton esforça-se para descrever a profunda aspiração que envolve a caçada:

> Os amores religioso e erótico são os mais profundos de nossos pobres recursos; mas a caçada, por mais distante que esteja na superfície, repousa adjacente a eles nas profundezas. O que mais explica a química e os mistérios de fazer tremer almas que Wagner trabalha no segundo ato de Tristão, enquanto Isolda canta seu amor impaciente por sobre o distante som da caçada? Escute essa passagem cuidadosamente, e ouvirá algo que não pode ser colocado em palavras, mas que jaz tão fundo em você quanto em mim.[57]

Embora eu não tenha dúvidas sobre quão inspiradora para as mais saudáveis paixões humanas pode ser a música de Wagner, o compositor era vegetariano e escreveu que "o mesmo ar era respirado por animais e pela humanidade", além de descrever a caçada como "a cova sem

DOMÍNIO

fundo da miséria mais cruel".[58] Então seja lá o que Scruton ouviu em
Wagner, não parece ser aquilo que Wagner queria que ouvissem.

Deixemos a interpretação musical de lado. A questão óbvia é: se
caçar é uma parte nossa tão profunda, fundamental e de fato "faz
tremer almas", lado a lado com as aspirações religiosa e erótica, por
que tão poucas pessoas caçam? Nos Estados Unidos apenas 5 a 7% de
nós sucumbem aos encantos de Isolda – ou de Tristão, ou de Wagner,
ou de Deus, ou seja lá quem esteja nos encorajando a caçar. É um número bem menor do que o de pessoas que demonstram interesse em
uma busca erótica ou religiosa. No Reino Unido são menos de 4% –
uma "minoria substanciosa", como Scruton os chama em seu *Animal
Rights and Wrongs* (Direitos/acertos e erros de animais), publicado
em 1996.[59] O colegas caçadores de raposas do autor são apenas 0,5%
dos súditos de Sua Majestade. E é por isso que ele se dá tanto trabalho
para falar do assunto – porque, enquanto o sr. Scruton compunha essa
ode ao caçador de raposas, o Parlamento inglês estava a um centímetro
de proibir o esporte, com o próprio primeiro-ministro Tony Blair a
favor da proibição.

Mais adiante em *On Hunting*, enquanto se descrevem os prazeres
do caçar, descobrimos o que estamos perdendo. Com seu broche rosa
indicando ser membro do "Vale do Cavalo Branco" (o sr. Scruton orgulhosamente nos informa que a caça à raposa tem seu próprio Círculo
Interno) e parecendo bem um herói, ele agora monta Sam, seu nobre
equino, rodeado por seu cães de nomes pretenciosos como Sonoro,
Sanguíneo e Salvador, cada um deles "experimentando o amor único
que brota entre o cão farejador e o caçador".

Os cães que farejam raposas, cujos "vícios e virtudes individuais"
nosso caçador conhece, são soltos em perseguições frenéticas a
"Charlie", o nome tradicional para a raposa dado pelos caçadores
ingleses, como nos conta o livro. Sempre "astuto" e "malicioso",
Charlie agora tem como dons "crenças e estratégias, vulpinas forças
e fraquezas". E ele nos brinda: "O caçador agora trabalha lado a
lado com animais que ele trata como indivíduos, em acaloradas perseguições da presa, a quem uma individualidade é temporariamente

QUESTÕES IMPORTANTES

emprestada, como se existisse, e também porque foi transformada em única pela perseguição."[60]

Finalmente chega o encanto, aquela "alegria repleta de sangue", da morte. Charlie "pula do celeiro da fazenda-parque Maunditts e estupidamente corre morro abaixo, ao vento. Nós o incentivamos a tomar o caminho oposto, mas ele insiste no tojo, um arbusto de flores amarelas, onde é instantaneamente acuado e morto. Isso agrada aos cães e, consequentemente, ao caçador".[61]

É um prazer pouco convencional, típico de escritores que contam suas expedições punitivas no campo e na floresta – a versão para cavalheiros da briga de galos. O sr. Scruton não tem qualquer problema em atribuir emoções vívidas e personalidades a animais quando isso serve a seu propósito. Numa onda de sentimentalismo evocada pelo ritual do abate, todos os cavalos, cães e raposas florescem dramaticamente para a vida na sua imaginação, e apresentam não apenas sagacidade e "estupidez" fatal, mas também "amor" canino e "alegria" equina.

E por falar em "paixões fictícias" diante de animais: o sr. Scruton dispõe diante do falecido Charlie não apenas suas paixões peculiares, mas toda uma nova teologia na forma de algo chamado "alma da espécie". Os animais não são capazes de sofrimento individual e existem apenas na condição de "seres genéricos".[62] Charlie, por exemplo, "vai sobreviver à sua morte".[63] Quando Salvador e os outros cachorros terminam com ele, Charlie "retorna à sua condição arquetípica, recuperando sua natureza de A Raposa, que o caçador conhece e ama, e cujo eterno retorno ele deseja profundamente".[64]

Que pensamento reconfortante: Charlie não sentiu nada. E agora vive no reino dos arquétipos, eternamente amado e desejado. Soa bem melhor do que "Charlie foi escorraçado".

Animais de estimação, com seus traços e personalidades claramente distintos, colocam um desafio para essa teoria do ser genérico, um problema que Scruton resolve da seguinte maneira:

Nós nos relacionamos uns com os outros como indivíduos, e a alma é o princípio de vitalidade que faz de uma pessoa aquilo que ela é. No caso de seres humanos, entretanto, a alma é o ego. No caso de animais selvagens, com quem nos relacionamos como membros intercambiáveis de uma espécie, a ideia de alma conecta-se à espécie. (...)
Essa maneira de se relacionar com animais é menos familiar àqueles que só conhecem o animal de estimação. Essa criatura doméstica tem um tipo de personalidade concedida por nosso relacionamento diário. Nós a tratamos como indivíduo e ela aprende a responder como tal.[65]

Mas será que bastaria isso? É verdade que nosso dia a dia com animais traz à tona alguns traços de personalidade que jamais emergiriam em seu estado natural. Mas quaisquer que sejam esses traços, jamais surgiriam se já não estivessem latentes nas criaturas. Só se pode "conceder" treinamento, ou até influencia, mas não é possível fornecer as qualidades em si. Elas são *reveladas* pelo contato com o animal. É aí que está o potencial, na natureza de cada bicho. De modo que animais de estimação acabam por nos trazer para mais perto da realidade da vida natural do que as feras do mundo selvagem – uma vívida transformação para qualquer um que tenha alguma vez abrigado um animal desgarrado e observado como a criatura mudou aos poucos seu medo e voracidade iniciais. De certa forma, o animal domesticado é o mais natural de todos, demonstrando qualidades escondidas em sua natureza e que apenas a bondade humana pode resgatar.

Mesmo que se assuma que há, na caça à raposa, um propósito ecológico e vital – escravo de sua poética, o sr. Scruton não consegue chegar às questões práticas –, parece haver uma visão estranha. Para apelar por um gosto pela violência gratuita, cá está um intelectual conservador com pensamento direitista, desenhando uma moralidade personalizada, esse universo sem valores da caçada inocente e do abate sem prejuízo. Em *Animal Rights and Wrongs* – encantadoramente dedicado a "um bezerro chamado Herbie, que já foi comido"[66] – ele escreveu seu próprio indiciamento ao vício da sentimentalidade, explicado a seguir:

QUESTÕES IMPORTANTES

> A emoção sentimental é uma forma autoconsciente de atuação. Para o sentimentalismo, o importante não é o objeto, mas o sujeito da emoção. O amor real foca em outro indivíduo: é agraciado por seu prazer e sofre sua dor. O amor irreal do sentimentalismo não vai mais longe do que o ego e prioriza os prazeres e dores próprios de seu objeto. (...) Consome nossas energias emocionais finitas por meios que buscam apenas a si mesmos e nos enganam e entorpecem para a realidade.[67]

Nunca ocorreu a esse autor que tal sentimentalidade pode acompanhar tanto o cuidado com os animais quanto seu abate? E como tantos outros que se divertem com a violência a essas criaturas, o sr. Scruton leva quase uma vida dupla: num momento envolvendo-se em sérias reflexões morais e, em outro, perdido na alegria de matar. Em seguida, ele está em seu módulo "homem de razão" e diagnostica, para a *National Review*, o engodo dos cultos pagãos atuais, como os movimentos wicca e de "ecologia profunda". Segundo ele, os membros desses grupos são levados por "encantamento".

> A ciência desencantou o universo e nos tirou de nosso lugar no centro. Seres humanos não podem viver nesse mundo desmoralizado. Precisam ver o meio ambiente como seu precursor tribal o via: como um local sagrado, que misteriosamente devolve nossos olhares. O encantamento responde diretamente a essa necessidade, uma vez que permite que a bruxa faça reviver o universo. (...) Rituais, feitiços e encantos são desafios deliberados à razão. Expõem o *nonsense* no centro da vida das pessoas e pedem que se unam ao acreditar neles.[68]

Mas mude algumas palavras e poderia ser o sr. Scruton em seus rompantes de encantamento com animais. Com toda a sua erudição, ele não consegue ver como os próprios caçadores podem estar nas garras de um feitiço, de alguma mania gerada pela necessidade de uma avaliação racional moral.

Essa autoilusão traz o problema da culpa, e portanto respinga inevitavelmente no "vício" dos outros, os 96% de ingleses moles demais para a prática da caça. Ele aboliu seu próprio vício ao abolir a cruel-

DOMÍNIO

dade, acabou com a crueldade ao acabar com o sofrimento, e terminou com o sofrimento ao terminar com o animal. Com o vento às suas costas, montado em Sam, Scruton encurrala e mata a raposa, primeiro "emprestando" a ela, no ato da caçada, uma individualidade, e em seguida exterminando-a com uma mortal explosão teológica, tirando da criatura seu status de ser particular. E é ele quem se preocupa com pessoas vivendo num mundo de fantasia.

As pessoas sempre encontraram justificativas para a crueldade com os animais, mas não com esse desdém imperioso do sr. Scruton, essa estranha mistura de desejo primevo e extrema certeza teórica, ou talvez, como percebo em seu tom, com tamanho rancor. A grande questão para esse filósofo conservador é administrativa, é o cuidado que devemos ter. Ao escrever para o *Los Angeles Times*, ele coloca como princípios guias do domínio moderno que nós sejamos, "hoje, os zeladores do reino animal. Assim sendo, nenhuma espécie existe sem nossa permissão. Nós, portanto, temos algumas escolhas difíceis a fazer."[69] O que nos leva a outro princípio, o dogma sagrado da conservação moderna, que afirma que "só podemos nos preocupar com animais se tivermos motivo suficiente":

> E esse "nós" não quer dizer os intelectuais mimados, mas os caipiras broncos, primitivos e rurais e aquele tipo de gente que gosta de ter um pit bull. Afortunadamente, o motivo existe. Não há melhor maneira de proteger o hábitat das espécies do que caçar neles sistematicamente. (...) É a caça de grandes animais que salvará os safáris da África e a prática baleeira que salvará a baleia. Os elefantes podem estar ameaçados pela caça clandestina do marfim, mas se beneficiarão de criadores para extração do marfim, que têm todo o interesse em protegê-los. Com a situação de hoje, entretanto, a visão imediatista da proibição ao comércio de marfim provavelmente vai levar à extinção do elefante.[70]

Defendida por décadas como necessária à sobrevivência humana, a caça de repente se torna necessária à sobrevivência animal, pelo menos no que diz respeito àquelas espécies favorecidas às quais se permitiu

QUESTÕES IMPORTANTES

continuar a existir. Mas pense no que ele diz. Que visão cínica e egoísta do mundo e de nosso lugar nele – um tipo de Gênesis ao contrário em que nenhuma espécie pode ser convocada antes de o homem todo--poderoso justificar a existência dessa criatura ou a banir da criação, o homem descriador de tudo.

E o que *nós*, os zeladores, temos para justificar? O autor inglês conservador fala de "escolhas difíceis" naquele tom familiar que os realistas usam para falar das difíceis obrigações da vida. Mas deveres em geral são mais complicados do que isso, e envolvem alguma espécie de sofrimento ou abnegação. Aqui, no fim, tanto os zeladores quanto aqueles a quem deviam servir conseguem exatamente o que querem, suas obrigações sempre sustentando uma curiosa semelhança com seus desejos. Nenhum apetite humano fica a ver navios. Os caçadores de marfim conseguem seu marfim. Os caçadores de troféus conseguem seus troféus. Até os amantes asiáticos conseguem suas "curas" afrodisíacas de chifres e presas (ó céus, apenas para encontrar desapontamento mais tarde).

Sequer interessa ao sr. Scruton que sejam todos desejos irracionais, vaidades e superstições de fato – falsos deuses, como chamaríamos no raciocínio moral comum. Quando surgiu o Viagra, falou-se que talvez ele ajudasse a salvar o tigre, o rinoceronte e algumas espécies de macaco, tornando obsoleto o mercado de afrodisíacos tradicionais, feitos com partes de animais. Lamentável que o destino de um macaco, de um rinoceronte ou de um tigre – na verdade dos cinco mil tigres selvagens que restaram na Terra – esteja atrelado a algo assim.

Bem como ocorre com a "conservação" moderna, todo o esquema montado por esse autor nada mais é do que uma fuga das responsabilidades, levando-nos a fazer julgamentos severos das criaturas, mas a não pensar nada sobre nós, a negar a elas suas vidas e hábitats, enquanto não nos negamos nada. Na visão de Scruton, o padrão será decidido não por um código fixo de moral, não pelo exemplo das pessoas que protegem e se preocupam os com animais, mas pelos "primitivos" e "caipiras broncos". Antes que eu me esqueça, eis o

DOMÍNIO

cuidado que o filósofo tem em mente (dois típicos desportistas americanos organizando a conservação de veados, como descrito em uma edição do *Washington Post* de 1998):

> Centímetro a centímetro, ela se aproximava. Centímetro a centímetro, ele se posicionava para o tiro. (...) Contraindo-se, encolhendo-se, olhando. E estava pronto. Tudo estava calmo a não ser por um ocasional gemido de um cervo sika. (...)
> "Por favor", disse consigo mesmo, "vire-se."
> Como se tivesse ouvido, ela se virou – alvo perfeito.
> Ele atirou.
> A flecha a golpeou com uma pancada ressonante, seguida de um movimento enlouquecido e violento, com o cervo ferido galopando e corcoveando em direção ao caçador. Em vinte segundos, o barulho para abruptamente. Há um leve gargarejo úmido.
> "Perdeu!", Forster urra. "Ela caiu! A fêmea está no chão!" Ele está muito animado, dança. Outro colega de caça (...) ao ouvir a comoção se aproxima.
> "Ei, Mike, ela perdeu, venci uma! Cara, estou tão elétrico!"[71]

Emprestado do jargão da máfia, o termo "perdeu" foi popularizado por Ted Nugent, roqueiro e líder dos Esportistas Unidos da América, que se autodescrevia como "mestre do perdeu" dos cervos. Ele tem aparecido ultimamente em eventos políticos, como na Convenção Republicana de 2000. Seu lema: "Perdeu e vai ser esculachado."[72] Ele também é conservacionista e fala orgulhosamente da "obrigação moral da administração de recursos".[73] Afinal, se não abatessem veados, ursos e outros para controle populacional, essas criaturas pereceriam no inverno cruel. "Sou quase a Madre Teresa."[74] Em seu conhecido vídeo *Down to Earth* (Com os pés no chão; literalmente: Caído na Terra), como descrito por um crítico e colega de caçada, o sr. Nugent "se ajoelha e sarcasticamente pede por um minuto de silêncio enquanto ganha um close e depois um *replay* em câmera lenta de suas flechadas no animal, inclusive tomadas nauseantes de um acerto no aparelho

QUESTÕES IMPORTANTES

gastrointestinal e outros ferimentos empapados e viscosos."[75] Então é isso, o sr. Scruton quer deixar o que resta da vida selvagem nas mãos de pessoas como estas, gente que dança em torno do animal que matou, que causa uma tortura sem fim a um cervo e fica tão "elétrico" com o som de uma flechada, a violenta inquietação, o gargarejo e os tiros nas vísceras.

É claro que o filósofo se ressentiria de alguma comparação com o sr. Nugent, esse homem vulgar e medonho que tem centenas de milhares de seguidores. O sr. Scruton é uma versão mais refinada da experiência, uma animação cavalheiresca. Ele nos conta: "Minha vida se divide em três partes. Na primeira, eu estava arruinado; na segunda, pouco à vontade; na terceira, eu caço."[76] Isso provavelmente foi um comentário irônico, mas, mesmo assim, é de se preocupar. "Naquelas horas centáuricas (...) a vida real volta a você. Por um breve momento de êxtase, o sangue de outras espécies corre nas suas veias."[77] A caçada, num desfile de frases ornamentadas, também é matriz do "desejo primevo".[78] "Ato de adoração."[79] "Ato de comunhão."[80] "Terapia para os culpados de uma morte sem culpa."[81] "Absolvição no sangue", como na tradição de beber o sangue do animal morto, "uma prática bárbara, dizem alguns, mas que envolve a mais vital das necessidades humanas, a necessidade por pertencimento social mais profunda que qualquer blá-blá-blá, mais profunda que a escolha".[82]

Notem essa interessante frase de efeito: "mais profunda que a escolha". Como isso se enquadra em relação às escolhas racionais morais sobre as quais discursava em outro momento, todas aquelas "escolhas difíceis", "obrigações" e "princípios" do domínio moderno? Como pode o ser humano exercer seu domínio racional sobre a natureza enquanto estiver atolado com toda essa encenação fictícia primordial? O sr. Scruton não chega a explicar, e no fim das contas é o prazer e a profundidade de tudo isso que estão acima até de seus próprios poderes líricos: "Se você deseja saber o que é caçar raposas e por que é de uma beleza desmedida, urgente e obsessiva, então deveria ler os romances – *Hadley Cross* de R. S. Surtee ou *Mr. Sponge's Sporting Tour* (A turnê esportiva do sr. Sponge). Esse livros não apenas captam

DOMÍNIO

as profundas emoções em foco nesse esporte, mas trazem um registro inigualável da sociedade que cresceu em torno dele no século XIX."[83]

Se o sr. Sponge for como o sr. Scruton, passo os dois livros. Já tive o suficiente de ritos de sangue, obsessões, horas centáuricas e ruminâncias doentias sobre o significado disso tudo. G. K. Chesterton usou um bom termo para tais alegrias: "sentimentalismo do diabo".

A BÍBLIA DA PROSPERIDADE

Tudo isso se soma àquele tipo de bajulação intelectual que Scruton demonstra em outros momentos. Nas explosões iradas de Walter Williams, vê-se a tomada de posição ofendida, as informações pouco confiáveis e o raciocínio impulsivo com que o colunista ataca rotineiramente. No escárnio de Auberon Waugh, percebe-se a pose e o exagero moral com que ele ridiculariza tudo. Por todo lado, pode-se notar a reivindicação do papel de vítima, com o sr. Waugh detectando "fascismo" nas preocupações de quem defende a causa animal. Já o dr. Williams fica em posição de defesa diante de seu armário, e o pobre sr. Anderson parece mais um sibarita fungando diante do medo de perder sua torta. Seus escritos vão num crescendo pomposo, trabalhado para tratar do assunto. O que há na questão da preocupação com o sofrimento animal que deixa pessoas normalmente razoáveis à beira de tirar as calças pela cabeça?

Isso sempre me surpreende. Se você demonstrar preocupação com o animal que terá a pele arrancada, sua pata ficará mais machucada quanto mais o peleiro demora a vir buscá-lo para golpeá-lo, ou então que ficará amontoado por toda a vida numa pequena gaiola gelada, por que isso faz de você um daqueles fanáticos ridículos e estraga-prazeres? Um chato. Mas se você se levantar numa defesa furiosa de um casaco, então aí sim está a marca de alguém sério. Igualmente, expresse algum desgosto em relação a uma iguaria, como o *foie gras* (15 mil toneladas da gororoba comidas anualmente só na França),[84] obtida enfiando-se um tubo de metal num ganso goela abaixo e o en-

QUESTÕES IMPORTANTES

tulhando de comida até que seu fígado fique grotescamente estufado; isso faz de você uma pessoa pequena, trivial e sentimental, e por que afinal você não ocupa sua cabeça com coisas mais importantes? Mas se você estiver do lado das facas, o pato que se dane, aí sim você está pensando direito. *Agora*, sim, você está com suas prioridades em ordem.

Ninguém gosta de levar sermão, muito menos sermão sobre alimentação e vestuário, e a maior parte de nós, que nos preocupamos com o bem-estar animal, aprendemos a deixar isso passar. Mas poupem-nos do ar superior. Se a seriedade moral é o padrão, eu prefiro ficar na dúvida entre a faca e o ganso do que ir dormir zangado, falando das ameaças à mesa.

Mas vamos dar nome aos bois. Quando o amor de uma pessoa pelo refinamento obscurece seu julgamento moral, isso é vaidade. Quando permite que um paladar desejoso faça suas escolhas morais, isso é gula. Quando atribui os desígnios divinos a seus próprios caprichos, isso é orgulho. E quando ele fica irritado ao ser lembrado do sofrimento de um animal que suas escolhas diárias poderiam ter ajudado a evitar, isso é covardia moral.

Os conservadores, em particular, deveriam examinar essa impaciência arrogante que às vezes leva à discussão do bem-estar animal. Afinal, estamos falando de conexões muito simples aqui, e depois de um tempo o perverso é não fazê-las. Penso, por exemplo, em imagens violentas que foram mostradas no programa *Dateline* da NBC, em 1998, e documentavam o uso anual de dois milhões de gatos e cachorros por fábricas de pelo chinesas que fabricavam material a ser exportado para o Ocidente. Quem registrou as imagens foram ativistas disfarçados da ONG Humane Society dos Estados Unidos. Nela, pode-se ver cães amarrados sendo despelados vivos, ganindo por misericórdia, lambendo as mãos dos peleiros, e gatos atulhados em pequenas gaiolas, espremendo-se de terror enquanto, um a um, eram estrangulados – em seguida, literalmente atados em um nó e pendurados na gaiola, para evitar sangramentos e outros danos ao pelo.

Uma cena horrenda para qualquer americano, e que ainda acontece na China e na Coreia, porque, claro, nós não fazemos isso com nossos

DOMÍNIO

gatos e cachorros. Nós protegemos esses bichos. Gostamos deles. Só permitimos que isso aconteça com outros animais. Tudo bem abarrotar uma gaiola com martas, chinchilas e raposas e as torturar, aterrorizar, eletrocutar – o método é exatamente esse, embora não seja bem o que os peleiros contaram a Walter Williams. Aliás, o próprio fato de Williams pensar que seria necessário buscar tais garantias confirma a relevância moral da questão. Acontece que ele não parece querer muito saber dos fatos, que ameaçam uma reviravolta em seu mundo e em seu guarda-roupas.

Seja qual for o motivo aqui, não é algo racional. Que princípio de razão e moralidade nos permite desaprovar um tipo de comércio de peles e não o outro? É fácil achar a prática chinesa asquerosa. Isso não é nada civilizado! Mas tudo o que estão fazendo é aplicar ao máximo nossa própria lógica, nossa economia, sem as distinções morais arbitrárias ou de gosto que nós levamos à questão.

Pode-se ver a Bíblia da Prosperidade trabalhando às mil maravilhas cada vez que o assunto das espécies ameaçadas é debatido. É típico o editorial do *Wall Street Journal* desafiando as proibições de pesca da baleia – o assunto do próximo capítulo. O autor argumenta que, apesar de esse "animal inquestionavelmente extraordinário" ter "certa inteligência", as baleias e seu destino são um assunto que se deve deixar para os "administradores de recursos naturais" da indústria baleeira. Além do mais, caçar baleias faz parte da economia do Japão, da Groenlândia e da Noruega, e, "dada a abundância populacional [de baleias] em todo o mundo, não há razão para penalizar tantas pessoas nesses países que optam por trabalhar – com habilidade e sob grande perigo – com a caça de alguns poucos milhares de baleias por ano". Junto à coluna, há a imagem de uma baleia morta com a legenda: "De onde veio essa, tem muito mais."[85]

Deixe tudo a cargo dos administradores de recursos naturais. Eles tomarão conta. Deixe que lidem com as nuances morais. E então o grande leviatã – esse enorme mamífero de "certa inteligência", sobre o qual aprendemos cada dia mais, criatura sem predador natural e que

QUESTÕES IMPORTANTES

não traz nenhum dano ao ambiente nem a ninguém – será caçado até a extinção em apenas um século, depois de milhões de anos nadando nos mares. As baleias serão condenadas a mais anos de caça, mesmo depois de a humanidade já não ter mais nenhuma necessidade de qualquer produto derivado delas.

O mesmo tipo de raciocínio concedeu aos elefantes o papel de grandes saqueadores em *With Deadly Intent* e em milhares de outras cenas não filmadas de mutilações levadas a cabo em nome da administração de recursos. Por anos e anos, foram caçados clandestinamente por exploradores ilegais de marfim. Então, ao ver uma oportunidade de "conservação", quando a população desses animais começou a se estabilizar, veio o Safari Club e todos aqueles caçadores profissionais e operadoras, com ofertas a moradores de vilas africanas. Esse pessoal dá garantias de que não haverá caça ilegal de elefantes por conta do marfim, assume a caçada e paga US$ 10 mil por elefante. Esse paquiderme vira, portanto, uma "plantação de dinheiro".[86] Em lugar de ser chacinado de uma vez em busca de marfim, será abatido bem mais ordeiramente por troféus.

Os poucos conservadores que perceberam a jogada do engajamento com elefantes – o símbolo do Partido Republicano, aliás – gostaram dela imediatamente. E como alguém escreveu na *Weekly Standard*, agora esses animais poderão "pagar suas próprias contas". Devemos evitar "argumentos de apelo emocional" e um "fazer-o-bem contraproducente", ele defende. Sob o programa Campfire ("fazendo tanto para ajudar aqueles elefantes", como colocado pelo animador de jantares do SCI), esses animais são convertidos de "obrigação" econômicas a "bens"; "cai a regulamentação" de um recurso valioso; e os "direitos" dos elefantes voltam para os "camponeses, que ganham poder", legítimos "donos da caça". Assim, prevalecem as forças do mercado.[87] Há argumentos similares em defesa da volta do comércio de marfim. Os editores da revista *New Scientist* alegavam em abril de 2000 que os elefantes "precisam se fazer valer se forem competir por terra".[88] A revista chega a defender: "Esqueça a proibição do comércio: apenas faça com que os animais paguem suas próprias contas."[89]

DOMÍNIO

Eles estão falando de um mamífero inteligente cuja população chegou a 5% do que era um século antes na Ásia e na África; cujo número de indivíduos caiu pela metade em todo o mundo no período de uma geração; que nos anos 1980 teve baixas de 700 mil animais, por conta, de um lado, das Nitro Express e, do outro, da caça ilegal de paramilitares armados com fuzis AK-47, rádios e aviões. Hoje na África não há sequer um elefante selvagem de meia-idade com presas crescidas, que valeriam para um caçador ilegal de marfim o dobro do que se ganharia com a mesma quantidade de marfim de diversos elefantes. Como descreve Douglas Chadwick, em *The Fate of the Elephant* (O destino do elefante), em 1979, "eram necessários 54 elefantes para uma tonelada de marfim. Agora, sem a existência de animais maduros e com as fêmeas como alvo principal, são necessários 113 animais, deixando que uma média de 55 filhotes bebês e jovens morram pouco depois".[90] A situação é tão grave que na Índia, Sri Lanka e África, onde tanto machos quanto fêmeas têm presas, cientistas notaram a recorrência de um estranho fenômeno: o nascimento de animais sem nenhuma presa. Por questões genéticas, sempre houve uma pequena parcela de elefantes que nascia sem marfim. Agora, como se a evolução quisesse poupar esse animais da avareza humana, aumenta a quantidade desse tipo, porque são os únicos deixados para procriar.[91]

Diante desses detalhes, pode-se imaginar que esses paquidermes já "pagaram suas próprias contas", com um depósito antecipado de décadas. Se apenas o mercado fosse nossa medida, seria impossível pagar tudo.

Meu amigo Tom Bethell, outro conservador, em seu livro de 1998, *Noblest Triumph: Property and Prosperity through the Ages* (O triunfo mais nobre: propriedade e prosperidade ao longo das eras), argumenta a favor da reabertura do comércio de marfim com base no fato de que apenas os "elefantes privatizados" podem prosperar. Se a proibição der certo, "o animal perde a maior parte de seu valor econômico. Tentar preservá-lo com tal método é como tentar salvar as vacas pela proibição o consumo de carne".[92]

Tom é uma pessoa de grande sensibilidade moral e, em geral, um escritor astuto, mas não parece ter pensado muito em todas as implicações de sua posição. Essa é uma visão completamente amoral da natureza e de nossas dívidas pelo domínio, deixando de lado distinções que ele, como conservador e católico, faria em qualquer outra área da atividade humana – distinções entre desejos lícitos e ilícitos, comportamento justo e injusto e valores morais e materiais. Ele simplesmente apoia esse sistema racional de valor econômico sobre uma demanda fundamentalmente irracional e perversa por troféus e bugigangas de marfim – tudo isso faria um perfeito sentido econômico não fosse sua própria crença de que há questões morais a serem consideradas.

Ele parece dizer que nada na natureza tem valor até que alguém o possua. Só podemos salvar elefantes e tigres ao confiá-los a fazendas de elefantes e tigres, cada criatura com o direito de ser possuída, morta e, assim, de adquirir um valor. Esse tipo de raciocínio me faz lembrar de um outro, o do homem de negócios em *O pequeno príncipe*, de Antoine de Saint-Exupéry, que acreditava que, ao contar cada estrela, ganhava sua posse, até que fossem todas contadas, quando ele poderia reclamar todo o universo. "E de que te serve possuir as estrelas?", pergunta o pequeno príncipe.

— Me serve para ser rico.
— E para que te serve ser rico?
— Para comprar outras estrelas, se alguém achar. (...)
— E como alguém pode ser dono das estrelas?
— A quem elas pertencem? — responde o homem de negócios, rabugento.
— Não sei. A ninguém.
— Então pertencem a mim porque fui o primeiro a pensar nisso.
— Basta isso?
— Certamente. Quando se encontra um diamante, ele não pertence a ninguém, é seu. Quando se descobre uma ilha que não é de ninguém, ela é sua. Quando você tem uma ideia antes dos outros, você consegue a patente: ela é sua. Então, comigo: sou dono das estrelas porque antes de mim ninguém jamais pensou em possuí-las.

DOMÍNIO

— Sim, é verdade — diz o pequeno príncipe. — E o que você faz com elas?

— Eu as administro — responde o homem de negócios. — Eu as conto e reconto. É difícil. Mas sou um homem naturalmente interessado em questões importantes.[93]

Do mesmo modo, pode-se perguntar para que serve manter um elefante vivo se seu único valor na Terra são as taxas para permissões de caça pagas pelos caçadores. Por que se *preocupar* se pensamos tão pouco nesses seres (afinal eles já padeceram nas mãos do homem)? Por que não deixar que sejam criados e administrados nesse modo sistemático pelas mesmas pessoas que já lhes fizeram tanto mal?

Tudo o que o livre mercado toca é abençoado por ele. Se os incentivos financeiros indicarem esse lado, deve ser a coisa certa a fazer. Deixe que todos e cada um paguem suas próprias contas. E agora os caçadores de troféus andam por aí como prestadores de serviços humanitários, fazendo o que podem para "dar mais poder aos camponeses", enquanto os elefantes – perseguidos por helicópteros, emboscados em parques de caça, tendo suas fontes de água controladas por operadoras de caça e cujos incontáveis órfãos são criados para puxar peso e para os circos – vivem um pesadelo de ataques que não acabam, perpetrados por gente como Skip Donau e Kenneth Behring.

Não consigo enxergar nada na tradição moral conservadora que se pareça, nem de longe, com esse sacrifício de cada criatura diante do dólar todo-poderoso. É um espírito totalmente diferente. Não tem raízes no conservadorismo, no cristianismo, no judaísmo, no capitalismo clássico ou em qualquer outra tradição de origem honrosa. Está mais perto do que se chama nos círculos conservadores de "espírito moderno". Friedrich Nietzsche, apesar de seu horror pessoal à crueldade com animais, poderia se encaixar muito bem hoje em algum dos centros liberais de produção de pensamento rápido, com sua noção de moralidade humana: "A vida é essencialmente apropriação, dano, exacerbação de poder sobre o estranho e mais fraco, supressão, dureza, imposição das formas de um em particular, (...) exploração."[94]

O livre mercado poderia facilmente ser usado para ajudar moradores locais e elefantes por meio do turismo sem caça ou das indústrias desatreladas ao turismo, uma grande necessidade da África. Há milhares de pessoas no mundo que pagariam para ver um elefante vivo para cada uma que sente prazer em matar. A situação se complica porque nós, que vivemos em países desenvolvidos, estamos lidando com outros países e também com seres humanos vivendo na pobreza. Mas se houver um envolvimento dos Estados Unidos e de outras civilizações ocidentais, por que optar por essa abordagem e não a mais óbvia, ajudar na compra de áreas para reservas de elefantes? Isso requer alguma engenhosidade, além de uma visão de elefantes em seus próprios termos, como valores em si mesmos, e não como grandes e gordos recursos e mercadorias privatizados. Requer enxergar as criaturas em sua beleza, seu valor, sua moral, independentemente de quantos milhares de dólares algum infeliz pagaria para atirar nelas.

O destino dos elefantes traz más notícias ao reino animal porque provavelmente não há outras espécies no mundo, salvo nossos amigos caninos e felinos, por quem tenhamos mais estima. E mesmo assim, em nossas leis, permitimos que a situação chegasse aonde chegou. Nos parques de caça africanos, os elefantes foram entregues nas mãos de seus piores inimigos. De seus únicos inimigos.

DE VOLTA AO RANCHO

Nesse ponto devo levar meu megafone e meu pequeno palanque para fora das fazendas industriais. Talvez seja melhor para elefantes e outras criaturas selvagens não incluí-las em meus argumentos para o gado condenado, que desperta bem menos simpatia do público geral. A chinchila e o lobo de vez em quando ganham alguma atenção da mídia. Eles são cobiçados por um público rico, mas pequeno – para ser mais claro, cobiçados por uma pessoa que trabalhe e veja naquele casaco um símbolo de sua batalha por ascensão econômica. Quanto ao carneiro, ao porco e à vaca – como nosso coração fica em relação a eles?

DOMÍNIO

Em algum momento, paramos de distinguir entre vida selvagem e gado. O camarada da *Weekly Standard* que defendia que o elefante tem de "pagar suas próprias contas" e se tornar um bem de valor já foi um "especialista em vida selvagem e manejo de terra", como aponta o Instituto da Competitividade entre Empresas, uma entidade libertária de Washington. Trata-se de Ike C. Sugg, um "ambientalista do livre mercado", como se descreve, que descobriu sua vocação como diretor executivo de algo chamado Associação da Vida Selvagem Exótica, em Kerrville, Texas, o grupo comercial daquelas caçadas cercadas de morte garantida em ranchos, vistas no capítulo 2. Nos trinta estados americanos onde ainda é permitida a com sedação, é legal importar animais com o propósito único de serem abatidos a tiros. (A categoria é chamada pelo Safari Club de "Troféus Animais Introduzidos".) E não é que o sr. Sugg também vem de uma conhecida família de donos de ranchos no Texas? O que mais ele está fazendo se não aplicar a economia do gado à vida selvagem africana? O site do grupo deixa isso bem claro, ao usar como sinônimos "vida selvagem exótica", "gado exótico" e "gado alternativo",[95] além de colocar notas sobre leilões de cervídeos, felinos, caprinos de chifres retorcidos, entre outros animais a serem comprados pelos ranchos como qualquer gado.

No Safari Club já havíamos ouvido o caçador Pieter Stofberg expressar a mesma visão, assim como Tom Bethell, das fazendas privatizadas de marfim como lugar de preservação de elefantes. Não é coincidência que os leilões de vida selvagem em Reno fossem conduzidos por profissionais do circuito do gado. Os elefantes africanos estavam em situação melhor do que o gado de criação intensiva. Mas pouco a pouco, ao menos no espírito da coisa, a fazenda industrial se aproxima deles.

Entendo que muitas pessoas hoje dependam de animais para o seu sustento e não vão ser gentis diante de sermões sobre o assunto. Se o lobo compreendesse a questão da ovelha, como Abraham Lincoln queria, ele morreria de fome. Animais selvagens também são caçados de modo cultural em muitas regiões, algumas, inclusive, nos Estados

QUESTÕES IMPORTANTES

Unidos, onde a vida social é dividida em três atividades básicas: falar da última caça, caçar e planejar a próxima caçada. Compreendo ainda que pessoas que trabalham em fazendas ou lidam diariamente com comércio de animais, sobretudo pequenos fazendeiros que conheci, sejam completamente sensíveis e decentes, e se sentiriam tão enojadas com o Safari Club quanto eu me senti. Sei que são boas com as criaturas que dominam. Uma dessas pessoas é o criador de suínos Larry Ginter, um dos poucos fazendeiros hoje que não praticam pecuária intensiva. "A mim, não parece natural", disse ele a repórteres da Associated Press. "Eles [fazendeiros industriais] veem a porca como uma máquina. Ela é um animal, precisa de cuidados."[96]

Pequenos fazendeiros como o sr. Ginter são uma espécie em extinção. O futuro está nas fazendas industriais. Em alguns países europeus, há açougues "verdes", onde se vende carne de animais criados segundo padrões relativamente humanos. Nos Estados Unidos também há opções parecidas, como a cadeia de comidas naturais Fresh Fields. Essa é uma prática útil e fico feliz em ver pessoas que se preocupam ao ponto de comprar apenas carne "criada em rancho". Mas a existência dessa opção apenas atesta a particularidade de uma comida pela qual se deve procurar, uma comida gerada por um animal criado com compaixão. Mas a maior parte dos porcos e bois de nossos bifes e hambúrgueres vêm de empreendimentos de grande escala. Em breve haverá ainda menos fábricas de animais, mas cada vez maiores e com maior produção.

Elas nos confrontam com uma escolha que temos evitado fazer até agora. A única maneira de acabar com fazendas industriais é diminuindo nossa carga, pessoa a pessoa, com um ato de consciência seguido do outro, no momento da demanda do consumidor.

Não vejo nessas fazendas industriais um espírito muito melhor do que o que vi em Reno, uma vontade espontânea de sujeitar animais a sofrimentos sem fim, por coisas sem as quais poderíamos passar muito bem. Não consigo pensar em uma melhor imagem para captar os frutos desse espírito do que o esgotamento de lixo, sujeira e toxinas gotejando e fluindo em nossas fontes de água – algo que só agora o

DOMÍNIO

público percebe, o que gera uma imediata "preocupação ambiental" e com "riscos públicos". Riscos públicos? Meu Deus, mas e as criaturas que vivem nesses lugares?

Poucos adultos têm qualquer ilusão quanto às fazendas industriais ou quanto à piedade pelas criaturas que vagam pela Terra. O belo porco pendurado pelas patas, enquanto é processado, guinchando de terror; a vitela levada de sua mãe, amarrada e trancafiada num estábulo escuro por toda a sua breve e arruinada vida. Se todas as pessoas passassem por esses lugares, 90% jamais comeriam carne de novo. Sairiam de lá com ânsias de vômito e arfando por um pouco de ar. Nós nos encolhemos de repugnância ao pensar, e essa reação nos dá algum crédito.

Mas há um quê de Safari Club em cada um de nós. Acabamos caindo em justificativas supostamente nobres. E assim a demanda pelos produtos só aumenta mais agressivamente. Afastamos a imagem e a destruímos, ordenamos que vá embora, nós a varremos, na crença de que de alguma forma a situação fique empatada, seja redimida pela necessidade, como se fizesse parte da ordem natural. E, claro, todos fazem, qual a grande questão? Então nos dizemos que apenas alguns excêntricos se perguntam sobre isso.

Quando vem a calhar, e para nos juntarmos à fantasia de todos, nos derramamos no sentimentalismo. Com a mistura atual de sentimentalismo e brutalidade, choramingamos com filmes como *Babe, o porquinho atrapalhado*, enquanto no rancho a intensidade da demanda do consumidor não deixa tempo ou espaço para o mínimo de piedade. "O que aconteceu com a mãe do Babe?", perguntam as crianças. Inventamos uma historinha reconfortante porque os pequeninos ainda não estão prontos para isso. Mas e se o filme de repente mostrasse a mãe de Babe pendurada berrando de agonia? Os espectadores adultos ficariam tão mortificados quanto as crianças.

Não é *importante*, dizemos a nós mesmos. Não apenas é importante o suficiente para ser escondido, trancafiado, barrado, esquecido, como também é algo de que se ri de nervosismo, desprezo, descrença e, acima

QUESTÕES IMPORTANTES

de tudo, algo que se evita discutir em detalhes. A fazenda industrial é uma necessidade econômica, ela corta custos para o consumidor, é inevitável na economia global, um fato da vida, um modo de vida, um meio de vida, blá-blá-blá – tudo isso para justificar um mal moral tão doentio e horrendo que nos deixaria pálidos, a produção de mercadorias hoje substituíveis e que emprega pessoas que poderiam estar criando produtos alternativos. Tudo isso para que possamos comer nossa vitela, cordeiro, frango à passarinho, costeleta de porco e cachorro-quente no parque. E alguém ainda vem me falar sobre sentimentalismo.

Sim, incluo aqui as aves. Todas aquelas criaturas que se amontoam, seis a oito por gaiola, gaiola sobre gaiola, em viveiros enormes e sem janela. Lembrem-se da loucura das mortes em Hong Kong alguns anos atrás por conta da gripe do frango. Dezenas de milhares de pássaros jogados em sacolas plásticas, mortos com gás e enterrados, milhares de toneladas de lixo com penas, tudo virou uma grande faxina mundial. O mesmo aconteceu em 1996, com o mal da vaca louca, repetido na França, Bélgica, Alemanha e outros países desde então. As duas ocasiões foram vislumbres do mundo infernal da produção de gado em massa, de onde vem a maior parte da nossa comida hoje.

Você pode achar radical, mas o historiador britânico conservador Paul Johnson me superou em seu relato *The Quest for God* (A busca por Deus), de 1996:

Grandes santos como São Francisco, São Cuteberto e São Filipe Néri, que eram particularmente próximos a animais e especialmente sensíveis quanto ao modo como eles manifestavam o desejo e o amor de Deus, viram isso vindo e estavam à frente de seu tempo. A compreensão dos animais que eles alcançaram individual e intuitivamente tem se tornado mais geral, ao passo que os recursos científicos modernos nos levam para mais perto deles. Começamos, de fato, a entender como animais pensam e por que fazem coisas, e essa compreensão nos faz apreciá-los ainda mais e tratá-los de modo mais inteligente.

DOMÍNIO

Quanto mais compreendemos a vida em geral, mais damos valor às vidas das criaturas. O vegetarianismo está se espalhando, inexoravelmente, creio eu. Deus nos permitiu viver das feras do campo e da floresta porque, então, não havia outro jeito de a humanidade sobreviver e prosperar. Mas nossa tecnologia é tal que hoje se pode produzir uma variedade sem fim de alimentos nutritivos e deliciosos sem a necessidade de carne animal. Aos poucos, essa compreensão tomará conta de nós. O crescimento das fazendas industriais, onde produtores de comida não podem continuar competitivos se não sujeitarem animais a privações indescritíveis, acelerou o processo. O espírito humano se revolta com o que temos feito.[97]

PENSE OUTRA VEZ

Mesmo entre aqueles que jamais machucariam um animal deliberadamente, há algum bloqueio mental e alguma inabilidade em ver como seus próprios vislumbres morais – e mais que isso, seu próprio senso de vida como drama moral cheio de testes, tentações e falsas escolhas – podem se aplicar ao que diz respeito a essas criaturas e sua relação com a humanidade.

Um comentarista que despreza os direitos animais é Charles Colson, uma importante voz cristã de nossos dias e alguém por quem tenho enorme admiração. Ele foi o personagem do caso Watergate que fundou o Ministério da Prisão, trazendo esperança a centenas de milhares de presos e suas famílias. Ele tem um programa de rádio, publicou muitos livros e com frequência escreve colunas comentando assuntos públicos por um viés evangélico. O sr. Colson reflete sobre o ambientalismo e os direitos animais em *How Now Shall We Live?* (Como devemos viver agora?), que escreveu em coautoria com Nancy Pearcey, e não recai nos males de uma visão naturalista do mundo, visão que negaria a dignidade ímpar do homem feito à imagem de Deus:

Nessa visão de mundo naturalista só é lógico colocar o objetivo do controle de população acima da dignidade da vida humana e usar qualquer meio possível para evitar que a Mãe Natureza seja esvaziada

QUESTÕES IMPORTANTES

e roubada. Dessa perspectiva, o ser humano é em geral visto como agressor contra a natureza primitiva. É claro que os cristãos acreditam ser responsáveis por proteger a criação de Deus, para serem bons mantenedores e exercerem o domínio. (...)
A mesma lógica direciona o movimento de direitos animais, denegrindo a vida humana em seus esforços para fazer essa espécie igual a outras. Essas tentativas muitas vezes se tornam nojentas, com ativistas dos direitos animais jogando tinta em mulheres que usam peles; nojentas e destrutivas, grudando explosivos em troncos de árvores para explodir madeireiros e salvar corujas-pintadas; nojentas, destrutivas e às vezes tolas, atacando restaurantes para libertar lagostas.[98]

Então os cristãos são chamados a serem bons mantenedores, zeladores. E o que isso significa? O que é o bom domínio? Como é o mau domínio, o irresponsável ou o malvado? Nunca chegamos a saber, embora não tenha havido melhora na depravação humana, ao menos no que diz respeito à imagem que se pinta da cultura atual.

Esse assunto só vem à tona quando se decide censurar o radicalismo das causas ambientais e de direito dos animais, com a banalidade da cristandade evangélica, esse simplismo inútil sobre ser um bom zelador da Terra. Não fossem os ativistas de direitos dos animais, não sei se alguém levantaria a questão. Aqui estão dois cristãos perguntando honestamente como devemos viver – uma análise de 470 páginas da atualidade, com todos os seus infortúnios e todos os pecados que procuram curar com sua mensagem cristã. Mas eles nunca param para perceber um único exemplo do abuso do dever cristão. Peça que expliquem qualquer outra forma de crueldade, exploração e negligência humanas e eles terão respostas prontas (assim como todos os cristãos pelos quais falam): o mal tem um nome e ele vaga pelo mundo. Mas quando se pergunta sobre o problema da crueldade com animais, ouve-se apenas o silêncio.

Outro que costuma se expressar publicamente contra defensores das causas ambiental e animal é Dennis Prager, teólogo judeu e apresentador de um popular programa de entrevistas no rádio. Nunca ouvi seus programas, mas seus livros têm bom senso e aconselhamentos morais rígidos, ainda que amorosos. Ele colocou uma questão para esses ativistas em 1995, no livro *Think a Second Time* (Pense outra vez) ao descrever "três eventos 'menores' que tiveram um grande impacto em meu pensamento". Segue o questionamento, elaborado numa viagem de avião:

> Eu estava num voo sobre os Estados Unidos. Percebi que tanto a mulher de meia-idade sentada a meu lado quanto eu tínhamos pedido refeições especiais. A minha era kosher, a dela vegetariana.
>
> — Você é vegetariana? — perguntei a ela.
>
> — Sim — respondeu.
>
> — Por quê?
>
> — Porque não temos direito de matar animais. Além do mais, quem somos nós para dizer que temos mais valor do que eles?
>
> Lembro bem de meus pensamentos. Quando ela disse que não temos o direito de matar animais, senti alguma simpatia por ela e sua posição. Afinal, cá estou comendo comida kosher. Eu sempre compreendi a [dieta] *kashrut* como o compromisso judaico com o vegetarianismo. Mas quando ela chegou na segunda parte da explicação, não pude acreditar no que ouvia. Fiquei tão certo de que ela estava usando uma hipérbole que disse:
>
> — Entendo perfeitamente sua oposição sobre matar animais, mas você não estava falando sério quando comentou sobre pessoas não serem mais valiosas do que animais. Se uma pessoa e um animal estivessem se afogando, qual dos dois você salvaria?
>
> Eu tinha feito uma pergunta retórica. Então, quando não obtive uma resposta dela, perguntei se ela tinha me ouvido.
>
> — Sim — respondeu ela. — Estou pensando."
>
> Aquilo caiu como uma bomba. Lembro de minha reação como se fosse ontem: Ela está "pensando"? Como assim? Sobre o que ela está pensando?[99]

Bom, para começar, podemos levar em conta que o sr. Prager descreveu sua própria posição em relação a comer carne como uma questão de "compromisso", enquanto essa mulher estava apenas

QUESTÕES IMPORTANTES

agindo consistentemente com seus princípios. Se é o caso de sermos puristas, encontrem-me uma passagem em algum livro sagrado, cristão ou judeu, no qual se diga que todos *devem* comer carne. Trata-se de uma permissão, não uma obrigação. Uma concessão, não um Mandamento. As leis da *kashrut* são um ritual de repreensão à prática de abate e ingestão de animais, como bem sabe o teólogo. Sem essa prática, no entanto, o ritual não é mais necessário, e de fato muitos judeus hoje se tornaram vegetarianos exatamente por essa razão.

A próxima questão pode ser como a comida kosher – que requer morte sem anestesia e escoamento de sangue – é de fato preparada para o consumo em massa de hoje, num ritmo de centenas de animais por hora, em locais de abate e corte em geral supervisionados por não judeus. Esse é um assunto delicado e eu não ficaria à vontade de comentar muito mais sobre tradição e prática judaicas. Mas se o sr. Prager pode criticar livremente o vegetarianismo, também estou livre para descrever objetivamente fatos por trás da posição dele. Trago, então, uma descrição de uma consultora da indústria do gado sobre um típico local de produção em massa de carne kosher. Ela começa falando do corte no pescoço, que...

...resulta em reações vigorosas do gado durante o procedimento. O animal dá coices violentos, se contorce e balança o aparato que o prende no lugar. O gado que já entra alvoroçado, em estado agitado, no segurador de cabeças mal planejado, tem reações ainda mais vigorosas ao corte no pescoço do que os animais calmos. Essas observações indicam que o desenho do segurador de cabeças tem de ser estudado para que a incisão continue aberta durante e imediatamente depois do corte. Ocasionalmente, logo após o corte, animais mais selvagens, agitados, têm espasmos que lembram um ataque epilético. (...) Como os animais não podem se comunicar, não é possível desvendar completamente a possibilidade de que uma incisão feita corretamente cause alguma sensação desagradável.[100]

Esse é um "compromisso" com a crueldade de um matadouro comum. Em *Think a Second Time*, o sr. Prager também nos diz que uma medida da civilidade de uma sociedade é sua "santidade – o quão distinto seu comportamento é do comportamento animal; quanto mais perto o comportamento de uma sociedade estiver do reino animal, menos desenvolvida ela é".[101] O que, mais uma vez, me parece ser um ponto a favor do vegetarianismo.

Então ele diz algo ainda mais impressionante, lembrando de outro evento, menos importante, que moldou sua forma de pensar. Ao longo do livro ele cita causas animais conhecidas, somando as depreciações de sempre: "Em nossa era liberal, as normas morais e intelectuais parecem olhar para um filhote de foca como mais valioso do que um feto humano."[102] Os ativistas demonstram uma profunda confusão moral ao tentar libertar "uma baleia assassina mantida 'presa' num aquário enorme".[103] É vergonhoso que o pessoal da Peta, escreve Prager, compare o sofrimento em fazendas industriais com o Holocausto.[104] Duas páginas depois, vem a história de uma briga de galos que o autor presenciou em Bali quando era jovem.

Os homens torciam por animais que tentavam arrancar os olhos do outro fora, e apostavam em qual deles morreria primeiro.

Vieram a mim duas poderosas compreensões.

Uma é do quão bestial é a natureza humana. O Holocausto foi o que primeiro me fez ciente do enorme potencial da humanidade para fazer o mal. Mas foi uma visita à feiura humana entre a beleza natural que me confrontou, de maneira menos ameaçadora do que o Holocausto, com o que se oculta na humanidade por baixo do verniz da civilização. O segundo entendimento, e mais poderoso, foi perceber que imensa revolução moral foi o monoteísmo ético. Imagino que tipo de mundo tínhamos três mil anos atrás, quando os primeiros judeus introduziram um Deus universal invisível que pedia por bondade. Tinha de se lutar com bem mais do que rinhas de galo: o sacrifício humano era trivial.[105]

QUESTÕES IMPORTANTES

Eu não conseguiria descrever melhor os desejos malévolos que as pessoas revelam em seus corações ao tratar mal os animais. Mas se Prager acredita nisso, por que o ouvimos tão raramente sobre a questão? Aqui está um comentarista talentoso, um homem decente e inteligente, com uma audiência de milhões de pessoas. No entanto, em suas colunas de jornal, livros e programas de rádio, ele só fala do bem-estar animal para denegrir a causa. Talvez por isso Peter Singer e similares, sem nenhum credo religioso, estejam no papel de campeões da causa animal; porque gente como os senhores Prager e Colson não dizem nada a respeito de práticas que, se tivessem parado para observar, avaliariam como erradas e más.

Além do mais, como já estamos sendo rigorosos aqui, qual a diferença entre evitar que esses homens se divirtam com brigas de galo e crueldades parecidas e dizer que eles também têm um compromisso? Objetivamente, se colocarmos lado a lado uma dura realidade com uma verdadeira necessidade, se compararmos o sofrimento infligido com o prazer que se teve ao causá-lo, onde está a diferença entre as pessoas da rinha e a insistência de outras em ter aves compradas de fazendas industriais? Seus frangos do McDonald's e do KFC passaram a maior parte da vida socados em gaiolas ao lado de três ou quatro outros frangos, cada um ocupando um espaço não muito maior do que o desta página que você está lendo.[106] Seu *foie gras* veio de um ganso bem mais maltratado do que um galo campeão. E sua lagosta, como o sr. Colson gostaria de lembrar, foi cozinhada viva. Aliás, em restaurantes da moda, começou uma mania de comer lagostas vivas.[107] Explique-me, então, por que a briga de galos não é razoável, mas as outras práticas são.

E mais: se, segundo o teólogo, a competição da briga de galo é vergonhosa e sem valor, o que se pode dizer dos rodeios, tiros a pássaros, caçadas a ursos com iscas, caças sedadas (enlatadas) e assim por diante? Talvez muita gente tenha se comprometido demais, tantos que mal conseguimos saber dos compromissos que fizemos a partir dos princípios que temos.

DOMÍNIO

Quanto à questão de quem salvar primeiro de um afogamento – um animal ou um ser humano –, isso mais me parece uma das questões hipotéticas de Peter Singer, com o mesmo viés negativo, a mesma destreza perversa para tratar de causas difíceis. Uma resposta seria salvar a pessoa e chorar pelo cachorro. Ou seria possível responder ao dilema em seus próprios termos perguntando ao sr. Prager quem ele salvaria primeiro se duas pessoas estivessem se afogando, um desconhecido ou seu próprio filho? A maioria de nós salvaria o próprio filho, a mulher, o marido ou o amigo, embora ao fazê-lo não se poderia racionalmente dizer que a vida do estranho não teria nenhum valor. Embora nos termos desse dilema poderíamos ser forçados a deixar morrer aquela pessoa.

Essa questão nos força a afirmar um valor com a negação de outro. Quando acontece, de fato, nos assuntos humanos, podemos sempre ter uma terceira opção de afirmar as duas anteriores. Como testemunha seu próprio cenário: tendo salvado a pessoa, poderíamos nos perguntar por que não tentar salvar depois o animal. Por que salvar o animal, principalmente se há algum risco ou sacrifício envolvido?

A resposta do estudioso da religião provavelmente seria de que a vida da criatura tem de fato menos valor do que a de um humano, mesmo que nós nos preocupemos com um cachorro e não queiramos que ele sofra. Menos filosoficamente, ele pode responder que essa é a coisa mais decente a se fazer. E é uma boa resposta. Mas então podemos perguntar de novo que valor é esse, de onde vem, como se aplica em outros casos e por que não deveria ser aplicado sempre. Em nossas fazendas, laboratórios e caçadas qual é a coisa mais decente a se fazer?

LEVE NÁUSEA

Um último exemplo sobre a desconfiança dos conservadores no que diz respeito à causa animal vem de meu amigo Joseph Sobran, um colunista profissional. Na minha opinião, Joe, em seus melhores dias,

QUESTÕES IMPORTANTES

fica entre os mais refinados comentaristas políticos, e é de longe o mais engraçado. O que mais admiro nele é sua independência. Ele raciocina por si próprio e não segue a multidão. Mas nas questões sobre animais Joe é bem ortodoxo.

De vez em quando ele implica comigo e com minha indignação moral em relação ao bem-estar desses seres. Quando eu lhe disse que era vegetariano há 25 anos, ele replicou: "Conservador, com educação católica *e* vegetariano? Isso é que é minoria discriminada!" Adiante, ele oferece um comentário breve e espirituoso sobre a causa animal. Começa lembrando que animais "sequer pedem por seus direitos", e continua:

> Certamente não reconhecem os direitos uns dos outros, então quaisquer direitos que tenham serão exclusivamente criados pelo homem, pelo menos enquanto não conseguirmos atingir a consciência deles, o que deve levar um milhão de anos. Isso nos colocaria, a raça humana, em posição de policiamento de todo o reino animal, para garantir que nenhum viole os direitos do outro. Afinal de contas, se eles têm direitos, não são apenas direitos sobre nossas atitudes com eles, mas também direitos de uns com os outros. Poderíamos diminuir nossa carga de trabalho se permitíssemos que cada espécie se policiasse, mas ainda assim teríamos de proteger as mais fracas de seus predadores: proteger o antílope contra o leão; o coelho contra a raposa; e até (se o negócio for sério) a mosca contra a aranha. Se tivéssemos sucesso, as espécies predatórias entrariam em extinção. Uma vitória equivalente a uma derrota nos direitos dos animais. Ou também poderíamos colocar os predadores num regime alimentar diferente, e estaria a nosso encargo produzi-la. Estamos falando de um monte de soja.[108]

Ele segue com a sugestão de se criar uma comissão de "estudo da viabilidade" do programa da soja no Departamento de Agricultura, tendo como base o argumento de que qualquer noção de status moral para os animais acaba por seu absurdo – como testemunha, diz ele, a preocupação com golfinhos capturados em redes de pesca, mas não com o pobre do atum. "Só se preocupam com uns poucos golfinhos que choramingam pateticamente quando se prendem em redes. Se há um caso de uma roda emperrada precisando de um pouquinho de óleo, é esse."[109]

Como outros conservadores, Joe levanta dilemas para quem se preocupa com o lugar dos animais no mundo. Também deixa alguns problemas a serem explicados pelos conservadores liberais e outros céticos – a começar pelo dos golfinhos, um mamífero desenvolvido, emitindo tristes sons quando preso em redes.

É lógico que não se pode dizer que criaturas sem deveres possam exercer direitos da mesma maneira que nós. Por outro lado, não é por isso que não temos deveres para com eles. Quaisquer direitos que tenham são uma imagem menor das obrigações humanas. Não podem "reivindicar" direitos (ainda que o choramingo do golfinho seja suficiente para mim), mas dá no mesmo: deve-se a eles um cuidado humano apropriado. Então voltamos à questão de quais seriam esses direitos. Essa distinção clássica que os conservadores costumam fazer para provar que animais não têm direitos – dita tipicamente com um ar triunfante, como se isso colocasse um ponto final na questão de uma vez por todas – é apenas uma distinção clássica que não traz nenhuma modificação substancial.

Todos sabemos que o mundo natural tem maldade e predação e que a maior parte dos animais termina como comida de outros. Mas também há uma delicadeza nisso, facilmente ignorada se tudo o que você consegue ver é *When Predators Attack* (Quando predadores atacam) e outros vídeos populares nos Estados Unidos. Essa verdade sobre o fim da vida dos animais foi imortalizada na tirinha "Far Side" (Do lado de lá), de Gary Larson, que mostra no primeiro quadrinho um caçador matando o urso, que bebia água em um laguinho, e no segundo, o urso empalhado na sala de estar do caçador, mostrando garras e dentes – o espreitador do norte. Ser cruel e predatório com os animais é sempre mais fácil quando pensamos neles como cruéis e predatórios.

QUESTÕES IMPORTANTES

Mas, é verdade, de muitos modos a natureza é bruta, sem lei e impiedosa, e todos sabemos disso. Fato simples. Isso, no entanto, não enterra a questão de nossa conduta ética com animais. O principal argumento sobre o domínio é que o reino animal não é um bom exemplo de moral. É nesse sentido que estamos no mundo natural, mas não somos do mundo natural. A falha no raciocínio sobre os direitos dos animais é que não depende de essas criaturas alcançarem ou agirem moralmente para que nós tenhamos de fazer o mesmo. Nossa conduta com os bichos não depende dos conceitos morais deles.

Nosso poder é único, e disso se segue que também são únicas nossas obrigações éticas: quando um leão está faminto, ele usa suas presas contra uma zebra. E fim de papo. Ele não pode criar uma zebra ou construir uma fazenda industrial de zebras. Ele não pode tocar esse gado, nem cercá-lo e depois chamar seus amigos leões para uma caçada fácil, nem sequer iscar a zebra com um imitador do chamado inquieto de um filhote em apuros, tampouco pode filmar o abate e vendê-lo para o deleite gregário de um mercado liberal leonino. A duração do sofrimento infligido por qualquer predador é limitada (ainda que os felinos possam esticá-la um pouco ao manterem a presa viva para instrução de seus filhotes, assim como o fazem raposas e doninhas, que caçam mais do que precisam). Também é limitado o nível de degradação moral de que são capazes. Entre humanos, isso é diferente.

Em outra coluna, Sobran (uma pessoa muito gentil, aliás) descreveu ter "leve apreensão em comer presunto, depois de ler um artigo dizendo que suínos são animais extremamente inteligentes e que, dada a oportunidade, são tão afetuosos quanto cachorros. [Também] tremo um pouco no tanque das lagostas dos restaurantes da moda. (...) Até onde eu sei, todas as criaturas têm um lugar no mundo".[110]

Essa é provavelmente a posição da maior parte das pessoas. Nutrimos um olhar natural, e às vezes até uma sensação de parentesco, com os animais, em especial os mais afáveis, como o golfinho, o elefante e o chimpanzé. Mas também somos empurrados na direção oposta se dermos alguma diferença moral ao golfinho, por exemplo. E então?

DOMÍNIO

O que virá depois e onde isso vai terminar? Fica apenas entre mamíferos? Incluindo os porcos? Chegaremos às galinhas? Às lagostas? E ladeira abaixo até que isso pareça bobo e perigoso e voltemos atrás, deixando a situação como antes. Gostaríamos de ajudar os golfinhos, tão parecidos conosco, que se debatem e chiam nas redes. Mas fazer isso bota abaixo todo o universo moral.

Ao lado disso, vem uma suspeita comum até mesmo entre pessoas em geral inclinadas à causa animal. Muitos de nós, ao pensar neles, tememos que, aumentando nossa preocupação com os bichos, comecemos a diminuir a preocupação com os humanos. É comum ouvir esse argumento contra aqueles tipos do Greenpeace fazendo de tudo para proteger o filhote de foca, ou em alto-mar se jogando entre a baleia e o baleeiro etc. Mas onde está sua preocupação com os humanos? Onde estará a compaixão dessa gente com os pobres, os sem-teto ou os deficientes físicos? Como se só pudéssemos dar às criaturas o que está sobrando, o excedente indesejado de nosso suprimento moral. É o filósofo francês Jean-Paul Sartre quem melhor coloca essa suspeita: "Quando alguém ama bichos e crianças *demais*, esse alguém os está amando em contraposição a seres humanos."

É interessante a inclusão do mundo infantil nessa máxima, um mundo (além dos animais) também vulnerável aos caprichos humanos e que parece partilhar com animais alguma ligação natural, um parentesco instintivo belamente captado no poema "O cordeiro", de William Blake. Outra questão interessante é uma compreensão completamente equivocada de amor. Desde quando o amor diminui quando disseminado? Com as pessoas, em geral, acontece o oposto. E o mesmo vale com os animais que mais conhecemos.

Quando se traz um cãozinho para casa, ele absorve a atenção que de outra maneira seria direcionada a outros membros do lar? Em geral, se tratamos a criatura direito, ele ou ela retribui e, aliás, muitos pais arrumam bichos de estimação para que seus filhos aprendam a pensar em algo além deles mesmos e a cuidar de outros seres. Nem você nem seus cachorros ficam na dúvida sobre quem está tocando a casa, nem sobre quem tem o domínio, a não ser, talvez, quando você está fora. Você não espera do bichinho mais do que ele pode dar. Também não fica pensando mal do cachorro porque ele não é capaz de limpar o jardim ou administrar as finanças da casa. Aliás, você nunca pensou se o Totó tem "direitos" ou não. E ainda assim, inútil que seja em relação às questões práticas da casa, há momentos em que ele ocupa um lugar crucial. Ele está simplesmente lá, esse ser peludo, engraçado, carente, afetuoso e misterioso que rasteja pela casa. No fim, todo mundo ganha algo, e quando ele vai embora um pouquinho do amor é subtraído.

O mesmo vale para animais em geral. Certa vez, vi um programa de TV chamado *Wild Rescues* (Resgates selvagens), no qual vinte homens caçavam cervos, quando dois deles avistaram uma fêmea se afogando em um rio lamacento. A filmagem do resgate mostra os dois lutando durante uma hora para salvá-la. Finalmente, conseguem tirá-la do rio, e ela foge correndo para um bosque. Um ato completamente irracional, para eles – afinal, ela poderia terminar na mira deles no dia seguinte. Ainda assim, pareciam imensamente felizes com o feito – "apenas por saber que demos a ela mais um dia de vida", diz um deles.

No mesmo programa, há pessoas dando tudo de si para salvar baleias e golfinhos, focas órfãs, gaivotas cobertas de petróleo, pinguins e outras criaturas marinhas. É impressionante como essas pessoas ficam satisfeitas depois do trabalho. Nenhuma delas fala de sentimentos embaraçosos, de perda de tempo, de ter se importado *excessivamente* com o animal. Também há hoje muitos programas sobre uso de animais no tratamento de crianças problemáticas, criminosos violentos, deficientes físicos e idosos solitários. Longe de roubar caridade ou compaixão do coração humano, descobrimos cada vez mais a dádiva de muitos animais em resgatar essas qualidades.

A melhor resposta para nosso dilema dos choramingos do golfinho vem do próprio golfinho. O livro *Dolphin Days* (Dias de golfinho), do biólogo Kenneth Norris, de 1991, conta a fuga de um desses animais de uma rede fechada por lanchas que o circundavam. Quando o golfinho pulou por cima das linhas que seguravam a rede à tona, "ele *sabia* que estava livre. Nadou rapidamente para a frente, impulsionado por for-

DOMÍNIO

tes e largos golpes de seu rabo (...), então mergulhou, nadando a todo vapor (...) para baixo e para longe, apenas para espocar na superfície numa série de rodopios".[111]

Esqueça direitos e deveres por um momento e pense na satisfação que sentiria vendo na vida real a alegria sem limites dessa criatura que se libertou da rede. Que glória não seria libertá-las todas.

Quando se pensa em questões como banir as redes invisíveis, as armadilhas etc., não deveríamos condenar os animais como seres sem qualquer compaixão e que têm uma reserva fixa e limitada de amor disponível. O que seria isso senão outra versão dos duros cálculos utilitaristas de Peter Singer, apontando para aqueles que partilham o amor e aqueles que não, os que estocam e guardam amor, levando a uma defesa teórica de alguma abominação como o infanticídio?

Do mesmo modo, o que é nossa compaixão reflexiva com os golfinhos e outros animais em perigo, se não uma extensão natural do mesmo impulso que sentimos ao ver uma criança abandonada, ameaçada ou deliberadamente lesada? Os dois reflexos não vêm do mesmo lugar no coração?

De sua parte, o professor Singer iria "colocar de lado esses aspectos emocionalmente tocantes mas estritamente irrelevantes de se matar um bebê" – um projeto opressivo. Aqueles que minimizam ou falam mal das causas de bem-estar animal fariam com que colocássemos de lado esses aspectos emocionalmente tocantes da exploração animal. Não é algo de que se orgulhar, muito menos quando envolve dinheiro, sede de sangue e ares hipocritamente espirituais jogados na escala moral contra seres que só precisam de nosso comedimento e respeito.

Não acredito que estender as proteções aos animais traria os incômodos e entraves econômicos que alguns preveem. Talvez não seja tão complicado e nós estejamos apenas empurrando com a barriga, ganhando tempo e arrumando desculpas, como é o caso dos baleeiros que encontraremos no capítulo seguinte. Podemos nos virar muito bem sem arpões, redes de pesca, armadilhas e troféus de animais – e, sim, mesmo sem as fazendas industriais. E o mundo continuaria bem depois disso. Seria possível ver mais claramente o universo moral e nosso im-

QUESTÕES IMPORTANTES

portante lugar nele continuaria indiscutível, assim como continuariam importantes nossas tradições religiosas com as visões, que às vezes dão a entender, de paz entre as criaturas. É possível até que nossas economias prosperem, como costuma acontecer quando a criatividade humana sai da inércia e busca caminhos melhores. E também nós ficaríamos mais confortáveis.

4. Riquezas do mar

Ó Senhor, quão variadas são as tuas obras! Fizeste-as todas com sabedoria; a terra está repleta de tuas riquezas. Assim é este mar grande e vasto, onde há seres incontáveis, animais pequenos e grandes. Ali singram os barcos; e o leviatã que formaste para nele folgar.

SALMOS 104: 24-26

"Chegou-se a isso", diz Steinar Bastesen, um baleeiro norueguês, tentando me explicar a dureza da vida. "Se aceitamos que os recursos da humanidade devem ser utilizados, por que a baleia deveria ser excluída?", pergunta. "Para se ter carne, é preciso matar um animal. Matá-los não é legal – seja qual for o animal, matá-lo não é bom. E, claro, dói no coração ver uma baleia arpoada ou um filhote de foca acertado por uma clava. O mesmo vale para o cordeiro, morto e retalhado." E ele continua:

Nada disso deveria ser mostrado de uma maneira emocional, de uma maneira que provoque as pessoas. Se determinadas coisas fossem retratadas da mesma maneira como mostram a caça às baleias nos filmes, toda a indústria da carne estaria aniquilada. Ninguém gostaria do que veria. Mas, sabe, essa é a realidade. As pessoas hoje em dia, principalmente nas cidades, estão muito distanciadas da natureza. Não veem mais a realidade. Não veem o vermelho do bife. Mas a cor vermelha ainda é sangue.

RIQUEZAS DO MAR

Conversávamos em julho de 2000, na pausa para o café da 52ª Reunião Anual da Comissão Internacional Baleeira (CIB), em Adelaide, na Austrália. Bastesen não exerceu em tempo integral sua atividade de baleeiro desde 1980, quando sua própria fábrica foi esmagada pela quase repentina explosão de simpatia pelas baleias. Há vinte anos, exatamente quando ele comprou um novo barco para expandir seus negócios, a CIB colocou cotas de pesca para os baleeiros, fixando-a em zero em 1986, ou seja, teoricamente estabelecendo uma proibição da atividade comercial ou, ao menos, um pedido oficial para que todos interrompessem a caça às baleias. A CIB não tem de fato poder de proibição, mas na Noruega e no Japão, os dois últimos países a caçar comercialmente baleias em mar aberto, houve um temor de desaprovação pública, boicotes e sanções comerciais. De forma que, uma vez por ano, eles se reúnem para o que Bastesen, já meio fatigado, chama de "guerra midiática".

As conferências da CIB são o único momento do ano em que a atenção pública se volta brevemente para a questão baleeira, então me pareceu uma boa ideia dar um pulo até lá e saber como as coisas estão. Este ano fala-se muito da proposta australiana de criar um novo santuário no Pacífico Sul, onde, no século passado, cerca de 1,5 milhão de baleias morreram pelas mãos do ser humano e onde dois terços desses animais se encontram hoje. Como descrito pelo ministro australiano de Meio Ambiente, senador Robert Hill, trata-se do "primeiro passo em nossa campanha para um verdadeiro santuário global". Já existe um Santuário de Baleias do Oceano Antártico, criado em 1994. A frota japonesa, que ainda pesca por lá rotineiramente, vai se posicionar nas próximas semanas de conferência.

DEIXEM AS BALEIAS PARA O JANTAR

O Japão e a Noruega encontraram brechas na proibição que lhes permitem caçar milhares de baleias por ano. Junto a seus países aliados, estão aqui para expandir cotas e um dia reabrir a atividade

DOMÍNIO

baleeira comercial. Todo o restante dos países da comissão está aqui para restringir cada vez mais as cotas, até um dia abolir esse tipo de caçada – se não legalmente, espera-se que por persuasão moral. O *Advertiser*, principal jornal de Adelaide, faz um apelo típico no dia da votação pela criação do santuário: "Não são apenas os extremistas ambientais ásperos, beligerantes e abertamente antipáticos que estão contra vocês. Também são as crianças, essas mesmas crianças que ficaram perturbadas pelas imagens de baleias sendo mortas e estripadas, e que não entendem como a 'gente grande' pode permitir essa crueldade."[1]

Tais apelos não tocaram Steinar, que tinha 8 anos quando saiu pela primeira vez numa expedição para caçar baleias e que, desde então, só quis saber desses mamíferos marinhos e de ensinar seus próprios filhos a caçá-los. "Lembro da primeira vez que vi meu pai matar uma ovelha. Não gostei. Ele deu uma marretada nela. Também não gostei da primeira vez que vi uma baleia arpoada. Mas a gente se acostuma. A gente aprende que a vida é assim."

Agora, aos 55, Bastesen tem de gastar muitos de seus dias defendendo sua subsistência contra a "indústria do protesto". Está sempre nas conferências da CIB e parece conhecer todos – os esquimós do lado de lá, a delegação japonesa, que confere algumas tabelas, o pessoal do Greenpeace, o da Humane Society dos Estados Unidos, do Friends of the Earth (Amigos da Terra), do Friends of the Whale (Amigos da Baleia), do Friends of the Whaler (Amigos do Baleeiro), todos de qualquer canto que reclamem uma posição quanto ao destino do leviatã. Há poucos anos ele formou sua própria coalizão, o Partido do Povo Costeiro. Com o slogan "Deixem as baleias para o jantar", foi eleito para o Parlamento norueguês. Às vezes está nos noticiários mesmo fora da Noruega, como quando o Greenpeace abordou seu barco, em 1995, e ele jogou um dos manifestantes no mar. Ou em 1998, quando Keiko, a orca de *Free Willy*, viajou de avião de Oregon à Islândia para ser devolvida às águas, onde fora capturada em 1979, e Steinar chamou a manobra de um imenso desperdício de tempo e dinheiro, dizendo que Keiko "estaria melhor como um hambúrguer em um prato".[2]

RIQUEZAS DO MAR

Também está envolvido em algo chamado Aliança do Extremo Norte, que representa indústrias relacionadas a animais em toda a Europa, publica revistas como a *International Harpoon* ("The Paper with a Point") e ainda participa de outro grupo maior e de nome prolixo, o International Wildlife Management Consortium – World Conservation Trust (Consórcio Internacional de Gerenciamento da Vida Selvagem – União Mundial da Conservação), um órgão que se descreve como a "união de todos os caçadores de vida selvagem".[3] Na década de 1970, a baleia se tornou o mártir mundial das causas ambientais e de proteção dos animais, um símbolo de tudo que andava mal no mundo. Hoje, para Steinar e seus aliados, as baleias se tornaram símbolo de tudo que vai mal no ambientalismo e na causa animal, e uma vez que se tenha conseguido interromper a caça às baleias, o próximo passo será contra a caça e o comércio de animais exóticos, as caçadas em safáris ou sabe-se lá mais o quê. Os grupos que defendem esses lados também estão aqui, levando a boa-nova do "uso sustentável".

Um homem corpulento, que parece poder dar conta de qualquer manifestante que enfrentá-lo, Steinar Bastesen tem um jeito instigante, pontua suas observações pragmáticas com uma risada afetuosa e, de alguma maneira, parece aquele cara com quem a gente sempre se dá bem. Há homens ríspidos e há homens cruéis: Steinar surpreende ao parecer estar no time dos cruéis. Ele caça baleias e se orgulha disso. Em sua opinião, a prática é necessária e decente, uma vocação honrosa, algo que deve ser preservado em contraposição ao sentimentalismo choroso free-Willy, que despreza. Também é daquelas pessoas que já têm tudo em mente e que só precisam de um empurrãozinho para explicar *como o mundo realmente funciona.*

Perguntei-lhe sobre a indústria do protesto. "Vou te explicar o básico", diz o baleeiro, inclinando-se para a frente e cruzando os braços sobre a mesa enquanto o discurso começa: "Tem essa comissão, esse corpo internacional, com muitos diplomatas. E tem as ONGs", como o Greenpeace de um lado e a Aliança do Extremo Norte do outro. "Eles representam a extrema esquerda e a extrema direita de cada país. A esquerda é um tipo de religião, a Nova Era, algo assim."

DOMÍNIO

E continua:

Tem as pessoas que vivem da baleia, pessoas como eu, que ganham dinheiro com recursos vivos. Essa gente contra a pesca da baleia, eles vêm aqui todo ano com a bandeira verde, mas isso é barato, não lhes custa nada. Eles estão atrás dos próprios lucros, sabe. São um negócio, apenas uma indústria, e toda indústria tem de crescer e se expandir. Depois da baleia, eles vão catar outra coisa. Estão apenas fingindo se importar com a baleia. É só propaganda, um apelo para a emoção das pessoas. Toda a questão da baleia é para eles fazerem dinheiro. E esse pessoal que reage de maneira tão emocional a um filme desses, eles estão desencaminhados. São idiotas úteis. Eles pensam que estão fazendo a coisa certa.

Sua teoria é de que os políticos ocidentais veem a baleia como algo que agrada multidões, um cala-boca para ambientalistas em seus países, enquanto os ignoram em outras questões como desmatamento, desenvolvimento desordenado e poluição industrial, onde, aí sim, há dinheiro envolvido. Digo a Steinar que provavelmente há verdade no que ele fala, embora ninguém esteja ficando rico por proteger baleias. Digo que talvez ele esteja projetando nessa gente suas próprias motivações.

Não, para nós não se trata apenas de dinheiro. As baleias já não significam muito economicamente para a Noruega. A questão é o princípio. Vê esse casaco? É feito de pele de foca. Isso pode gerar desconforto em algumas pessoas, mas é a opinião delas, e eu uso o que me agrada. É uma questão de princípio. Deve-se deixar as pessoas vestirem o que elas querem, por que proibir a foca? O que há de tão especial na foca ao ponto de ela ser protegida enquanto usamos as peles e pelos de outros animais?

O casaco não era felpudo e branco, como se poderia pensar, mas grosso, acinzentado e com manchas, como se tivesse sido tirado da foca uma hora antes. Chama atenção aqui; aliás a ideia é mesmo conseguir chocar ao máximo. Seu entra-e-sai no centro de convenções de Adelaide gera

RIQUEZAS DO MAR

insultos dos manifestantes do lado de fora, algo com que ele parece se divertir muito. Steinar usa o casaco todo ano, alguém me conta. E chegou a ter problemas com autoridades americanas, certa vez, o casaco temporariamente confiscado como importação de mamífero marinho, e portanto contrabando.

"O mesmo vale para as baleias. O que há de tão especial com as baleias? Decisões têm de ser tomadas com base em sentimentos, emoções e alguma noção de ética, ou em razão e ciência? A pergunta responde a si mesma", argumenta ele. "Se chegarmos nisso, 'Ok, vamos parar de matar as baleias porque as pessoas se sentem mal', onde vamos parar? Salvem a baleia, salvem o elefante, salvem isso, salvem aquilo, salvem a tartaruga, salvem o camarão. A coisa não vai ter fim."

Os caçadores de foca também estão aqui, representados pela Union of Marine Hunters (União dos Caçadores Marinhos), com o lema "Em harmonia com a natureza". Eles são "um elo vivo com o passado" e vieram contar sua dura história de "anos de desprezo" nas mãos da indústria do protesto. A batalha começou nos anos 1970, afirmam, "quando imagens de *whitecoats* [as focas bebês, de pelo branco e macio] mortas por espancamentos começaram a chapinhar na cena internacional". No meio da década de 1980, "houve o pico de ultraje, os mercados secaram e os caçadores de foca foram expulsos do negócio. De fato, a palavra *sealer* [caçador de foca] tornou-se um termo pejorativo num mundo cada vez mais urbanizado".[4]

Mas houve uma reviravolta e hoje, a contar apenas em Newfoundland, meio milhão de focas são anualmente "colhidas", usando exatamente os mesmos métodos que no passado levaram a tanto desprezo. Nesse "ritmo sem tempo do homem e da natureza", como os Caçadores Marinhos descrevem, usam-se helicópteros para alcançar as focas. Então, às centenas, os filhotes de pelo aveludado são "mortos pelo porrete com prego, o *hakapik*, ou com rifle. Para o animal adulto, o uso do rifle é obrigatório. Em seguida, o crânio do animal é esmagado com o *hakapik* para garantir que está morto".[5]

O que salvou os caçadores comerciais de foca foi um novo mercado, assim como subsídios governamentais. A maior parte da União

DOMÍNIO

Europeia e os Estados Unidos proibiram a importação de produtos de mamíferos marinhos, de modo que esses caçadores do Canadá, da Noruega e da Rússia voltaram suas vendas para o mercado asiático. As melhores peles, segundo os representantes desses caçadores, "são vendidas para peleiros internacionais, com as sobras sendo usadas para luvas, malas e carteiras. A carne de foca é enlatada ou comida pelos caçadores (uma iguaria especial é torta de nadadeira). Vende-se o pênis dos animais adultos no mercado asiático, como afrodisíaco".[6]

É assim que a razão prepondera sobre sentimentalismo bobo. A harmonia dos helicópteros e *hakapiks* foi restaurada. E tudo isso para servir a propósitos vitais: a torta de nadadeira dos caçadores, o "afrodisíaco" dos pretendentes asiáticos e o casaco de Steinar.

Agora, ao meu lado, há cinco ou seis delegados japoneses arrumando papéis e se aprontando para a próxima batalha no salão principal. Para confirmar a suspeita de Bastesen de que se você der um dedo, vão querer o braço, a reunião da CIB deste ano começou a discutir a crueldade com golfinhos. As delegações britânica e australiana conseguiram um vídeo clandestino de uma pesca de golfinhos por japoneses, e pediram explicações à delegação japonesa, lembrando que "regulamentação proibindo crueldade com animais (...) é hoje aceita como uma marca de comunidades civilizadas, éticas e morais". A filmagem chegou às mãos da CNN, que veiculou as imagens ao longo de toda a semana na cobertura da conferência. E nesse momento todos voltaremos ao salão principal para ver como o governo japonês responderá à afronta.

"Esse pessoal é contrário a qualquer tipo de uso", diz Steinar. "Por eles, não mataríamos nada, nem baleias, nem animais, nada. O que comeríamos nesse novo paraíso?"

CULPA COLETIVA

O filme, gravado oito meses antes no porto Futo, na costa do Japão voltada para o Pacífico, registra os últimos momentos de 175 dos mais de 30 mil golfinhos e cetáceos menores mortos anualmente em águas japonesas. No início, um grupo de golfinhos está na boca do porto, e o comitê de boas-vindas consiste em um barco grande, dois pequenos e uma multidão sentada à beira d'água aguardando para fazer parte do espetáculo.

O barco maior desliza por detrás dos animais, manobra para a frente e para trás, como uma grande vassoura, fazendo marolas para levar os golfinhos mais para a terra. Os barcos pequenos afastam-se partindo dos dois lados do maior e cercam os golfinhos com redes – a "parede da morte".

Quando o paredão das redes se fecha, os homens começam a gritar e bater na água e nos cascos com hastes de metal presas aos barcos para assustar os animais até que sejam encurralados na parte mais rasa, presos entre a parede da morte, os navios e o cais. Uma dúzia de homens entra n'água e a deixa vermelha com seus porretes, facas e ganchos. Muitas vezes se veem golfinhos ajudando uns aos outros e ficando nas redes para afundar com seus companheiros em vez de escapar. Não há a menor chance para eles, e um a um vão sendo laçados pelas caudas para, semimortos, serem içados por um guindaste até a doca.

Alguns ainda se debatem. Outros cedem estirados no concreto ou pendurados por ganchos à espera de serem retalhados. Um dos cetáceos já foi cortado no próprio cais, mas ainda se mexe. Cortaram sua garganta, ele se vira sobre o estômago e vomita. Seis escapam das lâminas e são levantados por uma rede até uma carreta: dois morrerão no caminho e os outros quatro viverão o resto de suas vidas em um lugar chamado Paraíso Marítimo Izumito, alegrando plateias com seus truques e brincadeiras.

A Comissão Internacional Baleeira tem um Grupo de Trabalho sobre os Métodos de Abate de Baleias e Questões Correlatas de Bem-Estar. Representantes da Austrália e do Reino Unido propuseram mostrar o filme à delegação japonesa. O Japão, entretanto, sabe desarmar armadilhas e declara que não tem conhecimento sobre essa "propaganda", que o vídeo não tem "mérito técnico-científico" e, além disso, como afirma Masayuki Komatsu, importante autoridade do Departamento

DOMÍNIO

de Pesca e Agricultura japonês, a CIB tem responsabilidade sobre baleias, e apenas baleias.

Outras delegações argumentam que esses cetáceos, como as baleias, os golfinhos e as toninhas, são mamíferos marinhos de sangue quente e que respiram ar atmosférico. E, como as baleias, muitas espécies de golfinhos e toninhas passam por problema de diminuição da população desde 1970, cinco ou seis milhões pereceram em redes de pesca ou por conta da poluição do mar. E mesmo hoje, com leis internacionais a protegê-los, dezenas de milhares morrem todo ano pescados "não intencionalmente" ou deliberadamente caçados pelo crime de competir com os barcos pelos peixes. Houve mais negociação na conferência até que se concordasse que o filme poderia ser mostrado, mas em outra sala, fora da reunião, para que o ato não fosse encarado como ofensa. O Japão se retirou em protesto e seguiu de volta ao hotel, deixando que nós lidássemos com os golfinhos naquela sessão matinal.

Um resumo prático: os comitês aqui operam por maioria simples. Para qualquer decisão passar no plenário é necessária a adesão de três quartos dos membros, ou trinta dos quarenta votos. O Japão tem conquistado votos de delegações caribenhas esbanjando presentes em ajuda internacional e alinhando as Pequenas Antilhas com a pesca de baleia. Como cada país tem um voto, Antígua, com 60 mil habitantes, tem o mesmo peso da Austrália ou dos Estados Unidos.

Ao lado da Noruega, do bloco caribenho e de aliados confiáveis como a Coreia do Sul e a Rússia, o governo japonês tem os 11 votos necessários para barrar qualquer ação que julgue inaceitável. E nada desse desagrado envolvendo golfinhos fará diferença. Diante de vinte ou mais câmeras, o Japão vai defender publicamente seu gosto por *iruka*, golfinho, e responder mais uma vez ao mundo sobre assuntos que, segundo o país, não são da conta de mais ninguém.

Dois simpáticos acadêmicos, Michael Canny, da Irlanda, e Ray Gambell, da Inglaterra, presidem a comissão, mas deixarão o posto após essa conferência. Eles irritaram o lado anticaça por reivindicarem mais acordos com o Japão e um reinício da caça comercial. "Acho

RIQUEZAS DO MAR

inevitável um mínimo da caça comercial de baleias", diz Canny.[7] Se há uma atividade baleeira, é melhor que ocorra sob supervisão da CIB, racionaliza Gambell, que também disse à BBC: "Algumas pessoas acham que as baleias são tão especiais que não devem ser caçadas, mas isso é em grande parte uma questão de diferença cultural."[8]

Não se poderia ser mais civilizado, tratando o Japão com certa deferência e os delegados ocidentais com sutis e alegres alfinetadas, a fim de quebrar as diferenças, evitar disputas e manter o horário das pausas para o café. Ainda assim, esse espírito de coleguismo não consegue impedir a tensão, e até a aumenta, quando o sr. Komatsu se dirige à delegação australiana, esses ocidentais que só começaram a proteger os mamíferos marinhos em 1980 e agora querem dar uma aulinha sobre o que são "comunidades civilizadas, éticas e morais". Ele começa: "É uma questão de bom senso que, quando animais forem abatidos, não se mostre isso ao público." Faz uma breve interrupção ao fim de cada frase para a tradução simultânea: "Quando penso na questão da perseguição aos golfinhos, sinto que a situação é idêntica à de abatedouros, e talvez seja por isso que os cavalheiros britânicos queiram mostrá-la. Se as pessoas sentem que o conteúdo do vídeo é cruel, creio que não deveria ser mostrado."

Da galeria em que estou, veem-se as costas dos cerca de duzentos delegados a olhar para a tela, que agora mostra um gigante sr. Komatsu. De longe o japonês mais animado da delegação, e o único que tirou o paletó, é um homem dos seus 50 anos, com cabelo grisalho começando a rarear em cima da testa, óculos de armadura redonda de aço, ar esperto e cansado e olhos tristes. A cena poderia ser de qualquer debate em qualquer conferência de autoridades internacionais, a não ser pelo fato de os japoneses ocuparem um quarto da imagem. A maior parte das delegações tem quatro ou cinco pessoas. Os Estados Unidos têm a segunda maior, com vinte. O Japão tem 59, incluindo uma equipe nova-iorquina de consultores de relações públicas, todos eles muito ocupados nesse momento fazendo algo com laptops, gravadores, celulares e papelada.

E uma vez tendo seguido para além du assunto baieias, continua Komatsu, então, ótimo, vamos falar sobre cangurus. Aqui, no país que recebe a conferência, quatro ou cinco milhões de cangurus são abatidos todo ano para consumo doméstico, para fazer produtos de couro que serão exportados para Europa e Estados Unidos, e para a diversão dos famosos "caçadores de fim de semana" do país, que disparam seus tiros de cima de caminhões cambaleantes. Essas cenas certamente não são muito mais bonitas do que qualquer coisa que se testemunhe no porto Futo. Os filhotes ainda bebês são arrancados do marsúpio da mãe, espancados e empalados, quando não são simplesmente jogados fora, como se não valessem sequer uma bala, para morrer de inanição ou devorados por um predador. O quanto a delegação australiana se preocuparia em ver filmagens de seus matadouros, Komatsu se pergunta, ou a neozelandesa ligaria para imagens do abate de carneiros, ou ainda os americanos, de suas fazendas de suínos? "Se a discussão se estender, não haverá um fim."

E continua a argumentar que o mundo tem dois pesos e duas medidas quando se trata do Japão. Esse talvez não tenha sido contemplado pela "culpa coletiva" com que outros acreditam instruir seu país a tratar adequadamente seus animais. O mundo ocidental desenvolveu o ponto sensível dos animais marinhos. Não comem baleia nem golfinho e simplesmente não conseguem entender por que os outros o fazem. Tudo bem, mas cada sociedade deve escolher de acordo com seus próprios padrões e tradições. O Japão, uma nação soberana, não precisa dos conselhos de estrangeiros, que não sabem nada de sua cultura e não se importam com as necessidades dos pescadores e consumidores.

Elliot Morley, delegado britânico e ministro da Pesca e Agricultura de seu país, um grande defensor da causa animal, arrisca-se a dizer que esses são "mamíferos superiores" e que, diferentemente do que acontece no abate de gado, os golfinhos "sofrem uma crueldade inaceitável". Odd Gunnar Skagestad, da comissão norueguesa, pede uma "posição pragmática", afinal os golfinhos já estão mortos e estamos aqui para falar de baleias, então, será que poderíamos passar para o próximo assunto?

RIQUEZAS DO MAR

Daí se segue um ritual em que cada nação declara com que país "gostaria de se associar" no que tange ao assunto, um exercício solene, oficioso e completamente sem significado, uma vez que já se sabe que nada será (nem pode ser) feito. Finalmente alguém sugere que o comitê apropriado seja encarregado e que haja mais investigação sobre o assunto a ser reportada no ano seguinte. A moção é apoiada e encomendada por Michael Canny para alívio geral, de modo que o item 8.1 da agenda é descartado e se passa para o próximo, um relato do Subcomitê de Infração envolvendo uma baleia-jubarte e seu filhote, mortos no Caribe no ano anterior.

Isso é o mais perto que se chega de embates. Apesar dos nobres apelos dos senhores Morley e McLay, respectivamente comissário na Nova Zelândia e ex-vice-premiê do país, os japoneses levaram vantagem – não apenas com o número de votos, mas também com uma linha de raciocínio perfeitamente válida para a defesa. E o esplêndido da atuação nipônica aqui é que, a seu próprio modo, eles estão certos. A humanidade usa livremente outros animais, caça, captura e mata mamíferos terrestres que sentem, lutam e choramingam tanto quanto mamíferos marinhos. Por que só os últimos merecem um status de proteção? Como Bastesen, Komatsu, Gambell e talvez todos por aqui, se perguntam: o que exatamente há de tão especial com as baleias?

TEMPO DE MORTE

Nas reuniões da Comissão Internacional Baleeira não se ouve muito a palavra "matar" – ao menos não nos procedimentos oficiais. Os termos a que se recorre são "mortalidade não natural", "mortalidade antropogênica", "mortalidade induzida por humanos", "remoção biológica", "terminação" e "uso sustentável letal". Tudo tem de soar o mais deslocado e científico possível, sob risco de acusação de sentimentalismo ou, pior, "antropomorfismo". Os próprios golfinhos e baleias são renomeados pelos delegados pró-baleeiros e se tornam "recursos marinhos vivos"; observar baleias por mero prazer é chamado de "utilização sem consumo". Se um animal é morto acidentalmente, isso é um "esvaziamento não intencional de estoque" – e é o que os comissários de São Vicente e Granadinas, país caribenho repleto de ilhotas pouco ao norte de Trindade e Tobago e de Antígua, afirmam que aconteceu ano passado, no caso 9.1 da agenda da reunião, o abate de uma baleia mãe e do filhote de que cuidava. Sabe-se que o filhote tinha menos de um ano porque, quando foi aberto, só havia leite em seu estômago.

Por que é preocupação da CIB um único caso de esvaziamento não intencional de estoque? Bem, porque houver tanto esvaziamento intencional que agora cada baleia importa. É por isso que estamos todos aqui, porque se estima que 95% do "estoque de baleias" do mundo já foi utilizado. É hora de a humanidade decidir o que fazer com as sobreviventes.

A jubarte e seu filhote, que migraram no inverno para o Caribe, estavam entre os últimos 5 ou 6 mil de sua espécie. Poucas gerações atrás, a população de jubartes era 20 vezes maior. O Comitê Científico da CIB usa um modelo matemático intrincado e um sistema de contagem de grade para calcular a população desses animais (uma taxa dispersa de 0,002 tem a maior probabilidade de obter o valor observado; o que corresponde a uma potência de 0,90 quando $a = b$, e potência de 0,81 quando $a = 0,05$...), mas mesmo esses números são palpites – com algum embasamento, mas palpites. E a razão para a coisa ficar tão complicada é que o Japão tem seu próprio modelo que sempre mostra um "estoque de baleias" maior que os outros cálculos. A verdade é que ninguém sabe ao certo quantas restam. É difícil contar baleias.

Pode parecer surpreendente para o leigo, mas, comparado a outros animais, conhece-se muito pouco do leviatã. Mesmo hoje, especialistas em cetáceos não sabem ao certo de que tipo de mamífero terrestre a baleia se desenvolveu, como algumas delas vivem, o que comem a não ser plânctons e similares (uma questão importante aqui), como são capazes de nadar por duas horas debaixo d'água sem respirar, onde vão ao longo da vida (muitas parecem fazer caminhos regulares de ida e volta às áreas de alimentação nos polos, outras parecem simplesmente

RIQUEZAS DO MAR

ir aonde querem), a duração de suas vidas (algo entre 80 e 150 anos),[9] ou por que, como costuma acontecer, nadam em direção a seus carrascos, algo que baleeiros tribais entendem como "uma oferta" que fazem delas mesmas ao homem. "Algumas têm de ser caçadas por horas", explica Eugene Brower, esquimó de Barrow, no Alasca, presente aqui em nome da Associação Baleeira Indígena. "Outras parecem esperar para serem arpoadas. E é por isso que dizemos que estão se oferecendo a nós. Recebemos a baleia que nos alimenta."

Bastesen tem uma visão menos teológica: "Ah, você vê, se elas fossem tão inteligentes, escapariam. E é claro que algumas escapam. Mas algumas das que pegamos vêm de fato para cima do barco, é curiosidade de nos ver. A maior parte das baleias não é mais esperta que a vaca. Podem ser criaturas bem estúpidas."

A questão mais urgente ainda em estudo é se, por mais estúpidas que sejam, baleias sentem o choque e perdem a consciência, como mamíferos terrestres fazem, e também se algumas, mesmo depois de parar de lutar e ter convulsões, continuam vivas e conscientes enquanto são arpoadas e içadas a bordo para que sua carne e gordura sejam retalhadas. O Japão e a Noruega afirmam que ultimamente houve grandes avanços em minimizar o "tempo de morte", como se nomeia a questão. O Japão tem a última geração de lanças, que matam por eletrocussão. Esse país e a Noruega também estão experimentando um explosivo chamado pentrita, colocado na ponta de arpões lançados por canhões – mas mesmo esses são imperfeitos, conta Steinar: "Cerca de 65% morrem instantaneamente. A granada explode perto do cérebro, e o bicho se vai, assim" – estala os dedos.

> Às vezes você não acerta perfeitamente, e então pode levar um tempinho. Você tem de içá-lo de volta e atirar de novo. Eu uso um rifle magnum .458, com munição jaquetada, e alguns tiros dão conta. Tenho que admitir que os métodos de hoje são mais eficientes do que os do passado, e dou crédito aos grupos que insistiram em métodos de abate mais humanos. Comecei em 1953 e naquela época só se usava o arpão frio.

DOMÍNIO

Informam-nos que em média a baleia leva cinco minutos para morrer depois desses tiros com explosivo no cérebro, embora, como os japoneses admitam, o trabalho possa levar mais tempo. Foi o que aconteceu com uma baleia que levou 96 minutos para dar o último suspiro, outra, 130 minutos. As baleias caçadas por nativos como o sr. Brown, que usam o chamado "arpão frio", o arpão antigo, em nome da tradição, teriam sorte de morrer tão rápido assim. As estatísticas oficiais da Noruega gabam-se de um tempo de morte de 3,5 minutos.

Mas há alegações oficiais na Noruega de 63% de morte "instantânea", palavra definida vagamente nos círculos baleeiros e que pode significar algo entre dez e trinta minutos (ou mais). Os números, a bem dizer, não incluem a perseguição. No caso das "baleias rápidas" – jargão para designar uma criatura atingida, mas que ainda luta para escapar –, a perseguição pode levar uma tarde inteira. Não há contagens das muitas baleias "acertadas mas perdidas", que na verdade não são exatamente perdidas, mas condenadas a um nado arrastado por dias e semanas até que tubarões ou grupos de orcas as encontrem, caso em que serão comidas vivas. O Grupo de Trabalho sobre Preocupações Ambientais relata a morte de uma baleia-cinzenta que apareceu no sul da Califórnia em 1999 arpoada com um artefato fabricado na Rússia (o tipo de arpão usado pelos esquimós) – isso significa que ela nadou pelo menos desde o mar de Bering até morrer. Como deve ter sido a viagem? Então ninguém sabe muito bem se essas mortes "instantâneas", levadas a cabo por métodos avançados, são exatamente instantâneas. Há ainda uma horrível possibilidade levantada pelos especialistas em cetáceos: é possível que, por não levar em conta a fisiologia singular da baleia, todos esses cálculos de "tempo de morte" estejam grosseiramente errados.

Cá estão animais sem predadores. Baleias saudáveis até podem sofrer ataques de tubarões e orcas, e, como qualquer mamífero desenvolvido, possuem um mecanismo de dor que as faz fugir num impulso quando atacadas. Mas tais ataques são raros, são exceções na natureza. A maior parte das baleias, como a baleia-azul, a jubarte e a fin são simplesmente invencíveis. Talvez isso explique por que tantas delas, como apontou o sr. Brown, "apenas esperam para ser arpoadas". Elas não estão aguardando ataques. Não temem nada. Seu mundo, até aquele momento, não era um lugar de medo e fuga. Quando, de repente, em toda a história evolutiva da baleia, surgiram os primeiros baleeiros com suas lanças, rifles magnum e arpões elétricos, eles foram os primeiros predadores sistemáticos e a primeira ameaça real que esses cetáceos encontraram.

Aqui temos também um mamífero que precisa respirar. Como ele dorme? Não pode ser um sono totalmente inconsciente, uma vez que, assim como os golfinhos, o animal pode ao mesmo tempo nadar até a superfície para respirar. Acredita-se que use um estado de semiconsciência, em que pode se revigorar enquanto mantém algum nível de vigília. Isso talvez explique estranhas mas frequentes colisões de baleias com navios que elas poderiam ouvir e perceber à distância e dos quais conseguiriam facilmente desviar.

Então somos levados a perguntar como criaturas sem predadores naturais e com um funcionamento que nunca chega à inconsciência viveriam a experiência de ser atingida por uma granada, salva de tiros ou eletrocussão. Para nós e outros mamíferos, há pelo menos algumas proteções fisiológicas, como perda de memória ou de consciência, mas para esses mamíferos marinhos não há nada disso. É possível que para eles não haja uma inconsciência misericordiosa a suavizar o trauma do ataque, da dor ou do horror, que só teria um fim com a morte cerebral.

É tudo especulação, assim como é especulação nossa limitada compreensão da vida marinha. Na conferência da CIB, somos sempre lembrados de que ciência, e apenas ciência, deve nos guiar no tratamento que damos à baleia. Não é de se espantar que a ciência para compreensão da baleia tenha avançado tão pouco. Apesar de se saber há dois mil anos que são mamíferos, foi apenas no século XVII que registros acurados desses animais começaram a ser feitos, mostrando como realmente são. Antes, eram tidos como peixes gigantes que aterrorizavam marinheiros, ou monstros marinhos escamosos saídos da imaginação de cartógrafos. E foi apenas na década de 1970 que vimos pela primeira vez como é a vida desses seres debaixo d'água, com as fotografias de Jim Hudnall. Pouco antes, no fim da década de 1960, a tecnologia hidrofônica quebrou o "silêncio de pirâmide" das baleias, como chamava Herman Melville. Naquele momento foi possível admitir pela primeira vez que os sons desses animais chegassem a ouvidos humanos. (Pelo menos no que diz respeito a sons da vida, porque antes, em 1829, Yamada Yosei descreveu que "elas dão uma chorada" quando arpoadas e que "o lamento é ouvido como um trovão" quando lanceadas.)[10] Apesar de todo o bom trabalho de Hudnall e de zoólogos como Roger e Katy Payne, Jacques Cousteau e outros, quase tudo que a humanidade sabe sobre baleias vem dos relatos de seus caçadores e de uma ou outra espécime doente encalhada e morta. Apesar de suas grandes desgraças, as maiores criaturas do planeta têm estado invisíveis e pouco audíveis para nós; nosso escasso conhecimento sobre elas é trazido por seus inimigos.

Até que o Greenpeace filmasse um navio baleeiro soviético em ação, em 1976, uma baleia caçada nunca havia sido vista. As imagens mostram o navio *Vlastny* acertando com arpões-granada um de dois cachalotes que nadavam. A imagem ainda pode ser vista hoje, na série As grandes baleias, da National Geographic, mas não é algo muito bonito. Enquanto o animal arpoado se agita em convulsões sangrentas, seu companheiro vira violentamente para o bote do Greenpeace, mudando de direção no último minuto para o *Vlastny*. Ele emerge com força, mexendo suas mandíbulas como se para pegar quem lançou o arpão. Então a arma é redirecionada e atiram na fronte do animal.

Depois disso, nossas câmeras captaram baleias dando à luz; cuidando de seus jovens e mesmo os acariciando ou ajudando filhotes de outras fêmeas; tentando ajudar companheiras doentes a boiar; recusando-se a fugir quando outras de sua espécie são capturadas, encalham ou ficam presas em redes de pesca; comunicando-se entre si; e mesmo permitindo que mergulhadores nadem a seu lado. Japão e Noruega reclamam desse tipo de "propaganda", simples imagens de baleias fazendo o que já fazem normalmente – a maior censura a seus carrascos é serem absolutamente inofensivas.

RIQUEZAS DO MAR

Se você mencionar filmes e "cantos" de baleias por aqui será imediatamente marcado como um tipo romântico que engoliu toda aquela baboseira sentimental de salvem-as-baleias. É de se pensar que a captação do som e das imagens dessas criaturas, disponíveis apenas nos dias de hoje, fosse de imensa importância científica. Mas parece que as pessoas aqui usam o termo para coisas bem diferentes. Há a ciência dos hidrofones, das câmeras subaquáticas e da comunicação com nossas criaturas vizinhas. Mas também há a ciência da pentrita, dos tiros de precisão no cérebro e da contagem do tempo de morte das "criaturas estúpidas". Para baleeiros, o que as baleias fazem quando não estão sendo caçadas nem mortas é o que menos importa.

USO SÁBIO

"O superior negócio da pesca da baleia" de Herman Melville também nos deixa com uma profusão de registros ainda usados para tentar estimar a atual população de baleias. Não sabemos exatamente quantas restaram. Mas tem-se uma boa ideia de quantas foram mortas. Subtraindo o total de baixas do número de baleias que já ocupou os mares, chega-se ao "estoque" atual.

Podemos usar na estimativa apenas as baixas no século passado. O princípio de uso sustentável de japoneses e noruegueses no gerenciamento dos estoques atuais estabelece que todos os recursos do planeta, incluindo os "recursos vivos", não apenas podem, mas devem ser explorados pelo ser humano. Mantemos as coisas equilibradas se fizermos cortes de controle aqui e ali a fim de evitar a superpopulação do meio selvagem, entre outras catástrofes que ocorreriam não fosse nossa influência estabilizadora. O que esse princípio estipula é que é de nosso interesse tirar da natureza o que precisamos, e apenas o que precisamos. A superexploração esvaziará os estoques a níveis perigosos, colocando os próprios recursos e o sustento em risco.

Portanto, quando é livre para lidar com seu desejo sobre a natureza, a humanidade racional tende a não usar mais do que precisa. O mais novo nome da teoria é "uso sábio". O grupo IWMC – World Conservation Trust argumenta que baleias não são muito diferentes de elefantes – cada uma deve ser vista como um "recurso natural que se coloca à disposição de uma posse implícita, e a posse, junto aos benefícios produzidos pela caça, fornecem um incentivo para a conservação".[11] Baleias devem ser usadas, possuídas, apropriadas, privatizadas e "incentivizadas", assim como qualquer outra espécie da vida selvagem; elas precisam de valor econômico. Que outro motivo nos levaria a protegê-las?

O domínio de mil anos sobre essa primeiríssima criatura nomeada no Gênesis não parece condizer com o "uso sábio" em ação. A carnificina executada pelo ser humano sobre este animal talvez só seja comparável à praticada com o elefante.

A saga da baleia minke parece resumir toda a história. Com cerca de sete toneladas e nove metros, é uma das menores baleias existentes. E o carro-chefe do mercado *kujira* japonês, complementado pelo irresistível *iruka* buscado pelos gourmands nipônicos, dada a escassez e o consequente aumento do preço da carne de baleia. Desde os séculos X e XI, quando os bascos (os primeiros a caçar baleias em alto-mar) velejaram pela baía de Biscaia, até os anos 1970, as minkes foram poupadas, em contraposição àquelas espécies em que pensamos quando alguém fala em baleia: cachalote, imortalizada em *Moby Dick*, a cinzenta, a baleia-azul, a fin, a baleia-da-groenlândia, a jubarte, a baleia-franca e a rorqual-de-bryde.

Os nomes de muitas baleias atestam a mistura de ignorância e arrogância do homem no que lhes diz respeito. A cachalote (*sperm whale*, em inglês, literalmente baleia-esperma), por exemplo, ganhou o nome do que se imaginava que fossem os fluidos amarelados a cobrir sua cabeça e cujo propósito real até hoje não se conhece. A minke foi uma homenagem a um caçador de baleias alemão, Meineke, cujo primeiro nome se perdeu na história. Bryde vem de Johan Bryde, outro baleeiro, este sul-africano e que acreditou ter descoberto uma nova espécie cuja carcaça batizou *Balaenoptera brydei*. Mas de todas elas nenhuma carrega nome tão triste em inglês quando a baleia-franca (*right whale*, literalmente baleia-certa), das quais restam poucos milhares.

RIQUEZAS DO MAR

Até o fim do século XIX, mesmo as grandes baleias tinham alguma oportunidade de sobreviver, salvo as baleias-francas, que podiam ser vistas nas costas de todos os continentes. Uma lenda, que talvez tenha um quê de verdade, afirma que o primeiro tiro dado no Novo Mundo mirava uma *right whale* nadando perto do *Mayflower*. Reconhecida por suas calosidades, o nome capta bem seu destino: rica em óleo, pesando até 80 toneladas, de migração previsível, lenta nadadora, que se aproxima de portos após o nascimento dos filhotes e que ainda boia, quando morta, ela foi, por décadas, a baleia certa para se matar.

Por séculos, essas foram as primeiras, nas palavras de Melville, "a se submeter ao arpão como boi de corte meio aparvalhado diante da faca".[12] No fim do século XIX, a matança alcançou escala industrial, com arpões lançados de canhões, versões menos elaboradas da "lança elétrica", botes de busca a motor, rádio, sonar, navios-fábrica, bombas de ar para manter os animais mortos boiando. Nem mesmo as baleias mais rápidas entre as grandes, conhecidas como rorqual, ou as mais potentes, conseguiam escapar ao primeiro tiro. Naquele momento todas passaram a ser a baleia certa; todas podiam ser mortas e já não pareciam assim tão distantes.

Foi o norueguês Svend Foyn quem deu ao mundo o primeiro canhão de arpões elaborado com esse intuito – algo providencial e muito esperado. Então Foyn pôde, de qualquer lugar do mundo, voltar ao porto com seu barco a vapor de 86 toneladas, o *Spes et Fides* (Esperança e Fé), carregando óleo, gordura e ossos de qualquer tipo de baleia, mesmo as baleias-azuis, que até então eram poupadas por sua velocidade e a proteção do gelo ártico. Um homem de ciência e fé, esse norueguês afirma que foi sua "vocação" que o fez estender o alcance do arpão e dos navios para todas as baleias do oceano, afinal "Deus permitiu que a baleia habitasse esse mares para a bênção e o benefício da humanidade".[13]

Também o Japão tem seus visionários. Reverenciado pelos baleeiros como o pai da pesca moderna da baleia, Juro Oka declarou em 1910:

DOMÍNIO

Estou firmemente convencido de que nos tornaremos umas das mais importantes nações baleeiras do mundo. Os campos de baleia nas proximidades da Coreia e do Japão oferecem possibilidades ilimitadas. Caso o estoque de baleias, em contradição com nossas expectativas, venha a diminuir nessas áreas, temos o mar de Okhotsk e o mar de Bering ao norte, além de sabermos de grandes casas do tesouro ao sul. Chegará o dia em que ouviremos de manhã que se caçaram baleias no Ártico, e de noite que foram caçadas na Antártida.[14]

Exceto pela parte das possibilidades ilimitadas, foi exatamente o que aconteceu. Todos os baleeiros do mundo convergindo com fúria cada vez maior sobre um estoque cada vez menor e formado por animais mais jovens. Nos anos 1920, de fato, os estoques nos mares do Japão, Amarelo, de Bering e de Okhotsk desapontaram: começaram a se esgotar, assim como aconteceu com outros mares virgens antes desses. Virgens até que navios-fábricas – agora com quebra-gelo para abrir caminho –, helicópteros e aviões de localização das vítimas chegaram às mais remotas águas do planeta, como vindos do inferno, para descobrir as últimas colônias de grandes baleias. E já que estavam lá, aproveitaram para deixar um pelotão de caçadores de focas em busca de seus pelos.

Leia com atenção a literatura da época e encontrará o mesmo papo de "ciência" e de como apenas as leis econômicas e o "manejo de recursos" devem determinar a pesca das baleias. E é o que tem acontecido: o conhecimento e o uso de recursos de modo completamente desatrelado da consciência. No fim da década de 1930, o Japão tinha cinco navios-fábrica operando junto de cem botes de busca de animais e esvaziando as casas do tesouro no sul ("a grande geladeira do sul", como ficou conhecida a Antártida) – tudo de propriedade da Nippon Suisan Company, estatal que usava os lucros da atividade baleeira para subsidiar mais matança na China e na Manchúria. Seus rivais eram a União Soviética, o Reino Unido, a Noruega e a Alemanha nazista, essa última em busca do óleo e das reservas financeiras garantidas pela atividade e ansiosa por experimentar a modalidade "elétrica" da caça.

RIQUEZAS DO MAR

Por algum tempo, houve o suficiente para todos. Numa temporada típica, a matança somava 35 mil grandes baleias na Antártida e outras dezenas de milhares em outras regiões. O ano de 1938 registrou o abate recorde de 45.010 baleias apenas na Antártida – das quais um quarto era de filhotes e animais jovens, e 14.922 de baleias-azuis, o maior animal que já conhecemos e talvez o maior a perecer. Com mais de mil toneladas de óleo, um adulto da espécie pode chegar ao comprimento de um Boeing 737 e ser de duas a três vezes mais pesado. Acredita-se que, no passado, havia 300 mil baleias-azuis nos mares. O maior registro de abate da espécie foi em 1931, com 32 mil animais mortos. Em 1966, toda a frota baleeira do mundo junta só conseguiu encontrar e matar setenta dessas baleias, sendo que, em 1978, ainda houve registro de japoneses que matavam baleias-azuis fêmeas.[15]

Hoje, três décadas após a proibição de caça da espécie – graças a uma heroica campanha de Charles Lindbergh na CIB – sabe-se que há de trezentas a quatrocentas no Hemisfério Sul. Pesquisas informais sugerem que pode haver até 3 mil em águas setentrionais, mas mesmo que se confirmem as boas notícias, estaríamos com apenas 2% da população que existia antes de o sr. Foyn receber seu chamado e descobrir sua "vocação".

Mesmo que baleias fossem capazes, como elefantes, de comunicar perigos umas às outras e alterar sua migração, não haveria tempo suficiente para fugir. A última catástrofe aconteceu em 1991, como relatado por Richard Ellis em *Men & Whales* (Homens e baleias), quando "em menos de uma geração cetácea (...) as baleias perderam a batalha antes mesmo de ter a chance de entender o que estava acontecendo".[16]

Não temos a exata noção dos números porque também havia navios baleeiros piratas, cuja caça clandestina não era registrada, além de serem duvidosos mesmo os números oficiais do Japão, Noruega e Rússia. Um palpite, por baixo, colocaria o esvaziamento do estoque durante os anos 1940 (quando a CIB foi fundada e ocorreu pela primeira vez aos baleeiros que algum comedimento era necessário) em torno dos 160 mil animais – com redução de pesca nos anos de guerra e novo aumento após, com navios de carga e de combate sendo convertidos

DOMÍNIO

em baleeiros, e os Estados Unidos subsidiando essa conversão em troca de óleo. Os anos 1950, quando o jovem Steinar fez o primeiro dos 1.550 abates de sua carreira, trouxeram uma redução de pelo menos 300 mil animais. A década seguinte ainda tinha vinte nações pescando baleias, o que levou a nova redução, dessa vez de 380 mil. Nos anos 1970, quando o Greenpeace e seu navio *Rainbow Warrior* entraram em cena para desafiar soviéticos e japoneses, foram perdidos outros 250 mil desses animais, com a CIB ainda estipulando cotas de até 46 mil animais por ano, além da caça clandestina, feita sem qualquer limite. Só recentemente é que se começou a ter uma ideia da devastação trazida pelos soviéticos.

Tudo para se fazer corseletes, cosméticos, velas, perfumes, pentes, cabos estilosos de guarda-chuva, lubrificantes industriais, tintas, para curtir couro, conseguir glicerina para dinamite, ração para gado, fertilizante, margarina, especialidades culinárias e outros produtos nem de longe essenciais à vida humana. Essas fábricas que boiam puxam a vítima presa na cauda por garras de aço, engolem-na por uma boca escancarada do casco do navio e a cortam, fervem e retalham em menos de uma hora. Trata-se de uma das criações mais feias da mente humana, e é ainda mais horrorosa porque funciona a diesel, que é feito de petróleo, o produto que há muito tempo foi responsável por encerrar a necessidade de morte das baleias para a fabricação de diversos produtos.

Somando tudo – ou melhor, ao se subtrair todas as baleias –, a baixa do estoque em nossa era moderna gira entre 1,5 milhão e 2,5 milhões de grandes baleias. Sabe-se lá Deus quantas mais entrarão nessa conta. Nossa gloriosa soma, em todos os mares, hoje: 2 mil baleias-francas-austrais e 300 baleias-francas-do-atlântico-norte; no máximo, 3 mil baleias-azuis; 5,5 mil jubartes; 7,5 mil baleias-da--groenlândia; 10,3 mil sei; 21 mil baleias-cinzentas; cerca de 40 mil bryde; e 47 mil fin.[17]

As estimativas sobre cachalotes variam entre 500 mil e 1 milhão – números razoáveis apenas na comparação com os demais. Perseguidos de início pelo óleo e outros produtos como o âmbar-cinzento e ossos,

RIQUEZAS DO MAR

esses animais tiveram enormes baixas, como 267 mil mortes entre 1964 e 1974. Mas a espécie em si sobreviveu às mais severas matanças em escala industrial por conta de seus padrões migratórios menos previsíveis e talvez ainda porque seus machos, sendo bem maiores, tornam-se alvos mais fáceis e ricos, o que permite às fêmeas sobreviver e criar os filhotes por mais tempo. Aparentemente, também, a carne do cachalote não é tão agradável, o que afastou os japoneses – embora não por muito tempo. O Japão agora tem planos para ela, baseando-se no princípio de que, como colocado por Takahiro Nakamae, "se não estão ameaçadas, por que proibir sua caça?"[18]

A delegação japonesa alardeia "uma abundância de 10 milhões de baleias hoje", como se tivesse havido uma recuperação miraculosa e não fosse mais necessário se preocupar. Eles querem que acreditemos que as baleias foram salvas e que podemos voltar para casa. Reivindicação extremamente desonesta, não apenas um exagero: inclui também cetáceos não muito maiores que golfinhos, como as baleias-bicudas e piloto (também chamada golfinhos-piloto). Inclui ainda de 600 mil a 700 mil baleias minke que apenas recentemente o Japão começou a perseguir, sobreviventes do cataclisma que assolou a região. O fato é que, ao se deixar de fora os cachalotes, não sobraram mais do que 100 mil grandes baleias no planeta.

O Japão, a Noruega, o IWMC – World Conservation Trust e todos aqui que praticaram atividades baleeiras admitem os pecados do passado. Mas seu senso de direitos não diminui com os "recursos". Parecem não ter alcançado a compreensão da enormidade do que aconteceu. Só copiaram a lição da "superexploração". Nos estudos de economia, a atividade baleeira moderna é tida como caso de má administração de recursos, a clássica "tragédia dos comuns", na qual os interesses de longo prazo são sacrificados em nome dos interesses de curto prazo de poucas pessoas. Mas agora sabemos melhor disso. Hoje, com a ciência como guia e a mistura certa de incentivos e barreiras, a humanidade aprendeu a caçar baleias de maneira sustentável, sábia, perpétua, conservando os estoques ano a ano, século a século, de modo a poder continuar a caçar, matar e usar para sempre.

Nessa perspectiva não há pecados de fato, apenas erros de cálculo econômico. A única tragédia é a queda do fornecimento. Não existe remorso ou vergonha, penitência ou sentimento de culpa, pelo fato de as grandes baleias terem sido praticamente aniquiladas – varridas em um piscar de olhos do tempo geológico, depois de nadarem pelas águas do planeta por 50 ou 60 milhões de anos, ou até mais. A relativa sobrevivência das pequenas minkes parece aos baleeiros atuais e seus defensores uma razão óbvia para mirarmos nossas armas para elas. Aliás, em Adelaide tem-se ouvido o argumento de que as baleias viraram de repente uma "ameaça" aos estoques de peixe do mundo. Antigo amigo das baleias, o naturalista francês Bernard-Germain de la Cépède percebeu qual seria o destino desses animais ainda antes de o pior quadro se confirmar:

> O homem, atraído pelo tesouro que a vitória sobre as baleias lhe concedeu, estorvou a paz de suas imensas e solitárias moradas, violou seus refúgios, sacrificou todas que o deserto polar gelado e inalcançável não pudesse apartar de suas investidas; e a guerra feita contra elas foi especialmente cruel porque se percebeu que são as grandes capturas que fazem o comércio próspero, a indústria vital, os marinheiros numerosos, a navegação ousada, os capitães experientes, as esquadras fortes e o poder grandioso.
> Foi assim que esses gigantes entre gigantes caíram diante de seus braços; e porque o gênio [do homem] é imortal e sua ciência hoje não perece, porque foi capaz de multiplicar sem limites os resultados da mente, as baleias não deixarão de ser vítimas dos interesses até que deixem de existir. Fogem dele em vão; suas artes o transportarão até os confins da Terra; não se encontrará santuário, a não ser na inexistência.[19]

PESQUISA CIENTÍFICA

Então cá estamos debatendo o item 9.1 da agenda: uma baleia e seu filhote no Caribe, a morte dos dois, ao que tudo indica, a última que a espécie jubarte pode suportar – a morte que matará a espécie.

A jubarte, também conhecida como baleia-corcunda, é aquela de longas nadadeiras, ranhuras na altura da garganta e boca curvada para baixo, o que a faz parecer inconsolável, apesar de Herman Melville ter louvado esses animais como "as mais brincalhonas e despreocupadas de todas as baleias". Também são famosas por seus CDs de gemidos e tons altos e misteriosos chamados de "cantos" por conta das variações sequenciais que mudam de lugar a lugar e de ano a ano – um desses discos foi levado pela nave espacial *Voyager* para uma audiência sabe-se lá onde e para alguma época em que não estejamos mais aqui. Elas são populares entre os observadores de baleias – "usuários não consumidores" – porque se a aproximação for bem lenta, as jubartes permitem ficar perto mesmo dos filhotes e animais mais jovens. De vez em quando até se esticam para fora d'água, como se para olhar a tripulação do barco, e até permitem que as toquem – o que parece ter sido o motivo de padecerem na costa de São Vicente e Granadinas.

Os baleeiros "aborígenes" que as mataram violaram uma regra extremamente clara da CIB: "É proibido acertar, capturar ou matar filhotes ou qualquer baleia-corcunda acompanhada de filhote."[20] Também esqueceram de uma primeiríssima regra do uso sustentável: matar uma mãe lactante e seu filhote é matar seu estoque futuro. Diante disso, qualquer um pensaria que Japão e Noruega seriam os primeiros a condenar o feito. Mas não é bem assim que funciona. Nunca um debate da CIB é sobre uma questão específica e imediata, a ser decidida por seus próprios dados. Os debates são sempre, e apenas, mais um confronto na guerra da mídia, na qual solidariedade é tudo. Abra mão de um só ponto que seja, admita o menor dos erros e todos sabemos o que acontecerá: isso não terá fim.

"Mais parece que estamos acertando mosquitos, perdendo tempo com questões pequenas. Meu país é um Estado soberano e não vamos ser coagidos", argumenta o secretário de Pesca de São Vicente e Granadinas, o sr. Kerwyn Morris. Fizeram uma pesquisa em sua nação soberana de 120 mil habitantes e chegou-se à conclusão de que "61% das mil pessoas sondadas consomem carne de baleia. Dessas, 11% devido

DOMÍNIO

a questões de saúde, 16% para se alimentar e 71% o fazem porque apreciam o sabor. É nesse contexto que toda a questão deve ser vista". Foi feita uma pesquisa: as pessoas gostam do gosto. E o sr. Morris continua: "Ninguém pode me convencer de que devemos consideração especial à baleia simplesmente porque as pessoas a consideram bonitinha, por apelo emocional ou algo assim." Se há algo necessário para esse país, é "pegar mais filhotes, e não menos". Outro membro da comissão de São Vicente é ainda mais desafiador: "Continuaremos com nossas operações baleeiras. Nada do que se faça nessa reunião nos fará parar. (...) Não vamos ceder porque não estamos fazendo nada errado."[21]

Antígua alinha-se às visões de São Vicente e nos lembra que o povo aborígene não tem grandes navios nem as tecnologias das nações desenvolvidas. "Pedimos por compreensão." Dominica se associa a Antígua. O comissário da Dominica declara: "A atividade baleeira é feita em barcos pequenos. E quando se está em um barco pequeno, é difícil ver se as coisas são pequenas", uma argumentação tão ridícula que faz rir até a delegação japonesa. A Noruega se alinha à Dominica e o sr. Skagestad volta ao refrão do tempo precioso sendo perdido com assuntos menores: "Realmente não sentimos necessidade de mais debate." O Japão se associa à Noruega: "A produção total de filhotes" ainda é forte, e o abate de apenas um deles "não afetará negativamente o estoque."

Com isso, aceita-se a sugestão do sr. Morris e o assunto é engavetado até o ano seguinte, quando se fará um relatório completo sobre o incidente. Afinal, agora é hora do *coffee break*. Parece ter havido um incidente parecido em 2000, mais distante da costa de São Vicente. Então, como já houve dois casos, só faz sentido lidar com ambos ao mesmo tempo, na reunião de 2001.

Aqui, falam de "ano que vem" como quem fala de "amanhã" ou "semana que vem". Sempre há tempo para se postergar, para se fazer mais pesquisas e investigações, abrir mais grupos de trabalho, comitês e subcomitês a serem ouvidos – mesmo que nesse caso específico houvesse testemunhas e todos ali soubessem o que se passou. Usaram o

RIQUEZAS DO MAR

próprio filhote como isca para a mãe.[22] Numa antiga estratégia baleeira, mataram o filhote primeiro para que não escapasse e porque sabiam que a mãe ficaria perto do filho até que fizesse sua "oferta" ao homem.

E como se relatam essas coisas? Uma das funções da Comissão Internacional Baleeira é servir de tribunal para a opinião pública, ouvindo e pesando evidências de erros. A comissão não tem observadores em portos e navios, embora os delegados ocidentais apoiem a medida. Cada país fica encarregado de reportar suas próprias violações. Mas grupos ambientalistas e jornalistas sempre trazem provas de acusação, e a existência da CIB permite que sejam apresentadas em um fórum. Sem a participação desses grupos no fórum, jamais se saberia sobre esse e e outros filhotes que encontraram o mesmo fim. Ou sobre baleias que levaram tiros e foram arpoadas mas perdidas e deixadas para morrer em colisões com navios, ou levadas à morte ou à perda de audição e orientação com sonares militares de alta frequência. Ou sobre as que levam dias para morrer presas em armadilhas para lagostas, sufocadas por dejetos engolidos ou por redes de pesca na superfície do mar. Ou ainda sobre um festival nas Ilhas Faroé, território dinamarquês a 320 quilômetros da Escócia, onde centenas de baleias-piloto são conduzidas a baías e golpeadas com lâminas até a morte, numa carnificina inacreditável.

Esse é um caso para a CIB. Em Adelaide, todos temem que o negócio perca as estribeiras e a anarquia de tempos passados recomece – uma ameaça a pairar sempre que Japão e Noruega ficam irritados. Mas mesmo eles preferem ter algum tipo de estruturação da ordem internacional, com cotas, manutenção de estoque etc. Afinal de contas, são nações soberanas e estão aqui voluntariamente.

A questão é que como tudo é muito voluntário e não há nenhum mecanismo de coerção, a CIB apenas empresta uma fachada de civilidade às condutas da Noruega, do Japão e de suas nações alinhadas. A Convenção da ONU sobre o Direito do Mar, de 1982, exige que todos os governos cooperem com a Comissão Internacional Baleeira, mas como as regras da CIB não são obrigatórias, seu resultado é nulo.

DOMÍNIO

A Noruega, por exemplo, anunciou em 1993 que não se considerava mais incluída na proibição de caça, e então recomeçou a pegar baleias no Atlântico Norte. Desde então, os baleeiros noruegueses começaram a armazenar 800 mil toneladas de gordura de baleia congelada para o dia em que a proibição for retirada, quando voltarão a exportá-la legalmente para o Japão. Há suspeitas, no entanto, de que já exista um mercado negro do material. Mas pelos registros, a Noruega só está guardando a gordura enquanto isso consome a carne no mercado doméstico. No material promocional norueguês somos informados:

> As pessoas comem a carne de todos os jeitos, em postas, cozida, em hambúrguer de baleia, na pizza. A mais recente novidade é o churrasco de baleia. "Absolutamente delicioso", é o que Bjorn Hugo pensa da carne de baleia, e sua visão tem ecoado entre turistas dos Estados Unidos – a terra do *steak* –, que falaram a uma rádio de Oslo, após provarem um pouco: "Carne é algo que não poderia estar mais perto do céu."[23]

As regras de fato permitem a atividade comercial baleeira da Noruega. Qualquer membro pode em noventa dias simplesmente apresentar uma objeção à decisão e não ter mais nenhuma obrigação com o assunto. Por isso, a Noruega ainda vem aqui, debate, vota como qualquer outro membro, e todos temos de ouvir o velho Gunnar Skagestad, esse homem que mal consegue dizer "presente" sem soar indignado e lesado, falando de metas que seu próprio país viola, de regras que a Noruega cumpre de acordo com sua vontade e de santuários que seus aliados violam rotineiramente.

Anualmente, o Japão mata de seiscentas a setecentas baleias (que se tenha conhecimento) a título de "pesquisa científica". Nesse caso, mais uma vez, há uma regra da CIB que permite o feito. O artigo VIII da Carta de Direitos da comissão elaborada em 1946 afirma:

> Não obstante algo contido na Convenção, qualquer governo signatário pode conceder a qualquer de seus cidadãos uma permissão especial para matar, capturar ou lidar com baleias para propósitos científicos

sujeitos a outras condições que o governo signatário julgue cabíveis, e que a morte, a captura e o manejo de baleias de acordo com as provisões deste artigo estejam isentas da operação desta Convenção.

E o governo japonês simplesmente libera essas permissões especiais sob o programa de "pesquisa científica letal", conhecido como JARPN. Quando a ambiciosa empreitada científica começou? Bem, por volta de 1986, quando teve início a proibição da caça. Antes disso, com que frequência o Japão acionava o Artigo VIII? Nunca. E o que está sendo pesquisado exatamente? Tem algo a ver com "o papel das baleias no ecossistema", explica a Associação Baleeira Japonesa. A Agência de Pesca Japonesa é um pouco mais detalhada e conta à *Nikkey Weekly* que querem "estudar seus tampões de ouvido, ovários, tecidos musculares e conteúdos estomacais" e assim calcular as taxas de recuperação das baleias.[24] Ao que parece, apenas um tampão não é suficiente à pesquisa; precisam de centenas e centenas por ano para "importantes artigos científicos" dos quais se gaba a agência.

E o que acontece às baleias depois de terem sido levadas pelos "navios de pesquisa", como são chamados por Masayuki Komatsu? Testes genéticos feitos em carne de baleia vendida em lojas japonesas indicam que se tratava de carne de baleia-azul, o que sugere que algumas grandes descobertas científicas não foram partilhadas conosco. O governo nega, mas sabe-se que grande parte dos derivados dessas expedições científicas saem do ecossistema direto para os locais de alimentação. A venda da carne de baleias minke fatura dezenas de milhões em lojas e restaurantes de Osaka e Tóquio, onde é vendida como grossos bifes ou em sopa de missô ou ainda aos pedaços no molho de soja. Um pouco do lucro é revertido a um fundo para mais pesquisas, com vistas a expandir os estudos a 4 mil minkes por ano, como explica o sr. Komatsu.[25]

Para completar o engodo, o Japão criou um Instituto de Pesquisa Cetácea, que conta com um subsídio governamental de US$ 5 milhões por ano, além dos US$ 35 milhões que arrecada com sua pequena venda de carne. A função do instituto é regular a cota anual japonesa e

DOMÍNIO

transformar a demanda comercial em imperativo de pesquisa científica. Em 2000, por exemplo, o Japão explicou que precisará de mais cem minkes por ano e que será necessário ampliar suas pesquisas para além das baleias minke, chegando nos cachalotes e nas rorquais-de-bryde. Sessenta dessas baleias terão de virar "amostras" letais para a ciência (apenas para começar), antes que seus subprodutos virem comida. A carne da bryde está com o valor cinco ou seis vezes maior do que a da minke. Quando a equipe científica tiver terminado a pesquisa, a matança será publicada como "Plano de Pesquisa para Estudos de Cetáceos no Oeste do Pacífico Norte sob Permissão Especial (JARPN-II): Plano de Estudo de Viabilidade 2000-2002".

Sob objeções japonesas, foi permitido ao delegado australiano David Mason tomar a palavra e explicar a doutrina do "abuso de direitos", resumindo o trabalho de Gillian Triggs, professora de Direito de Melbourne: qualquer direito deve ser exercido em referência a padrões comuns de razoabilidade e boa-fé e mantido no propósito para o qual aquele direito existe – nesse caso, pesquisa científica de verdade. Isso foi espanado como lógica ocidental, com certa arrogância do sr. Komatsu: "Vejo que se vocês avaliam que suas próprias empreitadas científicas não estão nas mesmas bases que as do Japão, e talvez por isso vocês as neguem em outros níveis, (...) então os especialistas em Direito não entendem direito a situação."

Biólogos marinhos do Reino Unido demonstraram, com uma longa e árdua monografia, várias técnicas com as quais a biópsia em baleias pode ser feita sem matá-las. O estudo provavelmente levou meses para ser preparado, e tudo para obter a resposta oficial: "O governo do Japão agradece os comentários sobre a utilidade das técnicas de amostras de biópsia. Entretanto, NOSSA VISÃO NÃO MUDOU. Em outros termos, NOSSA PESQUISA PRECISA DE MÉTODOS LETAIS."[26]

A cada ano, as nações contrárias à caça de baleias propõem alguma resolução que peça, sugira ou convide o Japão a reconsiderar seu programa científico e adotar práticas de pesquisa não letais, todos jogando educadamente com a ficção que não tem nada a ver com ciência. "Houve discussões consideráveis a respeito das questões metodológicas", reporta o Comitê Científico. "E essas podem ser agrupadas grosso modo sob dois cabeçalhos: 'É provável que a metodologia descrita alcance os objetivos do programa?'; e 'Pode a pesquisa ser levada adiante usando métodos não letais?'"[27] Falou-se sobre as questões durante quatro dias da reunião e vai-se falar mais no ano que vem, mas sem grandes benefícios porque a CIB não tem poder e a metodologia japonesa é uma fraude.

Cientistas japoneses também têm trabalhado bastante para provar (como a Associação Baleeira Japonesa sustenta) que "baleias consomem muitos peixes". Eu nunca tinha ouvido falar nisso. Do nada, descobre-se que baleias não apenas são um recurso muito importante para nós, como são também uma ameaça.

"Uma ameaça ao homem e aos estoques de peixes", afirma a associação japonesa. "Uma ameaça à segurança alimentar do mundo", alardeia o comissário da Ilha de São Cristóvão, levantando o espectro da "fome mundial". O IWMC – World Conservation Trust alerta numa página inteira do USA *Today*: "BALEIAS TAMBÉM COMEM PEIXE! Os rostos da fome se multiplicam. Não há comida suficiente no planeta para toda a população mundial. E a situação está piorando. (...) As baleias têm de ser gerenciadas da mesma maneira que outros recursos – com base na ciência."

Até as pequenas minkes parecem devorar mais do que deveriam. A Associação Baleeira Japonesa defende:

> O uso sustentável das baleias como recurso alimentar por meio de colheitas controladas das baleias minke ajudaria imensamente na recuperação de outros recursos marinhos. Além disso, diante de uma população humana sempre crescente e de um fornecimento mundial de peixes decrescente, há mais argumentos para se reconsiderar a proibição da caça de baleias.[28]

A delegação coloca o assunto e nos deixa com uma pequena apresentação de imagens que mostram o conteúdo estomacal de uma minke estripada, a revelar que a acusada de fato consumiu "muito peixe", no caso, muitas anchovas. As *nossas* anchovas.

DOMÍNIO

O Instituto de Pesquisa Cetácea espalha comentários alarmantes sobre o tema, junto a ilustrações e quadrinhos, como o que mostra uma baleia e um homem sentados em lados opostos de uma mesa de jantar, o homem parecendo fraco e faminto diante de seu prato vazio e a baleia avarenta em traje de gala e babador se deleitando numa grande montanha de peixes.

Se a brutalidade humana com as baleias é a mais violenta jamais direcionada a um animal, essa nova propaganda é certamente a mais maldosa. A ideia é apelar e tornar nossas emoções contrárias às baleias, principalmente para alarmar as nações costeiras em desenvolvimento, cujo apoio é buscado pelo Japão e pela Noruega.

Há uma lógica sinistra por trás disso. Sim, algumas baleias comem peixes, mas as baleias sem dentes, como a azul e a baleia-da-groenlândia, contentam-se quase exclusivamente com plânctons e krills – os crustáceos similares a camarõezinhos que sugam da água passando por suas cerdas bucais, placas de queratina parecidas com pelos de escovas. Como regra geral, quanto maior a baleia, menor é sua comida na cadeia alimentar, de modo que os maiores mamíferos do planeta, aquelas cerca de duas mil baleias-azuis ainda entre nós, subsistem de organismos minúsculos. E não parece ter havido uma diminuição desses animais para que as baleias sem dentes começassem a comer peixes. Cerca de um trilhão de krills habitam uma concentração tão grande os oceanos do sul, que pode ser vista por satélite – testemunho do desaparecimento de seus principais predadores, as grandes baleias.

Então, as baleias sem dente são inocentes. Resta às baleias que consomem peixes responder por sua alimentação. Elas consomem pequenos crustáceos como krills e copépodes, além de peixes das profundezas e polares – todos inacessíveis a nós e não comestíveis, a não ser pelas lulas, preferência das cachalotes, e as anchovas daquelas baleias minke mostradas pela delegação japonesa. A maioria das baleias migra para as águas geladas do sul ou do norte, longe de onde se pratica a caçada comercial, exatamente para se alimentar. Elas sequer comem ao longo de todo ano, em muitos casos a alimentação é sazonal, algumas por sete ou oito meses por ano, armazenando energia suficiente em suas

RIQUEZAS DO MAR

grossas camadas de gordura para que possam seguir para a estação de reprodução.

Ou seja: pense em qualquer comida marinha do seu cardápio, e, a não ser que você esteja se alimentando de plâncton ou de minúsculos crustáceos das profundezas, então nenhuma baleia de qualquer espécie compete com você. Ao mesmo tempo, sabe-se que há um esvaziamento de peixes no mar. Se não foram as baleias, quem será que causou isso?

Bem... pensemos. Tiramos anualmente 95 milhões de toneladas de vida marinha, segundo um estudo da Organização das Nações Unidas. Isso é quase cinco vezes o que tirávamos dos oceanos meio século atrás. Sem falar nos mais de 60 milhões de toneladas de animais marinhos pegos incidentalmente e descartados pelas frotas industriais todo ano[29] – as centenas de milhões de peixes jovens, tartarugas marinhas e cetáceos "não mirados" sugados pelos nossos barcos num "esvaziamento não intencional de estoque" e jogados fora como restos. E há ainda 30 milhões de toneladas de peixes das fazendas de piscicultura criados em gaiolas. Importante lembrar que as baleias, quando não estão mais consumindo enormes quantidades de vida marinha, retornam a mesma biomassa ao ecossistema em forma de fertilizante. Já o ser humano apenas retira a biomassa, esvaziando constantemente os nutrientes básicos do mar.

Alguém está tirando demais, ao que tudo indica, e não são as baleias. E mesmo que se descobrisse que elas consomem mais do que se suspeita, do que todos esses "administradores de recursos" marinhos vêm reclamar? Eles são os mesmos camaradas que, com todo o seu sermão sobre "riquezas" e "bênçãos" do mar, praticamente destruíram um de seus habitantes mais grandiosos e pacíficos, e teriam terminado o trabalho se tivessem deixado. Sim, é verdade, se a humanidade poupar mais baleias da morte, haverá mais baleias vivas em toda a Terra comendo seja lá o que a natureza lhes reservou como alimento. Ótimo. É o que acontece quando uma espécie é dizimada a 4% ou 5% do que sua população seria e finalmente se deixa que os sobreviventes vivam e reconstruam a população. Eles precisarão de mais comida.

DOMÍNIO

O que está realmente por trás de todo esse blá-blá-blá sobre a crise mundial da anchova é uma necessidade cada vez maior de restrição à indústria da pesca – para os "usuários sábios" daqui, uma alternativa impensável. Isso significa que se for o caso de baleias e outros mamíferos marinhos repovoarem os mares (e é só questão de tempo até começarmos a ouvir GOLFINHOS COMEM PEIXES TAMBÉM!), então a humanidade não poderá mais saquear sem fim os 70% da Terra compostos de água – e estamos falando aqui especialmente das frotas do Japão, Taiwan, China, Coreia do Norte e Rússia, com suas histórias de redes ilegais e sua utilização cruel e indiscriminada de espinhel*. Isso significa que outras criaturas também têm um lugar no mundo, que devemos manter nossas redes, boias, poluentes e derramamentos de óleo fora do caminho, que devemos de fato dividir e, sim, se for necessário, deixar peixe ("nosso peixe") suficiente para eles.

IMPERIALISMO CULTURAL

Há também o negócio baleeiro como "direito cultural", quase um dever religioso, independentemente de como estão os "estoques" e do que a ciência demanda. Isso fica meio confuso. Por um lado, o governo japonês diz que a caça deve continuar porque a pesquisa pede por isso, temos que estudar os tampões de ouvido das baleias e tudo mais. Por outro, dizem-nos que tem de continuar porque a tradição e a cozinha requerem, temos de comer sopa missô e tudo mais. Não importa que essas reivindicações às vezes soem contraditórias. Quando se trata da tradição e da cultura, entra-se em um terreno sagrado, e razão e objetividade devem ser deixadas de fora, junto dos sapatos. Tudo bem tornar-se sentimental em relação à questão, desde que seja nos termos do Japão, do jeito do Japão. Aí não há limites para toda empatia e sentimentos permitidos.

---

* O espinhel consiste em uma linha principal longa e mais forte, colocada horizontalmente e à qual são presas linhas mais curtas, verticais, que terminam em anzóis. O método é controverso em função do número de pescas acidentais, – não apenas de peixes indesejados, mas também de aves e tartarugas. (*N. da T.*)

Os ocidentais, como colocado pelos baleeiros japoneses, "elevaram as baleias ao status de ícones sacrossantos, quase religiosos". Agora, com a proposta australiana, buscam "construir santuários para sua adoração. Eles sabem e nós sabemos que a proposta é uma vergonha".[30] O que os ocidentais não entendem é que, para eles (baleeiros japoneses),

> baleias estão associadas a um amplo senso de segurança e prosperidade. (...) A baleia, como comida do dia a dia, envolve uma variedade de associações positivas na mente das pessoas, de modo que contemplar um futuro sem essa comida traz preocupações e pensamentos de fato depressivos. (...) A incerteza da moratória levou a *estresses bem maiores do que os econômicos*. Famílias, assim como indivíduos, sofreram diversos estresses sociais e psicológicos e, como consequência, a saúde e o bem-estar desses indivíduos e famílias também foram abalados.[31]

Segundo a Associação Baleeira Japonesa, "a força de trabalho total envolvida em pequenas atividades baleeiras estava em torno de cem pessoas em 1987, das quais 75 eram empregadas em tempo integral".[32] Mais ou menos outras mil são empregadas da frota de 5 navios,[33] o que conflita com o número de 10 mil trabalhadores que perderam empregos na década de 1980, segundo a própria associação. E como a maior parte dos baleeiros trabalha na atividade pesqueira em meio expediente ou atua ocasionalmente na atividade baleeira, muito poucos dos 10 mil empregados indiretamente ficaram sem trabalho. Numa pesquisa da agência independente Mori, como relata a ONG Iruka & Kujira Action Network, 60% dos japoneses afirmam que não comem baleia desde a infância. Apenas 1% afirma comer regularmente e não mais de 11% apoiam a indústria baleeira.[34]

Portanto, sejam lá quais forem os estresses, eles não foram tão "disseminados" quanto se fala. Talvez no passado, mas não hoje. Estamos falando de um número muito pequeno de baleeiros a serviço de pequena mas influente minoria mais idosa – consumidores como Naoshi Goto, um senhor de 66 anos entrevistado pelo *New York Times* diante de uma vasilha de sopa no restaurante Taruichi, em Tóquio: "Quando eu

DOMÍNIO

era criança, a gente comia missô com carne de baleia todo ano-novo. Era uma tradição de séculos da minha vila. Você não imagina o como essa sopa é preciosa para mim hoje."[35]

Para esses consumidores e para os caçadores de baleia, não se trata apenas de perder o comércio ou a tradição, dizem, mas a própria carne. É a perda dessa preciosa carne a fonte de pensamentos depressivos. Como a Associação de Pequenos Baleeiros japonesa explica em seu prospecto:

> A importância do *kujira* se relaciona a suas *associaçãos simbólicas* a diversos aspectos positivos da vida das pessoas (por ex., saúde, longevidade, vitalidade); à importância social e cultural dos presentes de carne de baleia; ao uso de produtos comestíveis de baleia pelas cozinhas locais/regionais; ao importante papel que essas culinárias têm na identidade cultural; ao valor cultural de manter e transmitir *técnicas e ocupações tradicionais*; à promoção de *valores espirituais tradicionais* ligados a baleeiros e suas famílias com seus passados e com as baleias.[36]

Em outras palavras, a carne de baleia "se relaciona" com tudo. Se levarmos tudo em conta, matar baleias significa "buscar o divino". Há profundos valores espirituais em jogo:

> Membros das comunidades baleeiras também participam de cerimônias budistas, duas delas particularmente importantes: primeiro, os serviços memoriais pelas almas de baleias mortas; o segundo, pelas almas dos baleeiros que tiraram uma vida, em busca de indulto pela perda do mérito em tê-lo feito. Em algumas vilas baleeiras, praticamente toda a comunidade participa desses serviços.[37]

Algo desse elemento espiritual foi perdido nas imagens coloridas do prospecto que mostrava cenas de açougueiros se movimentando com chapéus de operário e macacões encharcados de sangue, manejando ferramentas industriais a bordo de navios-fábrica – que só o Japão continua a usar – nenhum dos "operários" demonstrando muita devoção.

RIQUEZAS DO MAR

Se há alguma reverência que ainda inspira esses caçadores comerciais no Japão, parece ser da variação direcionada a si mesmo. Podemos "adorar" as baleias o quanto quisermos desde que as tenhamos matado antes. Pode-se aceitar a sentimentalidade desde que parta dos açougueiros e seja do modo deles. Pode-se perguntar mais e mais o que há de tão "especial" em relação às baleias, mas não se deve nunca perguntar o que há de tão especial em relação à carne de baleia. Pode-se até reconhecer a "perda do mérito" de alguém que ia matar um cetáceo, mas apenas se a censura se perder num ritual vazio e que serve apenas a si mesmo. Igualmente só se pode sentir piedade se for autopiedade, na qual, aliás, qualquer um pode se refestelar.

Acima de tudo, é irritante ver a equipe ocidental de relações públicas com sua aparência bem próspera posando de altruístas por aqui, defensores da compreensão científica e cultural com esses pobres japoneses (os baleeiros que lutam para sobreviver, que se aventuram constantemente) enquanto acusam os outros de cobiça. Ao ouvir esse pessoal falar, é de se pensar que todos estão aqui por dinheiro, dinheiro, dinheiro – todos, menos eles e o negócio que representam. "As baleias não estão ameaçadas de extinção e o programa de pesquisas [japonês] é um programa científico válido. Eles [o Greenpeace] fazem milhões de dólares por ano iludindo o público",[38] coloca Dan Goodman, que representava o Canadá na CIB e hoje está empregado pelo Instituto de Pesquisa Cetácea, que custa US$ 40 milhões por ano. Gostaria de saber como lhe pagam. Com ofertas sagradas de *kujira*?

A caça comercial da baleia, bem como seu esnobismo hipócrita e seu senso de injustiça, sobrevivem em grande parte graças ao apoio japonês, com o intuito de afastar a atenção de sua própria participação. Se tudo isso fosse apenas questão financeira ou uma preferência alimentar da elite japonesa, a opinião mundial recairia para o lado dos mamíferos aquáticos. Os baleeiros japoneses pareceriam arrogantes, gananciosos e até um pouco tolos. Então a questão deve envolver algo mais, algo além, mais nobre e universal. Há ciência, mas ninguém acredita de fato nisso, trata-se apenas de uma fachada legal, tanto é que há necessidade de um ângulo moral. Com ajuda da Tele-Press Associates, de Nova York, o país e seus baleeiros vêm com essa história de que são vítimas da intolerância, defensores dos países menos desenvolvidos e sua indústria é um símbolo orgulhoso da diversidade cultural, num mundo que se inclina cada vez mais sob a influência do "imperialismo cultural ocidental".

Um exemplo de como a questão foi conduzida é o posicionamento de São Vicente e Granadinas e das outras nações caribenhas. Quando foi declarada a moratória na CIB, em 1982, colocaram-se a favor da proibição. As seis delegações hoje sob controle do Japão eram então novas nações soberanas, tendo apenas recentemente se tornado independente dos governos francês ou britânico. Sem dúvida, apoiaram a moratória por conta da influência dos Estados Unidos, que na época enviaram US$ 225 milhões em ajuda humanitária a esses países, mas também porque suas economias eram baseadas em turismo, agricultura e pesca, e turistas gostam mais de ver as baleias vivas do que sendo mortas e esquartejadas.

Com a queda do número de jubartes a cada ano, os países caribenhos eram locais primordiais do ecoturismo, sobretudo do negócio da observação de baleias – mercado que hoje gera lucro de meio bilhão de dólares em setenta diferentes países.[39] O que há de tradição baleeira nesses países foi herança europeia e dos Estados Unidos, que construíram estações de caça em São Vicente e Granadinas e, por anos, treinaram pessoal local para o abate e o processamento da carne. Quando americanos e europeus bateram em retirada no início do século passado, a caça comercial organizada de baleias no Caribe acabou.

O governo japonês os cooptou para o bloco pró-baleeiro com uma quantia não revelada de dólares em novos navios, material de pesca e projetos públicos, chegando inclusive a assumir a contribuição anual dessas nações, de US$ 340 mil, para a CIB. De algum modo, o governo americano pode se culpar pela perda de aliados: vulneráveis a furacões e outros desastres naturais, as ilhas caribenhas dependem de ajuda e investimento estrangeiro, e o auxílio americano caiu 90% de 1985 a 1995. O Japão percebeu a abertura, e os governos deram boas-vindas à ajuda.

Não está claro como os povos veem a agenda baleeira japonesa, mas foi possível ter alguma noção do que acontece quando o ministro da Pesca da Dominica, Atherton Martin, pediu demissão em protesto e revelou que o Japão dava a seu país US$ 7 milhões em troca de votos a favor da caça. Como ele colocou: "Se o Japão não exercesse essa influência sobra a Dominica, ela não teria nenhum motivo para ser membro dessa organização política. Não somos uma nação baleeira, somos um país da observação de baleias."[40] O sr. Komatsu disse ao *Advertiser* que o sr. Martin foi "plantado" pelos inimigos do Japão.[41]

Também foi revelado naquela semana que o FBI e o Departamento do Tesouro americano identificaram que essas mesmas nações soberanas, Dominica e São Vicente e Granadinas em particular, eram paraísos fiscais portos de cartéis de drogas por exemplo.[42] Não se pode simplesmente jogar essas acusações sobre as autoridades presentes, mas vou contar o seguinte: essas delegações apresentam uma deferência especial aos benfeitores japoneses e noruegueses, chegando a ser embaraçoso como alguns delegados caribenhos borboleteiam como pajens em torno do sr. Komatsu e do sr. Skagestad. Nos intervalos, é possível ver esses delegados em torno do representante japonês ou de Eugene Lapointe, presidente da IWMC – World Conservation Trust, com suas propostas e discursos para avaliação, como crianças com seus deveres de casa. Também não fica claro se todo esse dinheiro do Japão vai para a pesca e atividades similares. Durante o café, ouvi algo que mais parecia a frase final de um suborno, entre um delegado e um senhor caribenho: "Olha, não interessa como vai ser lavado. A questão é que vamos te mandar US$ 20 mil." Seria uma troca de favores entre delegados caribenhos e os benfeitores? – perguntei a Steinar. "Claro que sim", ele respondeu. "Somos organizados. Queremos vencer."

Foi assim que os votos de seis nações financeiramente aliciadas a favor da atividade baleeira (São Vicente e Granadinas, Granada, Dominica, Ilha de São Cristóvão, Antígua e Santa Lúcia), e que representam meio milhão de pessoas, anularam os votos de seis nações contra a atividade (Estados Unidos, Brasil, Inglaterra, Espanha, Austrália e Nova Zelândia), que representam um bilhão de pessoas.

DOMÍNIO

A história foi mais ou menos a mesma com os nativos makah, do noroeste do estado de Washington, alguns anos atrás, quando, subitamente, setenta anos depois de um último makah ter caçado a derradeira grande baleia-cinzenta, o conselho tribal decidiu resgatar a tradição, conseguindo permissão do governo americano, a título de exceção da moratória da CIB, para a "caça cerimonial de baleias".

A caça de baleia é uma tradição makah do mesmo modo que a caça de búfalos é uma tradição dos nativos modernos dos Estados Unidos: terminou há muito tempo, quando europeus e americanos aniquilaram rebanhos e mais rebanhos dos quais os nativos dependiam. Nesse caso específico, os pesqueiros californianos do século XVII trataram de, até o fim do século, dizimar as baleias-cinzentas. Repentinamente, os makahs têm vontade de caçar de novo. Essa volta aos velhos tempos foi saudada como um intricado dilema para ambientalistas, divididos entre a preocupação com as baleias mas também com os direitos dos povos nativos. "O assédio dos ativistas ambientais aos makahs é reminiscente de um assédio tão veemente quanto aos afro-americanos por parte de racistas/ suprematistas cheios de si durante a época dos Direitos Civis, na década de 1960", declarou ao *Conservation Tribune* o sr. Lapointe, do IWMC.

Eis o que escreve o *Wall Street Journal*, em 1999, quando da primeira caça depois da retomada:

> "Não matarás baleias" está entre os mais importantes mandamentos do cânone politicamente correto. De modo que, quando a nação indígena makah lanceou uma baleia na costa noroeste dos Estados Unidos na segunda-feira, os ecologistas engasgaram com suas barrinhas de granola. Pobres dos amantes dos animais; nesse caso, não há uma reivindicação muito precisa. Para o ativista médio, interferir nas culturas dos americanos nativos é quase um tabu, como derrubar sequoias. (...) E certamente, ao vencer imensos obstáculos burocráticos, os makahs conseguiram mais do que sua refeição tradicional.[43]

O que de fato aconteceu foi que os makahs cuidavam de suas próprias vidas até que um dia, em 1991, alguém em Tóquio inventou que era hora de a nação Makah reclamar seus antigos direitos. Logo haveria

RIQUEZAS DO MAR

um escritório do Conselho Mundial dos Baleeiros (uma operação conjunta entre Noruega e Japão) perto do porto Alberni, na Colúmbia Britânica. Foram providenciados fundos iniciais para um "programa de intercâmbio cultural" que ensinou a tribo a caçar baleias e a auxiliou numa série de complexos acordos por meio dos quais (como depois se descobriu num processo federal engavetado por Jack Metcalf, deputado por Washington) as agências de proteção americanas retiraram a baleia-cinzenta da lista de espécies ameaçadas. Os acordos também deram permissão aos makahs de usar a mesma cota de baleias que a tribo chukotka da Rússia. Após um pleito no conselho tribal (no qual havia duzentos dos seiscentos membros), finalmente, uma nova geração dos makahs conseguiu o direito de subjugar o leviatã. Com enorme alegria, e sob proteção da Guarda Costeira americana, oito homens embarcaram em suas canoas perto da baía Neah carregando seus arpões simples ("arpões frios") e um rifle que teve de dar quatro tiros para abater uma baleia-cinzenta jovem que nadava na direção dos nativos.

Alberta Thompson, uma mulher makah contrária à caçada, conta que foi perseguida e demitida de seu emprego por apoiadores da política japonesa em sua tribo. Ela acredita que foram os mesmos homens que assediaram seu neto e mataram seu cachorro. Todo o espetáculo foi visto como uma "vitória simbólica" do Japão, que conseguiu arquitetar uma volta da caça às baleias sancionada pela própria lei dos Estados Unidos e que aconteceu em águas americanas.

Por essas e por outras, a sra. Thompson não tem os homens makahs em alta conta. Viu uma filmagem da tal cerimônia sagrada, que consistia em homens saltando numa euforia imbecil em volta de uma baleia chacinada – que vez por outra ainda mexia suas barbatanas – depois retalhando-a com motosserras, para, ao cair da noite, deixar sua carcaça apodrecer. "Para os caçadores de baleia do passado, era muito importante ter uma vida limpa um ano antes da caça. Os homens estavam dançando em volta da baleia depois de pegá-la. Os homens [makahs] de outros tempos jamais teriam feito isso", comenta ela. "Uma jovem da tribo teve de mandá-los parar, e ela era a favor da

DOMÍNIO

caça. Os homens de outros tempos não teriam feito nada disso. Eles teriam mais reverência pela vida que tiraram."

Ao vender toda a história como um tipo de programa de autoestima tribal, o Japão encontrou seus próprios "camponeses empoderados". Não há dúvida de que um dia tanto líderes makahs quanto caribenhos vão perceber que a manipulação "imperialista" também vem do Oriente. Por ora são ótimos suportes da guerra midiática, evocando a empatia longamente negada pelos baleeiros japoneses, exatamente como o povo do continente africano acaba agindo em nome da indústria da caça de troféus animais, dos afrodisíacos japoneses e do marfim, que acaba por expandir a caçada de tigres e elefantes.

Depois de ter torcido o significado de "ciência", o Japão agora perverte o significado de "cultura", incentivando um falso movimento indígena a reviver uma tradição perdida, mesmo décadas depois de a indústria baleeira começar a padecer sua morte natural – uma vez que os "recursos" estão se esgotando e novos substitutos de carne e óleo foram descobertos.

O povo mais próximo de aborígenes baleeiros reais na CIB são os inuítes, que vieram a Adelaide de suas aldeias nos recantos do litoral do Alasca, Canadá e Rússia e que, todos juntos, matam quatrocentas ou quinhentas baleias por ano. Seu argumento é de que caçam baleias há quinhentos anos, então, quem é que pode ir até eles e mandar que parem? Teoricamente, diversas leis e tratados internacionais proíbem os esquimós de vender produtos de baleia, de modo que esse povo nos assegura que só caça pela carne e pela tradição sagrada.

Mas e quando a "tradição sagrada" se resume a esporte? Como o que acontece com os habitantes das Ilhas Faroé, em sua matança anual de baleias-piloto – 45 mil pessoas gozando de um dos mais altos padrões de vida da Europa, sem a menor necessidade daquela carne, a não ser pelo paladar. De volta aos inuítes, vale lembrar que poucos deles hoje vivem como as comunidades primitivas que precisavam lutar pela subsistência nas duras margens da civilização. São jovens para quem a caça das baleias é uma paixão, além de um ato de autoafirmação cultural. Caçam não porque precisam, mas porque querem, apesar de viverem rotinas bem civilizadas em casas com aquecimento, de dirigirem carros, caminhões e *snowmobiles*, de trabalharem em instalações petroleiras, fábricas, lojas e escritórios. Muitos deles, aliás, estão prosperando no norte do Alasca graças à indústria do petróleo. O sr. Brower, "baleeiro de subsistência aborígene" me deu seu cartão com e-mail, e duvido que o computador esteja ligado num iglu.

A caça às baleias estava se extinguindo nessas comunidades até a década de 1970, quando os dutos de petróleo do Alasca tiveram o efeito perverso de reavivá-la com a riqueza e o tempo livre gerados. Hoje é difícil distinguir essa prática da caça por troféus, sobretudo na atual loucura por arco e flecha, com toda a simulação de autoconsciência das paixões primitivas, a mesma paródia da exploração heroica e reverência seletiva aos costumes. Portanto, pode-se usar o arpão frio independentemente do quanto a baleia vai sofrer ou se será arpoada e "perdida", porque, afinal de contas, era assim que faziam nossos tataravós, e antes deles seus pais. (A CIB estima que para mil baleias capturadas por esquimós, cem escapam com arpões ainda presos em seus cérebros ou costas, e mais de 25% delas são fêmeas grávidas.) Mas ninguém fala nada sobre a tradição sagrada dos barcos a motor, motosserras, comunicação por rádio, aviões de identificação de animais nem dos veículos de 16 rodas típicos dos baleeiros "aborígenes", usados para tirar da água os animais abatidos.

UM PEIXE CORAJOSO

Ao entrar no centro de convenções na manhã da votação sobre o santuário, Masayuki Komatsu recebeu uma animada salva de palmas de homens de terno e mulheres de quimono levados ao local para representar um protesto espontâneo. As coisas estão indo bem para os japoneses e parece que eles partirão de Adelaide com uma vitória sobre o Ocidente ainda maior do que esperavam.

Mas não foi exatamente um protesto – eram umas setenta ou oitenta pessoas que só apareciam quando havia câmeras presentes.

DOMÍNIO

De um lado, havia a Associação Baleeira Japonesa e outros grupos como Associação da Preservação da Culinária de Baleia, com placas dizendo "Compreensão mútua das culturas, uso sustentável dos recursos" e "Cozinha é cultura". Assim como o trunfo: "Deixem-nos com nossas baleias e nós os deixaremos com seus McDonald's e suas costeletas de porco." Do outro, o Greenpeace e as Kids for Whales (Crianças pelas baleias) – uma delegação de 13 crianças europeias com baleias infláveis em tamanho natural –, entre diversos manifestantes individuais com placas dizendo "Parem a matança" e "A CIB é uma farsa corrupta".

Entre as Kids for Whales há uma doce mocinha dos seus 15 anos chamada Simone Lemmes, de Colônia, que no dia anterior havia se plantado no caminho do sr. Komatsu e de sua comitiva, implorando que ele permitisse a criação do santuário e dizendo: "Apenas pare de matar as baleias." Embora eu não tenha visto toda a cena – um cinegrafista veio correndo –, ela parecia estar no controle da situação e foi dificílimo o sr. Komatsu quebrar o bloqueio, dizendo à menina para ir estudar ciências. Quando os japoneses foram embora, Simone, a nova estrela do seu grupo, foi cercada pelos amiguinhos admirados e excitadíssimos com a boa atuação das Kids for Whales.

Outro que protesta é Howie Cook, um hippie de verdade, meio confuso, de seus 40 anos. Ele veio de carona de Melbourne junto com a namorada, Trudi, de uma beleza meio desgrenhada. Ficam do lado de fora do centro de convenções o dia todo, mesmo quando chove. Eles já nadaram com baleias, estudaram as baleias – que, com sota-que australiano, chamam de balaaaias – e falam delas e dos golfinhos com muito sentimento, principalmente quando Howie afirma que "os mamíferos marinhos não têm a dádiva da inconsciência. Eles sofrem até o fim". Sobre as delegações norueguesas e japonesas que passam por ali o dia todo, dizem: "Eles riem de nós. Mas têm um coração duro. Criam esse grande sistema de crueldade e destroem essas belas criaturas, e ainda riem de qualquer um que questione isso."

Dentro da convenção, em qualquer debate e sobre qualquer assunto a qualquer momento, pode-se ouvir:

RIQUEZAS DO MAR

(...) Caçar baleias faz parte de nossa herança cultural e não vamos nos render! (...) Os Estados Unidos instam o Japão a interromper esse projeto imprudente! (...) Temos de colher essas bênçãos dos mares! (...) Exploração tola e mesquinha! (...) Governança global dos oceanos com bases científicas para a melhor utilização dos recursos das baleias! (...)

Fiquei impressionado com Masayuki Komatsu, esse homem obviamente inteligente e sério, cujo trabalho de toda a vida foi a defesa dessa iguaria. Os japoneses parecem duros e inalcançáveis ao insistir em usar tradutores, apesar de a maioria ter um inglês impecável. Ao caminhar em grupos fechados, indo e voltando entre nós, os imperialistas ocidentais, parecem um pouco com as delegações soviéticas da época da Guerra Fria. Mas, com o sr. Komatsu, entre outros de sua delegação, a primeira impressão caiu por terra. Perguntei se poderíamos conversar quando ele tivesse tempo, e poucas horas depois ele mesmo veio me procurar, o mais cordial possível e animado por poder expor seus argumentos.

É verdade que uma nação com litoral de 20 mil quilômetros foi levada ao longo do tempo a encarar os mamíferos marinhos de maneira diferente da nossa. Sem falar que Estados Unidos, Austrália, Nova Zelândia, Espanha, Brasil, Inglaterra, Holanda, Alemanha, África do Sul e tantos outros países já foram nações baleeiras – os holandeses, aliás, caçaram mais e por muito mais tempo que o Japão. Mas todos esses países desistiram e muitos de seus portos hoje são lucrativos centros de observação de animais marinhos. Então, por que não pode o Japão fazer o mesmo? Quando foi que um único tipo de comida se tornou o símbolo máximo da vida no Japão?

Em sua maneira pausada e precisa, o sr. Komatsu apresenta seus argumentos:

Nossa visão é a de que devemos usar qualquer vida animal selvagem dentro de um manejo apropriado e baseado em ciência e em uso sustentável, enquanto o outro lado – o lado ocidental – diz que em nenhuma circunstância, uma vez que a baleia é especial, ela deve ser

DOMÍNIO

utilizada, independentemente de seu estado de conservação. Essa é
uma das diferenças fundamentais. Em segundo lugar, temos uma
cultura da alimentação com carne de baleia. E nós as consideramos
simplesmente um dos recursos marinhos vivos. Seja peixe, baleia ou
golfinho, não vemos nenhuma diferença. Claro, há diferença de gostos,
e a apreciação é diferente, dependendo do local.

E completa:

> Mas é apenas uma das espécies vivas marinhas, enquanto eles pensam
> que [a baleia] é um animal de adoração ou sagrado, e pode ser tratado
> de igual para igual com os seres humanos. Às vezes, consideram que
> as baleias são mais inteligentes que os asiáticos ou os negros, abaixo
> dos caucasianos, e que, portanto, essa criatura não deve ser morta
> ou molestada.

À parte essa última observação, e quanto à questão de baleias e golfinhos não serem peixes de fato?

> O Japão acredita que a diferença de visão de uma cultura particular
> deve ser respeitada. A cultura é singular. Cultura é local, quando mui-
> to nacional. Entretanto, a visão do outro lado é que seu julgamento
> deve prevalecer em todo o globo, e tentam impor seu julgamento e
> suas visões sobre nós. (...) Veja, nós não julgamos culturas diferentes.
> Matar baleia não é diferente de matar peixe na cultura japonesa,
> porque a baleia é um tipo de peixe. Então o pescador japonês não
> se importa.

O governo japonês descobriu em suas longas pesquisas que, se uma
cultura em particular acredita que baleias e golfinhos são peixes, então,
para aquela cultura, baleias e golfinhos são peixes. Ainda assim, há
uma infinidade de provas de que essas criaturas não são apenas mamíferos, mas mamíferos desenvolvidos. Em relação a isso, mesmo Steinar
tem suas dúvidas quanto aos camaradas japoneses: "Eles as tratam
como peixes. Isso está errado. Não se tratam mamíferos como peixes.

RIQUEZAS DO MAR

Os peixes morrem mais rápido." Por meio de pesquisas reais, lembro ao sr. Komatsu, conduzidas por cientistas de verdade, descobriu-se muita informação nova, não disponível um século atrás, informação sobre suas mentes, suas emoções e suas vidas, e sobre como devem se sentir quando arpoadas, caçadas, cortadas e retalhadas. Não seria o caso de a tradição, em algum momento, incluir essa nova informação, sobretudo no caso de mamíferos marinhos, que precisam de anos para crescer e procriar e foram quase completamente dizimados exatamente porque são tratados como peixes?

"Sim e não", responde ele, e continua:

> Acho que sua pergunta tem alguma relevância. Mas, veja, o quadro que agora descobrimos como evidência é parte da acumulação de conhecimento. Por muitos anos, enquanto pescadores lidavam com essas criaturas, – sejam elas peixes ou cetáceos – [ganharam conhecimento direto]. Eles têm o conhecimento por contato direto, assim como o contato direto [foi] acumulado por centenas ou talvez por milhares de anos, [e isso] pode superar o conhecimento moderno. Então acho que o que temos de fazer é acumular todas as informações e decidir. E não podemos dizer que a longa experiência dos pescadores é inferior àquela retratada nos anos recentes. Não devemos ser tão arrogantes para decidir tão rápido.

É engraçado que, quando se acende a luz da ciência, o sr. Ciência quer falar de sabedoria antiga e intuitiva dos pescadores – porque "às vezes, a experiência direta realmente nos diz mais". Ele compara com a "experiência direta" da comunicação com alguém ao vivo, versus uma comunicação por e-mail, telefone ou algum outro meio impessoal. Em sua analogia, quando se direciona uma câmera ou um hidrofone a uma baleia, ou quando se observa o animal simplesmente, essa é uma experiência indireta, formada por realidades mediadas. Mas apontar um arpão ou um rifle aos cetáceos, isso sim é conseguir conhecimento *real* da criatura. E que arrogância a nossa, querer varrer uma experiência em primeira mão como essa.

DOMÍNIO

Será que alguma informação em que se possa pensar levaria o sr. Komatsu a conclusões diferentes? Se, hipoteticamente, houvesse uma demonstração satisfatória de que baleias e golfinhos realmente têm pensamentos e emoções e sofrem conscientemente, isso mudaria suas ideias?

"Fizemos pesquisas sobre isso e sabemos que baleias e golfinhos têm alguma inteligência. Mas eles não são tão – ou, pelo menos, não são mais – inteligentes quanto cavalos e vacas", responde. "Não têm nenhum tipo de capacidade extraordinária ou excepcional. Então, como estamos usando cavalos e vacas, também temos de usar baleias e golfinhos. Temos de tratar todos os animais pelos mesmos padrões."

Tão... *imparcial*. Se, por esse padrão, exploramos um animal, por que então só é justo explorar os de capacidades similares? E é aí que o sr. Komatsu volta ao tema da "culpa coletiva": Quem somos nós para julgar alguém quando nós fazemos o mesmo, e desde quando os ocidentais começaram a julgar o Japão ou qualquer outra cultura, e o que há de tão especial acerca das baleias?

Há 23 séculos, Aristóteles classificou baleias e golfinhos como *"cetacea* – o que significa que eles têm espiráculos em vez de guelras. E são vivíparos (...), assim como os humanos e os quadrúpedes vivíparos".[44] É provável que, antes disso, os japoneses já tivessem descoberto as características por si mesmos. Em *Men & Whales*, Richard Ellis nos dá uma pequena prova:

> Uma das razões por que baleias não estavam na história antiga social e culinária japonesa é que os imperadores budistas dos séculos VI e VII proibiam seus súditos de comer carne de mamíferos. Ainda assim, alguns segmentos da população conseguiam tangenciar as ordens imperiais informando que baleias não eram de forma alguma mamíferos, mas sim *isana*, um "grande peixe" ou um "peixe corajoso".[45]

Parece familiar. No passado, burlava-se um decreto imperial, hoje o que chamam de "imperialismo cultural". O que os japoneses negam não é a existência de padrões compartilhados. Todo o seu argumento de "culpa coletiva" pressupõe que somos todos culpados por *algo*. É aplicar os padrões particularmente aos mamíferos marinhos um argumento racional que seja, apenas uma amostra de alguma verborreia científica, clichês sobre multiculturalismo e acusações difusas. "Dizer que baleias são amáveis, dignas, inteligentes e não domesticáveis nada mais é do que uma abordagem arbitrária do ponto de vista de apenas um grupo humano", escreve Sho Shibata no jornal da Associação Pesqueira Japonesa, tão apropriadamente chamado *Isana*. "Se alguém afirmar que uma cultura que tem afeição pelas baleias é a única cultura correta e de excelência, então essa pessoa está propondo o imperialismo cultural e a intolerância."[46]

Shigeko Misako, da delegação japonesa, descreve a caça às baleias quase que como uma questão de segurança nacional. Diz ela: "A atividade baleeira é um símbolo nacional contra o imperialismo cultural nas nações ocidentais. Se sucumbirmos aos padrões morais do mundo ocidental, perderemos controle sobre o nosso próprio povo."[47] Quem ousar criticar essa caça, disse o embaixador japonês na ONU, tenta "impor sua visão particular ocidental das baleias sobre o resto do mundo."[48]

Tudo isso é desvio do assunto. E francamente me parece um pouco demais todo esse incessante alerta do governo japonês quanto à temida influência ocidental. Não se escuta tanto aviso em relação ao capitalismo ocidental que fez do Japão uma nação próspera; ou sobre a democracia ocidental que deu ao Japão sua constituição e fóruns como a ONU e a CIB, nos quais falam mal do imperialismo ocidental; nem sobre a ciência e a tecnologia ocidentais que o país reverteu em causa própria, desde o laptop de marca japonesa na minha frente até todo o moderno maquinário da indústria baleeira atual. Tampouco se fala da influência militar ocidental que resguarda a existência da nação japonesa, das ideias ocidentais de tolerância e pluralismo usadas pelo governo japonês por meio de um escritório ocidental de relações públicas para manipular a opinião pública ocidental.

A diferença é que essa influência ocidental em particular requer algum comedimento e certo sacrifício dos lucros e dos tratamentos a

DOMÍNIO

que estão acostumados, o que o Japão absolutamente não está disposto a fazer. O problema principal é que, enquanto todos os imperialistas ocidentais na CIB usam diplomacia, persuasão moral e investigações científicas verídicas, o Japão e a Noruega (vale distinguir os países de seus povos, que qualquer um pode imaginar que não estejam muito a par do que está acontecendo aqui) estão envolvidos em políticas de poder. O sr. Komatsu me descreve tudo como "um jogo", e para seu governo virou um jogo de espera. Por maior que seja a indignação provocada no Ocidente, o Japão descobriu que isso passa, caso sejam pacientes, e certamente não haverá nenhuma consequência real, principalmente no que diz respeito a sanções econômicas.

Quando os navios japoneses voltaram da matança de 46 brydes e cinco cachalotes em agosto de 2000, uma delegação governamental estava no porto, com as taças levantadas, brindando o triunfo do Japão.[49] O *New York Times* chamou o feito de "caçada repreensível" e pediu aos Estados Unidos que invocassem uma lei conhecida como Emenda de Pelly e que aplica sanções comerciais. "O restante da comunidade internacional deveria fazer o mesmo", defendeu o *Times*.[50] Há relatos de que o presidente Bill Clinton estudou a medida. Em resposta à ameaça, um porta-voz nipônico contra-atacou: "Se os Estados Unidos tomarem medidas unilaterais, é quase certo que o Japão os vencerá na Organização Mundial do Comércio."[51] O presidente enviou um apelo pessoal ao primeiro-ministro na época, Yoshiro Mori, e, quando nem isso funcionou, finalmente tomou a importante decisão de proibir navios pesqueiros japoneses em águas territoriais americanas, além de propor ao Congresso penalizar empresas que produzissem equipamentos baleeiros. No entanto, nenhuma sanção se concretizou. Esse foi o mais perto que se chegou de alguma ameaça que causasse qualquer hesitação no Japão ou na Noruega.

Sem me embrenhar muito pelos trâmites legais, a Emenda Pelly foi publicada em 1967 e hoje é instada por ambientalistas e grupos de defesa dos animais como meio de intimidar o Japão, a Noruega ou qualquer outro país baleeiro. O Marine Mammal Protection Act (Lei da Proteção de Mamíferos Marinhos), promulgado pelo presi-

RIQUEZAS DO MAR

dente Richard Nixon em 1972, proíbe afrontas físicas a mamíferos marítimos em águas americanas e autoriza sanções a países que o fizerem. A Emenda Pelly reforça a lei, instruindo o Departamento de Comércio dos Estados Unidos a certificar a presidência americana sobre o cumprimento dos padrões do país e dos regimes conservacionistas internacionais por parte de membros da CIB. Diante disso, o presidente pode impor penas a qualquer nação ofensora. E é por isso que a Noruega ainda está com toda aquela gordura estocada, o medo de sanções caso a exporte. E é também o motivo para ter suspendido as operações baleeiras em 1986, quando houve indícios de que o presidente Ronald Reagan agiria contra o país.

Sete anos mais tarde, a caça às baleias voltou naquele país. E o presidente Clinton deixou passar, afirmando no Congresso:

> Os Estados Unidos são profundamente contrários à caça comercial da baleia, mas também têm um forte compromisso com soluções para problemas de conservação globais baseados na ciência. (...) Nem todo país concorda com nossa posição (...). Nossos objetivos podem ser melhor alcançados postergando a implementação de sanções até que tenhamos esgotado os esforços de boa-fé em persuadir a Noruega a seguir as medidas de conservação.[52]

O resultado final foi uma "resolução" do Congresso que condenava a atividade comercial baleeira em geral, embora não tomasse nenhuma atitude em particular; uma indicação do presidente americano para o Prêmio Nobel por parte do próprio Steinar Bastesen no Parlamento norueguês; e mais sete anos de espera até que os esforços de boa-fé; se exaurissem e a Noruega finalmente tentasse enxergar a sensatez da nossa conduta.

É claro que o que a Noruega e o Japão enxergam é fraqueza e repreensão moralista, e não têm a menor vontade de dar um passo atrás. Apenas uma vez em todos esses anos fez-se uso da Emenda Pelly. Aconteceu em 1994, contra Taiwan, em sua importação de "afrodi-

DOMÍNIO

síacos" de tigres, rinocerontes e outras espécies ameaçadas. E hoje, caso qualquer país tentasse aplicar sanções ao Japão ou à Noruega ou mesmo a Taiwan novamente, a decisão seria levada à OMC – que, diferentemente da CIB, tem poder.

O livre-comércio é um princípio fundamental da economia. Encoraja competição, preços menores e melhorias materiais de nações em desenvolvimento. Quando se trata de bem-estar animal – sem falar no bem-estar humano –, o problema é que, ao lidar com crueldade, as políticas de comércio e importação são praticamente os únicos meios de estabelecer padrões morais quando se encontra crueldade, corrupção ou irresponsabilidade. Podem ser meios bem efetivos, como se vê no caso dos caçadores de foca. São uma forma de dizer "não podemos fazê-los parar, mas se vocês insistirem em continuar, então não queremos ser parte disso e não podemos em sã consciência apoiá-los com nossos mercados". Com mais e mais responsabilidades caindo nas mãos da OMC, acabamos perdendo esse poder e a liberdade soberana de fazer tais declarações. Com a Organização Mundial do Comércio, o livre--comércio se tornou não um princípio, mas um tipo de mania, não apenas um bem, mas o maior dos bens, igualando padrões acerca dos direitos humanos e do bem-estar animal ao denominador comum mais baixo e reduzindo todos os problemas morais a vantagens econômicas.

Quando os Estados Unidos aplicaram suas próprias leis no início da década de 1990 e colocaram pesadas barreiras à importação de atum capturado por latino-americanos com o uso de tarrafa (rede circular), que afoga dezenas de milhares de golfinhos no Pacífico, o México prestou uma queixa à OMC, que alguns anos depois forçou o Congresso a alterar a lei. Não é permitido sequer colocar nos rótulos de que maneira o peixe foi pescado porque isso também é considerado uma barreira ao livre-comércio.

Em 1996, quando a União Europeia (UE) proibiu a importação de pele de foca dos Estados Unidos, obtida de armadilhas com dentes de ferro, os peleiros americanos e seu lobby persuadiram a administração Clinton a abrir um processo na OMC forçando a UE a retroceder. Em 2000, os europeus ofereceram subsídios para que seus fazendeiros

RIQUEZAS DO MAR

alcançassem bons padrões trabalhistas e de bem-estar animal. Agora é a vez da Nova Zelândia, nobre defensor dos mamíferos marinhos, reclamar que os subsídios são barreiras comerciais que impedem produtores estrangeiros de competir em pé de igualdade. Como pontuou aos franceses o então ministro da Agricultura neozelandês James Sutton: "Não precisamos de aulas sobre o bem-estar animal ministradas por pessoas que dão alimentação forçada a gansos."[53]

Todo mundo tem um produto ou prática que vê como "isso não é da conta de ninguém". E os métodos mais cruéis de produção de bens de origem animal (nos termos do tipo de comida, de espaço e de tratamento dispensado) são os mais eficientes economicamente. Quando nenhum país está disposto a fazer concessões, e assim perder seus mercados, a única alternativa é ignorar a questão do bem-estar animal – e é exatamente o que está acontecendo. A OMC faz o trabalho ser ainda mais fácil ao permitir que peleiros, fazendas industriais e a indústria baleeira subsidiada pelo governo japonês posem de vítimas ofendidas por barreiras comerciais injustas. Desfazendo décadas de progressos nos países desenvolvidos, a OMC trata o bem-estar animal como uma questão ilegítima, só relevante na medida em que ajuda ou atrapalha o comércio. Na economia global, qualquer consideração pelo sofrimento dos bichos pode ser sinônimo de desvantagem na competição.

Confrontados com os produtos e práticas questionáveis de cada país, temos duas opções. Podemos dizer, como espera o sr. Komatsu, "Bem, eles fazem X, nós fazemos Y, quem somos nós para julgar?" – o que nos leva a não ter qualquer padrão e a usar as crueldades de outras pessoas para justificar as nossas. Ou podemos levar a questão a sério, em cada país, e estudar X e Y sob seus próprios aspectos, em referência a padrões claros e sólidos que apliquemos a nós mesmos, a nossas próprias indústrias e a todos que tenham o privilégio de comercializar conosco.

Sem esse tipo de seriedade, a entidade guardiã mundial das baleias é apenas uma burocracia inútil, sem qualquer poder, mas cheia de "autoridade moral", a se reportar ao Japão e à Noruega com resoluções e mais resoluções, documentos e mais documentos e apelos à opinião da

DOMÍNIO

humanidade. O Japão invadiu repetidamente o Santuário do Oceano Austral, teoricamente um porto seguro para as baleias desde o oceano Índico até a costa oeste da Nova Zelândia. E eis a declaração da CIB em relação a isso:

> LEVANDO EM CONSIDERAÇÃO que desde a 51ª reunião, em maio de 1999, o governo japonês concedeu permissões especiais para pesquisas científicas letais sobre as baleias minke no Santuário do Oceano Austral (...)
> DE HOJE EM DIANTE, A COMISSÃO:
> SOLICITA que o governo do Japão se abstenha de conceder qualquer permissão especial no período de 2000/2001 com o objetivo de capturar baleias minke do Santuário do Oceano Austral.[54]

O Japão, claro, manteve suas atividades, e a maior parte dos abates das semanas posteriores ao encontro da CIB ocorreram nesse santuário.

O Comitê Científico observa que a pesquisa letal japonesa não se justifica muito: "O Comitê, portanto, endossa a recomendação da criação de um comitê de direcionamento, que desenvolva protocolos, confira resultados e progressos e recomende revisões ao programa de pesquisa indicado no relatório."[55] Ou seja, há um convite à ação: um comitê precisa ser formado para recomendar revisões de outras recomendações para um programa previamente recomendado.

O Canadá, outro país que não cumpre com o combinado e ainda envia delegados para dar sermões nos outros, permitiu no ano anterior (1999) a matança de uma subespécie ameaçada da baleia-da-groenlândia no leste do Ártico canadense, apesar de pedidos contrários enfáticos da CIB. Mas agora chega a hora da verdade, e a agenda 10.3.2 é sobre como lidar com a situação. Enfaticamente "notando" isso, aquilo e outras coisas:

> DE HOJE EM DIANTE, A COMISSÃO:
> REAFIRMA sua oposição à caça de baleias com estoques altamente ameaçados;

EXPRESSA preocupação particular com o fato de a atividade baleeira no leste do Ártico canadense estar saindo do controle da CIB; INSTA o governo do Canadá a abster-se de conceder licenças; CONVIDA o governo do Canadá a se juntar novamente à CIB e, nesse período, não liberar mais permissões de caça às baleias; SOLICITA QUE o Secretariado transmita o texto desta Resolução ao governo canadense.[56]

Esperávamos que a situação não chegasse a esse ponto, mas o Canadá não nos deu opção e agora nós temos de... bem, enviar-lhes uma carta. Essa é a Resolução: enviar ao Canadá uma cópia da própria Resolução – por FedEx, espera-se. Apenas para que eles percebam o quão RESOLVIDA a situação está.

SANTUÁRIO

No dia anterior ao debate sobre a criação do santuário fui fazer alguma utilização não consumidora no porto Victor, uma das centenas de antigas cidades baleeiras de todo o mundo e que acabaram por inaugurar serviços de observação dos cetáceos. No meio do debate matinal, já estava bem claro quem tinha os votos de quem, as nações caribenhas se associando efusivamente ao Japão e à Noruega. A votação final ficou em 18 a 11, com quatro abstenções – uma delas de último minuto, da Espanha.

Do lado de fora, na chuva, Simone e seus amiguinhos choravam e se abraçavam. Howie e Trudi ainda estavam lá, fiéis a seus postos. Do lado de dentro, o sr. Komatsu estava exuberante, indo de câmera em câmera para explicar tudo o que a caça à baleia significa para a ciência e a cultura, e recebendo cumprimentos de todos os seus colegas, de Dan Goodman, Alan Macnow (da Tele-Press), de Bastesen e Skagestad, de Eugene Lapointe e dos delegados caribenhos. Minha última visão da cena, uma olhada por sobre o bar do hotel, tinha Steinar, Komatsu e Lapointe, entre outros, sentados num canto erguendo suas taças pela vitória, provavelmente oferecendo um brinde "Ao uso sábio!".

DOMÍNIO

O sr. Lapointe também notou Simone, e nenhum relato sobre a questão estaria completo sem algumas palavras dele. Falou-me depois do pleito:

> Sim, estamos contentes com o resultado. Mas, na nossa opinião, a votação ficou muito apertada. O debate era emocional demais. Achei lastimável ver criancinhas com lágrimas nos olhos depois dos votos, porque veem a baleia como algum tipo de deus. Só ouvimos esses argumentos emocionais e não científicos, em especial o de que a observação de baleias poderia ser um substituto à prática baleeira. A proposta australiana não tinha base científica ou legal.

Nunca entendi muito bem seu papel nisso tudo. Lapointe era o secretário--geral da Convenção Internacional de Comércio de Espécies Ameaçadas (Cites, da sigla em inglês), que ajudou na liberação rápida de concessões de exploração de marfim, combatendo as proteções legais contra esse comércio e facilitando a venda de centenas de toneladas de presas a asiáticos. Como revelado pela *Time*, a Cites, sob seu secretariado, aceitou doações dos próprios comerciantes de presas, incluindo a Associação Japonesa de Marfim.[57] Isso "incentivava" os elefantes, e você sabe o resto da história. Mas ele nunca conseguiu completar seu esquema de privatização dos elefantes. De 1982 a 1990, os nove anos em que esteve à frente da Cites (de onde só saiu por insistência dos Estados Unidos), a população de elefantes africanos caiu pela metade: de 1,3 milhão para 635 mil.

É reconfortante saber que ele está aqui com a mesma ambição, uma "estratégia cetácea universal". Lapointe é canadense, mas hoje mora entre a Flórida e Lausanne, na Suíça, onde está baseada a Cites. Contou ser filho de um empregado de uma reserva de caça e que desde cedo aprendeu a caçar e matar e nunca perdeu o gosto pela coisa. Seu nome é detestado dentre os defensores do bem-estar animal, que o enxergam como um professor Moriarty, o maligno e legalmente hábil inimigo de Sherlock Holmes.

Japão, Noruega e seus aliados do Caribe, incluindo alguns desses mesmos delegados aqui presentes, têm tentado tirar da lista de espécies ameaçadas da Cites não apenas baleias, mas também elefantes, o que permitiria o comércio de seus produtos, de modo que Japão e Noruega pudessem começar a exportar. A medida também permitiria matar mais elefantes, com uma cota de 30 toneladas de marfim vendidas anualmente ao Japão e a outros compradores asiáticos. Parece que o sr. Lapointe está envolvido nisso, dada toda a sua preocupação com as questões do marfim.

O Japão ainda conseguiu recrutar o Zimbábue para a CIB, e agora trabalha para trazer a Namíbia e outras nações africanas, numa ação que o vice-ministro japonês da Pesca, Hiroaki Kameya, descreve como um esforço para formar uma maioria pró-baleeiros.[58] Como nem o Zimbábue nem a Namíbia têm uma história marítima muito proeminente e até hoje nunca haviam demonstrado qualquer interesse na questão ou na atividade baleeiras, todos sabemos quem deve estar ajudando esses países.

Pelo que ouvi, seria necessário um livro inteiro para tratar de todas as redes e conexões, que talvez nem sejam tão conspiradoras, mas apenas uma extensão política astuta. E o sr. Lapointe está envolvido em todas as questões. Ele vê oportunidades de negócio no uso sustentável, sobretudo, de elefantes e baleias. Uma ativista da Humane Society dos Estados Unidos julga que as duas criaturas têm sido alvos preferenciais de caçadores exatamente pela afeição que ganham das pessoas, tornaram-se símbolos pelos quais lutar, numa batalha que se perde ou ganha. São mártires, que para o público não devem ganhar proteção. Depois de conhecer Lapointe, não duvido mais disso.

"Nosso principal objetivo é o uso sustentável", ele me explica tomando uma xícara de chá. "Por nós, não haverá exceções no caso da sustentabilidade, exceto pela ciência. O pior crime em relação à natureza é o desperdício, não usar recursos. Seja com um elefante, uma baleia, um cervo, um alce ou urso, isso se aplica a todos os animais. Sem exceções ou considerações emocionais – a não ser no caso da ciência."

Depois da interrupção por Kerwyn Morris, da soberana nação caribenha São Vicente (que foi rapidamente despachado com instruções sussurradas e alguma papelada saída da pasta de Lapointe), ele continua:

DOMÍNIO

Houve essa tendência a humanizar a baleia. Mas ela se baseia em concepções enganosas. Sabe, aquela coisa de "elas são especiais", como humanos etc. Elas "cantam", são tão espertas, e toda essa baboseira. A ideia de "salvar" as baleias virou um dogma. Mas quando se explicam os fatos, as pessoas entendem. Há pesquisas que mostram que essas pessoas sabem muito pouco sobre as baleias, e o que [acham que] sabem está errado. No que diz respeito aos golfinhos, a maior parte dos estudos científicos os chamaria de estúpidos. Um pouco menos inteligentes que vacas.

Você tinha que ouvir com que satisfação ele falava *"especiais"*, *"cantam"* e "um pouco menos inteligentes que *vacas"*.

A Ásia, em particular a China e o Japão, são os alvos principais de quem quer impor os valores culturais anglo-saxões ao resto do mundo. Então a gente vê esses vídeos de baleias sendo arpoadas e se debatendo, de golfinhos presos em redes de pescador e todo mundo fica tão emotivo com isso. Você vê o mesmo tipo de propaganda com os elefantes: os animais levando tiros e seus filhotes ali perto fazendo barulhos e tudo mais. Vê, as pessoas precisam de um vilão. Para levar adiante essas campanhas e levantar dinheiro, elas precisam criar um vilão. (...) As pessoas que tentam parar a caçada não entendem de elefantes. A bala de um caçador poupa o elefante do sofrimento de uma morte natural. É pelo bem deles mesmos que são caçados e usados. O problema são as informações erradas. A realidade não é o que vemos na TV. A realidade é que esse animal precisa ser contido. Esse é um animal que precisa ser controlado. Ele traz destruição aos povos, ameaça as pessoas. Você precisa dar um valor econômico a ele, precisa usá-lo.

Ele deve ter os vilões *dele*. E diante de mim está o homem que mais do que qualquer um já teve poder sobre o destino dos elefantes. Chega um jovem assistente japonês de Lapointe, coordenador do Riquezas do Mar, um dos muitos grupos de suas redes, e lhe diz que sou colaborador de uma revista conservadora – o que lhe deve ter feito pensar que éramos *compadres*, de modo que ele olha para mim como se eu, sem dúvida, concordasse com tudo isso, toda sensibilidade, racionalidade e essa cientificidade. Mas tudo em que eu conseguia pensar era: Deus, poupe as criaturas desse pequeno tirano sombrio e seus comparsas. Dê-lhes esse santuário, e muitos outros em todo o mundo, para que estejam protegidos da crueldade, da avareza e do orgulho da humanidade que não conhece limites.

Lapointe fala como alguém que nunca vai morrer, que está na Terra para distribuir a morte. É um mercador da morte, que com um aceno declara que um grande número de baleias e elefantes não é mais compatível com a vida, "e não haverá exceções". Olha com pena para gente como Simone e seus amigos, que fazem da baleia um "deus". É um homem que desenvolveu esquemas lucrativos para comércio de marfim e gordura de baleia e que agora tem um sonho liliputiano da "estratégia cetácea mundial" para controlar, capturar e matar baleias. Os sons de quaisquer baleias com seus gemidos de comunicação, ou elefantes com seus filhotes "fazendo barulhos e tudo mais" têm mais verdade e bondade do que qualquer coisa que ele diga. E sejam quais forem os interesses aqui, prefiro me associar aos hippies e à menina em lágrimas.

Foi um alívio sair dali e passar algum tempo com os "recursos" em si. Só consegui usá-los de longe, como deve ser. No porto Victor, você fica a 100 metros das baleias, ou a 300 metros se houver filhotes por perto. Nosso barco parou, e ficamos eu e outras vinte pessoas esperando. De lá, pudemos ver apenas a "ilha preta e sem árvores", que São Brandão descreveu em suas viagens, e atrás dela uma mancha preta do filhote ainda sendo amamentado. Uma das poucas baleias-francas ainda entre nós, com seu filhote, um dos primeiros nesse século que poderiam alcançar a maturidade – hoje eles não são as "baleias certas" para observar. Eu gostaria de ter algum relato de um esguicho espetacular ou de movimento místico, dignos de Discovery Channel. Mas dessa vez, depois de horas no frio, tudo o que conseguimos de nossos US$ 30 foram alguns mergulhos, abanos da cauda grande e chacoalhadas espumosas da cauda pequena. E então era hora de voltar à terra.

DOMÍNIO

Mas foi o suficiente. Já se inclinaram bastante a nossos desejos. Agora é hora de deixá-las ser, de olhá-las simplesmente, aprender e amar o que há de tão especial nas baleias, enquanto seguimos o nosso caminho e elas seguem o delas.

5. Leis

Deus se sentou ao órgão das possibilidades e improvisou o mundo. Pobres criaturas que somos, só podemos ouvir a vox humana. Se essa é tão bela, quão glorioso deve ser o Todo.[1]

CARL LUDWIG SCHLEICH

Na volta do mar, é hora de resgatar as questões teóricas e examinar a literatura atual sobre inteligência e emoção dos animais. Apesar de se tratar de um mundo etéreo, com um sentido difícil de captar, não há como evitar uma investigação mais detalhada. As teorias aqui apresentadas são as que definem hoje o que é e o que não é permitido no tratamento aos animais. No que diz respeito a nossas condutas morais, elas antecipam qualquer resolução.

Pensadores modernos se perguntam: "Há algo que nos faça sentir como um animal?". É possível estabelecer cientificamente se animais sentem algo? Podem os animais "ter pensamentos sobre o pensamento"? Agiriam os animais com "intencionalidade", consciência e objetivo, ou seus propósitos são imediatos, direcionados por instinto cego, impulso, apetites momentâneos? É apropriado que um animal seja objeto de empatia?

Para sermos práticos: animais sofrem? E, caso sofram, que deveres temos com eles?

As leis, tanto nos Estados Unidos, quanto em todo o mundo, permitem que cada um decida individualmente sobre a questão. Alguns animais estão protegidos contra o que é chamado de crueldade, outros não. Algumas criaturas você pode usar como quiser; outras, idênticas, não. Esses golfinhos aqui vão para o açougueiro, ditam os senhores do mundo, aqueles outros vão nos divertir no Izumito Sea Paradise. As dores e as necessidades com nossos cães e gatos garantem um total de US$ 8 bilhões por ano aos veterinários dos Estados Unidos. Mas não parece importar a dor dos cães e gatos catados em abrigos ou criados para experiências científicas. Os pequenos fazendeiros podem ser amáveis com seu gado, mas o fazendeiro corporativo é duro, e a lei continua silenciosa quanto a isso. Um criador de vacas leiteiras na Califórnia descreve a diferença de perspectiva na mudança requerida pelo mercado para as operações de confinamento em massa: "Em muitas daquelas fazendas no Meio-Oeste, cada vaca tem um nome. São meio que animais de estimação. Não é assim aqui, onde a vaca é um pedaço do maquinário. Se estiver quebrado, a gente tenta consertar. E, se não conseguir, a gente substitui."[2]

Simples assim, de mamíferos a máquinas. Aqui, merecendo nomes e tratamento decente; lá, vistas como peças de máquina, ordenhadas e monitoradas por outros equipamentos e facilmente substituídas por outras unidades. Nada absolutamente certo, nada absolutamente errado. Nosso próprio linguajar – mudando de "isso" (*it*) para "ele" (*his*) ou "ela" (*her*) e de volta para "isso" – reflete alguma incoerência.[3]

As criaturas sob nosso domínio habitam um vácuo moral de desejos humanos subjetivos e ética situacional. O valor de cada animal é determinado de acordo com as circunstâncias, intenções, ocupações e códigos pessoais do humano que calhar de encontrar – ou, como prefere Masayuki Komatsu, pelas percepções culturais. De modo que, se dezenas de milhares de golfinhos são capturados e massacrados todo ano, nós devemos olhar para o outro lado e aceitar a situação como uma diferença cultural honesta.

Quanto a isso, notei que críticos da causa animal têm adotado o idioma da privacidade e do direito de escolha. De modo que mesmo um sujeito como Steinar Bastesen, com sua mente bem tradicional, vem me falar do direito de vestir pele de foca como se fosse uma questão dos mais altos valores. O Conselho de Informação sobre Peles dos Estados Unidos declara: "A indústria da pele acredita que a decisão para usar peles é uma questão de escolha individual. Liberdade de escolha é um dos direitos fundamentais em que este país se apoia. Cabe ao indivíduo decidir o que ele ou ela vestirá ou não."[4] Em seu livro *The Future and its Enemies* (O futuro e seus inimigos, 1998), a libertária Virginia Postrel afirma que a natureza "não fornece os imperativos morais [que ambientalistas] e outros reacionários gostariam, os argumentos que silenciariam as reivindicações de liberdade, exploração e progresso material". Os seres humanos "de fato, têm de escolher, e nessa escolha o que interessa são os desejos e vontade humanos. O mundo é assim".[5] Homem Autônomo *versus* Sistema. Escolha sob ataque de Reacionários. Em *In Defense of Hunting*, James Swan faz a comparação inevitável:

> O objetivo de muitos moralistas contra a caça de baleias é fazer as pessoas entrarem nos padrões contrários à atividade baleeira, sem se importar se esses padrões são compatíveis com a natureza interna de cada um. O manifestante que joga sangue em mulheres grávidas à espera de um aborto, que ateia fogo nas clínicas desse tipo de operação, ou atira em médicos que fazem esses processos têm parentesco com o manifestante anticaça que retalha pneus para lançar fogo numa loja de taxidermia, envenena cães perdigueiros e até atira e mata um caçador – tudo isso em nome de se evitar crueldade e sofrimento. Psicologicamente falando, a liberdade de escolha de ser quem você é e seguir sua consciência é a posição ética mais humana para conservação da alma humana.[6]

Vocês gostam de observar elefantes pelas lentes de uma Polaroid, ok, mas eu prefiro usar minha Nitro Express; você gosta de golfinhos, eu gosto de dar porretadas em golfinhos – e estamos *os dois* certos. São Francisco para você, Safari Club para mim; o horror de um, o hobby do outro. O importante é que cada um siga sua "natureza interna". Cada escolha pessoal é igualmente válida.

Ainda que se trate dos bichos mais humildes, esse tipo de relativismo consegue armar suas maldades. O que torna os argumentos do

DOMÍNIO

sr. Komatsu tão traiçoeiros é sua negação de que haja verdades sobre animais e que em alguns aspectos elas sejam cruciais porque, uma vez conhecidas, somos moralmente obrigados a aceitá-las e a agir de acordo, independentemente de preferências pessoais e culturais.

Assim como no caso da dor do feto – como o sr. Swan apresentou a questão –, a consciência tem de ser bem informada, para não ser considerada puro capricho, tirania do ego que sacode os ombros para fatos inconvenientes ou para o sofrimento de outros seres. Nesse caso, informada pelo quê? Pelos fatos objetivos sobre consciência e dor dos animais. Não podemos imperiosamente declarar "o mundo é assim", como fez a sra. Postrel, antes de sabermos como é o mundo para as criaturas com quem o partilhamos.

A afirmação científica "animais sofrem" é verdadeira ou é falsa. Não é uma questão de opinião, mas uma realidade objetiva. Se um elefante pensa, sente e sofre, então um elefante pensa, sente e sofre. E qualquer obrigação moral que tenhamos com um, teremos com todos eles.

Naturezas iguais devem ser tratadas de forma idêntica, trata-se de um princípio básico do raciocínio moral. Seres do mesmo tipo requerem igual tratamento, e não é preciso estabelecer nenhuma igualdade entre animais e humanos para haver um padrão de bem-estar para os animais. Só precisamos de um padrão fixo de consideração entre as várias espécies, baseado em fatos científicos, veterinários, e aplicado não por capricho, conveniência, costume ou cálculo econômico, mas sim pelo raciocínio humano.

Chegaremos em breve às questões morais e de direito. Por ora, examinemos as evidências. Animais pensam? Têm consciência? Sofrem?

TERRITÓRIO DESCONHECIDO

Em *Caninos Brancos*, Jack London descreve como nos primeiros meses de vida o lobinho percebe, passo a passo, "as leis" que regulam a existência:

LEIS

O duro bloqueio das paredes da caverna, a cutucada da ponta do focinho da mãe, sua patada destruidora, a fome sem trégua de muitos; cresceu nele a compreensão de que não havia liberdade no mundo, que viver lá era limitado e contido. Essas limitações e contenções eram leis, cuja obediência significava escapar da dor e buscar felicidade.[7]

Como isso é diferente de nossas vidas, com nossa capacidade de ver o mundo mais amplamente e de pensar as coisas, e ao mesmo tempo como é parecido nos duros fatos de recompensa e punição – de dor, vontades e apetites, o borbulhar de instinto e desejo, a busca por conforto e segurança. É fácil olhar de cima para animais, como extremamente estranhos a nós, guiados por necessidade ou instinto em sua sujeira, em suas maneiras menos racionais, babando por comida e atenção como nossos bichos de estimação, esbarrando-se nos currais, brigando entre si na vida selvagem por pares, território ou status no grupo. A pessoa que se julga completamente superior ou apartada disso só precisa dar uma olhada mais cuidadosa em sua existência diária, nas lutas, dores e anseios do corpo que ainda marcam cada vida humana. Também temos nossas imundícies, cotoveladas e competições por pares, e não é à toa que se diz que pessoas humilhadas estão "lambendo suas feridas". Há um parentesco nisso tudo. E por superiores que sejam nossas habilidades, percebemos estar no mesmo barco que essas criaturas, principalmente em momentos de desespero e dependência, quando as bases e o refinamento da civilização caem por terra e despencamos com alguma necessidade absoluta, seja ela a fome, o ostracismo, a derrota ou a solidão.

Se o lobo pensasse as coisas "da maneira do homem", continua London,

seria o epítome da vida como desejos básicos vorazes, do mundo como lugar de agrupamento de apetites diversos, perseguir e ser perseguido, comer e ser comido, sem que se consiga ver, na confusão, com violência e desordem, o caos da gula e do massacre, governado pela sorte, sem misericórdia, sem planejamento, sem fim.

DOMÍNIO

Mas o filhote não pensa da maneira do homem. Não vê as coisas com visão ampla. Tinha um propósito a buscar, ou um pensamento, ou um desejo de cada vez. (...) O mundo estava repleto de surpresas. O alvoroço da vida que havia nele, a brincadeira de seus músculos, era uma alegria sem fim. (...)
E havia confortos e felicidades. Encher o estômago, cochilar preguiçosamente sob o sol – esse tipo de coisa era o pagamento por seus ardores e labuta, embora os próprios ardores e a labuta fossem autorrecompensantes. Eram expressões da vida, e a vida é sempre feliz quando se expressa. De modo que o filhote não tinha rixas com um ambiente hostil. Era muito vivo, muito feliz e muito orgulhoso de si mesmo.[8]

Isso me parece uma avaliação bem plausível da vida de um lobo. Jack London, em *Caninos Brancos*, conseguiu compor toda uma biografia da vida sem palavras de um animal, com pouca (se alguma) imaginação antropomórfica. Para presas, como o veado ou o alce, pode-se supor uma existência ao mesmo tempo mais delicada e aterrorizante, no mesmo plano de leis duras, satisfações, aflições e conforto. Theodore Roosevelt, não muito fã do antropomorfismo, escreveu em seu diário de safári sobre "a intensidade e efemeridade de suas emoções", com a sombra da morte e da violência seguindo seus caminhos "a cada hora do dia ou da noite". A zebra, o elande e a girafa jamais estão a uma distância segura de leões, assim estão "sempre alertas contra os piores inimigos, e cada rebanho, praticamente cada indivíduo, corre perigo mortal e iminente de poucos em poucos dias, e ainda, claro, sofre incontáveis alarmes falsos".[9]

A maior parte das pessoas encara os animais de modo intuitivo, raramente duvidando que (por mais longe que estejam de nossa capacidade mental) eles tenham alguma consciência, que saibam da própria existência e presença no mundo, que tenham emoções em alguma medida e certamente um medo primitivo, que sintam dor e algum desejo físico.

E uma pequena medida de razão também – que o filósofo David Hume chamou de "raciocínio experimental". Como nós, os animais estão sujeitos ao instinto e às necessidades corporais básicas. Como nós, precisam aprender individualmente a aplicar ao mundo esses direcionamentos, apetites e medos. De maneira crua, formam conceitos e crenças básicos com que dão sentido ao entorno, percebendo categorias, padrões e leis sequenciais. Não é o instinto, mas "apenas costume, o que leva animais a acompanhar qualquer objeto ao alcance de seus sentidos e que prenda sua imaginação, da aparência de um para a elaboração de outro, na maneira particular que chamamos *crença*", escreveu Hume em 1740.[10]

Na época, essa foi uma argumentação controversa, e ainda entre os teóricos de hoje não há acusação mais temida do que a de "antropomorfismo", ou seja, atribuir traços de pensamento consciente ou sentimentos a animais. Somos proibidos pelos conceitos da ciência comportamental atual, a escola de pesquisa de animais em vigor, de dizer que esses seres podem *acreditar, pensar, desejar, querer, intencionar, tentar, esperar, sentir* ou *sofrer* algo.

Muitos leitores ficarão surpresos, mas em várias experiências científicas ainda se trabalha com o conceito de que animais não experienciam a dor consciente, ou, aliás, qualquer consciência. Mais conhecidos pelo público são cientistas como Jane Goodall, Dian Fossey, Roger Fouts, Frans de Waal e Marion Stamp Dawkins, que em diversos estudos mostram indícios persuasivos de que primatas, entre outros mamíferos, têm rudimentos de comunicação consciente. Mas para cada um deles há uma dezena de outros pesquisadores dispostos a colocar as criaturas no seu devido lugar. "Eles comem sem prazer, choram sem lamento, não desejam nada, não temem nada, não sabem nada", defendeu o cientista francês Nicholas de Malebranche.[11] Três séculos depois, essa afirmação ainda é investigada seriamente, e seria difícil exagerar quando se fala da intensidade do debate sobre a questão nos laboratórios e universidades de todo o mundo.

Mesmo o medo, a apreensão consciente do perigo, não foi satisfatoriamente provado para todos no que diz respeito aos animais. "Pode ser que alguns animais tenham certa noção de *seu próprio futuro*, como é

DOMÍNIO

sugerido pelo comportamento de vacas e porcos em abatedouros, que agem como se soubessem o que lhes está reservado", escreve o filósofo britânico David S. Oderberg. Porém, ele mesmo completa: "Não acho que tal interpretação nos seja imposta pelos fatos."[12] O que ao mundo todo parece uma percepção do perigo e um desejo desesperado de viver poderia ser "apenas comportamento defensivo"[13] vindo da "mera senciência".[14]

Os debates acadêmicos têm ferocidade e amargura particulares, em geral (como alguém avaliou) porque os pontos colocados são insignificantes. No nosso caso, os pontos não poderiam ser mais importantes, afetando toda a compreensão que temos de nós mesmos, de nossos lugares e propósitos no mundo e nossos deveres para com essas criaturas. Stephen Budiansky, cuja teoria da "apenas dor" citei no capítulo 1, coloca mais uma vez a questão para nós. Ele se tornou uma das principais vozes do uso sustentável, levando a ideia à imprensa popular com livros de sucesso e artigos em publicações como *Washington Post*, *New York Times* e *Atlantic Monthly*. Por isso, merece nossa atenção. Ele escreve, por exemplo que:

> Fábulas de elefantes enlutando-se por seus mortos, de lobos vermelhos tratando seus filhotes com afeição paterna, de chimpanzés que assistem silenciosamente ao pôr do sol – essas são as histórias que os ativistas de direitos animais evocam em seu esforço para derrubar o homem de seu pedestal antropocêntrico no topo da criação.[15]

Não adianta usar argumentos racionais com essas pessoas, defende ele, porque seu "compromisso é sentimental e político; são pessoas que, afinal de contas, estão aí para derrubar o homem de seu pedestal antropocêntrico; e não há maneira melhor de fazer isso que elevar os bichos a nossos iguais espirituais, ou até superiores".[16]

Certo compromisso emocional também é mostrado aqui pelo sr. Budiansky. Ninguém falou que animais são nossos iguais ou "superiores" espirituais. Até que os macacos, cachorros e elefantes consigam escrever livros em causa própria, estamos bem a salvo no alto do pedestal da criação. Ninguém vai brigar com o sr. Budiansky por seu argumento de que apenas humanos podem "desenvolver a física, a astronomia, a filosofia, assim como a ética, a engenharia eletrônica, a linguística, história, a educação, a justiça e a neurofisiologia."[17] Talvez isso seja forçar um pouquinho a mão, afirmar que, para merecer consideração, um animal tem de filosofar, fazer discursos e compor uma Nona Sinfonia de Beethoven. Se essas criaturas tiverem um simples grau de pensamento ou emoção, então isso é suficiente e o fardo nos é jogado de volta.

Teóricos insistem que animais não pensam nem sentem nada porque, se isso acontecesse no menor grau que fosse, então todas as suas teorias iriam por água abaixo. Como concluiu o professor John S. Kennedy, importante cientista comportamental:

> Parece que essa consciência, esses sentimentos, pensamentos, propósitos etc. são únicos da nossa espécie, e não é provável que animais sejam conscientes. Se fôssemos completamente lógicos em relação a isso, essas probabilidades seriam suficientes para nos fazer evitar descrições de comportamento animal. Mas não somos completamente lógicos, e temos de perguntar por que cientistas, assim como leigos, devotam-se tanto à expressão antropomórfica.[18]

Falta linguagem aos animais, argumenta Budiansky, portanto eles não devem ter capacidade de formular conceitos, e, em consequência, não devem ter consciência, não podem sofrer. Um pesquisador da ecologia evolutiva, esse autor acredita que todos os animais agem por um tipo de inteligência sem pensamento que vem de seu código genético ou de uma predisposição inata. Sua estranha "mímica" de pensamento e sentimento nos ilude e nos faz acreditar em vida consciente.[19] "É a maldição do antropomorfismo e é, sob qualquer aspecto, uma doença incurável",[20] alerta ele em seu *If a Lion Could Talk: Animal Intelligence and the Evolution of Consciousness* (Se um leão pudesse falar: inteligência animal e evolução da consciência). Vale a pena pensar um pouco sobre sua conclusão final. Ele concorda que animais sejam seres sencientes.

DOMÍNIO

> Mas a senciência não é exatamente senciência, e a dor não é exatamente dor. Ou, talvez, de acordo com a diferença proposta por Daniel Dennett, devêssemos dizer que dor não é o mesmo que sofrimento. (...) Tristeza, compaixão, empatia, condolência, autocomiseração, enfado, angústia, desgosto, aflição, preocupação, apreensão, abatimento, pesar, melancolia, luto, reflexividade, abatimento, tormento, arrependimento, desespero – todos expressam sombras da dor da tristeza, cujo pleno significado vem de nossa habilidade de pensar sobre os significados dos sentimentos e não sobre os sentimentos em si. O horror que experimentamos ao quebrar um braço ou uma perna não é apenas dor; a dor é simplesmente o início do sofrimento que sentimos ao nos preocuparmos e anteciparmos as consequências. (...) A consciência é um dom e uma maldição maravilhosos que, ao que tudo indica, não está no escopo da experiência senciente das outras criaturas.[21]

Pelo visto, quebrar um membro deve ser uma experiência bem mais profunda para o sr. Budiansky do que para mim. As pessoas fazem muitas "reflexões" nessas teorias da dor, como se a cada fratura, hematoma ou arranhão padecêssemos de algum tipo de autoavaliação socrática ou explodíssemos em versos para expressar a densa experiência disso tudo. E é de se perguntar onde ficam os bebês nessa noção da linguagem como limiar da dor consciente e significativa. Os bebês humanos não passam muito tempo "pensando sobre pensamentos". Se for assim, segundo Budiansky, os pequenos humanos seriam inconscientes – e, aliás, até a era moderna, o dogma médico anunciava que crianças não eram capazes de sentir dor, assim como muitos ainda negam a dor do feto.

Há um problema mais elaborado nesse argumento. É que, pela lógica, a consciência deve ter precedido a linguagem, caso contrário não haveria pensamento a ser expresso – assim como tem sentido que, antes de as crianças conseguirem dizer "mã-mã", elas tenham um conceito pré-verbal de suas mães. Uma falha ainda mais flagrante no raciocínio é que quando nós, seres humanos, com todo o nosso dom linguístico e conceitual, experimentamos uma dor, um perigo ou um trauma graves, nós *não* usamos a linguagem falada para expressá-los.

Reflexões sobre o "sentido total" da perna quebrada, seja lá o que isso for, vêm depois, se é que vêm. Nossos piores lamentos são ainda mais difíceis de serem colocados em palavras, "gemidos inexprimíveis", como os chamou São Paulo.[22]

Pessoas sujeitas aos piores tormentos e privações costumam dizer que se sentiram "como um animal" ao descrever sua penúria. A degradação está justamente na brutal crueldade a eles dirigida e em sua rude condição indefesa. Pense nos seus próprios momentos de terror – o calafrio ao achar que há um intruso em sua casa, os reflexos rápidos diante de um ataque. Quantos pensamentos sobre pensamentos você teve naquele momento? Relembre ainda os momentos de pura alegria e regozijo, e aqui também há algo da experiência animal. Euforia, entrega, reorganização interior e profundo descanso após uma grande tarefa, essas são experiências pré-racionais, como admitimos ao chamá-las de "indescritíveis". Não há melhor maneira de dissipar a alegria do que começar a teorizá-la.

O próprio Daniel Dennett, reconhecido teórico cognitivo da Universidade Tufts, é mais sutil na questão, tendendo à ideia de "simulação de antropomorfismo" como método de pesquisa. O antropomorfismo simulado reconhece que, ao se considerar animais agentes racionais e conscientes – i.e., criaturas com estados mentais, crenças e desejos – não é possível obter as melhores previsões do comportamento animal. O professor Dennett não está certo sobre se tais estados mentais existem de fato. De modo que conclui em seu *Brainchildren: Essays on Designing Minds* (Criações da mente: ensaios sobre mentes em desenvolvimento, 1998), "então, sim, animais têm crenças", da mesma forma que "mesmo amebas, como termostatos, têm crenças":

Que diferenças funcionais e estruturais fazem diferentes animais capazes de crenças mais sofisticadas? Descobrimos que há muitas, muitas diferenças, quase todas de interesse teórico, mas nenhuma delas, em minha opinião, a marcar um abismo razoável entre simples comportamentos impensados e os agentes genuinamente racionais.[23]

DOMÍNIO

Em toda a literatura sobre o assunto, encontram-se essas barreiras teóricas básicas entre o observável e o passível de conhecimento, o que animais demonstram e o que de fato experienciam. Provar é algo além. Por tudo o que sabemos, não deveriam experienciar nada, nem mesmo mamíferos, grandes amebas peludas vagando sem o menor lampejo de consciência. Escreve Tim Ingold, professor de Antropologia da Universidade de Manchester:

> Por toda a sua vida errante, o animal continua a emitir uma profusão de sinais, mas sem um aparelho linguístico reflexivo não pode isolar pensamentos como objetos de atenção. Mais do que um pensamento sem comunicação, essa é a comunicação sem pensamento do animal; de forma que os sinais que transmite correspondem a estados corporais, não a conceitos.[24]

A ideia geral tem sido a necessidade da linguagem para qualquer tipo de vida interior ou de experiência consciente. A vida animal, dizem-nos, é um fluxo de falta de consciência, qualquer pensamento que tenham é uma operação cega de estímulo e resposta, sua mera existência como seres individuais desconhecida de si mesmos, pressuposto aplicado até mesmo aos primatas. Segundo um pesquisador citado por John S. Kennedy, "apesar de macacos serem capazes de usar conceitos abstratos e de ter motivações, crenças e desejos, seus estados mentais não são acessíveis a si próprios: eles não sabem o que sabem."[25]

O BAILE DE MÁSCARAS

Para deixar as coisas ainda mais complicadas, esses mesmos pensadores em geral nos lembram que, ainda que animais fossem seres conscientes, seria impossível demonstrá-lo, por isso deveríamos tomar como pressuposto que não o são. Vários estudiosos afirmam que essas criaturas não pensam nem sentem nada e que, em última instância, não se sabe nada sobre o que pensam e sentem.

"Se o estudo do comportamento animal amadurecer como ciência, deverá haver um processo de desilusão do antropomorfismo", declara o professor Kennedy.[26] Em seu livro *The New Anthropomorphism* (O novo antropomorfismo, 1995), ele chama essa tendência de "arrasto", de "volta ao animismo primitivo"[27] e afirma que a ciência deve de uma vez por todas "livrar-se desse íncubo",[28] admitindo mais adiante que "não podemos esperar que se diga, pelo comportamento [dos animais], se sofrem ou não".[29]

Íncubos, segundo a crença medieval, eram demônios que atormentavam o sono. As palavras são fortes. Por que tanta gente, apesar da informação científica, insiste em acreditar que animais têm pensamentos e sentimentos? O professor Kennedy tem uma teoria, trazida da doutrina genética e do determinismo evolutivo que ele aplica aos animais:

> O pensamento antropomórfico sobre animais é construído em nós. Não conseguiríamos abandoná-lo mesmo se quiséssemos. E, além do mais, não queremos. É provável que tenha sido 'pré-programado' em nossa constituição hereditária por seleção natural, talvez por ser útil para prever e controlar o comportamento animal.[30]

Então, não apenas tudo o que os animais fazem lhes é pré-programado internamente, mas também cada noção que temos dos sentimentos deles foi pré-programada em nós. (Nunca ocorreu ao professor Kennedy que suas próprias ideias podem ser "pré-programadas"?) Budiansky apresenta uma teoria parecida, que "nossa tendência a antropomorfizar os animais que caçávamos nos deu uma grande vantagem em antecipar seus hábitos e fugas". A mesma tendência, completa, "nos tornou péssimos em ser objetivos quanto à verdadeira natureza das coisas no mundo que não são de fato como nós".[31]

Mas não seria de se acreditar que o "antropomorfismo" incitasse a empatia e atrapalhasse a caçada? Não detecto muita sentimentalidade antropomórfica entre os Nimrods de hoje em dia, aqueles de Reno. O principal argumento de Budiansky, entretanto, parece ser que, quanto mais concordamos com ele, mais "objetivos" e altamente evoluídos somos.

DOMÍNIO

Aparentemente o professor Kennedy é o mais capaz de julgar objetividade científica em seu campo, e é evocado comumente por Budiansky. Mas o próprio professor afirma: "O antropomorfismo no estudo do comportamento animal tem sido uma fixação minha nos últimos cinquenta anos." Em todo esse tempo, nenhuma vez ele encontrou qualquer indício de consciência ou dor que pudesse ser apropriadamente explicada pelo mecanismo inconsciente de estímulo e resposta. Como escreve:

> Para resumir, embora não possamos ter certeza de que nenhum animal é consciente, pode-se dizer que o mais provável é que não sejam. A ciência não lida com certezas, mas, para continuar, deve adotar hipóteses de trabalho, as mais plausíveis naquele momento, que são as "verdades" por consentimento até que sejam substituídas por outras mais plausíveis. É nesse espírito que se lida com o antropomorfismo como um erro. De fato, a hipótese de que animais são conscientes não é uma hipótese científica, uma vez que não pode ser testada.[32]

A lógica desse argumento se resume a isto: (1) Não podemos ter certeza de que animais são conscientes. (2) Não podemos ter certeza de que animais não são conscientes. (3) Os indícios disponíveis são de que eles não são conscientes. (4) Qualquer evidência contrária não pode ser atestada e é, portanto, não científica.

É claro que se a consciência animal não pode ser testada, ela nunca será provada, então nunca será possível provar que o professor Kennedy está errado. Assim, mesmo sabendo que "a ciência não lida com certezas", estaremos presos a essa "hipótese de trabalho" para sempre.

Talvez por isso em cinquenta anos ele não tenha encontrado motivos para duvidar de sua argumentação: por definição, ele está certo, e todos que não concordem estão errados, ponto final. Qualquer prova contrária é a priori inadmissível. Questioná-lo, apenas questioná-lo, é "não científico", um erro intelectual, marca do íncubo, assim como questionar o sr. Budiansky é sinal de falta de bom senso, senão uma doença incurável.

Um tipo de "pessimismo romântico", como descreve o filósofo Stephen R. L. Clark em *Animals and Their Moral Standing* (Animais e seus valores morais, 1997), recobre a literatura do behaviorismo, da etologia, da teoria cognitiva e de outros campos voltados para o estudo da consciência animal: Ah, se pudéssemos saber como os animais experienciam o mundo! Se simplesmente pudéssemos ter *certeza* de que pensam e sentem... Na frase que inspirou o livro de Budiansky, o filósofo austríaco Ludwig Wittgenstein observa: "Se um leão pudesse falar, nós não entenderíamos." Acreditamos que a experiência interior do leão ou de qualquer animal está tão distante da nossa, é tão estranha à experiência humana, que mesmo que um deles fosse milagrosamente dotado de palavras, essa criatura não teria nada a nos dizer, nada que pudéssemos entender, como se lidássemos com um ser de outro planeta. Ao que complementa Budiansky: "Ver, literalmente, o interior do cérebro de um cavalo seria entrar num mundo indescritível por palavras – portanto, isso não teria significado para nós."[33]

As duas observações me parecem daquelas que soam profundas à primeira vista, mas ridículas na segunda. Se fôssemos observar um leão ou uma leoa, antes de qualquer teoria deveríamos nos aproximar da realidade leonina, teríamos de nos nivelar ao comportamento da criatura com palavras simples como: *Estou com fome, hora de buscar uma zebra. (...) Estou cansado, hora de um longo cochilo. (...) Os filhotes estão me deixando louco. (...) Não se aproxime, esse é o meu território.* É verdade que os leões não vivem no mundo da linguagem conceitual, mas as palavras descrevem objetivamente seus comportamentos, pensamentos e desejos que os acompanhariam, mesmo que jamais tenhamos conhecimento de toda a dimensão da "leonidade".

Os cavalos, animais mais sociais, teriam uma tradução até mais direta: *Passos, alguém vem me dar comida. (...) Estou cansado, queria voltar ao estábulo. (...) Queria que meus colegas de estrebaria estivessem aqui.* Viver essas coisas não verbalmente não prova necessariamente que eles não experienciem algum equivalente equino de tais desejos e intenções. Agir precisamente de acordo com isso é importante no cuidado de cavalos, que assim como outros animais, como porcos e vacas, depois de algum treinamento, aprendem a se alinhar no cocho, na hora de a comida chegar. Seria um pequeno salto especulativo chamar isso de "expectativa", algo similar ao que assumimos quando se trata de nossos gatos e cachorros, cujos desejos e intenções deciframos facilmente: *Quero comida. (...) Leve-me para passear. (...) Vamos brincar. (...) Não vá...* O mesmo vale para o animal maltratado num laboratório tremendo e gemendo: *Deixe-me em paz. (...) Não, de novo não...*

Mesmo nos casos em que há uma comunicação ao jeito deles, os teóricos a ignoram como mais um comportamento exterior sobre o qual somos proibidos de tirar conclusões no que diz respeito a motivações e estados interiores. Há experimentos em que macacos foram treinados a falar na linguagem de sinais americana (ASL, da sigla em inglês), alcançando um vocabulário de 250 palavras usadas em geral de maneira simples, como pedidos infantis de comida e cuidado. Sinalizam coisas como "Por favor máquina dar maçã" ou "Você me ir lá fora" ou "Onde gato?" Também se identificam e a seus interlocutores humanos por nomes, às vezes formando suas próprias combinações, como aconteceu com o macaco Dar, treinado por Roger Fouts, que sinalizou "bebida arroz" quando lhe serviram uma tigela de arroz sem o molho de soja com o qual estava acostumado.[34]

Numa avaliação desses estudos de uso de palavras por primatas, o linguista Steven Pinker escreveu que "essa declaração absurda se baseia no mito de que a ASL é um sistema tosco de pantomimas e gestos, mais do que uma linguagem com fonologia, morfologia e sintaxe complexas".[35] Outro cético escreve que "nenhum chimpanzé controlou o fenômeno dos tempos verbais. (...) Nem os conceitos necessários para representar causalidade"[36] – o que, mais uma vez, talvez seja pedir demais. Ninguém sequer afirmou que os chimpanzés tenham *controlado* a linguagem dos sinais. Disseram apenas que eles são capazes de usá-la de um modo bem elementar, o que, ainda assim, para muitos de nós, é algo bem surpreendente. A ideia de contradição de Budiansky é parecida, ao notar a gramática e a sintaxe falhas desses animais e que "96% de suas demandas [são] comida, brinquedos e cócegas",[37] como se os macacos devessem se envolver em réplicas inteligentes antes mesmo de concordarmos que eles têm comunicação consciente. Sem falar nos outros 4% de comunicação (ele não nos informa do que se trata) e que, no fim do dia, os macacos ainda estavam usando a linguagem com seus treinadores e entre si – fatos que trinta anos atrás ninguém, muito menos os senhores Pinker e Budiansky, pensariam ser possíveis.

Budiansky ainda cita o pesquisador Herbert Terrace, que estudou o chimpanzé Nim Chimpsky, para provar que os animais geralmente apenas imitam os sinais. Mas, de novo, não nos fala sobre os sinais menos usuais que fizeram. Os treinadores citam uma macaca, por exemplo, escondida atrás de uma árvore, fazendo sinal de "quieta quieta" para si e, mais tarde, os animais repetindo o gesto uns para os outros. Budiansky ainda esquece de citar que o professor Terrace descobriu no vocabulário de Nim sinais que serviriam de substitutos para comportamento agressivo ("mordida" e "raiva") – o que, acredito, chamaríamos de expressar emoção. E que Nim compreendeu por si próprio, "sem ajuda de seus professores, que sinais eram ferramentas poderosas e que poderia manipular o comportamento de seus professores interpretando errado o significado de alguns sinais" – o que, acredito, chamaríamos de enganação intencional. E ainda que "Nim, espontaneamente, sem as recompensas de comida ou bebida, fazia sinais sobre imagens, para mostrar o que havia visto" – o que, acredito, chamaríamos de atenção mental ou mesmo de exibicionismo.[38] Em outra "piada", Budiansky minimiza o fato de uma chimpanzé, Washoe, ter unido duas palavras do seu vocabulário para formar uma terceira palavra, sem que seus treinadores a estimulassem a isso. Ela havia sido levada a um lago, onde viu um cisne, e acenou "passarinho água".

> Foi uma nova combinação e parece uma percepção criativa. É possível que tenha realizado isso, mas dado o número de sinais vazios e sem sentido (ou torturantemente repetidos) que fez, não é de surpreender que uma ou duas novas combinações tivessem sentido. (...) Como outros apontaram, havia tanto água quanto passarinho presentes no ambiente de Washoe quando ela sinalizou *passarinho água*, então pode existir uma explicação mais simples.[39]

DOMÍNIO

Algumas pessoas podem ficar animadas demais ao encontrar indícios de comunicação animal, como gosta de nos lembrar Budiansky. Mas também é possível permanecer teimosamente inflexível ou desejosamente ignorante das evidências que surgem. Em seu tom, há claramente um esforço para colocar qualquer sinal de vida consciente da pior maneira possível e, ao que parece, matar qualquer senso de parentesco que possamos sentir com primatas. Temos aqui uma chimpanzé que não apenas é capaz, mas *quer* comunicar o conhecimento de seu ambiente, e tem como resposta um balançar de ombros porque o que disse era "vazio". Pelo que sabemos, a repetitiva Washoe estava apenas dizendo "passarinho" "água" separadamente – como se isso já não fosse impressionante por si só.

No mundo dos teóricos, tudo o que os animais fazem é "apenas" alguma coisa. Budiansky deixa escapar que quando os chimpanzés, depois de identificarem corretamente algo, não ganhavam suas recompensas – cócegas, um afago, o gatinho de estimação deles ou algo do gênero – eles "apontavam, agora deliberadamente e com gestos ainda mais expressivos aos objetos que haviam nomeado (...), claramente esperavam algum tipo de recompensa (...) por terem fornecido os nomes e apontado os objetos".[40] Só que isso é "apenas" comunicação instrumental.

Mas espere aí. Vamos pensar: um bípede de origem símia que aponta, expressa fome, é sensível à atenção e chega mesmo a buscá-la. O que *isso* lhe traz à mente? Se os macacos não tivessem senso de si mesmos e do outro – algo inegável, dada sua infalível capacidade de ciúmes e solidão –, a quem esses macacos estariam se referindo quando comunicam "Você me ir lá fora"? Se são incapazes de alcançar o sentido do conceito de "se..., então..." na comunicação, por que *pedem* pelas coisas? Devem perceber ao menos que *se* apontarem as coisas ou fizerem os sinais correspondentes, *então* ganharão algo. E esse negócio de gatinho de estimação? Algo que Budiansky também não comenta. Se tudo o que os chimpanzés fazem é pré-programado, o que eles estão fazendo com um gatinho?

Qualquer comunicação animal é minimizada por Budiansky como "sinalização informativa" inconsciente, tudo passível de explicação pela programação genética. Mesmo assim, em diversas experiências nos últimos vinte anos, golfinhos percebem sinais de mão para fazer truques que lhes foram ensinados, além de truques que eles mesmos queiram. O treinador apenas pede que executem uma brincadeira, qualquer uma. Os *irukas* mergulham, fazem barulhos e voltam à superfície para executar, todos eles, o mesmo truque – ato de colaboração criativa.[41]

Em outros experimentos, golfinhos ensinaram a outros golfinhos truques que haviam aprendido anteriormente.[42] Também se sabe pelos estudos com hidrofone que os barulhos que emitem são únicos de cada indivíduo, com frequência e amplitude que os identificam para seus congêneres.[43] A comunicação entre golfinhos não apenas é consciente, como também, em outras palavras, é pessoal. Assim como são pessoais suas relações, como se vê quando ajudam uns aos outros na doença e em meio a outros problemas e perigos. Não ajudam apenas jovens, mas também adultos de sua espécie e até humanos, como já testemunharam marinheiros gregos e o menino cubano Elian Gonzalez, em sua travessia para se refugiar nos Estados Unidos. Depois de o resgatarem no mar na Flórida, falou-se que ele "não parava de dizer que seus melhores amigos eram os golfinhos. (...) Quando sua mãe morreu, golfinhos o cercaram, divertindo o menino e o protegendo de tubarões; e por quase dois dias o mantiveram vivo e longe de perigo".[44] A agência de notícias Associated Press relatou alguns anos antes um caso parecido, em que um menino de 10 anos foi levado pelas correntes do porto de São Francisco e que, por duas horas, golfinhos circularam em volta dele impedindo que tubarões se aproximassem até o resgate chegar.

Os behavioristas rejeitam essas histórias, dizendo que são anedóticas e que se trata de um "comportamento de ajuda seletivo", inadmissível porque não é *sempre* que os golfinhos oferecem auxílio em momentos de perigo. Bem, nós também não. Um estudo de 1999 descobriu "um inexplicável lado sombrio" dos golfinhos, apontando que, enquanto alguns se enquadram no perfil benigno e agradável, outros podem ser agressivos e violentos, mesmo com outros golfinhos.[45] Foi meu amigo Joe Sobran que indicou isso como mais uma evidência de que nossa visão da natureza é romântica e que "não devemos desculpas a eles. Sem falar que eles têm um gosto bom".[46] Acho que isso prova exatamente o contrário – que os golfinhos não são todos exatamente iguais, mas que são criaturas surpreendentemente complicadas, com experiências, disposições e traços de personalidade que variam e que nem sempre são encantadores. É muito provável que os golfinhos violentos tenham sido resultado de uma experiência como a dos filhotes de elefantes desequilibrados na África – eram os filhotes de mães que foram mortas antes da fase de amadurecimento.

Em outras pesquisas, chimpanzés também são observados se ajudando, informa o professor Kennedy. Balançam galhos quando há aproximação de perigo, o que pode ser interpretado como um aviso para outros macacos, que confirmam nossa hipótese ao se dispersarem. Mas esse também seria um caso de antropomorfismo: "Descrever ações animais (agitação de galhos etc.) como um aviso aos colegas significaria dizer que essas ações foram intencionais por parte do animal. As intenções são causas imediatas de comportamento, então temos, mais uma vez, em um animal, causa funcional mascarada como causa iminente."[47]

Os animais "mascaram" muito na teoria comportamental, dentro e fora do laboratório. "Um conjunto de anedotas não forma dados científicos",[48] diz Budiansky. E dados científicos só podem vir da opinião de um especialista a partir de experiências com animais. (Isso funciona para o outro lado também, porque, como Budiansky diz, mesmo que esses animais demonstrem fala no laboratório, não o fazem no meio selvagem. Então só temos "alguns exemplos triviais".)[49] Um dos sinais da consciência é a percepção de si como ser particular. Uma maneira de medir isso é usar um espelho e observar se o animal demonstra algum senso de ver seu próprio corpo, o "eu" refletido. Em um experimento desses, o espelho foi disposto de modo que o elefante, para alcançar comida, tivesse de usar sua tromba olhando-a no espelho. Como explica Budiansky:

> Os elefantes foram capazes de encontrar comida escondida olhando o espelho, e os chimpanzés moviam as mãos para esconder objetos, usando uma imagem de televisão que veiculava seu movimento invertido.

O padrão comum nas duas performances era que o animal tinha de ajustar os movimentos de sua mão (ou tromba) de acordo com uma resposta visual desconhecida. Mas o elefante não precisava saber que era a *sua* tromba no espelho; só precisava saber que quando a tromba do espelho alcançava comida, sua tromba de verdade alcançava comida de verdade.[50]

Se lermos com cuidado, veremos que o elefante passou no teste. Viu sua tromba no espelho e conseguiu a comida. Mas, não, segundo o sr. Budiansky, essa conclusão é precipitada. Como podemos ter certeza de que era a *sua* tromba levando comida à *sua* boca? Provavelmente apenas um caso de comportamento "autodirecionado", termo científico usado para descrever as ações de alimentar-se, lamber-se, limpar-se, coçar-se etc. Ou talvez também pudesse ser apenas "intencionalidade de ordem inferior".[51] Ou apenas "inteligência sem pensamento". Caramba, quem sabe, talvez de alguma maneira estúpida e pré-programada, os elefantes apenas achassem que algum *outro* elefante estava generosamente lhe passando comida?

Depois de um dia no Coliseu, em 55 a.C., Cícero descreveu como o massacre de 18 elefantes terminou com a multidão "pedindo clemência pelas feras e com o sentimento de que havia certa afinidade entre homens e elefantes".[52] Enquanto matava oito deles, Theodore Roosevelt glorificou "sua grande inteligência, que só deve se igualar à dos primatas superiores".[53] Nos diários de caça, conta que seu filho Kermit viu "um elefante se alimentar mesquinhamente da parte de cima de uma árvore jovem, até que levantou a tromba para soltar um grito de dor, para então, num momento de pequenez, vingar-se quebrando o galho da árvore."[54] Diversas pessoas, como John Sharp e Pieter Stofberg, que passaram a vida perseguindo e caçando elefantes, atestam a esperteza e atenção desses animais. E nunca ocorreu às pessoas que trabalham com esses animais ou que os matam questionar se as criaturas têm ou não consciência de suas trombas.

Ao que se sabe, os chimpanzés também passaram pelo teste do espelho. Quando estavam anestesiados e desacordados, espelhos foram

DOMÍNIO

fixados e pintados pontos vermelhos em suas testas. Se usassem o espelho para examinar e limpar as marcas, provavelmente teriam autoconsciência. E foi o que eles fizeram. "Recobrando-se da anestesia", escreve o professor Kennedy (evitando elegantemente o "recobrando a consciência"), os macacos "tocaram repetidamente as marcas enquanto observavam seus reflexos, e olharam e cheiraram as pontas dos dedos depois de tocar as manchas".[55] Limparam-se, então, diante do espelho, enquanto ainda avaliaram visualmente a si mesmos e as chances de explorar e coçar partes normalmente inacessíveis de seus corpos. Isso e o fato de esses animais usarem escovas quando essas lhes são dadas confirmaria o reconhecimento de si e o uso de ferramentas (espelho). Passaram na prova, certo? Bem, não exatamente. Ao se limpar:

> (...) o organismo direciona ostensivamente atenção a partes do corpo, o que não pressupõe que ele seja capaz de se conceber em separado, como entidade própria e independente. Quando um macaco limpa seu braço, o macaco não é o objeto de sua própria atenção; o braço é. Aliás, eu defenderia que, por conta de traços sinestésicos e resposta proprioceptiva, associados a estímulo de resposta contingente, o uso apropriado do seu braço não *requereria que você soubesse que ele é seu*.[56]

O baile de máscaras da consciência de si pode então ser rejeitado, segundo o professor Kennedy, como um "mecanismo associativo", uma "co-ocorrência sincrônica" ou apenas "resposta positiva produzida por autocondicionamento".[57] Já o sr. Budiansky, avaliando o mesmo experimento, especula que "indícios de reconhecimento no espelho podem não ser nada mais do que uma artificialidade criada pelo modo como os experimentos foram realizados".[58] Esses organismos particulares apresentam regularmente o comportamento de limpar suas manchas? E, afinal, como saber ao certo se foram os espelhos que causaram essa demonstração do comportamento de limpeza de si? Da mesma forma que não se pode dizer que elefantes saibam de suas trombas, não se pode dizer que chimpanzés – criaturas que tem 98,4% do DNA como o nosso, vistos na natureza usando gravetos para caçar formigas, pedras para quebrar nozes e folhas para estancar ferimentos sangrando[59] – reconheçam seus braços quando se coçam. O fato de os chimpanzés, ao se "recobrarem da anestesia" naquele dia e naquele experimento, terem ido se olhar em espelhos, ainda especula o sr. Budiansky, pode ter sido "apenas por acaso".[60]

"QUER NOZES"

Deixo aos matemáticos a avaliação das probabilidades de "apenas por acaso" todos os chimpanzés terem ido se olhar no espelho para sua escovada de cabelo diária. Isso me faz lembrar a antiga sugestão estatística de que se sentássemos um milhão de chimpanzés diante de máquinas de escrever, ocasionalmente um deles produziria um *Hamlet*. Aliás, parece que só se escrevessem *Hamlet* é que os teóricos comportamentais e cognitivos de hoje admitiriam que animais têm consciência. Em 2001, no Aquário de Nova York, fez-se o teste dos espelhos com golfinhos, que responderam da mesma maneira, claramente se posicionando em ângulos para ver as marcas em seus corpos.[61] Então agora, junto dos elefantes, temos uma espécie não primata que demonstra se reconhecer, embora com certeza haja gente escrevendo artigos para explicar também isso. Lidamos aqui com o tipo de mente humana que pode provar qualquer coisa em que acredite, e acredita em qualquer coisa que pode provar. O truque é desmistificar tudo que o animal faz, dissecando-o na língua do funcionalismo, e então, com ar peremptório, declarar que a experiência interior dos animais é um mistério sem solução.

Um exemplo clássico do método é detectado nas críticas ao professor Donald R. Griffin, de Harvard, zoólogo reconhecido, que descobriu o sonar dos morcegos e que, há anos, em livros como *Animal Minds* (Mentes animais), têm defendido não apenas que animais parecem ter pensamentos, intenções, crenças e desejos conscientes, mas que eles de fato são conscientes. A visão fez com que ele se tornasse uma figura repudiada entre cientistas que, como o professor Kennedy e o sr. Budiansky, acusam-no de "antropomorfismo".

Os castores, de acordo com o professor Griffin, apresentam um problema particular à teoria behaviorista por terem conhecidos dons de planejamento e engenhosidade. Nas experiências de "novos desafios", pesquisadores esperavam que esses animais saíssem de perto e, então, faziam buracos em seus abrigos e represas. Observou-se que, na volta, os castores inspecionavam os estragos, nadavam mais uma vez para longe e retornavam com o material apropriado para consertar o dano. Em um dos testes, os castores voltaram no dia seguinte, tendo inclusive roído pedaços de madeira precisamente nas formas dos buracos abertos – o que sugere alguma memória, versatilidade e a capacidade de agir deliberadamente (ou seja, há elementos da consciência), uma vez que os buracos das barreiras e abrigos não estavam à vista no momento da busca e modelamento do material.

Mas, nas palavras do etologista sueco L. Wilsson, esse comportamento em castores

> pode ser interpretado como uma reação estereotipada adaptada filogeneticamente. Por exemplo, o fato de os castores em geral investigarem por completo um vazamento em suas barreiras para depois sair por algumas horas em busca de diferentes tipos de material de reparo não necessariamente significa que ele é capaz de "prever a escolha de materiais de construção adequados para o uso e a forma que a construção terá". (...) O comportamento de construção de represas é ativado quando um animal recebeu estímulo da represa por algum tempo, e uma resposta não imediata é comum no comportamento adaptado filogeneticamente.[62]

O que o professor Wilsson fez aqui foi renomear as coisas, mais ou menos como os castores que remodelam materiais para consertar vazamentos. A represa danificada é um "estímulo". A resposta do castor aos vazamentos passa a ser uma "ativação". Indícios de memória agora são uma "resposta atrasada". Isso tudo tem algo de mais científico e objetivo, mas não nos leva exatamente a lugar algum na explicação de como os castores fizeram o que fizeram. O novo jargão "filogenético" apenas recoloca os termos, restringindo as explicações disponíveis às causas biológicas e externas, ao mesmo tempo que impede considerações sobre estados interiores ou ações conscientes – não importa que o motivo da pesquisa fosse justamente avaliar as condições interiores dos animais.

Mas meu exemplo preferido é o de Budiansky desmascarando esquilos. Os bichinhos, como ele descreve, fazem dois tipos diferentes de sons quando percebem perigo, um para falcões e outro para texugos. De cara, isso sugeriria uma ação consciente, porque é necessário distinguir um predador do outro. Quando ouvem um dos dois alertas, os esquilos se dispersam. Um tipo de alerta é um assobio agudo, parecendo uma comunicação pouco elaborada, mas efetiva (*Corram!*), um alarme de medo, talvez até algum tipo básico de solidariedade. Como um falcão, Budiansky disseca o esquilo para mostrar a condição inata pré-programada evolutiva. Afirma se tratar apenas de uma "tática de desvio" inconsciente para transferir a atenção do predador para outros esquilos ao gerar um pânico generalizado; mais um caso de inteligência sem pensamento, intencionalidade de ordem inferior, "exploração mútua de duas partes interessadas" e, portanto, não uma evidência de comunicação consciente ou mesmo de transtorno físico consciente.

> A perspectiva da evolução ressalta o importante fato de que sinais não se disseminam por "significar" algo, mas porque funcionam. De novo, a resposta impensada entre o emissor e o receptor trabalha para criar um sinal informativo mas sem intenção consciente de sê-lo. Emissor e receptor exploram um ao outro continuamente. (...) A evolução de sinais pode ser intrincada, efetiva, até "maligna" ou "maquiavélica" – sem ser consciente ou ter significado semântico.[63]

Apenas algumas questões: e quando os esquilos continuam gritando mesmo que seja tarde demais, quando os outros estão a salvo em esconderijos mas o esquilo que avisa está sendo devorado pelo falcão? Nesse caso, onde está a tática de desvio? Por que animais gritam quando estão feridos ou sendo mortos, mesmo que os sons não tenham utilidade?

DOMÍNIO

Por que nós gritamos, e por que a evolução nos projetou para termos experiência consciente de *nossa* dor física, mas não fez o mesmo por eles? Por que alguns animais em situação de extremo perigo, como ratos de laboratório sendo devorados por cobras, são incapazes de fazer *qualquer som*, paralisados de terror (como falamos de nós mesmos)? Como pode o sistema nervoso central dos mamíferos ser tão parecido? E, sendo assim, não é de se esperar que sirva aos mesmos propósitos evolutivos, motivando cada criatura a fugir de danos ao corpo e assim perpetuar a espécie? Se o intuito da dor é o mesmo para nós e para os animais, se os mecanismos internos da dor são os mesmos, se suas expressões exteriores são as mesmas, e se os tratamentos analgésicos são os mesmos, por que a experiência física da dor não seria a mesma – e também por que não a experiência psicológica?

Ao longo de *If a Lion Could Talk*, o próprio Budiansky demonstra excelentes instintos de desvio. Passa páginas e mais páginas descrevendo informações sobre chimpanzés, analisando a "inteligência sem pensamento" de cães, gatos, cavalos e elefantes, mas em nenhum momento toca na questão da dor. Provavelmente os esquilos foram selecionados porque seria bem mais difícil nos convencer de que mamíferos mais familiares a nós, como nossos cachorros e gatos, não sentem dor quando choram. Quando se trata de sofrimento (o centro da argumentação de Budiansky), ele nos deixa crer que o que vale para o esquilo vale para todo o reino animal. Se um esquilo pudesse falar, ele chamaria isso de falácia da composição.

Finalmente, há o famoso Alex, um papagaio-cinza africano de 25 anos treinado por Irene Pepperberg, psicóloga do Massachusetts Institute of Technology (MIT). Alex forma frases simples com seu vocabulário de cerca de cem palavras, reconhece quantidades até seis, identifica cores, formas, brinquedos, materiais e tipos de comida. Quando são mostrados objetos de cores diferentes e se pergunta "O que é igual?", ele responde: "Forma." Se perguntarmos "o que é diferente?", ele responde: "Cor." Se mostrarmos objetos completamente diferentes e perguntarmos o que é igual, Alex responde: "Nada." Ele também nega pedidos ("Não"), faz suas próprias demandas ("Vá embora", "Venha aqui"), sugere algumas atividades ("Ir ver árvore"), faz perguntas ("O que é isso?", "Você me diz?"), dá ordens ("Fale com clareza") e até pede desculpas quando responde algo errado. Faz tudo isso independentemente de quem pergunta, o que destrói argumentos sobre inconsciência em experimentos passados.

Alguns anos atrás, ele foi convidado da Rádio Pública Nacional americana:

IRENE PEPPERBERG: Ok, Alex. Vou te dar uma bandeja de diferentes objetos. Temos bolas e blocos vermelhos e azuis. Ok? Agora, olhe a bandeja. Pode me dizer quantos blocos azuis estão aí? Quantos blocos azuis?
ALEX: Dois.
IRENE PEPPERBERG: Ok, Alex, bom menino. Pode me dizer quantos blocos vermelhos?
ALEX: Quatro.
IRENE PEPPERBERG: Quatro. Bom menino.
ALEX: Quer nozes.
IRENE PEPPERBERG: Pássaro bonzinho, ok. Pode comer nozes.[64]

Para Alex, essa foi uma vitória especial, porque a troca de informações aconteceu na presença de outro convidado, Daniel Dennett, justamente o autor em quem Budiansky busca suas teorias sobre inteligência sem pensamento e "apenas dor" dos animais. Por alguns momentos, o professor Dennett pareceu deixar a teoria de lado, aparentemente convencido de que Alex estava de fato cônscio e não era como uma ameba ou um termostato:

DENNETT: Alex é um indivíduo importante e extraordinário neste mundo. Já vi o suficiente de Alex, o papagaio, para perceber que não se trata apenas de um animal de circo bem treinado. Não está fazendo isso apenas por memorização rotineira. Não foi um treino por repetição. Ele faz transferência de conhecimento e inferências extraordinárias. Alex é um papagaio bem impressionante.

DOMÍNIO

IRENE PEPPERBERG: O que é isso?
ALEX: Caminhão.
IRENE PEPPERBERG: Ah, bom menino. Caminhão. Bom papagaio.
E quantos temos aqui?
ALEX: Dois.
IRENE PEPPERBERG: Isso mesmo. Bom menino.
ALEX: Quer nozes.[65]

Vou tomar um pequeno desvio para afirmar que se trata de um fato empírico que este organismo *pensou* sobre, *quis*, *teve intenção* de e *desejou* nozes. Mas Alex não me parece uma ameaça, não acho que vá "derrubar o homem de seu pedestal (...) no topo da criação". Alguns mimos e a gentileza da dra. Pepperberg parecem o suficiente para ele.

Mas esse papagaio-cinza é uma grande ameaça à alegação do sr. Budiansky de que animais não pensam nem sentem, à afirmação do professor Kennedy de que atribuições de pensamento a animais são "antropomorfismo" e à crença do professor Tim Ingold na "comunicação sem pensamento". O que está em jogo aqui não é apenas a singularidade de nossa condição racional, mas a presunção de que todas as criaturas, menos nós, estão excluídas do mundo do pensamento e dos sentimentos conscientes, de que o sofrimento não tem significado e, portanto, de que nosso comando é absoluto.

Budiansky e outros teóricos ainda negam tais exemplos com conjecturas vagas sobre mecanismos associativos, não-sei-o-quê proprioceptivo e coisas do gênero. Alex teria de fazer e acontecer para que admitissem que animais são capazes de pensamentos e sentimentos conscientes. Eis algumas conclusões de iminentes filósofos comportamentais e cognitivos:

- De nenhum modo somos capazes de provar que haja no animal uma alma que pense. (...) Vejo isso como algo demonstrado que não pode ser provado, que animais tenham pensamento.[66]

LEIS

- A percepção consciente em outros animais é um mundo fechado acerca do qual não se pode fazer muito mais do que especular. Infelizmente (...) não há indícios de que seja alcançável.[67]
- Nenhuma [das evidências] prova que animais não sofram, claro. O que é mostrado é que não podemos esperar dizer, a partir de seu comportamento, se sofrem ou não.[68]
- Nenhuma afirmação sobre a consciência animal está aberta à verificação ou experimentação. Não será tempo de colocar de lado essas questões sedutoras, mas impossíveis de serem respondidas, e direcionar nossas energias a buscas mais produtivas?[69]
- A questão sobre se animais sofrem deve continuar sem resolução.[70]
- Entender o que é verdadeiramente possível a respeito do funcionamento das mentes animais significa abandonar qualquer esperança real de adentrar seus pensamentos, de traduzi-los em termos humanos.[71]
- [Estudos] das mentes de animais podem contar páginas e mais páginas sobre suas habilidades mentais, e mesmo nos trazer vislumbres de como um animal percebe o mundo – ao menos como questão prática e funcional –, sem ficar à deriva no território desconhecido do que se experimenta enquanto se percebe o mundo.[72]

Os dois últimos *insights* são de Budiansky, o que levanta mais uma vez a questão de como ele consegue, do "território desconhecido", chegar à afirmação categórica e confiante de que animais não sentem nem pensam nada. A primeira das citações listadas é de René Descartes, declarando, em 1649, absolutamente o mesmo de nossos modernos behavioristas e ecologistas evolutivos, que hoje se dizem na ciência de ponta. Note que os comentários sequer são conclusões, sujeitas às regras do debate racional e da demonstração empírica. São proibições à pretensão de que alguma conclusão final seja possível. Não dizem "não sabemos". Dizem "não podemos saber". Nunca.

No caso das experiências de dor, o raciocínio circular vira uma busca maníaca de mais e mais informação. A *Oxford Companion Encyclopedia to Animal Behavior* define dor como "estado de motivação desperto por certo estímulo e que normalmente dá lugar a comportamento defensivo ou de fuga", uma tautologia que diz que dor é comportamento para escapar, e comportamento para escapar é dor. Outras e outras vezes, em estudos e relatórios densos – a moeda das credenciais, bolsas e orçamentos de departamento – nos deparamos com pesquisadores reproduzindo como coelhos as mesmas e predestinadas não conclusões. Hesita-se mesmo a chamá-las de investigações científicas, uma vez que os próprios experimentos levam em conta desde o início que dor animal é insignificante, de algum modo irreal, e que essas experiências estão na folha de pagamento de alguma empresa cuja existência dependa dessa afirmação. Isso foi visto em um estudo sobre a dor em matadouros:

> Pesquisas conduzidas em instalações comerciais de abate de suínos indicaram que a intensidade com que os porcos guincham (avaliada com medidor de decibéis) na área de abate está relacionada às medidas fisiológicas de estresse e a carne de menor qualidade (Warriss *et al.*, 1994). R.G. White *et al.* (1995) também detectaram que a intensidade dos gritos é correlata ao desconforto do porco.[73]

Que bom que finalmente solucionamos o mistério. Graças à pesquisa pioneira de um certo professor R. G. White, podemos colocar como fato empírico que quando porcos sofrem desconforto, eles guincham. E quando estão realmente desconfortáveis, eles gritam à beça. Mas não podemos ir além disso. É tudo dor inconsciente, todos esses guinchos de arrepiar no medidor de som são informações indecifráveis e abafadas que não levam a conclusões. (O título do estudo do professor White já dá ideia do contexto: "Vocalization and Physiological Response to Pigs during Castration with and without Anesthetic", (Vocalização e resposta fisiológica de porcos durante a castração com e sem anestesia).

Sequer os primatas são poupados. O sr. Budiansky, a fim de provar suas teses de que todos os animais são inconscientes e, portanto, incapazes de experimentar qualquer tipo de sofrimento comparável com o sofrimento humano, compartilha conosco:

LEIS

Experimentos neurofisiológicos com macacos mostraram que as células do lobo temporal do cérebro são sensíveis a forma e cor de objetos, enquanto as células do lobo parietal reagem à localização de objetos. Destruir lobos temporais deixa o macaco incapaz de discriminar padrões, mas com habilidade para distinguir localizações; destruir os lobos parietais tem exatamente o efeito oposto.[74]

Uma vez que esses pesquisadores cavaram um pedaço dos cérebros dos primatas para levar adiante sua investigação, quais as chances de eles, por incrível que pareça, relatarem também que macacos, no fim das contas, *sentem* dor consciente? Todo o experimento é feito partindo da premissa de que os sujeitos – essas mesmas criaturas capazes de aprender palavras básicas da linguagem de sinais e pedir por petiscos, afagos e bichinhos de estimação – são organismos que não sentem, cujo choro deve ser serenamente ignorado e cujas vidas podem ser descartadas para satisfazer a curiosidade do pesquisador. Não são "quens", são "quês". Qualquer outra conclusão levantada quando a dissecção tiver acabado e a mesa de operação estiver limpa culminará numa confissão de imensa má conduta e de crueldade pessoal. Devemos acreditar que chimpanzés apresentam comportamento defensivo em resposta a estímulos de aversão. Mas não se preocupe, para felicidade deles, não há um "eu" para sofrer.

Os mesmos chimpanzés que nos ensinaram tanto sobre a linguagem, a cognição e a emoção foram tratados dessa maneira quando sua utilidade chegou ao fim. Eu cheguei a ver o próprio Nim Chimpsky no rancho Black Beauty, um santuário em Murchinson (Texas). Lá estava ele, no final de 1999, apontando para imagens de revistas enquanto bebia num copo de plástico. Pedia coisas e fazia o sinal de "abraço" para o diretor do local, Chris Byrne, que me disse que a atriz Marlee Matlin de vez em quando visitava o local e conseguia se comunicar com Nim.

Entretanto, o que quer que se força da capacidade cognitiva desse chimpanzé, era de se esperar que, quando terminassem, Nim tivesse o direito a uma aposentadoria tranquila. Mas depois que passou todo

DOMÍNIO

o espetáculo, ele quase foi despejado num laboratório especializado em experimentos odontológicos, mas, antes disso, o Fund for Animals o comprou. Outros animais que aprenderam a linguagem dos sinais tiveram menos sorte. Foi o caso de Booee, treinado por Roger Fouts. Em uma reunião filmada com a juíza Faith Ireland, da Suprema Corte de Washington, ele tenta persuadi-la de que os primatas deveriam ter proteção legal especial:

> A juíza Ireland estava irredutível tanto para argumentos legais quanto para tratados filosóficos. Mas sua visão mudou depois de ver um vídeo do encontro entre o dr. Fouts, da Universidade Central de Washington, e o chimpanzé de 27 anos Booee.
>
> Fouts foi o professor de linguagem de sinais de Booee. Quando o projeto terminou, Booee foi vendido a um laboratório biomédico, onde era mantido numa gaiola sem janelas e deliberadamente infectado com hepatite C e outros vírus. Passaram-se 13 anos sem contato do professor com o aluno. Então, Fouts resolveu visitá-lo e trouxe uma equipe de vídeo.
>
> O reconhecimento foi instantâneo. Depois de anos sendo objeto de experiências, Booee se lembrou de seu professor e imediatamente sinalizou seu nome e o dele: um dedo voltado para baixo no meio da testa, para Booee, e um peteleco na orelha para Fouts. Os dois fizeram sinais um para o outro e brincadeiras por entre as grades. Quando Fouts finalmente sinalizou que tinha de ir, Booee visivelmente se deixou cair e se encolheu no fundo da gaiola.
>
> "É óbvio que chimpanzés têm memória e sentimentos e podem se comunicar", disse Ireland. "Para mim, era 'coloque sua senha, destranque a mente.' De repente vi esse 'A-há. Agora entendo'."[75]

PENSAR NO PENSAR

O comportamento humano particularmente em voga entre teóricos comportamentais é conhecido como falsa modéstia, uma vez que se sabe que não poderia haver afirmação mais abrangente ou inconsequente do que dizer que a questão animal está fechada, nunca terá uma conclusão e que nenhuma outra prova será admitida. Mas o que um animal como Booee sente quando abandonado em uma vida de solidão e dor em um laboratório não é inteiramente desconhecido por nós. Só é proibido a quem se aventura a concluir que nossas criaturas-irmãs de fato pensam, sentem e sofrem.

O debate racional requer que haja pelo menos algum indício hipotético que, uma vez produzido, coloque a questão de um jeito ou de outro. Se eu digo "Não existe algo como o Pé Grande" e um dia essa fera do imaginário é capturada e trazida a mim, depois da confirmação de zoólogos de que é de fato o Pé Grande, tenho de admitir que eu estava errado. Nesse momento, estou preparado para alegar que não existe, mas admito ao menos uma remota possibilidade de sua existência. Ao menos o suficiente para que possa olhar as evidências. Não digo que *nunca* poderá ser provado. Digo apenas "encontrem-me um Pé Grande e eu acreditarei nele".

Uma teoria, por definição, admite a possibilidade de erros, dependendo de que provas sejam trazidas para contradizê-la. Na ciência, uma proposição deve ser esquadrinhada indutivamente, pelo processo de se chegar a uma conclusão geral a partir de um conjunto de fatos disponíveis. "Animais experienciam dor" é uma conclusão a que se chega indutivamente a partir de fatos da biologia e da veterinária. A maioria dos vertebrados e todos os nossos colegas mamíferos têm mecanismos químicos e neurológicos parecidos, que transmitem e controlam a dor. Sob trauma ou estresse, as respostas fisiológicas desses seres são idênticas às nossas – aumento dos batimentos cardíacos e da transpiração, elevação do nível de cortisona no sangue, liberação de endorfina, serotonina e outros entorpecentes naturais. Os corpos de nossos colegas mamíferos respondem à anestesia assim como o nosso. E, claro, eles demonstram comportamento defensivo em forma de manifestações vocais e de contorções corporais similares às nossas. Soma-se a essas evidências o fato de que veterinários hoje prescrevem para cães, gatos, porcos, cavalos e outros animais exatamente as mesmas drogas contra a depressão que são receitadas para nós (incluindo Prozac, Ritalina,

DOMÍNIO

Frontal, Apraz e beta-bloqueadores) e que têm exatamente os mesmos efeitos. Todos os mamíferos e pássaros dormem, e o sono (inclusive a fase REM) mingua com o envelhecimento, assim como acontece conosco. Acredita-se que o sono sirva às mesmas funções restauradoras do cérebro e envolva a mesma suspensão do que chamamos, em nosso cérebro, de estado de consciência.

O que, então, *provaria* aos senhores Budiansky, Kennedy e outros que essas criaturas de fato sentem e sofrem e que nossa empatia não é apenas um antropomorfismo bobo? A busca é vã. Os argumentos são circulares, chega-se a eles dedutivamente – aplicando-se uma proposição geral a fatos particulares – e não se admitem contraprovas. Reconhecem algum grau de senciência a animais, mas depois tiram das criaturas o passadouro da linguagem, erigindo esse elaborado "pensamento-sem-pensamento" que, sob investigação mais cuidadosa, *requer linguagem*. Apenas com ela as "ideias podem ser representadas ao infinito: a linguagem automaticamente oferece significado para representar ideias sobre ideias sobre ideias sobre ideias", escreve Budiansky, que completa que isso torna possível "o salto importantíssimo de apenas ter intenções e crenças a ter intenções e crenças sobre ter intenções e crenças."[76] Roger Scruton, em *Animal Rights and Wrongs* (Direitos/acertos e erros dos animais) se baseia no mesmo argumento, dizendo-nos que, por um lado, "é óbvio que animais *são* conscientes"[77] e que, por outro lado, por não terem linguagem, não podem ser conscientes de si como seres individuais e, portanto, não podem ser objeto de nossa preocupação moral direta.

Outro cético da consciência animal escreve: "a definição de consciência nos iludiu por um século".[78] Mas não era esse o problema. O problema é que, pela definição antiga, animais estariam incluídos entre os conscientes, com dor consciente e capacidade de comunicação deliberada. E, sendo assim, pesquisadores começaram a elaborar novas definições até chegar, com todas as letras, à de hoje, que afirma que são seres conscientes a não ser que cientistas e filósofos não estejam convencidos disso. Ao se assumir que a experiência interior dos animais é, por definição, de investigação inacessível, e que apenas com linguagem a consciência é possível, não se vai muito longe. A conclusão ("animais não podem pensar nem sentir") já faz parte da premissa ("pensamento e sentimento são exclusivos dos seres verbais"). Ignora-se a questão de como a investigação começou: o quanto pensamento e sentimentos são, de fato, exclusivos dos humanos, e se animais podem ser conscientes mesmo sem palavras e conceitos abstratos que apenas nós temos.

Caso os animais pudessem de fato elaborar suas próprias teorias, ainda serviria de consolo a essas criaturas que o sr. Budiansky e outros pensadores do gênero também não têm muita certeza sobre a consciência humana. Veja a explicação.

Budiansky se diz um estudioso da "ecologia evolutiva", um desdobramento do behaviorismo que leva em consideração descobertas genéticas recentes. O behaviorismo tradicional pressupõe que as ações de qualquer criatura podem ser interpretadas por referência a estímulos e respostas observáveis, além de mecanismos internos desse ser. Hoje, com uma visão mais sutil da questão e maiores conhecimentos, isso seria chamado de "behaviorismo radical", conta o pesquisador:

> A assim chamada revolução cognitiva na psicologia, nos anos 1970, afirma que muito do que animais possam *fazer* requer forçosamente que elaborem representações mentais de informações e manipulem tais representações, e que experiências realizadas apropriadamente podem revelar algo sobre que tipo de *eventos* mentais ocorrem na cabeça de um animal – ainda que não se possa jamais chegar às *experiências* mentais. Essa perspectiva foi um importante salto a partir do posicionamento do behaviorismo rígido, defendido por psicólogos como B. F. Skinner, que insistia que todo comportamento era o resultado de um estímulo-resposta simples e aprendido que não dizia qualquer coisa a respeito dos funcionamentos internos da mente – uma posição que foi muito combatida porque reduz animais a autômatos.[79]

Note, entretanto, que mesmo com essa grande revolução cognitiva não se pode "nunca" alcançar a experiência interior animal. Por quê? Porque uma investigação legítima ainda está presa ao comportamento

DOMÍNIO

exterior. É o que *fazem* que devemos estudar. O que *sentem* continua um território desconhecido. E, aliás, continua Budiansky, como saber se nossos próprios congêneres humanos experienciam pensamentos e sentimentos como nós? "Até onde qualquer um de nós sabe, somos, cada um, o único ser no universo capaz de pensar pensamentos. (...) Talvez até *nossa* própria consciência seja uma ilusão também; talvez nada do que parece que experimentamos e pensamos seja real. (...) Isso não é tão imaginário quanto parece."[80]

Essas reflexões são um eco de B. F. Skinner, que começou toda essa história em 1938, com o livro *The Behavior of Animals: An Experimental Analysis* (O comportamento animal: uma análise experimental), no qual observa: "Até onde se sabe pelos nossos sentimentos, estamos presos nas próprias peles."[81] Aparentemente, não se fez muitos progressos no assunto desde então. O professor Kennedy resume o consenso atual:

> Tornou-se de novo questão séria de debate que seres humanos, assim como animais, talvez sejam máquinas. (...) Embora hoje em dia, claro, ninguém pense em máquinas tão simples quanto as vislumbradas [no passado por Descartes], nem que se trata de uma máquina que alguém saiba como construir. Os animais, como vistos hoje, não são os autômatos de estímulo e resposta que os antropomorfistas parecem acreditar ser a única alternativa que os antiantropomorfistas oferecem à mente animal.[82]

Então, os animais ainda são máquinas de respostas a estímulos, mas um tanto mais intricadas do que se suspeitava. E pode ser que os humanos também sejam máquinas de estímulos e respostas altamente complexas. Não sabemos ainda. Isso está sob séria discussão, e eles avisarão quando tiverem mais dados.

Não vamos nos alongar no assunto da consciência exceto para notar a incoerência daqueles que se esforçam para afirmar que animais são inconscientes. Por toda a literatura a respeito, ainda se encontram longos

LEIS

e apurados trabalhos com títulos como "O conceito de 'consciência'", "Existe 'consciência?'", "O que é a 'consciência de si'?" e "O problema da 'mente dos outros'". E esses trabalhos são sobre a mente humana. Um exemplo, que questiona se o mundo físico existe como o percebemos, poderia ser um quadro de "Pérolas" do *Sartuday Night Live*:

> Longe de ser uma propriedade física de objetos, a cor é uma propriedade mental, uma invenção útil que um circuito nervoso especializado computa em nossas mentes e "projeta em" nossas percepções da cor dos objetos. (...) O que é verdade para a cor é verdade para tudo em nosso mundo de experiências: o calor de um sorriso, o significado de um olhar, a grandiosidade de um livro, a força de uma encarada. (...) Habitamos mundos mentais povoados pelo produto computacional de um batalhão de autômatos neurais desenvolvidos e especializados. Segmentam palavras de um fluxo auditivo contínuo, constroem um mundo de objetos locais de arestas e inclinações na disposição bidimensional de nossas retinas. (...) Ignorando sua existência, confundimos as representações que eles constroem (a cor de uma folha, a ironia num tom de voz, a aprovação de nossos amigos e assim por diante) com o mundo em si.[83]

Há de fato algo como a "folha" tal qual a conhecemos, ou será que "folhas" simplesmente existem como fenômeno ocular subjetivo? Será que qualquer coisa de fato existe em separado de nossa percepção? Na noite passada, sonhei que era uma borboleta: estaria eu, Matthew, sonhando ser uma borboleta, ou será que sou na verdade uma borboleta sonhando ser "Matthew"?

Essas especulações metafísicas têm seu espaço, e é de se admirar o poder mental inerente a elas. O problema é que, quando se termina com toda teoria e especulação, não sobra muita coisa, sobretudo quando o objeto investigado é a mente humana e a busca por informar a conduta moral de uns em relação aos outros.

É óbvio que cada um de nós tem indícios da própria experiência direta, e daí inferimos que os outros também as têm: a partir de meus próprios pensamentos e sentimentos conscientes pressuponho que você

DOMÍNIO

também tem sentimentos. Você, o leitor, e todo o restante do mundo não são apenas não Eus, humanoides máquinas que imitam sentimentos conscientes para me enganar e fazer pensar que vocês têm sentimentos também, quando de fato apenas *eu* os tenho. Chamamos de solipsistas pessoas que pensam dessa forma. E pessoas que agem dessa forma, nós as chamamos de psicopatas.

A consciência, em todo caso, é um desses fatos primários além dos quais a mente não pode ir, não mais do que um olho pode se enxergar. Se nossas próprias mentes não podem perceber a realidade objetiva, mas apenas construir "realidade" e suas propriedades, então qualquer teoria da consciência que criássemos seria, do mesmo modo, constructo subjetivo e, portanto, sem valor de objetividade – e então estaríamos de volta ao beco sem saída epistemológico, como testemunha a próxima teoria do sr. Budiansky.

Uma vez explicado todo o comportamento animal em termos de forças evolutivas inconscientes, ele tem de explicar como o macaco nu, único no mundo, adquiriu consciência. E especula: "A linguagem é o foguete que escapou do puxão gravitacional da adaptação biológica (...) [e] é um salto descontínuo que nos levou, únicos entre as espécies, ao reino do pensamento ético."[84] Diferentemente de animais, "pairamos acima de qualquer propósito (ou acidente) evolutivo que tenha guiado sua criação".[85] A teoria explica também a religião: "Imaginar um deus é a atribuição mental última: não atribuímos falta de onisciência a um ser fora de nossas mentes. Essa é a expressão máxima do 'animal utópico' darwiniano, porque, ao fazê-lo, o homem criou a consciência moral derradeira. (...) Um 'deus' literal é o recipiente último desse conceito."[86]

Então agora também criamos Deus – um conceito dentro de nossas mentes. O sr. Budiansky faz pouco caso do movimento da "ecologia profunda" com sua espiritualidade etérea, mas seria difícil encontrar na literatura ambientalista algo menos plausível do que essa teoria do "foguete" da consciência humana. Tudo isso se baseia, como ele mesmo admite, num ato audaz de antropomorfismo às avessas, projetando em Deus pensamentos e desígnios do ser humano.

O problema é que, por mais longe que "voemos", "Deus", "verdade" e "ética" continuam sendo estados mentais subjetivos da humanidade. São convenções, coisas que criamos ao longo do tempo e não coisas verdadeiras por elas mesmas e que, usando a razão, seríamos capazes de perceber e afirmar como verdade. Esse argumento declara que todo pensamento humano é produto de processos biológicos. Pode ser até que tenha acontecido assim: sem Deus, sem verdade, apenas nós. Mas isso só nos deixa, na frase hábil de Skinner, "presos em nossas próprias peles". É um argumento que se desconstrói, negando qualquer capacidade nossa de perceber realidades objetivas.

Uma vez que "criou" sua própria ética, não seria surpreendente se, ao longo dos anos, o ser humano tivesse desviado bastante as coisas a seu favor. O que nos deixa, como em qualquer filosofia de relativismo moral, sob a doutrina do poder, segundo a qual as coisas não são éticas e verdadeiras em si, mas porque nós, senhores e mestres da Terra, as declaramos assim.

Uma teoria semelhante é trazida por Peter Carruthers, professor de filosofia da Universidade de Sheffield. Está em seu livro *The Animals Issue: Moral Theory and Practice* (A questão animal: teoria e prática moral, 1992). Ao lado do sr. Budiansky e do professor Kennedy, Carruthers está entre as autoridades mais citadas na defesa de que animais não podem pensar ou sentir de maneira consciente ou moralmente relevante. "A questão de se há algo que nos faça sentir como sendo um morcego, um cachorro ou um macaco permanece em aberto", escreve ele. "Se a consciência for como acender uma luz, pode ser que as vidas deles não passem do escuro."[87] Ao encarar animais como "objetos inapropriados de simpatia" e nossa preocupação com eles como um sentimentalismo bobo, ele nos dá uma demonstração de *recta ratio*:

[Um] estado mental consciente, em contraposição ao inconsciente, é aquele disponível ao pensamento consciente – no qual um ato cônscio de pensamento é um evento disponível a ser pensado de volta da mesma forma. (...) Embora haja um indício de circularidade, não há

DOMÍNIO

de fato. Em vez disso, o cálculo é reflexivo. O que faz o pensamento ser consciente é o mesmo que faz a experiência ou a crença o serem, a saber, a disponibilidade de se pensar que está regularmente disponível ao pensamento.[88]

Importante se perguntar se esse argumento está, ele mesmo, disponível ao pensamento racional. Não apenas parece "circular", mas é circular, dando voltas e mais voltas até que a consciência seja redefinida em conceitos linguísticos. Assim como Budiansky, o professor Carruthers não provou que animais não têm consciência, mas que não são verbais nem filosóficos. Seu cachorro consegue pensar em sair para passear; apenas não consegue pensar pensamentos sobre pensamentos sobre pensamentos sobre o conceito de (em toda a complexidade filosófica) um passeio. Um gato no laboratório pode acreditar que sente dor e tentar fugir disso; apenas não é capaz de ter as crenças e intenções sobre crenças e intenções sobre... e daí em diante.

Quando se termina a teorização, animais são como máquinas e nós como anjos – pura consciência, contemplando e pensando pela eternidade. E os dois argumentos concordam tacitamente que, pela definição usual das palavras do dia a dia, animais *pensam* e são *conscientes*. O equivalente à "inteligência sem pensamento" de Budiansky é a consciência inconsciente de Carruthers. O primeiro leva a lógica um pouco adiante, permitindo que animais de fato *saibam* de coisas e *usem* essa informação, mas não "sabem o que sabem". Para fazer o sofisma ficar o mais claro possível: animais podem fazer uso do que sabem, mas não sabem o que usam quando usam o que sabem.

E continua o professor Carruthers: "Dado que animais podem ser conscientes *de* eventos, nossa questão é se esses estados de percepção são, em si mesmos, conscientes. Nossa questão não é se animais têm estados mentais, mas se animais estão sujeitos a estados mentais *conscientes*."[89]

Para falar a verdade, essa não era uma questão. A questão era se animais são conscientes no simples sentido de experienciar eventos e sentir dor como nós sentimos no momento em que a dor é infligida e não em algum estágio subsequente de reflexão psicológica. O que ele diz de fato aqui é que animais têm um estado de consciência menos sofisticado. Mas, claro, consciência ainda é consciência. Além do mais, como *ele* sabe que animais não podem refletir sobre a dor? São, com certeza, capazes de antecipá-la, como pode ser observado diariamente no retraimento e nos choramingos diante da simples aparição de quem causa algum tormento aos bichos em laboratórios. Se antecipam a dor, armazenando em suas mentes alguma imagem ou sensação de experiências passadas, por que não podemos supor que a mesma faculdade da memória permite que reflitam sobre experiências passadas? E, pelo amor de Deus, eles também sonham. O que isso nos diz? E por que o professor Carruthers e o sr. Budiansky, em toda reflexão e especulação, nunca mencionam o fato?

Eles provavelmente reconheceriam que animais apresentam um estado similar ao sono, uma experiência interna que não podemos nem provar nem refutar. Mas a ciência já chegou bem perto de provar que animais sonham como nós. No início de 2001, pesquisadores do MIT publicaram descobertas de que roedores sonham. Não apenas isso: parecem sonhar com experiências a que foram submetidos. O professor Matthew Wilson e seu assistente Kenway Louie colocaram eletrodos nas partes do cérebro que se acredita responsáveis pela criação e armazenamento da memória, o hipocampo. Enquanto os ratos eram treinados a se guiar em um labirinto, os eletrodos acusavam um padrão específico, "uma assinatura única para a experiência", como descreveu o dr. Wilson. O mesmo padrão foi registrado durante a fase REM do sono, com tal precisão que era possível que os pesquisadores localizassem em que parte do labirinto os ratos sonhavam estar. "A capacidade de lembrar, refletir e avaliar experiências prévias é algo que existe em vários níveis em animais. Eles podem estar pensando mais do que considerávamos antes", conclui.[90]

Quanto ao professor Carruthers, ele segue correndo atrás do próprio rabo intelectual, comparando a falta de consciência animal a seu próprio estado mental quando, envolvido mecanicamente em afazeres domésticos, ele foi "tragado pelo *Finale* da *Arpeggione Sonata*, de Schubert".

DOMÍNIO

Chamemos essa experiência de *não consciente*. Como se sente o sujeito de uma experiência não consciente? Não sente nada. Não se sente nada ao ter uma experiência visual não consciente do carro parado na rua ao lado ou das duas canecas no secador de pratos, justamente porque ter essas experiências é não ter consciência delas. Apenas experiências conscientes têm uma fenomenologia distinta, um sentimento distinto. As experiências não conscientes são aquelas que podem ajudar a controlar o comportamento sem ser sentidas pelo sujeito consciente.[91]

Mas para os animais a sonata nunca termina. Eles estão perdidos no mundo para sempre, argumenta, em algum lugar nas margens da vida consciente, um estado que ele compara com humanos sob morfina ou anestesia.

Suponhamos, entretanto, que o professor Carruthers estivesse em seus afazeres quando tocado pelos sons de Schubert e um ladrão entrasse em sua casa e o atacasse. Isso o tiraria do estado sem consciência, não? Suponhamos que enquanto ouve a *Arpeggione Sonata* (de modo não consciente, ainda que aparentemente tendo a *experiência* e, de fato, *apreciando* a música), o professor ouve um farfalhar na janela ou a maçaneta sendo forçada. Não se poderia dizer que ele "não sente nada", não é? Um calafrio de medo passaria por ele. Sua mente e seu corpo sairiam da falta de consciência para o alerta total. É esse o propósito do medo e da dor, alertar nossos mecanismos de defesa. Em que bases racionais ou científicas acreditaríamos que nossa experiência imediata dessas respostas físicas não é exatamente a dos animais? Como medo e dor operariam se não fossem dramaticamente diferentes do estado normal das criaturas?

Em resposta ao argumento da morfina, valeria perguntar ao professor Carruthers o que exatamente perdem os animais quando sedados. Seus corpos, sob efeito de anestesia ou morfina, reagem precisamente como os nossos. Algo não está lá, mesmo que o corpo experiencie dor e intrusão. Todos os processos mecânicos continuam, mas o cérebro não os registra como o faz quando sem anestesia. Quando acontece conosco, chamamos de perda de consciência. Tanto o professor

Kennedy quanto o sr. Budiansky evitam a expressão ao dizer que, nos experimentos com chimpanzés, eles estavam "recobrando-se da anestesia".[92] Recobrando o quê? Sua falta de consciência?

Finalmente, nenhuma dessas teorias leva em conta o fato de animais terem de fazer escolhas e tomar decisões. Pode até ser que essas criaturas vivam grande parte de suas vidas como nós, dirigindo no piloto automático, sem realmente prestar atenção. Vivemos boa parte de nossas vidas assim também, em movimentos reflexos, pensamentos errantes e sentimentos de que, submersos no presente, não estamos muito cônscios. Não passei as últimas horas pensando: "Cá estou, lendo o jornal de manhã... agora vou subir as escadas, onde devo abrir a porta do escritório, sentar e começar a trabalhar... agora são 8h32 e aqui estou de novo escrevendo esta frase." A vida consciente não é vivida assim, aliás, tamanha consciência de si é uma forma paralisante de neurose.

Tipicamente o que nos leva a esse estado é precisar decidir algo – algo simples como comer, quando ir descansar ou parar de descansar etc., ou ainda decidir algo mais complicado. Temos de nos concentrar para nos organizarmos e começar a fazer uma coisa ou outra, e parece racional que animais tenham a mesma faculdade.

Sempre que penso numa coisa que Lucky, meu cachorro, fez, eu me impressiono. Ele sempre ficava muito nervoso quando eu subia em árvores, principalmente quando ele já estava mais velho. Bastava eu me esticar no alto e segurar algum galho para ele ficar irrequieto, rosnando e bufando de uma maneira diferente. Sempre que saíamos para um passeio, com ele cheirando tudo e brincando em algum rio, se percebesse que eu me preparava para subir em uma árvore, Lucky vinha correndo intervir, muitas vezes puxando a barra das minhas calças com a boca para que eu descesse.

Certa vez, subi um pouquinho mais na árvore e fingi cair, dando um pequeno grito e depois me jogando sem energia no chão. Ele me cutucou com o focinho e ficou dando voltas ao meu redor, olhando nervosamente para todos os lados. Do outro lado do lago, estava nossa casa. Ele olhou para a casa e depois para mim, depois para a casa de novo e para mim, e ficou assim por uns vinte segundos. De repente, disparou correndo em volta do laguinho até nossa casa. E, do nada, tão abruptamente quanto foi, ele voltou para mais voltas e focinhadas.

Não tenho dúvidas de que há uma teoria comportamental canina para explicar isso. Lucky foi pré-programado para evitar que bípedes subissem em árvores. Minha teoria particular é que ele tinha medo de que eu caísse e me machucasse, e para isso só precisava fazer uma conexão causal simples. (Se fosse instinto, de alguma maneira ele aprendeu, e a brincadeira nunca funcionou de novo.) Mas seja como for, acredito que ele ficou diante de uma decisão a ser tomada. Quando ficou olhando para cá e para lá, estava tentando decidir como lidar com a situação. Quando correu para a casa e logo voltou, mudou de ideia (*Não, eu tenho que ficar com ele*). Animais fazem isso o tempo todo, principalmente diante de novas situações, e não vale responder que, como o determinismo comportamental e genético explica tudo, o que quer que façam, eles *tinham* de fazer.

Entre nós e todas as outras criaturas, como observa David Oderberg, há a grande diferença de que "não importa o quão instintiva, toda atividade humana pode ser levada à esfera da escolha e do livre-arbítrio".[93] Isso é verdade, mas não justifica sua conclusão de que, enquanto seres humanos "são *parcialmente* controlados por instinto", animais "são *totalmente* controlados por instinto", incapazes de qualquer intenção, ação ou sentimento consciente.[94] Não basta simplesmente declarar, depois que algo aconteceu, que o instinto para aquilo era o instinto mais forte e que, portanto, a ação já estava predeterminada desde o começo.

O behaviorismo skinneriano aplica a mesma lógica à ação humana e é igualmente falacioso. Assim como Lucky, as criaturas têm, muitas vezes, que mudar de rumo abruptamente, recalcular as coisas nos mesmos rompantes de deliberação que nós temos. O argumento do "instinto" como um todo não se sustenta porque, como nós, animais têm instintos diferentes e em momentos diferentes. Lá, como cá, esses impulsos, por vezes, conflitam e demandam escolha – defender seus filhotes ou fugir do perigo, lutar pela dominação ou aceitar a submissão, enfrentar um inverno rigoroso ou desistir e morrer. *Algo* tem de escolher, mediar, organizar, e é por isso que animais idênticos podem agir de maneira diferente nas mesmas circunstâncias. Seja lá o que for esse algo, não pode ser o instinto. Logicamente, deve estar acima do instinto, administrando e selecionando como faz em nós. No nosso caso, chamamos isso de consciência. O que poderia ser, no caso deles, senão uma versão mais humilde da mesma coisa?

Tendemos a acreditar que o instinto, mesmo quando age claramente, não pode vir acompanhado de pensamentos e sentimentos – como se quando uma fêmea acarinha seu filhote, um leão caça ou um gato lhe dá patadas eles não pudessem ter prazer ou ficar atentos à ação, como se fosse instinto e só. Claro está que não pensamos isso de nós mesmos quando temos um sobressalto instintivo de evitar o perigo, resguardar nossos jovens ou procurar por pares. Pelo contrário, os pensamentos e emoções a acompanhar desejos instintivos são em geral os mais vívidos. As emoções humanas mais simples e terrenas – acasalamento, nascimento, morte – são as experienciadas mais profundamente. Ação e desejo instintivos, no nosso próprio caso, não significam necessariamente reflexos cegos insensíveis, e não há razão para supor que seja diferente para os animais.

Com a "simulação de antropomorfismo", permitindo-nos pressupor "metaforicamente" que animais são conscientes, a teoria comportamental vai do pedantismo à perversidade. Esse novo conceito behaviorista propõe, como coloca o professor Kennedy, que "a seleção natural produziu animais que agem *como se* tivessem mentes como as nossas".[95] O professor Dennett chama isso de "instância intencional", "método Sherlock Holmes" de pesquisa animal, ou seja, estudar o comportamento animal tendo como referência o que nós, numa situação dada, pensaríamos, sentiríamos, desejaríamos e decidiríamos.[96] O sr. Budiansky mal contém sua animação diante dessa incrível descoberta – tão moderna e inovadora que se pode encontrar o filósofo estoico Crisipo defendendo, por volta de 190 a.C., que animais não pensam e sentem, mas apenas agem "como se" pensassem e sentissem.[97] A simulação de antropomorfismo é a "base da ecologia evolutiva", diz

DOMÍNIO

Budiansky, esse "campo florescente de pesquisa que produz vislumbres incríveis do valor adaptativo de comportamentos e formas físicas, inexplicáveis de outro modo, que surgem na natureza".[98] O truque é ter em mente que não é real, afirma o professor Kennedy, que "crenças e desejos de animais continuam sendo puramente metafóricos".[99]

É bem conveniente, essa "simulação de antropomorfismo". E agora usamos a presunção de consciência animal como uma ferramenta de pesquisa, trazendo todos esses vislumbres maravilhosos, sem ter de admitir a *realidade* da consciência animal. De fato, toda a maravilha e todas as evidências de consciência animal "inexplicáveis de outro modo" agora se tornaram evidências contrárias a si mesmas e novas provas da validade do método de "simulação de antropomorfismo" e, portanto, uma volta à pretensão de que animais não sentem nem pensam nada. Eles agem *como se* tivessem pensamentos conscientes, reagem *como se* tivessem emoções, choram e reclamam *como se* estivessem de fato machucados. Mas é tudo metafórico, um jogo de fingir elaborado, como proposto por Budiansky.[100] Apenas em nossa conduta moral é que repentinamente deixamos essa simulação. De algum modo, quando se trata de nosso tratamento aos animais nada precisa ser *como se* sofressem.

RESPEITO PROFUNDO

Nenhuma dessas teorias abstratas teria espaço ou atenção garantidos se ficassem no mundo a que pertencem, o da teoria, dos jogos mentais e dos debates em salões acadêmicos. O problema está em sua aplicação prática. São essas teorias que dão permissão às crueldades praticadas contra animais. Somando essas conjecturas, está um cara esperto, como o sr. Budiansky, forçando uma barra para provar que elefantes sequer sabem de suas trombas. Enquanto isso, em algum lugar da África, um grosseirão nada filosófico atormenta e mata um elefante, que urra de medo e raiva, seus filhotes chorando e se dispersando, sem que a lei faça nada para interromper a cena, porque ainda não estamos *comple-*

tamente satisfeitos com a explicação de que as criaturas sofrem, ou de que seu sofrimento é significativo, ou de que pensam e sentem qualquer coisa, e daí para baixo... Não sei o que é pior: a matança ou a teoria. Há quem se prenda à posição de que os teóricos, e apenas eles, são guiados pela razão, enquanto o resto de nós se refestela num emocionalismo bobo. É por isso que devemos pensar um pouco adiante quando se decide aceitar as presunções deles, inspecionando assim tanto o fundo teórico quanto as teorias postas em prática em sua finalização lógica.

É óbvio qué aos espíritos que já não tenham facilidade em aceitar a consciência humana será bem mais custoso aceitá-la no caso animal. Essas pessoas parecem lutar com a realidade em si. É claro também que o sr. Budiansky e seus colegas, na prática, não duvidam da validade de suas próprias consciências, ou das nossas – caso contrário, não estariam escrevendo livros sobre a questão. A diferença está no fato de usarem o bom senso, a empatia e a decência para tratar da consciência humana, mas não para tratar o caso dos animais. As criaturas são colocadas num lugar de provas impossíveis, o que diminui o horizonte empírico, permitindo que declaremos que, em teoria, uma vez que *jamais* poderemos de fato saber que pensam e sentem, devemos concluir, com segurança, que não o fazem nem agem de acordo com isso.

Aqueles que usam esse tipo de argumento se esforçam para suavizá--lo e nos assegurar de que animais ainda podem ser apreciados "em seus próprios termos", como escreve o sr. Budiansky, que prega uma "visão honesta da mente animal que nos levará a um respeito ainda maior" por eles, como "seres únicos na natureza, dignos de seus próprios direitos". E prossegue:

A visão rasa e autocentrada que [só] enxerga como válido na natureza o que se parece conosco é pequena e insípida. Tentamos tanto mostrar que chimpanzés, macacos, cães, gatos, ratos, galinhas, peixes ou sapos são como nós em seus pensamentos e sentimentos; [porém] ao fazê-lo denegrimos o que de fato são. Definimos inteligência e sentimentos reais em termos humanos, com isso, nos cegamos à maravilha da diversidade da vida que a evolução legou à Terra.[101]

Deixando de lado o aparente antropomorfismo dessa passagem – como se a evolução tivesse conscientemente legado à Terra sua diversidade –, a coisa toda parece de um sentimento nobre. Temos de respeitar animais em "seus próprios direitos". Folgo em saber... Não há dúvida de que o estudo de Budiansky sobre animais nasceu de uma afeição sincera, ainda que um tanto abstrata, em relação a eles. Esse teórico, que se descreve como um morador das vizinhanças da cidade que descobriu as alegrias da vida rural e alugou uma fazenda em Maryland, tem duas teorias: a dos "pensamentos sobre pensamentos" e a da "aliança com o selvagem", explicada no livro que leva esse nome (*Covenant of the Wild*, de 1992) e cujo resumo poderia ser:

Quanto mais a humanidade usa uma espécie específica de animal, mais a espécie se desenvolve. Não há certos e errados na natureza, mesmo quando a humanidade está envolvida, o que há é apenas "evolução cegamente amoral", todas aquelas estratégias de sobrevivência inconscientes pré-programadas com o único propósito de perpetuação das espécies.[102] Portanto, os animais que usamos ganham nossa "proteção" sob algum tipo de "aliança" evolutiva e, assim, escapam da extinção inevitável, que agora recai sobre outras espécies com a expansão do controle humano no planeta. Esses escolhidos tornam-se nossos "co-parceiros evolucionários". Desse modo, nenhuma espécie se desenvolveu mais que o gado de corte, povoando aos bilhões nossas fazendas industriais, ou então os bichos sujeitos a pesquisa que enchem laboratórios, ou, ainda, os animais de parques de caça. A teoria prossegue defendendo que, longe de serem explorados, esses animais estão de alguma forma nos explorando, como parasitas, e sua sobrevivência coletiva assegura a utilidade do "parceiro evolutivo dominante". Vale ressaltar que as fazendas industriais acabam por se tornar um bem último no esquema, um ato supremo de fidelidade em nossa "aliança" evolutiva.

> Se, em vez de mais um exemplo da exploração arrogante do homem sobre a natureza, a domesticação for um produto da natureza, então nós temos de pensar mais cuidadosamente sobre a interconexão entre

todas as espécies e ser menos precipitados em aplicar a relações traba-
lhadas por uma força além do nosso controle os slogans superficiais da
política humana, essa linguagem dos "direitos", da "exploração" e da
"opressão". Não podemos todos ser fazendeiros, mas podemos todos
ser estudiosos da evolução. Se mais do mundo natural vier a ficar sob
nosso controle, é melhor que, de um jeito ou de outro, comecemos a
entender como o mundo natural trabalha de fato.[103]

Notem como, em duas frases, o mundo natural está "além do nosso
controle" e ficando cada vez mais "sob nosso controle", e isso porque
ele nos sugere "pensar mais cuidadosamente". Assim como os dogmas
do "uso sustentável", essa argumentação parece talhada à nossa época. Digamos que é mais algum tipo de absolvição secular para todos
os excessos da humanidade do que uma argumentação de fato, mais
uma absolvição pelas crueldades que cometemos e as piores que ainda
iremos cometer: somos tão poderosos diante dos animais, mas tão sem
poderes para alterar nossos próprios caminhos; somos os mestres evolutivos do mundo, mas estamos completamente à mercê da evolução.
Não é conveniente que as criaturas tenham "optado" por esse terrível
destino, uma escolha pela qual não podemos responder. Toda culpa e
responsabilidade são jogadas de volta à "natureza".

A combinação "apenas dor" com "inteligência sem pensamento"
e "evolução cegamente amoral" forma um campo teórico unificado
para caçadores, baleeiros, fazendeiros industriais e outros defensores
do "uso sustentável", dentre os quais o sr. Budiansky ganhou muitos
seguidores. A única pergunta é: se animais são seres inconscientes,
então que base racional nos resta para conter nossa conduta em relação
a eles? O que lhes é deixado em "seus próprios direitos"?

No fim das contas, serem apreciadas como "maravilhosas" e usadas
com esse "profundo respeito" não é nada muito substancioso para as
criaturas a não ser que se junte à teoria algum componente moral. *If a
Lion Could Talk* traz uma modéstia pouco característica a seu autor,
um silêncio definitivo sobre pontos morais. Era de se esperar que sendo um
estudo que pretende provar que seres humanos têm uma capacidade em

especial para a conduta ética – algo de que poucos duvidam, aliás –, Budiansky deveria de alguma maneira especificar condutas sem ética de humanos em relação a animais. Mas o assunto da crueldade nunca surge, deixando-nos com a tarefa de buscar em seus artigos na *U.S. News & World Report* para saber quão profundo pode ser o respeito a cada animal. "Faça-os pagar", lê-se em um dos artigos.

> Matar animais para salvá-los soa paradoxal, até mesmo cínico e perverso. Entretanto, a economia e a história nos oferecem instruções sobre o "uso sustentável". Nos Estados Unidos, o mercado de caça esportiva tem sido espetacular em salvar determinadas espécies. (...) A maior esperança para a vida selvagem é usá-la.[104]

Qual teoria vem primeiro, eu me pergunto, a de "apenas dor" ou a da "evolução cegamente amoral"? Seja como for, o que começou como teoria científica virou dogma econômico, a visão de todas as criaturas do mundo como gado, e os piores abusos a elas como um favor evolutivo, seu bem-estar agora equacionado com sua utilidade para nós. Nessa lógica, a preocupação moral com animais significa, na verdade, denegri-los. Afinal respeitá-los em seus próprios direitos é fazê-los pagar com dor e morte. Se formos tomar as ideias de Budiansky mais rigorosamente, não haverá sequer crueldade com animais porque não há dor animal. Falar de crueldade com essas criaturas seria *nonsense*, algo como falar de crueldade com uma planta ou uma pedra. Se o pior que animais sentem é simples dor, o pior que podemos fazer é simples crueldade. Se Deus e a verdade moral só existem em nossas mentes, então Suas criaturas só existem para nosso prazer.

E o mesmo vale para o "amor", a "compaixão", a "misericórdia" e outros termos usados em relação aos bichos. Quem diz A deve dizer B, e se animais são inconscientes devem ser *coisas*, coisas animadas que vivem, respiram e que podemos usar como bem entendermos. Coisas úteis, que se pagam, e que sequer têm direito de reclamar qualquer simpatia. Esse último ponto é mais explorado pelo professor Carruthers, que afirma ver "a preocupação popular de nossa cultura atual com os direitos dos animais como um reflexo da decadência moral" e escreve sua própria teoria "contratual", que remete ao filósofo alemão Immanuel Kant. "Assim como Nero tocava lira enquanto Roma pegava fogo, muitos no Ocidente agonizam com os filhotes de foca ou aves de terras geladas enquanto seres humanos em outros lugares morrem de fome ou são escravizados."[105]

O reino de Nero foi o mais alto marco da era dos gladiadores e da matança de animais no Coliseu, então vamos precisar trabalhar em cima desse argumento da decadência. Também o professor Carruthers defende o respeito a essas criaturas, dizendo-se um "amante de animais".[106] Mas vamos olhar com retidão o assunto, colocar a mera emoção de lado e "seguir o curso de um argumento racional".[107] Porque "uma coisa é amar animais em sua graça, beleza e maravilhosa variedade, e outra é acreditar que eles façam reivindicações morais para si".[108] Quando vale a pena preservar um animal, isso acontece porque "vale preservá-los por sua importância para *nós*".[109] O professor relata o caso hipotético de um cachorro ferido:

> Em minha opinião, a decepção de um cachorro com uma perna quebrada, bem como suas dores momentâneas, são não conscientes em seu desdobramento. Neste caso, tampouco são objetos apropriados de nossa simpatia, então nem a dor de uma perna quebrada nem seus efeitos seguintes na vida do cachorro terão qualquer demanda moral em nossa simpatia.[110]

Suponha que tenhamos nós causado a perna quebrada: isso afeta o cálculo moral? Não.

> Porque se as dores e insatisfações animais não são objetos apropriados de simpatia, então não há necessidade de atribuir crueldade a quem não é capaz de levá-las a sério. De fato, as considerações feitas [anteriormente] sobre a suposta crueldade de crianças com insetos são extensivas a todos os animais. Se insetos não são genuinamente scientes, então não se deve atribuir crueldade a quem lhes causa mal.

DOMÍNIO

Mas, ainda, se as experiências de mamíferos e pássaros não forem conscientes, aqueles que ignoram suas experiências não precisam ser brutalmente cruéis.[111]

Mas e se amamos cachorros?

Qualquer um que continue a acreditar que as dores animais são relevantes para nosso próprio desejo (em nossa cultura, pelo menos) demonstra crueldade em causar sofrimento a um animal sem uma boa razão. Mas se minha perspectiva for amplamente aceita, todas as conexões psicológicas entre nossas atitudes ao sofrimento humano e animal serão logo e decisivamente desmontadas. (...) a verdade talvez seja que apenas nossa racionalidade imperfeita nos permite sentir qualquer simpatia pelos animais.[112]

"Crueldade não precisa ser atribuída" significa, no jargão da teoria ética de gabinete, que ela "não *é* cruel". Tudo depende de *acreditarmos* ou não que animais sentem dor. Não sentem, defende o professor Carruthers, mas se alguém age com a ilusão sentimental de que o fazem, então infligir mais mal ao cachorro seria cruel porque o motivo é cruel. Em qualquer um dos casos, o bem-estar do animal é irrelevante.

Objetivamente, ele acredita que a dor e os choramingos do cãozinho não têm significado, a dor sequer é experienciada conscientemente. Subjetivamente, talvez ainda tenhamos de nos preocupar com o bem-estar animal, mesmo sendo um *nonsense* irracional. Uma vez que sua visão tão iluminada seja aceita (o que se imagina que seja o objetivo do professor Carruthers, já que escreveu um livro sobre o assunto), toda a simpatia por animais se esvai. A conexão psicológica é desmontada. Nessa lógica, torturar um elefante não será uma ofensa pior do que matar um mosquito. Poderíamos até quebrar as outras três pernas do cachorro e isso não seria considerado uma crueldade.

Ingrid Newkirk, da Peta, uma dedicada amiga dos animais cujo livro *You Can Save the Animals: 251 Simple Ways to Stop Toughtless Cruelty* (Você pode salvar os animais: 251 meios simples de parar a crueldade impensada) eu recomendo, tem sido criticada por ter declarado: "Quando se trata de sentir dor, fome e sede, um rato é um porco, um porco é um cachorro e um cachorro é um menino." Houve interpretações erradas sobre esse comentário, ela falava apenas da dor física. Seja como for, aqui o professor Carruthers mostra o outro lado dessa ladeira escorregadia, uma imagem espelhada do mesmo reducionismo moral do qual Ingrid Newkirk foi acusada. Em tudo o professor vê "nada além" de qualquer coisa. Um elefante é um cachorro é um pássaro é uma pulga. (E o mesmo vale para Alex, o papagaio.) E, a seu modo, o acadêmico pensa com retidão. Devemos reconhecer que ele não se envergonha de sua própria lógica, que é exatamente para onde ela mesmo leva.[113]

O professor Carruthers não se preocupa nem um pouco em falar sobre as implicações de sua teoria, que pode ser medonha e cruel. Mas se ele e sua turma estiverem certos, e animais não tiverem consciência da dor nem outros sentimentos, então de fato não há nada de medonho, e nossa simpatia estará mal posicionada, como ele defende, nossa preocupação moral baseada em conexões psicológicas irracionais, que precisam ser desmontadas de uma vez por todas, antes que afundemos em decadência moral. Nossa preocupação com animais é uma grande baboseira antropomórfica, temos que amadurecer e passar por cima disso. O livro do professor Carruthers tem uma estranha dedicatória a seu filho, "cujos dias animais já quase terminaram", o que significa que em breve essa criança chegará à idade da razão e entenderá que animais não merecem sua simpatia. Quando chegar à completa humanidade aprenderá que o que importa somos nós e apenas *nós*.

Descartando as gentilezas, vamos colocar a afirmação sem desvios e recuos: animais em "seus próprios direitos" não são nada, não sentem nada, e nós não lhes devemos nada. Qualquer dor que algum animal exiba, qualquer felicidade, brincadeira, contentamento, alegria, afeição, lealdade, chateação, irritação, medo e desejo são igualmente sem significado. Quando gatos ronronam, não sentem nada que possamos de fato chamar de contentamento. Quando filhotinhos rolam em brincadeiras, ou quando potros e cordeirinhos dão pulinhos e coices,

DOMÍNIO

não estão sentindo nada que possamos de fato chamar de alegria ou felicidade. Quando golfinhos se libertam de uma rede, saltam e mergulham, não sentem nada. Quando cães uivam por causa de uma surra ou por serem negligenciados, ou quando filhotes de elefantes choram no sono, é apenas dor, nada mais. Sem emoção. Sem sentimento. Sem pensamento. Sem consciência. Nada. Nem mesmo a miséria primordial e desconhecida que Jack London atribui ao pequeno lobo separado de sua mãe que agora está nas mãos de um dono cruel.

> Naquela noite, quando tudo estava quieto, Caninos Brancos lembrou-se de sua mãe e chorou por ela. Seus lamentos foram altos demais e acordaram Gray Beaver, que o surrou. Depois disso, ele a pranteava delicadamente, quando os deuses estavam por perto. Mas, às vezes, quando ele flanava pelo bosque sozinho, descarregava sua dor e chorava com uivos e gemidos altos.[114]

O GENE DO ESTRESSE

O que nos traz às criaturas em si, à realidade viva – para muitos deles, um pesadelo vivo porque essas teorias endossam os deuses da genética atual. Enquanto cientistas comportamentais, etologistas e filósofos cognitivos debatem pensamentos sobre pensamentos, inteligência sem pensamento e tudo mais, outros, com uma abordagem bem mais direta, estão muito adiante. É o caso da comercialização de cervos e outras caças cada vez maiores e com "suportes" de galhadas geneticamente melhoradas, para atender ao gosto do mercado. Esse foi apenas um dos benefícios para a civilização trazidos à luz por experiências que começaram na pesquisa agrícola na década de 1980, quando os primeiros animais patenteados surgiram, e que hoje nos dão vacas, ovelhas, aves e porcos cada vez melhores.

Ao se folhear a literatura a respeito, encontram-se estudos agrícolas, painéis e conferências sem fim com o papo do "gene do estresse". Já se localizou o gene na espiral do DNA. Trata-se de uma revolução, que

LEIS

promete trazer ordem e eficiência às nossas fazendas. Uma agrônoma explica, no estudo "Handling Pigs for Optimum Performance" (Manejando porcos para uma melhor performance):

> A observação de frigoríficos indica que algumas linhagens híbridas de porcos têm um temperamento muito nervoso e outras são calmas. Alguns porcos são mais fáceis de levar ao matadouro, mas outros empacam e tentam andar para trás. Algumas linhagens de porcos, que têm o gene do estresse, tendem a ser mais nervosas e excitáveis do que as linhagens sem o gene do estresse. (...) Nos últimos anos, alguns produtores pararam de criar linhagens extremamente nervosas e que carregavam o gene do estresse. Isso também trouxe o benefício da melhora na qualidade da carne.[115]

A ideia é eliminar a chamada "síndrome do estresse suíno", ou PSS, da sigla em inglês, por meio de seleção genética de modo que as criaturas alcancem "performance ótima", comportando-se agradavelmente e, então, indo em fila ao matadouro para uma morte limpa e sem gritos. Como coloca D. E. Gerrard, "cientista da carne" da Universidade de Purdue, em "Pork Quality: Beyond the Stress Gene" (Qualidade suína: além do gene do estresse): "O objetivo principal da indústria de suínos é produzir a maior quantidade possível de proteínas de alta qualidade pela menor quantidade de provisão" – esse cálculo inclui até o tempo que se leva para transportar as criaturas ao abatedouro.[116] O Departamento de Agricultura dos Estados Unidos oferece uma fórmula similar de tratamento das fêmeas de suíno: "Se a fêmea é considerada uma grande unidade manufatureira, então melhorar o manejo (...) resultará em mais porcos desmamados por fêmea por ano."[117]

Quanto mais baixa a "tolerância ao estresse" por unidade, mais tempo leva a produção, portanto mais custosa será a operação, e a margem de lucro, menor. O ser humano aprendeu a manipular plantações e vegetais para servir a seus desejos e, por exemplo, gerar frutos e outros produtos resistentes a insetos. Para um determinado tipo de pensamento, o próximo passo estava certo, era um imperativo eco-

DOMÍNIO

nômico, uma fantástica nova oportunidade: por que não manipular e reprojetar animais? O mercado aviário, responsável pelas primeiras fazendas industriais, foi pioneiro mais uma vez. Abriu o caminho dos esquemas genéticos e criou frangos menos suscetíveis a dor, que podiam ser confinados em massa.

Outra doença a atacar a indústria agrícola americana, mais especificamente a suína – que movimenta US$ 28 milhões por ano e produz "mil unidades por hora",[118] é a chamada PSE, sigla em inglês para carne pálida, flácida e exsudativa, característica de "unidades de produção" submetidas a métodos de criação e abate intensivos. Para evitar a PSE, os porcos geneticamente modificados desenvolveram uma taxa mais alta de PSS (estresse), quadros que só têm se agravado com as práticas da moderna pecuária. "A PSS aumenta se porcos forem manejados com brutalidade na fábrica, porque porcos mais excitados tornam-se excessivamente aquecidos", causando o chamado *bloodsplash* (literalmente "salpicado de sangue"), um defeito estético superficial na carcaça.[119] Suínos muito manipulados geneticamente também estão sujeitos a estresse, que afeta não apenas seu comportamento no abate, mas também a fertilidade e o apetite. O estresse de nossas fazendas é tão elevado que os animais acabam perdendo a fome, apresentando "os sintomas clássicos da anorexia".[120] O artigo "Methods do Reduce PSE and Bloodsplash" (Métodos para diminuir PSE e *Bloodsplash*) afirma:

A genética é provavelmente o fator isolado mais importante a contribuir para a predominância de PSS hoje. (...) Os sistemas de suinocultura motivam produtores a criar porcos que tenham o gene do estresse. Hoje esses animais têm a carne mais magra e o maior ganho de peso possíveis (Aalhus et al., 1991). Infelizmente também têm taxas elevadas de PSE. Alguns dos níveis mais altos de PSE foram relatados em porcos híbridos, selecionados para ter a carne mais magra e de crescimento mais rápido. As empresas de inseminação reconhecem o problema e produzem linhagens que terão níveis mais baixos de PSE. Novos métodos de teste de DNA permitirão a eliminação do gene PSE (Sellers, 1993).[121]

LEIS

Como então ter performance ótima com o mínimo de provisão? Como criar suínos com crescimento rápido, quantidade aceitável de salpicos de sangue, estresse baixo, e pouco ou nenhum PSE – com o máximo de eficiência e lucro? Ano a ano, centenas de milhões de dólares são gastos para resolver o dilema. O risco para fazendeiros americanos são os novos mercados estrangeiros, sobretudo na Europa, onde comida alterada geneticamente ainda é vista com desconfiança. A maior parte das instituições de pesquisas agrícolas tem estudos sobre o gene do estresse, se não departamentos inteiros de fisiologia e manejo do estresse. Na Universidade do Estado da Carolina do Norte, centro da indústria de 10 milhões de porcos ao ano, funciona a Federação Nacional da Melhoria em Suínos, que trabalha a toque de caixa para tirar essa pedra do caminho.

A dra. Temple Grandin, cientista responsável pelas descobertas sobre o temperamento suíno e manejo em abatedouros citados anteriormente, tem uma história pessoal notável. Em suas memórias, publicadas em 1996, *Thinking in Pictures* (Pensando em imagens), ela explica que foi uma criança autista criada num rancho do Arizona, época em que descobriu seu dom em perceber como animais experimentam as situações e em especial a capacidade deles de "estresse". Sendo autista, conta ela, "sei o que é se sentir totalmente em pânico", como ficam animais, absolutamente aterrorizados diante de um tratamento e morte brutos.[122] No mundo do confinamento em massa de gados, ela é o mais perto que se pode chegar de um defensor das criaturas e recentemente foi contratada como conselheira do McDonald's. Metade de todo o gado morto nos Estados Unidos hoje passa por sua "estrada para o paraíso" patenteada, uma rampa curva no abatedouro, que restringe a visão dos animais até que seja tarde demais para empacar. "Pensem com imagens e levem em conta que [os bichos] fazem o mesmo. É preciso ir lá e olhar para a rampa para entender o que o animal vê", contou ela à *Forbes* em 1998.[123]

Como a dra. Grandin descreve em *Thinking in Pictures*, ser autista é viver num mundo não verbal, no qual palavras precisam estar associadas a imagens para significar algo. "Algumas pessoas ficam totalmente desconcertadas com os símbolos dos autistas, mas para os autistas são eles que proporcionam a única realidade tangível ou compreensão de mundo. (...) [O raciocínio autista não é] lógico, mas associativo".[124] Um exemplo: "Rabanadas podem significar 'feliz' se a criança foi feliz ao comê-la. Quando a criança vê uma rabanada, ela fica feliz. Uma imagem ou palavra visual associam-se a uma experiência."[125] Mesmo conceitos abstratos como "sobre" ou "sob" relembram um conjunto de imagens concretas, como uma ponte. Para a palavra "paz", evoca-se uma pomba. E ela lembra que, quando criança, "orações eram incompreensíveis para mim até eu dividi-las em imagens específicas. O poder e a glória eram representados por um arco-íris semicircular e uma torre de eletricidade".[126]

Os sentimentos também são diferentes. "Minhas emoções são mais simples do que a da maioria das pessoas. Não entendo o que é uma emoção complexa de um relacionamento humano. Só compreendo emoções simples, como medo, raiva, alegria e tristeza."[127] A felicidade para ela é mais imediata e sem reflexão. "Quando sinto esse sentimento, tudo o que quero é fazer coisas de que gosto. Fico como um bezerro saltitando num dia de primavera."[128] Ela sempre sentiu uma identificação especial com animais:

> Minha experiência como pensadora visual autista deixa claro para mim que o pensamento não precisa ser verbal ou sequencial para existir. (...) Não estou dizendo que animais, humanos normais e autistas pensam do mesmo modo. Mas acredito que reconhecer capacidades e tipos de pensamento e de expressão diferentes leva a conexão e compreensão melhores. A ciência está apenas começando a provar o que as senhorinhas sempre souberam: que Fifi pensa de verdade.[129]

Em seus artigos mais clínicos, a dra. Grandin tenta equilibrar a empatia pelos animais com a defesa da criação de gado intensiva e seus objetivos econômicos. "Não quero eliminar a indústria da carne. Quero apenas

LEIS

reformulá-la."[130] Explicita técnicas para evitar a síndrome de estresse suíno e sugere que o enriquecimento de ambiente é um poupador de gastos na usinas de produção de gado em larga escala:

> Pesagens semanais podem ter um efeito prejudicial no peso dos porcos, caso eles vejam o homem "mau" que lhes dá choques. A maior parte dos animais é esperta o suficiente para associar certas pessoas a experiências dolorosas. (...)
> É comum que estímulos que a princípio aterrorizam um porco acabem por se tornar prazerosos. Na lavagem de seus criadouros, animais gritavam e ficavam agitados nas primeiras vezes. Na terceira ou quarta, eles antecipavam de bom grado o procedimento. Chegavam mais perto e brincavam com a água. Alguns se reviravam para se ajeitar ao jato d'água. (...)
> Porquinhos que são cuidados com delicadeza ficam mais dóceis semanas mais tarde. Eles têm uma tendência maior a se aproximar de pessoas estranhas.
> O efeito de tratamentos com brincadeiras e misturas no manejo foi testado em porcos de cruzamentos de raças diferentes. Nos primeiros testes, foi um pouco mais fácil manejar os animais. Os porcos cruzados ficaram tão domesticados que era difícil espantá-los para andarem. No segundo teste, foram usados porcos já mais calmos e domesticados. Os animais do Teste 2 passaram por mais lavagens de chiqueiro (...) um enriquecimento de ambiente adicional que porcos comerciais não recebem. (...) deve haver um nível ótimo de estímulo a animais que serão vendidos a matadouros. O que se quer é um animal calmo, que não entrará em pânico nem se agitará. (...) Gado cruzado se beneficia com um tratamento cuidadoso.[131]

Como descobriu a pesquisadora, porcos de uma mesma linhagem apresentam temperamentos diferentes, portanto não devem ser cruzados apenas por características físicas, mas pelas emocionais também.[132] Há inclusive variações regionais entre os mesmos tipos de cruzamento. Porcos dinamarqueses tendem a ser mais calmos e passivos na abordagem de seu carrasco, enquanto os porcos irlandeses (orgulho-me aqui em relatar) desafiam mais e são mais insubordinados.[133] Ao mesmo tempo, nem todos os porcos do mesmo cruzamento reagem às condições exteriores de forma parecida; reagem de formas diversas a estímulos e têm cérebros com similaridades aos nossos. "Quando fatiamos o cérebro", escreve a dra. Grandin, lembrando sua primeira aula de anatomia humana, "fiquei espantada em descobrir que o sistema límbico, parte do cérebro associada às emoções, era visualmente quase o mesmo do sistema límbico do cérebro do porco."[134]

Outras pesquisas reforçam o que ela relata, como no caso do Instituto para Ciência e Saúde Animal, uma empresa holandesa de consultoria para a União Europeia e companhias privadas de criação de gado: "Animais de fazenda demonstram diferenças de respostas ao estresse consistentes ao longo do tempo e em diferentes condições. Isso significa que, dependendo das características individuais do animal, condições parecidas podem gerar respostas diferentes, o que levaria a consequências diferentes em termos das patologias do estresse."[135]

Esse grupo holandês tem um Departamento de Comportamento, Fisiologia do Estresse e Manejo que relata em outras experiências sintomas físicos dos maus-tratos, tais como aceleração dos batimentos cardíacos, níveis mais altos de cortisona e problemas imunológicos que levam à "defesa social". "Além disso, esses efeitos duraram mais quanto mais tempo os animais foram separados dos outros após a defesa social. A defesa social teve efeitos apenas brandos quando animais foram colocados em grupos, provavelmente pelo apoio social."[136] Parece que porcos são bem específicos quanto a suas preferências de brinquedos e brincadeiras, além de gostarem de afagos na barriga. Um relato da dra. Grandin, de 1998, "Environmental Enrichment for Confinement Pigs" (Enriquecimento de ambiente para porcos confinados), parece um pouco antiquado em seu cuidado com as criaturas. Alguns fazendeiros, escreve ela,

há muitos anos, têm dado brinquedos a porcos para evitar o enfado, diminuir as manias, como mordidas no rabo, e ajudar a prevenir agressões quando porcos são misturados. Dar-lhes estímulos adicionais os fará mais calmos e menos excitáveis. Porcos criados em chiqueiros com rádio tocando apresentam menos chances de se assustar com sons como o de uma porta batendo. Porcos mais calmos tendem a ter uma carne de qualidade melhor porque ficarão menos agitados na linha do matadouro. (...)

Sem dúvida há uma preferência por determinados brinquedos. Se uma bola rola por cima de esterco, eles não brincam mais com ela. (...) Objetos macios e dobráveis são com certeza preferidos em relação aos mais duros. Há dois comportamentos diferentes que porcos manifestam com brinquedos: mastigá-los empurrando-os ou mastigá-los sacudindo-os. Sacodem o brinquedo como cachorros que mordem uma toalha. Porcos raramente empurram ou balançam correntes. Isso provavelmente machucaria suas bocas.[137]

CONHECIMENTO SEM AMOR

Deve-se admirar a dra. Grandin não apenas por seus méritos pessoais contra a adversidade, mas também por tentar deixar a criação de gado industrial mais humana. Cada pequeno ato ajuda. Se uma bola rolasse em cada chiqueiro, alguns segundos de pesadelo seriam poupados na matança.

Mas há um problema aqui, que não parece ter lhe ocorrido. Se isso tudo é mais dos mesmos "indícios casuais" sobre consciência animal, parece mais um relato da indústria do gado e suas melhores mentes admitindo que as unidades de produção *sofrem*.

Agora admitem, na teoria e na prática, que animais estão sentindo dor e não apenas dor física, mas tormento emocional. Mesmo nesses relatos clínicos áridos, a dra. Grandin usa as palavras "estresse", "dor" e "sofrimento" como sinônimos. As criaturas descritas por ela são seres sensíveis, sociais, comunicativos e alertas, que formam imagens em suas mentes, que *pensam* com imagens, respondem a delicadezas, têm medo de tratamento bruto, agem com intenção consciente e têm tamanho horror ao abate que essa situação emocional pode disparar reações fisiológicas traumáticas e afetar a qualidade da carne. O mais notável de tudo, apresentam diferenças de temperamento e personalidade. Ela mesma descreve o porco se divertindo com um brinquedo "como um cachorro".

Isso é quase tão assustador quanto ouvir os caçadores profissionais do Safari Club descrevendo elefantes que correm de volta às áreas protegidas. ("Você vê o alívio. Eles sabem.") Em outros espaços, a dra. Grandin seria ignorada pelos céticos da causa do bem-estar animal e chamada de boba, lunática impertinente e não de visionária em sua área de atuação. "Uma chata", como seria chamada pelo colunista Auberon Waugh. Essa mulher quer dar *brinquedos* ao gado!

Qual seria exatamente a diferença entre "estresse" e sofrimento? Do ponto de vista da indústria, há uma total diferença. "Estresse" é um problema científico e econômico, um defeito no produto, uma "síndrome" passível de correção. O estresse atravanca a fábrica, requer provisão em demasia no cuidado com as unidades de produção e tem custado um belo dinheiro. Portanto, nós os faremos pagar.

Não faz o menor sentido para essas pessoas falar sobre pânico, sofrimento, terror e solidão dos bichos criados nessas fábricas sórdidas, que jamais viram a luz do dia e a quem são negados companhia, recreação ou calor humano, ainda que sugerido pela dra. Grandin. Há muito moralismo antropomórfico. Mas fale sobre o "gene do estresse" e esse pessoal é todo ouvidos. Explique-lhes em relatórios longos, gráficos e mapas como a ciência de hoje pode eliminar o misterioso "ladrão de lucro" ao se replanejar geneticamente os animais extirpando o estresse – agora sim você está falando a língua deles. Então, no fim das contas, os animais de fazenda não são nada inconscientes e sem sentimentos, como autômatos. Ainda não. Dê mais algum tempo à indústria, porque eles estão trabalhando nisso.

Se ao menos pudéssemos localizar o gene do excesso de confiança em nosso DNA e nos livrássemos dele de uma vez por todas. Nesses projetos de manipulação genética, vê-se a escola do dr. Cervo, não apenas um conhecimento mais explícito da dor animal, mas uma verdadeira conspiração para apagar as evidências.

Temos aqui uma indústria dominada por alguns poucos conglomerados como Smithfield, ConAgra, Iowa Beef Packers (IBP) e Archer Daniels Midland. Por uma geração, trabalharam no mapeamento genético de gado, um pouco mais magro aqui, um pouco mais gordo ali, a carne desse um pouco mais branca, a daquele mais vermelha. Hormônios e antibióticos são incluídos na mistura para fazê-los crescer em velocidade máxima, de modo que um porco médio hoje leva seis meses das mamadas ao matadouro e as galinhas são incubadas, torturadas e ficam prontas para servir em dois meses. Foram exatamente essas tecnologias (além de subsídios inesgotáveis do governo a essas empresas) que concentraram a produção agrícola e tornaram as fazendas menores incapazes de competir com os gigantes agrícolas.

E eis que agora se descobre que a manipulação genética deixou as criaturas mais nervosas e temerosas do que antes. Voltemos, então, ao laboratório para pesquisar mais.

Encontra-se, então, o "gene do estresse", fonte da "síndrome" dispendiosa que se espalha como se fosse uma epidemia. Mas há uma cura! Mais manipulação genética. Evite esse gene, faça cruzamentos e não precisará nem se preocupar com "enriquecimento de ambiente" ou todos esses métodos custosos e trabalhosos de um "tratamento cuidadoso" aconselhado pela dra. Grandin nos idos de 1980. Em vez de replanejar a fazenda industrial para se adequar ao animal, replaneja-se o animal para se adequar à fazenda. O produtor Babcock Swine, Inc., de Minnesota, já se declarou vitorioso. Em 1994, a empresa se gabava de ter "todo o gado cruzado com 100% de certeza de não ter o gene do estresse".[138] Sem brinquedinhos em Babcock.

Os consumidores europeus têm certo nojo da coisa e deixam seus representantes comerciais e diplomáticos lidarem com as demandas truculentas dos criadores de bovinos e suínos dos Estados Unidos a fim de ampliar seu mercado. No momento em que escrevo este livro, há uma grande questão para a Comunidade Europeia envolvendo não apenas gado geneticamente modificado, mas também plantações. Não sei quanto às plantações, mas espero que, no que concerne a produtos

DOMÍNIO

animais, os europeus manterão seus princípios. Suas suspeitas estão certas. Todo esse negócio lamentável é um caso da pior face das corporações americanas, a trazer aquela audácia presunçosa e singular mesmo aos grandes mistérios da natureza.

Budiansky, Carruthers, Kennedy e seu pessoal não precisam temer que a sentimentalidade roube o melhor de nós em preocupações com animais. Os bichos estão "pagando", ok. A humanidade retira agora sua natureza, sua capacidade de sentir e sofrer e querer viver – a mesma capacidade que esses mesmos teóricos sempre negaram existir entre animais.

O engodo dessa teoria pode ser visto mesmo com a dra. Grandin, que, por sinal, descobriu-se uma leitora de Budiansky, cujos escritos (conta ela em *Thinking in Pictures*) tiveram um "efeito profundo" em sua visão geral. Anteriormente, ela se sentia mal em estar envolvida na produção de gado e servir à indústria mesmo sabendo que animais pensavam e sofriam. Depois de uma visita a um matadouro, ela pensou que "isso não devia acontecer numa sociedade civilizada", como escreve em seu diário naquela noite. E continua: "Se existe inferno, estou nele."[139] Depois encontrou os escritos de Budiansky, que parecia apresentar "um campo intermediário entre os defensores dos direitos animais, que os acreditam iguais a humanos, e a visão cartesiana, que os trata como máquinas sem sentimentos".[140]

Uma grande homenagem aos poderes de ofuscação, mas um elogio que o sr. Budiansky não retribui, ao ignorar as ideias da dra. Grandin. Ele nega qualquer tipo de pensamento ou sentimento consciente em animais (seja por meio de imagens ou do jeito que for) e ponto final. Mas as visões dela são estranhamente distorcidas para colocar as inverdades dele em prática. Suas teorias de "apenas dor" ficam desacreditadas mesmo com a obscura "evolução cegamente amoral" chegando às fazendas.

> DRA. GRANDIN: "Animais têm capacidade de generalizar, ainda que não usem linguagem. (...) Pessoas autistas, como eu, (...) teriam sua capacidade de pensar negada por cientistas que sustentam que a linguagem é essencial ao pensamento."[141]

SR. BUDIANSKY: "[A] linguagem está tão intimamente conectada à consciência que as duas parecem inseparáveis. O 'monitor' que passa por nosso cérebro em todo momento em que estamos despertos é o que passa pela linguagem. O sentimento de que estamos cônscios do que acontece de maneira deliberada é um sentimento que depende de palavras para lhe dar forma e conteúdo."[142]

DRA. GRANDIN: "Pesquisas de Jane Goodall, Dian Fossey e muitos outros cientistas mostraram bem claramente que primatas, como chimpanzés e gorilas, podem pensar, embora poucos cientistas admitiriam que animais de fazenda também teriam capacidade de pensar. (...) Minha experiência é a de que esses animais pensam com imagens peculiares. São capazes de fazer associações entre imagens armazenadas na memória e o que veem no presente."[143]

SR. BUDIANSKY: "A enorme diferença entre a quantidade de símbolos que o ser humano usa na linguagem em contraposição à que os macacos podem adquirir por treinamento (...) sugere que a diferença não é apenas de grau (capacidade de memória) mas de processos de base essenciais."[144]

DRA. GRANDIN: "Quando bezerros são desmamados, tanto a vaca quanto o filhote mugem por 24 horas. O gado também muge quando um dos bois do estábulo vai embora. (...) Já vi gado Holstein mugir na direção de outros que partiam em caminhões. O gado deixado para trás no estábulo olhava o boi gordo subir a rampa para o caminhão que o levaria para a Burgerland. Dois ainda encaravam o caminhão quando ele saiu do estacionamento. Um esticou o pescoço e mugiu para o veículo, e os outros, do caminhão, mugiram de volta."[145]

SR. BUDIANSKY: "Tristeza, compaixão, empatia, condolência, autocomiseração, enfado, angústia, desgosto, aflição, preocupação, apreensão, abatimento, pesar, melancolia, luto, reflexividade, abatimento, tormento, arrependimento, desespero – todos expressam sombras da dor da tristeza, cujo pleno significado vem de nossa habilidade de pensar sobre os significados dos sentimentos e não sobre os sentimentos em si."[146]

Não dá para os dois estarem certos. Em seu livro, a dra. Grandin nos diz que esses dois bois sentiram tristeza e medo em sua separação. O sr. Budiansky, no seu, afirma serem impossíveis tais sentimentos em animais. Ela diz que animais de fato pensam, mas do jeito deles, um jeito consciente e significativo, com memória de lugares, cheiros e experiências. Ele diz que não se pode pensar sem linguagem. Ela descreve um mundo de terror e tormento verdadeiros. Ele diz que isso não é possível, que "o dom e a maldição maravilhosos" da emoção foram reservados para nós com exclusividade.

Os livros de Budiansky e estudos parecidos poderiam se chamar *Pensamento em teoria*. É isso o que buscam e nada mais, intermináveis conjecturas vagas empilhadas até que formem o "pedestal da criação", olhando orgulhosamente e do alto a tal criação, resumo da hipocrisia, que faz todas as criaturas da Terra parecerem tão pequenas, tão sem valor e dispensáveis, seu sofrimento tão sentimentaloide e insignificante.

A ciência conduzida com tal perspectiva tornou-se hoje um projeto de violência e agressão contra a natureza; no lugar de uma verdadeira investigação cooperativa, tornou-se um ataque implacável, em vez de respeito e revelação – e talvez não se tenha nem chegado no pior. Um projeto que se enquadra na descrição de São Boaventura de um espírito de "especulação sem devoção, investigação sem preocupação, observação sem alegria, trabalho sem piedade, conhecimento sem amor, compreensão sem humildade, empreitada sem o toque da graça".[147]

O que falta, acima de tudo, é o amor, o que os teóricos confundem com utilidade. Amor pelos bichos, bem como nosso amor pelo próximo, surge ao se enxergar o valor e a beleza do outro em separado de *nós*, ao se compreender que os animais não precisam ser nossos iguais para serem nossos humildes irmãos no sofrimento, na tristeza e na história da vida. A teoria pede que acreditemos que todos esses outros seres em nosso meio vagueiam, disparam, nadam e voam por aí pré-programados a buscar comida, caça, acasalamento. Nega-lhes até as menores porções das dádivas e dores da vida, uma suposição deprimente e autocentrada que contradiz tudo o que sabemos sobre o próprio Programador, Senhor da Vida, que nos fez a cada um, assim como a eles, entregando-os em nossas mãos.

Vejo o leão, se ele pudesse falar, balançando sua grande juba em descrédito à afronta disso tudo, de todas as caçadas sedadas, iscas, safáris *high tech*, fazendas industriais, massacre de golfinhos e baleias e todas essas infindáveis e covardes teorias de exploração usadas como justificativa. Talvez ele nos aconselhasse a usar melhor nosso cérebro e deixá-lo ser em sua gloriosa leonidade.

6. Das minhas necessidades

Como gemem as feras! Os rebanhos de gado estão confusos porque não têm pasto; também as ovelhas padecem. A ti, Senhor, eu clamo (...). Também os animais selvagens bramam por ti; porque os rios estão secos e o fogo devorou os pastos da estepe.

JOEL 1:18-20

Do lado de fora de uma fazenda industrial, a primeira pergunta a vir à mente não é moral, mas prática: Onde está todo mundo? Onde estão os proprietários, os fazendeiros, os capatazes, os peões, qualquer um? Dirigi pela área rural da Carolina do Norte numa manhã de quinta-feira em janeiro de 2001, parei em seis fazendas de suínos e não encontrei vivalma. É como se tivessem previsto a passagem de um furacão vingativo e só eu não soubesse. Quem toma conta desses lugares? Por que não estão aqui? Quem está vigiando os animais?

Há tantas fazendas industriais por essas bandas que é até fácil deixar uma passar sem perceber. Duvido que um desavisado qualquer saiba que esses locais são o que são, assim como qualquer pessoa que sobrevoe Raleigh, a capital da Carolina do Norte, saiba que dentro de cada uma daquelas estruturas, que mais parecem barracões, tem de quatrocentos a quinhentos animais amontoados e que nunca saem dali. São idênticas. Diferem apenas no número de longos prédios de concreto abandonados. Nesse estado são 3,4 mil fazendas do tipo, e não parecem projetadas para atrair o interesse ou a curiosidade humana.

DAS MINHAS NECESSIDADES

A fazenda Murphy 3547, na Estrada 41, a sudeste de Raleigh, tem quatro fileiras de prédios a uma centena de metros da estrada – o que se imaginaria à primeira vista como algum tipo de armazém ou talvez garagens de tratores ou debulhadoras. O complexo do sr. Holmes na Estrada 242 tem pelo menos oito conjuntos de prédios e, apesar do aviso de "Área restrita – Não ultrapasse", não há muito sinal do sr. Holmes ou de seus empregados. As Fazendas Prestage, logo depois do rancho de animais exóticos Jamba, na Estrada 210 Sul, onde obviamente se pode caçar veados, búfalos e lhamas cercados, foram demarcadas com pinheiros à sua volta para que ninguém possa ver nada, exceto a placa "Complexo P-16" indicando uma estradinha suja e longa. Ao se aventurar a pegar essa estrada, encontramos um complexo sem ninguém a não ser uma mulher que vi do outro lado de um lago ajeitando alguma coisa. As Fazendas Clear Run estão longe da Estrada 41 e talvez devessem se chamar Self-Run (Autoadministradas): não encontrei nenhum carro nem caminhão estacionados do lado de fora. O rebanho também não está correndo por aí hoje. Por uma pequena tela de ventilação de um dos prédios vejo quinhentas cabeças de gado viradas para o olho que as analisa.

Foi tudo tão de repente. O sumiço dos fazendeiros e de suas criações. Da última vez que passei por essas bandas, em 1992, havia apenas 30% dos 10 milhões de porcos que são criados hoje. Em meados da década de 1980, eram 1,5 milhão de porcos. Mais uma década para trás e tínhamos menos de um milhão, a maior parte visível, ao ar livre, na campestre década de 1970. Mas agora a impressão é outra. Se não conhecêssemos a realidade, nos perguntaríamos que praga nos teria assolado. Há mais porcos do que habitantes na Carolina do Norte e é possível viajar o estado de ponta a ponta sem ver unzinho sequer (a não ser os que estão grunhindo nas caçambas triplas de caminhões).

Murphy é um nome conhecido por aqui, com centenas de fazendas Murphy Family, um monumento à vida e obra de Wendell Murphy, ex-senador americano por este estado, de 62 anos, e o homem a quem se credita o conceito de fazendas de confinamento em massa de suínos. Inspirado pela indústria aviária, que hoje é capaz de atulhar 250 mil

DOMÍNIO

pássaros em um único prédio, Murphy entendeu que com mais um pouco de engenhosidade também poderia suprimir o espaço, o trabalho e os custos da criação de porcos a céu aberto. Viu a possibilidade de limitar seus movimentos para que precisassem de menos calorias que os porcos livres em ranchos, e de aplicar vacinas e antibióticos para controlar doenças geradas pelo confinamento. Foi assim que, cinco milênios após as primeiras domesticações de porcos, ele solucionou o problema da vida e do movimento desses bichos. Um salto crucial para esse tipo de criação aconteceu logo no início dos anos 1960, quando o sr. Murphy elaborou um método que usa um gradil no chão e permite que os dejetos dos animais sejam coletados debaixo da instalação (com temperatura controlada), onde um canal drena o esterco, mistura-o com produtos químicos e depois o espalha no solo ou deixa que o vento o leve para algum lugar.

Para Murphy e outros que seguiram seu exemplo nos Estados Unidos e no mundo, essa inovação significou riqueza. Para os animais, significou não apenas que permanecerão confinados para sempre, mas também que sequer terão alguma palha em que se deitar. A palha entupiria a passagem das grades e dos dutos e estragaria o sistema. Agora as criaturas passam toda a vida em concreto e metal.

As 4.800 lagoas de dejetos ainda em uso ou abandonadas espalharam sentimentos amargos por aqui (e por outros lugares também) por conta do odor que se dissipa delas, da descarga de amônia no solo, na água e no ar e da suspeita de que talvez tenham algo a ver com o aumento da incidência de doenças respiratórias e gastrointestinais, entre outras patologias em crianças que moram por perto. Valões cheios de urina e excremento que se estendem por 200 ou 300 metros em grandes fazendas são o desafio final da indústria de suínos.

Os porcos estão trancados, longe de tudo, e jamais sentirão o sol ou o solo. As fábricas praticamente se mantêm sozinhas, fazendo dos porcos, unidade por unidade, o produto agrícola mais lucrativo dos Estados Unidos. A eficiência científica transforma pessoas e animais, da recombinação de genes à maciez da fatia do presunto. Então só falta se preocupar com os refugos, uma força derradeira da natureza ainda

DAS MINHAS NECESSIDADES

não domesticada e a última lembrança da existência desses seres. Se eles não defecassem tanto, se essa necessidade pudesse ser ignorada, assim como todas as outras já foram, o sistema funcionaria perfeitamente.

INTENSIDADE ADMINISTRATIVA

Os escritórios que administram essas fazendas são a imagem do conforto corporativo moderno. Parei na Carroll's Foods, numa área chamada Warsaw duas horas ao sudeste de Raleigh. Você não pode perder isso. Saia da Interestadual 40, siga a procissão de caminhões passando o Wendy's, o McDonald's, o KFC (Kentucky Fried Chicken) e outras marcas até que a estrada comece a se estreitar e apareça um grande armazém de comida com alimentador de metal. Do outro lado, há um novo e suntuoso complexo de escritórios com jardins na área externa e um estacionamento repleto de carros Lexus, grandes caminhonetes e BMWs. Quando você entra na Carroll's, em um passo você sai dos Estados Unidos rurais e entra num saguão pavimentado que poderia ser de qualquer escritório de advocacia ou empresa ponto-com, tudo tão estiloso e imaculado, tão vítreo e metálico, e obviamente caro. O lugar brilha.

Uma placa na entrada presta homenagem ao homem que começou tudo isso há sessenta anos, num dos velhos escritórios aqui perto (um pequeno prédio de tijolos vermelhos que agora é usado como laboratório de inspeção da comida), e que se transformou numa empresa de ponta no valor de US$ 250 milhões. O. S. Carroll já não está entre nós. "Seu passado gerou nosso presente e inspira nosso futuro."

O futuro da companhia era ser comprada, em 1999, pela rival Smithfield Foods Inc., da Virgínia. Em 2000, a Smithfield também comprou a Murphy Family por US$ 470 milhões e ainda assumiu as dívidas da empresa, o que levou Wendell Murphy a uma fortuna de US$ 750 milhões, segundo a *Forbes*, tornando-o um dos homens mais ricos do estado e conhecido como o "Chefão dos Porcos", como o chamava o *Raleigh News & Observer*.[1] Tanto a Carroll's quanto as

DOMÍNIO

fazendas Murphy Family mantiveram seus nomes, mas como dezenas de produtores menores incorporados pela Smithfield, são subsidiárias do maior produtor mundial da carne mais popular do mundo.

Sete milhões de porcos por ano são levados ao mercado da Carolina do Norte apenas pela antiga Smithfield Ham and Products Company, empresa familiar que remonta aos tempos coloniais. Na lista das 500 maiores da revista *Fortune*, ela está em 341º lugar, com balancetes anuais acusando renda de US$ 5 a 6 bilhões de dólares.[2] Eles têm 700 mil porcas do nosso estoque nacional de 4,5 milhões. A cada 24 horas matam 82,3 mil porcos (pouco menos de um por segundo) do total de 355 mil mortos nos Estados Unidos para nos alimentar com a carne de cada dia.[3] Têm oito fábricas de empacotamento e alguns anos atrás gastaram US$ 76 milhões para levantar o maior matadouro do mundo, que sozinho colabora com o destino final de 32 mil criaturas por dia em Tar Heel, Cape Fear River. Se você compra o Lean Generation Pork ou qualquer carne suína das marcas Gwaltney, Valleydale, Dinner Bell, Sunnyland, ReaLean, Patrick's Pride, Ember Farms ou Circle Four, é de lá que ela vem.

O que aconteceu aqui foi a sinergia entre duas ideias amorais. O sr. Murphy preparou o caminho. Uma vez tirada a "vida" do gado e abandonada qualquer preocupação pelo bem-estar dos animais, o próximo passo era tirar o fazendeiro da fazenda. A Smithfield conseguiu isso por meio da estratégia de integração vertical. O presidente dessa empresa, Joseph W. Luther III, explica: "O que fizemos na indústria suína foi o que Perdue e Tyson fizeram com o negócio das aves. A integração vertical lhe dá produtos consistentes e de alta qualidade com genética forte. E a única maneira de fazer isso foi controlar o processo desde a fazenda até o empacotamento."[4]

Mais ou menos o que nós chamaríamos de "monopólio", integração vertical consiste em absorver rivais até que restem apenas alguns poucos. Por aqui, a Smithfield controla as fazendas. Controla o transporte. Controla o empacotamento. E – ao negociar com os locais de venda de comida, para onde vão cerca de 1,3 milhão de toneladas de carne suína por ano, incluindo um contrato em 2000 para vender carne pré-embalada

DAS MINHAS NECESSIDADES

em porções domésticas no Walmart (em contraposição à venda de grandes quantidades a açougues) – controla o mercado.

Ao lado de outras fazendas corporativas, como sua última rival de peso, a Premium Standard, a Smithfield controla ainda a publicidade. Gasta, por meio do Conselho Nacional de Produtores de Suínos, de US$ 60 a 70 milhões por ano (grande parte do dinheiro vindo de taxas obrigatórias pagas pelos pequenos produtores) para promover a "carne branca" e sustentar a atual mania por porco supermagro, que apenas a criação intensiva pode produzir.[5] Finalmente, devido a seu tamanho, como parte fundamental da economia da Carolina do Norte e a sua generosa contribuição política, a Smithfield em geral se dá bem com a legislação e com as agências reguladoras.

Todas essas tendências – conforme o jargão dos departamentos universitários de ciência animal, eles mesmos controlados pela indústria do gado mediante bolsas e prêmios – são conduzidas pela necessidade de uma intensidade administrativa ainda maior. A produção atual de gado requer:

> fluxos altamente coordenados de matéria-prima produzida sofisticadamente e chegando numa grande instalação de processamento (...); movimentos para matéria-prima mais específica para seus fins; avanço da tecnologia; (...) certificação de produtos e métodos; economia de escala com produção e instalações de processamento maiores; a necessidade de reduzir a ineficiência originária dos porcos."[6]

Claro está que produtores rurais trabalhando menos "sofisticadamente" que suas corporações concorrentes não conseguem sobreviver. No passado, as fazendas de suínos eram grandes porções de terra a criar também outros animais e a manter plantações. Para sustentar sua renda, era necessário criar algumas centenas de porcos ou apenas algumas dezenas, como forma de complementação a outras criações. Era o que acontecia com Harry S. Truman, que anos mais tarde ainda lembrava os nomes dos animais. Com o aumento da popularidade da carne de porco nas últimas gerações, muitos fazendeiros migraram

DOMÍNIO

para a criação exclusiva de suínos, para então se deslumbrarem com as operações intensivas de grande escala. O cuidado pessoal com o gado requer tempo, dinheiro, terra e vocação, e sempre haverá Smithfields para fazê-lo mais rápido e com custos mais baixos. Contra essas forças, os fazendeiros não têm mais muito poder de alterar seus destinos. Em relato recente do Departamento de Agricultura americano, informou--se que 25.280 fazendeiros independentes pararam gradualmente ou fecharam as portas de uma só vez.[7] Quem sobreviveu na Carolina do Norte só o conseguiu com a assinatura de contratos para trabalhar para a Smithfield.

Esses contratos funcionam de modo bem parecido com o das franquias, tão bem-sucedidas no outro lado da indústria da carne. O fazendeiro se inscreve para ser um "cultivador" da Smithfield, e assim consegue um empréstimo para construir as instalações da fazenda industrial precisamente de acordo com as especificações da Smithfield. Ele paga e é responsável por tudo: chiqueiros, maquinário, terra, lagoa de dejetos. A Smithfield entra com os porcos, a ração preestabelecida e um duro regimento de métodos aprovados.

As fazendas maiores têm instalações "dos filhotes à finalização", com fêmeas no local. As menores atuam apenas no fim do processo, operando em grande parte como armazéns, onde os caminhões da Smithfield descarregam milhares de porquinhos de 5 a 6 quilos, que mais tarde serão levados para o abatedouro. Seis meses depois, quando é chegada sua hora, outros caminhões estacionam e os mesmos milhares de porcos (menos os que morreram nesse período), agora pesando cerca de 100 quilos, entram neles para serem levados para o abate, em Tar Heel.

O sistema funciona muito bem para os fazendeiros, desde que não queiram ser fazendeiros dignos do nome, ou seja, que terceirizem a produção em suas propriedades. Esses contratantes ligados à Smithfield ganham pelo menos US$ 60 mil por ano. Uma fazenda grande pode ter renda de US$ 250 mil. Melhor ainda: todos os riscos da pecuária sumiram (sem dúvida o aspecto mais tentador da Nova Agricultura, como é chamada – no Brasil, usa-se a expressão "agroindústria"). A

DAS MINHAS NECESSIDADES

Smithfield, na outra ponta, fica com 82,3 mil unidades por dia, pagando um preço fixo aos fazendeiros por seus serviços, enquanto elimina os custos de terra, instalações, seguros, taxas, responsabilidades e todo o resto. E a empresa faz ainda mais dinheiro com seu envolvimento na produção e venda de equipamentos requeridos pelo contrato, outro exemplo do que um analista de investimentos chamou de "trabalho de mestre em diversificar negócios".[8]

A diferença entre o monopólio corporativo tradicional e esse é que nenhuma conspiração se faz necessária. Aí está o mercado de vento em popa, com a Smithfield e a ConAgra e seus 72,6 mil abates por dia em todos os Estados Unidos, juntas à Premium Standard, com seus 56 mil, e as brigas de outras quatro grandes. E tudo isso sem favores políticos ou grandes subsídios públicos.[9] As fazendas corporativas cresceram pelo mesmo motivo que todas as grandes corporações crescem, depois que homens como Donald Tyson, Frank Perdue e Wendell Murphy perceberam que também os animais poderiam ser criados em economia de escala, na qual os custos por unidade caem de acordo com o aumento da produção. O confinamento em massa encontrou a integração vertical para fornecer os bens mais baratos e da maneira mais eficiente a um maior número de pessoas. E os consumidores os recompensaram.

A NOVA AGRICULTURA

Quem toma conta da Carroll's hoje é um cavalheiro de nome F. J. "Sonny" Faison, com quem marquei uma reunião. Ele me deixa esperar um pouco, mas posso vê-lo pela parede de vidro que separa a sala de espera de seu impressionante escritório. Hoje presidente da Carroll's, ele começou na empresa há 28 anos, nos escritórios antigos. Os novos têm certa imponência, estantes feitas sob medida, aparadores e mesas de cerejeira bem sólida. O sr. Faison é um camarada de boa aparência com cerca de 60 anos, cabelo grisalho e terno de risca de giz, que se reclina em uma bela poltrona de executivo em couro enquanto fala no telefone, olha pela janela e de vez em quando vira a cadeira para

DOMÍNIO

captar algum olhar inexpressivo do visitante que o espera. Ele não é de uma família de fazendeiros propriamente, mas os Faison estiveram na Carolina do Norte desde 1600 – adiante na estrada, aliás, há uma cidade com o nome da família. Alguns anos antes, ele tivera o prazer de apresentar o peru Smithfield ao presidente Clinton, no Rose Garden, um dos jardins da Casa Branca. Trata-se de um homem respeitável e é assim que é tratado pelos milhares de empregados que gere na empresa.

Pelas amplas janelas do escritório ao lado, vejo árvores, gramado e a fábrica. O toque arquitetônico agradável percorre todo o prédio, e mesmo os menores escritórios têm janelões para deixar o sol entrar. Corredores e sala de espera têm efeito de grande galeria, com teto armado em vidro para que haja sempre um céu azul acima. A impressão é de claridade, tira o ar sisudo de local de trabalho, dá senso de liberdade e abertura aos funcionários. Eles gostam da amplidão da Carroll's. Eles gostam do brilho do sol.

E lá vem ele com um amigável "Oi. Sonny Faison!". Faz com que eu me sente e não diz nada, embora ensaie algumas vezes. Sem conversa fiada. Sem "Então, como foi a viagem?". O que eu quero?

Depois de alguns minutos de fala enrolada sobre agricultura familiar, tendências agrícolas e mais um monte de coisas que lhe vieram à mente, Faison faz a seguinte observação:

Hoje, a agropecuária é simplesmente produzir e distribuir proteínas e comida ao país. O cultivo se torna mais sofisticado continuamente, baseando-se em ciência. Ele se desenvolveu como qualquer outro negócio. Há uma paixão neste país pelas pequenas lavouras familiares, mas acontece que o processo mudou. E acho que o que a maior parte das pessoas faz é se agarrar àquela velha visão de agricultura, em vez de pensar no que é a Nova Agricultura. E, claro, quando se olha para a agropecuária, olha-se para ela estritamente como um negócio. Não como um modo de vida. A exploração agrícola hoje é um acordo comercial. E é assim que a vemos, e lucramos com isso. Hoje é fácil ver que neste país a comida é mais barata do que em qualquer lugar do mundo. Parece que produzimos tudo em excesso. O maior problema na agropecuária é apenas este: produção excessiva.

DAS MINHAS NECESSIDADES

Na Nova Agricultura, de que Sonny fala com seu sotaque da parte mais rica do estado, os pequenos agricultores não podem oferecer uma qualidade superior a um preço competitivo. O único motivo para os pequenos ainda existirem nesse mercado, conta ele, são bilhões de dólares em subsídios do governo federal, que os ressuscitam ano a ano. A demanda por carne de porco só cresce e espera-se que dobre na próxima geração. É por isso que a Smithfield acionou tantas fazendas e fábricas na Carolina do Norte e levantou recentemente um complexo de mais de 200 quilômetros quadrados em Utah, sob a marca de Circle Four. Querem estar próximos a portos nas costas Leste e Oeste, antecipando-se às exportações que estão por vir, sobretudo para uma população asiática que deve chegar a 4 bilhões em 2030, quadruplicando sua demanda por carne.[10] Enquanto isso, os consumidores ficam mais exigentes quanto às carnes que compram e ao preço que estão dispostos a pagar. O que significa que, para o sucesso de qualquer empresa, deve-se produzir quantidades colossais enquanto se assegura a "consistência", um verdadeiro mantra da Nova Agricultura.

Como de costume, foram Perdue e Tyson que estabeleceram o padrão. "O pessoal das aves teve um produto consistente por anos. O pessoal dos suínos, não", analisou Joseph Luter em depoimento à revista *National Hog Farmer*. Além disso, as pessoas querem uma marca em que confiar, e "não se pode construir o nome de uma marca sem um produto consistente. O McDonald's pode ter ou não o melhor hambúrguer do mundo, mas é consistente, consistente, consistente".[11] O vice-presidente de assessoria de imprensa da Smithfield, Richard Poulson, explicou essa ideia fixa quando liguei para marcar a conversa com Sonny. "O que se vê é que o consumidor não vai compactuar com a maneira indisciplinada com que porcos são criados em fazendas pequenas. Querem produtos de aparência, tamanho e qualidade uniformes. Querem tipos especializados de carne. Com uma cor definida. Querem a carne magra."

E precisam ter o que querem. Textura consistente na carne requer tortura consistente na fazenda. Aos olhos da Smithfield, os pequenos criadores de animais são desesperadamente indisciplinados e estão desesperadamente para trás na curva dos gostos do consumidor. Na analogia de Poulson, insistir hoje numa produção agrícola de pequena escala é como tentar fazer carros no quintal de casa, ignorando a automação, a produção em massa e o programa global. A Smithfield, ele diz, é a Ford da pecuária. "Nossas fazendas são tocadas por caras com doutorado em jalecos brancos. Somos os maiores, e maior não é mau. Maior é mais eficiente. Se você quiser que o preço de um corte de porco suba alguns dólares no balcão de vendas, pode fazê-lo rapidamente. Coloque os animais em pecuária extensiva."

Não foram apenas os custos que tornaram a pecuária tradicional obsoleta. Os pequenos fazendeiros mal podem pagar pelos abates. O custo final na criação de porcos vem da compra do "espaço em cadeia". Para cada criador que leva seus porcos para o abatedouro e os locais de processamento, a usina de empacotamento vende a mercadoria espaço e a mercadoria tempo, como num hotel. A produção excessiva gera um limite. Os serviços de corte e embalagem da produção podem subir os preços porque há uma fila de pessoas dispostas a usá-los. Se você não comprar seu espaço, caia fora, porque outro vai comprá-lo. Nos Estados unidos, um dos últimos criadores independentes de porcos quase foi arruinado quando a oferta ficou maior do que a demanda, o que aconteceu porque as grandes corporações correram para fazer mais operações de confinamento antes que surgissem novas restrições locais e estaduais. O "espaço em cadeia" nos abatedouros ficou com os maiores, os pequenos começaram a quebrar e tiveram seu fim prorrogado por alguns outros bilhões de dólares de fundos "emergenciais". Os criadores corporativos de animais não têm esse problema porque são donos dessas usinas e porque sua produção é calibrada com precisão em relação à demanda. Sem falar que têm dinheiro para sobreviver aos inevitáveis altos e baixos de preço e demanda.

Como explica Sonny:

Veja o que é tão difícil de compreender acerca da pecuária. Dez meses [antes do abate] é quando começamos a pensar quantos porcos serão criados. Dez meses, é isso que leva para criá-los. Não podemos

DAS MINHAS NECESSIDADES

parar. Quando produzimos, temos de vender os porcos, não importa o preço. Quando os fazendeiros ampliam, eles entendem que não é necessário produzir mais do que o necessário. Quando não houver mais tantos fazendeiros, não haverá mais produção em excesso, porque haverá mais informação e mais capacidade de controlar o mercado. É uma questão de oferta e demanda, isso é tudo. O mercado de carnes neste país é praticamente perfeito, sem controles, com livre iniciativa de oferta e demanda. E a cada dia fica mais sofisticado, com base na ciência. Apenas as empresas com os menores custos de produção sobrevivem na pecuária.

Pelo que entendi, a criação corporativa de animais é inevitável, observo. E será sempre assim, até mais, e o futuro do mercado do gado está aqui em Warsaw, na Carolina do Norte, "cultivando" animais mais pesados, com a carne mais magra, em tempo menor e fazendas maiores. "Sim, senhor, é assim que vai continuar", diz Sonny.

A atitude da Smithfield em relação à criação tradicional é um misto de tolerância e piedade. Deixam que ela continue mamando nas tetas do governo até que o negócio corporativo esteja todo em ordem e que o fazendeiro encare a execução final. Também não se importam muito em explicar aos consumidores que eles não são uma fazenda pequena, como as que estão querendo matar aos poucos, isso porque entendem o profundo valor sentimental das fazendas como negócio familiar, com sua conotação de manejos da propriedade e bem-estar animal. É por isso que tantas marcas de carnes mantêm a imagem de fazendas pequenas e felizes com animais pastando no campo verde. É por isso que a Nova Agricultura ainda negocia a reputação da antiga com nomes corporativos que mais lembram o campo não industrial: fazendas Murphy Family (Família Murphy), fazendas Clear Run (Corrida Livre), Sunnyland (Terra do Sol), Patrick's Pride (Orgulho de Patrick). Seriam mais adequados fazendas industriais Murphy, Sem Corrida, Terra Sem Sol e Vergonha de Patrick.

Há apenas duas forças contrárias à Nova Agricultura, conta-nos Sonny: o governo, que se mete onde não é chamado, e os grupos ambientalistas, que assediam seu negócio com alarde sobre os efeitos da criação intensiva na saúde pública. Será que Sonny se preocupa com a saúde pública? Ele faz uma cara séria. "Ah, sim, nos preocupamos muito com isso."

Temores sobre o perigo para a saúde pública já levaram a uma moratória, partindo da Câmara Estadual da Carolina do Norte, a respeito da construção de mais uma instalação de confinamento em massa. Desde então, alguns outros estados, como Iowa e Oklahoma, fizeram o mesmo. A Smithfield teme que mais leis venham por aí, levando a um encerramento gradual de operações de confinamento em massa. O sr. Luter – herdeiro da Smithfield, que dirige todo o negócio, de Aspen e de um escritório na Park Avenue, na cidade de Nova York – tem levado as operações para o exterior e já começou a construir fazendas industriais no México, no Brasil e na Polônia (a "Iowa da Europa")[12]. Com toda a regulamentação do governo, ele afirmou ao *Des Moines Register*: "Não há mais muitas oportunidades no país. Os fazendeiros acham que nós os estamos roubando e os ambientalistas nos colocariam de volta nas cavernas se pudessem. (...) Há gente demais comprometida."[13]

A indústria dos suínos também tem seus próprios compromissos e ultimamente busca subsídios federais de mais de um bilhão de dólares anuais para arcar com os custos ambientais deixados pelo próprio esgoto não tratado. Foi o deputado republicano Frank Lucas, de Oklahoma, quem propôs para o orçamento de 2002 do país essa ajuda extra dos cidadãos que pagam impostos. Segundo um dos criadores de suínos da Carolina do Norte, o pagamento se justifica porque, graças a essa indústria, "comemos a preços mais baratos do que em qualquer lugar do mundo".[14] E é verdade. A carne nos Estados Unidos parece mesmo bem mais barata do que em outros lugares. Mas é necessário olhar os custos que não aparecem na etiqueta, isto é, o que cada consumidor paga e que totaliza dezenas de bilhões de dólares em subsídios anuais para manter a carne barata.

Segundo Sonny, a preocupação pública com o esgoto e sua absorção é um problema de falta de informação "promovida principalmente por

DAS MINHAS NECESSIDADES

ambientalistas extremados". Uma campanha publicitária teve seu auge depois que o furacão Floyd gerou enchentes na Carolina do Norte, no outono de 1999, e sepultou centenas de milhares de porcos em seus chiqueiros e mais de dois milhões de galinhas e perus engaiolados. Centenas de lagoas transbordaram com detritos roxos de excrementos, sangue e carcaças, demandando ainda mais dinheiro federal para limpeza e consertos. A situação parecia feia nas imagens publicadas por todo o mundo, em especial numa mais tocante, na primeira página do *New York Times*, que mostrava 35 porcos nadando e tentando subir num telhado de um dos currais da fazenda. Mas, no fim das contas, que mal fez?, pergunta Sonny. Hoje está tudo de volta ao normal, defende.

"Quer falar abertamente sobre as enchentes? Já ouviu a respeito da Ocean View, do grande vazamento?"

A Ocean View é uma fazenda com um belo nome, cuja lagoa arrebentou em 1995, excretando 94 milhões de litros de sedimentos nitrosos (comparemos com o petroleiro *Exxon Valdez*, que derramou 41 milhões de litros) no rio New e matou de oito a dez milhões de peixes.[15]

Ok, quais foram os danos disso? Hoje há tanto peixe no rio New quanto antes. Quero dizer, não sou cientista, mas sei que as águas provavelmente mais puras do país correm por essa área. Agora, como isso é possível com os porcos que temos por aqui? Simplesmente não contaminamos. Não acreditamos nisso. É como aquele vazamento, foi algo terrível, e não sei como ficou a situação de fato, acredito que foi um caso de mau gerenciamento, como pode acontecer com qualquer outro problema. Não acho que devamos exonerar o negócio dos porcos por conta disso. Mas, uma vez vazado, não houve resultados perenes. O que derramou não foi lixo tóxico. Não que tenha sido algo bom. Matou peixes, mas depois os peixes voltaram a crescer. O rio ficou tão bem quanto antes. As propriedades nas praias acabaram ficando mais caras. O que eu quero dizer é que fica difícil provar que tenha havido danos permanentes.

DOMÍNIO

É a visão de Sonny, da Terra de Sonny, como poderíamos chamar. Tudo está no coletivo e tudo continua a crescer. Os porcos crescem, não importa o que você lhes inflija. Os peixes e outras criaturas aquáticas voltam a crescer, não importa que porcaria você derrame em seus rios. As pessoas também continuam a crescer, não importa o que há na carne que comem, no ar, no solo e na água de seu ambiente. O valor das propriedades também sobe, assim como o das empresas, dos lucros, das exportações. A vida continua se ficarmos focados no que interessa, isto é, nos negócios.

Sonny e eu não nos demos muito bem. E eu ter dito que quem pensou nisso tudo em primeiro lugar foi Wendell Murphy fez a coisa piorar. Talvez eu tenha mexido em alguma ferida.

Eu não diria que foi o sr. Murphy que começou tudo. Eu diria que foi a Carroll's Foods. Sempre dissemos que fomos os primeiros. Antes deles, nós usávamos criadouros de porcos. Em 1974, começamos a colocar tudo em prédios. Terminamos gradualmente com a produção do lado de fora e chegamos ao confinamento total. Mas, mesmo antes disso, o sr. Carroll, fundador deste negócio, já tinha alguns prédios de confinamento. Na época, no interior, eram chamados de "saletas de porcos".

Tudo bem, tudo bem, Carroll foi o primeiro, e não Murphy. Não podemos todos partilhar o crédito? Resolvi arriscar e perguntar como se sentiriam os porcos nessas "saletas"? Entendo a economia do confinamento em massa, digo a meu interlocutor. Mas aposto que se uma empresa vai matar um milhão de porcos a cada 12 dias, não haverá uma maneira gentil de fazê-lo. De homem para homem, pergunto, não há nada, absolutamente nada de triste em trancafiar milhões de animais desse jeito?

"Eles amam", responde Sonny.

"É?"

"É! Não se importam nem um pouco. Estão nas instalações mais requintadas de confinamento. As condições em que mantemos esses animais são bem mais humanas do que quando estavam no campo. Habitam locais de ambiente controlado. E a comida está lá o tempo todo, e água, água fresca", ele enumera. "Estão trancados nas melhores condições porque quanto mais saudável e feliz estiver o animal, melhor ele cresce.

Estava mesmo à procura de uma visita a uma dessas requintadas instalações e, finalmente, foi-me feita a oferta. Foi aí que Sonny levantou da cadeira e disse: "Venha, vou lhe mostrar agora mesmo uma das nossas fazendas!"

REQUINTE E SOFISTICAÇÃO

Saímos da Carroll's no maior carro da cidade. Nós o pegamos na garagem particular de Sonny e agora estamos a caminho da Fazenda 2105, alguns quilômetros adiante. Essa é uma das 1,3 mil fazendas da malha regional dessa empresa e seu dono é Perry Smith. Lá, podemos ver uma casa branca adorável com um grande alpendre. No gramado bem verde e fofo há um balanço de criança. Uns 45 metros adiante, oito novíssimas e requintadas instalações. Antes que os sons cheguem até você, a primeira impressão é a imagem de uma prosperidade pastoral, limpa. A visão instantânea da Nova Agricultura é tão bonita, que de repente entendi por que me foi oferecido um tour: eles têm uma fazenda para exibição.

"Você vê, essa fazenda não parece estar atormentando ninguém, parece? Eu não me importaria em viver aqui. E fale com Perry. É uma boa renda, as mensalidades escolares dos seus filhos, talvez um dinheiro para as férias, esse tipo de coisa. Está garantido", argumenta Sonny.

Mas Perry não está por aqui, se é que ele existe. Essa manhã, há apenas uma pessoa, que guarda 4 mil animais encarcerados. Levam uns dez minutos indo e voltando no local para achar essa pessoa. Ele está fazendo a ronda, um dos inspetores da Smithfield que vem uma vez por semana ver se está tudo bem.

"Como as coisas estão?", pergunta meu cicerone.

DOMÍNIO

"Ah, muito bem. Mas muitas mordidas de rabo hoje."

"Bom, tudo bem, eles já estão quase no fim."

"É, quase lá."

Enquanto conversam, cada um em seu carro, eu pergunto se posso entrar nas saletas para uma olhada rápida, mas ao abrir a porta dou início a gritos de pânico que correm todo o criadouro. Eles recuam, como se eu fosse um lobo. Na verdade, estão tentando recuar, mas não há espaço. Com vinte porcos por chiqueiro (são 25 chiqueiros de 2,5 metros quadrados), eles só conseguem se arrastar, se amontoar e tentar se esconder uns por trás dos outros.

"Não estão acostumados com visitas, mas eles vão se acalmar", diz Sonny.

De fato, eles se acalmam. Um pouco depois, uma inércia enche o local. Pode-se ouvir a respiração de quinhentos animais assim que, devagar, vão dando passinhos adiante. Os do chiqueiro mais próximo chegam perto para sentir o cheiro. Nos buracos entre as cercas, surgem olhos. Cabeças começam a se esticar lá de trás, e mais, e mais, até que há claramente um movimento para a frente, 2 mil patas de porco no concreto, todos se esticando, se amontoando na frente e se apertando para ver deus. Há alguns só nas patas traseiras – as dianteiras sobre as cercas dos chiqueiros –, orelhas meio esticadas, olhos cheios de medo e de vida, e nos quais qualquer um com uma visão independente enxergaria inteligência. Na hora, vem à mente as palavras da dra. Temple Grandin: são como cachorrinhos.

Por que se aproximam quando estão com tanto medo?

"Estão interessados", Sonny responde. "Estão entediados. Quando você fechar a porta, eles voltam a dormir."

Começo a me abaixar em direção a um focinho que estava cheirando meus pés. Mas mal começo e volta toda a histeria, um estampido de meio segundo, que os comprime de novo nos fundos dos chiqueiros. E então a inércia, a respiração, o farfalhar e nova espreita temerosa para ver e cheirar o visitante.

Depois de fechar a porta, fiquei me perguntando como Perry consegue dormir naquela casa bonita dele. Como pode alguém

DAS MINHAS NECESSIDADES

descansar a cabeça no travesseiro sabendo que nessa masmorra sem palha estão todas aquelas criaturas sob seus cuidados, bichos que não sairão de lá a não ser para morrer, praticamente impossibilitados de se virar ou se deitar, aterrorizados com cada porta que se abre e que se mordem, brigam e ficam doidos? Foi nessas condições que o furacão os encontrou, todos atulhados. Como deve ter sido a cena...?

Saímos da propriedade de Smith em direção à Fazenda 2149, um "multilocal de armazenamento tudo-dentro/tudo-fora", onde mais uma vez, ao se chegar, é preciso sair em busca de vida humana. Só os abutres estão aqui para nos receber, planando ininterruptamente sobre a refeição de gambás mortos no estacionamento sujo. E agora não é possível nem dar umas voltinhas porque há uma cerca de três metros de arame farpado em volta de todo o complexo, a não ser a lagoa de dejetos. Não foi planejada para evitar que o gado escape, mas sim para manter os curiosos e toda a empatia humana a distância.

"Quais as taxas médias de baixas nas fazendas?", pergunto a Sonny, percebendo outros abutres voando sobre um chiqueiro longe dos gambás. "Perdemos alguns. Fêmeas, em especial", ele responde. "São queimadas. As que têm doenças são levadas por um caminhão ao valão."

Aponta para uma área depois da fazenda. Há muitos valões na Carolina do Norte, túmulos coletivos a guardar os restos de centenas de milhares que não conseguiram chegar a Tar Heel, as carcaças embaladas a vácuo em sacolas. Parte da limpeza emergencial custeada pelo governo federal depois do furacão Floyd era a incineração desses corpos mortos nos campos e seu descarte em valões.

À indústria do porco ainda é permitido o reaproveitamento – pulverização dos restos de animais para serem usados em ração de gado e outros produtos, como gelatina para as balas Jell-O e Gummy Bears. Esse reaproveitamento em ração é proibido pela Food and Drug Administration (agência reguladora de alimentos e medicamentos nos Estados Unidos) no caso da maior parte dos ruminantes, com medo do mal da vaca louca. Mas aves e porcos ainda são dados como ali-

DOMÍNIO

mento para suas próprias espécies e para bovinos e caprinos. E restos de todos esses animais – 40 mil metros cúbicos saem semanalmente de matadouros para o reaproveitamento[16] – podem legalmente ser usados. Com confiança, assume-se no mercado que não há equivalente suíno para a encefalopatia espongiforme bovina e que não há nenhuma outra razão para não alimentar seres herbívoros com outros seres herbívoros (mortos).

Sonny bate na porta trancada de um escritório na frente da propriedade. Ninguém responde. Ele caminha mais para perto da cerca e chama: "Oi! Olá..." Ainda nenhuma resposta, a não ser uma onda de guinchos e roncos pelo complexo. Agora damos a volta e ele parece conter a irritação. Quando está no modo cavalheiresco, Sonny pode ser bem amigável, mas algo me diz que também pode rapidamente se tornar rude. "Oi! Olá..."

Um movimento. Uma porta se abre e de lá vem um homem pequeno, na casa dos 30 anos, Roberto, como informa a tarja na camisa. Roberto não fala inglês e só consegue ficar prostrado, segurando um balde do outro lado da cerca, balançando a cabeça e os ombros quando Sonny pergunta: "Tem alguém aí? Sabe quem eu sou? Há outra pessoa que possa vir falar comigo? Alguém... além de... você... *aqui?*"

Roberto volta às instalações. Talvez tenha ido buscar alguém. Esperamos no carro, em um adorável refúgio entre o arame farpado e a lagoa de dejetos. O comentário de Sonny sobre a situação: "*Tem um bocado de gente trabalhando duro pra nós.*"

Imagino que Roberto tenha respondido a um dos anúncios que a Carroll's coloca em seu site na internet e em panfletos nas vizinhanças pobres da América do Norte e do Sul: "A oportunidade que você está procurando na produção suína está à sua procura!!! Se você busca uma carreira realizadora na criação de porcos, com possibilidade de desenvolvimento profissional, não precisa mais olhar por aí. Temos fazendas de porcos na Carolinas do Norte e na do Sul, na Virgínia, em Utah, em Iowa, no México e no Brasil."[17] Cerca de 9 mil mexicanos que souberam dessa oportunidade única na vida trabalham hoje na Carolina do Norte, com vistos temporários gerados por um programa da Associação de Criadores estadual e do Serviço de Imigração e Naturalização.[18]

O censo revelou um aumento de 700% na população hispânica da Carolina do Norte, o maior dos estados do Sul. O mesmo tem acontecido em cidades de Iowa, Dakota do Sul e Utah, que hoje mais parecem a periferia de São Paulo ou da Cidade do México, empregando centenas de milhares de estrangeiros temporariamente. Para tomar conta de nossas modernas fazendas industriais, são necessárias pessoas dispostas ao trabalho árduo. Nos Estados Unidos, deixamos esse trabalho para nossos irmãos do Sul, assim como na Utopia de Sir Thomas More o trabalho sangrento era deixado para os escravos. Hoje, tanto aqui quanto na Europa Oriental, temos nossos imigrantes.

Fábricas têm confiado há muito tempo em trabalhadores imigrantes sem qualificação, mas só agora são chamados para criação de gado. Eles não têm reivindicações. Deportáveis a qualquer momento, não formam sindicatos nem nada do gênero. Ficam entre si, sobretudo os ilegais, e não dão trabalho. Em geral, também não sabem nada sobre porcos ou outros animais de fazenda. Mas que diferença faz se não há necessidade de maiores cuidados ou de tocar o gado? Tudo de que se precisa é de um *bocado de gente trabalhando duro*, gente sem opções, tão pobre e desesperada que julga US$ 7 ou US$ 8 por hora, para cortar pescoços e encher valões, uma verdadeira mudança na vida. O melhor de tudo é que os imigrantes somem. Quando pouparam o bastante e sobreviveram ao trabalho, pode-se mandá-los de volta e ainda sentir que fez um favor a eles. Tampouco precisamos vê-los.

Nada de Roberto voltar, por enquanto. Então Sonny vai ao carro, busca um telefone e digita.

"Carroll's Foods, escritório do sr. Faison."

"Oi, Teresa, é Sonny. Estou na Fazenda... deixa eu ver... Fazenda dois-um-quatro-nove. Você tem como ligar para cá e ver se há alguém que possa nos deixar entrar?"

Damos mais uma volta no escritório da frente e esperamos com os abutres. Teresa liga. Alguém está a caminho.

DOMÍNIO

Será que Sonny costuma inspecionar as fazendas? "Não tanto quanto eu gostaria", ele responde, tentando dar um tom de que-bom--que-estou-aqui-contigo. "Acho que eu devia sair mais do escritório." Essa voltinha parece ter demandado mais de Sonny do que ele esperava, ele não para de olhar o relógio e deve estar deduzindo o tempo que está aqui das horas de trabalho de hoje. Entraremos por alguns minutos e depois voltaremos, diz. Não precisamos entrar nas instalações onde estão os chiqueiros. Teríamos de tomar uma ducha antes, para não introduzir "germes exóticos" no gado. Esses locais não são apenas de finalização, como o de Perry Smith, ele explica, mas também de cruzamento, nascimentos e amamentação. E são todos processos delicados.

Ah, ok, digo a ele. Eu adoraria ver todo o processo e a ducha me faria bem. A resposta: Bem, também não há muito o que ver aí. Mas se eu insisto, ok, ele me deixaria por uns 45 minutos e já voltaria para me buscar. Por mim, tudo bem, digo a ele.

Surge uma cara redonda na janela. A porta é destrancada e Sonny me deixa com uma mulher chamada Gay. Quando ele sai, ela me entrega toalha, botas, roupas de baixo e um macacão oficial da "Carroll's Foods". Eu me lavo minunciosamente e visto o uniforme dos deuses.

GERAÇÃO MAGRA

Uma moça robusta de uns 20 e muitos anos, Gay tem o jeito desgrenhado de quem acabou de levantar de uma soneca rápida. É agrônoma e acabou de terminar o doutorado em ciência animal na North Carolina State, como me conta no início de nosso tour. Adora sua carreira. Adora animais. Está realmente animada em fazer parte disso, em trabalhar para a Smithfield. Gay não tem a menor noção de por que estou aqui. Só sabe que seu patrão apareceu sabe-se lá de onde e disse "mostre as coisas a esse cara", então ela está falando sem parar e nervosamente.

O complexo se divide em cinco: o Viveiro de Isolamento, o Viveiro de Gestação, o Viveiro Maternidade, o Viveiro de Amamentação e o

DAS MINHAS NECESSIDADES

Viveiro de Finalização. E se você souber os caminhos daqui, jamais se perderá em alguma fazenda industrial de qualquer parte do mundo – elas são idênticas. Na Alemanha, Holanda, Dinamarca, Bélgica, França, Irlanda, Espanha, em Portugal e no Reino Unido, de 70% a 95% dos porcos são criados com os mesmos métodos. Itália, Grécia e Hungria não estão muito atrás.[19] Se você vive em qualquer país – exceto a Suécia, onde o confinamento em massa de suínos é proibido desde 1994 – é assim que sua carne de porco é feita. Essas são suas fazendas também.

Primeiro, sou levado por Gay ao Viveiro de Isolamento, perto da lagoa e onde está o orgulho da Smithfield, o "estoque de gametas" praticamente pronto para produzir a próxima geração de cortes da Geração Magra. Têm quatro ou cinco meses e são descendentes diretos do "rebanho central" de 2 mil animais importados da Inglaterra para dar à empresa sua marca premiada NPD, "Desenvolvimento de Porcos Nacionais" (da sigla em inglês). Um belo dia de 1991, 2 mil porcos entraram em um avião que os deixou no Novo Mundo, e dessas puríssimas ninhadas vieram as novas gerações ainda mais dóceis nas fazendas e mais agradáveis ao paladar. De acordo com a patente de Deus, a partir de um ano, os porcos estão prontos para gerar outros porquinhos. Mas a Smithfield fez melhorias genéticas em seu requintado programa, e oitenta porcas que ainda não chegaram à maturidade – e exatamente com a mesma idade com que seus 10 mil filhotes serão mortos – entrarão em gestação para que as fazendas de cruzamento sejam expandidas. E se multipliquem, e se multipliquem, e se multipliquem, até que as fêmeas morram.

"Esses são os nossos bebês. Eles ganham tratamento especial", conta Gay.

As mães em potencial estão tão amontoadas quanto os porcos da fazenda de finalização de Perry Smith, mas não ficam tão chocadas quando chegamos, não enlouquecem com a visão de um ser humano. Aliás, parecem bem felizes em receber convidados, e logo logo estarão cheirando nossos pés. São mais limpas e cor-de-rosa também, recebem aqui no Viveiro de Isolamento o tratamento mais próximo que podem

339

ter da bondade humana – em chiqueiros lotados, porém limpos, com monitoramento veterinário e supervisão diária de Roberto, que agora está pulverizando um fino jato de água nas porquinhas com uma mangueira, como se elas fossem plantas de uma estufa. Afagos nos animais não são permitidos. Os rígidos procedimentos de "biossegurança" são mantidos para evitar "germes exóticos". Tudo depende da sobrevivência e da capacidade de reprodução do estoque de gametas, isolados aqui para protegê-los de gripes, pneumonias e outras infecções antes de sua introdução no sistema. Um porco que demonstre sinais de doença é levado para fora, despachado por alguém com uma arma e transportado ao valão ou a uma usina de reaproveitamento, de modo que quem está saudável permaneça assim. De três a cinco anos depois, se estiverem pensando por meio de imagens em algum caminhão em direção a Tar Heel, a lembrança será de uma maravilhosa paz antes de toda a dor.

Mas vamos ao segundo passo: o Viveiro de Gestação.

Assim que Gay abre a porta, somos saudados por uma loucura de guinchos, pancadas metálicas, sons roncados e guturais, que eu jamais imaginaria virem de porcos. Estão trancafiados, seiscentos deles, não apenas na instalação, mas cada um entre barras num chiqueiro. "Confinamento" não é bem a palavra para a situação. Eles estão encaixotados, fixados, incapacitados de fazer qualquer coisa que não sentar, sofrer e gritar quando veem os deuses.

"Estão com medo", informam-me.

Os chiqueiros são chamados de "caixotes", legado das versões antigas de confinamento de fêmeas, quando Murphy, Carroll e seus colegas estavam apenas começando. E que mudança misericordiosa seria a volta dos bons e velhos caixotes de madeira para as pobres fêmeas aprisionadas, agora em caixotes com seis barras de ferro.

"Nós as deixamos bem e aquecidas aqui. Estão completamente protegidas das intempéries", diz Gay.

Demora um pouco até que olhos e ouvidos percebam bem. Mas se pode notar, pelas reações imediatas, quais porcas estão aqui há mais tempo. Algumas ainda são bravias, rugindo e se debatendo violentamente ao nos aproximarmos. Outras já entregaram os pontos, mas se movimentam. Algumas estão mortas.

"Elas não se exercitam muito. Ao mesmo tempo isso é bom, porque assim podem carregar mais fetos. Depois de oito ninhadas, nós nos desfazemos delas."

O exercício que fazem é serem levadas dos caixotes a cada 16 semanas para dar à luz no Viveiro Maternidade, onde ficam de sete a dez dias, para depois voltar a mais 16 semanas de confinamento, e de volta à Maternidade, ao confinamento e assim por diante. Nem para conceberem os filhotes elas deixam os caixotes. Como explica Gay, para engravidá-las, machos liberados brevemente de seu confinamento são levados, caixote a caixote, e quando cada fêmea está suficientemente receptiva, um aplicador de inseminação artificial faz o resto. Não há maneira elegante de explicar. Basta dizer que há trabalho em tempo integral para animar os machos e coletar o esperma. Aqui também há gente como o dr. Richard Poulson, em seu jaleco branco, melhorando a natureza. Logo, todas as fêmeas estarão inseminadas com material geneticamente modificado, sequer com o material de verdade, de machos reais.

Depois de um breve envolvimento humano, é a máquina que toma conta. Computadores monitoram temperatura e ventilação. Irrigadores e gotejadores automáticos dão água aos animais. Lâmpadas de aquecimento automatizadas são seu sol. O sistema de alimentação robotizado libera ração cientificamente formulada, que vem fresca dos celeiros por longos cochos. Essas pilhas de bolotas são ricas em hormônios do crescimento, laxantes e antibióticos, além dos restos reaproveitados de outros porcos. As fêmeas que cá estão, quando terminarem seus maravilhosos ciclos de procriação, ficarão doentes, serão mortas e reaproveitadas como alimentação para suas proles. Há até máquinas de monitoramento de máquinas, sensores automáticos para corrigir as menores elevações ou quedas de temperatura, umidade e consumo de água e comida. E todos os dados são regularmente coletados para relatórios de estudo da equipe da Carroll's, que estará em seus escritórios ensolarados diante de monitores de computador.

DOMÍNIO

O sistema de esgoto ainda tem de ser aperfeiçoado e o cheiro não poderia ser mais desagradável, é quase como nadar na lagoa de dejetos. Como deve ser para os animais ali, deitados sobre suas próprias fezes e cobertos por elas? Os porcos são meio desleixados no asseio, mas não são suicidas. Gostam de cavar sujeira e rolar na lama porque é assim que encontram comida e se mantêm úmidos e frescos sem glândulas sudoríparas como as nossas. Mas eles têm um olfato muito melhor que o nosso, focinhos que detectam trufas três metros abaixo do chão e já foram usados até para farejar contrabando e minas terrestres. Sem falar que, na natureza, seus dejetos não ficam perto de onde dormem e vivem. Entre as principais desgraças das fêmeas em confinamento está a constipação porque, de início, elas se recusam a sujar seus próprios chiqueiros.[20]

Caminhamos por uma ala, minha guia despejando aleatoriamente um monte de comentários, às vezes gentis, às vezes ríspidos. "São muito espertos. Outro dia, eu estava lendo numa revista que eles são tão espertos quanto cães e gatos."

Em suas generosas proporções, Gay incorpora as contradições de toda a humanidade: é capaz de uma preocupação emocionante num momento, mas de um assombroso desprezo em seguida. "Vai ser seu primeiro parto, hein, neném?", diz a uma porca, que paro para olhar, identificada com uma etiqueta em cima das barras de ferro indicando NPD 88-308. "Neném" está deitada, coberta de fezes e sangue seco, dando uma de maluca e retorcendo a boca, assim como ficam os animais engaiolados e sem palha ou outro material para mastigar. Ela está se machucando com uma corrente, eu digo. "Ah, é normal", responde ela.

O que aconteceu com essa aqui? – pergunto, apontando para a NPD 50-375, que está com as pernas inchadas e o corpo coberto de feridas abertas. "Deve ter sido algum machucado de caixote", diz ela, sem nem parar de andar. Ao acompanhá-la me dou conta de quão esquisita deve ter parecido a pergunta, todas as porcas estão cobertas de feridas. Todas têm machucados de caixote.

Cada porca pesa 15 quilos. Os caixotes têm pouco mais de 2 metros de comprimento, com largura menor do que duas vezes meu

DAS MINHAS NECESSIDADES

caderno de anotações (que não chega a 30 cm). Não tem muito espaço, né? – pergunto. Como é que conseguem se virar? Gay balança os ombros meio desconcertada, como se fosse uma pegadinha ou, então, como se ela realmente nunca tivesse pensado nisso. "Não sei. Mas elas conseguem."

A resposta talvez esteja nas pernas inchadas das fêmeas ainda de pé, ou tentando continuar de pé. Para conseguir ficar de lado, uma inclinação importante em meses de confinamento, em espaços de meio metro de largura, elas tentam colocar suas patas entre as barras que separam os caixotes. Assim acabam esmagadas e fraturadas. Metade dos animais cujas pernas podem ser vistas parecem tê-las torcidas ou quebradas, sem jamais serem examinadas por um veterinário, jamais entaladas, sequer notadas por alguém.

O que é aquilo nas ancas da NPD 45-051? "Um tumor." O tumor, como posso ver, é do tamanho de uma bola de futebol. "É mesmo. E ela só tem um ano. Está ficando magra também. Não é mais muito desejável", comenta Gay. O que levou ao tumor? Gay dá de ombros. E o que acontece às que têm tumores? "Vão para um curral de eliminação até nascer a próxima ninhada." Talvez a porca não sobreviva ao parto, mas há um novo método chamado "superovulação", como me explica. Implantam-se os óvulos e é possível ter os bebês vivos da mãe morta.

NPD 40-602 também parece estar com um tumor, digo à agrônoma. "É só um furúnculo. Todas elas têm." Os furúnculos são menores do que o tumor, têm tamanho de meia bola de beisebol. E como são tratadas? "Kopertox", diz ela, tirando do macacão um remédio para tudo – irritações e infecções no casco, entre outras doenças. É um líquido que forma uma casca sobre o ferimento, mas uma casca feita de naftenato de cobre, substância química perigosa se lambida pelo animal, absorvida pela carne ou ingerida por humanos. A embalagem do Kopertox avisa: "Não usar em animais usados para a produção de alimentos."

Seguimos adiante. Por todo o lado, feridas, tumores, úlceras, furúnculos, lesões, cistos, hematomas, orelhas rasgadas, pernas inchadas. Urros, roncos, rabos mordidos, brigas e outros "vícios", como

DOMÍNIO

são chamados na indústria. Animais mastigando correntes, barras de metal ou, normalmente, mastigando nada. Também é comum usarem o nada, como se fosse palha imaginária, para cavar e construir um lugar mais macio para deitar. Há ainda a "derrocada social", muita. A cada três ou quatro chiqueiros, há um ser completamente acabado, que só sabemos que está vivo porque pisca os olhos quando te encara, como a pobre NPD 50-421. São seres aos quais nem a misericórdia pode ajudar, nem a indiferença poderá torná-las mais miseráveis; estão mortas para o mundo, a não ser por seus flancos de carne, por entre os quais serão enfiadas as varetas de inseminação artificial para que mais e mais carne seja produzida. Quando tiverem acabado com o gene do estresse, talvez os doutores de jaleco branco possam encontrar uma cura para o gene da desesperança.

Um pneu pendurado sobre um caixote é o máximo que alguém conseguiu pensar como "enriquecimento de ambiente" em toda a instalação. De qualquer maneira, é inútil, a não ser que a NPD 88-283 tenha sido geneticamente modificada para saltar a 1,5 metro de altura. Parece ser um dos "objetos macios e dobráveis", recomendados pela dra. Grandin, a quem a Smithfield pagou por uma consultoria. Tenho a péssima impressão de que o pneu só foi colocado para que pudessem ligar para ela e dizer: "Ah, doutora, aplicamos suas descobertas em nossas fazendas e agora nossos porcos têm brinquedos e estão mais felizes do que nunca!" NPD 39-215 tem um profundo corte atrás de um olho e sangra bastante. Nada que um pouco de Kopertox não possa curar. NPD 45-066 tem um xis em rosa bem chamativo pintado nas costas, indicando o nascimento iminente e o transporte ao Viveiro Maternidade. Novas vidas a caminho, enquanto a mãe procura uma palha que não está lá e que não servirá para fazer um ninhozinho para seus filhotes, que ela não criará. NPD 38-453 dá um passo atrás, treme e grita violentamente, quando abaixo para ver uma teia de aranha entre a barra de metal e a base de madeira do caixote. Não há nenhuma Charlotte para ajudá-la.

Gay continua andando, chamando minha atenção para isso ou aquilo, apontando para as coisas com o aplicador de inseminação

DAS MINHAS NECESSIDADES

artificial, alegremente inconsciente (ao que parece) da profunda traição à ética veterinária em todo aquele lugar, do desrespeito ao juramento de "proteger a saúde de animais [e] aliviar seu sofrimento".[21] Quem cuida dessas criaturas além de Gay, Roberto e outra pobre alma que venha aqui toda manhã? Algum pseudoveterinário periodicamente vem dar uma olhada no gado. Mas mesmo para esses profissionais não há mais porcos, e sim máquinas de fabricar porquinhos – e tumores, fraturas e feridas supuradas. Que diferença faz? Nada receberá tratamento adequado. Se a indisposição ameaçar a capacidade de produção de carne da unidade, como acontece com infecções no trato urinário ou vaginal, só aí será tratada. *Isso* se justifica pelo retorno em termos de custos e trabalho, mas mesmo assim apenas se a unidade não for muito velha. "Velha" significa 3 ou 4 anos, em vez de 1 ou 2 e, nesse caso, o animal será morto, para controle de doença, e vendido a um reaproveitador de restos. Não há uma ala de doentes: ou se usa Kopertox ou se mata. Nada no meio do caminho. Nenhuma preocupação com os bichos. Ninguém se importa com seu sofrimento nem com as obrigações impostas por um mínimo de decência.

O cuidado médico consciente apenas levaria mais uma camada de loucura ao cenário – exércitos de veterinários correndo pelas fazendas industriais coordenando tratamentos ao sofrimento inevitável, infligido pelo confinamento em massa e o abate em massa. A primeira ação de um veterinário, assim como a de um médico, é encontrar a causa da doença ou ferimento, e então recomendar a eliminação dessa causa. Mas como seria possível com eles trabalhando para as empresas que geram toda essa situação? As próprias empresas desejam sistematicamente e infligem sofrimento (porque, se não o fizessem, os custos subiriam e o lucro cairia). Não há volta, uma vez que se deu o primeiro passo numa corporação como essa. O descompromisso moral nessa escala requer descompromisso moral a cada estágio, das maternidades à finalização e à venda de comida. Caso contrário, começa-se a questionar fatos tidos como básicos, e a bondade e a misericórdia humanas entram como germes exóticos para destruir todo o sistema. Aqui também a consistência é tudo.

DOMÍNIO

NPD 41-132 está completamente prostrada, perdendo peso e morrendo em um dos chiqueiros, pelo menos em um em que pode esticar as pernas. Não chegará à oitava ninhada, comenta minha guia. Com o milagre das drogas da fertilidade, ela teve 18 porquinhos na primeira ninhada – o dobro do normal – e 13 na segunda, mas então começou a perder peso e sofrer abortos e, agora, diz Gay, "terá servido a seu propósito" e será abatida. Ao lado dela, já há outra fêmea morta, uma porca que morreu de pneumonia de manhã. Em outros chiqueiros, ainda há seis outros corpos. Logo, o homem do caminhão irá levá-las embora. "O gado abatido para controle vai para o mercado, mas não o doente. É como lixo", explica Gay. O gado doente não chega ao mercado porque na Smithfield há padrões. Só se faz produto de qualidade aqui. Você, consumidor, merece o melhor.

PARA SEU PRÓPRIO BEM

Muita gente vem às nossas fazendas industriais – para girar uma válvula ou checar se alguma bomba está funcionando direitinho, para inseminar ou eliminar fêmeas, coletar os que morreram ou matar (para controle do gado) os fracos e doentes. A criação, ao menos no que tange aos cuidados até o abatedouro, só é intensiva para o gado. O fazendeiro corporativo é um fazendeiro ausente – há estranhos em sua propriedade – e ele está ocupado demais para se preocupar com pequenos detalhes, como se seu porco tem espaço suficiente para se virar no chiqueiro ou se há palha para ele. Tem negócios mais importantes do que seu gado com que se preocupar. Mas já havíamos sido informados sobre isso há muito, muito tempo:

> A mão de obra empregada – que não é pastora nem dona de ovelhas – vê um lobo e corre, deixando as ovelhas serem capturadas ou dispersadas pelo lobo. Isso porque trabalha pelo pagamento. Não se preocupa com o gado.[22]

Mas longe de ser uma aberração ou algum lado negro da Nova Agricultura, onde as regras teriam corrido frouxas, a Smithfield *é* o padrão, segue à risca a literatura científica atual sobre animais. O professor Bernard Rollin, da Universidade Estadual do Colorado, em seus escritos atentos sobre o tema, lembra-nos que, até poucas décadas atrás, não havia sequer algo como "ciência animal", muito menos uma "ciência da carne". Estudar agronomia relacionada ao gado em sua universidade, ou em qualquer universidade rural dos Estados Unidos, significava estudar pecuária.

A grande virtude da pecuária era a aceitação e a compreensão da natureza do animal. Observa o professor Rollin: "A essência da pecuária era manter o animal em condições às quais sua natureza era biologicamente adaptada. Aumentar essas capacidades naturais fornecendo-lhes comida adicional, proteção, cuidado e abrigo contra os extremos do clima, predadores, doenças, seca e assim por diante, além de fazer cruzamentos selecionando os melhores traços."[23] O termo significa "ligado à casa", implicando compromisso, reciprocidade, a ideia de que os interesses do fazendeiro e do animal são significativos, se não ligados numa empreitada simbiótica. Em fazendas tradicionais, escreve o professor Rollin, "ética e prudência estavam mutuamente envolvidas: a ordem bíblica de descanso de animais no sabá expressava tanto preocupação pelos animais quanto prudência; animais exaustos não reproduziriam, não trabalhariam bem como os descansados. A ética e o interesse próprio estavam unidos organicamente".[24]

Fazendeiros tradicionais tinham algumas práticas bem cruéis antes mesmo de o mundo corporativo chegar ao meio rural, como colocar argolas nos focinhos dos porcos para evitar que escavassem o pasto. Mas não é necessário romantizar fazendeiros nem o lugar dos animais no mundo para perceber os pontos cruciais. De acordo com os preceitos básicos da pecuária, animais serviam a nossas necessidades e, em troca, cuidávamos deles. Assumíamos determinados direitos e, com eles, algumas obrigações. Havia honra nisso. Não "cultivávamos" animais, nós os criávamos, nos dávamos o trabalho de entendê-los, de respeitar suas necessidades e naturezas.

DOMÍNIO

Hoje, com a expansão da pecuária industrial, a humanidade quebrou sua parte da parceria. A cada estágio, com cada inovação, resolveu que qualquer análise de custo e benefício que faça é aceitável. O que tem de ser feito, não importa o quão duro seja, será feito. E assim, num pensamento bem peculiar, interesse próprio e consciência tornam-se indistinguíveis, de modo que fazendas industriais passam a ser não apenas boas para seus donos, como parecem boas e decentes. Também se aceita nos círculos agrícolas que os animais estejam felizes nesses lugares. Nas palavras do veterinário e vice-presidente do Conselho Nacional de Produtores de Suínos, Paul Sundberg: "A chave para o bem-estar das porcas fêmeas não é estar em chiqueiros individuais ou coletivos, mas se o sistema usado é bem administrado. A ciência nos diz que ela [a porca] sequer tem condições de saber se pode se virar ou não. (...) Ela quer comer e se sentir segura, e pode fazê-lo muito bem em chiqueiros individuais."[25] Que coincidência que as porcas – que não sabem que não podem se virar, mas por alguma razão idiota continuam *tentando* se virar – queiram exatamente o mesmo que os fazendeiros industriais. Deve ser reconfortante pensar nisso, quando olham à sua volta e veem como ganham dinheiro. Como o humano pode se rebaixar quando, em sua mente, dever e lucro parecem, miraculosamente, dialogar.

Pode-se culpar a tecnologia, a economia, a demanda global, dentre muitas outras desculpas disponíveis. Seja qual for a causa, a humanidade não cumpriu sua parte do acordo. Só pensamos em nós, em *nossas* necessidades de cortar custos, em *nossas* ambições por maiores lucros, em *nosso* gosto por magreza, em *nosso* desejo por consistência. E então? Em troca por seus serviços, o gado não ganha nada, nem dias de amamentação, nem vento, nem a visão, os sons ou cheiros da vida, apenas privação, abalo e medo.

Não há incentivo para os cuidados, eles simplesmente desapareceram. Os fazendeiros industriais não somente aceitam perder algum gado como estão contando com isso. Mesmo o abate para controle é contado. Se não houver um determinado número de mortes por semana, começa a haver preocupação sobre o motivo, uma pergunta sobre

DAS MINHAS NECESSIDADES

onde na linha de produção as unidades não estão sendo exploradas ao máximo. O próprio sistema pressupõe um alto coeficiente de atrito, sobrecarregado pelas taxas da produção em massa. Em cada estágio, o sistema requer novas técnicas e mesmo toda uma nova perspectiva. "Fazendeiros industriais são todos cartesianos", escreve a romancista Joy Williams. "Animais não passam de máquinas: máquinas de leite, máquinas de fazer porquinhos, máquinas de ovos. São unidades de produção que se convertem em lucro."[26] Como escreve o professor Lowell Monke, da Universidade de Wittenberg, de Ohio (nascido numa família de criadores de porcos):

> Tudo o que é feito com e para o porco é estritamente determinado por medidas quantitativas de eficiência. Transformados em máquinas biológicas aos olhos do fazendeiro, os porcos se tornam abstratos no livro de contabilidade, como números que pertencem a um cálculo de entradas e saídas de informação, coeficientes de atrito, peso ganho por peso ingerido, custo por cabeça versus preço por quilo etc. A esterilidade do ambiente em que vive o suíno é um mero reflexo da esterilidade do agronegócio: um processo de manufatura guiado pela necessidade de reduzir a criação (...) à menor incerteza, assim como ao maior controle humano possível.[27]

No próximo capítulo, que fala de direitos animais, reflito um pouco mais sobre a natureza dos bichos e como isso deve guiar nosso cuidado com eles. Por ora, basta dizer que tais ideias foram totalmente abandonadas. A situação dessas fazendas industriais está tão distante da natureza que cabe perguntar se saberiam cuidar de animais sob qualquer outra condição que não a privação radical. O que *fariam* os porcos se não estivessem constantemente confinados? De que precisariam?

A "sensibilidade do porco", como era chamada, é conhecida pelos pequenos fazendeiros ainda entre nós, mas cada vez sabe-se menos dela, morrendo como uma tradição oral. Tudo que as melhores mentes da Smithfield sabem sobre porcos, sabem porque os viram se apertando em chiqueiros estreitos, porque estavam buscando criar chiqueiros ainda menores e porque supervisionam cada faceta do confinamento e do abate com uma abordagem de diminuição de gastos para aumento de produção. Como em todas as formas de tirania, a administração se intensifica à medida que o conhecimento, a curiosidade e o interesse nos sujeitos diminuem e somem. O consumidor médio, que raramente vê porcos, está mais ou menos na mesma posição que o produtor, sabendo que esses animais fuçam e rolam na lama e nada mais sobre o que precisam e fazem. Uma criança brincando com uma fazendinha de brinquedo, colocando os cavalinhos e porquinhos fora dos estábulos para pastar, tem mais compreensão da natureza e da realidade do que os especialistas agrônomos que hoje provam com certeza científica que animais de fazenda preferem o confinamento à liberdade, as lâmpadas para esquentar à luz do sol, e o concreto à grama.

Dois pesquisadores agrônomos, os professores Alex Stolba e D. G. M. Wood-Gush, da Universidade de Edimburgo, fizeram um estudo em 1980 que eu gostaria de ter presenciado. Tentavam desenvolver um sistema de prédios para suínos com eficiência de custos e que pudesse ser usado em larga escala por fazendeiros industriais. Usaram um grupo de porcos criados em confinamento e os deixaram soltos, num parque com rios, bosques de pinheiros e um charco. Os relatos dos professores em seus três anos de observação parecem mais um trabalho de campo de zoólogos descrevendo alguma espécie recém-descoberta:

> Descobriu-se que os porcos construíram cooperativamente uma série de refúgios, que tinham alguns traços em comum, incluindo paredes que prevenissem ventos e uma paisagem ampla para que vissem o que se aproximava. Esses locais ficavam longe dos de alimentação. Depois de voltarem aos refúgios, os animais traziam material adicional para paredes e para a reorganização de suas construções. Com o nascer da manhã, caminhavam pelo menos sete metros para urinar e defecar. (...) Os porcos formavam vínculos sociais completos e novos animais introduzidos na área levavam mais tempo para ser assimilados. Alguns tinham relações especiais. Por exemplo, duas fêmeas se uniam por alguns dias depois do parto para procurar comida e dormir juntas.

DAS MINHAS NECESSIDADES

Os membros de mesmo sexo da ninhada tendiam a ficar juntos e a dar atenção ao comportamento exploratório do outro grupo. Jovens machos prestavam atenção no comportamento dos machos mais velhos. Jovens de ambos os sexos apresentavam brincadeiras de manipulação. No outono, 51% dos dias foram dedicados a buscar comida.[28]

Em outros termos, ao liberá-los das misérias da fazenda industrial e desenvolver condições mais apropriadas às necessidades e hábitos dos suínos, os pesquisadores tiveram de dar um passo atrás e estabelecer quais eram essas necessidades e hábitos. A pesquisa terminava com a surpreendente conclusão: "Em geral, o comportamento (...) dos porcos nascidos e criados no sistema intensivo, uma vez que tenham ambiente apropriado, parece com o dos porcos selvagens europeus."[29]

Ou seja, os porcos ainda guardam semelhança com os porcos. São os mesmos que víamos há um milênio. Continuam, como por milagre, sendo criaturas que vivem com uma natureza própria.

Na Fazenda 2149, a diferença entre pecuária e ciência está mais clara no Viveiro Maternidade. Aqui estão as piores privações, pelo menos ao que se pode observar. Gay explica que, "para seu próprio bem", as criaturas devem ficar confinadas antes, durante e depois de parir, impedidas inclusive de cuidar de seus filhotes.

Elas têm direito aos mesmos 55 centímetros, com uma diferença: na frente de cada compartimento as barras são suavemente levantadas, e ali fica uma pequena área em que os filhotes são depositados, saídos dos corpos machucados das mães, escorregando pelo concreto e engatinhando com grande dificuldade para sugar o leite das porcas imobilizadas, que mal podem se virar para vê-los. Isso também é para o próprio bem deles, afinal se a mãe pudesse se mover, esmagaria seus filhotes.

Na literatura veterinária, o esmagamento de porquinhos é descrito como um fato simples e inevitável, como se houvesse uma trágica lei (ou falha) da natureza das porcas que as faria matar seus nenéns. Mais um dos infelizes defeitos dos porcos, que não dão outra escolha aos fazendeiros industriais que não aprisionar as parturientes. Assim

DOMÍNIO

como o confinamento durante a gestação "protege fêmeas da agressão" de outras porcas, segundo o *Swine Care Handbook* (Manual do cuidado suíno),[30] e como enchê-las de antibióticos as protege dos efeitos do estresse da condição de muitos animais juntos, também os pequenos chiqueiros são necessários para proteger os filhotes de suas mães desajeitadas.

Faz todo o sentido, se você aceitar como normais e razoáveis as agonias a que as porcas já foram sujeitadas até aí. Se tirassem as barras, sim, as porcas rolariam e esmagariam muitos porquinhos. Acredito que mesmo eu ou você perderíamos a coordenação motora depois de liberados de um confinamento prolongado com nossos corpos aumentados grosseiramente por hormônios do crescimento e ossos frágeis ou mesmo quebrados pela falta de exercício. "Defeito" é justamente o caso aqui, mas não se trata de defeito suíno.

Entretanto, o que as fêmeas não perderam foi o instinto maternal, um desejo aparentemente indestrutível de cuidar e proteger a nova vida. Mães e filhotes recém-nascidos ficariam bem confortáveis aqui se vissem e sentissem palha onde só há ar. Como no Viveiro de Gestação, de repente há um pânico que se espalha com gritos agudos, mas aqui estão preparando uma espécie de ninho. Em alguns dos chiqueiros o trabalho já está pronto e a mãe se inclina amarrotada contra as barras, ou de lado, com as pernas entre as barras, ou ainda curvadas, como se saudando os deuses, para tirar um pouco do peso de suas pernas e quadris. Tudo isso aquecidas por lâmpadas fluorescentes que dão ao local uma cor alaranjada doentia.

NPD 88-956, inconfundível com seu olho sangrento e enorme tumor na parte lateral do corpo, acabou de dar à luz, com a ajuda de uma droga chamada Prostamate, injetada em fêmeas que não estão produzindo no devido tempo. Oito ou nove porquinhos ainda molhados do útero materno sapateiam cegamente em torno do corpo e das tetas da mãe, um deles lutando para se livrar do cordão umbilical. Gay pergunta se quero segurar um, alcança-o imediatamente pelas patinhas traseiras e me entrega. Um ser frágil, tremendo, cujos olhos só se abrirão para o mundo à sua volta depois de uma semana. Mesmo na natureza é

DAS MINHAS NECESSIDADES

provável que não vingasse. Gay segue em frente e diz que esse deve ser uma baixa, um ser fraco demais para viver, mesmo na Maternidade. Não sei se por bondade, mas dessa vez os deuses vão passar por cima da natureza e colocá-lo para mamar na mãe antes de seus irmãos. Não é o que ocorre com os filhotes natimortos da NPD 41-110 e da porquinha nascida da NPD 38-967 e que foi esquecida, chamada por Gay de "a faminta", que brigou com outros quatro porquinhos que a impediram de mamar. O que acontece com os famintos? – pergunto. Alguém virá para "acertar sua cabeça". Essa filhote não conseguiu a misericórdia nem dos irmãozinhos de chiqueiro, que se soubessem seu destino invejariam o dela. A porquinha bebê viveu menos de um dia, lembrando-nos em suas poucas horas entre nós que o mundo já tem dor suficiente, não precisamos ajudá-lo nisso.

Os sobreviventes ficam aqui por uma ou duas semanas, que a Smithfield lhes permite antes de serem desmamados. Na natureza o desmame acontece entre 13 e 17 semanas. Em algumas criações intensivas na Europa, ainda se permitem três a quatro semanas. Quando o local estiver repleto de porquinhos, como uma panela cheia de pipoca, alguém passará para buscá-los. As mães serão amarradas (algumas já estão), as portas da frente de cada chiqueiro serão levantadas e os pequeninos, levados. Os porquinhos que saem da maternidade passam por vacinação, furo de identificação na orelha, corte nos dentes, no rabinho e, para os machos, castração. Tudo nessa ciência requintada e sem anestesia. Numa prateleira da Maternidade, apenas o bom e velho Kopertox. Dali a seis ou sete semanas, os porquinhos estarão prontos para a "finalização".

Como vimos, o confinamento das mães é uma decorrência de dores anteriores. Aqui também as medidas tomadas com os jovens preparam para a aflição por vir. O corte no rabo é feito porque, com o desmame prematuro, os porcos ficarão constantemente procurando por algo para sugar ou mastigar. Como os próximos cinco ou seis meses deles na Terra serão entre uma multidão de outros porcos, encarando os traseiros uns dos outros, é comum ficarem mordendo os rabos dos animais que estiverem na frente – enquanto o próprio é mordido por um colega cativo que estiver atrás. O corte, chamado de "fator estressante de curto prazo" não elimina o alvo, mas o deixa mais sensível para que os porcos sofram mais com a mordida e, assim, procurem evitá-la. De outra feita, os animais demonstram algo conhecido também entre humanos como desamparo aprendido. Eles simplesmente desistem. Seus rabos são mastigados, infeccionam, a infecção se espalha e eles morrem sem autorização para isso.

A castração – em geral feita com cauterizador – é necessária mesmo que a morte venha antes da puberdade, para evitar sinais precoces de agressividade e para agradar consumidores que reclamavam de "manchas de porco selvagem" causada por feromônio. O corte nos dentes – a quebra da ponta dos incisivos – também é feito para proteger, afinal as mães têm de amamentar o dobro de filhotes a que seu corpo foi projetado pela natureza para atender. Sem falar na proteção dos próprios porquinhos, que têm de brigar com um número dobrado de irmãos na ninhada para conseguirem mamar. Quando a mãe morre, então, a briga pelo leite só piora, e os filhotes são levados a outro chiqueiro.

Novas dores são inventadas para resolver os problemas gerados por outras dores que já existem. A intensidade do manejo requer mais intensidade de manejo. Tudo tem um motivo na fazenda industrial, tudo requer algo mais, uma privação ou mutilação requer outra anterior ou posterior no sistema, que opera como uma biosfera moral com dinâmica e ética próprias, separadas por arame farpado dos padrões e julgamentos do mundo.

Por todas as nossas fazendas industriais encontra-se uma loucura específica em tentar fazer todas as outras loucuras se encaixarem racionalmente. Agrônomos ainda tentam resolver o problema das lagoas de dejetos com porcos geneticamente alterados que produzam menos fosfato no estrume, diminuindo os danos nos rios e lagos.[31] Algo ainda mais ambicioso procura capturar o metano exalado e usá-lo como combustível para abastecer as próprias instalações.[32] Isso também permitirá instalações de vários andares (ainda sob discussão hoje), com animais empilhados uns sobre os outros em apenas um prédio. Com essas economias finais, a sujeição das vítimas estariam completos:

DAS MINHAS NECESSIDADES

bilhões de criaturas não apenas confinadas em nossas fazendas industriais, mas também as abastecendo. Se nossos fazendeiros corporativos conseguissem pensar num meio de eliminar os custos de alimentação e deixar que os porcos sobrevivessem comendo seu próprio excremento, não tenho a menor dúvida de que o fariam também.

Reclamações sobre o cheiro das fazendas, e apenas sobre o cheiro, são o último insulto. Gostamos de pensar que os porcos, sendo porcos, não se importam com o cheiro. Pode-se até acreditar em parte em Sonny Faison, quando diz que amam isso aqui, ou no Conselho de Produtores de Suínos, quando afirma que o agronegócio de hoje é "muito amigável com os animais",[33] ou ainda no cientista agrônomo Dennis Avery, quando nos assegura de que estão se tornando "mais saudáveis e felizes" no confinamento e que anseiam por essa vida. Muitos de nós só notamos esses lugares quando seus odores alcançam nossas casas, afetando nossa qualidade de vida. Nós os criamos para nosso lucro e prazer, brincando com genes, violando sua dignidade de criaturas vivas, forçando-os a deitar e viver em seus próprios excrementos e urina, fazendo de chiqueiros presídios e frustrando cada desejo desses animais, salvo o mínimo necessário para permitir que respirem e se reproduzam. E, então, somos *nós* a reclamar, do cheiro. Mas ninguém que tenha visto o interior de uma dessas criações acreditará confortavelmente nessas garantias de felicidade animal. E ninguém que tenha visto como são tratados chegará a usar novamente o termo "porco" como sinônimo de sujeira, ambição nojenta ou feiura.

PEÇA A PEÇA

"E aí, o que achou?" – pergunta Sonny. Acho que me abriu os olhos, respondo, e agradeço pela hospitalidade. Voltamos ao quartel-general, com Sonny indicando os caminhões indo e vindo ininterruptamente do moinho da Carroll's, que tritura sem parar os 900 gramas de ração necessários para 450 gramas de carne de porco. "Vinte e quatro horas por dia, sete dias por semana, sempre há algo acontecendo na Carroll's."

DOMÍNIO

Eu tinha mais um compromisso, nas fazendas Murphy Family, em Rose Hill, ainda na Carolina do Norte – "Terra da Maior Fritadeira do Mundo". Sonny disse que depois alguém me mostraria o abatedouro em Tar Heel. Mas a esperança de ir lá acabou esmorecendo no momento em que sentei numa pequena e confortável sala de reuniões com o presidente da Murphy, Jerry H. Godwin.

Considerei pedir uma entrevista com o próprio sr. Murphy, mas duvidei que uma pessoa tão importante me concedesse a oportunidade. Além disso, ele já fez seu trabalho e os dias estão passando. Mesmo Sonny parece ser uma figura de transição na Nova Agricultura, um homem de seu tempo, mas que sabe que, no âmago, o negócio está além de sua condição de fazendeiro, de cavalheiro, de Faison.

Já o sr. Godwin não deve pensar o mesmo. Sentado ali, com sua camisa engomada, sem gravata, mas 100% homem de negócios, ele se descreve um conservador, e é sem dúvida um dos pilares da sociedade, frequentador da igreja. Fala com uma honestidade impressionante. Foi contratado por não ser fazendeiro, me conta. E em breve estará no comando da Carroll's Foods e da Murphy Family, num plano de consolidação da Smithfield. De uma cidade a quase 100 quilômetros dali, Kenly, o sr. Godwin vem do setor de ferramentas, executivo da Champion Spark Plug Company e presidente da Cooper Automotive Company. Ele explica: "Não sou um especialista em porcos. Sou um homem de negócios. E era exatamente isso que o sr. Murphy procurava."

Digo a ele que tampouco sou especialista, mas que estive nas instalações da Smithfield no dia anterior e que pensei, andando por lá, que se poderia buscar especialistas em porcos, afinal os animais estão todos guardados naqueles pequenos espaços, como, bem, ferramentas, e não parecem gostar muito. Ao que o sr. Godwin me responde:

> Somos os melhores do mundo no que fazemos. E não é porque somos grandes, é porque o que fizemos de fato foi levar informação, a informação baseada na ciência e em um sistema, selecionar pessoas de mente aberta e querendo fazer o melhor trabalho para todos, e possibilitar que elas usassem o sistema e o sustentassem. Agora já o

DAS MINHAS NECESSIDADES

fizemos, e se alguém hoje quiser aprender a produção de porcos e o equilíbrio certo, virá até aqui. Virá a esse escritório onde você está sentado. Somos conhecidos por sermos os melhores do mundo num sistema equilibrado. Se estiver interessado em porcos soltos, não temos esse sistema. Mas temos muitos profissionais com nível Ph.D., muitos especialistas.

"Ph.D", no "executivês" da Carolina do Norte, é sinônimo de "oráculo", um ser que tudo sabe. Espera-se que uma mera menção a "Ph.D." gere silêncio, um cerrar de sobrancelhas e um constante sinal de concordância com a cabeça.

"Essa empresa e a Smithfield como um todo estão abertas à mudança, dispostas a ela, mas acho que devemos sempre ter em mente que criamos animais e os processamos para o lucro. Temos acionistas. Trata-se de um negócio direcionado pelo cliente", diz Godwin, e continua:

E o cliente diz: "Quero consistência. Quero continuidade. Quero saber de onde vem a carne." A segurança alimentar é uma questão. E as pessoas estão dizendo isso mesmo – os japoneses já fazem isso –, todos dão uma enorme ênfase a "Eu quero saber sobre o animal, desde o dia em que nasce, como é criado e como a fêmea é tratada", todos os passos da cadeia até que chegue à loja. Assim, eu posso dizer à pessoa que compra: "Foi tal e tal coisa que o alimentou, foi assim que aconteceu e é desse jeito que cuidamos dele." (...)

Todo mundo hoje... – nem todo mundo, mas há um movimento que diz, "ah, não gostamos da chamada pecuária industrial". E eu lhe digo, não é isso tudo. A maior parte de nossa produção é feita na pecuária familiar, que são cultivadores-parceiros. Somos questionados sobre a capacidade de rastrear, para fazer isso tudo e ainda ter consistência, temos de ter certeza de que não há excesso de medicação. Tudo isso (...) tem sido solicitado, mas ainda assim todo mundo quer que isso seja feito em apenas uma fazenda sem consistência ou continuidade. Não dá para ter um grupo de porcos, de uma fazenda familiar, vinte porcos por semana levados ao abatedouro de milhares de lugares e ainda assim ter consistência. Então é um negócio voltado para o consumidor, para o cliente, com as demandas levadas às pessoas que criam e processam o produto, mas, mesmo assim, o pessoal quer que seja executado de maneira diferente. As duas opções não são compatíveis na economia de hoje.

Godwin diz também que é um negócio "voltado para a ciência" e que "não estamos criando animais de estimação. Estamos criando animais para o lucro". Mas tudo, garante ele, é feito com base científica. "Não é emocionalmente direcionado. Temos um negócio. (...) As melhores instituições do mundo – não apenas nos Estados Unidos, mas no mundo – disseram isso. Quer dizer, não inventamos esse sistema." Ele argumenta que não são fazendeiros que nunca estiveram na escola e que um dia disseram: "Ah, queremos amontoar todos esses animais num espaço pequeno." E que esse é o planejamento de um grupo de pessoas que estudou e disse: "Essa é a melhor maneira de tratar, lidar e cuidar desses animais."

Quer dizer, não tem como, se você quer olhar para um animal do nosso sistema, se analisar para como são abrigados, você vai dizer: "Oh, meu Deus, isso é terrível." Bem, o fato é que, para esse animal, talvez não seja mau. Parece que esse animal vive mais, é mais próspero, está bem. Seu conforto está lá. Se tirá-los... Posso dizer que o mais cruel a fazer com os animais no verão da Carolina do Norte seria tirá-los de lá, no inverno de Minnesota também, [seria cruel] deixá-los do lado de fora. Se quiser vê-los morrer, então tente isso. (...)
Quer dizer, coloque-os para fora, eles meio que se escarafuncham na lama. E no verão, por aqui, os animais que ficam do lado de fora podem levar mordidas de mosquito. Nossos bichos não têm isso. Quer dizer, não temos esse tipo de coisa. As pessoas tendem a esquecer isso porque estão do lado de fora e podem andar por aí, mas aí fora pode não ser ambiente para os animais. Perdem-se porcos, eles congelam no inverno. Mesmo aqui eles têm frio. Sabe a ideia de ter as fêmeas em chiqueiros, todo mundo diz: "Ah, parece horrível." Mas há um motivo para isso. É o equilíbrio. O equilíbrio.

DAS MINHAS NECESSIDADES

Agora, para mantê-los do lado de dentro, há uma maneira de fazer isso. O sistema que temos hoje não foi inventado pela Smithfield ou suas empresas. São estudos que se desenvolveram com o tempo nas universidades, baseados em ciência e que dizem: "Essa é a maneira certa de fazer isso." Agora, se progredirmos e se houver uma maneira diferente e melhor, eu lhe digo, essa empresa está aberta a considerações. Quero dizer, não é o que queremos, há uma ideia errada de que, se as pessoas cuidam de operações de grande escala de animais, elas automaticamente querem maltratá-los. Não é o caso, posso te assegurar. É o oposto, aliás.

Ou seja, os animais das fazendas industriais não estão sofrendo, e a Smithfield não é culpada pelo sofrimento deles. É culpa dos consumidores, dos acionistas, da economia, da competição, dos japoneses, dos cientistas, do clima, dos mosquitos. A miséria dos animais dessas fazendas industriais é culpa de todos, exceto dos donos dos animais, que controlam as fazendas.

Questionei a dra. Temple Grandin, uma vez que ela entende a pecuária atual e que a Smithfield a contratou como consultora. Ela aconselhou espaço extra para que os animais pudessem se virar, "objetos macios e dobráveis" para mastigar e brinquedos com que brincar. Ela também é Ph.D. Mas, ao que parece, a Smithfield não colocou nenhuma de suas recomendações em prática.

Godwin diz que a dra. Temple é "uma pessoa que pagamos" para dizer como melhor lidar com os animais. "Procuramos por esses conselhos. Pagamos a essas pessoas."

É isso mesmo. Eles pagam a consultores sobre bem-estar animal para dizer que pagam a consultores sobre bem-estar animal, ainda que não deem a menor atenção às recomendações.

Depende do seu ponto de vista. Se você é completamente contra qualquer consumo de carne, então nem eu nem ninguém jamais o convencerá de que criar porcos do jeito que a gente cria é a maneira apropriada de fazer isso. Mas se quiser saber sobre equilíbrio, verá a economia do sistema – com os aspectos da segurança alimentar apropriada, a

DOMÍNIO

consistência e a qualidade, a carne magra, o aspecto saudável, tudo passível de ser rastreado, identificado, e como cuidamos dos animais e nos asseguramos de que eles sejam bem alimentados e tenham água. Nós controlamos a temperatura, o clima, nós controlamos o aquecimento para os porcos bebês, mudamos a dieta dos porcos nove vezes ao longo desse regime. (...) Então vou lhe dizer que, em termos de equilíbrio, temos um grande sistema. Mas se seu único propósito é o bem-estar animal, então nosso sistema não deve satisfazê-lo. (...) Os porcos se chateiam. E Temple Grandin e outros podem te falar disso, bem, você precisa dar algo a eles para brincarem. Então o que você faz? Pega um pedaço de corrente e coloca na frente deles para que a alcancem e brinquem com ele. É o que fazem para ocupar seu tempo. Quer dizer, parece meio seco para você e para mim, mas acho que as pessoas que parecem saber mais do que eu e você, gente que estudou o assunto, elas dizem que é o caminho certo para se livrar da chateação e ocupá-los. Não é diferente de deixá-los sair para morderem uma árvore.

Daí ele parte para uma descrição animada de projetos científicos para fazer "grande sistema" ainda maior. Para controlar o "gene do estresse", a Smithfield contratou uma firma de biotecnologia, a ProLinia, da Universidade da Geórgia, que vai preparar clones para a maior das consistências. A não ser que algum ato de Deus ou alguma lei pare isso tudo, os códigos da vida estarão para sempre nas mãos de homens que podem lhe dizer, na maior cara dura, que o confinamento significa conforto para os animais, que sofrimento é contentamento e que correntes em jaulas são brinquedos.

O sr. Godwin sai meio atabalhoado para fazer algumas ligações e volta com a notícia de que ninguém estará disponível para me conduzir por Tar Heel. Digo a ele que se eu administrasse um lugar como aquele, também não deixaria ninguém entrar lá.

Eles vêm de noite, quando os porcos dormem. Movem-se rapidamente, gritando, espetando e batendo nas criaturas para que entrem nos caminhões. Às vezes, tocam música country, conta-me o sr. Godwin, para lhes trazer algum conforto quando chegam ao matadouro industrial, recebidos por homens com capacete de obra e galochas especiais, que os aguardam no fim da rampa que desce do caminhão. Uma semana antes do abate, os antibióticos são suspensos. Então muitos dos animais que chegam em Tar Heel estão com pneumonia. Tremendo e se balançando, perdem o controle do esfíncter, e excrementos no chão têm de ser constantemente lavados. Em 2000, Daniel Barboza, repórter do *New York Times*, esteve por aqui e descreveu:

> Porcos berram na área estreita por onde passam antes de serem eletrocutados, esfaqueados na jugular, depois amarrados levantados e levados por um caminho sinuoso nas instalações industriais. São mergulhados em água escaldante, seus pelos são retirados, passam por uma fornalha (para queimar pelo residual), então são estripados por um exército de trabalhadores jovens, em geral formado por imigrantes.[34]

Os operários que eletrocutam, cortam e perfuram usam protetores de ouvido para diminuir o incômodo dos gritos. Pode-se imaginar como é trabalhar lá ao se saber da taxa de rotação no emprego, que é de 100%, segundo Charlie LeDuff, outro repórter do NYT, que trabalhou nesse lugar no verão de 2000. "Abater porcos é um trabalho repetitivo e bruto. (...) Todo ano, 5 mil pessoas saem do emprego e 5 mil pessoas são contratadas. É comum dizerem: 'Não se matam porcos lá, matam-se pessoas.'"[35]

Contam os repórteres que os recrutadores da Smithfield "buscam nas ruas das comunidades imigrantes nova-iorquinas (...) e a notícia chega ao México e além. A companhia procura até criminosos. Muitos do turno da manhã eram presidiários liberados apenas para o trabalho, usavam uniformes verdes e eram levados da prisão municipal para lá e vice-versa diariamente."[36] A reportagem cita um empregado, de uma prisão próxima, que entendeu o espírito da coisa em um ou dois dias de trabalho: "Cara, isso não pode ser à vera. Isso é trabalho para uma mula. Te tratam feito um animal."[37] Nos relatos do sr. LeDuff, o interior da fábrica "fede a suor de animais apavorados, a vapor e sangue".

O trabalho no andar do abate é quente, rápido e sangrento. O porco é tocado para a frente desde o pátio de gado, então é atingido com armas de choque. É levantado por uma correia, fica tonto mas não morto, e passa por um grupo de homens com rostos sem expressão e que o aguarda vestindo aventais manchados de sangue. Eles dão um corte no pescoço, amarram os membros posteriores e assistem à máquina levar a carcaça para adiante, deixando que a vida escorra violentamente em fluxos roxos até uma bacia coletora de onde sai fumaça.[38]

As 16 mil mortes por turno em Tar Heel significam 2 mil por hora ou 33 por minuto, tudo feito por trabalhadores não qualificados e que não ficarão lá por muito tempo. Dessa forma acontecem erros. Gail Eisnitz, da Associação de Pecuária Humanizada, foi a Tar Heel para fazer pesquisa para seu livro, *Slaughterhouse* (Abatedouro), de 1997. Ela também não conseguiu entrar, mas falou com alguns empregados desse e de outros matadouros industriais. "Já aconteceu de porcos não serem totalmente apagados?", perguntou ela a um camarada chamado Nathan Price, que trabalhava para a Carolina Foods.

"Acontece sempre", ri Price. "Porque para matar 16 mil porcos por turno, esses caras não vão conseguir deixar inconscientes todos eles de uma vez. Alguns porcos vêm chutando e se sacudindo como o diabo. "Os chutes são o único sinal de que não foram deixados completamente inconscientes?", perguntei.
"Também podem sair correndo. Veja, usam um eletrocutor de quatro pontas. Se você não acertar o porco direitinho, ele corre pela mesa, pelo chão."[39]

Nesse ponto, é de se esperar que algum instinto mais elevado leve-os de uma vez ao corte na garganta, para que escapem o mais cedo possível de um mundo que jamais lhes deu outra coisa que não sofrimento. Mas não. Os porcos ainda querem viver. Então, como explica o sr. Price, os animais têm de ser caçados e espancados. "Há espancamentos?" – pergunta Gail. "Todo o tempo. Se houver um porco mais teimoso que não

DAS MINHAS NECESSIDADES

queira ir, os empregados podem bater nele o quanto quiserem. Usam ferramentas de metal, tubos, qualquer coisa ao alcance das mãos."[40]

Os porcos são imobilizados e acorrentados vivos, descreve ele, são pendurados por braceletes nas patas e seguem na linha de produção. É comum também que não sejam mortos ainda e sigam se mexendo e se debatendo. Então são afundados vivos no tanque escaldante. Uma câmera escondida numa usina de abate em Iowa registrou a cena, porcos ainda gritando e chutando enquanto eram jogados na água fervente.[41]

Os erros acontecem com uma fração mínima do total de animais, garantem. Mas se todo ano são mortos 103 milhões de suínos, quanto representaria essa fração mínima? Suponhamos que 1%. Isso significa mais de um milhão de porcos por ano, ou 3.550 criaturas condenadas por dia (só *hoje*, por exemplo) a essa morte tão impiedosa. Não se pode considerar um erro. Cada vez que acontece, é algo previsível e uma consequência necessária num sistema planejado deliberadamente para operar nesse ritmo.

Enquanto isso, por ano, são mortos 38 milhões de bois, vacas e bezerros nos Estados Unidos. Há dez anos, um matadouro típico operava com cinquenta abates por hora. Hoje, nos mais novos, são trezentos a quatrocentos por hora.[42] São os mesmos imigrantes que estão nesses lugares, com taxas de não renovação de contrato semelhantes e problemas idênticos na produção. Como contou Martin Fuentes, operário da IBP, ao repórter Joby Warrick, do *Washington Post*, "a linha [de produção] nunca para simplesmente porque o animal está vivo."[43]

Warrick, ex-repórter do *Raleigh News & Observer*, também falou com Ramon Moreno, empregado de um abatedouro no estado de Washington, cujo trabalho é decepar as patas do gado que passa na linha a um ritmo de trezentos por hora. Ao chegar nele, os bois já deveriam estar mortos, mas muitas vezes não estão, como conta o sr. Moreno: "Eles piscam. Fazem barulhos. As cabeças se mexem, com os olhos abertos, ainda olhando em volta. Morrem pedaço a pedaço."[44]

Um porta-voz da IBP que viu vídeos do gado sendo processado vivo e consciente disse que se tratava de uma "aberração", sugerindo que as

DOMÍNIO

cenas foram encenadas por "ativistas tentando levantar fundos e promover sua causa". Mas se os ativistas radicais estão produzindo essas cenas, a conspiração é imensa, está em toda a parte. Outro jornalista a trabalhar disfarçado, Larry Gallagher foi empregado numa típica fábrica de processamento de bifes do Meio-Oeste em 1996. Descreve brigas diárias de animais depois da primeira "pancada", pendurados pelas pernas por minutos em linhas de produção, urrando e tentando dar coices.

O "batedor", como é conhecido, fica na plataforma segurando uma arma pneumática, parece um grampeador gigante. O gado se afunila por currais até que haja uma fila de um atrás do outro, em cima de uma esteira. Quando surge a cabeça do animal no andar de abate, ela é recebida com um estouro da arma, que atira um pino de aço na testa, chocando-o numa explosão única e mecânica. "Chocado" é o termo apropriado para descrever a expressão do animal: olhos e boca abertos, língua para fora e dentes batendo na língua – uma expressão que, se estivesse em um ser humano, levaria alguém a perguntar: "Como se chegou a isso?" Uma piedade empática àquele olhar me capturou de surpresa. Pensei que algumas semanas de cortes de intestinos tivessem entorpecido meus sentimentos. Sei que estou antropomorfizando, mas ainda tenho que morder minha própria língua para evitar que lágrimas rolem.[45]

Em outros cantos dos Estados Unidos, 250 milhões de perus são processados por ano, além de pelo menos 8 bilhões de frangos, o que significa mais de 15 mil cabeças decapitadas a cada minuto do relógio. Pode-se pensar nos deslizes nesse ritmo também. Pode-se perceber o quão desprovida de sentimentos humanos essa indústria se tornou no julgamento de um caso no condado de Warren, Nova Jersey, no outono de 2000. A ISE America, empresa do setor aviário, foi condenada por crueldade ao jogar no lixo frangos vivos. A empresa apelou e reverteu a situação, baseada no fato de que só tinha seis empregados para cuidar de 1,2 milhão de galinhas (ISE, que fique claro, é a sigla de International Standard of Excellence, Padrão Internacional de Qualidade) e

DAS MINHAS NECESSIDADES

que era impossível provar que com um trabalhador para cada 200 mil aves algum deles estaria ciente das que morriam nas latas de lixo. A defesa inicial da companhia, diante do juiz Joseph Steinhardt, feita pelo advogado Kevin M. Hahn, argumentava que era exatamente isso que aqueles frangos eram: lixo.

> SR. HAHN: Sustentamos, Vossa Excelência, que meu cliente está claramente em cumprimento [da lei]. É claramente uma fazenda comercial. E claramente o manejo de galinhas e como as galinhas são descartadas recaem sobre as práticas de manejo agropecuário de meu cliente. E tivemos... tivemos esse assunto debatido anteriormente nesse condado, sobre meu cliente e como ele lida com os dejetos. (...)
>
> CORTE: Não há uma grande diferença entre dejetos e animais vivos?
>
> SR. HAHN: Não, Vossa Excelência. Porque o Right to Farm Act (Lei do Direito de Exploração Agrícola) nos protege nessas operações de nossas fazendas e em todas as práticas de manejo agrícola realizadas em nossas fazendas.[46]

Aqui, pelo menos, há alguém honesto, declarando com todas as letras a ética a que chegamos e que aceitamos nessa prática.

Não posso dizer que tenha realmente lamentado me impedirem de ir a Tar Heel. Ver o local de fora já foi suficiente para mim, caminhões e mais caminhões, uns atrás dos outros, saindo com carne fresca. Mesmo que você não tenha a menor ideia de onde está, sentirá que algo mau acontece ali. O clima do lugar, seu tamanho e toda essa movimentação tarde da noite dá vontade de fugir.

A entrega pós-abate deveria ser minuciosamente calibrada para os caminhões não pararem até chegar à rampa nos fundos do abatedouro, voltada para o rio Cape Fear. É como a parte de trás de um supermercado, onde estão latões e plataformas, com a própria instalação servindo para murar o que acontece ali. Mas essa noite a fila é longa, então os caminhões esperam sua vez. Centenas de olhos espiam por entre as grades, olhando a mim, ao abatedouro, aos outros caminhões e olhos. Há fila por conta da Páscoa, que no Sul significa comer tender.

DOMÍNIO

E todo esse presunto, depois de defumado e tratado, deve estar pronto quando as pessoas se reunirem em torno de mesas para celebrar a esperança no mundo.

Depois de sair desse lugar sente-se uma solidão terrível. É uma cena de abandono. Thomas Hardy em *Judas, o obscuro* descreve os últimos momentos de um porco que Judas e sua mulher Arabella mataram, e como, depois da luta, "o choro do animal moribundo chegou a um terceiro tom, final, o berro de agonia; seus olhos petrificados estavam vidrados em Arabella, com a repreensão afiada e eloquente de uma criatura que reconhece, enfim, a traição daqueles que lhe pareciam amigos".[47] Agora, alguém diria, não há mais surpresa porque não há mais bondade. A traição começa no dia em que os bichos nascem. Desde o início, sentem que estão nas mãos do inimigo. Nenhuma criatura de fazenda industrial segue para a morte sentindo-se traída por amigos.

7. A natureza e o Deus da Natureza

A mentalidade do presente, talvez mais do que a das pessoas no passado, parece oposta à clemência de Deus e, de fato, parece excluir da vida e remover do coração humano a própria ideia de misericórdia. O mundo e o conceito de "clemência" deixam o homem desconfortável – homem que graças ao desenvolvimento da ciência e da tecnologia, sem precedentes na história, tornou-se senhor da Terra e a subjugou e dominou. Esse domínio sobre a Terra, muitas vezes compreendido de uma maneira unilateral e superficial, parece não deixar lugar para a misericórdia.[1]

PAPA JOÃO PAULO II, A MISERICÓRDIA DIVINA

Sobre os direitos dos animais, confesso que não me importa a mínima se há qualquer doutrina ou teoria formal que possa analisar a questão. Há momentos em que doutrinas não são necessárias. Nem mesmo direitos são relevantes quando a vida requer respostas básicas de sentimento, misericórdia e amor.

Não é preciso um filósofo utilitarista para fazer contas de sofrimento quando se dá uma volta em um lugar como a Fazenda 2149. Nenhuma adição ou subtração vai determinar que vidas têm ou não têm valor. Também não há necessidade de um filósofo contratualista para definir um "objeto apropriado de empatia", nem de cientistas comportamentais ou cognitivos para distinguir quais dores são "reais". Tampouco preciso de ecologistas evolutivos ou de qualquer outro modismo para me explicar as demandas duras e sem remorso da seleção natural, nem são necessários conselhos de teólogos sobre onde conceder e onde suspender a misericórdia. Diante do desprezo e mesmo de toda destruição da vida, qualquer tentativa de justificá-los me parece papo furado, desculpas esfarrapadas que não apagam a dimensão da desigualdade, das presunções malignas e de todo o pesar envolvido.

Apenas os que vivem na cidade, alertam-nos, se preocupam com tal situação. E isso porque estão distantes e estranham a dura realidade da natureza. Mas essa realidade em particular não faz parte dos desígnios da natureza, e em cada canto de uma fazenda industrial a natureza dos animais é menosprezada. O mundo natural tem certamente suas próprias durezas, mas também suas amenidades, como palha e espaço para dormir, ou o cuidado de uma mãe com seus filhotes. Quando retiramos até esse mínimo, estamos abafando a vocação mais essencial dessas criaturas e a caridade em nossos corações.

Porcos, carneiros, frangos e vacas não são peças de maquinário, não interessa o quão eficiente em termos de custos esse tratamento pode ser. Maquinário não chora, não sente medo nem solidão. Quando a humanidade os trata assim, talvez ela também possa ser considerada uma máquina; algo morreu nela. E algo está perdido numa sociedade que, conduzida em tal ritmo e tendência, recompensa e enriquece esse tipo de gente.

Se não fossem os grupos de defesa dos direitos dos animais, tudo passaria completamente despercebido, a não ser pelos economistas que louvariam os fazendeiros industriais como bases do progresso, analistas que recomendariam tais práticas como investimentos inteligentes, representantes comerciais que exportariam as mercadorias e grupos ambientalistas ou de consumidores preocupados apenas com a qualidade da água. Quem se manifestaria pelas criaturas? Temidos pelas verdades que falam, os militantes de direitos dos animais não merecem nossa zombaria. Acima de tudo, são dignos de nossa admiração e nosso agradecimento. Há vezes em que o mais corajoso é aquele que declara o óbvio, e é isso o que eles estão fazendo quando nos dizem que tratar animais desse jeito é cruel, repugnante e injustificável.

A NATUREZA E O DEUS DA NATUREZA

Alguém comentando o assunto na imprensa e minimizando a questão dos direitos dos animais nas fazendas disse que "nós não precisamos de um proletariado zoológico".[2] A resposta óbvia é a de que tampouco precisamos de *gulags* zoológicos.

MALES NECESSÁRIOS

É de padrões que precisamos. Linhas claras e definidas, por cima das quais ninguém passará. Chamar tais proibições de "direitos" que os animais têm pode se tornar algo um tanto teórico e, com isso, nos desviar de deveres já de comum acordo. Ainda assim, a primeira questão a se notar é como a existência das fazendas industriais e nossa aceitação delas impedem que haja qualquer padrão.

As fazendas industriais não significam apenas carnificina. São uma completa negação do animal na condição de ser vivo com suas próprias necessidades e natureza. Não são o pior mal de que somos capazes, mas são o pior mal que fazemos aos bichos. Fazem com que nos confrontemos com uma condenação equivalente à que Abraham Lincoln deu da escravidão: "Se a escravidão não está errada, nada está errado."[3]

Nada do que eu tenha descrito neste livro – elefantes emboscados em charcos da savana, macaquinhos bebês tirados de suas mães e comidos vivos, golfinhos presos em armadilhas e golpeados até a morte – é pior do que nossa tolerância a essas fazendas industriais. Talvez você partilhe minha opinião em relação a essas pessoas e as ache cruéis e passíveis de repreensão. Mas elas têm uma resposta pronta: "Você come *carne*, não come?"

E se você compra e come carne de fazenda industrial, não terá como retrucar racionalmente. A cada nova proposta de aliviar ou de acabar com uma ou outra forma de crueldade, o outro lado pode sempre apontar nossas fazendas e perguntar por que não acabamos com elas também. "Deixem-nos com nossas baleias e nós os deixaremos com seu McDonald's e suas costeletas de porco", dirão os baleeiros. E eles

DOMINIO

têm um bom argumento. Se você pode ter suas delícias favoritas vindas de fazendas industriais, por que outros não podem ter as deles? Por que não podem ter sua carne de baleia, seus suportes de galhadas, seu marfim, seus casacos de pele, cérebros de macaco ou seja lá o que for? Com que base moral condenamos essas práticas?

A única diferença entre animais selvagens e aqueles nascidos e criados apenas para nosso uso realmente favorece os assassinos. Suas presas pelo menos desfrutaram de alguma liberdade. Suas vítimas não foram subvertidas a uma vida de dor incessante e privações. E eles, pelo menos, estavam dispostos ao trabalho por espontânea vontade.

Para defender nossas experiências laboratoriais, reivindicamos que elas se justificam por um bem maior e vital. Para defender o massacre à vida selvagem, fala-se em interesses humanos importantíssimos. E acima disso tudo, os maiores sofrimentos que infligimos são para conseguir carne de porco, de vitela, entre tantas outras. Como sermos levados a sério, se agimos do mesmo modo quando se trata de nossas demandas? Temos o que num embate legal chamam de problema de credibilidade, trazendo dúvidas quanto à integridade e a boa-fé.

Tanto a crueldade quanto a misericórdia têm sua lógica. Nos dois casos, as fazendas colocam em questão princípios básicos. A lógica foi bem demonstrada por William F. Buckley, em uma coluna de jornal em 1998 sobre a caça a raposas. Se a prática fosse proibida, ele perguntava a um amigo inglês, o que viria depois?

"Reivindicarão em seguida banir o tiro a pássaros?" [perguntei]
Ele pensa que seria inevitável. Por que proteger raposas e não pássaros?
Inclinou-se e falou num tom que sugeria: "Que isso não saia daqui." E me perguntou se eu já tinha visto uma operação de abatedouro. Não, falei, mas na juventude li *The Jungle* (A Selva), de Upton Sinclair, o primeiro livro americano de denúncia do século XX, que relatava o terrível fim de bois e vacas num matadouro de Chicago.
"Bem, quando eles perceberem o que acontece nos abatedouros, haverá um movimento sério contra comer carne."[4]

A NATUREZA E O DEUS DA NATUREZA

O argumento absolutamente razoável desse inglês é que nada do que é feito com raposas pode ser pior do que é feito pela nossa carne, que muitos dos manifestantes contra a caça provavelmente comem carne e que, portanto, parece ridiculamente bobo ficar tão chateado com algo tão pequeno quanto caçar raposas – ou criar animais para pele ou vivissecção, touradas, rodeios e tudo mais. Ao mesmo tempo, ele reconhece que, se presenciássemos as práticas das fazendas industriais, nós mesmos desejaríamos abrir mão da carne.

Há muito tempo pessoas falam isso em relação a abatedouros, o lugar exato da matança, mas apenas na nossa época é que se começou a falar da fazenda toda, ou de cada estágio dela, do nascimento à morte. Podemos agora parar de sussurrar a respeito e começar a agir, ou ainda, como o amigo do sr. Buckley, assumir que o mundo é assim mesmo, que não há nada a fazer e que o melhor é esquecer o assunto e esperar que ninguém mais note.

Mas onde essa sabedoria mundana nos leva? Ela nos deixa com uma troca de olhares silenciosos e comprometidos com as barbaridades que fogem da vista e nos impedem de julgar a conduta dos outros porque não estamos dispostos a julgar a nossa. E o mais triste de tudo: ela nos torna inúteis. As pessoas com alguma decência e humanidade acabam ficando silenciosas como animais, e seu mundo cai aos pés dos maus e despreocupados.

O padrão passa a ser o que há de pior. A tolerância às fazendas industriais dita a tolerância a praticamente tudo, baixando cada vez mais o nível ético. Depois de um tempo, a capacidade de criticar fica fraca e passa-se a justificar a crueldade – são novos "males necessários", permitidos e mesmo defendidos apenas porque ainda existem os antigos. Não se pode questionar seriamente a caça à raposa sem questionar o hobby de atirar em pássaros, o que nos levaria a questionar outros esportes sangrentos. E não dá para se perguntar sobre a caça, praticada por uma pequena fração da sociedade, porque isso levaria a questionar as fazendas industriais. Fica impossível analisar seriamente qualquer coisa porque não estamos pensando com seriedade em nada.

DOMÍNIO

Alguns anos atrás, na África do Sul, fazendeiros corporativos e outros homens de negócios sonharam com um "abatedor de primatas", que está em construção. Macacos serão capturados, engaiolados, transportados ao matadouro, colocados numa esteira de produção, apagados, mortos e estripados. (Imagine a visão e o som disso!) Tudo faz sentido, como explica o porta-voz da Warmbaths Development Initiative. Sem falar, é claro, nas importantes vantagens de "conservação":

> Os executivos defendem que animais devem ser capturados em armadilhas e abatidos, e que sua carne deve ser enlatada para venda na região oeste e centro-africana – onde essa prática pode prevenir a morte e ingestão de gorilas, chimpanzés e outros primatas ameaçados de extinção – ou ainda defumada para venda na Europa Ocidental. O grupo ainda acredita que a genitália dos animais possa ser vendida na Ásia como afrodisíaco da medicina tradicional.[5]

Por que não? Por que não começar a retalhar e comer macacos? Uma vez aceita, a lógica das fazendas industriais não tem limite. Cada argumento que se ouve em defesa de outras crueldades cabe aqui. Isso ajudará a conservar primatas, a manter o "estoque". Precisamos de incentivos para mantê-los vivos, apenas um pequeno bônus por todo o bem que fazemos. Também os primatas devem pagar por si mesmos. De um jeito ou de outro, chimpanzés, orangotangos e mesmo gorilas seriam capturados por caçadores clandestinos, que todo ano já enviam ilegalmente, apenas para a Grã-Bretanha, milhares de toneladas de carne de primata.[6] Por que não fazer tudo de modo mais ordeiro e lucrativo em fazendas de primatas?

Para muitos ocidentais, vai ser necessário se acostumar à ideia. Mas é difícil objetá-la. Podemos não gostar do pensamento e sentir que as criaturas não deviam ser tratadas dessa maneira, mas somos aconselhados a guardar conosco essas opiniões. Podemos dizer aos consumidores europeus desse tipo de carne que são inconsequentes e decadentes, que cedem a desejos frívolos às custas de imensa crueldade. Mas quando foi que isso se tornou um padrão? Eles têm tradições e

A NATUREZA E O DEUS DA NATUREZA

preferências próprias. Gostam de sua carne de macaco. E quem são os clientes da Smithfield para quererem dar uma aula sobre as virtudes do comedimento?

Outro exemplo foi uma lei debatida há algum tempo no Congresso americano. Parece não haver nada no uso de animais pelos humanos que não tenha sido tentado, nenhuma degradação que não tenha sido explorada. E essa lei, proposta pelo deputado Elton Gallegly, um republicano da Califórnia, envolve algo tão vil que lhes pouparei dos detalhes além da descrição de outro apoiador, o deputado Bill McCollum, republicano da Flórida, em discurso de outubro de 1999:

> Em uma audiência sobre a lei no Subcomitê de Crimes (...), um promotor do estado da Califórnia e um delegado de polícia descreveram como souberam da crescente indústria de imagens de animais torturados. Na maior parte dos casos, eram vendidos vídeos em que mulheres de salto alto esmagavam devagar e sadicamente pequenos animais como hamsters e em alguns casos até gatos, cães e macacos.
> As testemunhas explicaram que esses vídeos, além de outras representações em áudio e imagem, voltavam-se para pessoas com fetiches sexuais muito específicos, que achavam esses retratos sexualmente estimulantes. (...)
> Ao longo (...) da audição, uma das testemunhas passou uma mostra dos vídeos. Nele, um pequeno animal era torturado até a morte. Vou dizer a meus colegas que todos na audiência tiveram dificuldade em olhar aquilo, e acredito que, em todo o meu tempo no Congresso, eu jamais tenha visto algo como aquela cena, algo tão repulsivo quanto o trecho do vídeo a que assisti.[7]

Na hora da decisão, 42 deputados votaram contra a lei que proibiria esses vídeos, inclusive o deputado pela Califórnia John Doolittle, membro do Safari Club International – mas é justo dizer que outro defensor do SCI, Collin Peterson, de Minnesota, votou pela proibição. Os opositores às leis de proibição falavam em "liberdade de expressão", como o deputado Bobby Scott, da Virgínia, que defendia que "direi-

DOMÍNIO

tos constitucionais fundamentais" estavam em risco, e que "filmes de animais sendo esmagados são comunicações sobre o ato retratado, e não o próprio ato".[8] Mas com 372 votos favoráveis à proibição, a lei foi aprovada, indo rapidamente ao Senado para ser promulgada em 9 de dezembro de 1999 pelo presidente Bill Clinton. O presidente lastimou a "crueldade perversa a animais" enquanto aconselhava o Departamento de Justiça a "interpretar amplamente" as exceções de liberdade de expressão da lei, diminuindo o risco de cercear a liberdade artística de alguém.[9] O resultado é o que segue:

Decrete-se o que o Senado e a Câmara dos Deputados do Congresso decidiram:
SEÇÃO I. PUNIÇÃO POR RETRATAR CRUELDADE COM ANIMAIS
(a) EM GERAL – Capítulo 3 do título 18, da Constituição dos Estados Unidos, ganha a seguinte emenda:
Seção 48. Imagens de Crueldade Animal
(A) CRIAÇÃO, VENDA OU POSSE – *Qualquer pessoa que crie, venda ou tenha imagens de crueldade com animal na intenção de colocá-las no comércio interestadual ou estrangeiro para ganhos comerciais deve receber uma multa por essa infração, ou prisão de no máximo cinco anos, ou os dois (...).*[10]

Quando falamos em direitos dos animais, na prática, estamos falando de proteções legais dentro de nossos poderes de permitir ou proibir, e é o que parece ser essa lei. O mundo moral foi derrotado? O radicalismo está à solta na sociedade? A Razão cambaleou em seu trono? Não, a lei foi promulgada afirmando que não se pode esmagar hamsters, ratos, macacos e filhotes por diversão ou lucro e, se você o fizer, vai para a cadeia.

Por que alguém se oporia a isso? Porque aqueles 42 deputados (em grande parte de estados rurais e do Oeste) sabem aonde isso pode chegar. Qualquer um hesitaria em colocar até o mais maníaco caçador de troféus na mesma categoria que um entusiasta de vídeos de esmagamento, mas teoricamente não há muita diferença entre esmagar e filmar um bichinho pela excitação disso e caçar, matar e filmar um animal maior pela excitação disso. Na dor infligida e nos prazeres alcançados não há uma grande distinção moral entre um ato agora ilegal e o que criou *With Deadly Intent, Double-Barreled Zambenzi Adventure*, entre outras imundices sádicas que vimos em Reno e que são vendidas legalmente.

Os temores em relação a possíveis ganhos no que diz respeito ao bem-estar animal fazem todo sentido: não se pode justificar o sofrimento dos animais em nossas mãos apenas pelo lucro, por nossos prazeres e preferências, e essa linha de raciocínio não para aqui. Questionar seriamente um "vídeo de esmagamento" leva ao questionamento de um vídeo de caçada esportiva, o que faz se perguntar sobre o próprio esporte e assim por diante, até chegarmos às nossas fazendas industriais.

Se considerarmos qualquer argumento que tenhamos ouvido para justificar a crueldade com animais, ele se aplica também aos vídeos do salto alto. "Os animais não têm direitos", argumentaria o filósofo britânico Roger Scruton, porque "somos nós os seres racionais existentes para a negociação e para o reconhecimento de deveres recíprocos. Uma criatura que não pode reconhecer direitos de outros não pode reivindicar direitos para si".[11] É tão óbvio que essas pequenas criaturas sendo literalmente pisadas por mera diversão não estão em posição de reclamar direitos para elas mesmas, que o argumento não ajuda em nada.

São necessários motivos econômicos para garantir a proteção legal de animais, conforme a argumentação de Stephen Budiansky. Precisamos "fazê-los pagar". Essa gente que faz e compra vídeos de esmagamento com certeza tem motivações econômicas. Definitivamente as criaturas das imagens estão pagando. Então a coisa termina em si mesma: pode ser defendida como um programa conservacionista de hamsters, chimpanzés ou filhotes de cachorro.

Sem falar que esse pessoal gosta de seus vídeos. A experiência lhes dá prazer, sensação de liberdade, talvez até seja "uma chance de ser menino de novo". E uma vez que o governo começar a se meter em suas brincadeiras, o que virá depois?

NÃO FARÁS

Para colocar cada coisa em seu lugar é preciso voltar à pergunta sobre que obrigações morais seguir diante do reconhecimento do sofrer animal. A ideia de que animais não experienciam dor física comparável à nossa "jamais satisfez qualquer pessoa que não tivesse algo a ganhar [com isso]", como observou Stephen R. L. Clark.[12] Essa hipótese deveria ser jogada fora como lixo de uma vez por todas. A vida dos animais sempre terá seu mistério, mas, no que concerne ao sofrimento, ela não é um "território desconhecido". A ciência confirmou a suspeita humana de que, num primeiro nível, é claro que animais sofrem, é claro que têm emoções e é claro que são conscientes.

Isso não é um sentimento. Não é uma declaração ideológica. Não é uma defesa nem uma negação de qualquer doutrina religiosa ou filosófica. É a declaração de um fato, uma realidade objetiva no que melhor podemos discernir dela. É um grande fato. Três séculos depois de Descartes comparar o choro de animais a "maquinário quebrado", ninguém mais pode dizer algo assim. Onde quer que alguém argumente ou aja segundo a hipótese de "apenas dor", está defendendo (e agindo segundo) uma inverdade.

Mas como passar do fato biológico "animais sofrem" para a afirmação moral "é errado causar sofrimento a animais"? Baseados em quais argumentos, podemos finalmente fazer reivindicações morais pela vida e os sentimentos dos bichos? Podemos chamar essas reivindicações de "direitos"? Ao examinar evidências científicas, ao menos estamos lidando com coisas mensuráveis e tangíveis, como o estresse, berros ou reflexos neurológicos. No nosso caso, estamos lidando com valores morais e nós, humanos, criamos bastante confusão quando se trata disso. Haverá esperança de, em algum momento, entrarmos em acordo sobre nossos valores morais para nossa conduta em relação a animais, assim como impô-los às leis de diferentes sociedades?

A questão fica mais complicada quando se pensa que, em termos abstratos, a maior parte das pessoas concordaria com a proposição "é errado causar sofrimento a animais". São as questões específicas que geram problemas porque, dependendo do caso, as pessoas colocam outros valores à frente do valor do animal, seja esse o valor que for. "É errado causar sofrimento a animais", dirão, a não ser quando outro valor pesa mais na balança. Para o fazendeiro corporativo, é o valor da comida na nutrição humana; para quem faz vivissecção, é o valor do conhecimento usado para aliviar o sofrimento humano; para os baleeiros, é o valor de sua subsistência e o que veem como um modo de vida bom e honroso.

Em geral, o que debatemos nesses casos não é o valor comparativo, as reivindicações morais de animais em contraposição às nossas. Usamos o mesmo método quando se trata do bem-estar humano, com a diferença de que, no fim das contas, estamos preparados para afirmar, em países com um sistema legal avançado, que o valor de uma vida humana inocente não pode ser negociado. Isso – mesmo com todas as nossas diferenças de credo, história e cultura –, ao menos em teoria, é tido como primordial na sociedade, e temos todos um vocabulário comum para defendê-lo. Quando se fala de injustiça, indecência ou maldade, quando se fala de misericórdia, piedade ou compaixão, essas palavras têm um significado que não depende de nossa filosofia moral ou de crença particular. Dizem respeito a padrões comuns que todos devemos compreender e aceitar, padrões sem os quais não podemos viver uma vida comum. Qualquer um pode evocá-los sem ter de explicar os mistérios últimos da vida. Sentimo-nos na obrigação de concordar com eles, mesmo que seja apenas porque a alternativa, o caos moral, é intolerável.

Mas sobre os animais, não há reivindicações de valor absoluto. Portanto, não temos padrões comuns e coerentes. No fim das contas, quando se pesam benefícios e interesses, não há nada para contrabalançar nossas demandas. Qualquer um com uma permissão apropriada pode vir e colocar no lado humano da balança o menor dos caprichos, um cabideiro de galhada, um investimento numa fazenda, um prato de sopa de baleias, petiscos saborosos no Salão Churchill, um novo xampu a ser testado nos olhos de coelhos em laboratórios e mesmo a "liberdade de expressão" dos vídeos de esmagamento de animais. Ao mesmo tempo, as humildes reivindicações para as criaturas estão espalhadas sem muito peso, o que só favorece os humanos. Por mais altivas que digamos serem nossas motivações, na prática não reconhecemos males intrínsecos, atos errados, não importa quem os cometa nem o por quê. Nossas leis sobre animais são um sistema de inconsistências, privilégios especiais e dispensas arbitrárias mais bem descritas como caprichos constitucionais. Diante das piores monstruosidades que a humanidade pode contemplar, quando se trata dos animais, não há proibições invioláveis, um "Não farás..." que leve o homem a recuar.

Há definições de crueldade no Ocidente e em sociedades de todo o mundo e é muito fácil esquecer o quão revolucionárias são essas leis. Em muitas épocas e em diversos lugares, os animais foram vistos como propriedade, e apenas propriedade. Mesmo a vida selvagem, que é vista como propriedade do Estado soberano em que está. Com leis como essas, que surgiram pela primeira vez na Inglaterra do século XIX e em Massachusetts na época colonial, veio a concessão moral decisiva que abriu caminho para o debate que travamos hoje.

Ao dar certa proteção a alguns animais, somos confrontados com a lógica de nossas leis, perturbados por conexões perfeitamente racionais entre atos aleatórios ou "perversos" de crueldade que a lei proibia e as crueldades institucionalizadas e sistemáticas que ainda permite: se um animal é protegido, por que não todos os outros? Se é cruel confinar e maltratar um cão, um gato ou mesmo um porquinho ou carneirinho de estimação, por que a situação quando fazemos essas coisas com milhões de animais igualmente sensíveis na Smithfield, IBP, ConAgra, entre outros? Quando falamos do rigor inevitável na produção de gado ou nas experiências de laboratório, quão rigorosamente estamos definindo "inevitável"? Por quais padrões racionais julgamos nossas próprias demandas sobre as criaturas e os benefícios que colocamos do nosso lado na balança moral?

Mesmo que continue o debate sobre se animais têm direitos próprios contra a crueldade humana, já admitimos isso, pelo menos com leis que proíbem a crueldade. Se alguém bate, negligencia, não alimenta ou abandona um cachorro que lhe pertença, não há base para punir essa pessoa a não ser o reconhecimento de alguma demanda moral por parte do cão. Este último ocupa duas categorias – a de propriedade, como se ele ou ela fosse apenas uma coisa, e a de sujeito legal, que pode ser a vítima de um delito ou mesmo, em 36 dos estados americanos, de um crime grave. O mesmo vale para os animais da fazenda, que são protegidos, ainda que apenas na condição de propriedade, como um trator ou uma debulhadora. Em outras condições, no entanto, impomos padrões mínimos que confirmam esse apelo moral na criação, no transporte e no abate. Vez por outra, quando há testemunhas ou provas em vídeo, processa-se quem praticou os atos, o que garante os padrões mínimos – como aconteceu em 1999 com o empregado de uma fazenda de leite na Flórida que puxou 13 bezerros recém-nascidos até uma fossa lamacenta e cheia d'água para matá-los a tiros enquanto eles se embolavam, se chutavam e esticavam seus pescoços na tentativa de respirar.[13] Mas com que frequência cenas como essas são filmadas?

O que debatemos hoje, de fato, é até onde podem ir racionalmente as reivindicações morais ou de direitos, e quando têm mais ou menos valor do que a reivindicação que nós fazemos. Os filósofos ainda trabalham bastante para produzir outras razões "indiretas" a proibir a crueldade, mas todo esse esforço de argumentação faz delas um tanto suspeitas. Se a crueldade é um erro, assume-se automaticamente que seja errada também com animais. Em alguns casos específicos, a lei age em nome das criaturas, como, por exemplo, quando testemunhamos um abuso. Dizemos que quem o cometeu estava sendo mau e injusto, que a criatura merecia algo melhor, que foi vitimizada e maltratada. Por que não dizer também que tinha o direito de ter um tratamento melhor?

Para resumir, quando se trata de nossos próprios interesses fundamentais, do nosso sofrimento, temos uma moral absoluta, mas quando são os animais que estão em jogo, somos relativistas, uma posição que ficou bem clara com os delegados baleeiros japoneses em Adelaide. Todos os padrões a direcionar nossos tratamentos com animais são relativos, insistiam, e o cuidado moral dispensado às baleias era apenas um preconceito cultural irracional. Tudo depende dos valores

DOMÍNIO

que levamos em consideração, como se sofrimento ou bem-estar, fossem uma questão de preferência. Como defende o professor Peter Carruthers, "é errado (em nossa cultura) causar sofrimento animal por razões triviais ou por prazeres sádicos".[14] Só é errado em nossa cultura, acredita ele, e portanto é uma questão da delicada sensibilidade humana, que acredita falsamente no sofrimento de uma dor consciente. Outras pessoas e culturas têm ideias diferentes, de modo que o que uma sociedade chama de sadismo é normal para outra; portanto, não passível de julgamento.

Para responder ao professor Carruthers, de modo muito simples: apesar de lidarmos com diferentes pessoas, culturas e padrões, a baleia é a mesma. Quando ela nada pelas águas japonesas, não assume uma natureza diferente, passando de um ser com apelo moral para uma não entidade moral cujo sofrimento individual ou a extinção coletiva de um momento para outro perde o significado. Moralmente, uma baleia ou é uma coisa ou é outra, e não algo que decidimos o que seja em um determinado momento e em uma determinada cultura.

Há erros cometidos contra seres humanos que hoje vemos como moralmente intoleráveis sob qualquer circunstância, não importando os costumes locais. Por exemplo, a escravidão, o *suttee* (a prática hindu de queimar viva a viúva na mesma pira do marido morto), a antiga amarração nos pés das japonesas para que ficassem pequenos, a circuncisão feminina, ou o que aprendemos a chamar no século passado de "crimes contra a humanidade", atrocidades que podem ser julgadas em tribunais internacionais, não importando as leis de cada país ou cultura. Mesmo se não dermos o mesmo valor do bem-estar humano ao bem-estar animal, ainda assim é da conduta humana que estamos falando, e não sei em que tábua sagrada estaria escrito que não se pode ter ao menos alguns padrões aceitos universalmente a respeito da conduta humana. Não há uma só cultura humana – e isso inclui a japonesa e certamente todas as culturas budistas – que não tenha algum conceito sobre crueldade com os animais. O próprio argumento japonês da "culpa coletiva" usado contra os críticos ocidentais admite padrões elementares ao demonstrar que o Japão não está sozinho

A NATUREZA E O DEUS DA NATUREZA

em desrespeitá-los. Afinal, *de que* somos todos culpados? Quando condenamos alguma crueldade com um bicho, não dizemos que é deseuropeia, desjaponesa. Nós dizemos que ela é desumana.

VERDADES EVIDENTES

Deixo as teorias para os teóricos. Mas vale perguntar com que autoridade e de onde tiramos os mais básicos padrões morais e proibições a guiar tanto o que chamamos de decência quanto as exigências mínimas da lei. Sobre que bases racionais fazemos as mais simples afirmações morais sobre nós mesmos – de que nossas próprias vidas têm valor, de que há determinadas coisas que não se deve nunca fazer a seres humanos, de que temos reivindicações, direitos e responsabilidades morais fundamentais, e que são os mesmos para todos? Sejam quais forem os direitos ou as reivindicações dos animais e seja lá quão diferentes são dos nossos, é razoável que venham da mesma fonte e pela mesma lógica dos nossos. Mas, afinal, de onde eles vêm?

Bem, existe a Bíblia, mas nem todos somos cristãos ou judeus, nem vivemos em teocracias. Os textos sagrados de outras crenças e tradições morais têm seus próprios direcionamentos a favor e contra determinadas práticas, mas todas dando uma versão da Regra de Ouro. De qualquer maneira, são também princípios religiosos, e nem todos temos vínculos com eles. Então temos uma boa quantidade de teorias atuais explicando a fonte da moralidade e dos direitos. São os "ismos" de hoje, desde o utilitarismo caro ao professor Singer até o contratualismo do professor Carruthers. O problema é que essas teorias são diferentes umas das outras e nenhuma delas havia sido elaborada quando as nossas tradições fundamentais de lei e de moralidade começaram a se formar.

Historicamente, a resposta rápida é que tiramos nossas crenças de igualdade e direitos humanos das tradições da lei natural. E há uma razão para a tradição sobreviver por tanto tempo e influenciar tantos de nossos teóricos: ela demarca uma visão da natureza dentro da nossa compreensão de mundo e nosso progresso moral dentro dessa compreensão – ou seja, é o vislumbre que permite todos os vislumbres. A lei natural não explica cada questão sobre a natureza nem resolve os dilemas morais, mas tem a grande virtude de nos dar preceitos sólidos com que começar. Ela propõe um conjunto de padrões não arbitrários e leis nas quais basear outros padrões e leis que criamos para nós mesmos.

Esse vislumbre crucial é o de que toda verdade moral vem da natureza das coisas, que ela é verdadeira em si mesma e acessível à razão em aspectos fundamentais. Todo ser tem uma natureza e é ela que define os derradeiros fins e benefícios para os quais existimos. Ao discernir esses propósitos, percebemos o que é aquele ser, o que ele pode fazer, o que deve fazer para se tornar completo e, assim, quais são seus interesses morais e como se pode buscá-los ou impedi-los. Subitamente nem tudo é arbitrário, e temos um ponto de referência fixo, uma base para chamar algo de bom ou mau. O que leva um ser à sua completude natural é bom; o que frustra ou perverte seu desenvolvimento natural é mau.

No nosso caso, como fomos lembrados pelos sábios ao longo dos tempos, o que nos diferencia é a razão e, em particular, a capacidade da razão em perceber a ordem moral a que pertencemos. Você e eu temos necessidades, desejos e capacidades diferentes, mas o que define nossa natureza é o poder de discernir os propósitos de nossas vidas e das vidas dos outros. É por isso que podemos, ao nos observarmos ou aos outros, quando sentimos um impulso ou desejo às custas da razão, dizer se aquilo é errado ou sem valor. É por isso que damos nomes aos erros: cobiça cobiçosa, preguiça preguiçosa e vício vicioso. Mas também às virtudes. Nenhuma dessas palavras teria sentido se não tivéssemos um padrão objetivo do que é um ser humano e do que deveria ser.

Diante disso, direitos naturais pressupõem padrões naturais, um bem para o qual cada direito é um meio necessário. Sem os direitos de propriedade, de liberdade de expressão, de liberdade de movimento, de associação, de culto ou o direito de não sofrer ameaças de violência, nós teríamos obstáculos no caminho para alcançar o que queremos para as vidas humanas, não poderíamos viver como seres humanos completos, alcançando as coisas de que precisamos e fazendo o que devemos.

Independentemente de doutrinas religiosas, ainda podemos falar de diferenças morais entre nós e os animais. O dito "É melhor um Sócrates insatisfeito do que um porco satisfeito" é verdade, e não é insulto algum ao porco. Nós, humanos, encontraremos a realização completa no bem moral, desenvolvendo nossa capacidade para a plenitude e praticando esse dom com os outros. Os suínos encontram sua felicidade em farejar comida, brincar e rolar na lama. A natureza lhes deu menos e requer menos deles. Para nós, ela deu mais e pede mais. A excelência humana é alcançada justamente quando o que nos faz animais é controlado pelo que nos faz humanos.

Vem também da natureza nossa compreensão de igualdade humana. Quando dizemos que somos iguais, o que estamos de fato dizendo é que somos o mesmo tipo de ser e que "a natureza nos jogou no mundo todos iguais e semelhantes", como disse John Adams.[15] As diferenças de gênero, raça ou de traços e capacidades específicos são contingenciais e não têm nada a ver com o âmago da natureza racional e moral que nos faz um tipo de criatura e não outra. Uma vez que temos todos a mesma natureza moral, devemos ter os mesmos propósitos morais e virtudes, e, portanto, os mesmos direitos naturais em relação aos meios de viver para esses propósitos e de buscar (de maneiras diferentes) essas virtudes.

Por mais antiquada que possa parecer a "lei natural", ela se mantém. E fornece as únicas bases racionais que conheço para dizer que uma coisa é melhor do que outra, sem recorrer a crenças religiosas, intuições ou construções teóricas. Tenhamos ou não ouvido o termo, a lei natural dá suporte formal para o senso comum da moralidade que evocamos quando falamos de algo como a mais pura verdade ou como totalmente errado, como bom ou mau, como justo ou injusto.

DOMÍNIO

Nos Estados Unidos, o que estamos nos referindo quando falamos em "direitos inalienáveis", "verdades autoevidentes" e "Leis da Natureza e Lei de Deus".

Os filósofos de hoje tendem a ver a ideia de lei natural como um obstáculo arcaico ao esclarecimento e ao progresso, porque nos obriga a definir determinadas coisas como pura e simplesmente verdadeiras, gostemos delas ou não. Mas foi essa ideia que conduziu a humanidade durante tanto tempo e por isso merece toda a nossa atenção. Esteja ou não a lei natural de acordo com as novas teorias de alguém, ainda assim ela é um princípio moral central da sociedade civil ocidental, da democracia, dos direitos e das proteções que todos reivindicamos para nós. A lei natural é mais revolucionária do que qualquer esquema de direitos concebido justamente por afirmar uma autoridade que está acima de nós e daquelas que nos governam.

A lei natural está simplesmente ali, uma lei e não uma teoria. Talvez sirva até de antiteoria, compreensão de propriedades naturais, aceitação de coisas importantes anteriores à tentativa do ser humano de intelectualizá-las e fazê-las suas. Ela nos força, pela razão, a perceber os propósitos e benefícios acima de nossos desejos e ordens, a considerar as fronteiras naturais e a respeitar e viver segundo uma ordem da qual fazemos parte, mas não somos o centro. Ela afirma o que alguns filósofos chamam de visão teleológica do universo moral com uma estrutura que se pode perceber, com direção e um propósito maior, acima dos nossos poderes de alteração ou de fuga. Nossas vidas têm um propósito, inscrito em nossa natureza. Somos definidos por nossa razão, não pelos anseios, paixões e preferências. Algumas declarações morais são verdadeiras, outras são falsas, e nós somos capazes de reconhecer a diferença entre elas.

Os mesmos pensadores que rejeitaram a ideia de lei natural têm demonstrado, um após o outro, o que acontece sem ela. O último deles foi o professor Singer. Se não houver lei acima de nossas leis, então nada tem valor em si mesmo e, assim, nada será inerentemente certo ou errado. Se não contamos com padrões acima dos ideais, das aspi-

A NATUREZA E O DEUS DA NATUREZA

rações e preferências do dia, nenhum princípio fixo permitiria falar de "leis injustas" quando os erros aparecem ou afirmar que os "direitos humanos" estão acima de quaisquer direitos de qualquer sociedade em que se viva. Se for assim, tudo depende do poder, e as proibições caem por terra.

Como apontaria o professor Singer, muitos dos teólogos e filósofos que moldaram nossas tradições da lei natural viam as criaturas naturalmente como escravas, como acreditava Santo Tomás de Aquino. Mas uma simples resposta é possível: Aristóteles e Santo Tomás de Aquino, entre outros, não sabiam tanto quanto nós sabemos sobre animais. Eles nos ajudaram a chegar ao entendimento que temos hoje dos direitos como reflexo da natureza das coisas, mas não entenderam completamente a natureza dos animais como seres capazes de pensamento e sentimento. Era um erro da prática, mas não um erro de princípios. E, uma vez corrigido, parece-me que a lei natural ainda é um guia razoável para entender tanto os animais quanto os próprios humanos.

Afinal de contas, eles têm sua natureza também, exatamente como podemos discernir o nosso próprio lugar e propósito para viver bem. Para os animais, não existe algo como o bem, como a dignidade, eles simplesmente são o que são e fazem o que fazem. Sentimos isso, creio, quando saímos de nossas abstrações e realmente testemunhamos a crueldade com os animais. Assim como o trecho de William Blake, "Um pisco-de-peito-ruivo em uma gaiola/ Define todo o céu em raiva", ao ver uma criatura maltratada sentimos que alguma coisa errada foi ignorada, alguma lei foi violada, mesmo que isso não conste nos estatutos locais.

O fato de animais não poderem entender tudo isso é irrelevante. Com que frequência em nossas vidas paramos para refletir sobre "o bem"? Na maior parte do tempo, nós apenas o experienciamos, com as bondades da vida e os propósitos naturais para os quais fomos feitos, ou com as dores e frustrações quando não conseguimos usufruir deles. E para aqueles de nós que podem ver o bem e identificá-lo, pode-se pensar em uma maneira simples para incluir em nossas leis os direitos de toda criatura sob nosso poder, para que tenham respeitada sua natureza e reconhecida sua dignidade de criatura viva. Longe de ter sido minha ideia, o ensinamento católico afirma essa regra: "Somos destinados a agir em relação a eles de maneira confortável para sua natureza."[16] E mesmo em nossa época secular é difícil lembrar de algum princípio moral cristão que seja tão completamente desrespeitado.

É tão simples quanto dizer que passarinhos foram feitos para voar e que, sendo assim, não devemos criá-los em gaiolas para libertá-los apenas diante do prazer de "gentis caçadores" lhes darem tiros. A natureza criou elefantes, girafas e rinocerontes para que vagassem pelas planícies, portanto não devemos atirar neles, empalhá-los e exibi-los em salões. Baleias e golfinhos, por sua vez, foram feitos para nadar nos mares, longe dos homens, logo, não devemos buscá-los com helicópteros, atacá-los e eletrocutá-los em navios-fábrica até que desapareçam das águas. A natureza fez ainda porquinhos, bezerros, cordeiros e aves para que sejam cuidados por suas mães, andem, comam e se misturem com seus pares, de modo que não temos nada que confiná-los, torturá-los e tratá-los como máquinas que nós mesmos inventamos.

A "natureza das coisas" é um padrão amplo demais, mas já é algo, e se for aplicado rigorosamente poderá nos auxiliar a evitar os piores males que infligimos às criaturas, como tentar fazer delas o que não são, com nossos programas genéticos monstruosos, ou escondê-las do mundo em prisões que chamamos de fazendas. Os padrões se restringem ainda mais quando viramos as costas para nós mesmos e para os bens que defendemos no nosso lado da balança moral, porque a crueldade não é apenas a negação da natureza do animal, mas uma traição nossa a eles. Se somos definidos por razão e moralidade, então razão e moralidade devem definir nossas escolhas, mesmo no que tange a animais. Quando as pessoas dizem, por exemplo, que gostam demais de vitela ou de cachorro-quente para abrirem mão disso e que, sim, a situação das fazendas é triste mas as coisas são assim mesmo, a razão ouve a voz da gula. Podemos dizer que o que nos faz humanos é exatamente a capacidade de entender que o sofrimento de um animal é mais importante do que o gosto de um petisco.

Do mesmo modo, quando o caçador aflora dentro de um pensador, caso de Roger Scruton em suas descrições da "hora do centauro" na morte, então devemos solicitar que, por favor, explique o valor moral da hora do centauro, e onde exatamente tais êxtases encaixam-se em seus próprios preceitos de que o ser humano deve prestar contas à razão e ao que chama de "lei moral". E se não se encaixam, ele deve abrir mão de seus prazeres, considerando que são desejos errados.

Se a lei natural é o que forma nossas leis e códigos morais, então também deveria instruir nossas leis e códigos morais concernentes aos animais. Suas perspectivas mais básicas e revolucionárias são as mesmas para tudo. Qualquer demanda moral nossa é feita simplesmente pelo que somos. Não somos nós, individualmente, que decidiremos a demanda moral dos bichos em relação a nós. O valor moral de cada criatura pertence a ela, saibamos qual é ou não. Pode ser um valor diferente do nosso, mas é uma realidade tanto quanto a nossa. Assim como nossos valores morais individuais não dependem da opinião dos outros, os valores morais deles não dependem do que pensamos deles. O valor é o que é.

Se somarmos a velha religião à lei natural, esta ainda se beneficia de ser afirmação de uma vida boa e cheia de propósito, em vez de um problema carcomido a ser resolvido ou do qual se escapar, como muitos filósofos contemporâneos a retratam. A lei natural enxerga cada vida como a dádiva que é, mesmo nos sofrimentos e tristezas; nenhum ser menosprezado, todos exatamente como devem ser. Ela ainda nos faz lembrar que a criação não é apenas um pano de fundo colorido para a ação humana e coloca nossas mentes na direção certa, ajudando--nos a nos unir a algo bom, permanente e infinitamente maior do que qualquer plano que possamos conceber ou ganho que possamos ter. Não é necessário ser budista para entender que "todos os seres buscam felicidade; então deixe que sua compaixão se estenda a todos". Nem é preciso ser católico ou ter qualquer fé para sentir, com o papa João Paulo II, "a alegria das criaturas":

> Deus, que, ao criá-las, viu que suas criaturas eram boas, é a fonte de alegria para todas elas, e acima de tudo para a humanidade. O Deus Criador parece dizer a toda a criação: "É bom que você exista." E sua

DOMÍNIO

alegria se espalha com a "boa-nova", segundo a qual *o que há de bom é maior do que tudo o que há de mau do mundo*. (...) A criação foi dada e confiada como dever à humanidade, representando não uma fonte de sofrimento, mas *a fundação de uma existência criativa no mundo*.[17]

Quando desaparece essa sensação de bondade na vida, o que resta é o "horrendo nada" que sentimos quando os animais da fazenda industrial são levados para fora às centenas de milhares para morrerem a tiros, queimados e jogados em covas. Seja lá por que motivo eles tenham sido produzidos pela natureza ou criados pelo Deus da Natureza, não foi para isso.

O TESTE DO ESPELHO

Deveríamos considerar importante que animais nos confrontem sempre com questões essenciais – sobre verdade e mentira, culpa e inocência, sobre Deus, a santidade e a alma –, forçando-nos a nos definir e a nossa relação com o mundo.

Neste livro, alguns capítulos atrás, fiz a pergunta: Os animais têm algum lugar e propósito no mundo além de sua utilidade para nós, têm algum valor inerente ou reivindicação de existência que honremos e respeitemos? É aqui que importa a questão dos direitos. E apesar de ciência e razão poderem estabelecer algumas fronteiras e definições para nós, eu não poderia responder completamente à questão, não mais do que Peter Singer ou qualquer outro pode. Isso está além da minha capacidade e do propósito do livro.

E o motivo disso é que não há como responder sem fazer alguma afirmação derradeira e arbitrária sobre nós mesmos, sobre o significado de nossa própria existência, nosso lugar e propósito no mundo, e isso apenas o Autor pode fornecer. Aqui, mais uma vez, devemos desconfiar de quem tem todas as respostas. É sábio dizer que "quem não conhece sua ignorância será guiado erroneamente por seu conhecimento". Quando filósofos, teólogos ou cientistas nos declaram que animais têm absolutamente o mesmo valor moral que homens, ou então que absolutamente não têm valor moral, que não devemos jamais usar animais, mesmo que cooperativa e humanamente, ou que devemos usá-los até onde for possível, em qualquer caso, eles estão dando passos maiores do que as pernas. Atribuem valores essenciais acima do conhecimento de qualquer um, entrando em regiões onde mesmo a lei natural e os vislumbres mais profundos do homem estão para a verdade soberana assim como os blocos de montar de um bebê estão para a linguagem. Quanto mais razão em nosso lidar com outras criaturas, maior deve ser o passo atrás. "O céu é alto demais para saber o que se passa lá; seja modestamente sábia", é o que o anjo Rafael aconselha a Eva no *Paraíso perdido*, de John Milton.[18]

É um conselho bem razoável para tratar da moralidade humana, e pode nos servir igualmente bem no tratamento de animais. Como quer que sejam os bichos, como quer que sejam julgados pelo Criador, sabemos que há algo neles que procura nossa atenção moral, algo que pode até fazer com que o cruel lamente suas crueldades. Sentimos uma conexão, uma camaradagem da origem comum e ainda assim tentamos rejeitá-la. Não poderemos jamais saber exatamente qual o status moral dessas criaturas até que tenhamos contemplado todo o nosso. Muitas vezes, quando descrevemos animais e os julgamos, estamos na verdade falando de nós mesmos, julgando o que significa ser humano.

Quando nos vemos como consumidores e conquistadores (algo que penso acontecer com muitas pessoas hoje), as criaturas são um espelho dessa visão. São apenas bens, recursos e unidades de produção a serem governadas pelas leis da oferta e procura. Esse é o tipo de atitude que requer saber afinal "o que há de tão especial com as baleias" – como se as baleias tivessem de ter algo a ver conosco, tivessem de nos servir, como se não bastasse elas serem criaturas gloriosas e inocentes. Essa visão ambiciosa da vida, que só vê coisas para comprar, vender e explorar, não termina aqui. Vivemos numa época em que se pode caminhar pelas ruas de uma cidade grande e ver pessoas se oferecendo em vitrines, também se pode consultar as páginas amarelas e pedir

DOMÍNIO

gente por telefone. É o mesmo raciocínio, que se espalha pelo mundo. E depois de um tempo, nada mais tem nada de mais – muito menos as baleias.

Igualmente, ao nos vermos como produtos de uma evolução cegamente amoral, como algum tipo de superpredador global, as criaturas serão o reflexo dessa visão, parecerão inimigos do progresso, simples presas a serem capturadas e usadas e que pagarão por si mesmas. O próprio Darwin, membro da Sociedade Real para Prevenção de Crueldade com Animais (sociedade protetora dos animais inglesa), tinha uma visão mais modesta e até empática em relação aos bichos, em geral descrevendo em cartas e diários sua capacidade para miséria e felicidade. Mas os evolucionistas de hoje só parecem se lembrar da parte da sobrevivência dos mais fortes, bem como muitos cristãos e judeus lembram apenas do ide e subjugai da Bíblia. Estranhamente, nas questões do bem-estar animal, fundamentalistas e evolucionistas falam uma língua comum, de poder, apropriação e consumo. Como escreve o sr. Budiansky, a preponderância humana no mundo sempre depende da "força do pensamento para matar".[19]

Quando nos vemos como seres soberanos, como acontece com o professor Singer, definidos em última instância por sermos sencientes, e não pela alma, definidos pela procura de prazer e pelo medo de dor, aqui também os animais serão um espelho – apelando como vítimas, tanto quanto nós, com reivindicações iguais a serem ouvidas num universo sem propósito, planejamento ou criador. Se pensarmos em nós mesmos como "seres autocriados", caso do sr. Scruton, inevitavelmente cada um de nossos caprichos parecerá um decreto divino, as criaturas a nosso redor, "seres genéricos" intercambiáveis, e o prazer que temos em matá-los, uma forma nobre e altiva de recreação.

Seja lá qual for nossa crença ou nossas perspectivas básicas de moralidade, quando nos vemos na condição de seres criados por Deus (que nos conhece, ama e que tem planos para nós), tendemos a enxergá-los. Enxergar seres inteiramente dependentes, assim como nós, feitos para propósitos que não sabemos, formados do mesmo pó e fadados à mesma morte. Quando esquecemos disso ao falarmos de animais e seus direitos, esquecemos da nossa dependência final e de nossa existência completamente contingente. A realidade é expressa com beleza por Felix Salten, no fim de *Bambi: a Life in the Woods* (Bambi: uma vida na floresta), quando o pai de Bambi o leva ao corpo de um caçador morto.

"Venha cá", disse o cervo mais velho, "não tenha medo." Estava estirado e com a cara limpa, pálida, virada para cima, Seu chapéu meio de lado na neve. Bambi, que não sabia nada sobre chapéus, pensou que Sua cabeça horrenda havia se partido ao meio. A camisa do caçador, aberta no pescoço, estava furada onde uma ferida se abria como uma boca pequena e vermelha. O sangue vazava lentamente; estava secando em Seu cabelo e em torno do seu nariz. Uma grande piscina de sangue derramava-se na neve, que derretia com o calor. "Podemos ficar bem perto d'Ele, não é perigoso", começou, suavemente, o mais velho.

Bambi olhou para baixo, para a forma prostrada e cujos membros e pele pareciam terríveis e misteriosos. Encarou os olhos mortos que também o encaravam levemente. Bambi não entedia nada. (...) "Você vê? Vê como Ele está aí estirado, morto, como um de nós? Ouça, Bambi, ele não é todo-poderoso, como dizem. Nem tudo que vive e cresce vem d'Ele. Não está acima de nós. É como eu e você. Tem os mesmos medos, as mesmas necessidades e sofre da mesma maneira. Pode ser morto, assim como nós, e então fica estirado no chão, indefeso, como você o vê agora."

Houve um silêncio.

"Você está me entendendo, Bambi?"

"Acho que sim", sussurrou o pequeno cervo.

"Então fale algo", mandou o mais velho.

Bambi estava inspirado e, tremendo, disse: "Há Outro, que está acima de nós todos, acima de nós e d'Ele."[20]

Talvez haja alguma verdade na ideia de que matar por esporte seja um ato de revolta contra a própria mortalidade, como se, por ter o poder da morte, esse detentor se defenderia e se esquivaria dela. Um catálogo de caçadores de arco e flecha insta: "A vida é curta. Faça caçadas para valer."[21] Mas é claro que no fim cada um de nós estará impotente diante do domínio da morte, tanto quanto a menor das criaturas que rasteja sobre a Terra. Sobrevivemos uns aos outros, mas não ao Criador. Diante d'Ele não temos direitos e nossa própria existência é um ato de generosidade. A maior parte dos ambientalistas, penso eu, partilha hoje dessa visão reverente, ainda que rejeitem uma linguagem religiosa tão explícita e que consideram pouco sofisticada.

Não há por que argumentar sobre detalhes do bem-estar animal quando as premissas básicas não estão absolutamente de acordo. Pode-se seguir com apelos chorosos ao sr. Budiansky por bondade com os animais, mas provavelmente não há muito por quê, ao menos em teoria; afinal, ele enxerga um universo governado pela força bruta e, com sua "aliança com o selvagem", articulou uma redefinição da compaixão humana como conquista humana. Ao mesmo tempo, ele poderia me acusar de viver uma fantasia infantil de gorjeios de pássaros e alegria de cordeiros, abençoando seu Criador e dando-Lhe glória, mas, mais uma vez, estamos trabalhando com premissas completamente diferentes.

É difícil responder satisfatoriamente a todos sobre o eterno questionamento da vida. Mas podemos examinar cada perspectiva básica em seus próprios termos, vendo onde chega e conferindo se essa é mesmo a nossa visão particular, se é a atitude e o conjunto de princípios que estamos preparados para defender e segundo os quais queremos viver. Ao se definirem as questões mais importantes, fica mais fácil pensar com clareza a respeito de nossas dívidas com os animais. Porque há uma lógica nessas premissas básicas sobre animais e, ao examiná-las uma de cada vez, ficamos em posição de averiguar novamente nossas visões e nós mesmos.

Se animais são resultado de uma evolução cegamente amoral, então, claro, o sr. Budiansky está certo, e nós também seríamos guiados por essas forças amorais. Se os animais são vítimas em um universo sem propósito ou significado, ou sem o Criador que os fez, então também o somos nós, e direitos e benefícios passam a ser tudo. Se animais são apenas bens, então somos apenas consumidores, sem nada melhor do que o prazer material e nada que nos fale mais alto do que os desejos e apetites. E se existe um Deus e eles são Suas criaturas (não nossas), então há, de fato, uma lei a falar mais alto e que trata de seu cuidado, e devemos responder a ela – não apenas quando nos convém, não apenas quando sentimos que é o caso, nem apenas quando tem custos eficientes. Devemos responder-lhe sempre.

O que temos, então, é o padrão da consistência interna. Não precisamos concordar com tudo para identificar contradições e mentiras. Pode-se ter uma ou outra dessas premissas básicas, mas não se pode misturá-las – agindo em alguns casos de maneira cegamente amoral e em outros com espírito religioso de piedade; em um momento espalhando bondade e, no outro, terror, tratando animais ora com respeito, ora como lixo. Não precisamos concordar com verdades morais finais, mas sabemos que dois opostos não podem ser verdadeiros ao mesmo tempo: criaturas idênticas capazes de sofrer e de não sofrer ao mesmo tempo, dignas e indignas de consideração moral, ao alcance e fora do alcance de Deus.

Acredito que muita gente, ao examinar suas crenças sobre animais, descobrirá que tem visões radicalmente contraditórias, dando lugar à benevolência em um momento e ignorando-a em outro. Na realidade, temos que escolher uma posição ou outra. Na prática, claro, estamos livres para fazer mais ou menos o que quisermos. Mas em termos de consciência, devemos nos perguntar que visão é mais verdadeira, qual delas está mais próxima de nossos corações, que atitude faz com que nos sintamos melhor e que mais vale a pena, e então seguir nossa convicção. Quando não agimos consistentemente com nossos princípios morais, quando falamos uma coisa e fazemos outra, temos de estar dispostos a chamar esse mal pelo nome: hipocrisia.

A bondade com animais nasce do "dever imperativo arraigado no conceito de plenitude humana", escreve o colunista Jeffrey Hart. "Não diminui um humano abusar de um animal? Quem quer ver no espelho o homem que torturou um animal?"[22] A maior parte de nós sabe o que significa o teste do espelho – a decência pura e simples, a consciência em funcionamento – e, em geral, já é o suficiente.

Mas, como se sabe, a maior parte das formas públicas de crueldade foi proibida. A maior parte do que falamos aqui não acontece diante de nós. E as pessoas que fazem as coisas mais detestáveis têm outras ideias sobre o que significa ser plenamente humano. Portanto o teste do espelho não está completo se não puder ser aplicado sempre, como no caso de erros cometidos contra seres humanos. Devemos aplicar a nós, mas também aos outros, esse mínimo de decência. Ela tem de ser aplicável aos males que vemos, assim como aos que não vemos. Não podemos dispor de bondade apenas com os animais que vemos e conhecemos pelo nome, ela também tem de ser usada com os sem rosto e sem nome, que tratamos como nada em nossas fazendas e laboratórios e condenamos a uma vida de miséria sem fim.

Como tantas questões filosóficas hoje, o bem-estar animal coloca uma opção entre o ser humano soberano e a verdade soberana, entre a verdade moral como padrão inflexível e a conveniência de acordo com o que queremos. Assim como na lógica do que não pode, ao mesmo tempo, ser e não ser, no raciocínio moral, sejam criaturas idênticas e não é possível que sejam dignas de consideração; como se esse cão, golfinho ou elefante fosse moralmente significativo, mas outros não. Seja qual for o status que dispensemos a um desses animais, tem de ser o mesmo a todos os que estão ao alcance de nosso poder.

Não à toa caçadores esportivos, baleeiros, peleiros e outras pessoas que cometem e promovem atos de crueldade têm se adaptado à retórica do movimento pró-escolha, e por bons motivos não devemos aceitá-la. Há verdades maiores do que nossos desejos. Afinal, as coisas são o que são. Sem dizer que os padrões que nos são impostos, para seguir ou não, sequer são padrões. As realidades biológicas e morais (para não entrar na questão dos desígnios de Deus, sejam lá quais forem) não mudam conforme nossos desejos, ainda que a oração talvez ajude. Uma pessoa é uma pessoa tanto quanto um cachorro é um cachorro, um cervo ou um porco são um cervo ou um porco e assim por diante. Das duas uma: ou eles sofrem ou não sofrem; ou esse sofrimento tem valor moral ou não; ou há Deus ou não há; ou Ele se importa com os animais ou não; ou nós temos obrigações para com os animais ou não as temos.

A NATUREZA E O DEUS DA NATUREZA

Isso não dispensa outras considerações morais na balança, tanto no que diz respeito aos animais quanto a nossos próprios sentimentos. Nem significa uma fórmula infalível para resolver qualquer questão moral relativa ao bem-estar dos bichos. Significa apenas que somos obrigados a dar nome aos bois e nos preocupar em manter os padrões diante do que se decidiu. Quando optamos pelo livre-arbítrio como nossa qualidade distintiva, devemos usá-lo não apenas em interesse próprio, mas também em atos de comedimento. Quando chamamos algo de "mal necessário", algo que determine o sofrimento ou a morte de outras criaturas, o mal é real e é melhor que seja mesmo necessário.

O princípio de se tratar igualmente os iguais não é uma abstração tirada do nada para favorecer os animais. É, de acordo com a tradição de nossas leis, a base racional para a proteção legal que dispomos para humanos também, uma vez que acreditamos na igualdade moral de seres humanos. Essa perspectiva declara simplesmente que a realidade é a realidade, as reivindicações morais de outras criaturas são fatos sobre essas criaturas, independentemente de quando ou em que situação isso nos agrada. É a lei por trás das leis, o que demanda consistência, coerência, ordem, humildade. Aliás, a não ser pelos dogmas da religião revelada, essa seria a última salvaguarda da razão contra os piores abusos de poder – abusos que significam definir que as coisas só têm valor quando optamos por dar valor a elas, e que mesmo a vida mais inocente da Terra, a de um bebê à espera do nascimento, pode ser destruída se assim o quisermos.

Não há nenhuma teoria neste livro. Basta que a linha da divisão esteja clara, que pessoas dos dois lados do debate analisem suas próprias atitudes e percebam do lado de quem andam e o que defendem, desculpam ou ignoram. Seria suficiente se mais gente simplesmente comparasse seus próprios princípios e visões de vida e sobre a natureza – sejam seculares, religiosos ou algo entre os dois – com a realidade de como os animais são tratados. Se tais coisas são injustificáveis, se a maior parte de nós as julga repreensíveis, erradas e indignas da humanidade, então, afinal de contas, por que são permitidas? Por que as toleramos em nossas vidas e leis?

DOMÍNIO

Do mesmo modo, liberacionistas em relação aos animais que recorrem a Peter Singer para se orientar devem se perguntar como proteger dos caprichos da humanidade animais vulneráveis se não protegemos as pessoas vulneráveis, os doentes, os mais velhos, os recém-nascidos e os ainda não nascidos – como é possível amar gatos, cachorros e filhotes de foca se não temos amor pelos mais indefesos e inocentes seres humanos? Outro dia vi um carro com dois adesivos na traseira: "Salvem as baleias" e "Cada criança é uma criança desejada". Algo incoerente aqui. Por que não: "Cada baleia é uma baleia desejada" e "Salvem as crianças"?

Nem as obrigações, ou seja, as coisas que *temos* de fazer, têm sido um padrão final no tratamento que damos aos animais. Há uma moralidade da obrigação, mas também uma moralidade das aspirações – em geral a última é considerada melhor, por abrir os olhos para novas perspectivas. Ao pensarmos sobre nossas vidas, não nos perguntamos qual o menor esforço a se fazer. Em nossos melhores momentos, tentamos ir além disso, passar por cima dos padrões, ampliar nosso alcance. Tentamos nos tornar pessoas melhores.

Fazemos isso como pais, maridos, mães e mulheres; como cristãos, judeus, muçulmanos, budistas, hindus; em nossos deveres uns com os outros e com a consciência. Fazemos isso em nossos trabalhos e carreiras, seja qual for nossa vocação, mas também como amigos, vizinhos ou simplesmente como seres humanos tentando deixar nossa marca no mundo, espalhar um pouco de amor e boa vontade por onde pudermos. Por que não fazer o mesmo com nossa governança do mundo, como aqueles que tomam conta da criação? Por que não trazer também esse espírito, a mesma visão moral de nós mesmos e de nossas possibilidades, no que concerne às outras criaturas do mundo?

UM CRIME CONTRA A NATUREZA

No caso da Smithfield, então, e de todo o estilo de vida que ela representa, a questão é simples e direta: Quando você olha para aquele espelho, o que vê? Onde está a caridade nesse reflexo? Onde está a

A NATUREZA E O DEUS DA NATUREZA

humanidade? Como esse modo de vida se enquadra no tipo de sociedade em que você quer viver e no tipo de pessoa que você gostaria de ser? Se você for uma pessoa religiosa, onde nesse quadro está o Deus que ama as criaturas e nos pede que façamos o mesmo? Mesmo que alguém tivesse demonstrado para mim que essas pobres feras não têm qualquer direito, enquanto eu tivesse todos os direitos de submetê-las a tais privações e tormentos e de delegar essa autoridade aos cavalheiros da Smithfield, esse seria um direito de que eu abriria mão, feliz. Não o quero. Essa é a ideia da misericórdia: ela é totalmente discreta, não depende em nada do merecimento, "cai como a delicada chuva do céu", como bem escreveu Shakespeare.[23] Não há algo como um direito de misericórdia, nem para os bichos nem para nós.

Dizemos a nós mesmos que toda essa carnificina é inevitável, é a tradição, a maneira do mundo. Era uma posição plausível até os dias de hoje, quando retiramos toda a compaixão do processo e surge uma grande variedade de substitutos da carne. Caçar, e, mais tarde, criar animais para a alimentação, observa o historiador Will Durant,

> não foram estágios do desenvolvimento econômico, foram modos de atividade destinados a sobreviver nas mais altas formas da sociedade civilizada. No passado, [eram] centro da vida, hoje ainda são suas bases ocultas; por trás de nossa literatura e filosofia, de nossos rituais e artes, erguem-se os vigorosos matadores do abatedouro. Caçamos em substituição, não temos estômago para matar honestamente nos campos. (...) Em última análise, a civilização se baseia no fornecimento de comida. A catedral e o capitólio, o museu e a sala de concerto, a biblioteca e a universidade são fachadas, nos fundos está o matadouro.[24]

Essa é a dura realidade da experiência humana. Mas também faz parte da civilização questionar, desafiar e mudar. A história está cheia de outras "bases ocultas" que por muito tempo não foram avaliadas, os modos de vida antigos sem os quais as pessoas sequer poderiam começar algo, práticas das quais estavam orgulhosas e seguras e pelas quais brigavam, quando colocadas à prova.

Antes de rejeitar o vegetarianismo como uma maluquice dos radicais direitos pró-animais, que se opõem a eras de costumes e hábitos, reflita por alguns instantes na experiência humana, em toda a violência e brutalidade e na sujeição sem fim que deram origem a nossas premissas de direitos. Por vezes, falamos de direitos e dignidade humanos com uma tal certeza, tão elegante, que esquecemos de uma questão básica, que essas verdades e essa lei natural não foram sempre compreendidas e apreciadas pelo ser humano, um ser avançado e refinado pela análise aristotélica conduzida calmamente através dos séculos: o homem que procura a Verdade, o nobre da natureza em sua busca constante pela sabedoria. Como Desmond Morris escreve em seu *O macaco nu*, o homem "acha que a contemplação de nossas origens humildes é de algum modo ofensiva (...). Nossa escalada ao topo foi uma história de aquisição meteórica de riqueza, e assim como qualquer *nouveau riche*, somos sensíveis demais ao nosso passado. Estamos também em constante risco de traí-lo."[25]

Claro está que tais verdades, que declaramos como evidentes, são relativamente novas na história humana e não são consideradas evidentes por si mesmas em qualquer lugar, como nos rincões do mundo onde ainda existe escravidão. Hoje nos parecem indubitáveis, mas levamos um tempo para chegarmos a elas. Anunciamos os direitos humanos com tanto fervor porque sempre houve, e sempre haverá, seres humanos que tentam passar por cima deles, que querem conquistar, destruir e explorar outros seres humanos – com muita frequência, em nome da civilização e do avanço econômico. Em outras palavras, os próprios direitos humanos não foram uma proposta abstrata, mas uma resposta prática para o mais básico dos problemas morais: a perversidade humana.

Cristãos e judeus chamam esse mal de a Queda, sem refletir muito nas implicações disso para a governança do homem sobre a Terra e, ao que parece, sem nunca reconhecer que o ser humano é capaz de ser um mau governante e de fazer maldades. O domínio, na ortodoxia religiosa, tornou-se uma busca pela sujeição sem limites, e a crueldade com animais, um pecado sem julgamento. Satã está estranhamente silencioso nessa questão.

A NATUREZA E O DEUS DA NATUREZA

Ao mesmo tempo, na nossa compreensão de direitos humanos, algumas tradições que no passado pareceram perfeitamente normais e naturais eram de fato cruéis, más e opressivas. Roger Scruton fala da causa da proteção dos animais: "Trata-se de uma moralidade totalitária, que inverte o velho esquema de valores e faz com que eles se tornem crimes."[26] Mas historicamente essa é uma boa descrição da moralidade cristã, e cada grande avanço moral que hoje damos como certo derivou de um projeto radical e impertinente de algumas pessoas fora de esquadro. Todo o mundo, Aristóteles incluído, acreditava que a escravidão era parte de uma hierarquia moral natural. A lei romana sancionou a escravatura segundo o *jus gentium*, traduzido aproximadamente por "todo mundo faz", e talvez não seja coincidência que o bem-estar animal só tenha sido encarado com seriedade como causa moral a partir do século XIX, quando a escravidão começou a ser abolida. Também em diversas partes do mundo, em alguma época cogitou-se o infanticídio como algo razoável, como ainda hoje alguns sustentam. (Peter Singer é apenas o mais explícito entre eles.) Em algum momento, todos, exceto alguns cristãos moralistas, concordavam que matar civis deliberadamente era uma tática de guerra legítima. Salvo alguns excêntricos, todos pensavam que não havia problema em usar mão de obra infantil em fábricas, em tratar mulheres e negros como cidadãos de segunda classe ou mesmo como coisas ou bens. E assim foi durante séculos.

A história também traz evidências de que mesmo quando as maiores atrocidades são cometidas contra humanos inocentes, grande parte da opinião pública pode ficar indiferente, e mesmo as melhores pessoas podem ficar cegas às crueldades. Como observou [o filósofo norte--americano] Allan Bloom, cada era é cega às suas piores loucuras.

Pode-se questionar fortemente o fato de eu equiparar injustiça contra animais com injustiça contra seres humanos, o que seria um sinal de minhas prioridades mal colocadas e de confusão moral. Essa réplica é mais do mesmo, é mais uma prova de nossa capacidade infindável de autoilusão, sobretudo onde há dinheiro envolvido. Há tantos erros considerados acertos na história humana, tanta violência e desrespeito à vida humana que se tornou fácil ao coração humano fingir que não vê os males cometidos a animais menores e tolerar o intolerável. Com todos os seus alegres preceitos e males necessários, com suas maiorias contentes e seus matadores robustos, nem sempre a tradição é um bom guia. "Paramos logo no Conforto, e o confundimos com Civilização", observou Disraeli em outro contexto.[27] Às vezes, a tradição e o hábito são apenas isso mesmo, desculpas confortáveis para deixar as coisas continuarem como são, mesmo que sejam injustas e indignas. Não é frequente, mas às vezes os fora de esquadro, os excêntricos e os radicais acabam se mostrando certos. Às vezes "todo mundo" está errado.

Podemos dar uma olhada em uma rara exceção, o mais próximo que se pode ter de uma sociedade herbívora, na descrição de Durant em *História da civilização*. Essa sociedade significaria os anos dourados para nós, vegetarianos, uma época no terceiro século antes de Cristo, sob o governante indiano Ashoka. Conta a lenda que, arrasado pelo remorso de suas próprias conquistas violentas e implacáveis, o líder cujo reino ficara conhecido como Inferno de Ashoka libertou escravos e cativos, reformulou o código penal, ordenou que animais fossem tratados com complacência, renegou o passado real de caçadas a tigres e elefantes, proibiu os esportes de sangue, abriu a primeira clínica de cuidados animais e se declarou vegetariano, registrando seu novo credo (O nobre caminho dos oito passos) em rochas e pilares do reino. Em um desses editos imperiais, lê-se:

Agora, por razão da prática da piedade de Sua Sagrada e Graciosa Majestade, o Rei, a reverberação dos tambores da guerra tornou-se a Reverberação da Lei. (...) Como não aconteceu muitos anos atrás, agora vai-se apregoar a Lei da Piedade por Sua Sagrada e Graciosa Majestade, o Rei, e se ampliará a abstenção dos abates sacrificiais de criaturas vivas (...), o comportamento decoroso com parentes, assim como o comportamento decente a brâmanes, a atenção respeitosa a pai e mãe, o respeito aos mais velhos. Assim e em muitas outras maneiras, ampliou-se a prática da Lei da Piedade, e Sua Sagrada e Graciosa Majestade, o Rei, fará com que a prática dessa Lei se amplie ainda mais.[28]

A NATUREZA E O DEUS DA NATUREZA

"Metade do império aguardou esperançosamente pela morte de Ashoka", contam-nos.[29] Mas gosto de pensar na outra metade, que descobriu, como muitos hoje, que a vida é de fato possível sem o sofrimento e a carne de animais, hoje extraída de forma tão penosa e sem compaixão e que essa abstinência pertence a uma visão mais ampla de um comportamento gracioso e decente.

Filosoficamente, pode-se olhar para isso dessa maneira. Mais amplamente, desde que a humanidade começou a pensar sobre a moralidade, as pessoas passaram a agir segundo duas bases: (a) é moralmente permissível criar e abater animais para consumo próprio (bem material) porque fazê-lo é necessário para a sobrevivência e o bem-estar (bem moral). Mas essa alegação de sanção moral concordava com a crença de que havia um sacrifício envolvido e que (b) mesmo na criação de gado há uma determinada obrigação mínima de bondade com animais (bem moral).

Por ora é irrelevante se essas obrigações são diretas ou indiretas, porque elas simplesmente existem e requerem alguma contenção de nossa parte, e antes da época das fazendas industriais era possível agir segundo as duas, (a) e (b), ao mesmo tempo. O problema é simples: o componente moral de (a) se foi. Não há mais como reclamar necessidade, apenas o reclame por um bem material ao qual estamos acostumados. Enquanto isso, numa economia global e de alta tecnologia com seus bilhões de consumidores – talvez 9 a 10 bilhões no ano de 2100 – não há como criar gado sob uma condição digna da humanidade. Estamos, então, com um bem material e um bem moral, nosso prazer pesa contra a obrigação da compaixão e os dois não podem coexistir – um dos dois terá de ser abandonado.

Um dos que compreendeu a mudança de escala foi o ambientalista Robert F. Kennedy Jr. que escreveu: "Como outros americanos, eu me reconciliei com a ideia de que uma vida animal foi sacrificada para me trazer uma refeição de porco ou frango. No entanto, a produção industrial de carne, que sujeita animais a uma vida de torturas, ampliou os custos cármicos para além da reconciliação." Kennedy, que lidera uma campanha contra a Smithfield por negligência ambiental, só compra carne de pequenos pecuaristas, que "tratam animais com dignidade e respeito".[30]

Julgo esse um compromisso decente, e é bom ouvir uma voz importante assumindo o lado dos animais, afinal é raro ouvir hoje falar em "dignidade" das criaturas. Mas esse meio-termo está sumindo, assim como nossas fazendas pequenas. Cada vez mais, consumidores têm de escolher entre duas alternativas radicais: ser radicalmente bom ou radicalmente cruel.

Sei que nós, vegetarianos, ainda somos considerados uma minoria excêntrica. É sempre difícil levantar a questão sem se sentir meio fora da situação, o chato dos churrascos. Para ser franco, não me sinto à vontade nem mesmo ao escrever sobre o assunto, impondo detalhes desagradáveis aos leitores, tarefa que pode ser vil e ofensiva, dependendo do espírito com que for feita. Mas por mais árdua que seja, tão dura quanto o processo industrial de criação de gado, sua motivação não é cruel. Não é que todos *queiram* que os bichos sofram. Todos desejaríamos que fosse de outro jeito. E pode-se dizer que o argumento padrão vegetariano de que a maior parte das pessoas que come carne não aguentaria ver como é produzida fala bastante sobre a média das pessoas. Imagine um mundo em que a maioria da população *gostasse* de ouvir e ver os detalhes.

E é aí, acho eu, que a argumentação mais apaixonada dos vegetarianos perde a mão: porque tendemos a nos julgar pelos motivos e intenções mais do que por meios e resultados. Nós, vegetarianos, estamos ao menos preparados para encarar as consequências reais e a realidade inconveniente, entendendo que quem deseja o fim deseja também os meios. Ao menos, confrontamo-nos com a seriedade do assunto, pensamos nele e fizemos uma escolha consciente e deliberada. E como pode alguém apontar o momento de sua própria vida em que *optou* por comer carne? Desde os primeiros pedaços de carne que comemos do alto de nossas cadeirinhas de criança, a maior parte das pessoas passa toda a vida sem nunca questionar se isso é de fato

A NATUREZA E O DEUS DA NATUREZA

natural e necessário, se é assim mesmo que as coisas são e devem ser. Todo mundo faz, então deve estar certo.

Eis uma boa questão para se colocar: você abriria mão de comer carne *se* lhe comprovassem que as fazendas industriais são cruéis e nem um pouco éticas? Em outras palavras e hipoteticamente, quão difícil e inconveniente seria agir segundo suas próprias preocupações morais? Ou quão socialmente desconfortável seria, quão problemático seria ter de escolher, explicar e sustentar isso? A próxima pergunta é se o que evita a mudança é, de fato, ausência moral ou a perspectiva de dificuldades e inconveniências.

Do mesmo modo, se você tem mesmo de comer carne, acredita que isso é certo e indispensável, mas sabe que as fazendas industriais são más e desnecessárias, então você agiria com distinção, como o sr. Kennedy, que compra carne apenas de fazendas que criam animais segundo padrões mais humanitários? Se não, por que não? Por que, em sua opinião e segundo seus padrões, as fazendas industriais estão erradas, embora não suficientemente erradas para garantir que se faça uma mudança em suas escolhas diárias? Pense nas consequências que apenas essa decisão poderia ter na pecuária de hoje, milhões de consumidores fazendo um pequeno esforço diário para evitar um sofrimento desnecessário.

Marjorie Kinnan Rawlings, em *The Yearling*,* capta bem um sentimento que muita gente reconhecerá ao descrever aqui um menino, antes de ficar amigo de um cervo, observando o animal que seu pai acaba de matar:

> Jody investigou as costas do cervo. Eram amplas, bonitas e avermelhadas como a primavera. A caça parecia dois animais diferentes. Na perseguição, era a presa. Ele só queria vê-la cair. Quando estava estirada morta e sangrando, ele se sentia mal e miserável. Seu coração doía diante do ser sem vida, mutilado. Mas quando cortado em porções,

---

* *Yearling* designa o ser, humano ou animal, de um ano de idade. (*N. da T.*)

salgado e defumado, ou fervido, cozido, frito na cozinha perfumada ou ainda assado na fogueira, então era apenas carne, como bacon, e sua boca salivava diante do prazer. Ele se perguntava por qual alquimia o animal mudava, de modo que o que o deixara enojado num momento, no seguinte o deixava louco de fome. Ao que parecia, no entanto, não havia dois animais diferentes nem dois meninos diferentes.[31]

Mais adiante na história o menino deseja que "pudéssemos pegar nossa carne sem matá-la". Seu pai responde: "É uma pena, mas a gente tem que comer."[32] No fim, a criança tem de matar seu próprio cervo, Flag (Bandeira), que encontrara órfão num abrigo no bosque. Naquela noite, Jody encheu-se de pesar, "mas um homem sabe o que é seu dever e o encara". Jody o chamou no sono, mas "não era sua voz que chamava. Era uma voz de menino. Em algum lugar do abrigo do cervo no bosque, depois da magnólia, sob o carvalho, o garoto e o filhote correram lado a lado, e se foram para sempre."[33]

Acho essa passagem muito bonita, afinal é verdade que parte de ser adulto é compreender que há, de fato, males necessários no mundo, que a vida nos apresenta coisas difíceis e tristes, porém inevitáveis, com que lidar, como as punições da lei, muitas de nossas dores ou o choro dos cordeirinhos. Faz parte de ser adulto aceitar isso junto das alegrias da vida, para levá-las todas conosco. A própria predação, o mal inerente aos desígnios da natureza com criaturas que devoram e absorvem outras para sobreviver, é uma das coisas mais difíceis de entender. Pode-se ficar espantado com a ideia de que não foi o desejo de Deus, de que há uma esperança e uma expectativa além do gemido da criação, como nos foi prometido, e que não apenas a humanidade, mas todas as criaturas serão "libertadas do cativeiro".[34]

É interessante como os animais estão vinculados a nossas ideias de masculinidade, como a visão de um jantar *de homem*, com seu bifão com batatas e sua impressão de nós, os vegetarianos magricelas, mordiscando nossa comida de coelho, de algum modo fraca e afeminada. "Sou como o puma. Preciso comer carne", exalta James Swan, em seu livro *In Defense of Hunting*.[35] Esse tipo de análise é visto mesmo

A NATUREZA E O DEUS DA NATUREZA

em pensadores mais sofisticados, como Freud, que diagnosticava o vegetarianismo de Leonardo da Vinci como uma personalidade mais voltada para o feminino, ou o filósofo Espinoza, que menosprezava a "piedade de mulherzinha" direcionada a animais.

Esse tipo de realismo viril é como o argumento da "civilização", é fácil demais. Como é frágil um tipo de hombridade que depende dessas bravatas e de autoafirmações constantes e preocupadas. O caçador tem de caçar, prossegue o sr. Swan, para se sentir "completamente vivo"[36] (e mais ainda com um arco, "pois é a vibração da corda do arco que me chama"[37]). "A caçada como autoconhecimento pode parecer uma psicopatologia para alguns. Ainda assim, para muitos caçadores apaixonados, um dos poucos terrenos da vida em que se sentem completamente vivos é na caçada. Temos de entender o caçador apaixonado, porque é na paixão que as pessoas alcançam seus potenciais humanos."[38] Pode-se lembrar ainda de Roger Scruton, que oferece a mesma justificativa da caçada e da ingestão de carne como uma necessidade "mais profunda que a escolha";[39] em sua violência possessiva, um tipo de "volta ao lar de nosso estado natural".[40]

É claro que nossos mais altos potenciais *não* são alcançados por paixões e desejos, pelo menos não os potenciais dos seres morais. Em geral ocorre o oposto, nas paixões afundamos nas mais profundas depravações, e é na negação das escolhas morais que cometemos as piores ofensas. Compreender isso faz parte de ser adulto. O ser maduro abre mão de algumas coisas de vez em quando para fazer julgamentos morais e para exercitar seu autocontrole. E faz parte de ser homem assumir responsabilidades, encarar as consequências de seus atos, pesar e medir as coisas e às vezes se livrar de algumas delas. Eu pergunto se não é por isso que nossos caçadores de hoje, apesar de se empertigarem tanto com essa história de masculinidade, falam tantas vezes em "ser menino de novo", porque entre garotos pequenos a crueldade pode ser perdoada. "Autoconhecimento" para um homem é autocontrole, a força de dominar seus desejos e paixões em vez de ser dominado por eles.

DOMÍNIO

Certa vez escrevi sobre isso para a *National Review* e fiquei chocado com a quantidade de cartas de indignação, a maior parte de homens. Eles concordavam que a existência de fazendas industriais levantava sérias questões morais. Mas quase todos informavam que não tinham a menor intenção de mudar seus hábitos, eles *gostavam* de suas carnes, e será que eu poderia deixar a questão para lá e ir cuidar da minha própria vida? Um deles concluiu: "No futuro, terei um imenso cuidado em agradecer a Deus por me permitir sempre que eu aproveitasse meu prato preferido – lombinho de porco com ameixas e damascos secos. Mmmmm, é tão bom." Outro escreveu: "Vou ter que concordar com o sr. Scully; aqueles que não têm coragem de cortar fora o pescoço de uma galinha devem abrir mão de comê-la. Para o restante de nós, *bon appétit*!" "Goste ou não", disse um terceiro, "nós, humanos, somos predadores. (...) Deixe suas patinhas de fora do meu cheeseburguer com bacon, que eu prometo não tocar no seu tofu."

Mas o que é que esses camaradas durões estão defendendo aqui? Um prazer. Um sabor. Um sentimento dentro de suas crenças. E o que isso diz sobre eles? A vida lhes trouxe um problema moral. Talvez, no entendimento deles, um problema não muito grande, mas um problema, e ainda assim só conseguem pensar em galinhas, hambúrgueres e lombinho com ameixas e damascos secos. Simplesmente dá muito trabalho mudar, é inconveniente. Ouço muito isso, mesmo de pessoas que admiro, a voz do apetite que não quer tolerar a menor crítica, não apenas indiferente aos animais, mas desrespeitosa a quem se importa com eles. E, francamente, diante das provas e do terror que é infligido a esses bichos, diante da imundice daquelas lagoas de dejetos e dos gritos terríveis, "Mmmmm, é tão bom" não me parece uma resposta decente.

Gosto de boa comida tanto quanto qualquer um, e em geral não sou o primeiro a sair da mesa. Mas nada me convence a contrariar o que julgo razoável em minha escolha de não consumir carne, mesmo que a publicidade diga mais e mais, que não tenho escolha, que *tenho* de comer carne para ser forte, vigoroso e robusto. *Tenho* de comer carne animal, mas, de alguma maneira, sem nenhuma grande

A NATUREZA E O DEUS DA NATUREZA

sensação de privação, de luta ou automortificação, consegui viver 28 anos sem isso, jamais tive qualquer doença relacionada à desnutrição e, modéstia à parte, já fui conhecido por ser capaz de levantar 160 quilos no supino.

O que se tira da carne é a proteína que o animal converteu a partir de sua dieta herbívora, numa razão não muito eficiente. A ideia de que precisamos de carne é uma superstição, ainda menos sustentável com a abundância de substitutos saborosos que temos. Plutarco dizia que a ingestão de carne é uma "segunda natureza não natural", não uma necessidade, mas uma opção para a criatura que comanda, e acho que ele tem razão.[41] Podemos ser predadores, mas somos os únicos predadores com opção.

Nossos corpos não parecem ter sido desenvolvidos para comer carne, um argumento facilmente defendido pelo exame das estatísticas de doenças cardiovasculares, ou então ao percebermos o quanto a indústria da carne continua nos *lembrando* a necessidade de seu produto, ou ainda, ao se chegar ao espelho, abrir a boca e se perguntar por que não vemos caninos desenvolvidos. Aliás, o que é toda essa preocupação genética para fazer a carne mais clara, mais magra, mais macia, senão uma afirmação de que, no fim das contas, as carnes normais não são muito saudáveis para nós?

Seja como for, não consigo me imaginar dando tanta importância a qualquer comida ou refeição a ponto de ficar amargo e irado diante da menção do sofrimento de animais. Um porco sempre me parecerá mais importante do que um torresminho. Corre-se o risco aqui de confundir realismo com cinismo, estoicismo moral com preguiça moral, o que faz com que uma pessoa fique molenga, exausta, mas satisfeita consigo mesma.

É aí que podemos ir mais fundo, porque raramente a crueldade é um erro puro e simples; em geral é resultado de outros erros. Noto, mesmo entre pessoas que conheço, certa irreverência quando o assunto são os animais de fazenda. O mesmo acontece na cultura popular. Foi bem triste, por exemplo, ver numa noite dessas um esquete com piadas sobre bezerros destinados à produção de vitela. Um dos humoristas,

DOMÍNIO

Adam Carolla, ficava preso em um caixote fingindo mamar numa fazendeira boazuda, querendo nos mostrar que talvez a vida não seja tão ruim para esses filhotes. Adam, por exemplo, não se importa a mínima, hahaha. Uma visão mais leve de uma fazenda industrial. Todos já fizemos piadas de que nos arrependemos depois, e acredito que, se o sr. Carolla visse o que são os quatro meses desses filhotes na Terra, ele se arrependeria. Já é péssimo que sejam tratados desse modo, mas será que ainda temos de rir deles?

De repente, lidar com os detalhes do sofrimento animal tornou-se algo de mau gosto, algo que os fortes e sensatos evitam – desprezar "o resmungo sentimental dos extremistas dos direitos animais", como colocado em 2000 pelo então presidente do Safari Club, Larry Katz.[42] Isso é torcer palavras, é uma desculpa, uma fuga. Um realista é alguém que quer conhecer a realidade, os fatos referentes ao caso, quer saber o que acontece e como se sente a vítima. Uma pessoa sentimental é quem persegue seus desejos, suas emoções, impulsos, em geral desprezando os fatos.

Sempre julguei uma boa regra não apoiar ou defender atos morais que eu mesmo não pudesse testemunhar. Uso essa regra em questões humanas e não vejo por que não usá-la nas de bem-estar animal. Quando minimizamos a visão de algo e o encobrimos com eufemismos, isso em geral indica uma incerteza e um conflito internos, é um sinal de que algo vai mal em nosso raciocínio moral. Curiosamente, quem deixou isso claro para mim foi um dos leitores da *National Review*, o do *bon appétit*:

> Quanto ao consumo de carne de boi e ave processada em fazendas, o problema real é que os consumidores estão completamente à parte da realidade do que comem e de como obtêm suas refeições. Eu afirmaria que menos americanos dentre os que comem carne hoje estão dispostos a matar para consegui-la. Têm estômago para comer carne, mas não para matá-las. Mais ou menos do mesmo modo que a sociedade acha repulsivas as imagens de fetos abortados enquanto ainda pede pelo direito de "escolha", também ficamos horrorizados com a situação precária dos bezerros, mas incapazes de refrear nossos apetites.

A NATUREZA E O DEUS DA NATUREZA

Em média, os americanos consomem por ano 23 quilos de frango, 6,5 quilos de peru, 28,5 quilos de carne de boi, 20,5 quilos de carne de porco, 0,5 quilo de vitela e 0,5 quilo de carneiro.[43] "Mais do que nunca, somos uma nação de comedores de carne", relata o Departamento de Agricultura dos Estados Unidos.[44] E agora, com a ajuda do dr. Atkins e sua dieta maravilhosa, temos milhões de consumidores se empanturrando de carne e mais nada – um excesso a corrigir outros, não importando o que seja necessário para conseguir essa carne, mesmo que saibamos que para essa produção de carne é necessário sofrimento animal.

Em meu raciocínio moral, tento fazer dessa estatística ampla algo mais pessoal, como o faria caso se tratasse de sofrimento humano. Tento descobrir minha parte nisso tudo. Imagino como seria ver essas criaturas diariamente (apenas as preparadas para mim). Suponhamos que os fatos moralmente irrelevantes da distância e da ignorância tenham sido removidos, então eu teria de literalmente viver com minha opção por comer carne, encarando diariamente meu próprio porco, minha própria vaca, meu próprio carneiro e minhas próprias galinhas.

Certa vez, na pequena cidade de Bastrop, no Texas, parei num posto de gasolina para encontrar, estacionada ao meu lado, uma caminhonete cheia de gado, quase um animal em cima do outro, se retorcendo e se amontoando enquanto eu me aproximava. Havia um bezerro, separado dos demais, tentando alcançar sua mãe com o focinho. Uma vaca estava sem um olho, aparentemente por um câncer ocular, uma doença de dor inimaginável e mais frequente hoje por conta do excesso de ninhadas. Essa estava simplesmente deitada me encarando, todo o peito cheio de sangue fresco. Tudo isso numa tarde escaldante, enquanto o motorista falava ao telefone, com um copo monstruoso de refrigerante cheio de gelo, absolutamente indiferente à cena.

Podemos pensar como seria se todo dia caminhões como esse estacionassem em restaurantes, armazéns e mercados. Como seria ver criaturas como essas sendo criadas, digamos, em minifazendas perto de nossas casas e nas mesmas condições?

DOMÍNIO

A cada manhã, quando eu fosse para fora olhar o dia, eu os veria sendo preparados para mim, de seus currais, gaiolas, caixotes, olhando longamente na minha direção, olhos que me pediriam para serem deixados em paz, liberados para a luz ou o escuro. Seria difícil e eu provavelmente tentaria me convencer de que, por Deus!, são apenas animais, não podem "pensar pensamentos sobre pensamentos", não podem de fato pensar, sentir ou querer qualquer coisa. Depois de um tempo, eu começaria a acreditar nisso, me acostumaria a seus murmúrios e choros, assim como os homens da Smithfield. É apenas um trabalho, apenas um produto.

Estão sempre nos dizendo que a preocupação com "as supostas crueldades das fazendas" é produto da compreensão "urbana" amolecida e não acostumada com as duras realidades da vida rural, como defende Stephen Budiansky em seu *The Covenant of the Wild* (Aliança com o selvagem).[45] Outra maneira de ver isso é que os tipos "urbanos" não estão imersos no estilo do derramamento de sangue e não têm ligações financeiras nem emocionais com as práticas em questão. Em outros contextos, isso é chamado apenas de objetividade.

Confrontado diariamente com os fatos objetivos das fazendas industriais, procurarei algum conforto na teoria da "aliança" do sr. Budiansky – a de que, por obra da grandiosa e misteriosa evolução, essas criaturas "escolheram" de alguma forma seu destino. *Elas* escolheram, não eu. Posso evocar Roger Scruton e falar com confiança que "os animais que comemos têm chances maiores de competir pelo espaço do planeta. Assim, temos o dever de comer carne – e o máximo e na maior variedade possíveis. Cada refeição vegetariana é um crime contra a natureza".[46] Então, ao aceitar a existência da fazenda industrial, estou simplesmente fazendo a minha parte, sendo um bom conservacionista. Ao lado de Digby Anderson, o crítico culinário inglês e bravo caçador de coelhos que conhecemos no capítulo 3, posso fazer pouco caso das declarações sobre dor e morte de animais e chamá-las de sentimentalidade amalucada, de tagarelice de alguns excêntricos de cabeça fraca.[47] Ou, com as reflexões sobre caçadas do sr. Swan, posso

A NATUREZA E O DEUS DA NATUREZA

declarar, raivoso, que se danem meus questionamentos, sou um puma, um homem de verdade e *quero* carne.

No entanto, mais de perto, duvido que isso acalmasse meus pensamentos. E reconheço um "crime contra a natureza" quando vejo um. Normalmente, um sinal de que algo é um crime contra a natureza é que não se consiga encará-lo, que evitemos olhá-lo e recuemos diante da cena – e posso dizer que nunca evitei olhar uma fazenda de soja. Também posso reconhecer argumentos hipócritas quando os ouço – desejos descontrolados que se fazem passar por altruísmo e arrogância tentando parecer "obrigação" solene. Devemos, como sugere C. S. Lewis, "rejeitar com repugnância a propaganda encoberta da crueldade que tenta tirar a misericórdia do mundo dando-lhe nomes como 'humanitarismo' e 'sentimentalidade'".[48]

Se eu tivesse bichos de estimação, eu os veria descansando e percorrendo o terreno, aconchegando-se com meus cuidados e afeição, enquanto, dentro das fazendas industriais, animais com os mesmos sentimentos e inteligência não teriam conforto, nomes ou atenção, não teriam nada, apenas meu silêncio e uma indiferença sem hesitações. Dia a dia eu observaria um pequeno rio de restos escorrendo para fora da fazenda, sendo esse refugo a única evidência externa de que lá dentro haveria seres vivos a quem jamais foi permitido tocar o solo de verdade. Noite após noite, quando eu me retirasse para dormir em minha cama quentinha e confortável, eu os ouviria, escutaria o burburinho, a confusão, o sacudir das amarras, os uivos, mugidos e urros.

E isso tudo não para obedecer a força inexorável da evolução ou da biologia, não por um decreto divino, não para satisfazer alguma demanda de mercado, não por "todo mundo", mas por mim. Cada criatura nascida e criada por mim e apenas por mim. Confinada e isolada e, depois, em um terror solitário entulhada com outras para morrer, tudo por minha causa. De modo que cada vez que eu as visse, teria de me lembrar do porquê de fazer isso, questionar se meu gosto por lombinho de porco, presunto, bife ou vitela realmente vale esse preço, perguntar se essa era de fato a minha opção e se não haveria outra.

Sei que não aguentaria ver animais sendo tratados duramente, muito menos suportaria eu mesmo infligir esse sofrimento. Se eu fosse "o puma" talvez essas coisas não me incomodassem. Mas sou um homem, então, elas incomodam. Sei que me sentiria mau, egoísta, medíocre. Gostaria que meus animais pudessem vaguear, alimentar-se e brincar a céu aberto, que pudessem ser o que são e fazer o que fazem.

Portanto, não quero tomar parte disso, não quero esse produto. E, pelo amor de Deus, não quero alguém fazendo o trabalho sujo por mim, confinando, espancando e matando para que eu seja poupado dessa coisa desagradável. Pior do que crueldade é crueldade delegada. É mais frio do que se eu mesmo a cometesse. Como colocou Alice Walker, autora de *A cor púrpura*, quando se come uma carne adquirida dessa maneira, "você só está comendo miséria; está comendo uma vida amarga".[49]

Essa é a realidade, absolutamente a mesma realidade moral em que eu e você estamos, envolve exatamente o mesmo grau de cumplicidade e de escolha. Ignorá-la é a forma mais barata de sentimentalismo, porque confrontar os fatos sobre animais e sobre nós mesmos, longe de ser uma resposta emocional, depende da razão. E todo esse triste esquema, defendido em termos de realismo e racionalidade, é formado justamente para evitar engajamento, para manter a informação e a consciência o mais separadas possível, para satisfazer todos de uma só vez, a ponto de sumir inclusive com defeitos "estéticos" como as manchas de sangue. Assim "todo mundo" está livre do pensamento sobre a dor sentida e o sangue derramado.

Conheço muitas pessoas mais conscienciosas do que eu que não concordam ou não pensam sobre isso. Sei que o vegetarianismo se choca com alguns dos preceitos mais aceitos pela humanidade sobre o mundo e sobre nosso lugar no mundo. E sei ainda que as fazendas industriais são economicamente inevitáveis e não devem terminar tão cedo.

Mas minha resposta não é ao inevitável nem à economia – nem a sua deve ser. Não respondo à tradição e não respondo a "todo mundo". Para mim é uma questão de se sou um homem ou um consumidor, se vou usar a razão ou apenas o raciocínio, minha consciência ou meus desejos, se irei firmar meu livre-arbítrio ou apenas meus caprichos. É uma questão de se colocar do lado do poderoso e confortável ou do fraco, aflito e esquecido. Se, na condição de agente econômico, vou responder ao deus do dinheiro ou ao Deus da misericórdia.

Ter clemência com o gado pode não significar a maior da opções morais da minha vida – pode ser algo bem trivial, diante de como o mundo vê o bem-estar dos bichos. Pode não significar nada, se levarmos em conta que, até onde se sabe, nossos sofrimentos não são ouvidos nesse universo insensível. Mas não acredito em nada disso. E é terrível que pessoas religiosas possam ser tão indiferentes à crueldade com animais, dando de ombros, lado a lado com não religiosos, para toda essa baboseira de direitos dos animais. Porque, afinal, são os religiosos que deveriam ouvir o chamado da misericórdia; eles, acima de todos, deveriam dispensar alguma bondade ao mundo, se preocupar com as pequenas coisas, vendo naqueles que sofrem a mesma mão que "escolheu as coisas insensatas desse mundo para confundir as sábias" e que "escolheu as coisas fracas deste mundo para confundir as fortes". Como questionou Anna Kingsford há mais de um século, "quem é tão pobre, tão oprimido, tão indefeso, tão mudo e desamparado quanto as criaturas que nos servem (elas que, por nós, sentem fome e não têm um amigo na terra se o homem for seu inimigo)?"[50]

RECOMEÇO

A misericórdia é um conceito que todos entendem, não importa que peso ou relevância damos a ela no que diz respeito aos animais. Acredito que as propostas já em circulação contra a crueldade tenham vindo justamente desse espírito. E assim também serão as leis a proteger essas criaturas no futuro. Reformas virão – assim como vieram outras a nos afastar do mal feito tanto ao ser humano quanto aos animais – não porque mudamos nossos princípios ou nossa moral, mas porque percebemos e aceitamos as implicações dos princípios que já temos.

DOMÍNIO

Há algo em nosso debate atual sobre a questão que precisa de mais análise, um espírito que não apenas não mudou sentimentos como talvez tenha endurecido corações – uma questão que não ganhou muita ajuda com o professor Singer e sua defesa do infanticídio, suicídio assistido e eutanásia (que ele chama de "novos Mandamentos").

Todos que amamos os animais devemos ao professor Singer alguma gratidão por *Libertação animal* e seus detalhes de como são tratados animais de fazenda e laboratório. Seu tom de confidência intelectual e confrontação foi o primeiro na literatura mais popular a forçar grande parte das pessoas a pensar, como nunca tinham feito antes, sobre a dor animal e inspirou muitas ações. Havia relatos também de situações que mesmo hoje dificilmente vemos retratadas. Ao relê-lo 25 anos depois, e deixando de lado seu profundo esquema teórico, o livro ainda me parece uma obra de grande compaixão, integridade intelectual e coragem moral. De maneira geral e seja lá pelo motivo filosófico que for, o professor Singer estava defendendo pequenas decências, como o direito do chimpanzé de não ser espetado ou eletrocutado repetidamente, ou do porco de ser deixado "com outros porcos em algum local com comida e espaço adequados para que corram livremente".[51] O que há de tão radical nisso?

Mas uma das pessoas mais proeminentes a escrever sobre o assunto e descrita recentemente pela *Atlantic Monthly* como "o mais influente filósofo vivo", apesar de todo o seu bom trabalho, de algum modo levou um princípio de defesa da bondade com animais a um princípio de defesa da morte de bebês. "Simplesmente matar um bebê não é o equivalente a matar uma pessoa", disse ele a uma plateia de Princeton.[52] Essa virada só pode gerar mais dor. Aceita-se que o ataque do professor à inviolabilidade da vida humana, à sua santidade, siga uma trajetória natural de seu raciocínio sobre animais – os dois são um mesmo projeto moral. Essa conexão passa por cima de muitos argumentos razoáveis de filósofos contemporâneos e a defesa dos animais acaba sendo identificada com as teorias de apenas um homem e com a degradação da vida humana em vez de sua exaltação e seu esclarecimento. Com base em que pensamento louco podem as pessoas decidir

A NATUREZA E O DEUS DA NATUREZA

defender da crueldade humana os bezerrinhos em seus currais, mas não os bebês nos berços?

O professor Singer é um homem sério, um intelectual respeitado, que tem seus propósitos e princípios. Mas oferece hoje uma visão degradante e perigosa da humanidade em aspectos cruciais e não muito branda mesmo aos animais. Ele tornou a questão mais complexa do que o necessário, afastando assim pessoas religiosas e dando munição a grupos que desejam retratar a proteção aos animais como uma maluquice radical. Qualquer um querendo evitar encarar a crueldade com os animais como um sério problema moral encontrará em seus escritos as desculpas para isso.

Para muitos críticos, também, Singer confirma a impressão de que para defender os bichos é necessário definir novos parâmetros porque nenhum desafio racionalmente convincente poderia ser feito às fazendas industriais, à caçada recreativa ou à atividade baleeira dentro dos padrões morais comuns. Frequentemente, suas teorias não são um apelo à moralidade ou à justiça em qualquer forma conhecida, mas uma redefinição da justiça. Ele requer de seus leitores aceitar um novo conjunto de padrões morais (não os já conhecidos) e novos Mandamentos criados, *ex nihilo*, na mente de um intelectual de hoje.

Os críticos de Singer têm razão em dizer que sua rejeição à santidade da vida humana é o prosseguimento de sua visão sobre os animais. Mas isso tira o foco do principal argumento, o de que o professor rejeita a santidade da vida, e ponto. Rejeita sua inviolabilidade, a ideia de um deus, da alma ou de qualquer lei divina ou natural a guiar nossas escolhas e nossas vidas – uma visão que ele quer prolongar às nossas UTIs e enfermarias. No livro em que defende a eutanásia e o infanticídio, *Rethinking Life and Death: The Collapse of Our Traditional Ethics* (Repensando vida e morte: o colapso de nossa ética tradicional), de 1994, ele escreve:

> A ética tradicional ainda é defendida por bispos e especialistas em bioética conservadores que falam em tom de reverência sobre valores intrínsecos da vida humana independentes da natureza e da qualidade

DOMÍNIO

de vida. Mas como a roupa nova do rei, essas frases solenes só parecem verdadeiras e substanciosas enquanto estamos intimidados a aceitar que a vida humana tem algum valor ou dignidade especiais.[53]

Desde *Libertação animal*, sua empreitada tem sido libertar não apenas os bichos, mas todos nós da influência da religião, em especial da moralidade judaico-cristã: somos apenas rostos na multidão evolutiva, e nossa crença em Deus e na santidade da vida humana, uma ilusão. Nada na teoria do professor Singer tem valor ou pretensão moral intrínsecos. O universo não tem intuitos, significados ou qualquer propósito a não ser o que queiramos dar a ele. Mesmo a igualdade humana, a alegação de que temos direitos iguais, um em relação ao outro, é uma fantasia. Mais do que um fato, defende ele, a igualdade humana é uma convenção ditada, uma afirmação do que precisa ser: "Se a demanda por igualdade fosse baseada numa igualdade de fato entre seres humanos, teríamos de parar de pedir por igualdade."[54]

Há críticos, como o sr. Scruton, que fazem pouco caso das teorias do professor Singer, baseando-se no fato de que animais e humanos não podem ter suas capacidades igualadas e que, portanto, dar-lhes tratamentos idênticos seria absurdo (um chimpanzé, por exemplo, jamais poderia exercer o direito de liberdade de expressão ou de voto, caso quiséssemos lhe dar tais direitos). Mas essa não era a questão. Seu argumento era que os interesses de cada criatura são definidos pela capacidade de noção de si, de aproveitamento da vida e da expressão de preferências conscientes, sendo justamente essas preferências a base dos direitos de cada um. Assim, as leis naturais fariam das capacidades distintas de cada criatura a base de seus valores, e "o bom" seria a realização dos dons de cada ser. Para o professor Singer, não há um bem último, um propósito, *télos* ou destino moral para qualquer um de nós (com duas pernas ou quatro). Há apenas bens relativos e particulares como prazer ou escolha, sem padrões finais a lhes governar. Sua regra de ouro prevê que qualquer decisão ética que se faça deve concordar com as preferências de alguém, homem ou fera, cujo interesse essa ação afetará. A maldade com animais vira "especismo", um pecado ideológico e uma distribuição injusta de poder. Escreve:

A NATUREZA E O DEUS DA NATUREZA

Nosso isolamento acabou. A ciência nos ajudou a compreender a história evolutiva, assim como a nossa natureza e a natureza de outros animais. Livres das restrições da conformidade religiosa, hoje temos uma nova visão de quem somos, a quem estamos relacionados, da natureza limitada das diferenças entre nós e outras espécies e da maneira mais ou menos acidental em que se formou o limite entre "nós" e "eles". (...)
A nova visão nos deixa sem espaço para a resposta tradicional a essas questões, a de que nós, seres humanos, somos uma criação especial e, em virtude apenas de nossa humanidade, infinitamente mais preciosa do que todas as outras criaturas viventes. À luz de nossa nova compreensão sobre qual lugar ocupamos no universo, teremos de abandonar nossa resposta tradicional e rever os limites de nossa ética.[55]

Em nenhum momento, que eu saiba, ele argumenta diretamente sobre a crença religiosa. Simplesmente toma como certo que pessoas inteligentes não acreditam em Deus ou, se acreditam, sabem que é melhor deixá-lo fora de discussões filosóficas. Para não me aprofundar nesse campo, vou apontar apenas dois problemas mais sérios.

Em primeiro lugar, o professor Singer tem, compreensivelmente, dificuldade em entender os preceitos da fé, a não ser quando se enquadram em sua crença do ser humano como ser fundamentalmente egoísta. Só consegue compreender a dominação humana em termos de poder e sujeição. Percebe-se isso quando ele interpreta o Sermão da Montanha. Em *How Are We to Live? Ethics in an Age of Self-Interest* (Como iremos viver? Ética numa era de interesses próprios), de 1995, ele escreve que a religião está preocupada acima de tudo com recompensa e punição e que, portanto, surge do interesse em si. "Começa com Jesus, que os evangelhos retratam como pregando uma moralidade do interesse próprio."[56] Cita uma passagem de Mateus sobre fazer caridade sem "tocar trombetas diante de ti" apenas para ganhar a admiração dos homens. Isso mais parece um chamado da bondade para seu próprio bem, ele escreve, e a razão que Jesus daria para tal bem seria "menos elevada".

DOMÍNIO

Por todo o sermão, Jesus martela a mesma mensagem: amar seus inimigos, orar, perdoar os outros por seus erros; fala sobre o jejum, sobre julgar os outros e, de maneira mais geral, sobre fazer "a vontade do pai celeste". A cada caso, a recompensa do paraíso é apresentada como incentivo, uma recompensa, aliás, que, diferentemente dos tesouros deste mundo, não pode estragar nem ser roubada por ladrões.[57]

De algum jeito, essa interpretação nos faz lembrar dos teóricos cognitivos e comportamentais que vimos tentando dar algum sentido aos animais – capazes de notar sons e movimentos, mas surdos ao significado, vendo tudo em termos de estímulo e resposta, e tudo pela mesmíssima razão: porque não conseguem conceber uma realidade além das suas teorias. Ele faz toda a passagem do Sermão da Montanha se basear num egocentrismo materialista no qual as palavras do evangelho tentariam libertar aquele que as ouve. Fazer a vontade de Deus, agradar o Criador e ganhar assim a salvação torna-se um interesse calculado, mais um prazer a ser buscado, e o Senhor, algum tipo de orador motivacional "martelando" seu pacote de incentivos e recompensas.

Como a coisa toda parece tão ridícula a ele, o professor Singer não consegue se colocar no lugar do crente para compreender os significados diferentes de recompensa, tesouro e bondade quando quem fala é a Verdade. A mesma dificuldade está patente em passagens similares, nas quais ele tenta explicar a vida de Madre Teresa não por suas "crenças implausíveis" mas de uma "perspectiva evolutiva" mais sofisticada.[58] O que ele nunca analisa é por que suas crenças implausíveis sempre parecem trazer resultados plausíveis, fazendo órfãos virarem membros de uma família, e doentes abandonados se tornarem, pacientes amados e cuidados.

Há um problema maior ainda, que é encontrar bases racionais para suas teorias éticas. De modo diferente do de Stephen Budiansky, com sua teoria do "foguete" sobre a consciência humana (nós destoamos claramente na evolução e de alguma forma inventamos a ética), o professor Singer entende seu dilema e tenta bravamente tirar de sua suposição de egoísmo humano alguma ética altruísta e preocupação pelo sofrimento de outros seres. Mas os dois estão no mesmo barco, afinal esse relativismo moral termina numa incoerência intelectual: como é possível afirmar *qualquer coisa* como verdadeira ou falsa, justa ou injusta? Como se pode inclusive declarar que é errado inflingir sofrimento aos outros? Se as preferências individuais e os desejos subjetivos são a única base para a ética (ou, como prefere o professor, para a "moralidade", porque o primeiro termo implica uma verdade), como é possível distinguir desejos bons dos maus? De alguma maneira, teremos que criar um sistema de valores morais sem afirmar nenhum valor moral como verdadeiro, nem mesmo o próprio valor. Na avaliação desse teórico:

> Se o universo não foi construído de acordo com nenhum planejamento, não há nenhum significado nele a ser descoberto. Não há valor inerente, independentemente de existirem seres sencientes que prefiram alguma coisa em vez de outra. A ética não faz parte da estrutura do universo, como os átomos fazem. Mas como lhe dar uma base, na falta da crença em Deus? É possível estudar a natureza da ética de modo secular e encontrar algum fundamento filosófico para [saber] como devemos viver?[59]

E traz algo chamado "ponto de vista do universo", uma espécie de trono vazio, do qual imaginaríamos como *seriam* as coisas a partir da perspectiva divina. Não há realidade ou ordem moral de fato; não podemos afirmar nada como absolutamente verdadeiro ou falso; a vida continua sem sentido; mas se houvesse verdade ou sentido, seria assim. "Dessa perspectiva, podemos ver que nossos próprios sofrimentos e prazeres são bem parecidos com os sofrimentos e prazeres dos outros; e que, portanto, não há motivo para dispensar menos consideração ao sofrimento alheio."[60]

É até um pensamento legal, mas não resolve nosso problema, como mostra esse final ambíguo, "não há motivo para ter menos consideração com o sofrimento alheio". Se reconstruirmos essa negativa dupla (não há... para ter menos) em uma afirmação positiva, chegamos a *há razão para ter mais consideração com o sofrimento alheio*. Pelo raciocínio do professor Singer, somos incapazes de afirmar o valor moral de que tudo depende.

A historiadora Gertrude Himmelfarb descreve esse tipo de argumentação como "modo de pensamento e comportamento puramente racional, analítico e consciente de si".[61] Sem aceitar a realidade ou princípios fundamentais da natureza, eles se desfazem porque não há nada a lhes dar sustentação. É como tentar construir um prédio começando de cima. De fato, ao fim de *How Are We to Live?*, o autor nos aconselha a seguir o exemplo de Sísifo e fazer o bem sem qualquer boa razão e encontrar algumas semelhanças com a dignidade na postura estoica de desafiar a insignificância de nossa existência.

Como, afinal, diferenciar certo e errado no utilitarismo das preferências? Não há como. Precisamos de um pouco de fé. Mesmo com todo esse escárnio contra as ideias tradicionais de uma lei natural ou divina, as ideias do professor Singer parecem bem instáveis. Antes de começarmos a esboçar as bases da civilização humana, ele terá de se esforçar mais.

A confusão começou quando o professor Singer mudou o foco de sua atenção, do sofrimento animal para o sofrimento humano, e passou a aplicar suas teorias aos dilemas éticos das unidades de tratamento intensivo e alas de maternidade por todo o mundo. Se as vidas de pessoas completamente saudáveis não têm um sentido final – obviamente segundo os termos do professor Singer –, as vidas dos doentes, deficientes ou indesejados serão bem precárias. Ao encarar esse dilema, o professor se coloca no papel daquela pessoa que fala a verdade sem dó nem piedade, "rasgando os véus" para expor como farsa nossa crença na santidade da vida. Uma das críticas feitas pelos conservadores a esse teórico é a de que ele está defendendo apenas ideias diretamente aplicadas à questão do aborto.[62] Como ele defende em *Rethinking Life and Death*:

Na era moderna das leis liberais do aborto, a maior parte daqueles que não se opõem à prática desenhou uma linha precisa no nascimento. Se, como defendi, essa linha não demarca uma mudança repentina no status do feto, então parece haver apenas duas possibilidades: opor-se ao aborto ou permitir o infanticídio. Sempre questionei se o feto merece o mesmo tipo de proteção que a vida de um adulto deve ter. Ainda que a partir de determinado momento o feto sinta dor, não há por que pensá-lo como racional ou consciente de si, muito menos como capaz de se ver como ser existente em tempos e momentos diversos. Mas o mesmo pode ser dito de um recém-nascido. Bebês humanos não nascem com autoconsciência ou capazes de compreender a existência ao longo do tempo. Não são pessoas. De modo que suas vidas não parecem ter mais valor de proteção do que a vida do feto.[63]

Se os pais desejarem a morte de seus filhos recém-nascidos, mesmo que saudáveis, assim o será. A criança não tem nenhum apelo moral natural ou prévio. Não há nenhuma lei superior a que todos devamos obedecer, apenas desejos e interesses preponderantes. Nas teorias do professor Singer, tudo é uma equação equivalente a zero, e todos parecem estar em conflito com todos, um grupo de interesses sempre em contraposição a outro – o bem de A com frequência às custas de B, com C dando uma olhada por perto para ter certeza de que não perderá sua parcela de prazer, nem terá mais do que a sua cota de dor. Ao abandonar a única base racional para a igualdade humana, ele termina com um esquema de divisão e desconfiança perpétuas, sendo os doentes, os famintos e os mais velhos apenas "grupos de interesses" que buscam sua parte da divisão do todo – um verdadeiro alfabeto ético, formado por frações de interesses, mesmo que A seja um médico, B, a mãe e C seu inocente filho recém-nascido.

Rethinking Life and Death ainda propõe que "deve-se dar um período de 28 dias antes que a criança seja aceita como ser com direito à vida como os outros."[64] Mas o próprio professor nos afirma, num adendo bizarro, que qualquer linha que se desenhe tenderá a ser arbitrária, e essa arbitrariedade deve ser "o suficiente para prejudicar o equilíbrio contra uma mudança na lei nesse campo. Sobre isso, continuo incerto".[65]

Ah, sim, obrigado por avisar. E deixe pra lá se toda a coisa é arbitrária ou se essa simples afirmação questiona toda a empreitada. Talvez só estivesse pensando alto, rasgando véus enquanto tenta desenhar suas próprias linhas para guiar vida e morte. Ele quer apenas que "repensemos" as coisas. Mas mesmo nisso há alguma irresponsabilidade, afinal, se estamos falando da vida de crianças inocentes, que ele guarde seus pensamentos experimentais para si.

Vou saltar uma parte e chegar ao que ele chama de "novos Mandamentos". Por exemplo: "novo Primeiro Mandamento: Reconhecer que o valor da vida humana varia", que viria a substituir o "antigo Primeiro Mandamento: Tratar toda a vida humana como com igual valor".[66] O antigo Terceiro Mandamento da moralidade ocidental proíbe o homem de tirar a própria vida e o ordena "evitar que outros tirem as suas próprias", mas o novo Terceiro Mandamento nos diz para "respeitar o direito da pessoa de viver ou morrer".[67] E assim segue, com cada Mandamento chegando ao que parece ser uma verdade universal dentro de um utilitarismo das preferências: cada um de nós é um ser soberano, nosso próprio prazer, o mais alto bem, e nossas próprias escolhas têm a autoridade final.

É óbvio que voltamos ao mesmo problema. Se cada um é sua própria autoridade, então não temos qualquer autoridade e estaremos nas mãos de algo muito parecido com a evolução cegamente amoral. Como, então, fazer reivindicações morais para os bichos se não as fazemos para a vida humana? Como acreditar que essas vidas, com seus sofrimentos, têm significado e relevância moral se não temos certeza sobre a relevância das nossas vidas?

Há preceitos sem os quais cedo ou tarde o debate razoável não se sustenta, e um deles é a própria validade da razão. Aqui estou eu escrevendo este livro e aí está você lendo-o, e deve haver um mundo de diferenças entre as nossas concepções de conduta justa e injusta em relação aos animais. Mas não importa quão grande seja a diferença, o exercício de nossa comunicação depende da crença comum de que há algo como a

A NATUREZA E O DEUS DA NATUREZA

justiça. Devemos os dois assumir que: somos individual e socialmente obrigados a buscar a justiça; e que se pudermos concordar com um padrão razoável de justiça lidando com o bem-estar animal, então temos de nos conformar nós mesmos com tais padrões. E se não o fizermos, seremos culpados de injustiça. Mesmo para definir as diferenças de aplicação, deve haver algum padrão final de valor a ser aplicado. Temos de crer que há algo como a verdade e que a razão pode nos dar uma visão parcial dessa verdade. De outro modo, por que debater isso tudo?

Com o professor Singer, caímos no abismo de negar que a verdade moral existe e que temos de responder a ela. Tendo ele habilmente exposto, no passado, o desrespeito humano em relação aos animais, agora o vemos defendendo um último ato de capricho humano ("simplesmente matar uma criança") no caso que Leo Strauss, grande expositor da lei natural, chamou de "varejo de sanidade, atacado de loucura".[68] É uma visão da moralidade puramente instrumental e que vem de uma preferência cega, um intricado sistema de regras éticas baseado na crença de que não há bem nem mal.

Não temos espaço suficiente para analisar cada passo das teorias do professor Singer, mas lembremos da virada final – a justificativa para matar crianças recém-nascidas indesejadas. Aqui, mais uma vez, a escolha torna-se em si mesma um bem, e um capricho assume a posição da liberdade. Nada nos é deixado para distinguir bem moral de bem material, e quando toda a especulação genuína termina, sobra apenas um fraco egocentrismo. Intelectuais são um tipo de gente bem singular, defendendo com uma audácia deslavada atos que eles mesmos não teriam estômago para testemunhar. Não há dúvida de que alguns dos teóricos cuja opinião expusemos aqui são assim. Afirmam que animais não sentem nada e que, portanto, podemos fazer com eles o que quisermos. Gosto de pensar o mesmo sobre o professor Singer, quando, por exemplo, ele fala do destino de crianças com síndrome de Down. Nenhuma pessoa que não tenha um filho com essa deficiência deveria falar livremente sobre o assunto. Pode-se, entretanto, dizer com certeza que a abordagem do professor Singer em *Rethinking Life and Death* está errada.

DOMÍNIO

Shakespeare certa vez descreveu a vida como uma jornada incerta. Como pais, ou pessoas que queiram ser pais, queremos nossos filhos o mais bem preparados possível para o que quer que seja. (...) Ter uma criança com síndrome de Down é uma experiência bem diferente de ter um filho normal. Pode ser uma experiência afetuosa e amorosa, mas não podemos ter muitas expectativas quanto às capacidades da criança. Não podemos esperar que uma criança deficiente toque violão, desenvolva um gosto por ficção científica, aprenda outro idioma, converse conosco sobre o último filme de Woody Allen ou seja um atleta respeitável, um jogador de tênis ou de basquete. Mesmo adulto, o deficiente com síndrome de Down pode não conseguir viver independentemente, nem é comum que tenha filhos, o que poderá ainda trazer problemas. Para alguns pais, nada disso importa. De muitas maneiras, acham que criar uma criança com síndrome de Down é uma experiência gratificante. Para outros pais, no entanto, ela é devastadora.

Então, tanto pelo bem de "nossos filhos" quanto pelo nosso próprio bem, não devemos desejar que uma criança comece a jornada incerta de sua vida se a perspectiva é nebulosa. Quando se consegue saber disso cedo, ainda há chances de ter um novo começo. Isso significa nos desligarmos da criança nascida, livrando-nos o quanto antes dos vínculos que já começaram a nos unir ao filho, antes que eles se tornem irresistíveis. Em vez de seguir adiante e de fazer todo o esforço para tornar a situação a melhor possível, ainda podemos dizer não e recomeçar.[69]

Esse seria o "novo Quarto Mandamento: Trazer apenas crianças desejadas ao mundo".[70] A passagem é notável por ser uma das poucas em que Singer sucumbe a eufemismos, ter "um novo começo", exceto pelo bebê, que não terá começo algum. Para poupar a criança de todo o trabalho dessa jornada incerta (numa alusão absolutamente desnecessária a Shakespeare para expor o lugar-comum de que a vida é incerta), os pais poderiam devolver seu pequeno punhado de dor ao médico, que em desrespeito a milênios de ética médica pode... – bom, ninguém precisa ver. Com sorte, tudo ocorre antes que tais vínculos comecem a nos ligar, esse vínculo chamado, longe do mundo da teoria, de "amor". Podemos "recomeçar", colocar o assunto de lado e sermos "livres". Interessa até mesmo ao bebê. Afinal, por que seguir adiante, como um pequeno estranho, num caminho pelo mundo em que ele seria um fardo para os outros, jamais alcançaria uma completude como pessoa, nunca seria capaz de apreciar ficção científica ou tocar violão e nem mesmo seria capaz de falar sobre a genialidade de Woody Allen – essas coisas que fazem a vida ter significado?

O professor Singer toca numa questão dura, mas com uma dureza própria de si mesmo. Eu tiraria as "piedades solenes" dessa santidade hipócrita e vaga, com suas linhas tênues entre cuidar e matar, entre ser médico e carrasco. Ele rasgou um véu para colocar outro no lugar, defendendo algo que nem ele mesmo consegue descrever diretamente. Foi Charles Dickens, com seu Fantasma dos Natais Passados, que nos alertou contra essa visão de que qualquer pessoa na Terra é um excedente inviável, que pode ser descartado.

> "Homem", disse o fantasma, "se o seu coração for humano e não de pedra, esqueça essas palavras cheias de maldade até descobrir o que é 'excesso' e onde ele está. Você acha que vai decidir quem deve viver e quem deve morrer? É possível que você mereça viver menos do que milhões de seres iguais ao filho desse pobre homem. Santo Deus!, é insuportável ter que ouvir o inseto na folha decidir que há vida demais entre seus irmãos esfomeados sobre o pó." [71]

É por isso que uma pessoa moderada e respeitável como o professor Singer precisa ser cuidadosa. Em seus últimos escritos pode-se encontrar o mesmo tipo de arrogância que hoje as pessoas usam para justificar os erros cometidos contra animais. É a mesma permissividade que se finge de grande princípio – um raciocínio sofisticado para colocar o prazer e a conveniência de um acima do sofrimento dos outros. É basicamente a mesma postura negativa, hostil e imperiosa diante do universo, sem compaixão e com o mesmo ar sentimentaloide de altruísmo. A mesma cegueira com o rosto do inocente.

DOMÍNIO

Também é idêntico o fato de se tentar esconder o que não suportamos ver – algo bem revelador. Sua contraparte ecológica seria a matança esportiva da vida selvagem como "conservação"; a contraparte agrícola, as fazendas industriais. Trata-se da ética da "qualidade de vida" que vemos funcionar em nosso próprio mundo, passando sempre na frente o interesse próprio e jogando fora o inconveniente. Em todos esses aspectos, há desespero, ingratidão, perda do amor à vida e da humildade diante do Criador. Como sustentou o reverendo Andrew Linzey:

> Não são os animais sacrificados hoje pela espécie que cada vez mais toma para si poderes divinos e que só vê seus próprios interesses como os objetivos inquestionáveis e o propósito da criação? Desmistificando, podemos dizer que nossa tendência à idolatria consiste em pensar que nossas estimativas de nosso próprio valor podem ser o critério principal e exclusivo pelo qual julgamos a dignidade e o valor de todas as espécies. Se julgamos essa linguagem desconcertante, deve ser porque chegamos a aceitar aos poucos a posição utilitarista, mesmo que na forma esclarecida de Singer, que aceita como evidente que o interesse dos fracos pode ser negociado com o dos fortes.[72]

É assim que teorias filosóficas podem se tornar uma empreitada destrutiva, confundindo as questões com escolhas falsas e esquemas de poder estéreis que fazem as pessoas cruéis mais felizes. Em mãos hostis, tornam-se pretexto para não fazer nada, para varrer os verdadeiros e urgentes deveres morais para baixo do tapete. Como colocou o padre Richard John Neuhaus: "A campanha contra o 'especismo' é uma campanha contra a singularidade da dignidade humana e, portanto, da responsabilidade humana. (...) A esperança por um mundo mais humanitário, inclusive com um tratamento mais humano a animais, parte de uma premissa que [os teóricos da libertação animal] negam".[73]

Os únicos termos em que a questão animal pode realmente ser compreendida também se perdem em tais teorias – e são, acredito, os verdadeiros termos em que a moralidade em geral pode ser entendida.

A linguagem do professor Singer é a da autonomia, da soberania pessoal, da autoafirmação e da preferência. Homens e bichos sempre se darão melhor quando nossos pensamentos se centrarem na compaixão, na caridade, na benevolência, na generosidade, na hospitalidade e mesmo na piedade, com sua raiz romana *pietas*, a virtude e a visão de onde vem a misericórdia.

A visão de vida do professor Singer é bem-intencionada, mas improdutiva e dura. E ele estende esse espírito às questões do bem-estar humano. Gente religiosa, cujas ideias tradicionais ele despreza, tem uma visão de vida mais bondosa e misericordiosa, a fé dos cansados, perseguidos, dos sem esperança. Mesmo que muitas vezes essas pessoas não levem aos animais esse espírito. E é a essas pessoas que espero falar com este livro. Um dos sinais da verdade moral é que ela tem aspecto familiar, ela nos diz algo que no fundo já sabíamos. Espero que encontrem ao menos um pouco disso aqui, mesmo que permaneçam algumas diferenças razoáveis.

Também os animais são diferentes. E se há discordância quanto às reivindicações morais sobre eles, então comecemos por onde está claro que todos concordam. Os elefantes que vimos sendo zombados, atormentados e massacrados pelo pessoal do Safari Club não têm tempo para esperar que os estudiosos da ética elaborem uma mudança de paradigma de séculos no pensamento moral. As criaturas simplesmente necessitam de proteção específica, contra males específicos diante dos quais elas são indefesas. Se formos resgatá-las, temos de resgatá-las agora.

JUSTIÇA COMPULSÓRIA

Apenas no vácuo moral, na falta de alternativas claras entre os filósofos e teólogos que quebram suas cabeças para dar um rumo à questão da crueldade, Peter Singer poderia ter se tornado o mais conhecido defensor dos animais. Muitos desses escritores e pensadores hoje expressam seu choque e sua indignação diante das ideias e da influência

DOMÍNIO

de Singer. Mas falta algo nessas objeções e seria bom que esses críticos refletissem sobre seu próprio silêncio sobre o assunto.

Uma corrente de pensamento entende a questão da crueldade e expressa constantemente sua simpatia pelos animais, mas resiste a qualquer tentativa de agir contra a situação, com medo de confundir o status moral e legal dos bichos com os dos homens. É o que parece ter ocorrido em junho de 2001, no debate entre o professor Singer e Richard A. Posner, juiz do Tribunal de Apelação dos Estados Unidos, que disse desaprovar as fazendas industriais, embora não desse o passo adiante no que diz respeito a proibições legais.

> Se é verdade que métodos alternativos de produção de carne reduziriam substancialmente o sofrimento dos animais a um preço banal, sou a favor de adotá-los porque gosto de animais e, portanto, não quero vê-los sofrendo gratuitamente. Mas não me sinto inclinado a forçar minha opinião aos que discordam dela, não vejo sequer necessidade ou justificativa para a coerção.[74]

Segundo o juiz Posner, as fazendas industriais devem ser deixadas para a "preferência do consumidor".[75]

Coube ao professor Singer responder que "gostar" de animais não tem nada a ver com qualquer obrigação humana atrelada ao sofrimento gratuito. Se há obrigações, elas devem ser cumpridas por todos e, sem colocar problemas a nosso status, devem ser traduzidas em lei – o mesmo tipo de lei que o juiz impõe diariamente –, abrangendo inclusive crueldades já definidas, mas que muitos acreditam não ser necessário que o governo as proíba. Não importam as diferenças filosóficas sobre o status dos animais, porque na prática a questão é a necessidade de afirmar que a lei pode intervir em nome deles. Chame isso de algo inerente aos animais, chame de exercício de dever, chame do que quiser, mas eis o teste: estamos preparados para *agir* contra a crueldade com animais?

O historiador inglês Thomas Macaulay, um tanto fora de contexto, afirmou, numa observação que ficou famosa, que "os puritanos não se

A NATUREZA E O DEUS DA NATUREZA

opunham às *bear-baitings* [brigas de ursos com cães] porque traziam sofrimento aos ursos, mas porque davam prazer ao espectador".[76] Nessa abordagem, a crueldade com animais é errada porque é má para nós, para nosso caráter e nossas almas. John Henry Newman, mesmo ao definir "algo tão tenebroso, tão satânico" relacionado ao tormento a animais, apoiou-se em uma visão parecida, como algo que interfere na vida virtuosa, mais importante como reflexo da bondade do ser humano do que nos interesses dos próprios bichos:

> Não temos deveres em relação à brutalidade da criação; não há relação de justiça entre eles e nós. É claro que temos obrigação de não tratá-los mal, afinal a crueldade é uma ofensa à Lei Sagrada que nossa natureza escreveu nos corações dos homens, além de ofender a Ele. Mas eles não podem nos pedir nada, estão absolutamente entregues em nossas mãos. Podemos usá-los, destruí-los a nosso bel-prazer, não a nosso prazer desumano, mas ainda para nós mesmos, para nosso benefício e satisfação, desde que possamos dar uma explicação racional para o que fazemos.[77]

Ainda antes dessa defesa, temos nosso velho amigo Santo Tomás de Aquino, que expressa a tradição moral escolástica e de certa forma os preceitos dos pensadores cristãos de hoje, ao defender que os animais só estão presentes contingencialmente na realidade humana. Neles mesmos e por si mesmos, não teriam importância:

> Se alguma passagem na Escritura Sagrada parece proibir que sejamos cruéis com animais, por exemplo, matando um pássaro com seus filhotes, ela equivale a proibir o pensamento de um homem ser cruel com outros homens, ou ao menos que ser cruel com animais é se tornar cruel com outros seres humanos, seja porque o mal feito a um animal leva a um dano ao homem (quem o pratica ou quem o recebe), seja por alguma significação simbólica (...).[78]

É essa a tradição que o professor Carruthers segue quando nos diz que, embora animais não tenham direitos morais imediatos, têm "entretanto, significado moral indireto, em virtude de suas qualidades

DOMÍNIO

de caráter moral que possam evocar em nós. Ações direcionadas ao animal que expressem o mau caráter moral são, portanto, erradas".[79]

Em outras épocas, eu mesmo tinha essa visão. Até notar que muitas pessoas com esse tipo de posição explicam (assim como Carruthers) que na prática ela requer um "mínimo" de restrições à conduta do homem.[80] Também comecei a me perguntar como algo tão mau para o caráter pode não ser mau em si. Qual é exatamente a diferença, para usar as palavras do cardeal Newman, entre ter o "dever" de se conter na crueldade com os bichos e ser "obrigado a não tratá-los mal"? Na prática, qual a diferença entre ter uma "relação de justiça" e violar a "Lei Sagrada que nossa natureza escreveu nos corações dos homens"? Como uma pessoa que evita a crueldade com animais, seja pela razão que for, pode fazer e não fazer a mesma coisa? Como o cardeal Newman acredita, a crueldade pode levar a humanidade aos campos do "satânico", e eu diria que apenas isso já deveria ser razão suficiente para ficar longe.

De maneira semelhante, ao se analisar os ditos de Macaulay, por que seria errado o espectador ter prazer nas brigas de ursos com cães se essa prática não fosse má em si mesma, goste ou não do espetáculo? *O que*, precisamente, nos maus-tratos a animais leva à crueldade no homem? É de se pensar que haja algum mal, ou pelo menos algum evento que inspire esse mal no coração do espectador e que essa coisa, por ela mesma, faça com que o ato seja inerentemente mau. Nas palavras de Aristófanes: "Eventos malignos de causas malignas florescem."

Mesmo que acreditemos que não é um *ato* injusto, em si e por si, causar transtorno a um animal, chamamos seu praticante de *pessoa injusta*. Trata-se de uma separação moral mais fácil de se declarar do que de se imaginar: há uma pessoa injusta, com seu chicote ou sua arma sobre o pobre animal que acaba de torturar ou matar; mas não há uma injustiça, portanto não há uma vítima. O que aconteceu, então? E o que o urso faz ali?

Como já defendi, basta definir as coisas e saber de nossos próprios deveres com os animais para que se tornem direitos. Sejam quais forem as nuances semânticas, filosóficas ou teológicas, deveres *a respeito*

A NATUREZA E O DEUS DA NATUREZA

dos animais e deveres *com* os animais são, na prática, idênticos. E em nenhum momento o fato de as criaturas não poderem agir moralmente em relação a nós diminui nossa capacidade de agir moralmente com elas. *Devemos* a elas cuidado humano. Como temos um comedimento moral a ser observado, não importa muito (e muito menos aos objetos da crueldade) dizermos que se trata de um "direito" de não ser confinado sem qualquer piedade, de não ser espancado, dissecado, negligenciado etc. Não interessa como a chamaremos, a conduta ou é ou não é permissível.

Esses homens devotos tentavam, claro, evitar uma confusão entre homens e animais, entre feras sem razão e o homem feito à imagem e semelhança de Deus. Não importa a razão dada ou a distinção teológica feita, a tradição cristã ainda lida com o mundo do dia a dia, com seus prazeres depravados e práticas que podem ser más ou levarem ao mal.

Da produção desses três pensadores tiramos os mesmos fatos relevantes: existe algo como a dor ou o dano a um bicho. Existe algo como a crueldade com o animal. E, direta ou indiretamente, a crueldade com animais é má e é o ato da pessoa injusta. A *Catholic Encyclopedia* (Enciclopédia católica) informa-nos, então, que isso é o suficiente para estabelecer um dever pessoal e, mais ainda, uma obrigação de justiça:

> Enquanto os escolásticos sustentam sua condenação à crueldade com animais pela influência desmoralizante, seus ensinamentos gerais sobre a natureza dos direitos e deveres do homem trazem princípios que precisam apenas ser aplicados para que se estabeleça como essencial e diretamente pecaminosa a crueldade com o mundo animal, independentemente dos resultados dessa conduta no caráter de quem os pratica.[81]

Há uma versão mais recente do argumento dos deveres, em vez dos direitos, trazida pelo professor David Oderberg, em seu *Applied Ethics* (Ética aplicada), que acaba por nos trazer uma abrangente acusação aos nossos tempos:

Milhões de animais sofrem terrivelmente em experimentos. Ainda que alguns de fato beneficiem os homens, são em sua maior parte sem motivo, se não realmente prejudiciáveis a nós. (...) Nessa era tecnológica, em que a razão utilitarista predomina acima de tudo, animais são tratados de modo mais danoso e cruel do que em qualquer época de nossa história. Encontramos maneiras jamais pensadas de torturar e mutilar animais e de fazer suas vidas miseráveis, quase um inferno em vida para muitos milhares trancafiados na indústria multinacional de alimentos, em instituições governamentais voltadas para a mais nova e melhor arma para humanos se matarem e em laboratórios onde o mais importante da pesquisa é chegar ao mais novo batom ou creme facial.[82]

O professor Oderberg também escreve em outro livro que o problema não são direitos que não reconhecemos, mas a nossa própria capacidade de "degenerescência moral", "falta de virtude e transbordamento de excessos".[83] Mesmo com tudo isso, ele não admite que esses pecados cheguem a uma dívida direta com animais ou a um direito inerente contra a crueldade humana. "Nos termos de uma teoria moral estrita, podemos não estar cometendo uma injustiça contra essas vítimas da vaidade e da cobiça humanas. Como falei, podemos não estar violando seus direitos."[84] Como se não tivéssemos deveres *com* as criaturas, apenas deveres *"a respeito dos* animais".

Applied Ethics dá a definição de direito segundo a lei natural como "um tipo de proteção moral oferecida a um indivíduo na busca pelo bem."[85] Os direitos estão condicionados ao reconhecimento do bem moral na própria pessoa e às coisas que temos de alcançar para satisfazer nossa natureza. Animais não conseguem perceber nem buscar bens morais como a justiça, a liberdade ou a virtude, portanto, segundo o teórico, não podem ter nem precisar de direitos. Ele acredita que haja reivindicações morais deles sobre nós, recaindo na categoria de dever nossas obrigações na condição de seres morais. A partir daqui ele faz uma útil distinção entre bem moral e direito. O primeiro sendo aquilo que temos obrigação de praticar sem uma correspondência de direito da outra parte, tal como a benevolência e a caridade. E devemos esse

A NATUREZA E O DEUS DA NATUREZA

tipo de atitude também a animais, afirma o professor Oderberg, ainda que eles não tenham nenhum direito moral de bondade ou caridade, muito menos um direito legal, que teríamos uns em relação aos outros. É um bom argumento e poderia nos dar, se aplicado conscienciosamente, os padrões sólidos de conduta que estamos procurando. Mas ainda pode gerar uma boa fuga. Por exemplo, no debate realizado na Nova Zelândia, em 1999, sobre uma proposta de bem-estar para animais. Quem analisa é Roger Scruton, alertando que, se a lei passasse,

> chimpanzés não apenas teriam direito à vida, mas também "direito de não sofrer tratamento cruel ou degradante" e "direito de só participar de experimentos benignos". Bem, por que não? Poucos de nós ficam felizes em saber que macacos serão expostos a tratamento cruel ou degradante ou que serão objeto de experimentos malignos, e a maior parte de nós daria boas-vindas a uma lei que os protegesse desses abusos. O problema está na linguagem dos "direitos".[86]

Chimpanzés não podem ter direitos porque direitos e deveres só podem ser exercidos por seres morais. "Se tivessem direitos, chimpanzés seriam seres morais como nós, caso em que teriam dívidas e deveres impostos por lei."[87]

O sr. Scruton "daria boas-vindas a uma lei que os protegesse", mas nunca levantou um dedo para tentar promover uma na Inglaterra, na Nova Zelândia, onde fosse. Em nenhum de seus muitos escritos ele propôs um único ponto específico de reforma, até onde sei, mesmo que fosse conforme seus próprios critérios. Essa generosa concessão que fez em relação aos macacos de laboratório só aconteceu para que ele rejeitasse a lei em questão. É agradável ouvir – e os chimpanzés receberiam com alegria essas reformas também –, mas todas as suas boas palavras não vêm acompanhadas de um status específico de proteção de experimentos desnecessários.

Muitas e muitas vezes, o sr. Scruton defende que não se pode dizer que primatas e outras criaturas sejam seres morais por não poderem ter ou exercer deveres morais. Até que em *Animal Rights and Wrongs* ele admite que nós temos alguns deveres individuais com relação às criaturas, deveres esses que vêm da piedade e "da ética da virtude [que] condena as maneiras de lidar com animais que provenham de um motivo danoso".[88] A própria sociedade tem interesse em evitar crueldade com base na "corrupção moral, uma vez que a lei é a guardiã da sociedade e seria ineficiente num mundo onde as fontes de sentimento social tenham sido poluídas."[89]

Isso é útil, e o leitor acredita que levará o sr. Scruton a algum padrão claro e inviolável que proíba a crueldade. Mas não, para ele, não advém dessa argumentação qualquer tipo de direito para as criaturas, qualquer reivindicação contra a crueldade, porque, diferentemente de nós, elas não são "seres autocriados" capazes de entender direitos; não são "soberanas", criaturas que tenham "soberania sobre a própria vida".[90] Direitos são recíprocos, nos diz ele várias vezes, existem por negociação, concedidos apenas na medida em que recebamos algo em troca, sua variação do imperativo categórico kantiano. "Se animais tivessem a autoconsciência e a autonomia de seres morais, então também teriam direitos e deveres."[91] Ou seja, animais não podem ir aos tribunais, preencher os requisitos para contratar advogados que lhes garantam seus direitos, daí que não há como conceber que tenham direitos. Da mesma forma como nos foi dito em outro momento que fora de nosso mundo de palavras não pode haver sentimento consciente, agora nos dizem que fora de nosso mundo e de nossos contratos não pode haver alegação moral.

Há várias respostas possíveis. Uma delas é notar sua semelhança com as teorias de Peter Singer – ambas definem os direitos e valores da vida humana em termos de escolha pessoal, interesse próprio e soberania. Isso deixa o sr. Scruton com o mesmo tipo de ambivalência para casos tangenciais, como pessoas deficientes física ou mentalmente e incapazes de reciprocidade. Se os direitos pertencem apenas a seres capazes de cumprir deveres sob contratos e acordos mútuos, o que dizer dos deficientes?

Essa parte de *Animal Rights and Wrongs* vagueia sem uma resposta muito clara e o melhor que seu autor pode fazer é alertar contra "uma atitude fria e calculista direcionada à espécie humana e a forma humana", o que chega a ser reconfortante, apesar de suas designações como "imbecis" e "idiotas congênitos" para se referir a deficientes.[92] E não precisa muito para declarar o que precisa ser, mas não pode ser dito em termos do argumento da "soberania", isto é, essas capacidades físicas e mentais, e contratos humanos não têm nada a ver com valor moral, igualdade ou direito de proteção contra crueldade e exploração. Assim como na visão do professor Singer, há todo um aspecto de atuação moral que falta à construção da soberania e da reciprocidade – o aspecto da generosidade, da empatia e da consideração pelos fracos. Mas, uma vez aberta esta porta, aonde ela nos leva no que concerne à nossa abordagem dos animais?

Outra resposta possível é lembrar mais uma vez que, em quaisquer teorias de soberania com que possamos sonhar, não se pode dizer que mesmo nós tenhamos direito a elas. Em parte, também vivemos no mundo sem direitos dos animais, o mundo de decadência e pragas, doenças e desastres naturais contra os quais não há como apelar por correção, livre-arbítrio, bondade ou justiça. Se eu estiver vagando por um bosque e der de cara com um urso-cinzento, não tenho qualquer direito na questão, tampouco vai ajudar eu alegar soberania na condição de "ser autocriado". Ainda assim, houve casos em que, sem qualquer razão aparente, animais predatórios pouparam humanos indefesos de seu ataque e morte (um mistério retratado no filme francês *L'Ours*); os espreitadores do norte não são agentes morais capazes de responder a nossas noções de direito.

Direitos, e mesmo o direito à vida, aplicam-se apenas à ação humana porque apenas nós somos seres morais capazes do bem e do mal deliberado, como Scruton e tantos outros não se cansam de nos lembrar. Eles não pararam, no entanto, para considerar o que vem daí, ou seja, que os direitos estão lá, por definição, como uma avaliação do erro humano. Estão atrelados a qualquer conduta humana, em qualquer situação em que homens sejam passíveis de mal. Como negar que animais tenham o direito de não ser maltratados por nossas mãos, uma vez que aceitemos que nós, homens, podemos agir erroneamente em nosso poder sobre os animais? Se um direito é uma proibição de cometer um ato errado, e se animais podem ser objetos de ação humana errônea, então faz sentido que os animais tenham direitos – obviamente não entre eles, mas quando nos encontram.

A alternativa é supor que o ser humano, a criatura da razão e da moralidade, quando entra na floresta ou na fazenda industrial e dá de cara com animais, de alguma maneira se liberta de sua própria natureza moral – o que de fato parece ser a ideia da "terapia para a culpa na morte sem culpa", que Scruton adora na perseguição. Seu argumento de reciprocidade, se analisado mais detidamente, é a contraparte moral da falácia da língua (examinada no capítulo 5). A conclusão do filósofo ("animais não podem ter direitos") é uma reafirmação da premissa ("direitos são exclusivos de seres capazes de compreender o conceito dos direitos"). Ele não provou nada a não ser o que já se sabia, que animais não são seres filosóficos ou morais capazes de compreender qualquer alegação moral que poderiam ter contra o erro humano.

A objeção seguinte ao raciocínio de Scruton procuraria uma definição mais clara de "motivo danoso". Não importa se o assunto é a fazenda industrial, armadilhas, caçadas ou vivissecção; em sua visão, tudo depende dos motivos das pessoas envolvidas, assim como a teoria do cachorro ferido do professor Peter Carruthers (também no capítulo 5). Mesmo a caça à raposa seria um erro moral, confirma Scruton, se seu divertimento principal vier do sofrimento do animal.

Entretanto, ele não oferece critérios muito fixos para julgar o que chama de "prazeres perversos" da crueldade.[93] A lei, defende, só deveria proibir "crueldade deliberada" na qual o sofrimento do animal "torna-se objeto de interesse em si mesmo".[94] Em outras questões, a lei deve ficar silenciosa a respeito do bem-estar dos animais porque "sociedades modernas sofrem de um excesso de legislação sobre questões em que advogados e políticos não são necessariamente as maiores autoridades".[95] *Applied Ethics*, livro do professor Oderberg, afirma de modo parecido que "é errado causar dor a um animal com o intuito

A NATUREZA E O DEUS DA NATUREZA

de causar dor".[96] O problema depende da motivação, que deve ser pesada e avaliada de acordo com uma regra um tanto burocrática que ele chama de Princípio do Efeito Duplo:

Dentro do Princípio do Efeito Duplo é válido permitir dor previsível mas não intencional em nome de um propósito benéfico cuja realização não tenha como meio um ato intrinsecamente errado mas haja uma proporção entre os benefícios conferidos e o mal do sofrimento. Assim, se caçadores de raposas puderem provar que o que querem é a erradicação de uma peste que destrói o gado de fazendeiros ou, então, benefícios de saúde com a montaria a cavalo ao ar livre, a "animação da caçada" (...), entre outros, então o passatempo é legítimo. Mas a crueldade por si só não o é, e práticas como a tourada parecem ter como objetivo apenas a dor e o sofrimento do touro. A questão é que cada uso de animais deve ser avaliado em seus próprios méritos, com atenção para ver se o intuito é cruel, degradante ou se de alguma forma vai contra uma vida virtuosa que seres humanos têm o dever de viver.[97]

Vamos colocar apenas os dois problemas mais óbvios aqui: como é que vamos definir "crueldade deliberada" ou "crueldade por si só"? Nunca encontrei ninguém que confessasse estar sendo deliberadamente cruel, fosse em relação aos homens, fosse em relação aos animais. E me parece bem claro que o professor Oderberg nunca leu *Death in the Afternoon* (Morte à tarde) ou ouviu toureiros explicando o sentido mais profundo da tourada. Qualquer um que tenha prazer em atormentar animais ou em assistir ao tormento reafirma, como o sr. Scruton, que o faz pelos motivos mais nobres. E como o Princípio do Efeito Duplo se aplicaria a fazendas industriais, onde a motivação é conseguir o lombinho perfeito, ou economizar um dólar aqui na produção e outro no consumo, apagando a linha que divide crueldade deliberada e não intencional?

No raciocínio legal e moral, as motivações são critérios para medir punições a quem esteja errado. Mas e se houver motivações diferentes em assaltos idênticos, em que o grau de violência às vítimas foi o mesmo?

DOMÍNIO

A lei não fará distinção dos dois. É preciso evitar os dois crimes, e sua gravidade moral não depende dos motivos do agressor, mas do mal à vítima. Quando se julga a culpabilidade de um erro específico, aí sim, avaliam-se motivações subjetivas, que serão pesadas como provas de premeditação, capacidade mental etc. Aplicamos esses princípios até mesmo em casos de legítima defesa ou de mortes causadas na guerra, não consideradas moralmente boas, mas como um mal necessário. Diz-se que as circunstâncias não deixaram escolhas.

No cômputo do sr. Scruton, e em menor grau no raciocínio do professor Oderberg, nos quais está em pauta a violência com os animais, todo o ato é analisado segundo o motivo. Somos proibidos de assumir a intenção vinda diretamente do ato. Segundo eles, um ato torna-se mau se seu motivo é mau, e bom se seu motivo é bom. No caso da caçada esportiva, o sr. Scruton junta a esse argumento outros "bens morais complexos" como o companheirismo e vínculos "tribais" entre caçadores, a "hospitalidade" do proprietário da área, entre outros. No seu pensamento, ao menos, ele consegue separar bem a motivação da caçada (i.e., a recreação) do objetivo da caçada (a morte), deixando ainda mais longe a consequência da caçada (o sofrimento). Alguns caçadores, se chamados para opinar, podem reclamar que as consequências indiretas de suas ações são detalhes acidentais, como na explicação dos Caçadores Cristãos, em Reno, sobre como esse esporte abre uma oportunidade de maiores ligações com seus filhos ou de "pregar o evangelho" entre um tiro e outro. Mais recentemente, na Inglaterra, Scruton e seus colegas caçadores começaram a levantar fundos, com taxas de caçada, e a doá-los para entidades de caridade rurais – uma tentativa, como a do SCI, dos "Caçadores contra a Fome" de fazer vingar seus prazeres perversos próximos a um bem moral e a motivos e intenções obscuros (talvez até para os próprios caçadores).

Tanto Scruton quanto Oderberg são homens estudados e menosprezariam tais estratégias lógicas reconhecendo nelas uma mixórdia inútil de ética situacional e, no caso de Scruton, um utilitarismo medonho semelhante ao do professor Singer. Ao longo de todo o livro *Animal Rights and Wrongs*, ele sustenta uma "lei moral", cuja compreensão separa homens de bichos. E ainda assim, na prática, essa nossa visão dos animais acaba significando uma falta de lei, cada um deixado a avaliar seus próprios motivos, a responder apenas a seus próprios julgamentos e só encarar punições se confessar o erro. No esquema do professor Singer, temos todo tipo de regras específicas, sem qualquer lei moral. No esquema de Scruton e Oderberg, temos leis morais, sem regras específicas.

O segundo problema é que a motivação depende do conhecimento, e o conhecimento varia. Se uma pessoa age acreditando que animais não sentem dor consciente, ela pode torturar um animal de modo que o próprio sr. Scruton julgaria repreensível. A motivação seria absolutamente pura por conta da ignorância do torturador. Como condenar o ato se a motivação for o fator decisivo aqui? A crueldade é como qualquer outro vício, algo que se reflete em atos específicos, de modo que alguém pode ser cruel sem que o saiba.

Como outros caçadores desportivos, o filósofo britânico dá um passo adiante em seu relativismo moral apelando para a "experiência". Para "entender" a caçada e as delícias dessa "minoria substancial" que gosta de caçar (5% a 7% da população), precisamos caçar, precisamos emergir na paixão simples e sem escolha dessa prática. Assim, também nós saberemos o que significa a "volta para casa, para nosso estado natural".

Fica claro que o mesmo argumento poderia ser usado para as touradas, brigas de galo ou de urso, corridas de coelhos, vídeos de esmagamento de animais ou mesmo pornografia em geral. Desde quando temos de experimentar um erro antes de avaliá-lo como tal? E se os seres humanos são criaturas racionais definidas por sua relação com a lei moral, então é de se pensar que nossa "casa" está exatamente na direção oposta, não nesses espasmos apaixonados que o sr. Scruton celebra, mas nos atos de refreamento deles.

Podemos rejeitar o argumento da "crueldade deliberada" e todas as suas variações, no mínimo porque são completamente ambíguos e não chegam a lugar algum. Esses argumentos só levam a um código de honra, e já temos muitos deles em nosso lidar com animais. Se esses

DOMÍNIO

códigos fossem respeitados, não precisaríamos discutir a questão. Eles se apoiam num "tipo de livre-arbítrio intelectual sutil" e em outras qualidades morais reconhecidas, como bem observou Mary Midgley, tornando menos claras as poucas coisas que temos em comum com animais, tais como a aversão a ser perseguido, surrado ou confinado.[98] Tais argumentações tratam a crueldade como um estado interior da mente ou do coração, como o orgulho ou a inveja, e não como um traço da personalidade que se expressa em atos específicos, acontecimentos e instituições a serem julgados e sua necessidade e méritos, avaliados. Elas se baseiam em conceitos de dignidade humana, mas não fazem a lei tratar de atos de degradação dos homens às custas de criaturas inocentes. Esses raciocínios afirmam a liberdade humana e o lugar único de agentes morais, ao mesmo tempo que permitem atos maus por puro desejo ou capricho. Só prescrevem direitos ao ser humano, porque ele é a criatura racional, e então deixam que qualquer um faça qualquer coisa aos animais desde que diga que suas razões são puras. Condena-se a "crueldade perversa", deixando ao homem decidir por si mesmo o que "perverso" significa.

Na conclusão de sua "teoria estritamente moral", o professor Oderberg nos conclama eloquentemente a pensar além dos direitos e deveres morais. "Temos de parar de pensar que só podemos ser cruéis, maliciosos, cobiçosos, presunçosos, vangloriosos, invejosos e degradantes se violarmos um direito. Cada ato de crueldade pela própria crueldade nos desgraça e degrada."[99] Trata-de se uma posição humana e muito defensável, mas apenas se puder ser traduzida em soluções e proteções reais diante da lei. Caso contrário, as práticas mais assustadoras continuarão como são – infelizes, degradantes, cruéis e legais.

Ainda é possível argumentar sobre as implicações últimas, morais e espirituais, da crueldade, direitos "diretos" e "indiretos" e tudo mais. À toa. Porque depois de algum tempo, essas defesas começam a ficar cansativas e sem sentido, e há mesmo algo de pedante e orgulhoso nessa insistência de que, ainda que erremos com outras criaturas, o *verdadeiro* erro está em nós, em nossas leis morais etc. Em geral, a moralidade consiste justo no oposto, em reconhecer bens e valores acima de nós e em lhes conceder sua parte – respeitar e obedecer à ordem estabelecida pelo Criador. A própria definição de pecado *sempre* machuca mais o pecador do que a vítima, alienando-o de Deus e sugerindo-lhe um destino eterno pior do que qualquer dano que possa ter causado. Mas é com o reino temporal que estamos preocupados aqui. Estamos falando de males específicos e querendo que os infratores respondam à lei. Quando a "teoria moral rígida" não tem sucesso em fazê-lo, quando ela só pode comentar os atos injustos, mas não proibi-los, então talvez seja hora de reavaliar a teoria. Talvez ela não seja suficientemente rígida.

Há algo do Paradoxo de Zeno na negação das reivindicações morais diretas dos animais, algo a provar a impossibilidade teórica de que qualquer objeto alcance seu objetivo. Antes de chegar a seu alvo, ele terá percorrido metade da distância, e então, metade da metade da distância, em seguida metade dessa e assim por diante, em distâncias cada vez menores, mas nunca chegando à metade final. É um problema intelectual que ainda ocupa as mentes dos matemáticos, enquanto a maior parte de nós simplesmente assume que o movimento é possível e que os objetos podem alcançar seus alvos. Do mesmo modo, enquanto filósofos discutem sobre os pontos mais sensíveis das alegações morais dos animais sobre nós em relação aos bichos, podemos nós mesmos entender que pode haver erros em relação às criaturas e que a vítima da briga de urso de fato é o próprio urso.

Tudo de que os animais necessitam, e o que lhes devemos por meio de nossas leis, são sanções criminais específicas, claras e consistentes declarando: "Não os sujeitarás à crueldade humana", uma simples questão de decência e uma obrigação da justiça. Podemos nós mesmos ponderar sobre as questões filosóficas e espirituais finais. E, no que me diz respeito, os espectadores e participantes que gostem de crueldades contra animais que se preocupem com sua própria alma.

8. Justiça e misericórdia

Também por isso, ó Senhor, rogamos a vós que estendais às humildes feras, que lidam a nosso lado com o calor e o fardo do dia, a imensa bondade de vosso coração, porque vós prometestes salvar homens e feras, e porque é grande a bondade do amor.

SÃO BASÍLIO

Quando um macaco aponta para um cisne e, usando os sinais que lhe ensinaram, diz *passarinho-água*, isso é uma revelação e nos diz mais do que simplesmente "há um cisne ali". Podemos ter o que o jornalista Jeremy Paxman chamou de "equivalente moral do elo perdido".[1] Quando sabemos que elefantes, entre outros animais, comunicam-se entre si sobre perigo, lamentam por seus mortos e têm pesadelos, então já sabemos o bastante para não deixar essas criaturas à mercê das caçadas esportivas. Quando a pecuária padrão trata bilhões de animais como carne que não sente nada e a humanidade se coloca acima de sua vida mental e emocional consciente, é melhor não seguir como se nada estivesse acontecendo.

"O que será feito por esses inocentes?", perguntou C. S. Lewis, em sua reflexão sobre os problemas morais levantados pelo sofrimento animal.[2] Neste livro, tentei responder à questão. Ao fazê-lo, algumas vezes senti que estava em território proibido, e em outras que estava dizendo coisas óbvias demais. Muitas vezes também tive as duas sensações ao mesmo tempo. Ao descrever os métodos da criação intensiva de gado em confinamento, os excessos da caçada esportiva ou mesmo os usos mais cruéis de animais pela ciência, tenho certeza de que grande parte dos leitores partilhará meus sentimentos de preocupação e indignação. O mais problemático é transformar os sentimentos em ação, isto é, convencer as pessoas de que a mudança não apenas é necessária, mas também possível. Na questão da proteção aos animais, uma linha tênue separa o centro da margem: condenar o errado é óbvio, mas sugerir seu fim é radical.

Tentarei, neste último capítulo, pensar em reformas práticas em relação aos problemas que descrevemos nos capítulos anteriores. Vimos um desrespeito sem piedade à vida selvagem e, em alguns países, à vida marinha também. Notamos o colapso dos padrões na pecuária. Indicamos os abusos da experiência genética e os extremos da biotecnologia. Apontamos os principais argumentos a defender esse tipo de crueldade que ignora a integridade da vida animal: bichos sentem "apenas dor", explorá-los é "para o próprio bem deles", apenas "crueldade deliberada" é crueldade etc. E percebemos que tais argumentações não sobrevivem a um questionamento racional. Não há religião, crença ou profeta que endosse os abusos que permitimos. Nenhum código de moralidade respeitoso os defende. Esses abusos têm sido simplesmente ignorados, tolerados, minimizados como algo que não merece muita atenção. Ou seja, acabaram-se nossas desculpas. Mas ainda paira no ar a impressão de que, mesmo que estivéssemos dispostos a fazer reformas legais sérias, o projeto seria impraticável, custaria demais, atrapalharia demais nosso modo de vida e, portanto, deve ser recusado desde já. "Uma vez que venhamos a abrir mão das feras, estaremos vivendo como elas. Nenhuma busca civilizada, nenhum refinamento da vida poderia sobreviver a isso", afirmou no passado.[3]

Eu duvido que a maior parte de nós sequer notaria reformulações sérias nas leis de proteção aos animais, muito menos ficaria contra elas. E aqueles de nós que as notassem apoiariam sinceramente a grande maioria delas. Às vezes, uma reforma significa apenas fazer com que se cumpram leis que já existem ou fazer uma revisão de alguns limites para que reflitam as crenças já partilhadas por grande parte das pessoas da maioria das sociedades. Um leitor que passe os olhos pelas páginas anteriores talvez nunca venha a saber, mas a maior parte das pessoas *gosta* de animais e até os ama, e de fato vivemos numa época de grandes mudanças de atitude em relação aos cuidados e ao tratamento de animais. A proteção aos bichos caminha lado a lado com algumas causas morais e sociais aceitas pelos costumes e pelas leis, são ideias que no passado eram encaradas como ameaças à civilidade, mas que hoje são aceitas como extensão dos valores civilizados.

Penso no caçador de grandes presas Jim Carmichel, que confidencia em *Outdoor Life* sua relutância em dizer mesmo a colegas esportistas que sua "paixão consumidora" é perseguir obsessivamente elefantes.[4] Por que essa reticência? "Porque mesmo a menor menção à minha verdadeira paixão nesse quesito provoca invariavelmente choque e indignação ou um monte de perguntas."[5] As pessoas simplesmente não o entendem, afirma esse caçador. O fato de "nenhuma criatura selvagem ser tão fascinante ou tão inteligente"[6] quanto o paquiderme seria um motivo para a maior parte de nós evitar tormentos a ele, mas para o sr. Carmichel isso apenas aumenta o prazer da caçada. É de se duvidar que evite tanto o assunto, mas, seja como for, quando o faz, consegue uma enorme desaprovação pública, como ele mesmo afirma. E isso nos leva à pergunta: por que a lei reflete os valores dele e não os da maioria, que acha a coisa toda repugnante? Por que nós o deixamos fazer isso?

Do mesmo modo, pode ser que muitos leitores jamais tenham ouvido falar das práticas que mencionamos neste livro, ou não sabiam que eram legais. Perdoem-me, aliás, pelo "nós" que às vezes uso quando descrevo crueldades praticadas por uns poucos perversos, que infligem os piores abusos e se opõem às menores reformas. A *nossa* pior agressão é a permissividade, a falta de atenção ou, no caso da pecuária industrial, a cumplicidade. Enquanto a grande maioria – não violenta – parece estar educadamente longe, aqueles poucos claramente não têm qualquer comedimento e estão afirmados às sanções legais. O que vale para a violência em geral, em qualquer sociedade, vale para

JUSTIÇA E MISERICÓRDIA

a crueldade com os animais: 90% dos problemas são provocados por cerca de 5% da população.

Há pessoas que nunca estão erradas, nunca devem nada a ninguém e nunca estão satisfeitas. É o tipo de gente por trás da maior parte dos problemas de maus-tratos a animais e que se opõe às reformas. Gente tão envolvida com suas buscas e paixões que a mais branda defesa dos animais será recebida com raiva e indignação. De alguma forma, aquelas porcas nos caixotes incapazes de se virar porque os fazendeiros querem extrair cada centavo explorando-as – não permitindo nem mesmo alguns centímetros a mais em cada lado do chiqueiro – são a metáfora perfeita para muito do sofrimento desnecessário que toleramos hoje. São vítimas não apenas de crueldade, mas também de orgulho e mesquinharia, de um espírito rígido e pequeno que toma tudo e não dá nada.

Pode ser que você e eu não concordemos com todos os padrões morais a serem alcançados, mas ambos concordamos que, onde não há padrão, a lei deve impor um. Como defendi no capítulo anterior, podemos alcançar esses modelos sem recorrer a novas doutrinas ou teorias. Se atendidos, os princípios morais e religiosos da maioria de nós já seria o bastante. Nas sociedades livres, isso se resolveria com votos. Se um número suficiente de eleitores concordar que determinadas práticas não se justificam mais, não são mais aceitáveis, então isso já diz tudo, e a lei deve falar por nós.

As questões envolvendo animais podem ser complicadas. E, apesar de eu mesmo não poder responder a todas as dúvidas (como no caso de elefantes sendo varridos da Terra pelo desenvolvimento e pelas caçadas), sei quando uma resposta está errada. Sei que é mau e injusto tratar as criaturas dessa maneira. E ao julgar erros flagrantes cometidos contra seres humanos, parto da coisa em si, o ato e seus resultados, o Espírito e seus frutos,* e trabalho a partir disso. Algumas coisas não

---

* O autor faz referência ao livro bíblico Gálatas 5: 22. "Mas o fruto do Espírito é: amor, gozo, paz, longanimidade, benignidade, bondade, fé, mansidão, temperança." (*N. da E.*)

DOMÍNIO

podem ser justificadas, não importa em que circunstância. Quando nos deparamos com elas, temos de classificá-las pelo que são: más. E, a partir disso, livrar nosso meio desse mal.

CARNIFICINA

Colocar animais selvagens para brigar ainda é legal em muitos lugares, e onde é ilegal nem sempre é punido. Como vimos também, há empresas que só fazem fabricar e vender "munição" para caçadores de cervos, como iscas e facilitadores sofisticados. Apesar de mesmo caçadores condenarem esse tipo de recurso dentro dos códigos informais da "caçada justa", há anúncios de todo tipo de apetrecho nas duas principais revistas de caça: *Outdoor Life* e *Field & Stream*. Alguém deve estar comprando todos esses produtos, e nossos caçadores têm saído a campo com sensores de calor e GPS.

Se estamos em busca de pontos de consenso para negociar e se até os caçadores afirmam rejeitar tais usos, então por que não começar exatamente aí? Podemos propor leis estaduais e federais proibindo esse tipo de isca, ou proibindo a fabricação, distribuição e venda de produtos com tais propósitos. A sociedade civilizada sobreviveria a uma proibição de imitadores de sons de tormento de filhotes e outras bugigangas tecnológicas usadas para localizar e perseguir a vida selvagem. Tudo isso poderia ser proibido com base em princípios gerais de que, se o homem insiste em caçar, então que cace como homem.

Caçar ursos torna-se cada vez mais comum, enquanto filósofos morais ponderam sobre suas implicações, não apenas por conta das competições como "Ursos do Mundo", mas também pela crescente demanda de vesícula biliar desses animais no mercado asiático, onde se acredita que ela tenha valor medicinal e, claro, afrodisíaco. O urso--negro asiático já praticamente sumiu do mapa para atender a essa exigência do mercado, e hoje na China há 247 fazendas de ursos, com cerca de sete mil animais vivendo em pequenas gaiolas, como em

JUSTIÇA E MISERICÓRDIA

nossas fazendas de suínos, sua bile sendo constantemente drenada por cateteres implantados.[7]

Para abastecer o mesmo mercado há milhares de americanos e canadenses que a cada primavera caçam ursos, usando seus imitadores de chamados de filhotes ou algum outro método honroso, como deixar rosquinhas com geleia e se esconder e dar o bote. No mercado da vesícula biliar, nem idade nem sexo são levados em consideração. Fêmeas e filhotes também são mortos. A caça aos ursos é legal em nove estados americanos e praticada em muitos dos parques nacionais. Caçadores matam legalmente na América do Norte mais de 40 mil ursos anualmente, e talvez a mesma quantidade ilegalmente. Mitch McConnell, senador republicano por Kentucky, tentou várias vezes fazer passar uma lei contra o comércio interestadual de vísceras de ursos, a ser punido com multas de US$ 25 mil e até um ano de prisão – mas a tentativa tem sido combatida pelo lobby da caçada sem receber muita atenção do público.

A lei federal deveria ir além disso, proibindo a caça ao urso para qualquer uso em todo o território americano. Para a caça tanto quanto para outros abusos, que sejam definidas penas severas, sanções criminais sérias, e não apenas leis de caça resguardadas por diversos departamentos de pesca e vida selvagem, como é o caso atualmente. Tais sanções deveriam incluir o cancelamento da licença do caçador e da arma por, digamos, cinco anos na primeira ocorrência, dez anos na segunda e perda total da licença depois disso.

O arco e flecha, mais uma das modalidades da carnificina condenada por Teddy Roosevelt, também é legalizado, e em nossa época Ted Nugent virou mania entre esportistas, que anseiam pela doce vibração da corda do arco, pelo "gorgolejo úmido" de um veado ferido e pelas horas extras emocionantes rastreando a trilha de sangue. Uma flecha com ponta especial mata como uma faca, torturando a criatura com uma morte lenta por hemorragia. O arco fere tanto quanto mata, mesmo nas mãos de especialistas, e está entre as preferências de caçadores clandestinos. Empregado para maximizar o prazer do caçador, com custo máximo para o animal, não há valores de "conservação" aqui.

DOMÍNIO

Salvo uma ou outra regra proibindo o uso de bestas (que podem ficar armadas, evitando barulho antes do tiro), a lei seguiu outro caminho e permitiu nos Estados Unidos temporadas de caça com arco de quatro a cinco meses – mais longas do que para qualquer outra arma.

Nugent, o "mestre matador", se diz campeão dos direitos e liberdades americanos, em geral evocando os fundadores da nação. Mas não há direito constitucional de torturar animais selvagens, e seria importante pensar, no que diz respeito às leis que regulam os esportes atuais, na distinção que nossos Pais Fundadores fizeram entre o homem livre e o libertino. O arco e flecha é um bom exemplo de como podemos corrigir um problema atual se usarmos a noção tradicional de crueldade, em contraposição à dor inevitável infligida a um animal. Muito do que já é drescrito em livros poderia ser aplicado para proibir essa prática, mas talvez seja o caso de uma proibição explícita e de uma restrição de seu uso apenas a alvos inanimados como nas Olimpíadas. Os arqueiros ainda poderão desfrutar da vibração do fio do arco, sem o gorgolejo sangrento.

As armadilhas com dentes de aço estão na mesma categoria de tortura gratuita à vida selvagem ainda legal em algumas partes dos Estados Unidos, Canadá e outros países. Nossa Associação de Caçadores com Armadilhas comemora "as bravas e heroicas realizações"[8] de seu comércio, que envolve cerca de quatro milhões de animais por ano – incluindo aí "não alvos" capturados, como gatos e cachorros – que morrem, mesmo em refúgios nacionais de vida selvagem, uma morte lenta pelo impacto da armadilha, sangramento e estrangulamento. Até hoje, 88 países proibiram esse tipo de armadilha, entre eles toda a Comunidade Europeia. Cinco estados americanos já votaram pela proibição, e seria fácil abolir esse mecanismo em todo o país. Também seria bem-vindo outro caminho, proposto alguns anos atrás em Beverly Hills: rotular as peles e outros produtos provenientes de animais explicando como o material foi obtido, sem qualquer linguagem emocional, apenas palavras objetivas como "armadilha", "gaiola", "veneno", "eletrocussão". Por vezes, essas propostas falham, mas terão sucesso em expor a fraude, a complacência e o desejo de ignorância.

JUSTIÇA E MISERICÓRDIA

Outra mania recente nos Estados Unidos é o tiro a cisnes, grous e rolas-carpideiras. Essas últimas são um dos alvos preferidos de quem atira em aves, e representam um terço dos animais caçados em todo os Estados Unidos, cerca de 45 milhões de rolinhas caindo do céu. Ninguém diz que há uma superpopulação delas. Esse é um tipo de ave migratória e está apenas de passagem. Poucos podem dizer que a caçam por comida, afinal elas têm pouca carne e, por isso, o caçador não as guarda depois de atingidas. Tampouco são um problema para plantações; pelo contrário, alimentam o solo com sementes. Onde sua caça é legal, a estação começa em setembro, logo depois que as mais jovens saem do ninho. Com a morte dos pais, os filhotes morrem de fome.

O lobby das rolinhas as chama de "recurso subutilizado", o que significa que há muitas por aí para que não sejam usadas como alvo. A decência humana vê essas aves como passarinhos que cantam e não fazem mal a ninguém, são da família das pombas, símbolo da paz no mundo – e não como brinquedinhos penosos para aniquilação recreativa. A caça a essas aves (entre outras) é proibida em 11 estados americanos, inclusive em Iowa, onde, em 2001, o governador democrata Tom Vilsack vetou corajosamente uma lei que reabria a estação da caça desses animais. Mesmo nos termos da "conservação" ética praticada pelos caçadores, esse seria um passo fácil: deixar que a lei de todos os cinquenta estados americanos proteja essas criaturas – poupando os igualmente belos e inofensivos grous e cisnes.

As fazendas de caça e a caça enlatada (sedada) estão entre as práticas mais covardes descritas neste livro, e também as de mais fácil criminalização. Apesar dos esforços do ex-senador Frank Lautenberg, democrata de Nova Jersey, as duas ainda não são legais em trinta estados, mas são um procedimento padrão do Texas a Nova York. Na África é comum a caça de animais cativos e na África do Sul há muitas fazendas que criam animais selvagens para levarem tiros. Não é raro ver ranchos de caça funcionarem ao lado de reservas de proteção animal, de modo que os animais sejam atraídos para a área perigosa, como

DOMÍNIO

vimos acontecer com elefantes, que vão atrás de água e depois voltam correndo para a área segura. Pequenos e grandes ranchos também são comuns na Namíbia, Botsuana e Zimbábue, e agora a prática se espalha pela América do Sul, Austrália e pelas províncias canadenses de Quebec e Saskatchewan.

Uma geração atrás, poucos ou nenhum desses ranchos de caça exótica existia. As fazendas de vida selvagem são uma inovação totalmente contemporânea. Milhões de animais foram reduzidos a "gado exótico" – nascidos, alimentados e criados para serem vendidos, mortos a tiros e empalhados. J. B. Hunt, um magnata e proprietário de imensos ranchos de caçada sedada no Missouri, expõe a questão de maneira bem simples: "Não há diferença entre isso e a criação de gado, a não ser que a vida desses animais é mais longa [do que a do gado de corte]."[9] Um proprietário de um rancho similar no Zimbábue é ainda mais brusco: "Queremos que o elefante seja uma mercadoria, porque, se não for, será morto da mesma maneira."[10]

Se não for feita nenhuma outra mudança no tratamento da vida selvagem, que pelo menos se acabe com esse tipo de caça sedada e, com ela, essa mistura de criação de gado e caçada, de proteção e destruição, de sobrevivência de espécies com matança sistemática. "Uso sustentável", "conservação de livre-mercado" e outros conceitos para defender a caça sedada baseiam-se em visões pervertidas da conservação da vida selvagem e da liberdade humana. Não buscam preservar os animais, e sim antigas formas de violência que não podem mais passar nos testes de razão e moralidade. Não são códigos racionais para os atos humanos, mas expressões de uma ideologia que reduz toda ação humana a questões econômicas e todo animal a uma unidade de produção, como se as criaturas da Terra tivessem de justificar sua existência diante do homem por seu valor comercial. Direcionadas não por "conservação" mas por consumismo cego, a indústria das caçadas sedadas marca o ponto de chegada lógico da regra do professor Carruthers de que "vale a pena preservar os animais devido a sua importância para *nós*", o que na prática significa "por sua importância para *mim* e para qualquer maldita coisa que eu queira".

Muitas vezes o livre-mercado une os interesses em comum da vida selvagem e dos humanos, como na observação de animais, nos safáris fotográficos, no negócio da observação de baleias e em outras formas de uso benigno. As sociedades de livre-mercado no último século ti- ~ veram mais consciência e sucesso em salvaguardar o mundo natural do que os regimes autoritários. Mas a economia puramente racionalista pode nos levar de volta ao passado. Nas mãos de um J. B. Hunt, que aparentemente não enxerga diferença entre a vida selvagem e as mercadorias que entrega com seus caminhões, o incentivo aos lucros nos enganará. Como escreve Clive Hamilton no *Canberra Times*, da Austrália, o livre-comércio torna-se "fundamentalmente incongruente com a ética da conservação verdadeira, aquela que aprecia o valor intrínseco do mundo natural e celebra a habilidade humana de participar desse mundo".[11] Governos, e apenas governos, podem estabelecer os limites básicos e proibições, e protegem os seres humanos contra a crueldade e a degradação, "até aqui, e não além disso".

Devemos refletir muito sobre o cruzamento e criação animais selvagens com propósito comercial, sobretudo por motivos férteis como a obtenção de marfim ou de galhadas. No caso dos ranchos de caça dos Estados Unidos e na África, querem nos fazer crer que, com a expansão e o desenvolvimento das populações humanas, a conservação da vida selvagem só é possível com incentivos econômicos à criação de animais para caça de troféus em parques cercados, uma ideia horrenda e covarde, inconcebível. Mesmo que fosse verdade que a única alternativa para o próximo século fosse transformar os elefantes e leões que restaram em "gado exótico" para caçadores de marfim ou caçadores desportivos, ainda assim seu desaparecimento seria preferível. Eles seriam atormentados e degradados como o é nosso gado atual, ou como os animais chineses nas fazendas de ursos ou as criaturas das "fábricas de cervos". Talvez fosse melhor deixá-los se acabar.

Nos Estados Unidos, o Captive Exotic Animal Protection Act (Lei de Proteção de Animais Exóticos em Cativeiro), proposto pelo sr. Lautenberg e agora reforçado pelo senador Joe Biden, democrata de Delaware [atual vice-presidente americano], deveria praticamente

DOMÍNIO

acabar com a indústria de nossos ranchos de caça sedada. O governo federal deveria declarar inquestionavelmente (como já fazem estados como Califórnia, Oregon, Georgia, Wyoming e Montana) que não será tolerada a caçada de mamíferos cativos, não importando o tamanho do cercado, e quem infringir a lei deve arcar com as consequências legais.

Se você passar um dia no terminal de carga do aeroporto internacional de Miami, ou de algum outro grande aeroporto de entrada nos Estados Unidos presenciará uma procissão de chimpanzés, leões, ursos e outros animais importados sob inspeção do Serviço de Pesca e Vida Selvagem do país, alguns deles já a caminho de ranchos de caça. (E esses são os sortudos, porque muitos outros, incluindo os primatas, são destinados a laboratórios.) A lei deveria proibir isso, impedindo a propriedade privada de bichos selvagens, assim como seu transporte comercial, fazendo exceção apenas para santuários ecológicos e zoológicos renomados. Pelas próximas décadas, deveríamos abandonar a ideia de animais como propriedade, substituindo esse conceito pelo de guarda da criatura, a salvo da crueldade. Mas, por ora, podemos apenas traçar uma linha precisa: ninguém tem o direito de possuir um leão, um urso ou qualquer criatura selvagem. No que tange ao problema dos cruzamentos excessivos em zoológicos, alguns dos quais, aliás, têm vendido seus animais velhos e doentes para ranchos de caça, a lei deveria definir melhor seus padrões e as obrigações éticas correspondentes – especificando, por exemplo, a obrigação de cuidar do animal, não importa a idade que tenha o bicho.

As leis concernentes à caçada sedada deveriam se aplicar também às aves engaioladas para a diversão de "cavalheiros caçadores" dos Estados Unidos e Reino Unido, entre outros. Em nosso país, hoje, há 4 mil negócios como esse operando e criando dezenas de milhares de faisões, codornas, perdizes, patos mallard, entre outras aves, liberadas apenas diante do atirador. Por vezes, enquanto o caçador espera, as gaiolas são chacoalhadas para deixar os animais tontos, para que não voem muito rápido nem muito longe. Como já ocorre com outras concessões (como as de caça enlatada), quem tem esse tipo de negócio vai protestar e afirmar que sua subsistência depende da atividade.

JUSTIÇA E MISERICÓRDIA

A resposta é a de que eles deveriam encontrar um trabalho mais digno, que ninguém tem direito de viver de perversidades e que, portanto, qualquer pessoa pega criando aves ou qualquer outra criatura para esportes sangrentos ou protegendo estabelecimentos como esse terá de responder criminalmente por isso.

E como lidar com o Safari Club International? De cara, o Congresso e a Receita Federal poderiam rever brevemente o status de tributação relacionado ao grupo e a outros ligados à "conservação" que tenham esse tipo de privilégio de entidade filantrópica ou educacional. Seja lá onde o SCI esteja em nossa lei, não está lado a lado com o Exército da Salvação e com a Humane Society.

Também seria bem-vinda uma modificação na política de importação a fim de conter a matança feita por cidadãos americanos em todo o mundo. Já temos aqui um modelo de amplas e eficientes proibições de produtos provenientes da vida selvagem. Se a proibição da importação de marfim pode ajudar a tirar os recursos financeiros da extração de marfim, se a proibição de produtos com origem em espécies ameaçadas ou espécies de mamíferos marinhos pode ajudar a tirar o dinheiro do comércio desses produtos, o que poderá então ajudar a tirar os recursos financeiros da caça por troféus de animais exóticos?

Com a pequena fração de 1% da população americana viajando para o exterior para capturar e trazer elefantes, leões, girafas e outras "conquistas" aos milhares, não será difícil lidar com esse mercado. Os Estados Unidos já foram no passado o principal mercado de marfim e são hoje o do negócio da caçada por troféus de animais. Uma revisão no African Elephant Conservation Act (Lei de Conservação do Elefante Africano), de 1988, poderia levar a uma proibição dos troféus. Hoje essa lei proíbe o comércio de marfim, mas graças ao lobby do Safari Club tem como exceção "a importação para os Estados Unidos de troféus de elefantes caçados por esporte".[12] A nova extensão da lei não teria apoio de carrascos como Johan Calitz e Jim Carmichel ou dos fãs da Trilogia dos Grandes Detentores de Presas. E também seria um golpe em taxidermistas. Mas muitos outros caçadores americanos gostariam da reforma, aqueles que ainda caçam apenas pela carne e já

DOMÍNIO

há muito tempo veem a caçada por troféus como uma desgraça para a classe. Leis como essas na Alemanha e no Reino Unido, outros dos principais destinos dos troféus de grandes caças, mataria a indústria. Aliás, onde na Segunda Emenda à Constituição americana está escrito que qualquer um tem o direito de levar armas para o exterior?

ABOMINAÇÃO

Quem não se preocupa ao menos um pouco com elefantes ao se lembrar das conquistas do sr. Calitz? Dizem-nos que devem ser sacrificados para ajudar pessoas passando necessidade. Somos levados a crer que a elevação material de países em desenvolvimento depende da destruição causada por caçadores estrangeiros. Toda essa suposta atuação solícita para com os pobres – uma taxa para um troféu de elefante, defendeu o sr. Carmichel, paga por "uma sala de aula desesperadamente necessária" na África[13] – é de uma enorme hipocrisia fazendo-se de benfeitora. Há uma diferença entre aliviar a pobreza extrema das pessoas e explorá-la. Não dá para transformar mau em bom por associação de ideias. Não se pode colocar a crueldade humana a serviço da compaixão humana.

O deputado Richard W. Pombo, republicano e membro do Safari Club, escreveu ao secretário de Estado em 2001, Colin Powell, pedindo que lhe assegurasse que a política americana em relação à conservação de elefantes os trataria como "recursos renováveis". Ele insistia em que "qualquer política futura concernente a várias espécies – sejam elas elefantes, baleias, tartarugas ou árvores – baseie-se em ciência sólida", significando "colheitas limitadas que não tragam reveses aos estoques".[14] O secretário Colin Powell estava ocupado demais, ou talvez tenha sido educado demais, para não explicar ao deputado a diferença entre um elefante e uma árvore. Seja como for, há o risco de esse tipo de ideia prevalecer porque o presidente americano e seu secretário de Estado têm muitas outras responsabilidades no mundo, e o destino de elefantes pode lhes parecer uma parte muito pequena delas. Espero que qualquer decisão tomada a esse respeito não acompanhe as reivindicações do sr. Pombo e a turma que ele representa. Espero que se opte por um caminho diferente, o da conservação verdadeira e do respeito por essas belas criaturas que já resistiram bastante.

Há muita verdade na perspectiva de que elefantes e baleias são como mártires cujo destino decidirá o futuro de outros animais selvagens e a maneira como serão tratados. Não são apenas dois dos principais símbolos morais aos olhos da humanidade, animais carismáticos que captam nossa atenção e empatia, mas são também uma força ecológica gigante. Se forem protegidos na Ásia ou na África, outras espécies sobreviverão junto. Se forem exterminados, outras espécies irão com eles.

Também há verdade em um argumento dos caçadores e de quem os apoia: a de que a conservação da vida selvagem nos países em desenvolvimento deve dar a seus povos algum proveito. Não adianta exaltar elefantes, lastimar seu sofrimento e falar mal das crueldades do ser humano. Temos de oferecer alternativas a essas pessoas. E temos de estar preparados para vê-las receber a ajuda financeira e o investimento que requerem.

Não há qualquer imagem dos elefantes africanos e de seus problemas que não envolva humanos. A corrupção das autoridades e a pobreza que persistem em diversas partes do continente africano, com violência e doenças como malária e aids (que, segundo algumas estimativas, atinge 20 milhões de jovens), fazem da defesa do elefante e outros animais algo muito mais difícil. Mas o cuidado com o destino de elefantes e outros animais tem de ser tão urgente quanto com o sofrimento humano, para que possamos responder aos dois com compaixão, seriedade moral e qualquer ajuda material que possamos oferecer. No fim das contas, tanto o bem-estar das pessoas daquele continente quanto o dos animais de lá dependem do mesmo. Dependem da honestidade de governos estáveis; de empreendimentos econômicos de longo prazo; de segurança, instituições civis e financeiras organizadas, que encorajem esses empreendimentos; dependem do cumprimento da lei e do controle da violência.

Temos na África subsaariana um problema básico de assentamentos populacionais e agrícolas competindo por terra com a vida selvagem e com elefantes em particular. O desejo da população de aldeias no Zimbábue, Botsuana e Namíbia, entre outros países que aceitam a caça de troféus por americanos mediante pagamento de taxas, é absolutamente compreensível, não importando o que essas pessoas pensam dos caçadores. Para eles, os elefantes não são um forte símbolo da conservação, como o são para nós. Para esses povos, os elefantes são um vizinho, que muitas vezes atravessa seu caminho e come quilos e mais quilos de alimentos por dia. Então, surgem estrangeiros ricos se oferecendo para pagar milhares de dólares para matar justamente esses animais – é um dinheiro que levaria meses ou até anos para juntarem por meio de sua agricultura. No lugar deles, o que faríamos? Aliás, o que fizemos até agora? Como um administrador de caça africano perguntou ao escritor americano Douglas Chadwick: "E as Grandes Planícies? No passado, essa região não teve até mais vida selvagem do que no Quênia? Onde estão os animais de vocês?"[15]

Os Estados Unidos e outros países industrializados têm de ajudar essas nações a ter sucesso também sem que cometam os mesmos erros que nós. O extermínio norte-americano de búfalos e de outros animais selvagens não é um modelo econômico a ser seguido. Não é com orgulho que americanos apontam para esse capítulo da história, nem pensam que foi justo atacar essas criaturas para matar de fome os americanos nativos. A questão não é se devemos ajudar nações em desenvolvimento, mas como fazê-lo de modo que a ajuda econômica não venha acompanhada de homens armados Dizem-nos que a caçada por troféus e marfim é a única solução para a África. Mas não é. Não é sequer a alternativa mais lucrativa. É apenas a mais fácil. É dinheiro fácil, com todo o valor econômico de longo prazo que o termo costuma envolver.

O melhor exemplo do que pode ser feito é o Quênia, onde a caçada esportiva foi banida em 1977. Como bem lembrado em um editorial de 2000 de um dos principais jornais do país africano, o *Daily Nation*, a caçada em safáris é uma invenção colonialista estranha aos

JUSTIÇA E MISERICÓRDIA

valores da região. E ainda mais repugnantes são as caçadas sedadas e competitivas. Como apontou o jornal: "O massacre de animais por esporte não é africano, é uma abominação. (...) Países como a África do Sul e o Zimbábue recusam-se a ver uma verdade essencialmente simples: a única maneira de garantir o futuro da vida selvagem em todo o mundo é destruir implacavelmente o mercado de produtos de animais."[16]

A cada ano o Quênia recebe mais de 1 milhão de turistas. Eles não vêm para atirar nos animais, muito menos para capturá-los, mas sim para ver animais selvagens vagando livremente nos 59 parques e reservas protegidos do país. E deixam mais de US$ 1 bilhão em receita: cerca de 10% que o continente recebe com turismo, US$ 9,5 bilhões. Ao contrário do que acontece em outros países, a receita do Quênia depende justamente da ausência da caça. Se a caçada, e particularmente a legal por marfim, entrasse no Quênia, ela destruiria o turismo, alerta o arqueólogo Richard Leakey, que coordenou o Serviço de Vida Selvagem do país na época das maiores carnificinas por marfim. "Os homens andariam pelo interior do país com rifles. A observação de elefantes ficaria mais difícil porque eles estariam temerosos, e os turistas não estariam a salvo. Isso nos faria andar dez ou quinze anos para trás."[17]

Caçadores e operadores de caçadas, com seu "realismo" rígido e seus cálculos puramente numéricos e comerciais, nunca pararam sequer para considerar essa realidade em particular. Não pensam no trauma que podem ter gerado com a matança sistemática de mamíferos inteligentes e sem predadores naturais. Não percebem o vácuo gerado em famílias e manadas, os animais jovens deixados sem mães que os criassem, não pensam nos efeitos de longo prazo dessa carnificina no bem-estar da população de elefantes.

De algum modo, o Quênia conseguiu manter sua proibição da caça e resistir aos lucros rápidos oferecidos por ela, mesmo que passando pelas mesmas dificuldades do resto do continente. A diferença, no que diz respeito à vida selvagem, é que o Quênia não entregou seu departamento de vida selvagem aos interesses da indústria do marfim ou da caça. Ao longo dos anos, em geral demonstrando grande visão e coragem, o país provou ser possível proteger interesses humanos e fazer a África progredir sem transformar suas reservas em ranchos de caça para a elite.

Há vezes em que a abordagem não letal é simples como a construção de cercas bem fortes (quando o dinheiro está disponível) em torno de locais de proteção de elefantes ou onde estão assentadas pessoas ou fazendas. Também é possível escavar trincheiras de proteção, como foi feito no parque da reserva de elefantes Bandipur, na Índia. Com uma ajuda de US$ 7 milhões da Agência Americana para Desenvolvimento Internacional (Usaid, da sigla em inglês), o Serviço de Vida Selvagem do Quênia levantou cercas em torno de áreas de desenvolvimento humano que alcançavam os Santuários de Vida Selvagem Kimana, lugar próximo ao monte Kilimanjaro onde está uma das maiores populações de elefantes do mundo. O projeto reabriu inclusive áreas e rotas migratórias abandonadas pelos animais durante os massacres do marfim da década de 1980. O governo local, da etnia Masai, continuou sua atividade agropecuária com perda mínima, ou mesmo perda zero, dos cultivos para os elefantes, enquanto recebia dinheiro das concessões da crescente atividade turística. Outros projetos como esses já estão sendo tocados ou planejados para outras seis áreas, por onde vaga grande parte dos elefantes do Quênia, com até 400 quilômetros de cercas especiais a serem construídas se for possível arrecadar mais dinheiro. Um observador internacional relata:

> A abordagem com demarcação de terra no conflito elefante-humano no Quênia demonstra que a proteção e a promoção do sustento dos moradores não precisa vir da caçada a elefantes, das mortes para controle populacional ou do comércio de marfim. As vidas humanas são a prioridade, e o governo só atira em elefantes perigosos. Lida-se no conflito da pecuária com uma estratégia dramática de cercamentos que sacrifica a ecologia quando a necessidade humana determina. Negocia-se com comunidades locais a coexistência em

JUSTIÇA E MISERICÓRDIA

área de pasto, mantendo área disponível para elefantes fora das áreas protegidas. O turismo fornece recursos a muitas comunidades em locais de conservação.[18]

Apesar de a Usaid ajudar o Quênia com essa abordagem cooperativa e aberta, ela também administra a ajuda financeira dos Estados Unidos no programa Campfire (citado no capítulo 2), que promove a caça por troféus no Zimbábue e outros países. A prestação de contas do programa é superficial e uma auditoria do governo descobriu que apenas 10% dos recursos do programa chegam aos vilarejos locais.[19] De fato alguma parte do dinheiro chega à população necessitada. Mas é preciso optar por uma das duas políticas. Embora as condições em cada país variem, nossos princípios a guiar tanto o caso do Zimbábue quanto o do Quênia são os mesmos, e o governo americano deveria assegurá-los, deixando claro que determinadas práticas estão forá dos limites da decência e nós não as apoiaremos, muito menos lhes daremos dinheiro. Se o dinheiro resolve ao menos os problemas imediatos, com cercas, e se os Estados Unidos gastarão o dinheiro de um jeito ou de outro, então deixem-nos direcionar nossos esforços nessa direção, em vez de usá-los em concessões de caça. Fundos das Nações Unidas, do Banco Mundial e outras agências internacionais poderiam promover o turismo que lucre com elefantes vivos, enquanto promoveriam investimentos em escolas, estradas, hospitais, estrutura de saneamento, permitindo a vilarejos africanos expandir suas economias para além do turismo e da caçada esportiva.

Em outras partes, pode-se poupar os elefantes fazendo cair cercas desnecessárias, como já foi feito na África do Sul, no nordeste do parque Kruger, o que permitiu que as manadas voltassem a Moçambique terminada a guerra civil e tendo diminuído enormemente o número de caçadores de marfim. Com dinheiro doado por ONGs, como a Elephant Trust, a William Holden Wildlife Foundation e o International Fund for Animal Welfare (IFAW), outros elefantes pressionados pelo desenvolvimento humano foram levados a áreas onde podem "pagar por si mesmos" apenas sendo apreciados por turistas. Auxílio estran-

DOMÍNIO

geiro público e privado também ajudaria aqui. Em setembro de 2000, pesquisadores anunciaram na África do Sul o sucesso do primeiro teste de contraceptivo injetável por dardos em elefantes africanos, o que reduziu as gestações à metade.[20] Essa pode ser uma alternativa para lidar com os problemas de superpopulação e excesso de alimentação desses bichos. A abordagem, é claro, poderá ser depreciada como extravagância boba e perda de tempo – por homens cuja ideia de tempo e de dinheiro é voar pelo globo, matar um elefante, arrancar sua cabeça, levá-la para casa e pendurá-la na parede, para depois voltar e fazer tudo de novo. Obrigado, mas esse não é o tipo de conselhos sobre praticidade de que precisamos.

Também é possível se questionar, uma vez que os Estados Unidos e outros países industrializados direcionam milhões de dólares para ajuda estrangeira, por que não usar algum dinheiro para arrendar ou comprar, por meio de organizações sem fins lucrativos, áreas em que estão os elefantes e outras espécies ameaçadas, onde são rotineiramente mortos a tiros por fazendeiros e donos de ranchos. Os milhões de dólares em impostos permitiriam investir não apenas em centros de turismo que gerassem empregos, mas também em valores de longo prazo para suas economias, protegendo ao mesmo tempo a terra e a vida selvagem.

Uma empresa chamada Conscorp, de Conservation Corporation Africa (Corporação de Conservação África) é um bom exemplo, tendo convertido em locais de turismo 27 áreas de caça de seis países do sul e do leste africano, inclusive no Quênia e no Zimbábue. A empreitada trouxe benefícios a mais de 20 mil pessoas em áreas rurais. Como descreve o *New York Times*:

> Construiu escolas e clínicas próximas aos abrigos e emprega o máximo possível de moradores da região, não apenas como cozinheiros ou faxineiros, mas como construtores, soldadores e operadores de trator. Compra sementes para fazendeiros locais e ensina a eles plantios que depois os sustentarão; compra material para artistas locais e vende

JUSTIÇA F MISERICÓRDIA

suas obras em lojinhas de lembranças; contrata pessoas para limpar as árvores e compra o carvão produzido por elas das árvores que levam para casa. (...)
O pensamento é em parte ser amigável e em parte uma aposta de que quanto mais recursos as pessoas dessa área tiverem, menos terão de se envolver em caçada clandestina, em processos contra a empresa ou mesmo em objeções quando uma manada entrar em seus campos.[21]

Na maior parte da África Subsaariana esse tipo de turismo não representa nem 1% do produto interno bruto, em comparação aos 6% que representa nos Estados Unidos e até 50% em países que aprenderam a capitalizar suas belezas naturais. Apenas US$ 4 de cada US$ 100 gastos no mundo com turismo vão para o continente africano, apesar de ele representar quase 20% do território mundial e ter algumas de suas mais belas paisagens.[22] Podemos assumir que a atual receita do turismo de US$ 9,5 bilhões anuais potencialmente dobrará em uma década, uma boa condição para empresas como a Conscorp. As guerras civis de países africanos são o problema mais grave, mas também não dá para dizer que elefantes traumatizados e atiradores de tocaia próximos a fontes de água sejam a melhor das situações.

Alguns ambientalistas até preferem o turismo de caça porque mantém outros turistas afastados e não atrapalha tanto os locais selvagens. Acreditam que é melhor um caçador num jipe do que um ônibus cheio de pessoas com câmeras. Essa não é uma visão muito prática. Até lembra um pouco o elitismo infeliz dos próprios caçadores de troféus, que dividiriam entre si todas as áreas naturais da África, transformando-as em fazendas privadas de troféus exclusivas para os ricos. E passa por cima da compreensão de que as pessoas se interessarão mais pela África, pelo bem-estar de seus povos e de sua vida selvagem se já tiverem passado por lá.

A questão aqui não é se as pessoas da África rural podem se encarregar do uso de suas belezas naturais para o avanço econômico. É claro que podem. A questão é qual dos dois incentivos econômicos tem mais valor de longo prazo: o desejo de uma pessoa, em uma visita,

DOMÍNIO

de matar um elefante, ou o desejo de milhares de pessoas, ao longo dos anos, em vir e apreciar o mesmo elefante? A caçada em safári é uma empreitada de curto prazo. Como proposto por um jornalista ao descrever o impacto de apenas um caçador de elefantes: "Apesar de gastar mais dinheiro do que o turista que só tira fotos, ele é o último turista a apreciar o elefante."[23]

A conservação do continente africano por meio do turismo benigno poderia ser condição para o perdão da dívida de bilhões de dólares com os EUA e o G7. Os EUA já fizeram pactos como esse, os primeiros do gênero, com o governo de Belize e planejam acordos similares com a América do Sul para ajudar a preservar a floresta tropical. Ao lado da Nature Conservancy, o Tesouro Americano concordou em cortar pela metade as dívidas de Belize em troca da proteção de 93 km² de floresta. Outros US$ 5,5 milhões, autorizados pelo Tropical Forest Conservation Act (Lei de Conservação da Floresta Tropical) ajudarão grupos conservacionistas locais a comprar mais 44,5 km² de floresta. Se alguns milhões de dólares em redução da dívida asseguram a manutenção de 93 km² de terras governamentais em um país da América Central, ajudando esse país a implantar o ecoturismo, o que bilhões de dólares em amenização da dívida não farão para ajudar a resgatar o continente africano?

A Nature Conservancy, uma fundação particular da Virgínia, é provavelmente um dos programas conservacionistas (entre públicos e privados) de maior sucesso, o que prova que a conservação não requer incentivos para explorar e matar a vida selvagem. Desde sua fundação, na década de 1950, seus braços locais compraram cerca de 320 mil km² de terra em todo o mundo, incluindo 48,5 mil km² nos EUA. Em Montana, por exemplo, a entidade comprou terras conhecidas pela presença do urso-cinzento. Pagam donos de ranchos pelo direito de usar a terra, mas deixam-na como está, pagando também impostos para contribuir com a economia local. Governos estaduais e locais americanos têm usado a mesma abordagem para preservar espaços abertos e evitar a expansão nas áreas periféricas das cidades.

JUSTIÇA E MISERICÓRDIA

Dessa forma, o governo ajuda a colocar os incentivos do livre mercado a favor da conservação. Na África, em especial, essa estratégia ainda teria a vantagem extra de direcionar milhões de dólares para pessoas necessitadas, sem passar antes pelas mãos de operadores privados, chefes tribais e autoridades governamentais, como acontece com o dinheiro do Campfire. Esses fundos poderiam vir do African Elephant Conservation Act, revalidado por mais cinco anos pelo Congresso e pelo presidente George Bush em 2002 e que permitiria mais US$ 5 milhões anuais para projetos como os cercamentos no Quênia.

Essa lei foi assinada pelo presidente Ronald Reagan em 1989 e se tornou um dos grandes triunfos do movimento de proteção da vida selvagem. Ela surgiu após anos de campanhas "Salvem os elefantes" de grupos ambientalistas africanos, americanos e europeus. Mas depois de algum tempo as atenções voltaram-se para outras questões e, como acontece com muitas outras leis, essa não seguiu adiante. Talvez seja possível salvar os elefantes com US$ 40 milhões a US$ 50 milhões para os cercamentos, o cumprimento da lei e a compra de direitos de uso da terra por meio de agências sem fins lucrativos que tenham uma contabilidade rígida e não diminuam a arrecadação e os esforços para ajuda humanitária no continente africano.

Em uma ou duas gerações, as nações africanas se tornarão mais estáveis, avançarão economicamente e estarão mais envolvidas com o resto do mundo. Se forem forçados a construir ou plantar sobre a savana e as florestas, os africanos olharão no futuro para os dias de hoje com o mesmo arrependimento que nós, nos Estados Unidos, sentimos pela destruição das sequoias da Califórnia e pela morte de búfalos, ursos-cinzentos, lobos e outras criaturas que hoje tentamos salvar da extinção. Vender elefantes para extrair o marfim ou fazer troféus só faz sentido em tempos de desespero. No mínimo, a ajuda financeira pública e privada de países industrializados poderia dar aos povos africanos a oportunidade de escolhas reais, comprando para as populações humanas e para os elefantes o tempo de que necessitam.

DOMÍNIO

ESCOLHA DE NOÉ

Tentativas de trazer de volta o comércio legal de marfim também devem ser firmemente evitadas nos encontros futuros da Convenção Internacional de Comércio de Espécies Ameaçadas (Cites, da sigla em inglês) e de outros órgãos. O comércio ilegal de marfim e de outros produtos de origem animal é um grande empreendimento mundial, mais lucrativo até que o comércio ilegal de armas e só perdendo para o narcotráfico. Apenas com a interrupção da compra por parte de países conhecidos por alimentar essa indústria – e não apenas inimigos dos Estados Unidos, como a China, mas também aliados, como Taiwan – é que se pode salvar da extinção a vida selvagem ameaçada.

Diante das injustiças cometidas na China contra seres humanos, não é de se esperar que parta de lá a preservação da vida selvagem. Não há muitas chances para ursos e elefantes, se pensarmos que as centenas de campos de trabalhos forçados, tortura policial, persegui-ção de cristãos e outros grupos religiosos, dominação do Tibete, roubo de segredos nucleares e mísseis direcionados aos Estados Unidos não impediram acordos comerciais com os chineses. É preciso, portanto, de todo o peso econômico dos países industrializados. Deve haver sanções duras para qualquer evidência de comércio de marfim ou de outros produtos animais ilícitos, seja por parte de governos ou de comerciantes particulares não policiados por suas nações. Todos os culpados devem ser punidos adequadamente. As sanções comerciais não deveriam ser usadas levemente pela política estrangeira. Ao lidar com Japão e China, por exemplo, temos de simplesmente deixar claro que a proteção da vida selvagem não é um jogo ou uma brincadeira, mas sim uma importante prioridade pública partilhada por muitas das pessoas de seu próprio povo. Esses governos devem perceber que estamos preparados para tais políticas mesmo sob risco de diminuir lucros do comércio, do qual eles dependem muito mais do que nós.

A aliança que tem tentado emplacar a volta da caça e comércio de marfim surgiu na Cites em 1997. O apoio para retirar a proibição do marfim, relatou o *Sunday Times* de Londres, veio de "estranha parceria"

JUSTIÇA E MISERICÓRDIA

que incluía "a União Geral dos Pescadores Japoneses, o Conselho pela Informação sobre Peles dos Estados Unidos, o Instituto Nacional de Pesca, a Associação Nacional de Rifles, Safari Club International, Associação do Zimbábue de Operadoras e Turismo de Safári e, a mais bizarra, os shows Ringling Bros. e Barnum & Bailey".[24] Não há nada de estranho nessas parcerias. São esses os grupos que há muito tempo perseguem elefantes – liderados por homens como Eugene Lapointe, defensor do uso sustentável que conhecemos em Adelaide –, que creem ser seu direito divino sentar-se em reuniões internacionais e em suítes de hotel para dividir os lucros sobre elefantes, baleias e qualquer outra criatura.

O novo pretexto para a caça legal de marfim é a "superpopulação" de elefantes, o que significa que a proibição da caça por marfim teve sucesso e estabilizou o número desses animais – algo que essas mesmas pessoas disseram que jamais vingaria. Os novos argumentos colocam as coisas em termos de liberdade de empreendimento e direitos de propriedade *versus* regulação e centralização do poder do Estado, uma desculpa perfeita para ganhar apoio dos conservadores americanos e europeus. O liberal *New Scientist* afirma: "Há um cisma no coração do movimento conservacionista. De um lado estão os preservacionistas e defensores dos direitos dos animais, com seus parques, cercas, proibições e guardas armados. Do outro, estão os defensores do desenvolvimento sustentável, determinados a controlar a vida selvagem local."[25]

Esses últimos, os do uso sustentável, não gostam de cercas, a não ser quando são em seus ranchos de caça. Não gostam de parques, de proibições nem de guardas armados e coisas do gênero. É claro que não gostam disso. Esses são os sinais da *lei*. São padrões, são governos eficientes, penas criminais e outras coisas que costumamos associar à civilização. Foi a África caótica, sem lei, corrupta, que facilitou o comércio de troféus de animais e de marfim.

Ao levar ajuda ao estrangeiro, nossa abordagem deveria ser a da proteção, do dinheiro pelo cumprimento da lei e da ajuda por todos os meios disponíveis para descobrir, processar e punir os transgressores, dentro das leis do Quênia. Há dezenas de milhares de pessoas trabalhando com marfim no Japão, Hong Kong, Taiwan, China, Tailânda, Indonésia, Malásia e em outros países. Eles demandam cada vez mais fornecimento, mais e mais matança para que possam fabricar aquelas importantíssimas bugigangas, assim como a igreja cristã durante anos ajudou a sustentar esse comércio para fabricar estatuetas, crucifixos e outros adornos de marfim.

A população asiática tem crescido rapidamente, numericamente e em termos de influência. Enquanto houver marfim disponível e os artesãos que trabalham com esse material continuarem a fazê-lo e a comercializar suas peças, a demanda por essa mercadoria só vai aumentar – como se testemunhou, em 1999, na apreensão, em Dubai, de 1,8 tonelada de marfim traficado do Quênia, todo indo para o Extremo Oriente. Os elefantes estão sustentando a vaidade, a cobiça e a corrupção humanas. E sem proteções legais abrangentes e seu cumprimento, sem sanções comerciais "implacáveis", como definiu um jornal queniano, contra as nações que estimulam esse comércio, a matança não chegará ao fim antes que o último elefante tenha levado um tiro no cérebro pelo último troféu ou o último par de presas.

Enquanto isso, os Estados Unidos poderiam dar um melhor exemplo no tratamento de elefantes, a partir da lei proposta em 1999 pelo deputado Sam Farr, democrata da Califórnia, impedindo o uso desses animais em circos e outros shows itinerantes. Elefantes de circo, em geral órfãos de animais mortos na África, passam cerca de 22 horas por dia acorrentados; ficam grande parte de suas vidas fechados em vagões; são treinados à base de choque elétrico, negação de comida e, como num caso documentado em 1998, sério espancamento de filhotes.[26] Vá ao rancho Black Beauty, no Texas, um santuário para animais maltratados, e vai você conhecer Tara, uma elefante fêmea de 50 anos que fica durante horas e horas parada ou balançando para frente e para trás, como se ainda usasse as correntes que a trancafiaram durante 35 anos em lugares fechados. É verdade que alguns treinadores são pessoas boas e dão o melhor tratamento possível a alguns dos trezentos animais usados com esse intuito nos Estados Unidos. Mas companhias como o

Cirque du Soleil já demonstraram que não precisam de animais para seus espetáculos. Há não muito tempo na Índia, o Supremo Tribunal de Déli proibiu qualquer treinamento ou uso de animais selvagens em diversão, e outros países já começam a seguir seu exemplo. Os Estados Unidos deveriam fazer o mesmo, sobretudo no caso dos elefantes, que tentamos defender em outros países.

As baleias que restam no mundo também são um teste de clemência para a sociedade, assim como de nossa capacidade de admitir um erro e de trabalhar cooperativamente para corrigi-lo. Os governos já se comprometeram em poupar o sofrimento desses animais, o que tentam fazer por meio da Comissão Internacional Baleeira (CIB). O Japão tem de ser lembrado de que as baleias não pertencem a um país, não são um estoque privado, nem um recurso inesgotável, elas não são *isana*, "peixe corajoso", nem o símbolo da luta contra o imperialismo ou qualquer outra bobagem dessas. São apenas baleias. Não pertencem a ninguém. E já sofreram bastante. A maior parte da humanidade gosta desses animais e já decidiu lhes dar um alívio.

Há muito tempo o Congresso americano se opõe à sua caça comercial, uma causa que ultimamente ganhou a voz do senador John Kerry, de Massachussets, onde no passado estavam portos de nossa própria indústria baleeira e que hoje se dedicam à observação desses mamíferos. Esperava-se que, no Japão, o premier reformista Junichiro Koizumi, eleito em 2001, descobrisse novas possibilidades para o país. Mas fazer a frota baleeira voltar ao porto de uma vez por todas significa desafiar interesses financeiros poderosos, ainda que a recompensa do apoio público, no Japão e em todo o mundo, seja grande e duradoura.

Para cumprirmos nossos compromissos, temos de ser sérios na proteção das baleias, tão sérios quanto o Japão e a Noruega são em destruí-las. Temos de dizer aos representantes na CIB, sem esquivas ou perdas de tempo diplomáticas: "Senhores, item 1 da agenda: De hoje em diante, 'santuário' significa santuário e 'ciência' significa ciência.

DOMÍNIO

Esses não são padrões arbitrários nem são apenas do Ocidente. São padrões da lei, da razão, da humanidade, e todo país interessado em nossa boa vontade deve respeitá-los. Se suas frotas matarem uma só baleia a mais – qualquer baleia, onde quer que seja, sob qualquer pretexto –, suas mercadorias e a de seus países amigos imediatamente não serão mais bem-vindas nos mercados dos membros da CIB."

Que Masayuki Komatsu, Odd Gunnar Skagestad e seus governos façam as declarações indignadas e ameaças, que boicotem a CIB, mandem de volta para casa alguns diplomatas em Londres e Washington, inventem protestos encenados contra o "imperialismo cultural" etc. Quando tudo terminar, Japão e Noruega farão exatamente o que fizeram em 1986, quando seus joguinhos políticos de poder voltaram-se contra eles mesmos e interromperam a matança. Será de uma vez por todas. E eles voltarão a agir como os países civilizados e refinados que são.

Tudo isso tem de ser visto tendo como pano de fundo uma grande devastação na vida selvagem que não será apreciada por nenhum dos povos da África ou da Ásia, assim como não é entre americanos e europeus. Hoje se dá razão ao alarde feito por ambientalistas no passado, assim como à sua convicção de que o problema envolve todos nós, em todos os países, não importando por que dificuldades estejamos passando. Estão certos em falar de interesse comum, as obrigações comuns partilhadas por toda a humanidade.

Como escreveu Virginia Postrel, a natureza não tem limites fixos para as ações humanas, não tem "pontos finais ou formas finais".[27] Mas no caso dos animais, não pode ser assim. Para eles, a natureza tem um ponto final e, para alguns, esse limite está bem próximo. Num passo triste, o avanço da humanidade pode pôr fim a muitas espécies.

A situação não é diferente na África, onde se espera que a população humana dobre de tamanho nas próximas duas gerações. Lá, como em muitos países, o desenvolvimento humano pode abreviar a existência de diversos animais selvagens. Nos 13 países asiáticos só há cerca de 40 mil elefantes, espalhados em reservas mal vigiadas e pedaços de

JUSTIÇA E MISERICÓRDIA

florestas. Na Tailândia, centenas de elefantes usados no passado para transportar madeira foram abandonados e hoje podem ser encontrados catando comida na periferia de Bancoc, apesar dos corajosos esforços de Roger Lohanan, um tailandês que conseguiu montar um refúgio para eles. Pode-se ter uma ideia da situação desses animais ao se olhar para o Sri Lanka, onde 60% das florestas do país foram transformadas em áreas agrícolas em poucas gerações. Nesse meio-tempo, a população de elefantes caiu de 12 mil para menos de 2 mil animais. Os sobreviventes habitam hoje uma diminuta área florestal e ainda são ameaçados por fazendeiros, que atiram nos animais e os envenenam, e por guerrilhas rebeldes, que os aterrorizam e matam com armas de fogo e granadas. Para onde ir? Que esperança há para esses animais?

Na república centro-africana do Congo, o que restou da população de gorilas é assediada por grupos envolvidos na guerra civil do país, entre outras pessoas, com armas automáticas. Jovens caçam esses macacos para vender sua carne ou ainda pela crença de que "se você matar um gorila, você se torna muito forte e seu poder, como homem, cresce", como relatou o pesquisador congolês Bila-Issia.[28] Chimpanzés também são capturados nessa guerrilha, assim como são as principais vítimas de comerciantes clandestinos de animais de estimação exóticos que matam as mães a tiros e roubam os filhotes. Milhares de macaquinhos e lêmures na selva africana, no sudeste asiático e na América do Sul passam por isso a cada ano e também perdem seus habitats, cada vez mais fragmentados pelas atividades mineradoras, madeireiras e outras expansões do desenvolvimento humano.

Vamos falar de tigres? Nem os 5 mil que se estima que ainda vivam no meio selvagem estão a salvo. Também vivem no que restou de florestas da Índia, leste da Ásia e do extremo oriente da Rússia. Com o declínio do número de tigres, seu preço no mercado de "afrodisíacos" só cresce, de modo que hoje um tigre morto vale uma fortuna,[29] e seria necessária a minúcia do serviço secreto para proteger cada animal. Os caçadores clandestinos também matam leões e estocam seus ossos e outras partes na esperança de que, quando os tigres se forem de vez, essa seja a alternativa no mercado asiático.

DOMÍNIO

Saber até onde isso tudo irá é um trabalho de profeta, mas não parece que situação esteja muito boa. Ouvem-se estimativas de que, no fim do nosso século, dois terços das espécies terão desaparecido. Isso pode não ser tão apocalíptico quanto parece, afinal nessa conta há muitas subespécies, criaturas cujo desaparecimento ornitólogos e outros especialistas lamentarão, mas que talvez já estivessem fadadas a se extinguir. A mariquita-azul e o esquilo-voador-do-norte, por exemplo, não estarão mais entre nós, mas outros passarinhos e esquilos sim. E não concordo com a visão de que a humanidade tenha de ser a qualquer custo o guarda sagrado de cada espécie existente – um projeto bem além de nossas capacidades, mesmo que tivéssemos esse intuito.

Entre os que entrarão em extinção haverá outros de que realmente sentiremos falta. Como muito bem previu Paul Theroux, daqui a cem anos, as águas estarão vazias de mamíferos marinhos, sem baleias nem golfinhos. "Haverá poucos deles e poucos de outros animais: sem gorilas, sem rinocerontes, sem elefantes, sem tigres. Mas diante da taxa de fecundidade, projeta-se uma população mundial de 9,5 bilhões de pessoas."[30] Pode ser que essas criaturas sobrevivam ao menos em reservas espalhadas aqui e ali. Nossos geneticistas começam a se preparar para armazenar DNA de cada espécie, um projeto que foi chamado, no título de um livro, de Escolha de Noé.

Em seu belo livro *The Fate of the Elephant*, Douglas Chadwick escreveu sobre se tornar um "lamentador profissional", compondo elegias inúteis em homenagem a espécies em extinção. Pior do que isso é a tentação de se tornar um apologista profissional, ignorando as extinções em massa ou fingindo que são normais – como se armas automáticas, redes de pesca, navios-fábrica e poluentes industriais pudessem ser considerados forças da natureza.

Os elefantes, acima de todos os animais – com seu tamanho descomunal, seu desamparo quando deixados sozinhos e as obrigações morais que vêm junto de nossa compreensão a respeito deles –, são um teste de nossa disponibilidade de partilhar a Terra e deixar espaço para os animais. Sem barreiras invioláveis a lhes proteger, sem a humildade

JUSTIÇA E MISERICÓRDIA

e a generosidade humanas representadas por essas barreiras, podemos estar nos aproximando do que Chadwick chama de "fim da história natural". E alerta: "Daí em diante, estaremos rodando como um pião numa impenetrável era sem pontos de referência a não ser os impulsos e convicções instáveis da humanidade."[31]

Isso soa como uma das declarações cheias de pânico de alguns ambientalistas. Mas na verdade é uma análise sóbria. Tive um vislumbre desse estranho mundo novo em abril de 2001, quando visitei o renomado projeto Arca de Noé na Universidade A&M do Texas. Trata-se de um banco genômico que guarda DNA de espécies ameaçadas, embora no momento consista em 16 cilindros de aço estocados como garrafas de leite nos fundos do Departamento de Fisiologia e Farmacologia Veterinária da universidade.

Nesses tanques, o cientista Duane Kraemer guarda esperma, embriões e células de animais à beira do precipício. Ainda não há tecnologia para clonar todos esses animais, mas um dia, me diz o dr. Kraemer, isso será possível com a ajuda de barrigas de aluguel. Pode-se usar mães equinas para zebras, carneiros comuns para carneiros selvagens, ursos para pandas (como hoje tentam fazer cientistas chineses). Ele e seus colegas acreditam que o importante é que a posteridade tenha acesso ao DNA, como negativos a partir dos quais um dia possam imprimir suas fotos. Devemos fazer essas coletas enquanto ainda há diversidade, porque, segundo o cientista, "não haverá mais diversidade do que há hoje".

Em cada tanque, um tipo de refúgio último da vida selvagem, há 60 litros resfriados a 360 graus Celsius negativos. Uma nuvem de vapor subiu quando o dr. Kraemer tirou a tampa para me mostrar os canudos de plástico verde guardados dentro dos cilindros. Cada canudo com um rótulo e o nome da espécie que se acredita que vá sumir: Chimpanzé. Gorila de planície. Babuíno. Girafa. Bisão. Carneiro Selvagem. Oryx. Kudu. Cágado. Ainda há o material de leões, leopardos, rinocerontes, búfalos. Em breve chegarão, espera, células embrionárias e epiteliais do elefante africano e, com elas, os geneticistas daqui terão os seus "Cinco Grandes".

DOMÍNIO

Uma cena dessas prende sua atenção, o que talvez também leve a alguma sentimentalidade. Eles estão indo embora, literalmente. Muitos desses animais jamais voltarão como os conhecemos. Daqui a um século pode ser que haja essas espécies nos zoológicos, além das marcas genéticas que nos dirão como eles eram em suas glórias exterminadas. Como então os artesãos de marfim ficarão? Como é que o pessoal do *Official Record Book of Trophy Animals* vai ficar num planeta sem leões ou elefantes? Que mantenhamos algumas cópias de *With Deadly Intent*, entre outras provas, para que no futuro se saiba toda a história, para que se veja como essas criaturas pacíficas, inteligentes e belas eram tratadas, mesmo nas últimas décadas de sua existência.

Não há dúvida de que a posteridade ficará impressionada com nossa antecipação do ocorrido, com nossos trabalhos científicos, e feliz em ter pelo menos os códigos genéticos do elefante. Mas não seria bem melhor ter o próprio elefante?

PECAR BRAVAMENTE

No mesmo campus em que o dr. Kraemer e sua equipe tentam de salvar a vida selvagem mundial, outro cientista trabalha para diminuir o crescimento muscular dos porcos e, assim, reduzir a necessidade de alimentação desses animais. A revista promocional da universidade, *Advance*, traz um artigo intitulado "The Little Pig Went to Market" (O porquinho foi ao mercado), que explica:

> Levar bacon para casa em breve será um pouco mais barato, com as pesquisas dos cientistas da Universidade A&M do Texas para manipular geneticamente porcos para produzir mais carne do que a média dos suínos com a mesma quantidade de comida. "O resultado é que você consegue mais carne com menos ração", diz o dr. Jorge Piedrahita, da faculdade de medicina veterinária da universidade. "Isso obviamente beneficia o consumidor porque você poderá produzir mais carne com custo mais baixo." A chave para criar um porco com mais carne é

JUSTIÇA E MISERICÓRDIA

diminuir a produção da proteína do animal, que regula o crescimento de músculos – o Fator 8 de Crescimento e Diferenciação (GDF8, sigla em inglês). Piedrahita conta que ainda está desenvolvendo a tecnologia para criar porcos deficientes em GDF8 e estima que em dois anos o público verá esses animais.[32]

Quem salvará os pobres animais do dr. Piedrahita e sua profissão deficiente em consciência? Talvez o projeto Arca de Noé devesse preservar também seus genes. Pode ser que no futuro as pessoas tenham curiosidade de saber como era um porco – um porco de verdade, simples original – antes de cientistas assumirem poderes de Deus e recriarem essas e outras criaturas.

Também se faz muita clonagem na A&M, uma necessidade de qualquer departamento de ciência. A universidade tem buscado, por exemplo, criar a vaca perfeita, com as dimensões do gado de corte e tetas de gado Holstein. Até agora, nenhuma vaca perfeita, apenas centenas de abortos espontâneos, fetos desfigurados e nascimentos de animais horrivelmente malformados, tudo para mostrar serviço – pelas paredes do departamento, há imagens dessas criaturas dificilmente reconhecíveis como bezerros. Um dos raros sucessos estava no gramado do lado de fora do laboratório, um bezerro de oito ou nove meses pastando atrás de sua mãe de aluguel. Fizeram-no a partir retiradas de células epiteliais de uma carcaça perto de um matadouro, implantando-as no óvulo da mãe de aluguel. Como o dr. Kraemer explica, as novas células "pedem ao óvulo que comece tudo de novo". Em outras palavras, o pai biológico estava morto antes de ser gerado o filhote. E esse começou sua vida, literalmente, no abatedouro.

"O público tem a tendência de enfatizar demais os males causados pela clonagem e dispensar menos consideração às coisas boas", comenta o dr. Kraemer, que se formou 46 anos atrás, não em ciência animal, mas em pecuária. Ele é um cientista bem-intencionado, mas acredito que esteja enganado. Não há bem na clonagem e na manipulação genética, e os males apenas começaram a aparecer. Inspirados por excesso de confiança e orgulho, além dos lucros sem qualquer

DOMÍNIO

relação com os escrúpulos, tais projetos estão de fato destruindo as vacas perfeitas, os porcos, carneiros, galinhas, perus e outros animais perfeitos como foram formados ao longo de eras e eras de evolução e pela mão do Criador.

Ninguém questiona o direito de cientistas em nossos laboratórios dos departamentos de ciência animal fazerem o que querem. Desde 15 de abril de 1987, quando a Suprema Corte Americana deu permissão para que se pantenteasse a vida animal, todo o tipo de experiência com bichos foi feita. E agora, fazendas-farmácia querem criar animais para serem doadores de sangue e de órgãos para humanos. Uma empresa de biotecnologia ganhou em 1999 a patente do que chamou de "quimera". São carneiros, porcos, primatas e outros animais em que serão implantadas células humanas, para que façam crescer em si tecidos e órgãos para transplante.[33] Foi o dr. Frederick Coulston quem melhor expressou o espírito da empreitada (ele é um toxicologista que toma conta da maior população cativa de chimpanzés do mundo, cerca de quatrocentos deles): "Eu não negaria a possibilidade de num futuro próximo ter uma colônia de chimpanzés fornecendo sangue para transfusão humana. Quantos chimpanzés quer? É possível criá-los como se cria gado. Em dez anos, daria para ter meio milhão."[34] Ao que tudo indica, o dr. Coulston não se emocionou muito com *Planeta dos macacos.*

Um grande passo nessa direção aconteceu no fim de 2000, quando chegou ao mundo o primeiro primata geneticamente modificado, um macaco rhesus criado na Universidade de Ciências da Saúde do Oregon, inserindo o gene da fluorescência de uma água-viva num óvulo, e batizado jocosamente como ANDi (DNA ao contrário). Em outros laboratórios, sapos e outras criaturas são manipulados para não ter cabeça, ratos ganham orelhas humanas em suas costas, peixes e plantas carregam genes humanos, e sabe-se lá que outro projeto pode estar ocorrendo sem que saibamos. Os especialistas em ética preocupam-se sinceramente com aonde esse tipo de experimento sinistro e esses poderes horrendos podem levar a humanidade – como se inserir genes e órgãos humanos já não fosse cruzar uma linha fatal. Ninguém discute

JUSTIÇA E MISERICÓRDIA

se deveria haver sanções para o uso desse poder, de recriar criaturas para se enquadrar aos desejos e prazeres do ser humano.

Em grande parte da ciência médica e da biotecnologia, o padrão é o mesmo da pecuária de hoje: nossa Nova Economia faz nossa vida mais fácil, mais barata, mais agradável e com menos riscos, enquanto aumenta o fardo desses animais em nos servir e, aos poucos, acaba com a necessidade de cuidado humano ou de autocomedimento. Além disso, grande parte das críticas e dos pedidos de reformulação são encarados como uma acusação contra a ciência. Tais esforços, diz Frederick King, ex-diretor do Centro de Pesquisa em Primatas Yerkes, na Universidade Emory de Atlanta, "representam uma elevação bizarra de uma visão de mundo boazinha e com nervos à flor da pele, que ignora todas as compreensões da complexidade ética. Essa agitação é anti-intelectual, anticientífica e anti-humana".[35] Na verdade, a coisa funciona do modo oposto: muitos de nossos cientistas perderam qualquer gosto pela complexidade ética, enquanto praticamente apenas os defensores dos animais nos lembram de outros valores além do progresso científico, valores que temos de minimamente levar em conta. Não é necessário ser cientista para saber que algo vai seriamente mal, assim como não é preciso ser fazendeiro para saber que caixotes para animais são cruéis, nem ser um atirador de elite para entender que a caçada sedada é covarde.

É incrível como prestamos pouca atenção a nossos laboratórios, talvez porque levantem as questões mais complexas e dolorosas de todas. Como alerta o colunista conservador Cal Thomas, "os grupos de direitos dos animais querem nos convencer de que toda pesquisa envolvendo animais é cruel e desnecessária".[36] Satisfeito por censurar os "radicais", como ele os descreve, o sr. Thomas não procura se aprofundar em problemas morais da pesquisa animal, ou em buscar alternativas aos animais, que ele parece desconhecer inteiramente. Também poderia nos dizer quais experiências não são necessárias, para que entendêssemos o que ele chama de "necessário". Com uma fé cega, ele simplesmente toma como regra que se a Ciência diz que

DOMÍNIO

testes são necessários, então não nos cabe questionar, e aqueles que ousam fazê-lo devem ser radicais, amalucados e, com certeza, como ele mesmo escreve, "vegetarianos".

Deixe-me dar ao sr. Thomas um exemplo do uso de animais de laboratório que poderia recair na categoria de cruel e desnecessário, um entre milhares que podem ser tirados das revistas científicas e listas de bolsas do governo. E é um exemplo que ele vai entender bem, porque envolve nosso governo federal fazendo algo dispendioso, irracional e cruel, um projeto tocado pela Agência de Proteção Ambiental dos Estados Unidos (EPA, da sigla em inglês). Por décadas, o governo solicitava que fossem testados produtos químicos, entre outros, injetando-os em animais ou lhes dando o produto como alimento. Sabe-se hoje que há outras maneiras de estabelecer a toxicidade, com testes de cultura em células, ou por modelos matemáticos ou de computador. O próprio Congresso, em 2000, numa lei que encoraja tais alternativas, promoveu a criação de um comitê interministerial para o desenvolvimento desses métodos.

Ainda assim, sob direção da EPA, foi dada a partida para um projeto chamado Direito de Saber, determinando novos testes para 2.863 produtos químicos produzidos ou importados pelos Estados Unidos – no total de 450 toneladas anuais –, conhecidos como química de alto volume de produção. A agência não se importa com o atual universo de 87 mil tipos de produtos químicos sintetizados pela humanidade que estão em nosso ar, solo e água. Ela precisa de outros e ainda afirma que falta ter informações completas desses produtos em particular.[37] Dando uma olhada na lista do governo, encontram-se não apenas químicas que já foram testadas uma vez, mas algumas que já foram testadas diversas vezes nos Estados Unidos e fora do país. Inclui produtos que já são considerados carcinógenos, como o butadieno e o benzeno, além dos já comprovadamente tóxicos como a turpentina, o chumbo e a ciclonita, essa última usada como veneno para ratos. Eles têm de testar veneno de rato de novo para ver se é venenoso, e gasolina, para ter certeza de que não podemos bebê-la, e propano e butano, só para se dar uma nova olhada no que acontece quando são inalados em grandes quantidades.

Pior do que isso, a Comissão Europeia determinou a realização de novos testes nas mesmas substâncias. E pior ainda, tudo isso foi feito por ambientalistas, que pedem os novos testes como forma de frear a fabricação dessas químicas. Então, em laboratórios que nem eu nem você veremos, outros milhões de animais sofrerão hemorragias internas, convulsões, desmaios, paralisias e mortes lentas. E uma voltinha nos laboratórios da Pfizer, ou de qualquer outra indústria farmacêutica, da Emory, ou qualquer outra universidade, da EPA, da Comissão de Segurança do Consumidor dos EUA, da Food and Drug Administration (FDA, da sigla em inglês), do Departamento de Defesa ou nos laboratórios de uma dezena de outras agências reguladoras, mostrará cenas parecidas. É fácil dizer "tem de ser feito, é o preço que pagamos pela segurança e o progresso humanos". Mas não somos nós que pagamos esse preço, sequer vemos os custos. E sem conhecer os custos, não é possível pesar racionalmente o que é essencial e o que não é.

Envenenados, escaldados, eletrocutados, desmembrados, emocionalmente abalados e/ou geneticamente reconfigurados às dezenas de milhões a cada ano em laboratórios de todo o mundo, são verdadeiramente a escória das criaturas para nós. Não lhes concebemos nem mesmo um mínimo da intimidade que temos com os animais que comemos, nenhuma bênção. São simplesmente arrancados de suas gaiolas, usados e descartados. Caso caísse nas garras de um fornecedor de laboratórios, mesmo o seu cachorro ou gato entraria em um mundo moral diferente, onde ninguém recebe a classificação de cruel.

Veja o caso da ONG de promoção da saúde de grávidas e bebês March of Dimes. De modo diferente da Easter Seals e outras organizações de caridade que eliminaram a pesquisa com animais, a cada ano essa entidade direciona milhões de dólares para experiências desse tipo, levadas a cabo por cientistas do MIT. Uma das descobertas foi publicada sob o impressionante título de "Morfologia de feixes de axônios dos neurônios retinogeniculados X e Y em gatos criados no escuro".[38] O que isso significa? Para os pesquisadores significa pegar um grupo

DOMÍNIO

de gatinhos, costurar as pálpebras fechadas de metade deles enquanto criam a outra metade no escuro por um ano, para depois matar os dois grupos e analisar a diferença de efeitos em seus cérebros. A March of Dimes também financiou experimentos administrando altas doses de cocaína, nicotina e álcool em animais, como se a humanidade já não tivesse provas suficientes dos efeitos nocivos dessas substâncias.[39] E ainda há experimentos em que se conectam fios no útero de macacas grávidas, que passam de 50 a 60 dias dentro de uma gaiola e numa camisa de força amarradas à parede.[40]

O filósofo Paul Ramsey já falou sobre "pecar bravamente" em nome da ciência – isto é, restrições morais reconhecidamente desrespeitadas em nome de alcançar um avanço maior na medicina. Hoje, no entanto, muito do que se diz ser pesquisa científica é direcionado apenas com intuito comercial, não tem nada a ver com saúde ou bem-estar humanos. Boa parte da motivação também é simplesmente publicar artigos nos milhares de periódicos científicos, não importando o valor ou a redundância do que é pesquisado. Apelos pelo progresso médico não podem ser usados como acusações difusas quando se questiona o uso dos animais para fins sem o menor valor ou quando, justamente por esses mesmos avanços do conhecimento médico e da tecnologia, a pesquisa não pode ser justificada médica ou moralmente. Quem deu ao homem o direito de criar um híbrido primata-peixe? Desde quando a ciência, ou pior, a caridade, requer atormentar e cegar filhotes de gatos? Quando "pecar bravamente" não é simplesmente pecar?

Temos um respeito a priori pelas profissões científicas. Muitas vezes é um respeito merecido, mas há casos que precisam de avaliação. Os pesquisadores, hoje, tão atarefados e incansáveis em clonar animais (alguns começam mesmo a clonar humanos) não são mais do que executivos com especialização em veterinária ou medicina. Os "cientistas da carne" lutam para criar a galinha sem penas ou o porco sem medo; os engenheiros genéticos da ProLinia estão prestes a clonar para a Smithfield a nova "geração magra", o dr. Cervo vai criar um cabideiro de galhada que todo caçador esportivo deve ter, e temos todos de ficar impressionados. Os experimentos mais triviais são encarados com

JUSTIÇA E MISERICÓRDIA

ar de sagrados, a simples menção à "ciência" tornou-se um encatamento para afastar dúvidas e reservas morais, num espírito que G. K. Chesterton já percebia entre cientistas de sua época:

> Isso é o que me parece o ponto fraco no argumento básico dos vivisseccionistas: "Suponha que sua mulher esteja morrendo." A vivissecção não é feita por um homem cuja mulher está morrendo. Se fosse, isso seria algo feito no calor do momento, como o seria se a pessoa mentisse, roubasse pão ou fizesse qualquer outro ato feio. Mas esse ato feio é realizado a sangue-frio, por diversão, por homens que não sabem se isso será de utilidade a alguém. São homens de quem podemos dizer que talvez salvem a vida da esposa de alguém num futuro remoto. Isso é frio e distante demais para se retirar da ação o horror imediato. É como ensinar uma criança a mentir por conta de algum grande dilema que pode ser que nunca ocorra. Você está fazendo algo cruel, mas não com paixão suficiente para transformá-lo em algo bom.[41]

De nosso próprio jeito, podemos chamar de "ciência da carne" qualquer teste ou experiência com animais. A mesma atitude que só enxerga mercadorias na vida selvagem e vê o gado como unidades de produção faz olhar para primatas, cães, gatos, coelhos e ratos como ferramentas de pesquisa, que estão lá para servir nas investigações, independentemente de quão desimportantes, repetitivas ou puramente comerciais sejam elas. É como se cada ser vivo de nossos dias caísse um degrau: animais selvagens desceram ao nível de animais de fazenda, sendo criados e abatidos; animais de fazendas chegaram ao nível de plantas, para serem "colhidas"; e animais de laboratório decaíram ao nível de micróbios e colônias de bactérias, que não se precisa tratar nem como seres vivos e sencientes. Como observou Joy Williams, nossa mais refinada escritora no que diz respeito a crueldade com animais, na revista Harper's,

> em laboratórios com nomes como Genpharm International, Inc., Genzyme Corporation e Pharmaceutical Proteins (...) nos distanciamos mais e mais dos animais, usando-os de maneiras cada vez mais

bizarras. Animais estão sendo sujeitados a uma estranha falta de natureza. De fato, a tecnologia tornou a palavra "natural" obsoleta – essa mesma tecnologia que sempre pressionou para que retirássemos os animais da natureza e para moldar e transformar o que resta da integridade do reino animal. Um benefício torto das tecnologias em desenvolvimento é que em breve não precisaremos mais nos sentir culpados quanto ao sofrimento e a degradação dos animais porque nós mesmos os teremos feito [feito os animais]. (...) Qualquer sensibilidade que demonstrem terá sido inventada pelo homem, as que não demonstram mais foram eliminadas. Um animal não terá mais vida "real" do que uma lâmpada.[42]

Principalmente os conservadores deveriam ser cautelosos com tais empresas. Meu sábio amigo Paul Greenberg, em uma coluna contrária à coleta de células-tronco em embriões humanos, nota que "há algo de impensado, algo de frívolo na hipótese, sem avaliação, de que a Ciência deve fazer algo porque pode ser feito". Ele se pergunta como puderam tantos cientistas chegar a uma visão da vida "mais como um produto do que como uma criação".[43] A resposta é que eles têm bastante prática e material ilimitado para fazê-lo.

"Fique alerta para o início do mal", escreveu o teólogo católico Michael Novak, argumentando contra a pesquisa em células-tronco embrionárias humanas. "Ele nunca vem sob a aparência do mal, mas sempre aparentando ser belo, promissor, idealista, agradável. (...) O erro fatal muitas vezes ocorre como resultado de sentimentos morais não avaliados: afetos e sensações que servem como guias morais como se não precisassem de questionamento da razão."[44] Em 25 anos de leitura de textos conservadores, entre eles muitos dos profundos escritos do dr. Novak, não consigo me lembrar de qualquer questionamento sério do uso de animais em qualquer tipo de experiência com qualquer propósito. Mesmo hoje, com o debate da legalização de clonagem de seres humanos, e o temor da possibilidade de que alguns cientistas já estejam tentando fazê-lo, o "guia moral" da clonagem e do patenteamento da vida animal passou como algo perfeitamente lícito, como uma empreitada sem controvérsias, sem qualquer pensamento de que talvez *esse* seja o erro fatal.

No que diz respeito à pesquisa científica, é de se pensar que haja sabedoria no argumento tradicionalista de que crueldade com animais é algo errado, não pela equivalência moral, mas pela continuidade moral que leva inexoravelmente à crueldade com seres humanos. Quando pesquisadores abandonam os escrúpulos no tratamento com animais, indiferentes à desfiguração e ao sofrimento diante de seus olhos, vendo a vida como mero instrumento a ser usado e jogado fora, fica difícil mudar os costumes. "Você pode jogar esses animais fora, mas, diga-me, o que se pode fazer com um ser humano anormal?", tenta argumentar um pesquisador biomédico, defendendo a proibição da clonagem humana. "Você não poderá manter essas pessoas vivas sem intervenção médica, e elas provavelmente serão miseráveis, e mesmo aqueles que talvez pareçam normais, provavelmente não o serão. Tentar já é uma empreitada assustadoramente criminosa."[45] Não há dúvida de que concordo com ele sobre a clonagem humana ser um mau negócio. Mas de onde vem essa argumentação tão austera ao tratar das criaturas-irmãs, essa visão de vida utilitarista e mesmo a arrogância ao contemplar a clonagem humana? O que o encorajou? Onde foi que as barreiras éticas começaram a ruir?

Nos Estados Unidos, uma reformulação seria mais efetiva com uma revisão de nosso Animal Welfare Act (AWA, Lei de Bem-Estar Animal). Na verdade, essa lei começou como o Laboratory Animal Welfare Act (Lei de Bem-Estar de Animais de Laboratório), assinado pelo presidente Lyndon Johnson, em 1966, em resposta à preocupação pública quanto ao abuso contra animais em pesquisas científicas e testes de produtos comerciais, sobretudo com cães e gatos sendo vendidos por abrigos e fornecedores particulares a laboratórios. Com diversas emendas ao longo dos anos, ele se tornou o corpo legislativo a regular o uso de animais de sangue quente usados com propósitos científicos ou comerciais. Em sua forma atual, entretanto, o AWA é uma coleção

DOMÍNIO

de injunções vazias, brechas amplas e penalidades leves (quando essas últimas existem). Por exemplo, o Departamento de Agricultura define conceitualmente "animal" da seguinte maneira:

O termo "animal" significa qualquer cachorro, gato, macaco (mamífero primata não humano), porquinho-da-índia, hamster, coelho ou outro animal de sangue quente, vivo ou morto, de acordo com a determinação do secretário [da Agricultura], que esteja sendo usado ou se tenha a intenção de usar para pesquisa, testes, experimentos ou propósitos de exibição ou ainda como criatura de estimação; mas esse termo exclui cavalos não usados em pesquisa e outros animais de fazenda, tais como, mas não apenas, gado e aves usados ou cuja intenção de uso seja como alimento ou fibra, ou ainda gado e aves usados ou cuja intenção de uso seja melhorar a nutrição animal, procriação, a eficiência de manejo e produção (...).[46]

"Pecar bravamente" exigiu mentir bravamente nessa remoção completa de qualquer proteção legal para pequenos animais usados aos milhões em laboratórios por todos os Estados Unidos. Segundo a AWA, alguns bichos são bichos apenas se o secretário da Agricultura o definir como tal. Caso contrário, são alguma outra coisa. Toda a AWA é deixada para interpretação e imposição pelo Departamento de Agricultura. Os responsáveis por decidir o que é um tratamento aceitável em laboratórios de animais são as mesmas autoridades que supervisionam as fazendas industriais.

Vamos ao menos chamar as coisas pelos nomes, não importando o que a lei permite ou proíbe. Às vezes pode ser inconveniente e até custoso tratar os pequenos animais de laboratório como animais, como criaturas vivas a serem poupadas de estresse, sofrimento e morte desnecessários. Mas a lei não se aplica às conveniências; ela deve falar a língua da verdade, assim como a ciência deve falar a língua da realidade, mesmo que seja a simples realidade de camundongos, ratos e passarinhos. Eles também são animais, com ou sem a bênção do secretário da Agricultura.

JUSTIÇA E MISERICÓRDIA

De acordo com a AWA, nenhum animal de sangue quente pode ser usado repetidamente em experimentos sem anestesia ou mantido consciente durante testes em que são paralisados, a não ser em casos de "necessidade científica".[47] Na prática, são os pesquisadores que decidem o que acham desnecessário. Uma AWA com emendas deveria estabelecer definições básicas a serem respeitadas de uma vez por todas, de acordo com padrões objetivos da ciência e demandas claras da saúde pública.

Ainda segundo a lei, cada entidade de pesquisa deve formar um comitê de três ou mais membros para avaliar o tratamento dado aos animais, sendo que apenas um dos membros não pode ter conexão com a entidade.[48] Na prática, isso significa que os laboratórios podem fazer o que quiserem. Com apenas cerca de setenta fiscais do bem-estar animal no Departamento de Agricultura para fiscalizar milhares de laboratórios públicos ou privados, não há muito o que temer. A título de comparação, o Congresso repassa ao Instituto Nacional de Saúde cerca de US$ 20 bilhões, mas apenas US$ 15 milhões para o cumprimento da AWA. Não me parece um sinal de esforço e boa-fé. Tanto na lei, quanto nos gastos públicos deve haver uma correspondência entre o compromisso com a pesquisa e o compromisso com sua condução humana.

Cada vez mais alternativas cientificamente razoáveis estão disponíveis e, com isso, em 1990, o Congresso propôs uma revisão na AWA: "Métodos de teste que não usem animais, que sejam mais rápidos, mais acurados e menos dispendiosos do que os tradicionais foram e continuam sendo desenvolvidos. Há novas oportunidades para desenvolvimento desses métodos."[49] Mais de uma década depois, essas alternativas incluem modelos de computador para prever riscos de toxicidade, tecnologias de escaneamento não invasivo, como a ressonância magnética, análises moleculares e estudos de genes, como o Projeto Genoma, a fim de entender os efeitos das químicas, além de técnicas *in vitro* – todas em geral mais sensíveis e precisas do que os métodos tradicionais com ratos e camundongos.

Hoje muitos cientistas e pesquisadores, em especial o Comitê de Médicos para a Medicina Responsável, defendem esses métodos.

DOMÍNIO

Dizem que não há mais bases racionais para o teste Draize, que pinga produtos químicos e de higiene pessoal nos olhos de coelhos imobilizados. Atualmente se pode testar a irritação nos olhos usando tecidos humanos que imitam as características do olho. A toxicidade é mais bem avaliada com métodos *in vitro*, que usam células humanas obtidas de cadáveres. Os danos ao DNA podem ser estudados em bactérias, como no teste Ames, desenvolvido décadas atrás, adotado gradualmente pela EPA e já aceito em todo o mundo. A realização de mais experiências com animais para estudar doenças do coração, dependência em nicotina, obesidade, entre outros problemas, não têm embasamento, uma vez que já identificamos suas causas primárias ao estudar populações humanas.

Muita gente entende pesquisa ou teste "alternativo" como sinônimo de teste de segunda linha para métodos científicos, como se não houvesse como evitar experimentos em animais. Entretanto, muitas vezes o que ocorre é o oposto, alegam médicos e pesquisadores que defendem a reformulação. Há histórias de sucesso e de fracasso nos testes com animais. A indústria do tabaco, por exemplo, argumentou durante décadas que seu produto não tinha efeito cancerígeno quando inalado por cães e primatas, o que é verdade. Por outro lado, os defensores do uso irrestrito de animais na ciência lembram sempre da penicilina e da vacina contra poliomelite. Acontece que Alexander Fleming observou, no início de 1929, que a penicilina matava bactérias em placas de Petri, mas não em coelhos infectados, concluindo erroneamente que não curaria seres humanos. Foi só uma década depois que, por desespero, usou-a para tentar salvar a vida de um paciente que estava morrendo.[50]

Nas décadas de 1920 e 1930, experiências feitas pelo próprio Albert Sabin com macacos infectados com o vírus da pólio também se mostraram inúteis, porque primatas e humanos contraem a doença de modo diferente. Foi apenas com a autópsia de corpos humanos que o dr. Sabin conseguiu estabelecer corretamente a patologia. Como o pesquisador alegou: "A poliomielite só pôde ser tratada com a prevenção da destruição de um grande número de células nervosas motoras, e o trabalho de prevenção atrasou longamente por causa de conceitos

JUSTIÇA E MISERICÓRDIA

falsos sobre a natureza da doença humana baseados em modelos experimentais mal conduzidos da doença em macacos."[51] A própria vacina contra a pólio hoje é feita a partir de células humanas porque a vacina original, de células de primatas, tinha efeitos danosos e às vezes letais. No passado, a insulina vinha de vacas e porcos, mas hoje foi substituída pela insulina humana, não para poupar os animais, mas porque simplesmente funciona melhor.

É preciso algum treinamento científico para julgar essas alternativas, e eu só posso repetir o que especialistas dizem. Mas insisto na hipótese de que poucos médicos, cientistas e pesquisadores são capazes de crueldade intencional, com certeza nenhum dos que eu conheci. Ainda assim, cada instituição e cada profissional sabe como pesa a inércia, o que leva a recusar mexer em antigos alicerces. Com frequência também, os caminhos antigos (não importa se tornados desnecessários ou irracionais) seguem devido a interesses financeiros que dependem deles. Não há razão para se acreditar que na ciência médica isso funcionaria de modo diferente. E há, aliás, muita razão para acreditar que o governo pode agir dessa maneira. Quando as alternativas a testes com animais podem de fato servir aos mesmos propósitos, não se deveria postergar a mudança. Cada cientista que faz experiências com animais, ou os usa em testes de produtos comerciais, tem a obrigação de usar as alternativas. É uma obrigação profissional e ética, e deveria se tornar também uma obrigação legal.

Hoje, segundo a regulamentação, cientistas são obrigados a "considerar" somente alternativas a experimentos dolorosos ou letais, sem critérios objetivos que estabeleçam a necessidade desses experimentos.[52] Todos adoramos leis que nos digam o que "considerar", em vez do que fazer, mas isso não funciona. Uma lei estabelece claramente um fato e, com base nele, determina qual a prática aceitável. Nesse caso, o fato é a dor real e consciente de animais; e a prática aceitável – não uma opinião – deveria ser uma necessidade imprescindível, nada menos que isso. A mesma pergunta sobre as fazendas industriais deveria chegar aos laboratórios: quando você começa com um mal necessário, mas depois de um tempo ele não é mais necessário, o que sobra?

DOMÍNIO

Uma boa razão para se acreditar que métodos e testes alternativos são iguais ou melhores é que alguns governos, laboratórios e indústrias estrangeiros já os estão usando. O Reino Unido não exige mais o teste de dosagem letal de químicas industriais e comerciais, embora ainda o permita. Em 2000, o Congresso americano aprovou uma lei que estabelecia como objetivo descobrir e adotar essas alternativas. O Instituto Nacional de Saúde dos Estados Unidos proibiu o uso de camundongos na produção de anticorpos monoclonais, poupando, de uma hora para outra, um milhão dessas criaturas por ano, que sofreriam com tumores induzidos, entre outros procedimentos dolorosos, para se extrair o fluido necessário. A FDA aprovou um estrógeno de base vegetal, a Cenestin, como alternativa à Premarina, droga cuja produção depende de grande sofrimento de éguas, porque é feita a partir de sua urina. Dois terços das faculdades de medicina dos Estados Unidos, incluindo Harvard e Johns Hopkins, não usam mais animais vivos em suas experiências. O governo de Israel já proibiu experimentos e dissecção animal em escolas primárias e secundárias, assim como algumas escolas distritais americanas. Na Eslováquia foi vetado o uso de animais em testes de cosméticos. E na Nova Zelândia, apesar dos avisos de Roger Scruton, de que conceder direitos aos primatas seria confundir o limiar entre as espécies, o Parlamento seguiu em frente e baniu o uso de grandes primatas em pesquisa, ensino ou testes, salvo com propósitos benevolentes. Muitas outras nações estão prestes a fazer o mesmo. E até agora nenhum dos temores do sr. Scruton se realizou. Os chimpanzés não têm mostrado sinais de abuso de seus direitos, nem parecem querer ser algo mais que chimpanzés. E talvez, ao poupar essas criaturas inteligentes de tortura desnecessária, os líderes neozelandeses estejam se sentindo um pouco mais humanos.

A empresa farmacêutica inglesa Pharmagene prontificou-se em 1996 a parar de usar animais, e agora usa tecidos humanos em testes de seus produtos.[53] A Colgate-Palmolive anunciou em 2000 uma moratória do uso de animais na avaliação de produtos de higiene pessoal, seguida pela Gillette e muitas outras marcas que no passado afirmaram que o uso de animais era essencial. A Mary Kay Cosmetics é a maior entre

JUSTIÇA E MISERICÓRDIA

mais de seiscentas empresas a encerrar totalmente seus testes com animais. Muitas afirmam orgulhosamente em seus rótulos "Sem testes em animais", enquanto outras insistem na prática sob pressão das seguradoras, como uma salvaguarda contra possíveis processos – sob leis que ainda precisam reconhecer a existência de testes alternativos.

Com mudanças como essas, começa-se a formar um padrão. Sabemos agora que para cada uma dessas iniciativas os testes com animais eram desnecessários ou se tornaram desnecessários graças a novos métodos. Seja como for, precisou-se de anos de ação de ativistas pelo bem-estar animal para se chegar a isso. Sem dúvida, também, houve o outro lado, cientistas, fornecedores de laboratórios e outras partes interessadas que alegavam que as mudanças seriam vergonhosas, intoleráveis, não científicas, anti-humanas e que não devíamos nunca ficar do lado da Peta e de todos aqueles extremistas dos direitos dos animais. Mas agora essas mesmas empresas e laboratórios afirmam que os testes *não são* necessários. Elas podem se virar muito bem sem eles. Então, afinal, quem estava certo? Quem eram os verdadeiros extremistas? E quando ainda se diz que determinada experimentação, teste ou pesquisa é necessário, será que isso é verdade?

A AWA ganhou sua última emenda em 1990, pouco antes de alcançarmos as possibilidades da biotecnologia e suas implicações para o bem-estar animal. Aqui, acima de tudo, precisamos de uma mudança na política. Pode-se ver que o incentivo pelos lucros é, em geral, essencial à pesquisa científica, mas nem sempre é suficiente. No âmbito das regulamentações sobre o uso de animais, a economia deve servir aos objetivos corretos da ciência, e não o oposto, sob pena de se garantir a crueldade e corromper a ciência.

Quando não respeitamos os limites para o trivial, perdemos a credibilidade para lidar com o que há de sério. Uma coisa é argumentar que animais podem ser necessários na pesquisa para o tratamento e cura da aids, do Alzheimer ou do câncer, embora haja abusos mesmo nesses casos e ainda se precise provar a necessidade do uso. Mas é totalmente diferente alegar que é preciso pesquisas para eliminar o medo dos porcos e o gás de seus excrementos ou qualquer outra lou-

DOMÍNIO

cura dessas. A lei tem de fazer essa distinção, estipulando sanções e apoios financeiros de acordo com a importância social, moral e médica e proibindo empreitadas frívolas e desumanas.

Nem sempre será fácil definir isso, mas poderíamos começar com a indústria do gado. E seus vários novos projetos de "genes do estresse". Podemos proibir a criação de animais para xenotransplante (fornecimento de órgão ou DNA para outra espécie). Também podemos fazer avançar uma causa levantada admiravelmente por Peter Singer e tirar do papel o *Great-Ape Legal Project* (Projeto Legal dos Grandes Primatas), proibindo totalmente qualquer experiência ou manipulação genética com primatas, nem que seja porque são geneticamente quase iguais a nós e, portanto, merecem ter sua integridade respeitada.

A Câmara dos Deputados americana votou em 2001 pela restrição da clonagem humana e de muitos usos de embriões, impondo multas de milhões de dólares e mesmo a pena de dez anos de prisão a quem desrespeitá-la. Essa foi uma afirmação da autoridade do governo e de sua responsabilidade por resguardar cidadãos dos excessos das pesquisas médicas, não apenas nos mais de oitocentos laboratórios federais, mas em todos os centros públicos e privados. A dignidade da vida dos animais não precisa ser considerada tão profunda ou fundamental para o Congresso para que se tenha a mesma autoridade e responsabilidade em evitar abusos monstruosos em nome do ganho comercial.

A biotecnologia traz questões morais complicadas, com as quais ainda estamos aprendendo a lidar, traz enormes possibilidades para o bem, assim como para o descaminho e o mal. Ainda que "complicada", ela não deve nos impedir de um questionamento racional, de perguntar quais os limites do uso de animais, se é que existem. Num discurso a fazendeiros europeus, no outono de 2000, o papa João Paulo II deu alguns conselhos sobre o uso da biotecnologia na agropecuária, a que todas as sociedades deveriam atentar: "Resistam à tentação da produtividade e do lucro que trabalha em detrimento do respeito à natureza. Se você esquece esse princípio, tornando-se um tirano e não um zelador da Terra, mais cedo ou mais tarde a Terra vai se rebelar."[54]

ELES CONHECEM A DOR

Os mesmos artifícios legais obtidos pelos laboratórios também negam aos animais de fazenda o status de "animais" (status que, com a AWA, poderia protegê-los contra a crueldade). Como observam os filósofos dos direitos naturais, negar o "deve" é negar o "é". Sabemos, pelos padrões mais comuns da bondade humana, que os métodos da pecuária intensiva não são uma boa maneira de tratar animais. Portanto, nos estatutos, deveriam ser reclassificados como algo abaixo dos animais.

A carne é hoje um item de luxo, e a pecuária de grande escala, algo irracional e ineficiente, sem falar dos sofrimentos moralmente indefensáveis que causa. Não cola dizer, como disse David Plotz na revista online *Slate*, que: "Bezerros são adoráveis, mas carne de vitela é deliciosa. (...) Deus deu ao homem domínio sobre as feras da Terra [e] se um animal tem utilidade econômica, devemos criá-lo."[55] Esse não é um argumento sério. É uma desculpa para fugir de um raciocínio sério, para fazer o que lhe agrada e conseguir o que se quer, é um murmúrio humano disfarçado de vontade divina. Tampouco é uma resposta dizer, como o juiz Richard Posner, que as leis devem ser "neutras" e que se deixe a "preferência do consumidor" responder por si só aos fazendeiros corporativos. Quando a lei deixa de lado o tratamento digno de bilhões de criaturas, quando a lei nega inclusive que elas sejam animais, isso não é neutralidade. Isso é falsidade, é uma permissão para ser cruel.

Em um problema político familiar, a crueldade institucional tem um eleitorado ativo e influente, enquanto a bondade só tem do seu lado um sentimento considerado fútil. Repórteres podem ajudar nessa questão, não como advogados da causa, mas como jornalistas investigativos. Com as impressionantes exceções do *Washington Post*, do *New York Times* e de alguns canais de notícias e revistas, a mídia americana tem se intimidado com as histórias de crueldade, talvez porque a realidade seja dolorosa e deprimente tanto para o jornalista quanto para o público. Um pouco mais de coragem editorial é necessária ao jornalismo – coragem como a de Charlie LeDuff, do *Times*, ou de Joby Warrick, do *Post*, em suas reportagens sobre as indústrias da carne bovina e suína e de sua brutalidade tanto para animais quanto para homens. Há muitos outros problemas a serem explorados, injustiças que continuam encobertas, mas é verdade que o maior inimigo da crueldade é o eleitorado bem informado.

Mesmo hoje, candidatos e líderes políticos podem se surpreender com o apoio que encontrarão à reforma da pecuária. É o que se tem visto nas iniciativas de votações sobre o confinamento em massa em fazendas de suínos, como na Flórida em 2002. As autoridades estaduais e federais são como o restante de nós; quando param para pensar nas fazendas industriais, ficam incomodadas com o assunto. Não tenho dúvida de que o presidente George W. Bush – um homem que, posso dizer por experiência própria, tem instintos extremamente bons e generosos, e já participou de resgates de animais em Austin, no Texas – ficaria tocado com as condições de uma típica fazenda industrial ou um frigorífico. Um alto político republicano evangélico andou por fazendas de suínos em seu estado natal e ficou horrorizado com a cena. Foi o que ele mesmo nos disse ao falar ao Senado em 2001. Com a palavra, o honrado senador Robert Byrd, da Virgínia Oriental:

> Nosso tratamento desumano ao gado está se espalhando e se tornando cada vez mais bárbaro. Suínos de 250 quilos (no passado, eram porcos) são criados em gaiolas de metal de 60 centímetros de largura chamadas de "caixotes de gestação", nas quais os pobres animais não conseguem se virar ou deitar em alguma posição natural, e é assim que vivem por meses.
>
> Nas fazendas industriais voltadas para o lucro, bezerros são deixados em currais de madeira escuros para que não se deitem ou se arranhem. Esses animais sentem; eles conhecem a dor. Sofrem-na assim como os humanos sofrem. Galinhas para a produção de ovos são colocadas em gaiolas enfileiradas. Incapazes de abrir as asas, estão reduzidas a nada mais do que máquinas de pôr ovos. (...)

JUSTIÇA E MISERICÓRDIA

Deus deu domínio ao homem sobre a Terra. Somos apenas os zeladores do planeta; cuidamos do Seu planeta. Que não falhemos na missão divina. Que lutemos para sermos bons zeladores e não macular as criaturas de Deus ou nós mesmos ao tolerar a crueldade desnecessária, abominável e repulsiva.[56]

Isso veio de um homem que criou e matou porcos no passado, que compreende as duras demandas da vida na fazenda, assim como suas rígidas obrigações. E quando um senador com oito mandatos e de um estado rural fala assim, sabemos que o clima de mudança paira no ar.

Talvez nas próximas décadas o livre-mercado, mais do que alterações nas leis, prove os males das fazendas industriais. Nos Estados Unidos já há 17 milhões de vegetarianos, a maior parte adolescentes e estudantes universitários, cuja influência no mundo ainda será sentida. Na Europa, o pesadelo da febre aftosa converteu outros milhões e se pode encontrar carne de soja nos supermercados franceses, onde poucos anos antes ela não existia. McDonald's, Wendy's e Burger King já se mostraram sensíveis às preocupações do público quanto à crueldade em fazendas e esse último já oferece hambúrgueres vegetarianos. Enquanto estabelecimentos refinados como o restaurante La Colline, em Washington D.C., e a Casa Branca continuam servindo vitela, muitos outros como a New York's Tavern ou as casas de chá Green e Russian, não o fazem mais. Isso tudo mostra o poder da consciência para influenciar mercados – hoje somos milhões, um dia seremos dezenas de milhões de consumidores a optar por não comprar carne ou produtos de fazendas industriais.

Nesse meio-tempo, governos não estão livres de sua obrigação de proteger animais de abusos escandalosos como os que o senador Byrd descreveu. Em 1958, o Congresso declarou dever de todo fazendeiro minimizar o sofrimento do gado, segundo o Human Method of Slaughter Act (Lei do Abate por Métodos Humanos), uma reforma

DOMÍNIO

sem precedentes promovida pelo senador Hubert Humphrey. Mas o
crescimento da agropecuária nos anos seguintes e o desrespeito coti-
diano exatamente dessa lei, levaram à criação do Humane Farming Act
(Lei da Exploração Agrícola Humana). A lei reconheceu a obrigação
de se dar aos animais da fazenda uma morte misericordiosa. Agora
deve reconhecer a obrigação de se dar uma vida misericordiosa.

Um Humane Farming Act (e talvez o senador Byrd seja o homem
certo para isso) reconheceria explicitamente animais como seres sencientes e não como simples mercadorias. Ele poderia descrever padrões
básicos da pecuária, impondo obrigações a fazendas e abatedouros,
para que criassem e matassem cada animal de acordo com níveis mínimos de decência humana. Sob status explícitos de crueldade, e não
apenas regulações industriais, informaria claramente o espaço que cada
animal deve ter seguindo princípios simples de que porcos e bois têm
de ser capazes de andar ou se virar, que aves têm de ser capazes de se
mover e abrir as asas e que todas as criaturas da fazenda têm de poder
sentir o solo, a grama e o calor do sol. Sem mais confinamento em
massa. Sem mais caixotes de bezerros. Sem mais caixotes de gestação.
Sem fileiras e andares de gaiolas em aviários. Se não somos capazes de
fazer algo humanamente, sem degradar os animais e a nós mesmos,
então não devemos fazê-lo.

Um Humane Farming Act deveria:

- Definir ingredientes aceitáveis para ração de acordo com as necessidades nutricionais do animal, impedindo práticas como a privação
de ferro ou de fibras para vitelas, perda de penas de galinhas poe-
deiras induzida por desnutrição ou alimentação forçada para patos
e gansos para a produção de patês.
- Proibir o uso de dejetos na alimentação de animais, sejam excrementos ou restos de animais mortos.
- Definir condições apropriadas de vida para cada espécie, tais como
lama e palha para porcos, moitas e pasto para o gado bovino, po-
leiros e caixas de ninhos para galinhas e outras aves.

JUSTIÇA E MISERICÓRDIA

- Proibir os cortes de rabo, de orelha, de chifres, de bico, a marcação a ferro quente, a castração sem anestesia, entre outras mutilações planejadas para adequar animais às condições não naturais da fazenda industrial.
- Impedir o uso de hormônios, remédios, clonagem e tecnologias genéticas requeridas pela criação intensiva e aplicadas para maximizar a produção à custa do bem-estar animal.
- Restringir o ritmo e os métodos de abate para poupar as centenas de porcos e outras criaturas que diariamente, sob as atuais condições, são retalhadas e escaldadas vivas.
- Obrigar veterinários a cumprir seu juramento profissional lembrando-lhes que devem fornecer cuidados a animais e que não são técnicos de unidades de produção.
- Alocar fundos necessários para fiscalização governamental nos locais de produção e para mais inspetores nos frigoríficos.
- Instruir as agências federais que compram produtos de fazenda, como o Departamento de Agricultura que gasta bilhões de dólares com o programa de alimentação das escolas, e o Departamento de Defesa que alimenta mais de 800 mil soldados, de modo que contratem exclusivamente os estabelecimentos que usam métodos humanos.
- Definir a qualificação mínima de empregados agrícolas e estabelecer o direito de todos os empregados de fazendas e abatedouros a formar sindicatos que os protejam da exploração.
- Exigir padrões comparáveis na pecuária de todos os parceiros do comércio agrícola, com direito de inspeção para assegurar o cumprimento da regra.
- Impor multas pesadas e penalização criminal a quem violar as leis de crueldade na agropecuária.

É um monte de proibições, definições e imposições, mas as leis são assim. Como em qualquer outra proibição de atos humanos maus, estaríamos protegendo importantes bens morais e sociais, definindo padrões defensáveis com os quais poderíamos viver – enquanto estenderíamos um pouco de "conservadorismo compassivo" mesmo aos animais inferiores. Na prática, um Humane Farming Act faria das fazendas familiares um modelo, como já tem ocorrido na União Europeia, que proibirá nos próximos anos os caixotes para bezerros e gaiolas amontoadas para aves. Nos Estados Unidos será necessária uma lei como essa para salvar as pequenas fazendas, que hoje mal sobrevivem, e para terminar com essa corrida ao fundo do poço, que corta custos não importando os meios e que só pode ser vencida pelos fazendeiros corporativos.

E, sim, isso também significará pagar um preço mais alto para laticínios e produtos de carne e ainda, para muitos, consumir menos. Mas quando você se alimentar desses produtos, eles não terão o gosto de uma vida amarga. Mesmo os comedores de carne mais vorazes descobrirão que a moderação tem seus prazeres. E que ela é uma opção já disponível a todos, de qualquer país.

OS BONS PASTORES

Nos últimos anos tive o privilégio de conhecer muita gente envolvida no movimento de proteção aos animais. Como costuma acontecer quando alguém decide sair da mesmice e tentar ser útil, descobri à minha volta homens e mulheres que por anos têm lutado contra a crueldade animal, enquanto eu estava ocupado pensando no assunto. Contra qualquer das práticas cruéis que descrevi neste livro, há um grupo ou mesmo uma única pessoa solitária que se dedica ao seu fim, em geral contra as probabilidades e encarando desprezo dos outros. Impiedades únicas de nossa época, em abrangência e intensidade, inspiraram sua contrapartida num movimento de compaixão também singular e que vai tão longe quanto.

Em cada aspecto da vida, há seres humanos a quem se pode atribuir atos egoístas e irresponsáveis, deixando atrás de si uma trilha de problemas e danos. E há sempre aqueles que vêm consertar os estragos. Onde há sofrimento humano, há quem crie e mantenha orfanatos, lares para mulheres que sofreram violência ou mães solteiras que precisem

JUSTIÇA E MISERICÓRDIA

de ajuda. Esse tipo de gente funda ministérios para prisioneiros e seus filhos, como o fizeram Charles Colson e seus milhares de voluntários. Abrem centros de treinamento para desempregados, refúgios para dependentes químicos ou pessoas sem posses, hospitais para os doentes e locais de cuidados para pessoas morrendo em cada canto do mundo. Honramos essas pessoas, mesmo quando não temos o mesmo idealismo heroico que elas, porque sabemos que ali há uma vocação e porque testemunhamos o melhor da humanidade.

Em todo o mundo encontraremos gente que ajuda animais negligenciados ou maltratados. Sua vocação também é especial e não algo que afaste do amor humano e da caridade, mas que é parte deles. Aceitam órfãos e abrigam os desgarrados, negligenciados, espancados, desnutridos. Seguem as trilhas dos caçadores esportivos, das armadilhas, dos baleeiros, para ajudar "feridos e perdidos". Coletam os restos de nossas fábricas, zoológicos e laboratórios. Estão em debates no Congresso e nas assembleias legislativas do mundo para defender os animais esquecidos. Mesmo que seus esforços sejam minimizados, se pararem de trabalhar nós iremos notar. Sem essas pessoas, veríamos mais danos, mais privação e abandono, contra os quais eles se levantam. Certamente as críticas mais batidas afirmam que eles se preocupam mais com animais do que com gente, como se para cada golfinho que salvassem das redes dos pescadores alguém ficasse sem comida ou ainda como se as pessoas que fazem essas acusações dedicassem cada momento de suas vidas a elevar a vida de um semelhante.

Tais manifestações, em geral, pretendem desviar a atenção das críticas aos erros e à complacência com o sofrimento. Essas pessoas idealistas têm, no mínimo, de encarar as objeções frívolas de caçadores, baleeiros, fazendeiros corporativos e outros grupos como esses, com os quais competem pelo apoio público – pessoas que só retiram, que só trazem mais violência ao mundo, e avaliam suas próprias vidas segundo o que apropriam, esmagam e matam. E esse é o âmago da questão – a medida de uma vida, como optamos por preencher esse nosso curto período na Terra. É estranho que quanto mais alguém insiste na singularidade dos seres humanos entre as criaturas, mais essa pessoa é agressiva com os animais, mais os denigre – e assim mais indistinta dos bichos, e inferior até, ela parece. Ao mesmo tempo, quanto mais modestos parecemos, mais atenciosos nos tornamos, mais apreciamos a vida, o que nos faz sentir mais vivamente nossa singularidade e o apelo especial que ela tem.

Cada ato de bondade e empatia é sempre um tipo de desafio contra os modos do mundo. Cada complacência com os animais sugere uma impossibilidade selvagem, uma rebelião contra forças irresistíveis. Alguns anos atrás, a Reuters divulgou a história de um camarada chamado Chandrasir Abbrew, cuja missão na vida era proteger os ovos de tartarugas da costa ocidental do Sri Lanka. O costume local, desde sempre nas lembranças dos habitantes da região, era matar os filhotes para comer ou fazer pentes com seus cascos. Mas ao saber que as tartarugas corriam risco de se extinguirem, esse homem pensou diferente. Com uma contribuição do fabricante de câmeras sueco Victor Hasselblad, ele formou a Chocadeira de Tartarugas Kosgoda e hoje paga pessoas para que tragam os ovos até ele. Quando os filhotes nascem, o sr. Abbrew os leva para a água. Ele tem uma filosofia muito simples: "Gosto de animais. Sou um homem feliz. As pessoas vêm ver minhas tartarugas todos os dias."[57] Segundo a reportagem da Reuters, ele continuava a coletar os ovos e todo fim de tarde deixava os filhotes no mar, fazendo as criaturinhas seguirem, "uma incrível primeira viagem de uma vida que pode durar 200 anos".[58]

Falou-se que São Francisco "andou pelo mundo como o perdão de Deus", resgatando cordeiros de seu destino em mercados, coelhos das armadilhas de caçadores, levantando a causa dos bichos maltratados diante de papas e reis. O sr. Abbrew parece ter um espírito parecido, caminhando pelas praias do Sri Lanka como o perdão divino. Por que fazer isso num mundo em que diariamente esses animais morrem afogados em redes, são caçados por sua carne ou deixados para morrer em barcos de pesca? Por que ser diferente? Por que simplesmente não pegar seus ovos e cascos – ou o óleo das baleias, a carne dos golfinhos ou o pelo das focas – como todo mundo sempre fez? Talvez ele o faça porque a recompensa é melhor do que ovos e pentes. Esse homem sabe

JUSTIÇA E MISERICÓRDIA

que, num mundo vingativo e bruto, ele ficou do lado da vida. E muito tempo depois de ele ter partido, o mar estará cheio de testemunhas silenciosas de sua bondade.

Por todos os Estados Unidos, pelo simples fato de estarem vivas, muitos milhares de criaturas também podem testemunhar a bondade de um homem chamado David Duffield e de sua mulher, Cheryl. Os dois tiveram um cachorro que amavam muito, e quando o perderam passaram a se preocupar com os milhões de cães e gatos mortos pela falta de espaço nos abrigos. A maior parte desses abrigos é administrada por pessoas que se preocupam, mas têm de lidar com uma realidade dura e com a falta de orçamento, e se veem forçadas a sacrificar alguns bichos. Um caso típico é o do abrigo de animais Austin Town Lake, por onde eu passava toda manhã no caminho do trabalho, e onde toda noite eles se desfazem de cerca de quarenta animais.

Os Duffield fizeram fortuna com uma empresa de softwares de sucesso e decidiram mexer nesse problema nacional com uma ajuda inicial de US$ 200 milhões. Por décadas, e graças a essas duas pessoas e aos voluntários que os ajudam, menos cães vão vagar sem donos pelas ruas e milhões de outros serão poupados, fazendo companhia às pessoas que os adotam, em vez de morrerem indesejados no quartinho dos fundos de um abrigo. O sr. Duffield poderia ter investido dinheiro em outras empresas, talvez transformando sua fortuna num império. Ele poderia ter levantado um gigantesco anexo de·museu ou de universidade que levaria seu nome para sempre – para "sempre" significando quarenta ou cinquenta anos, até que fosse desativado e esquecido. Mas não, ele compartilhou seu rico dinheirinho com milhões de cães sujos comendo do lixo das ruas. No meu entendimento, esse é um uso bem sábio da riqueza, e uma marca cheia de graça a ser deixada no mundo. As instituições de caridade para animais são, no mínimo, um investimento com alto retorno de felicidade, dentro de nossas possibilidades de oferta e do sofrimento que somos capazes de aliviar.

Tenho especial admiração por meus amigos Gene e Lorri Bauston, que assumiram a causa mais miserável em um lugar chamado Santuário

Fazenda, que resgata animais que o mundo afirma não valer a pena manter vivos. O projeto tem dois santuários, um no norte do estado de Nova York e o outro no norte da Califórnia. Um terceiro será aberto em Los Angeles. Gene, Lorri e sua equipe vão às fazendas industriais, fornecedores e matadouros e levam "terminados", os machucados e doentes que de outra feita seriam jogados fora e que podem ser vistos no santuário fazendo nada para servir o homem, um doce e glorioso nada.[59] Os porcos cavam e rolam. As galinhas e os perus arranham e catam grãos no chão. Bezerros e carneiros saltitam, brincam e se deitam juntos na palha, uma cena que lembra os versos de Oliver Goldsmith: "Nenhum rebanho que se estenda livremente pelo vale/ Para um abate que condenamos/ Ensinado por um Poder que tem pena de nós/ De que aprendemos a ter pena."[*60]

Os engraçadinhos vão rir quando souberem como os Bauston ganharam dinheiro no início de 1980 – foi vendendo cachorro-quente vegetariano nos shows do Grateful Dead. Hoje ainda precisam de contribuições de dinheiro e terra, e atrizes como Kim Basinger, Lindsay Wagner e Mary Tyler Moore, entre outras, arrecadam fundos para o projeto do casal. Os animais de seu santuário pagam um pouco por si mesmos com a renda da casa de visitas, cheia de visitantes todos os fins de semana, que vêm da cidade e arredores. Mas é só. Os cientistas agrônomos de hoje ficariam chocados com a visão: todas essas unidades de produção jogadas fora, todo esse dinheiro desperdiçado na terra, na palha, com comida e tratamento veterinário. Gene tem mestrado em agroeconomia, mas nem ele nem sua mulher pensam no santuário desse jeito, nem jamais os fazendeiros pensaram como eles.

Admiro tanto o seu senso prático nos detalhes como a falta dele em suas aspirações – o exato oposto de uma fazenda industrial, que vai cruelmente atrás de objetivos realistas com uma despreocupação insana com os detalhes. Os Bauston aceitaram o trabalho pesado de cuidar diariamente de centenas de animais mas também a inevitável

---

* *"No flocks that range the valley free /To slaughter we condemn/ Taught by Power that pities us/ We learn to pity them."*

proximidade com a morte. São pouco práticos apenas na crença de que pelo trabalho árduo e o amor misericordioso eles plantarão uma semente que produzirá uma centena de ramos e mostrará ao mundo um modo diferente de ser. Por mais sem esperança ou mesmo boba que pareça a causa, acho que, se eu fosse um executivo da Smithfield, esse seria o tipo de gente de quem eu mais teria medo, os mansos. Você pode duvidar da causa, mas também tem de agradecer aos céus por essa falta de pragmatismo (afinal, nenhum grande mal foi corrigido sem esse tipo de pensamento).

Minha história favorita de resgate de animais é cortesia do Santuário de Elefantes – fica perto de Hohenwald (Tennessee), 3,2 km² de pastos verdes, florestas e laguinhos abastecidos por fontes naturais. Há quatro elefantes vivendo lá, o último a chegar foi Sissy, uma fêmea de 38 anos, que em novembro de 1998 foi filmada sendo espancada pelos funcionários do zoológico de El Paso que deveriam tomar conta dela (e esse foi só o fim de seu sofrimento, que começou com sua separação da mãe quando tinha 2 anos). Após a divulgação das imagens do espancamento, um conselho da cidade decidiu levá-la ao santuário, em resposta à comoção pública que sempre se segue depois que casos como esse são revelados. Então o santuário passou a veicular na internet relatos diários da viagem de Sissy para sua nova casa e de tudo o que precisava ser feito para que ela chegasse lá. Os fundadores do santuário, Carol Buckley e Scott Blais, supervisionaram a expedição. Dois motoristas de caminhão, Alton Henson e Michael Knowles, voluntariaram-se para buscá-la. Um trailer gigante foi doado pela família Pankow, de Nashville. O Comfort Inn ofereceu os quartos onde Carol, Scott e os motoristas dormiriam. A caravana tinha de parar de poucas em poucas horas para ter certeza de que Sissy estava bem. Na página especial "Road Trip!" do santuário, lê-se:

24 de janeiro, 11h30 – Paramos para dar um pouco de água para Sissy. Ela comeu algumas cenouras e parecia calma. (...) 25 de janeiro, 14h30 – Saindo de Little Rock, Scott viu cana-de-açúcar ao longo da estrada. Ele parou e cortou algumas para Sissy. Ela deu conta rapi-

DOMÍNIO

dinho de uma pilha inteira. (...) 25 de janeiro, 17h30 – Sissy bebeu litros d'água, acabou com suas últimas canas e se deitou para dormir. Tudo está bem. (...)

E assim foi até a alegre chegada, quando começaram enormes custos diários de alimentação, abrigo e cuidado veterinário. Em suma, um monte de trabalho e de dinheiro e de confusão apenas para fazer um elefante feliz.

Mesmo com todo o trabalho, tem-se a impressão de que os envolvidos estão extremamente felizes consigo mesmos. A voz animada que ouvimos dos salvadores de Sissy – tão diferente dos murmúrios dos homens de tocaia para matar – é a voz da humanidade, de homens e mulheres derramando paixão, labor e ingenuidade para aliviar a aflição de inocentes. Vendo-a em paz, pode-se perceber que, ao menos no santuário, realmente "tudo está bem" e que eles partilham a felicidade de levar conforto e cuidado a quem foi machucado e teve medo. Ninguém sabe que parte do grande sistema cabe a Sissy ou a qualquer outra criatura, não se sabe seu valor último nem seu destino final. Sabemos apenas que o mundo hoje é levemente mais delicado porque lhe foi dado um lar e alguma cana no caminho para lá. E isso já é alguma coisa.

Gente como eles são uma lembrança de que o bem-estar dos animais não é apenas um problema moral a ser resolvido com legislação, mas uma oportunidade moral de encher nossas vidas com atos de compaixão. A bondade com animais não é nosso dever mais importante como seres humanos, nem o menos importante. Como tratamos as criaturas irmãs é apenas mais um caminho pelo qual cada um de nós escreve nosso próprio epitáfio – levando ao mundo uma mensagem de luz e de vida, ou apenas mais escuridão e morte; dando sua contribuição ao mundo com alegria ou com desespero.

"Em uma gota de chuva podemos ver as cores do sol", escreveu o historiador Lewis Namier. Então, a cada ato de bondade temos em nossas mãos a misericórdia do Criador, cujos propósitos são a vida e não a morte, cujo amor não para em nós, mas nos circunda, traz

JUSTIÇA E MISERICÓRDIA

dignidade, beleza e esperança a cada criatura que vive, sofre e perece. Talvez este seja parte do papel dos animais entre nós: acordar a humildade, voltar nossas mentes para o mistério da existência e abrir nossos corações às esperanças mais impraticáveis, nas quais toda a criação fala de uma só vez. Para os bichos como para nós, se há esperança, é a mesma esperança, o mesmo amor, o mesmo Deus que vai "secar as lágrimas de seus olhos; e não haverá mais morte, nem luto, nem pranto, nem haverá mais qualquer dor: porque tudo isso já passou".[61]

Notas

Introdução

1. Andrew Sullivan, "The Killing Fields", *The New Republic*, 9-16 de abril, 2001.
2. Verlyn Klinkenborg, "Pox Populi", *The New York Times*, 6 de maio, 2001.
3. *Congressional Record* (Registros do Congresso), 9 de julho, 2001.
4. Matthew Parris, "Eating Our Fellow Mammals May Not Be Wrong, But It Is Not Very Nice", *The Spectator*, 21 de abril, 2001.

1. Das coisas que são

1. Desmond Morris, *The Naked Ape*, Nova York: Dell, 1973, p. 194. [Ed. Bras.: *O macaco nu: um estudo do macaco humano*, Rio de Janeiro, Record, 2004.]
2. *Ibid.*, p. 194-195.
3. *Ibid.*, p. 195.
4. Stephen Budiansky, *If a Lion Could Talk: Animal Intelligence and the Evolution of Consciousness*, Nova York: Free Press, 1998, p. 193-194.
5. C. S. Lewis, *The Problem of Pain: How Human Suffering Raises Almost Intolerable Intellectual Problems*, Nova York: Macmillan, 1962, p. 133. [Ed. Bras.: *O problema do sofrimento*, São Paulo: Vida, 2006.]
6. Independent Newspapers, "Elephants Keep Watch over Two Caught in Trap", julho, 1997.
7. Jack London, *The Call of the Wild, White Fang, and Other Stories*, Nova York e Londres: Penguin, 1993, p. 257. [Ed. Bras.: *Caninos Brancos*, São Paulo: Martin Claret, 2000.]
8. Peter Waldman, "Taste of Death: Desperate Indonesians Devour Country's Treasure Trove of Endangered Species", *Sacramento Bee*, reimpressão do The *Wall Street Journal*, 29 de novembro, 1998.
9. Viktor E. Frankl, "Man Alive", *International Journal of Logotherapy and Existential Analysis* 6 (1), 1998, p. 81.
10. Peter Singer, *Animal Liberation*, Nova York: Avon, 1990, p. 187. [Ed. Bras.: *Libertação animal*, Porto Alegre: Lugano, 2004.]

DOMÍNIO

11. São Basílio, incluído em *A Select Library of the Nicene and Post-Nicene Fathers of the Christian Church* (NPNF), editado por P. Schaff e Henry Wace, Edimburgo: T. Clark, 2nd Series, vol. 8, 1897.

12. Citado em Andrew Linzey, *Animal Theology*, Urbana e Chicago: University of Illinois Press, 1995, p. 56.

13. Citado por Paul Waldau em *Encyclopedia of Animal Rights and Animal Welfare*, Westport: Greenwood Press, 1998, p. 291.

14. Will Durant, *Our Oriental Heritage – Story of Civilizations*, Nova York: Simon & Schuster, 1954, p. 451. [Ed. Bras.: *Nossa herança oriental – História da Civilização*, Rio de Janeiro: Record, s/d.]

15. Plutarco, "On the Eating of Meat", *Moralia*, 994 E.

16. São Thomas More, *Utopia*, New Haven: Yale University Press, 1964, p. 78. [Ed. Bras.: *Utopia*, São Paulo: Martins Fontes, 2009.]

17. *Ibid.*, p. 98.

18. *Ibid.*, p. 144.

19. Citado por Andrew Linzey e Bernard Unti em *Encyclopedia of Animal Rights and Animal Welfare*, p. 334.

20. John Wesley, *Sermon Sixty*, "The General Deliverance", Nampa, Indiana: Wesley Center for Applied Theology at Northwestern Nazarene University, 1999.

21. John Henry Newman, *Parochial and Plain Sermons*, Londres, 1868.

22. Lord Shaftesbury em carta de 30 de abril, 1881, citado por Andrew Linzey em *Encyclopedia of Animal Rights and Animal Welfare*, p. 314.

23. *Catechism of the Catholic Church*, Sec. 2415-2418, Mahwah, New Jersey: Paulist Press, 1994, p. 580-581.

24. *Idem.*

25. "Cruelty to Animals", *The Catholic Encyclopedia*, vol. IV, Nova York: Robert Appleton Company, 1908.

26. Malcolm Muggeridge, *Jesus Rediscovered*, Glasgow: Collins, 1969, p. 63.

27. Peter Singer, *Practical Ethics*, edição revista, Nova York: Cambridge University Press, 1993, p. 169-171. [Ed. Bras.: *Ética prática*, São Paulo: Martins Fontes, 2002.]

28. *Idem.*

29. Naomi Schaefer, "Professor Pleasure or Professor Death?", *The Wall Street Journal*, 25 de setembro, 1998.

30. Don Feder, "Professor Death Takes Ideas to Princeton", *Boston Herald*, 28 de outubro, 1998.

31. *Centesimus Annus*, Encíclica do papa João Paulo II no 100º aniversário da *Rerum Novarum*, reimpresso no *Catholic International*, vol. 2, n. 3.

NOTAS

32. "Message of Reconciliation", emitida pelo papa João Paulo II em Assis em 12 de março, 1982, e informada no *L'Osservatore Romano*, 29 de março, 1982.

33. United Press International, "Pope Urges Respect for Animals", 3 de outubro, 1982. A Associated Press no mesmo dia traduziu um pouco diferente: "É necessário e urgente que, seguindo o exemplo do homem pobre, a pessoa decida abandonar formas não consideráveis de dominação, captura e custódia a respeito de todas as criaturas."

34. C. S. Lewis, *Problem of Pain*, p. 130 (grifo no original).

35. Theodore Roosevelt, *African Game Trails: An Account of the African Wanderings of an American Hunter-Naturalist*, Nova York: St. Martin, 1988, p. 240.

36. Gênesis 9:11-16 (Bíblia *Authorized Version*).

37. Oseias 2:20-21.

38. Isaías 11:6-7.

39. Leland Swenson, presidente do National Farmers Union, falando ao House Judiciary Committee, 12 de setembro, 2000.

40. Fern Shen, "Md. Hog Farm Causing Quite a Stink", *The Washington Post*, 23 de maio, 1999, e Ronald L. Plain, "Trends in U. S. Swine Industry", U. S. Meat Export Federation Conference, 24 de setembro, 1997.

41. Para todas essas informações, usei o excelente estudo de Bernard E. Rollin, *Farm Animal Welfare: Social, Bioethical and Research Issues*, Ames: Iowa State University Press, 1995, p. 8-9.

42. Dennis Avery, "Big Hog Farms Help the Environment", *Des Moines Register*, 7 de dezembro, 1997.

43. Ibid.

44. Dennis Avery, Discurso de Abertura, University of California, Berkeley, College of Natural Resources, 21 de maio, 2000.

45. David Plotz, "Gimme Some Skin: Why Shouldn't Dalmatians Be Made into Coats?"

46. Avery, *op. cit.*

47. *Idem.*

48. Paul Hacket, Reuters, "Porkers on the Lam Brought to Heel but Spared Dinner Table", *The Washington Times*, 17 de janeiro, 1998.

49. Michael A. Fuoco, "Pig, Soooie! Weeping Porker Rescues Mistress", *The Washington Times*, 15 de outubro, 1998.

50. E. B. White, *Charlotte's Web*, Nova York: Harper Trophy, edição de 1980, p. 163-164. [Ed.Bras.: *A teia de Charlotte*, São Paulo: Martins Fontes, 2004.]

51. Stephen Crane, "In the Depths of a Coal Mine", *The Pennsylvania Sampler: A Biography of the Keystone State and Its People*, Harrisburg: Stackpole, 1970, p. 103.

DOMÍNIO

52. Departamento de Agricultura americano, "Banning Fur Farming: Government Introduces Bill", 23 de novembro, 1999.
53. Debates Hansard, Câmara dos Comuns, 5 de março, 1999.
54. Hansard, 14 de maio, 1999.
55. Hansard, 5 de março, 1999.
56. Mark Daniels, "Distaste Should Not Dictate Law", *The Western Morning News*, 24 de novembro, 1999.
57. Hansard, 5 de março, 1999.
58. "At Parliament Opening, Queen Unveils Bill to Ban Fur Farming", *Los Angeles Times*, 18 de novembro, 1999.
59. Farming of Animals for Fur (Prohibition) Bill, Câmara dos Comuns, apresentado em 16 de março,1998.
60. Gênesis 1:28.
61. Gênesis 1:29.
62. Linzey, *Animal Theology*, p. 114.
63. Eclesiastes 3:19-20.

2. Campo de tiro

1. Todos os catálogos e brochuras cotados são de 1999 e estão disponíveis sob encomenda.
2. Rudy Rosen, "SCI's Economic Impact Huge", *Safari Times*, julho, 1999.
3. James A. Swan, *In Defense of Hunting*, São Francisco: Harper, 1995, p. 35.
4. *Ibid.*, p. 15.
5. *Ibid.*, p. 144.
6. Tom DeWeese, "The Pagan Roots of Environmentalism", *Ready...Aim...Fire*, Christian Sportsmen's Fellowship International, primavera/verão, 1998.
7. George N. Wallace, "If Elk Could Scream", *A Hunter's Heart: Honest Essays on Blood Sport*, Nova York: Henry Holt, 1996, p. 96.
8. *Ibid.*, p. 99.
9. James C. Kroll, "Building Your Own 'Deer Factory': How a Deer Manager Did the 'Impossible'", *North American Whitetail* 18 (1), janeiro, 1999.
10. Linda Goldston, "Animals Once Admired at Country's Major Zoos Are Sold or Given Away to Dealers", *San Jose Mercury News*, 11 de fevereiro, 1999.
11. David Beresford, "Bogus Hunters under Fire", *The Guardian*, Londres, 15 de agosto, 1997.
12. Citado em Chris Osher, "Open Market for Exotic Animals: Hunting Ranch Boom Sparks Push for Laws", *Arkansas Democrat-Gazette*, 1º de novembro, 1999.
13. Chris Osher, "Open Market for Exotic Animals".

NOTAS

14. Skip Donau, "Enemy's Response a Measure of Success", *Safari Times*, abril, 1999.
15. Safari Club International 1999 Budget with Forecasts through 2001.
16. Associated Press, "Bison Hunt an Experience of a Lifetime", 24 de fevereiro, 1989.
17. Ron Marlenee, "Legislative Wins & Missions Accomplished in 1998".
18. Douglas H. Chadwick, *The Fate of the Elephant*, São Francisco: Sierra Club Books, 1992, p. 454.
19. Dan Causey, "Tragedy in Zimbabwe, Big Mozambique Jumbo", *Hunting Report* 18, n. 1, setembro, 1998,
20. "Hunters Red-Faced over Elephant Shoot", *Johannesburg Mail and Guardian*, 23 de abril, 1999.
21. Skip Donau, op. cit.
22. Declaração do Ministério de Pesca e Agricultura e Diretório Nacional de Florestas e Vida Selvagem de Moçambique, emitido pelo diretor nacional Arlito Cuco em 11 de janeiro de 1999.
23. "Hunting Activities in Blocks A and B of the Buffer Zones: Preliminary Report on Available Information", divulgado pela Niassa Game Reserve em 19 de outubro de 1998.
24. Maureen Dowd, "Under Fire as Hunter, Bush Finds Defender", *The New York Times*, 29 de dezembro, 1988.
25. "An Ideal Shooting Day", *The Shooting Field* 8 (Holland & Holland), p. 18-19.
26. "Diary of a Management Safari", *The Shooting Field* 8, p. 20-21.
27. *Idem.*
28. Jim Carmichel, "Hunting African Elephants", *Outdoor Life*, fevereiro, 1999.
29. *Idem.*
30. *Idem.*
31. *Idem.*
32. *Idem.*
33. *Idem.* (grifo nosso)
34. *Idem.*
35. *Idem.*
36. Citado em Matt Cartmill, *A View to a Death in the Morning: Hunting and Nature Through History*, Cambridge, Massachusetts: Harvard University Press, 1993, p. 228.
37. Carta do Internal Revenue Service, Exempt Organizations Ruling Branch para o Safari Club International, 29 de agosto, 1985.
38. "SCI Trophy Mount Donation Program Guidelines", Safari Club International.
39. R. Bruce Duncan, "Secrets of Tax Deductible Hunting", Chicago Appraisers Association.
40. *Idem.*

DOMÍNIO

41. *Idem.*

42. Deixo para as autoridades determinarem se uma reestruturação do Safari Club atende aos requisitos da lei. De acordo com o planejamento indicado pelo contador do SCI, Arthur Andersen, uma nova "Fundação Safari Club" goza do status 501(c)(3) de empresa educacional e de caridade, enquanto o próprio Safari Club torna-se uma empresa sem fins lucrativos 501(c)(4). Nessa categoria, um grupo pode se envolver com lobby político mas ainda deve servir a algum tipo de propósito de bem-estar social. A questão básica aqui é se há algo que o Safari Club faça que possa, em qualquer sentido, ser considerado uma atividade filantrópica.

43. Theodore Roosevelt, *African Games Trails: An Account of the African Wanderings of an American Hunter-Naturalist*, Nova York: St. Martin's, 1988, p. 317.

44. *Ibid.*, p. 486.

45. *Ibid.*, p. 486.

46. *Ibid.*, p. 299.

47. Theodore Roosevelt, *Hunting Trips of a Ranchman & The Wilderness Hunter*, Modern Library, 1998, p. 759-760.

48. Roosevelt, *African Game Trails*, p. 489.

3. Questões importantes

1. Além de abolicionista, Julius Ames foi um dos primeiros a escrever sobre crueldade com animais. Para essa citação de *The Spirit of Humanity* (1835), de Ames, agradeço ao excelente trabalho de Bernard Unti, "The Quality of Mercy: Organized Animal Protection in the United States 1866-1930", Bernard Unti, tese de doutorado, American University 2002, capítulo 1.

2. Ray Sasser, "Bonus-Tag Proposal Means More Bucks for the Rich", *Dallas Morning News*, 11 de março, 1999.

3. Gênesis 1:20-26.

4. Gênesis 2:19.

5. Gênesis 7:15.

6. Salmos 145:9.

7. Êxodo 2:2.

8. Números 22:28.

9. Provérbios 12:10.

10. Salmos 145:16.

11. Salmos 104:10-18.

12. Lucas 6:36.

13. Lucas 12:6-7.

NOTAS

14. Mateus 12:11-12.
15. Marcos 1:13.
16. Isaías 53:7.
17. Oseias 6:6.
18. Mateus 12:7.
19. Marcos 11:11.
20. João 10:13-16.
21. Marcos 16:15.
22. Apocalipse 6:2.
23. Daryl G. Treat, "Bible Allows Eating of Meat", *Omaha World-Herald*, 11 de maio, 1999.
24. José Ortega y Gasset, *Meditations on Hunting*, Bozemen: Wilderness Adventures Press, 1995, p. 106.
25. *Ibid.*, p. 130.
26. *Ibid.*, p. 132 (grifo no original).
27. *Ibid.*, p. 128.
28. *Ibid.*, p. 129 (grifo no original).
29. Citado em Cartmill, *A View to a Death in the Morning*, p. 234.
30. *Ibid.*, p. 238.
31. Swan, *In Defense of Hunting*, p. 127: "Cada um de nós tem uma identidade, assim como instintos primordiais que nos impelem para a ação. Se não atendermos a essas energias da nossa alma, pode ocorrer frustração, raiva, ódio, doença. (...) Se negarmos nossos instintos, poderemos causar mal a nós e aos outros."
32. Citado em Gary Cartwright, "Shooting Blanks", *Texas Monthly*, dezembro, 1996.
33. Eric Lipton, "Move against Flock of Geese for the Birds, Neighbors Say: Resident Has Great Falls Fowl Snatched, Slaughtered", *The Washington Post*, 16 de julho, 1997.
34. David Peterson, "Bears on Your Own", *Outdoor Life*, outubro, 1996.
35. "The Most Effective Deer Call Ever Created", *Journal of the Texas Trophy Hunters*, novembro/dezembro, 2000, p. 203.
36. Estudo conduzido pela Erie Insurance Company e informado por David J. Cantor, "White-Tailed Deer: The Phantom Menace", *Animal's Agenda*, setembro/outubro, 1999.
37. Associated Press, "Three Deer Wander in Traffic Near White House", *The Washington Times*, 12 de abril, 1997.
38. Dave Samuel, "Start Your Own Suburban Deerhunt", *Bowhunter*, abril/maio, 1997.
39. Peter Finn, "Hunters Bag Ten Deer at Hunt in Fairfax: First Event Is Underwhelming during a 'Nice Day in the Woods'", *The Washington Post*, 27 de janeiro, 1998.

DOMÍNIO

40. Peter Pae, "Sharpshooters Kill 107 Deer in 6 Nights", *The Washington Post*, 17 de fevereiro, 1998.

41. George N. Wallace, "If Elk Could Scream", *A Hunter's Heart: Honest Essays on Blood Sport*, Nova York: Henry Holt, 1996, p. 101.

42. Jeffrey Hart, "Exposing the Dark Side of the Zoo Business", *Washington Times*, 10 de outubro, 1999.

43. Citado por William F. Buckley Jr., "The Brits (Some Brits) Protest", *National Review*, 6 de abril, 1998.

44. William Booth, "The Sound and Furry on Rodeo Drive: Beverly Hills to Vote on Listing Killing Methods on Fur Labels", *The Washington Post*, 4 de fevereiro, 1999.

45. Walter Williams, "Fur Tyranny That Begins with a Label", *Washington Times*, 11 de fevereiro, 1999.

46. *Idem.*

47. Digby Anderson, "Eat, Drink, Be Merry – and Revolt: Consumers Are Defying the Government's Warnings about Beef", *The Daily Telegraph*, 12 de dezembro, 1997.

48. Digby Anderson, "Why Get By without Our Rabbit Pie? How Pet Sentimentality is Interfering with the Ways of Man and Nature", *The Daily Mail*, 11 de novembro, 1994.

49. Digby Anderson, "Cook the Rabbit's Goose", *The Daily Telegraph*, 2 de julho, 1994.

50. *Idem.*

51. Anderson, "Cooking Children: Some Recipes: Start by Teaching Them How to Kill Things", *Ottawa Citizen*, 8 de agosto, 1997.

52. Anderson, "Why Get By without Our Rabbit Pie?".

53. *Idem.*

54. Anderson, "Passionate Tastes: The History of Vegetarianism", *The Guardian*, 20 de abril, 1993.

55. Roger Scruton, *On Hunting*, Londres: Yellow Jersey Press, 1998, p. 79.

56. *Ibid.*, p. 130-131.

57. *Ibid.*, p. 80.

58. Richard Wagner, de cartas reimpressas em "Human Beasts of Prey and Fellow Suffering", *Ethical Vegetarianism: From Pythagoras to Peter Singer*, Kerry S. Walters e Lisa Postmess (org.), Nova York: State University of New York Press, 1999, p. 89-93.

59. Roger Scruton, *Animal Rights and Wrongs*, Londres: Metro Books, 2000, p. 136.

60. Scruton, *On Hunting*, p. 76.

61. *Ibid.*, p. 122.

NOTAS

62. *Ibid.*, p. 76.
63. *Idem.*
64. *Idem.*
65. *Ibid.*, p. 74-75.
66. Scruton, *Animal Rights and Wrongs*, p. xi.
67. Ibid., p. 127.
68. Roger Scruton, "Bibles and Broomsticks: The Rise of Neo-Paganism", *National Review*, 27 de setembro, 1999.
69. Roger Scruton, "Eat Animals! It's for Their Own Good: There Is No Better Way of Protecting the Habitat of Species Than by Systematically Hunting It", *Los Angeles Times*, 25 de julho, 1991.
70. *Idem.*
71. Phil McCombs, "The Deer Hunter: Tim Forster Loves Animals. So When His Arrow Flies, He Hopes His Aim Is True", *The Washington Post*, 4 de dezembro, 1997.
72. Ted Nugent, "Hunters Should Show Daily Pride", *Detroit News*, 20 de novembro, 1998.
73. Ted Nugent, "Hunting Is a Rock-and-Roll Adventure of Fun", *Detroit News*, 25 de abril, 1999.
74. "Ban on Spring Bear Hunt Draws Fire from Rocker", *Ottawa Citizen*, 21 de janeiro, 1999.
75. Citado em Wallace, *A Hunter's Heart*, p. 87.
76. Scruton, *On Hunting*, p. 7.
77. Roger Scruton, "Be Here Now with Reference to Oasis and Heidegger", *The Daily Telegraph*, 10 de outubro, 1998.
78. *Idem.*
79. *Idem.*
80. Roger Scruton, "Dressed to Kill", *The Sunday Telegraph*, 15 de outubro, 1989.
81. Scruton, *Animal Rights and Wrongs*, p. 161.
82. Scruton, "Be Here Now".
83. Scruton, *On Hunting*, p. 82.
84. Susan Bell, "New Foie Gras Rule Sticks in French Throat", *Times*, Londres, 23 de junho, 1999.
85. William Aron, "Save the Whalers", *The Wall Street Journal*, 8 de agosto, 1997.
86. Keith McDermott, "How to Save Africa's Wildlife", Cartas para o Editor, *The Wall Street Journal*, 19 de julho, 1997.
87. Ike C. Sugg, "Elephantine Propaganda", *Weekly Standard*, 9 de junho, 1997.
88. "Road to Survival: Forget Trade Bans, Just Make Wild Animals Pay Their Own Way", *New Scientist*, 29 de abril, 2000.

DOMÍNIO

89. *Idem.*
90. Douglas H. Chadwick, *The Fate of the Elephant*, São Francisco: Sierra Club Books, 1992, p. 343.
91. Jeremy Watson, "Giants Born without Their Tusks", *Scotland on Sunday*, 17 de junho, 2001.
92. Tom Bethell, *The Noblest Triumph: Property and Prosperity through the Ages*, Nova York: St. Martin's, 1998, p. 286.
93. Antoine de Saint-Exupéry, *The Little Prince*, Nova York: Harcourt Brace Jovanovich, 1982, p. 45-46. [Ed. Bras.: *O pequeno príncipe*, Rio de Janeiro: Agir, 2006.]
94. Friedrich Nietzsche, *Beyond Good and Evil: Prelude to A Philosophy of the Future*, Nova York: Vintage, 1996, sec. 259, p. 203. [Eds. Bras.: *Além do bem e do mal*, Petrópolis: Vozes, 2009; São Paulo: Edipro, 2008; São Paulo: Companhia de Bolso, 2005.]
95. "Practicing Conservation through Commerce", site da Exotic Wildlife Association.
96. Tom Seery, Associated Press, "Small Hog Farmer Sticks to Old Ways", 21 de abril, 1997.
97. Paul Johnson, *The Quest for God: A Personal Pilgrimage*, Nova York: Harper--Collins, 1996, pp. 90-91.
98. Charles Colson e Nancy Pearcey, *How Now Shall We Live?*, Wheaton, Illinois: Tyndale House, 1999, p. 132.
99. Dennis Prager, *Think a Second Time*, Nova York: ReganBooks, 1995, p. 77-78.
100. Temple Grandin e Joe M. Regenstein, "Religious Slaughter and Animal Welfare: A Discussion for Meat Scientists", *Meat Focus International*, março, 1994, p. 115-123.
101. Prager, *Think a Second Time*, p. 21.
102. *Ibid.*, p. 100.
103. *Ibid.*, p. 294.
104. *Ibid.*, p. 78.
105. *Ibid.*, p. 80.
106. Alison Green, "McDonald's Unhappy Meals", Knight-Ridder/Tribune News Service, 7 de setembro, 1999.
107. Eric Felten, "Nature, Red in Tooth and Claw Dept.", *Regardie's Power*, setembro/outubro, 1999.
108. Joseph Sobran, "Unmasking 'Animal Rights'", Universal Press Syndicate, 1 de março, 1990.
109. *Idem.*
110. *Idem.*

NOTAS

111. Citado em Jeffrey Masson e Susan McCarthy, *When Elephants Weep: The Emotional Lives of Animals*, Nova York: Delta, 1995, p. 111. [Ed. Bras.: *Quando os elefantes choram*, São Paulo: Geração Editorial, 1998.]

4. Riquezas do mar

1. "An Appeal to Those with Power", *Advertiser*, 4 de julho, 2000.
2. Associated Press, "Suggestion That Keibo be Made into Hamburgers Raises Hackles", 4 de novembro, 1998.
3. Andrew Rowell, "Wise Use: An International Environmental Movement?", *Conscious Choice: Journal of Ecology & Natural Living* 10 (1), p. 14-15.
4. "A Timeless Rhythm Endures", *Marine Hunters: Whaling and Sealing in the North Atlantic*, High North Alliance, 1997, p. 8.
5. *Ibid.*, p. 8-9.
6. *Ibid.*, p. 8.
7. Shawn Donnan, "As Whales Recover, So Does the Push for More Whaling", *Christian Science Monitor*, 5 de julho, 2000.
8. Alex Kirby, "Whaling Ban Set to End", *BBC News*, 11 de junho, 2000.
9. Paul Rogers, "Long-Lived Whales Test Age-Old Theory: Bowheads May Be Earth's Oldest Mammals", *The Houston Chronicle*, 20 de dezembro, 2000.
10. Citado por Richard Ellis, *Men & Whales*, Nova York: The Lyons Press edition, 1999, p. 86.
11 Bill Morrill, "Conservation and Elephant Hunting", IWMC World Conservation Trust, 27 de novembro, 1998.
12. Citado por Ellis, *Men & Whales*, p. 128.
13. *Ibid.*, p. 257.
14. *Ibid.*, p. 267.
15. Craig Van Note, "Death of a Blue Whale", Outlaw Whalers, Whale Protection Fund, 1979, p. 3.
16. Ellis, op. cit., p. 349.
17. Exceto pela estimativa de população de baleias azuis, todas as estimativas são da "Whale Population Estimates", em "The Lives of Whales", International Whaling Commission (Comissão Baleeira Internacional), junho, 2000, p. 6.
18. Entrevista com Takahiro Nakamae, Primeiro Secretário da Embaixada do Japão na Argentina, IWMC World Conservation Trust, 24 de janeiro, 2000.
19. Ellis, op.cit., p. 500.
20. International Agreement for the Regulation of Whaling, artigo 6.
21. "Determined to Continue Whale Hunting, Saint Vincent Roundup", *Caribbean Week*, 28 de maio, 1999.

DOMÍNIO

22. *Idem.*

23. "The Minke Whale, Medium Rare", *Living off the Sea: Minke Whaling in the North East Atlantic*, Norwegian Fishermen's Association, fevereiro, 1994, p. 6.

24. Masako Fukui, "Australia, Japan at Odds over Whaling", *Nikkei Weekly*, 6 de março, 2000.

25. Belinda Huppatz and Michael Owen-Brown, "Whale Win So Japan Moves in for the Kill", *Advertiser*, 5 de julho, 2000.

26. Governo do Japão, "Response to 'A Comment on the Usefulness of Biopsy Techniques'" ("Resposta ao 'Comentário sobre a Utilidade das Técnicas de Biópsia'"), IWC/52/31.

27. Informe do Comitê Científico, p. 77.

28. "Whaling: The Facts", Japanese Whaling Association (Associação Baleeira Japonesa), p. 7.

29. Joby Warrick, "At Sea, the Catchword Is Conservation: New Rules Force Fisheries to Reduce Destructive 'Bycatch'", *The Washington Post*, 7 de janeiro, 1999.

30. Declaração de abertura da Japan Whaling Association no 52º Encontro da IWC (CIB), IWC/52/OS JWA.

31. "Cultural Signicance and Needs of Japan's Small-type Coastal Whaling", declaração de abertura da Small-Type Whaling Association no 52º IWC.

32. *Idem.*

33. Associated Press, "Japan Whaling Ships Return Home with 439 Minke Whales", 6 de abril, 2000.

34. "Sanctuary Too Far Away", *Age*, 6 de julho, 2000.

35. Calvin Sims, "Japan, Feasting on Whale, Sniffs at 'Culinary Imperialism' of U.S.", *The New York Times*, 10 de agosto, 2000.

36. "Cultural Significance and Needs of Japan's Small-type Coastal Whaling", p. 4.

37. *Ibid.*, p. 7.

38. Seth Robson, "Public 'Misled over Whaling'", *Christchurch Press*, 1 de fevereiro, 2000.

39. Mark B. Orams, "The Economic Benefits of Whale Watching in Vava'u, the Kingdom of Tonga", Centre for Tourism Research, Massey University at Albany, North Shore, Nova Zelândia, 1999, p. 2.

40. Belinda Huppatz, "Our Whale Vote Was Bought, Says Minister", *Advertiser*, 7 de julho, 2000.

41. *Idem.*

42. Joseph Kahn, "15 Countries Named as Potential Money-Laundering Havens", *The New York Times*, 23 de junho, 2000.

43. "Whale of a Hunt", *The Wall Street Journal*, 20 de maio, 1999.

44. Citado em Ellis, *Men & Whales*, p. 34.

NOTAS

45. *Ibid.*, p. 81.
46. Sho Shibata, "Symbol of Global Environmental Protection", *Isana*, março, n. 22, Japan Fisheries Association, Japan Whaling Association, março, 2000, p. 9.
47. Terry Plane, "Whale Haven Harpooned", *Australian*, 5 de julho, 2000.
48. Reuters, "Vote Snub to Japan's Whale Bid", *Australian*, 17 de abril, 2000.
49. Suvendrini Kakuchi, "Greens React Angrily As Japan Ups the Ante in Whale--Hunt Row", *Asiaweek*, 13 de outubro, 2000.
50. "A Reprehensible Whale Hunt", *The New York Times*, 15 de agosto, 2000.
51. "Japanese Whalers Refuse to End Hunting", *USA Today*, 30 de junho, 2000.
52. "Norwegian Commercial Whaling: Issues for Congress", Congressional Research Service, 31 de dezembro, 1996.
53. Grant Robertson, Canada Backs Exclusion of Animal Welfare from WTO Talks", *Calgary Herald*, 13 de outubro, 2000.
54. Resolução sobre a atividade baleeira sob permissão especial no Santuário do Oceano Austral, IWC/52/37, agenda item 13.
55. Informe do Comitê Científico, p. 43.
56. Resolução sobre a atividade baleeira a respeito das baleias-da-groenlândia no leste do Ártico Canadense, IWC/52/38.
57. Ted Gup, "Trail of Shame: Elephants Face Grim Struggle agains Greed and Deceit", *Time*, 16 de outubro, 1989.
58. Paul Brown, "Japan Admits Aid Link to Votes", *Manchester Guardian Weekly*, 24 de novembro, 1999.

5. Leis

1. Carl Ludwig Schleich, citado em Viktor E. Frankl, *The Doctor and the Soul: From Psychotherapy to Logotherapy*, Nova York: Vintage, edição de 1986, p. 33.
2. James Sterngold, "Urban Sprawl Benefits Dairies in California", *The New York Times*, 22 de outubro, 1999.
3. Geralmente usamos o pronome pessoal quando sabemos o gênero, como com os bebês. Neste livro eu adotei o pronome pessoal quando parecia natural fazê-lo.
4. "Fur: It's Your Fashion Choice", Fur Information Council.
5. Virginia Postrel, *The Future and Its Enemies: The Growing Conflict Over Creativity, Enterprise and Progress*, Nova York: Free Press, 1998, p. 158-159.
6. Swan, *In Defense of Hunting*, p. 171-172.
7. Jack London, *White Fang*, p. 227-228. [Ed. Bras.: *Caninos Brancos*, São Paulo: Martin Claret, 2000.]
8. *Ibid.*, p. 244-245.

DOMÍNIO

9. Theodore Roosevelt, *African Game Trails*, p. 239.
10. David Hume, *An Enquiry Concerning Human Understanding*, Oxford: Oxford University Press, 1999, p. 167.
11. Citado em John Passmore, "The Treatment of Animals", *Journal of the History of Ideas* 36, 2a. tiragem, p. 201.
12. David S. Oderberg, *Applied Ethics: A Non-Consequentialist Approach*, Oxford e Malden: Blackwell, 2000, p. 116 (grifo no original).
13. *Ibid.*, p. 119.
14. *Ibid.*, p. 101.
15. Stephen Budiansky, *If a Lion Could Talk*, p. xiii.
16. *Ibid.*, p. xxvii.
17. *Ibid.*, p. 19.
18. John S. Kennedy, *New Anthropomorphism*, p. 24.
19. Budiansky, *If a Lion Could Talk*, p. 189.
20. *Ibid.*, p. 192.
21. *Ibid.*, p. 194.
22. Romanos 8:26.
23. Daniel C. Dennett, *Brainchildren: Essays on Designing Minds*, Cambridge: MIT Press, 1998, p. 331.
24. Tim Ingold, "The Animal in the Study of Humanity", *What Is an Animal?*, Londres e Nova York: Routledge, 1994, p. 95.
25. Citado em Kennedy, op. cit., p. 91.
26. Kennedy, op. cit., p. 5.
27. *Ibid.*, p. 5, 9.
28. *Ibid.*, p. 4.
29. *Ibid.*, p. 118.
30. *Ibid.*, p. 5.
31. Budiansky, op. cit., p. xxii.
32. Kennedy, op. cit., p. 31-32.
33. Budiansky, op. cit., p. xxv.
34. E. J. Gong Jr., "He Talks to the Animals", ABCNEWS.com, 4 de junho, 1998.
35. Citado em Oderberg, op. cit, p. 110.
36. Peter Carruthers, *The Animals Issue: Moral Theory and Practice*, Nova York: Cambridge University Press, 1992, p. 141.
37. Budianky, op. cit, p. xxiv.
38. Herbert S. Terrace, *Nim: A Chimpanzee Who Learned Sign Language*, Nova York: Columbia University Press, 1987, p. 209.
39. Budiansky, op. cit., p. xxxv.
40. *Ibid.*, p. 159.

NOTAS

41. Eugene Linden, "Can Animals Think?", *Time*, 22 de março, 1993.
42. Donald R. Griffin, *Animal Minds*, Chicago: The University of Chicago Press, 1992, p. 212.
43. *Ibid.*, p. 212.
44. Deputado Lincoln Diaz-Balart, entrevistado no *with Chris Matthews*, 10 de janeiro, 2000.
45. William J. Broad, "Evidence Puts Dolphins in New Light, as Killers", *The New York Times*, 6 de julho, 1999.
46. Joseph Sobran, "The Dark Side of Dolphins", *Chattanooga Times*, 9 de julho, 1999.
47. Kennedy, op. cit., p. 85-86.
48. Budiansky, op. cit., p. 182.
49. *Ibid.*, p. 159.
50. *Ibid.*, p. 171.
51. *Ibid.*, p. 192.
52. Citado em J. M. C. Toynbee, *Animals in Roman Life and Art*, Baltimore: Johns Hopkins University Press, 1996, p. 23.
53. Roosevelt, op. cit., p. 283.
54. *Ibid.*, p. 392.
55. Kennedy, op. cit., p. 106.
56. Citado em Kennedy, *New Anthropomorphism*, p. 109-110.
57. Kennedy, op. cit., p. 109.
58. Budiansky, op. cit., p. 169.
59. Rob Stein, "A Simian Social Surprise: Chimps are Multicultural", *The Washington Post*, 21 de junho, 1999.
60. Budiansky, op. cit., p. 169-170.
61. David Derbyshire, "Dolphins, on Reflection, Are Smarter Than We Thought", *Daily Telegraph*, 2 de maio, 2001.
62. Citado em Griffin, *Animal Minds*, p. 89.
63. Budiansky, op. cit., p. 137-138.
64. "All Things Considered", National Public Radio, 17 de setembro de 1996 (Transcrição 2339-5).
65. *Idem.*
66. René Descartes, Carta a Henry Moore, citada em *Ethical Vegetarianism: From Pythagoras to Peter Singer*, Nova York: State University of New York Press, 1999, p. 264.
67. Professor R. Latto, citado em Griffin, *Animal Minds*, p. viii.
68. Kennedy, op. cit., p. 118.

DOMÍNIO

69. E. A. Wasserman, citado em George Page, *Inside the Animal Mind: A Groundbreaking Exploration of Animal Intelligence*, Doubleday, 1999, p. 42.
70. F. M. Toates, citado em Kennedy, *New Anthropomorphism*, p. 120.
71. Budiansky, op. cit., p. xxiii-xix.
72. *Ibid.*, p. xxii.
73. Temple Grandin e Gary C. Smith, "Animal Welfare and Humane Slaughter", Colorado State University, 1998.
74. Budiansky, op. cit., p. 74.
75. Alex Tizon, "Animal Rights Activists Want Great Apes Recognized As People Too", *Seattle Times*, 29 de março, 2000.
76. Budiansky, op. cit., p. 18.
77. Roger Scruton, *Animal Rights and Wrongs*, Londres: Demos, 2000, p. 21.
78. Clive Wynne, "Do Animals Think?", *Psychology Today*, 1 de novembro, 1999.
79. Budiansky, op. cit., p. xxii.
80. *Ibid.*, p. xx.
81. Citado em Marian Stamp Dawkins, "The Scientific Basis for Assessing Suffering in Animals", *In Defense of Animals*, ed. Peter Singer, Nova York: Basil Blackwell, 1985, p. 27.
82. Kennedy, op. cit., p. 2-3.
83. William James, "Does 'Consciousness' Exist?", *Classics in the History of Psychology*, Toronto, Ontario: York University.
84. Budiansky, op. cit., p. 190.
85. *Idem.*
86. *Ibid.*, p. 191.
87. Carruthers, *Animals Issue*, p. 171.
88. *Ibid.*, p. 180.
89. *Ibid.*, p. 184.
90. Rob Stein, "Sleeping Rats May Dream of Maze: Resting Brain's Pattern Mimics That of Lessons Learned While Awake", *The Washington Post*, 25 de janeiro, 2001.
91. Carruthers, op. cit., p. 171.
92. Kennedy, op. cit., p. 106; Budiansky, op.cit., p. 169.
93. Oderberg, op. cit., p. 132.
94. *Ibid.*, p. 131-132.
95. Kennedy, op. cit., p. 94.
96. Citado em Budiansky, op. cit., p. 34; Dennett, op. cit., p. 292.
97. Citado em Passmore, "The Treatment of Animals", p. 204. Para uma avaliação completa da antiga versão de "mock anthropomorphism" (antropomorfismo simulado), ver também Richard Sorabji, "Perpetual Content in the Stoics", *Phronesis* 35 (3), março, 1990, p. 307-314.

NOTAS

98. Budiansky, op. cit., p. 34.

99. Kennedy, op. cit., p. 93.

100. Budiansky, op. cit., p. 34.

101. *Ibid.*, p. 194.

102. *Idem.*

103. Stephen Budiansky, *The Covenant of the Wild: Why Animals Choose Domestication*, New Haven: Yale University Press, 1999, p. xx.

104. Stephen Budiansky, "Killing with Kindness", *U.S. News & World Report*, 25 de novembro, 1996.

105. Carruthers, op. cit., p. xi.

106. *Ibid.*, p. xii.

107. *Ibid.*, p. xii.

108. *Ibid.*, p. xii.

109. *Ibid.*, p. xii (grifo no original).

110. *Ibid.*, p. 190-191.

111. *Ibid.*, p. 192.

112. *Idem.*

113. Na última página de seu livro, o professor Carruthers pede "cuidado", como o que não teve nas 192 páginas precedentes. Escreve: "As visões apresentadas nesse capítulo são controversas e especulativas e podem até se provar erradas. Até que surja um consenso entre filósofos e psicólogos quanto à natureza da consciência e entre etólogos sobre as capacidades cognitivas dos animais, é sábio continuar a responder a animais como se seus estados mentais fossem conscientes. Essa não é uma concessão ao ceticismo filosófico, apenas uma abordagem realista da probabilidade de um rápido alcance nos domínio intelectual, complexo e intratável como essas questões."

114. London, op. cit., p. 265.

115. Temple Grandin, "Handling Pigs for Optimum Performance", Colorado State University, 1998.

116. D. E. Gerrard, "Pork Quality: Beyond the Stress Gene", Perdue University, 1997.

117. Citado em Richard Milne, "Animal Liberation: Do the Beasts Really Benefit", *Probe Ministries*, 1994.

118. John C. Forrest, "Line Speed Implementation of Various Pork Quality Measures", Purdue University, 1998.

119. Temple Grandin, "Methods to Reduce PSE and Bloodsplash", Allen D. Leman Swine Conference, vol. 21, 1994, p. 206.

120. Jane Hughes, "Stressed-Out Porkers Get Anorexia", *The Independent*, Londres, 4 de julho, 1999.

121. Temple Grandin, "Methods to Reduce PSE".

DOMÍNIO

122. Ann Marsh, "A Kinder, Gentler Abattoir", *Forbes*, julho, 1998.
123. *Idem*.
124. Temple Grandin, *Thinking in Pictures and Other Reports from My Life with Autism*, Nova York: Vintage, 1995, p. 25.
125. *Ibid.*, p. 37.
126. *Ibid.*, p. 33.
127. *Ibid.*, p. 33.
128. *Ibid.*, p. 89.
129. *Ibid.*, p. 164.
130. Marsh, "Kinder, Gentler Abattoir".
131. Temple Grandin, "Environmental Enrichment for Confinement Pigs", Livestock Conservation Institute, Annual Meeting Proceedings, 1998, p. 119-123.
132. Grandin, "Methods to Reduce PSE".
133. Temple Grandin e Gary C. Smith, "Animal Welfare and Humane Slaughter".
134. Grandin, *Thinking in Pictures*, p. 169.
135. "Integration of Welfare into a Competitive Animal Production Sector", Institute for Animal Science and Health (Instituto para Ciência e Saúde Animal), 1998.
136. Johanna de Groot e Marco Ruis, "Stress and Immunity", Institute for Animal Science and Health (Instituto para Ciência e Saúde Animal), 1998.
137. Grandin, "Environmental Enrichment for Confinement Pigs".
138. "Superior Pork", Babcock Swine, Inc., abril, 1999.
139. Grandin, op. cit., p. 154.
140. *Ibid.*, p. 202.
141. *Ibid.*, p. 159.
142. Budiansky, op. cit., p. 193.
143. Grandin, op. cit., p. 160.
144. Budiansky, op. cit., p. 157.
145. Grandin, op. cit., p. 168.
146. Budiansky, op. cit., p. 194.
147. Saint Bonaventure, *The Soul's Journey into God, The Tree of Life and the Life of St. Francis*, Mahwah, Nova Jersey: Paulist Press, 1978, p. 55.

6. Das minhas necessidades

1. Tim Gray, "Pig Stymied", *Business NorthCarolina*, março, 1999.
2. "Smithfield Earnings Up Sixfold: Murphy Farms Acquisition, Higher Hog Prices Helped Fatten Bottom Line", *Virginian-Pilot*, 23 de agosto, 2000.
3. Greg Edwards, "Going Whole Hog: Smithfield Food's Strategy Creates Pork Industry Giant, Bigger Target of Criticism", *Richmond Times-Dispatch*, 14 de agosto, 2000.

NOTAS

4. David Barboza, "Goliath of the Hog World: Fast Rise of Smithfield Makes Regulators Wary", *The New York Times*, 7 de abril, 2000.

5. William Claiborne, "Hog Farmers Target Pork Promotion Fees", *The Washington Post*, 16 de abril, 1999.

6. Chris Hurt, "Staying Competitive in Today's Pork Business!", Purdue University.

7. *Idem.*

8. Citado em Dipka Bhambhani, "Meaty Smithfield Stock Has Little Left to Grow", *The Washington Times*, 28 de agosto, 2000.

9. Números sobre o "estoque" de fêmeas e de abates de Greg Edwards, *Richmond Times-Dispatch*, 14 de agosto, 2000.

10. David M. Juday, "Intensification of Agriculture and Free Trade", *Livestock Ethics and Quality of Life*, CABI Publishing, 2000, p. 159.

11. Dale Miller, "Straight Talk from Smithfield's Joe Luter", *National Hog Farmer*, maio, 2000.

12. *Idem.*

13. Jerry Perkins, "Smithfield Fattens Business, Profits", *Des Moines Register*, 18 de junho, 2000.

14. Citação e avaliação de ajuda federal adicional pedida pela indústria de carne de porco, informada por John Lancaster, "For Big Hog Farms, Big Subsidies: Taxpayers May Foot the Bill for Environmental Cleanup", *The Washington Post*, 17 de agosto, 2001.

15. Laura Orlando, "McFarms Go Wild", *Dollars and Sense*, julho/agosto, 1998.

16. Informação encontrada no website da National Renderers Association, Inc.

17. "The Pork Production Career You Are Looking for Is Looking for You", anúncio no site oficial da Carroll's Group Companies, janeiro, 2001.

18. Ned Glascock, "Rights Group Targets Firms", *Raleigh News and Observer*, 31 de agosto, 2000.

19. *The Welfare of Europe's Sows in Close Confinement Stalls: A Report Prepared for the European Coalition for Farm Animals*, Compassion in World Farming Trust, 2000, seção 3.0.

20. *Ibid.*, seção 6.2.

21. "Juramento do Veterinário" (American Veterinary Medical Association, aprovada em 1969), *Veterinary Ethics*, 2a ed., Jerrold Tannenbaum, St. Louis: Mosby, 1995, p. 88.

22. João 10:12-13, *New American Bible*.

23. Bernard E. Rollin, *Farm Animal Welfare: Social, Bioethical and Research Issues*, Ames: Iowa State University Press, 1995, p. 6.

24. *Idem.*

DOMÍNIO

25. Citado por Marc Kaufman, "In Pig Farming, Growing Concern: Raising Sows in Crates Is Questioned", *The Washington Post*, 18 de junho, 2001.

26. Joy Williams, "The Inhumanity of the Animal People: Do Creatures Have the Same Rights That We Do?", *Harper's*, agosto, 1997.

27. Lowell Monke, "The Pigs of Iowa: Industrialization of the Hog", *Netfire* (publicação do Nature Institute), n. 114, 30 de novembro, 2000.

28. Rollin, op. cit, p. 74-75.

29. *Ibid.*, p. 75.

30. National Pork Producers Council, *Swine Care Handbook*, 1996.

31. Rob Stein, "Pigs with Less Polluting Waste", *The Washington Post*, 6 de agosto, 2001.

32. Detalhado em Brian Feagans, "A New Era in Hog Waste Treatment: Contest Underway to Replace Lagoons", *Wilmington Star-News*, Carolina do Norte, 6 de agosto, 2000.

33. Citado em Esther M. Bauer, "Cattle May Still Be King, but Here Come the Hogs", *The Wall Street Journal*, 1 de dezembro, 1999.

34. Barboza, op. cit.

35. Charlie LeDuff, "In the Hog Factory, the Lines Are Clear", *International Herald Tribune*, 29 de junho, 2000.

36. *Idem.*

37. *Idem.*

38. *Idem.*

39. Gail A. Eisnitz, *Slaughterhouse: The Shocking Story of Greed, Neglect and Inhumane Treatment Inside U.S. Meat Industry*, Amherst: Prometheus, 1997, p. 265.

40. *Ibid.*, p. 267.

41. Joby Warrick, "'They Die Piece by Piece': In Overtaxed Plants, Humane Treatment of Cattle is Often a Lost Battle", *The Washington Post*, 10 de abril, 2001.

42. *Idem.*

43. *Idem.*

44. *Idem.*

45. Larry Gallagher, "Meat Is Murder", *Details*, março, 1996.

46. Estado de New Jersey *vs.* ISE America, Central Warren Municipal Court, Warren County, Nova Jersey, 17 de outubro, 2000.

47. Thomas Hardy, *Jude the Obscure*, Nova York: Bantam, 1969, pp. 68-69. [Ed. Bras.: *Judas, o obscuro*. S/d, Geração Editorial; s/d, Ediouro Paradidático; 1971, Abril; entre outras.]

NOTAS

7. A natureza e o Deus da Natureza

1. Encíclica do papa João Paulo II, *A misericórdia de Deus*, I:2.
2. Daniel Johnson, "The Wrongs of Animal Rights", *Daily Telegraph*, 30 de outubro, 1999.
3. Carta para Albert G. Hodges , 4 de abril de 1864, *The Portable Abraham Lincoln*, Nova York: Viking, 1992, p. 302.
4. William F. Buckley Jr., "Will Meat Go the Way of Fox Hunting?", *Houston Chronicle*, 5 de março, 1998.
5. Greg Neale, "Apes Can 'Talk', but Africa's Farmers Want Us to Eat Them", *Sunday Telegraph*, 1 de agosto, 1999.
6. Reuters, "Britain Urged to Crack Down on Ape Meat Trade", 27 de fevereiro, 2002.
7. Proceedings of the House of Representatives (Procedimetos da Câmara dos Deputados), 19 de outubro, 1999.
8. *Idem.*
9. Declaração do Presidente, ofício da Secretaria de Imprensa, 9 de dezembro, 1999.
10. One Hundred Sixth Congress, H.R. 1887, 6 de janeiro, 1999.
11. Roger Scruton, "Eat Animals: It's for Their Own Good", *Los Angeles Times*, 25 de julho, 1991.
12. Stephen R. L. Clark, *Animals and Their Moral Standing*, p. 161.
13. The Humane Society of the United States, U. S. Newswire, "Florida Dairy Farm Sanctioned by State in Killing of Calves", 15 de outubro, 1999.
14. Carruthers, *Animals Issue*, p. 165.
15. Citado em David McCullough, John Adams, Nova York: Simon & Schuster, 2001, p. 71.
16. "Cruelty to Animals", *Catholic Encyclopedia*, vol. IV, Robert Appleton, 1908.
17. Sua Santidade Papa João Paulo II, *Crossing the Threshold of Hope*, Nova York. Knopf, 1994, p. 20 (grifo no original).
18. John Milton, *Paradise Lost*, livro VIII, p. 172-173.
19. Budiansky, *Covenant of the Wild*, p. 161.
20. Felix Salten, *Bambi: A Life in the Woods*, Nova York: Pocket Books, 1988, p. 186-188.
21. *Bear Catalog* 1993 (Indústria de Armas).
22. Jeffrey Hart, "Exposing the Dark Side of the Zoo Business", *The Washington Times*, 10 de outubro, 1999.
23. William Shakespeare, *O mercador de Veneza*, ato IV, cena I.
24. Durant, *Oriental Heritage – Story of Civilizations*, p. 7. [Ed. Bras.: *Nossa herança oriental – História das civilizações*.]

DOMÍNIO

25. Morris, *Naked Ape*, p. 197. [Ed. Bras.: *O macaco nu.*]
26. Roger Scruton, "Mr. Blair Shows He Is a Master of Intolerance", *Sunday Telegraph*, 11 de junho, 1999.
27. Citado em Anna Kingsford, "The Essence of True Justice", *Ethical Vegetarianism*, p. 108.
28. Durant, op. cit., p. 448.
29. *Ibid.*, p. 449.
30. Robert F. Kennedy Jr., "I Don't Like Green Eggs and Ham!", *Newsweek*, 26 de abril, 1999.
31. Marjorie Kinnan Rawlings, *The Yearling*, Nova York: Aladdin, 1988, p. 72.
32. *Ibid.*, p. 108.
33. *Ibid.*, p. 427-428.
34. Romanos 8:21-22. Em uma nota de pé de página, minha bíblia oferece essa formulação esperançosa da doutrina: "Adão afundou em sua ruína a antiga criação, da qual era senhor e líder. Cristo trará para a unidade moral com Deus e para a vida eterna toda a nova criação de quem Ele é senhor e líder. (Efésios 1:22-23) Mesmo a criação animal e material, amaldiçoada pelo bem do homem (Gênesis 3:17) receberá de Cristo." *New Scofield Reference Bible*, Oxford: Oxford University Press, 1967.
35. Swan, *In Defense of Hunting*, p. 15.
36. *Ibid.*, p. 128.
37. *Ibid.*, p. 206.
38. *Ibid.*, p. 128.
39. Roger Scruton, "Be Here Now with Reference to Oasis and Heidegger", *The Daily Telegraph*, 10 de outubro, 1998.
40. Citado em Ajay Close, "Dispatches from the Rural Front", *The Scotsman*, 10 de fevereiro, 2001.
41. Citado em Passmore, "Treatment of Animals", p. 207.
42. Larry Katz, "President's Message", *Safari: The Journal of Big-Game Hunting*, março/abril, 2000, p. 10.
43. U. S. Department of Agriculture (Departamento de Agricultura), *Agriculture Fact Book 1998*, p. 8.
44. *Ibid.*, p. 3.
45. Budiansky, op. cit., p. xix.
46. Roger Scruton, "Eat Animals! It's for Their Own Good: There Is No Better Way of Protecting the Habitat of Species than by Systematically Hunting It", *Los Angeles Times*, 25 de julho, 1991.
47. Digby Anderson, "Passionate Tastes: The History of Vegetarianism", *The Guardian*, 20 de abril, 1993.

NOTAS

48. C. S. Lewis, *Problem of Pain*, p. 56. [Ed. Bras.: *O problema do sofrimento.*]
49. Alice Walker, "Am I Blue", *Ms.*, julho, 1986.
50. Anna Kingsford, "The Essence of True Justice", *Ethical Vegetarianism: From Pythagoras to Peter Singer*, p. 122.
51. Singer, *Animal Liberation*, p. 5.
52. Citado em Paul Zielbauer, "Princeton Bioethics Professor Debates Views on Disability and Euthanasia", *The New York Times*, 13 de outubro, 1999.
53. Peter Singer, *Rethinking Life and Death: The Collapse of Our Traditional Ethics*, Nova York: St. Martin's, 1996, p. 4.
54. Singer, *Animal Liberation*, p. 3.
55. Singer, *Rethinking Life and Death*, p. 182-183.
56. Peter Singer, *How Are We to Live? Ethics in an Age of Self-Interest*, Amherst: Prometheus, 1995, p. 181.
57. *Ibid.*, p. 181.
58. *Ibid.*, p. 103.
59. *Ibid.*, p. 108.
60. *Ibid.*, p. 222.
61. Gertrude Himmelfarb, *On Liberty and Liberalism: The Case of John Stuart Mill*, ICS Press, 1990, p. 7.
62. Singer, *Rethinking Life and Death*, p. 5.
63. *Ibid.*, p. 210.
64. *Ibid.*, p. 217.
65. *Idem.*
66. *Ibid.*, p. 190.
67. *Ibid.*, p. 196-197.
68. Leo Strauss, *Natural Right and History*, Chicago: University of Chicago Press, 1965, p. 4.
69. Singer, *Rethinking Life and Death*, p. 213-214.
70. *Ibid.*, p. 200.
71. Charles Dickens, *The Christmas Books: A Christmas Carol/The Chimes*, Nova York: Penguin, 1985, p. 97.
72. Linzey, *Animal Theology*, p. 40-41.
73. Richard John Neuhaus, "Animal Lib", *Christianity Today*, 18 de junho, 1990. Em seu livro de 1992, *Doing Well & Doing Good: The Challenge to the Christian Capitalist* (Nova York: Doubleday, p. 219-220), o padre Neuhaus trata mais da questão: "Nos anos recentes aumentou o interesse em direitos dos animais, em geral motivado por revoltas morais e estéticas contra os maus-tratos e crueldades às criaturas com quem partilhamos a Terra. (...) O que os ideólogos dos direitos dos animais e os devotados à deusa Natureza parecem não entender é que as outras criaturas só podem ser defendidas ao se

afirmar a visão bíblica do ser humano como zelador da criação. Não há dúvida de que somos chamados a ter um maior respeito e cuidado com a natureza e outras criaturas. Mas o fato de o chamado ser necessariamente direcionado a seres humanos apenas sublinha o status e a responsabilidade completamente singulares dos humanos na ordem da criação. Se concordássemos, pelo bem da argumentação, que animais têm direitos, é óbvio que eles não respeitam os direitos dos outros animais; apenas seres humanos podem fazê-lo. Em outras palavras: o bem de todas as criaturas da Terra depende do 'especismo' e do 'antropocentrismo' tão frequentemente desprezados.

74. Richard A. Posner and Peter Singer, "Dialogues: Animal Rights", *The Slate*, 13 de junho, 2001.

75. *Idem.*

76. Citado em Passmore, "Treatment of Animals", p. 195.

77. *Ibid.*, p. 203.

78. Santo Tomás de Aquino, *Summa Contra Gentiles*, Livro II:112.

79. Carruthers, *Animals Issue*, p. 165.

80. *Idem.*

81. "Cruelty to Animals", *Catholic Encyclopedia*.

82. Oderberg, *Applied Ethics*, p. 141-142.

83. David S. Oderberg, "The Illusion of Animal Rights", *Human Life Review*, primavera-verão, 2000, p. 45.

84. Oderberg, *Applied Ethics*, p. 142.

85. *Ibid.*, p. 121.

86. Roger Scruton, "Please Don't Give Me Legal Rights", *The Evening Standard*, 12 de fevereiro de 1999.

87. *Idem.*

88. Scruton, *Animal Rights and Wrongs*, p. 124.

89. *Ibid.*, p. 137.

90. *Ibid.*, p. 28-32.

91. *Ibid.*, p. 44.

92. *Ibid.*, p. 53-55.

93. *Ibid.*, p. 95.

94. *Ibid.*, p. 138.

95. *Ibid.*, p. 138.

96. Oderberg, *Applied Ethics*, p. 142.

97. *Idem.*

98. Mary Midgley, *Animals and Why They Matter*, Athens: University of Georgia Press, 1983, p. 70.

99. Oderberg, *Applied Ethics*, p. 142.

NOTAS

8. Justiça e misericórdia

1. Jeremy Paxman, "The Moral Catch", *The Guardian*, Londres, 23 de fevereiro, 1995.
2. Lewis, *Problem of Pain*, p. 136. [Ed. Bras.: *O problema do sofrimento*.]
3. Passmore, "Treatment of Animals", p. 206.
4. Carmichel, "Hunting African Elephants".
5. *Idem.*
6. *Idem.*
7. A existência dessas fazendas de ursos e os métodos empregados são bem conhecidos. Devo a estimativa de mais de 7 mil ursos a Françoise Giovannangeli, "An Unbearable Prospect", *Japan Times*, 2 de setembro, 1998. A estimativa de 247 fazendas do gênero operando atualmente veio de Susan McClelland, "Illicit Sales of Animal Parts Are Putting Species at Risk", *Maclean's*, janeiro, 2001.
8. Citado de preâmbulo para o NTA *Trapper's Handbook*, American Trappers Association, Bloomington: Illinois.
9. Citado em Chris Osher, "Open Market for Exotic Animals: Hunting Ranch Boom Sparks Push for Laws", *Arkansas Democrat-Gazette*, 1 de novembro, 1999.
10. Citado em Wendy Marston, "The Misguided Ivory Ban and the Reality of Living with Elephants", *The Washington Post*, 8 de junho, 1997.
11. Clive Hamilton, "Nurture Nature at What Price?", *Canberra Times*, 2 de julho, 2001.
12. 16 United States Criminal Statutes 4222 (b) (3).
13. Carmichel, "Hunting African Elephants".
14. Carta de Richard W. Pombo para o secretário de Estado Colin Powell, 3 de maio, 2001.
15. Chadwick, *The Fate of the Elephant*, p. 98.
16. Citado em Joseph R. Berger, "The African Elephant, Human Economies and International Law: Bridging the Great Rift for East and Southern Africa", *Georgetown International Environmental Law Review*, inverno, 2001.
17. Citado em Rob Ryan, "Back to the Hunt?", *Sunday Times*, Londres, 8 de junho, 1997.
18. Citado em Joseph R. Berger, "The African Elephants, Human Economies and International Law: Bridging the Great Rift for East and Southern Africa".
19. "Elephants Killers", *San Francisco Examiner*, 14 de abril, 1997.
20. Associated Press, "Pill Curbs Pachyderm Pregnancy", *Toronto Star*, 14 de setembro, 2000.
21. Donald G. McNeil Jr., "Packaging Luxury with Wildlife: Company Draws Rich Eco-Tourists to Africa", *The New York Times*, 25 de junho, 1997.

DOMÍNIO

22. Dados citados em Donald G. McNeil Jr., op. cit.
23. David Olinger, "Big Game, Big Money", *St. Petersburg Times*, 9 de junho, 1997.
24. Rob Ryan, "Back to Hunt?", *Sunday Times*, Londres, 8 de junho, 1997.
25. "Road to Survival: Forget Trade Bans, Just Make Wild Animals Pay Their Own Way", *New Scientist*, 29 de abril, 2000.
26. Ross Herbert, "Training of Elephants Triggers Outrage: Animal Groups Say Methods Are Barbaric", *The Washington Times*, 12 de novembro, 1998.
27. Virginia Postrel, *The Future and Its Enemies*, p. 152.
28. Citado por Alex Kirby, "Dire Outlook for Many Primates", *BBC News*, 12 de maio, 2000.
29. John Tuxill e Chris Bright, "Protecting Nature's Diversity", *Futurist*, 1 de junho, 1998.
30. Paul Theroux, "Traveling, Shoulder to Shoulder", *The New York Times*, 9 de dezembro, 1999.
31. Chadwick, *The Fate of the Elephant*, p. 7.
32. "This Little Pig Went to Market", *Advance: Research, Scholarship and Creative Achievement at Texas A&M*, 1998, p. 31.
33. Antony Barnett, "Patent Allows Creation of Man-Animal Hybrid", *Observer International*, Londres, 26 de novembro, 2000.
34. Citado em David Berreby, "Unneeded Lab Chimps Face Hazy Future", *The New York Times*, 4 de fevereiro, 1997.
35. Citado em Mark Muro, "When Animal Rights Go Wrong: A Well-Intentioned Movement for Humane Treatment Has Lost Perspective", *Boston Globe*, 30 de outubro, 1988.
36. Cal Thomas, "Will Radicals Rule and Humans Suffer?", *Los Angeles Times*, 24 de junho, 1997.
37. "Data Collection and Development on High-Production Volume (HPV) Chemicals", *Federal Register* 65 (248), 26 de dezembro, 2000.
38. P. E. Garraghty, D. O. Frost e M. Sur, "The Morphology of Retinogeniculate X- and Y-Cell Axonal Arbors in Dark-Reared Cats", *Experimental Brain Research* 66, 1987, p. 115-127.
39. E. D. Levin e F. J. Seidler, "Sex-Related Spacial Learning Differences after Prenatal Cocaine Exposure in Young Adult Rat", *Neurotox* 14 (1), 1993, p. 23-8. E. D. Levin, F. J. Seidler, S. E. Lappi e T. A. Slotkin, "Fetal Nicotine Exposure Ablates the Ability of Postnatal Nicotine Challenge to Release Norepinephrine from Rat Brain Regions", *Dev. Brain Research* 69, 1992, p. 288-91. E. D. Levin, S. J. Briggs, N. C. Christopher, J. E. Rose, "Prenatal Nicotine Exposure and Cognitive Performance in Rats", *Neurotox and Teratol* 15, 1993, p. 251-60.

NOTAS

40. Miles J. Novy, "Notice of Intent to Use Live Animals in Research or Instruction for Experimental Model for Mycoplasma Chorioamnionitis and Preterm Labor", submetido ao Oregon Regional Primate Research Center Institutional Animal Care and Use Committee, 28 de agosto, 1998.
41. *The Quotable Chesterton*, São Francisco: Ignatius Press, 1986, p. 360.
42. Joy Williams, "The Inhumanity of the Animal People", *Harper's*, agosto, 1997.
43. Paul Greenberg, "Forever Drawing the Line", *The Washington Times*, 7 de agosto, 2001.
44. Michael Novak, "The Stem-Cell Slide: Be Alert to the Beginnings of Evil", *National Review*, 3 de setembro, 2001.
45. Citado em Rick Weiss, "Human Cloning Bid Stirs Expert's Anger: Problems in Animal Cases Noted", *The Washington Post*, 7 de março, 2001.
46. Animal Welfare Act, Seção 2 (g).
47. Animal Welfare Act, Seção 13 (3) (D) (i).
48. Animal Welfare Act, Seção 13 (8) (B) (I).
49. Animal Welfare Act, com emendas, 7 United States Code, 2131-2156, Seção 1 (b) (2).
50. Mais tarde Fleming refletiu sobre a questão: "Que sorte que não tínhamos esses testes com animais na década de 1940, senão a penicilina jamais teria conseguido sua permissão de uso; talvez nem os antibióticos tivessem sido criados." Citado por Dennis V. Parke, um aluno de Fleming e professor de bioquímica da University of Surrey em *Clinical Pharmacokinetics in Drug Safety, Alternatives to Laboratory Animals* 22, 1994, p. 207-209.
51. Albert Sabin, declaração ao subcomitê de saúde e hospitais, Committee on Veteran's Affairs (Comitê de Assuntos dos Veteranos), House of Representatives (Câmara dos Deputados dos EUA), 26 de abril de 1984.
52. Animal Welfare Act, Seção 13 (7) (b).
53. *Journal of the American Medical Association* 276, 1996, p. 87-88.
54. Frances D'Emilio, "Pope Cautions about Risks from New Agricultural Technology", Associated Press, 12 de novembro, 2000.
55. David Plotz, "Gimme Some Skin: Why Shouldn't Dalmatians Be Made into Coats?", *Slate*, 6 de dezembro, 1996.
56. Registros do Congresso, 9 de julho, 2001.
57. Reuters New Agency, "One Man's Quest to Save Sea Turtles: Beach in Sri Lanka Is Nesting Ground for Five Species", *The Washington Times*, 6 de setembro, 1997.
58. *Idem.*

DOMÍNIO

59. Devo a frase à repórter Aline McKenzie, ao descrever a atmosfera em um santuário diferente, o rancho Black Beauty, no Texas. ("Nada acontece hoje. Um doce e glorioso nada.") "Beasts Unburdened: Menagerie of Mistreated Animals Finds Sanctuary at Write's East Texas Ranch", *Dallas Morning News*, 14 de outubro, 1997.

60. Oliver Goldsmith, "The Hermit".

61. Apocalipse 21:4.

Agradecimentos

Um dia em agosto de 1997, após ter publicado uma coluna sobre a caça aos elefantes no *New York Times*, recebi um telefonema de Wayne Pacelle, da Humane dos Estados Unidos. Nunca havia encontrado Wayne, mas passei a considerá-lo um excelente e destemido defensor no tocante a maus-tratos de animais. Apelei inúmeras vezes a ele e sou grato por toda a ajuda e encorajamento que me deu como um amigo verdadeiro.

Muitos outros envolvidos na proteção de animais contribuíram com seus conhecimentos. Agradeço particularmente a Gene e Lorri Bauston, Bernard Unti, Andrea Lane, Nicolette Hahn, Nicole Cardello, Naomi Rose, Patricia Forkan, Regina Hyland, Craig Van Note, Amy Trakinski, Eric Sakach, Franz Danzler, Becky Robinson, Bruce Friedrich e ainda aos autores Douglas Chadwick e Richard Ellis. A todos esses novos amigos deixo minha gratidão não só pela assistência prática, mas também pelos exemplos de compaixão e anos de perseverança na causa da proteção aos animais.

Também recebi o apoio de amigos de longa data. Mark Simpson, Vivian Dudro, Bob Heiler, Robert J. Loewenberg, John Evans, John Stevens, Maria Baier, Ben Sanders, Nancy Uhrbrock, Laura DeWitt, John Castellano, George Hamm, Bob Hamm e meus sogros, Wil e Anne-Marie Boers, através de intervenções cruciais, conselhos e apoio moral extremamente necessário. Outros antigos amigos como John O'Sullivan, William F. Buckley Jr., Bill Kristol, Rich Lowry e Mike Gerson não chegaram a tocar no livro – e devem estar muito aliviados por eu ter deixado isso claro – mas estou em enorme dívida com eles por toda a confiança, as oportunidades e a orientação que me deram há alguns anos. Meu amigo Richard Brookhiser, da *National Review*, deu-me um conselho simples na hora certa – escrever de maneira apreciativa, não apenas crítica – que tentei seguir aqui, e pelo qual também lhe sou grato.

Muitos amigos e parentes tiveram de ouvir meus monólogos e leituras dos manuscritos, sem que tivessem pedido, e os suportaram com paciência e bravura. Nesse sentido, quem sofreu mais foi meu colega de redação de discursos, John McConnell, engaiolado no mesmo escritório que eu por três anos. E, por incrível que pareça, não me lembro de uma só reclamação, apenas de exemplos diários nas virtudes da torcida e da igualdade. Sempre estarei em dívida com John pelos conselhos gentis e criteriosos de um dos homens mais admiráveis que conheço.

Meus agentes Lynn Chu e Glen Hartley também foram testados, com minhas ligações frequentes e preocupações desnecessárias. Desde o início confiaram em mim, e ganharam de mim confiança dobrada. Foram fundamentais ao me indicar à St. Martin's Press. Meu editor, George Witte, melhorou o livro aparando-o cuidadosamente, e me ajudou a lhe dar forma, direcionando-o para a verdade, profissionalismo e dentro de altos padrões que ele mesmo dá ao autor como exemplo. Ele e seu assistente, Brad Wood, deram-me mais tempo e consideração do que um autor de primeira viagem mereceria. Agradeço a Marie Estrada, Michelle McMillan, Philip Pascuzzo, Donna Sinisgalli, Geraldine Van Dusen, Ethan Dunn, Jeff Capshew, Joan Higgins, Lisa Herman, Anna Navarra e toda a talentosa equipe da St. Martin's, sobretudo George e Brad, pela minúcia e o entusiasmo que trouxeram ao projeto. O livro também melhorou com o toque de meu habilidoso primo Bill Moran, que ajudou na elaboração da capa, e pelo olho afiado de Ellis B. Levine.

Eu não conseguiria terminar o livro sem a ajuda de meus mais velhos e melhores amigos, Jay e Carol Heiler, e Greg e Mireille Hamm. Não poderia ter começado o livro não fosse a dádiva do meu irmão mais velho, Chris Scully, o homem mais generoso que conheço. Também sou grato a meu irmão Steve, por seu exemplo e seu jeito maravilhoso com animais, em especial todos os seus anos de cuidado com Lucky;

AGRADECIMENTOS

a minha irmã mais velha, Anne, por seu apoio constante e por ter me apresentado logo cedo ao mundo dos livros, com suas leituras de *The Velveteen Rabbit*; a minha irmã Eileen, por sua sensibilidade e a visão peculiar de suas edições; e a minha irmã Tara, por seu animado encorajamento e pela amizade especial que temos.

Os primeiro os editores dos primeiríssimos esboços que escrevi foram meus pais. Meu pai, com sua escrita própria, é um modelo de habilidade e integridade, e minha mãe é a crítica literária cujo julgamento mais me importa. O livro também deve muito, e o autor deve tudo, a Leon e Eileen Scully.

Tive ainda toda a paciência, sabedoria e alegre bondade da minha mulher, Emmanuelle. Penso neste livro como o nosso livro, vivido junto – e, como tantas coisas na vida, melhor por ter sido partilhado com ela.

Enquanto escrevia este livro, trabalhei como redator de discursos do governador e depois presidente George W. Bush, alguém que passei a admirar muito, como líder e como homem, e a quem agradeço esse privilégio.

Índice remissivo

Abbrew, Chandrasir, 496-7
Adams, John, 384-5
África, 72-3, 78-90, 98-100, 109-10, 121-3, 167-9, 231-2, 245-7, 454-63, 467-70
África do Sul, 234-6, 371-2, 449-50, 459-60
African Elephant Conservation Act (Lei de Conservação de Elefantes Africanos), 116-18, 452-4, 462-3
afrodisíacos feito de animais raros, 161-2, 195-6, 241-2, 446-7
Agência Americana para Desenvolvimento Internacional (Usaid), 457-60
Agência Americana Reguladora de Alimentos e Medicamentos, 485-6
Agência de Pesca Japonesa, 218-20
Agência de Proteção Ambiental americana (EPA), 475-7
Alemanha, 175-6, 210-11, 234-6, 337-9, 452-4
Alex (papagaio), 276-8
Allard, Wayne, 140-1
Allen, Duane, 78-80
Allen, Woody, 424-5
Altsman, Jo Anne, 53-6
América do Sul, 449-50, 461-2
American Sportsman (programa de TV), 102-3
americanos nativos, 230-1, 456-7
Ames, Julius, 125-6
Anderson, Digby, 150-5, 163-5, 410-11
ANDi (macaco rhesus), 474-5

Animais
aliança de Deus com, 47-50, 127-139
amor por, não um cálculo, 14-15, 185-9, 316-17
argumento da igualdade, 39-40
bondade com, 14-15
capacidade de tomar decisões, 292-7
como teste do caráter da humanidade, 13-16
compreendê-los, 164-97
consciência dos, 21-6, 251-97
domesticação de, 297-9
empatia com, 29-31, 307-8
experiência da dor, ver dor
mundo violento, 45-6, 184-5
na Bíblia, 47-50, 129-39
privatização dos, 167-72, 207-8
propósito dos, por Deus, 17-9, 66-7, 500-1
significados simbólicos ligados a, 18-21
testes científicos, 24-5, 37-8, 256-8, 280-3, 431-2, 474-7
uso de, no passado, para avanço da humanidade, 65-7, 397-8
animais de estimação, 18-19, 21-3, 37-9, 42-3, 157-9, 185-7, 410-12
animais de fazenda,
fugas de, 52-9
supostamente prefeririam o confinamento, 51-3, 331-3, 356-9
tratamento dispensado a, 49-55, 172-3, 346-52

DOMÍNIO

Animal Finders' Guide, 93-4
Animal Welfare Act (Lei de Bem-Estar Animal, AWA), 140-1, 480-90
Antígua, 215-16, 228-9
antropomorfismo, 23-4, 256-65, 294-7
Archer Daniels Midland, 313-14
arco e flecha, 74-6, 96-7, 137-9, 161-2, 446-9
Aristófanes, 430-1
Aristóteles, 237-8, 385-6, 399-401
armadilhas, 163-5, 448-9
Ashoka, imperador, 399-402
Associação Baleeira Japonesa, 218-22, 225-6, 233-4
Associação da Vida Selvagem Exótica, 171-2
Associação de Agricultura Humanizada, 361-3
Associação de Caçadores com Armadilhas, 448-9
Associação de Cervos do Texas, 91-3
Associação do Zimbábue de Operadoras de Turismo e Safári, 464-5
Associação Japonesa de Marfim, 245-7
Associação Nacional de Rifles, 80-1, 464-5
Atkins, dr. Robert C., 408-9
Austrália, 198-9, 228-9, 234-6, 449-50
Avery, Dennis T., 50-3, 354-5
aves, 175-6

Babcock Swine, 313-14
Babe (filme), 173-5
Baker, Rex, 85-6
Balaão, 130-2
baleias, 202-3, 204-8, 214-15, 236-8, 247-9, 466-8
 caça, 13-14, 166-7, 190-250
 números, 201-3, 207-14
 significado cultural, 223-33, 238-42
 tratadas como peixe, 220-5
Bambi (livro e filme), 57-8, 391-2
Bankmann, Gabriela, 85-6

Barboza, David, 360-1
Basinger, Kim, 497-8
Bass, Lee, 126-7
Bastesen, Steinar, 190-7, 201-4, 211-13, 236-7, 241-2, 244-5, 252-3
Bauston, Gene e Lorri, 497-500
Baxter, Ray, 93-6
behaviorismo, 24-5, 282-6, 293-4
Behring, Kenneth E., 101-2, 112-15, 170-1
Bélgica, 175-6, 339-40
Belize, 461-2
bênção aos animais, 36-8, 129-30
Bethell, Tom, 167-70, 172-3
Bíblia
 animais, 129-39
 citações, 29-30, 47-50, 66-8, 71-2, 127-9, 134-7, 190-1, 318
Biden, Joseph, 451-2
Black Beauty, rancho, 466-7
Blair, Tony, 155-6
Blais, Scott, 498-500
Blake, William, 185-7, 385-6
Blochet, Frederick, 119-21
Bloom, Allan, 399-401
Boggs, Wade e Debbie, 85-6
Bollman, Pat, 120-1
Booee (chimpanzé), 280-3
Botsuana, 449-50, 455-6
Boxer, Barbara, 140-1
Brasil, 228-9, 234-6, 329-30
briga de galo, 156-7, 179-82
Brokaw, Tom, 102-3
Broome, Arthur, 33-5
Brower, Eugene, 202-4, 232-3
Buckley, Carol, 498-500
Buckley, William F. Jr., 370-1
Budiansky, Stephen, 23-5, 258-302, 314-16, 374-5, 392-3, 410-11, 418-19
budismo, 32-3, 238-9, 379-81, 387-9, 399-402
Burger King, 491-2
Bush, George H. W., 77-8, 104-6, 115-19

ÍNDICE

Bush, George W., 462-3, 490-1
Butch Cassidy (porco), 53-5
Byrd, Robert C., 12-13, 140-1, 490-1
Byrne, Chris, 280-2

caça a primatas, 371-3
caçada de animais em cativeiro, 90-7, 106-7, 118-19, 171-3, 449-54
caçada esportiva, 71-173, 452-63
 como governança (do mundo animal), 160-5
 covardia, 26-7
 insensibilidade, 12-14
 justificada como conservação, 97-105
 justificativa espiritual, 80-3, 86-91, 137-40, 437-9
 oponentes, 149-50
caçadores, 77-81, 98-101, 118-24, 137-9
 números, 139-40, 155-6
 profissionais, 119-24
 ver também caçada profissional
cães/cachorros, 21-3, 165-6, 252-3, 258-9, 265-6, 276-7, 283-4, 300-2, 377-8, 396-7, 448-9, 479-80
Califórnia, 101-2, 140-1, 150-1, 203-4, 230-1, 252-3, 372-4, 451-2, 462-3, 466-7, 493-4
Calitz, Johan, 72-3, 106-7, 126-7, 452-5
Câmara dos Comuns, 58-9
CAMPFIRE (*Communal Areas Management Program for Indigenous Resources*, Programa de Manejo Comunitário de Áreas para Recursos Indígenas), 97-100, 109-11, 167-9, 457-63
Canadá, 73-4, 115-16, 126-7, 195-6, 227-8, 232-3, 243-5, 449-50
cangurus, 199-201
Canny, Michael, 198-202
Captive Exotic Animal Protection Act (Lei de Proteção de Animais Exóticos em Cativeiro) (proposta), 451-2
Carmichel, Jim, 107-11, 443-5, 452-5

carne, comer
 apoiar essa alimentação, 150-5, 405-9
 história dessa alimentação, 397-9, 401-2
 proibições religiosas ou morais, 67-9, 177-82, 401-13
Carrol's Foods, 320-1, 325-34
Carolina do Norte, 318, 324-5, 329-30, 336-7
Carroll, O. S., 45-6, 331-3, 354-6
Carolla, Adam, 407-8
Carruthers, Peter, 289-93, 300-4, 379-81, 429-30, 436-7, 450-1
Casacos de pele, 150-1, 163-6
castores, 273-6
Causey, Dan, 101-2
cavalos, 156-7, 265-6
Cépède, Bernard-Germaine de la, 214-15
cervos/veados, 90-3
 O franco-atirador (*The Deer Hunter*, filme), 132-3
 população nas periferias da cidade, 143-9
Chadwick, Douglas H., 98-100, 167-9, 455-6, 470-1
Chesterton, G. K., 163-5, 478-9
chimpanzés, 265-73, 280-3, 432-3
China, 77-8, 114-15, 165-6, 210-11, 223-5, 248-9, 446-7, 451-2, 464-6
Cícero, 271-2
Cirque du Soleil, 466-7
Clark, Alan, 59-60, 140-1
Clark, Stephen R. L., 264-5, 375-6
Clemens, Skip, 72-3
Clinton, Bill, 239-41, 325-6, 373-4
clonagem, 16, 359-60, 472-4, 479-81, 487-8
coelhos,
 comer, 151-5
 criação, 59-62
 propósito dos, 18-20
Coldwell, Dave, 77-8
Coleridge, Samuel Taylor, 137-9
Colgate-Palmolive, 486-7

537

DOMINIO

Colson, Charles, 176-8, 180-2, 494-6
comércio de marfim, 167-9, 464-7
Comissão de Peles dos EUA, 150-1
Comissão Europeia, 475-7
Comissão Internacional Baleeira (CIB), 190-50, 466-8
Comitê de Médicos para a Medicina Responsável, 483-4
como "preservação de espécies", 298-9
Comunidade Europeia, 313-14
ConAgra, 313-14, 324-5
Congo, 148-9, 468-70
Conscorp (*Conservation Corporation Africa*, Corporação de Conservação África), 460-1
Conselho de Informações sobre Peles dos EUA, 252-3, 464-5
conselho de Produtores Suínos, 354-5
Conselho Mundial dos Baleeiros, 230-1
Conselho Nacional de Produtores de Suínos, 50-1, 322-4
conservação da terra, 461-3
conservadores, 44-5, 139-43, 146-55, 163-5, 166-72, 182-3
Conservation Tribune, 230-1
Convenção da ONU sobre o Direito do Mar, 217-18
Convertion on International Trade in Endangered Species (Cites), 245-7, 464-5
Cook, Howie e Trudi, 233-4, 244-5
Cooper, Anthony Ashley (conde de Shaftsbury), 33-5
Coreia do Norte, 223-5
Coulston, Frederick, 473-4
Cousteau, Jacques, 204-5
Crane, Stephen, 57-9, 65-6
crescimento populacional e fazendas industriais, 50-3
Crisipo, 294-6
cristianismo, 33-5, 177-8, 386-7, 398-9, 429-30
crueldade com animais
considerada permitida se não sentirem dor, 23-5, 299-304

dano da, com nossas próprias almas, 428-32
leis contrárias a, 25-6, 372-5, 376-98, 426-41
cultivo orgânico, 172-3

Dakota do Sul, 336-7
Daniels, Mark, 62-4
Dar (chimpanzé), 265-6
Darwin, Charles, 287-9, 390-1
Dateline, 165-6
David, King, 130-2
Dawkins, Marion Stamp, 256-8
Death on the Run: The Greatest Buffalo Charge Ever Filmed (vídeo), 82-3
DeFazio, Peter, 140-1
defensores de direitos dos animais, 177-83, 252-4, 368-9
De Niro, Robert, 132-3
Dinamarca, 63-4, 339-40
Dennett, Daniel23-5, 259-62, 277-8, 294-6
Departamento de Agricultura dos EUA, 408-9, 481-3
Derek, Bo, 105-6, 118-19
desaparecimento de espécies, 467-73
Descartes, René, 127-8, 279-80, 285-6, 375-6
desprezo pela vida, 11-12, 26-9, 368-9, 425-6
De Waal, Frans, 256-8
DeWeese, Tom, 81-2
Dickens, Charles, 424-5
direitos animais, 368-98, 412-41
base religiosa para, 30-40
negação de existência de, 23-4, 182-4, 300-4
Disraeli, Benjamin, 399-401
Dodgson, William V e Anne, 85-6
Dole, Robert, 140-1
Dominica, 215-16, 228-9
Domínio,
expiração do direito, 66-7
fontes na Bíblia, 14-15, 29-40, 47-9, 127-39, 176-7

ÍNDICE

Donau, Skip, 96-7, 100-3, 115-16, 170-1
Doolittle, John, 253-4
dor,
"apenas", 23-5, 299-300
questão de se animais a sentem, 23-6, 251-62, 275-7, 279-83, 290-1, 299-304, 310-16, 374-5
sentida por animais, como uma questão teológica, 44-6
Duffield, David e Cheryl, 496-8
Duncan, R. Bruce, 112-16
Durant, Will, 397-8

Eagle, Maria, 59-62, 140-1
Ecoturismo, 98-100, 227-8, 456-7, 460-2
Eisnitz, Gail, 361-3
elefantes, 245-8, 270-2, 454-67, 468-72
caçada de, 26-7, 101-2, 106-10, 116-19, 120-4
santuário de, 498-501
Elephant Trust, 459-60
Elizabeth II, rainha, 63-4
Ellis, Richard, 210-11, 237-8
Emenda Pelly, 239-42
empregados das fazendas, imigrantes, 336-7, 360-1
Endangered Species Act (Lei de Proteção de Espécies Ameaçadas), 475-7
Engenharia genética, 13-14, 304-8, 313-14, 472-5, 479-81, 487-8
Eslováquia, 485-6
Espanha, 228-9, 234-6, 244-6, 339-40
Esportistas Unidos da América, 162-3
esquilos, 275-7
eutanásia, 413-16
evolução, 297-300, 390-1

Faison, F. J. "Sonny", 325-56
Farr, Sam, 466-7
fazendas de peles, discussão sobre, no Reino Unido, 58-64
fazendas industriais,
razões econômicas, 49-53, 172-6

Fazendas Murphy Family, 321-2, 355-6
fazendas pequenas, 49-50, 322-4, 327-9
Febre aftosa (morte do rebanho), 11-13
Feder, Don, 42-4
Federação Nacional da Melhoria em Suínos, 307-8
Fênix (filhote), 11-12
Field and Stream, 445-6
Flórida, 110-11, 245-7, 269-70, 372-3, 377-8, 490-1
foie gras, 163-5, 180-2, 492-3
focas, 185-7, 195-7, 209-10
Foss, Joe, 102-3, 128-9
Fossey, Dian, 256-8
Fouts, Roger, 256-8, 265-6, 280-3
Foyn, Svend, 209-11
França, 119-20, 159-3, 163-5, 370-1
Frankl, Viktor E., 30-1
Free Willy (filme), 192-3
Fresh Fields, 172-3
Freud, Sigmund, 404-5
Friend, Alec, 107-9
Friends of the Earth, 192-3
Friends of the Whales, 192-3
Friends of the Whalers, 192-3
Fuentes, Martin, 363-4

gado, *ver* animais de fazenda
Gaithersburg, Maryland, 144-5
Gallagher, Larry, 363-4
Gallegly, Elton, 372-3
Gallyon, Richard, 106-7
Gambell, Ray, 198-9, 201-2
gansos canadenses, 141-4
Gantz, Don, 144-6
Gardner, Allen e Beatrice, 266-7
gatos, 165-6, 184-5, 294-6, 477-9, 480-1
Gay (veterinária da Smithfield), 337-49
Georgia, 451-2
Gerrard, D. E., 304-5
Gillette, 486-7
Ginter, Larry, 172-3

DOMÍNIO

girafa, 77-8, 125-6
Giscard d'Estaing, Valéry, 115-16
Godwin, Jerry H., 355-61
Goldsmith, Oliver, 497-8
golfinhos, 13-14, 49-50, 183-4, 187-8, 223-5, 236-8, 269-70, 272-3, 386-7, 470-1
morte de, 196-8
González, Elian, 269-70
Goodall, Jane, 256-8
Goodman, Dan, 227-8, 244-5
gorilas, 13-14, 314-15, 371-2, 468-70
Goto, Naoshi, 225-6
Graham, Billy, 38-9
Grandin, Temple, 307-16, 334-5, 343-4, 358-60
Great-Ape Legal Project (Projeto Legal dos Grandes Primatas), 487-8
Grécia, 339-40
Greenberg, Paul, 479-80
Groelândia, 166-7
Greenpeace, 185-7, 192-3, 205-7, 211-13, 227-8, 233-4
Granada, 228-9
Griffin, Donald R., 273-4

Hahn, Kevin M., 364-5
Hamilton, Clive, 450-1
Hancock, Mike, 61-2, 65-6, 140-1
Hardy, Thomas, 365-6
Hart, Jeffrey, 148-9, 393-5
Hemingway, Ernest, 132-3
Henson, Alton, 498-500
Hill, Marvin, sr., 83-6
Hill, Robert, 191-2
High North Alliance (Aliança do Extremo Norte), 192-3
Himmelfarb, Gertrude, 419-21
Hogan, Paul, 120-1
Holland & Holland, 63-4, 234-6, 337-9
Hong Kong, 175-6, 465-6
Hudnall, Jim, 205-7
Hume, David, 255-8

Human Society of the United States, 140-1, 165-6, 192-3, 247-8
Humane Farming Act (Lei da Exploração Agrícola Humana) (proposta), 491-4
Humane Method of Slaughter Act (Lei de Métodos Humanos de Abate), 140-1, 491-2
humanidade,
consciência da, 286-90
separação da natureza, 17-18
Humphrey, Hubert, 491-2
Hunt, J. B., 449-51
Hunter, Jim, 89-90
Hunting Report, 101-2

Igreja Católica, 33-7, 67-8, 135-6, 386-9
Igreja Episcopal, 36-7
Ilhas Faroé, 216-17, 232-3
Índia, 93-4, 167-9, 457-9, 466-8, 470-1
Indonésia, 27-9, 148-9, 465-6
infanticídio, 40-3, 413-16, 419-25
Inglaterra *ver* Reino Unido
Ingold, Tim, 261-2, 277-8
Inogwabini Bila-Issia, 468-70
Instituto da Competitividade entre Empresas, 171-2
Instituto de Pesquisa Cetácea, 218-22
Instituto Hudson, 50-1
Instituto Nacional de Pesca, 464-5
Institutos Nacionais de Saúde, 485-6
Instituto para Ciência e Saúde Animal, 309-10
International Wildlife Management Consortium – World Conservation Trust, ou IWMC (Consórcio Internacional de Gerenciamento da Vida Selvagem – União Mundial da Conservação), 192-3, 207-8, 211-13, 228-9
International Fund for Arrival Welfare, 459-60
Inuítes, 232-3
Iowa, 172-3, 329-30, 336-7, 449-50

ÍNDICE

Iowa Beef Packers (IBF), 313-14
Irlanda, 339-40
Ireland, Faith (juíza), 282-3
Iruka & Kujira Action Network, 225-6
iscas (engodos), 74-6, 94-6, 445-7
ISE America, 364-5
Islã, 32-3, 67-8
Israel, 485-6
Itália, 339-40

Japão, 166-7, 191-2, 196-8, 203-4, 205-21, 223-5, 230-1, 233-4, 239-49, 379-81, 465-8
Jesus, parábolas de, 132-7
João Paulo II, papa, 43-5, 367-8, 387-9, 487-8
Johnson, Lyndon B., 480-1
Johnson, Paul, 175-6
judaísmo, 67-9, 129-35, 177-80, 398-9
Jung, Carl G., 81-2

Kameya, Hiroaki, 247-8
Kansas, 140-1
Kant, Immanuel, 300-2, 434-5
Katz, Larry, 407-8
Keiko (baleia), 192-3
Kennedy, John S., 258-9, 262-5, 269-74, 277-8, 285-6, 292-6
Kennedy, Robert F., Jr., 402-3
Kerry, John F., 466-7
King, Frederick, 474-5
Kingsford, Anna, 412-13
Knowles, Michael, 498-500
Koizumi, Junichiro, 467-8
Komatsu, Masayuki, 197-202, 218-21, 228-9, 233-41, 244-5, 252-4, 467-8
kosher, 177-80
Kraemer, Duane, 471-4
Kroll, James ("doutor cervo"), 90-3, 96-7, 139-40, 478-9
Krutch, Joseph Wood, 110-11

Laboratory Animal Welfare Act (Lei de Bem-Estar de Animais de Laboratório), 480-1
Lapointe, Eugene, 228-9, 244-9, 465-6
Larson, Gary, 184-5
Lautenberg, Frank, 449-52
Leakey, Richard, 456-7
leis de proteção de animais, 372-98, 412-41, 443-501
LeDuff, Charlie, 360-3, 489-90
Lee, Bob, 85-6
Lemmes, Simone, 233-4, 244-5
Lent, 67-8
Leonardo da Vinci, 404-5
Lewis, C. S., 24-5, 38-9, 44-6, 410-11, 442-3
libertação animal, 39-45, 396-7
Lincoln, Abraham, 172-3, 369-70, 443-4
linguagem animal (uso ou falta de), 259-62, 265-79, 283-6
Linzey, reverendo Andrew, 40-2, 68-9, 425-6
Lindbergh, Charles, 210-11
livre mercado, 241-3
Lohanan, Roger, 468-70
London, Jack, 25-7, 254-6, 303-4
Louie, Kenway, 291-2
Lucas, Frank, 330-1
Lucky (cachorro do autor), 20-1, 42-3, 47-8, 293-4
LuLu (porco), 55-6
Luter, Joseph W., III, 321-4, 326-7, 329-30

Macaca nigra, 27-9
Macaulay, Thomas, 428-9
Maclean, David, 59-60, 61-4
Macnow, Alan, 244-5
mal da vaca louca, 12-3, 175-6
Maimônides, Moisés, 31-2
Makah, tribo, 230-1
mal das, 12-13, 369-70
Malásia, 465-6

DOMÍNIO

Malebranche, Nicholas de, 256-8
Manning, Henry Edward, 33-5
March of Dimes (ONG), 477-8
Marine Mammal Protection Act (Lei de Proteção de Mamíferos Marinhos), 239-41
Marlenee, Ron, 97-8
Martin, Atherton, 228-9
Mary Kay Cosméticos 486-7
Mason, David, 220-1
Massachusetts, 376-7, 466-7
Massachusetts Institute of Technology (MIT), 477-8
Massingham, Keith, 106-7
matadouros/abatedouros, 207-16, 360-6, 370-1
matar, eufemismo para, 59-60, 201-2, 424-5
Matlin, Marlee, 280-2
McCollum, Bill, 372-3
McConnell, Mitch, 446-7
McDonald, Gary, 74-6
McDonald's, 180-2, 307-8, 326-7, 491-2
McElroy, C. J., 82-3
McGwire, Mark, 78-80
McKenzie, Aline, 530
McLay, Jim, 201-2
Melville, Herman, 205-9, 214-15
Menem, Carlos, 115-16
Metcalf, Jack, 231-2
México, 329-30
Midgely, Mary, 40-2, 439-40
Miller, George, 140-1
Milton, John, 389-90
Ministério da Marca da Cruz, 37-9
Misako, Shigeko, 238-9
Moçambique, 101-2
Monke, Lowell, 348-50
Montana, 87-9, 451-2, 461-2
Moore, Mary Tyler, 497-8
Moreno, Ramon, 363-4
More, Thomas, 32-3, 336-7

Mori, Yoshiro, 239-41
Morley, Elliot, 58-9, 140-1, 199-202
Morris, Desmond, 19-21, 398-9
Morris, Kerwyn, 215-16, 247-8
movimento de resgate de animais, 493-501
Muggeridge, Malcolm, 39-40
Moisés, 129-30
Madre Teresa, 417-19
Murphy, Wendell, 319-22, 325-6, 331-3, 355-6
Myberg, Vlam, 119-20

Nações Unidas, 81-2, 238-9
Nakamae, Takahiro, 213-14
Namíbia, 247-8, 449-50, 455-6
Namier, Lewis, 500-1
Nanton, Stuart, 215-16
Neal, Jeff C., 112-15
Natural law, 381-9
Nature conservancy, 361-3
Nero, 300-2
Neuhaus, Richard John, 425-6
Newkirk, Ingrid, 302-3
Newman, John Henry, 32-5, 428-30
New Scientist, 167-9, 465-6
Nova Zelândia, 228-9, 234-6, 242-3, 485-7
Nietzsche, Friedrich, 170-1
Nim Chimpsky (chimpanzé), 266-7, 280-2
Nixon, Richard M., 239-41
Norris, Kenneth, 101-2, 187-8
North American Whitetail, 91-3
Noruega, 166-7, 190-4, 203-9, 230-1, 233-4, 239-47, 467-8
Nova Agricultura ver fazendas industriais
Novak, Michael, 479-81
Nugent, Ted, 162-3, 446-9

Oderberg, David S., 256-9, 293-4, 431-3
Oka, Juro, 209-10
Oklahoma, 76-7, 329-30
Oregon, 140-1, 192-3, 451-2
Organização Mundial do Comércio (OMS), 241-3

ÍNDICE

Ortega y Gasset, José, 137-9
Outdoor Life, 445-6
Oxford Companion Encyclopedia to Animal Behavior, 279-80

Pankow, família, 498-500
Papagaio, 276-8
Parris, Matthew, 14-16
Partido Republicano, 77-8, 140-1, 162-3, 166-7
Pascal, Lloyd, 215-16
Páscoa, 36-7, 365-6
Patterson, Owen, 62-4
Paxman, Jeremy, 442-3
Payne, Roger e Katy, 205-7
pecuária tradicional, 346-8
pesca commercial, 222-5
Pensilvânia, 53-5, 58-9, 77-8, 82-3, 144-5
People for Ethical Treatment of Animals (Peta, Pessoas pelo Tratamento Ético a Animais), 44-5, 150-1, 179-80
Pepperberg, Irene, 276-8
Perdue, Frank, 325-7
Purdue, fazendas, 180-2
Peterson, Collin, 373-4
Picius, Wayne, 85-6
Pharmagene, 486-7
Piedrahita, Jorge, 472-3
Pinker, Steven, 266-7
Plotz, David, 489-90
Plutarco, 32-3, 406-7
política baleeira americana, 199-201, 228-9
Polônia, 329-30
Pombo, Richard W., 454-5
Popkins, Nina, 110-11
porcos, 50-2, 279-80, 304-11, 348-52, 359-60, 365-6, 406-7, 472-3, 478-9, 484-5
Portugal, 339-40
Posewitz, Jim, 87-90
Posner, Richard A., 428-9, 489-90
Postrel, Virginia, 252-4, 467-8
Poulson, Richard, 326-9

Powell, Colin, 454-5
Prager, Dennis, 42-4, 177-83
Price, Nathan, 322-5
Primetive Live, 93-4
Projeto Arca de Noé, 471-2
Projeto Direito de Saber, química, 475-7
Prolinia, 359-60, 478-9

Quayle, Dan, 104-5
Quênia, 456-61, 465-6
Quinn, C. Larry, 110-11

Ramsey, Paul, 477-8
ranchos de caça, 90-7, 171-3, 449-54
Rawlings, Marjorie Kinnan, 403-5
Reagan, Ronald, 116-18, 241-2, 462-3
Regan, Tom, 40-2
reforma proposta, 307-16, 487-94
Reino Unido, 58-64, 152-6, 175-6, 228-9, 234-6, 376-7, 452-3, 485-6
religião
  e direitos animais, 30-40
  e apoio ao vegetarianismo, 67-9, 177-82
  ver também cristianismo e judaísmo
Rifles, 105-111
rinocerontes, 76-7, 83-5, 110-14, 161-2, 241-2, 386-7, 470-1
Ringling Bros. e Barnun & Bailey, 464-5
Roberto (ajudante), 335-7
Ridge, Tom, 77-8, 82-3, 86-7
rodeios, 37-8
Rollin, Bernard, 346-7
Roosevelt, Kermit, 271-2
Roosevelt, Theodore, 45-6, 82-3, 98-100, 106-7, 116-21, 255-6, 271-2, 446-7
Rússia, 76-7, 114-16, 195-6, 209-13, 223-5, 231-2, 468-70
Ruanda, 148-9

Sabin, Albert, 484-5
Sackman, Barbara, 85-6
sacrifícios religiosos, 134-6

DOMÍNIO

Sada Gonzalez, Adrian, 115-16
Safári Club International (SCI), 45-6, 69-126, 166-7, 452-4, 464-5
Salten, Felix, 391-2
sanções econômicas pela atividade baleeira, 241-3
Santa Lucia (país), 228-9
Santo Agostinho, 17-8, 133-4
Santo Tomás de Aquino, 385-6, 429-30
Santuário Animal Poplar Springs, 53-5
Santuário da Vida Selvagem Kimana, 457-9
Santuário do Oceano Austral, 243-4
São Boaventura, 316-17
São Basílio, 31-2, 360-1
São Brandão, 249-50
São Cristóvão (país), 228-9
São Cuthbert, 175-6
São Filipe Néri, 33-5, 175-6
São Francisco de Assis, 31-2, 33-7, 43-5, 49-50, 126-7, 175-6, 496-7
São Isaac, o sírio, 31-2
São Paulo, 136-7, 260-1
São Vicente e Granadinas, 215-16, 227-9, 247-8
Sartre, Jean-Paul, 185-7
Schaefer, Naomi, 42-3
Schleich, Carl Ludwig, 251-2
Schwarzkopf, H. Norman, 29-30, 77-8, 80-1, 86-7, 97-101, 105-6, 116-19, 139-40
Scott, Bobby, 373-4
Scruton, Roger, 154-65, 284-5, 374-5, 386-7, 390-1, 398-9, 404-5, 410-11, 416-17, 432-9, 485-6
Selous, Frederick Courtney, 120-1
Sentimentalismo, 45-8, 154-65, 173-6, 407-8, 410-13
Serviço de migração e Naturalização, 336-7
Serviço de Pesca e Vida Selvagem dos EUA, 139-40, 451-2
Sharboneau, Lois, 85-6
Sharp, John, 120-3, 271-2

Shibata, Sho, 238-9
Sinclair, Upton, 370-1
Singer, Peter, 30-2, 33-5, 39-44, 180-2, 187-9, 385-6, 390-1, 396-7, 399-401, 413-29, 434-5, 438-9, 487-8
Sissy (elefante), 498-501
Skagestad, Odd Gunnar, 199-201, 215-18, 228-9, 244-5, 467-8
Skinner, B. F., 285-6, 289-90
Smith, Bob, 140-1
Smith, Chris, 140-1
Smith, Perry, 333-4
Smithfield (empresa), 56-7, 313-14, 321-61, 397, 402-3, 478-9
Sobran, Joseph, 182-5, 269-70
Sociedade Americana para Prevenção de Crueldade com Animais, 33-5
Sociedade de Esportistas Cristãos, 102-3
Sociedade Real para Prevenção de Crueldade com Animais, 33-5, 390-1
sonhos de animais, 25-6, 290-2
Spinoza, Baruch, 404-5
Sri Lanka, 167-9, 472-3, 496-7
St.-Exupéry, Antoine de, 169-71
Stack, Robert, 102-3
Steinhardt, Joseph, 264-5
Stofberg, Pieter, 121-4, 172-3, 271-2
Stolba, Alex, 350-1
Stratton, Bill, 89-90
Strauss, Leo, 422-3
Sugg, Ike C., 171-2
Sullivan, Andrew, 11-12
Sumatra, 27-9
Sundance (porco), 52-5
Sundberg, Paul, 343-8
Surtees, R. S., 163-5
Sutton, James, 242-3
Swan, James A., 114-18, 136-41, 187-9, 324-7, 410-11
Suécia, 339-40

Tailândia, 465-6, 468-70
Taiwan, 27-9, 223-5, 464-6
Tara (elefante), 466-7

Taylor, Clint, 86-7
Terrace, Herbert, 266-7
teste de consciência do espelho, 270-3
testes em laboratórios com animais, 24-5, 37-8, 256-8, 280-3, 431-2, 474-88
The Cook Report, 93-4
The Official Record Book of Trophy Animals (Livro oficial de registro de troféus animais), 82-5, 471-2
Theroux, Paul, 470-1
Thomas, Cal, 474-7
Thompson, Alberta, 231-2
tigres, 161-2, 468-70
tiro ao pombo, 448-50
Tolstoi, Leon, 32-3
Tropical Forest Conservation Act (Lei de Conservação da Floresta Tropical), 461-2
Triggs, Gillian, 220-1
Truman, Harry S., 322-4
Tyson, Donald, 325-6
Tyson Foods, 180-2, 326-7

União de Caçadores Marinhos, 195-6
União Europeia, 62-3, 242-3, 448-9, 493-4
União Geral dos Pescadores Japoneses, 464-5
União Soviética, 210-13
Universidade A&M do Texas, 472-4
Universidade Estadual da Carolina do Norte, 307-8
urso, caça ao, 76-7, 445-7
uso sustentável, argumento, 207-8, 299-300
Utah, 336-7
utilitarismo, 40-2

vegetarianismo, 67-9, 177-9, 398-413
veterinário em fazendas industriais, 457-66
Vilsack, Tom, 449-50
violência da natureza, 45-6, 184-5, 368-9

visitação, 318-66
Vivier, Johnny e Bev, 71-2
vivissecção, 378-9

Wagner, Lindsay, 497-8
Wagner, Richard, 155-6
Waldman, Peter, 27-9
Walker, Alice, 411-12
Wallace, George N., 86-9, 146-9
Warmbaths Development Initiative, 371-2
Warhol, Andy, 144-5
Warrick, Joby, 363-4, 489-90
Washoe (chimpanzé), 266-8
Waugh, Auberon, 149-50, 163-5, 311-13
Wendy's, 320-1, 491-2
Wesley, John, 32-3
White, E. B., 57-8
White, R. G., 279-80
Whitfield, Ed, 140-1
Wilberforce, William, 33-5
Wilbur (na CIB), 78-80
William Holden Wildlife Foundation, 459-60
Williams, Joy, 351-2, 479-80
Williams, Walter, 149-51, 163-3
Wilson, Matthew, 291-2
Wilsson, L., 273-4
Wittgenstein, Ludwig, 264-5
With Deadly Intent (vídeo), 72-3, 106-7, 126-7, 166-7, 374-5, 471-2
Wood-Gush, D. G. M., 350-1
Wyoming, 451-2
World Conservation Trust Foundation, 221-2
Wyoming, 451-2

Yates, Cal, 89-90
Yellowstone (parque), 87-9, 97-8
Yosei, Yamada, 205-7

zelador do mundo, 160-5, 176-8
Zimbábue, 247-8, 449-50, 455-61
zoológicos, 91-4, 451-2

O texto deste livro foi composto em Sabon LT Std,
desenho tipográfico de Jan Tschichold de 1964
baseado nos estudos de Claude Garamond e
Jacques Sabon no século XVI, em corpo 11/15.
Para títulos e destaques, foi utilizada a tipografia
Frutiger LT Std, desenhada por Adrian Frutiger em 1975.

A impressão se deu sobre papel off-white
pelo Sistema Cameron da Divisão Gráfica
da Distribuidora Record.